Kulturgeschichte der Natur
in Einzeldarstellungen

Herausgegeben von
Klaus Michael Meyer-Abich

Klaus Michael Meyer-Abich

Praktische Naturphilosophie

Erinnerung
an einen vergessenen Traum

Verlag C.H. Beck München

Dieses Buch ist im Rahmen des Forschungsprojekts
„Kulturgeschichte der Natur" entstanden. Das Projekt wurde
von Klaus Michael Meyer-Abich am Kulturwissenschaftlichen Institut
im Wissenschaftszentrum Nordrhein-Westfalen geleitet und von der
Schweisfurth-Stiftung gefördert.

Die Deutsche Bibliothek – CIP-Einheitsaufnahme
Meyer-Abich, Klaus Michael:
Praktische Naturphilosophie : Erinnerung an einen vergessenen
Traum ; [im Rahmen des Forschungsprojektes
„Kulturgeschichte der Natur" entstanden] / Klaus Michael
Meyer-Abich. – München : Beck, 1997
ISBN 3 406 41990 9

ISBN 3 406 41990 9

Du frägst nach Menschen,
Natur? ... Sie werden kommen,
deine Menschen, Natur!

Hölderlin, Hyperion (III 90)

Inhalt

I. Die Naturzugehörigkeit des Menschen
Seite 25

II. Die Ambivalenz der Renaissance
Seite 85

III. Selbst-Sicherheit durch eine Wissenschaft der Tat-Sachen

Seite 149

IV. Menschen im natürlichen Mitsein

Seite 257

V. Kultur des natürlichen Mitseins:
Wollen, wofür wir gut sind
Seite 350

Einführung

Daß wir aus dem Paradies vertrieben worden seien, glaube ich nicht. Es war ein Aufbruch, keine Vertreibung. Im Paradies ist zwar für alles gesorgt, aber Menschen wollen ihrer Natur nach auch selber für etwas sorgen. Wenn Kinder herangewachsen sind, ist dies ein Grund, das Elternhaus zu verlassen und einen eigenen Hausstand zu gründen. Es war wohl auch ein Grund dafür, daß eine erwachsen werdende Menschheit in der Natur nicht nur wie in einem Paradies beheimatet sein, sondern ihren Platz selber finden wollte.

In der Natur, zu der wir selbst gehören, aus eigenem Antrieb seßhaft zu werden, ist vor etwa sechs- bis achttausend Jahren der wegweisende Gedanke der Neolithischen Revolution gewesen. In der Schule lernt man, der Übergang zur Seßhaftigkeit sei damals erfolgt und somit abgeschlossen. In der Naturkrise der wissenschaftlich-technischen Welt erweist sich diese Annahme aber als eine Beschönigung unserer Lebensweise, denn wir Industriegesellschaften zerstören die Lebensgrundlagen, und das ist dem Ziel der Seßhaftigkeit gerade entgegengerichtet. Von der Seßhaftigkeit, der unsere Vorfahren durch Agri-Kultur nahegekommen waren, entfernen wir uns dadurch immer weiter. Was haben wir falsch gemacht?

Ich glaube, wir haben etwas vergessen. Wer nämlich aus dem Elternhaus aufbricht, in dem für alles gesorgt war, steht nicht vor der Frage: Wer sorgt nun anstelle der Eltern für mich?, oder: Wo finde ich in Zukunft die Vorräte, die mir bisher von alleine in den Mund gewachsen sind? Wer eigenständig seßhaft werden will, fragt sich vielmehr: Bisher haben andere in *ihrem* Leben unter anderem für mich gesorgt; was ist es nun, für das ich in *meinem* Leben zu sorgen habe? Wie kann ich in der Welt das Meine tun, ohne es nur für mich zu tun? Was ist der Sinn meines Lebens, oder: Wofür bin ich gut?

Vielleicht ist die Naturkrise der wissenschaftlich-technischen Welt eine Adoleszenzkrise, in der uns diese Frage noch nicht umfassend genug bewußt geworden ist. Wohl keine menschliche Gesellschaft hat sich je so ausschließlich dafür interessiert, was die Welt zu bieten hat, wie die unsere, ohne auch umgekehrt zu bedenken, was dafür unsererseits an Gutem in die Welt zu bringen wäre. Was können wir tun, damit eine Welt mit Menschen schöner und besser wird, als sie es ohne uns wäre? Es ist die Erinnerung an den Lebenszusammenhang im Ganzen, der wir bedürfen, um wirklich seßhaft werden zu können.

Die Industriegesellschaften leben in der Natur wie Horden interplanetarischer Eroberer, die eigentlich gar nicht hierher gehören. Und doch gibt es in uns noch ein Gefühl, daß wir eigentlich einmal etwas anderes gewollt hatten. Es ist so, als seien wir mit einem Traum erwacht, dessen Inhalt wir vergessen haben, von dem wir aber noch wissen: Es ging darum, wie wir in Zukunft leben können und wollen. Ich glaube, es war der Traum, in der Natur im Mitsein mit Anderen und Anderem heimisch zu werden. Wir sind keine Interplanetarier, sondern Erdensöhne und Erdentöchter.

Dieser ursprünglichen Erinnerung ist das erste Kapitel gewidmet. Es handelt von den mythologischen und religiösen Leitbildern, die unser Selbstverständnis wie unser Handeln in der Natur und gegenüber der natürlichen Mitwelt auch heute noch prägen. Der Morgen des Tags aber, an dem der Traum vom Seßhaftwerden im neuzeitlichen Europa zuletzt präsent gewesen ist, war die Renaissance. Ich zeige dies im zweiten Kapitel zunächst für die Malerei, danach in der Philosophie des Nikolaus von Kues. Der Verlauf des Tags, welcher nun so bedrohlich zu Ende geht, hat danach in die Naturkrise der wissenschaftlich-technischen Welt geführt, die ursprüngliche Vision aber ist nie ganz vergessen worden. Von beiden handelt das dritte Kapitel. Das vierte entfaltet die Erinnerung, wie unsere menschliche Natur sich nicht bereits im Mitsein mit andern Menschen erfüllt, sondern erst in der Gemeinschaft der Natur. Bloß für mich bin ich nicht Ich, und bloß für uns sind wir nicht Wir. Wir sind es nur in der Gemeinschaft der Natur.

Das Mitsein ist der philosophische Kerngedanke dieses Buchs. Wie aber können wir im natürlichen Mitsein heimisch werden, und wofür sind wir gut im Naturzusammenhang des Lebens? Ich denke, daß *Kultur* der am ehesten spezifisch menschliche Beitrag zur Naturgeschichte ist. Unter Kultur ist dabei die Integrität einer menschlichen Gesellschaft in der Natur zu verstehen. Die übliche Entgegensetzung von Natur und Kultur hat die Industriegesellschaft auf einen falschen Weg gebracht. Vor allem dem Wirtschaftsprozeß müssen kulturelle Grenzen gesetzt werden. Was dies in der Praktischen Naturphilosophie, in der Wirtschaft selbst und für die Politik bedeutet, ist der Gegenstand des fünften Kapitels und des politisch philosophischen Epilogs.

Das Ergebnis der philosophischen Überlegungen sind nicht in erster Linie Antworten, sondern vor allem Fragen und Denkformen, an die wir uns erinnern und die wir üben sollten. In ihnen kann dann jeder für sich eine Antwort suchen.

Platonisches Vorspiel

Wir wollen nichts von dir, was du nicht bist.
Goethe, Tasso (Vs. 3237)

Ein junger Mann hat Kopfweh. Eigentlich schmerzt ihn aber nicht sein Kopf, sondern er tut sich selber weh. Man sagt so leicht dahin: Mein Kopf oder mein Arm tut mir weh, und das klingt dann so ähnlich wie: Mein Schutzblech klappert. Der Sachverhalt ist aber ein ganz anderer, denn mein Fahrrad bin nicht ich, wohingegen Kopf und Arm etc. Teile meiner selbst sind. Wenn meine Hand etwas tut, so bin ich es, der handelt, und wenn meine Augen etwas sehen, so bin ich es, der sieht. So wie ich in meinen Händen und in meinen Augen ich selber bin, sollte ich also auch den Schmerz nicht meinem Kopf oder meinem Arm als einem andern zuschreiben und anlasten, sondern merken: Ich bin es selbst, der *sich* weh tut, im Kopf oder im Arm.

Der junge Mann heißt Charmides, und Platon hat ihm den gleichnamigen Dialog gewidmet. Darin ist Sokrates bereit, ihm hinsichtlich des Kopfwehs zu helfen, jedoch nur im Sinn der ganzheitlichen Medizin, das heißt nach seinem Verständnis: Wenn jemand etwas an den Augen hat, so ist ihm nicht zu helfen, ohne den ganzen Kopf zu behandeln, und wem am Kopf etwas fehlt, der bedarf der Behandlung des ganzen Körpers. Der Teil ist danach immer nur im Zusammenhang des Ganzen zu heilen – so jedenfalls mache es ein guter Arzt, sagt Sokrates. Hinzukomme nun aber noch, daß nicht nur die Körperteile nicht ohne den Körper selbst zu behandeln seien, sondern dieser wiederum nicht ohne die Seele. Die Gesundheit der Seele sei die Besonnenheit (sophrosýne). Im Hinblick auf das Kopfweh sei deshalb vorab zu prüfen, ob Charmides' Seele gesund, er selbst also besonnen sei, und dazu bedürfe es des philosophischen Gesprächs. Wenn sich dann herausstelle, daß es ihm an der Gesundheit der Seele nicht fehle, gebe es für die übrige Behandlung ein passendes Heilmittel.

Ob Charmides bereits besonnen ist oder ob es ihm daran mangelt, so daß er zunächst einer philosophischen Psychotherapie bedürfte, wird nun so geprüft, daß er in sich gehen und zusehen soll, ob er die Gesundheit der Seele in sich findet. Wenn die Besonnenheit ihm nämlich schon eigen sei, meint Sokrates, dann werde er davon ja wohl ein Gefühl haben und mit diesem eine Vorstellung verbinden, die dann auch in Worte zu fassen sei. Dies ist nun eine der für Platon so typischen Stellen, wo sich in der Gesprächshandlung der weitere Gang der Überlegung abzeichnet. Daß man nämlich von den eigenen Befindlichkeiten ein Selbstgefühl hat und dies auch noch in Worte fassen kann, ist im allgemeinen nichts weniger als selbstverständlich. Denn in der Regel – wenn nicht gerade ein Trieb sich meldet oder ein Schmerz darauf hindeutet, daß etwas nicht in Ordnung ist – bedarf es einer eigens zu pflegenden Sensibilität, um überhaupt Gefühle für das eigene Innere zu entwickeln. Platon und Sokrates werden dies schwerlich wesentlich anders als wir empfunden haben. Wenn hier also für die Besonnenheit das Gegenteil angenommen wird, so ist damit vorausgesetzt, daß es zumindest von ihr eine direktere Selbsterfahrung gibt als beispielsweise von den Vorgängen in der Leber oder von den einzelnen Wirbeln im Rückgrat.

Die Besonnenheit ist neben der Gerechtigkeit, der Tapferkeit und der Einsicht eine der Haupttugenden, d. h. eine Grundbestimmung von Menschlichkeit. Das etwas außer Gebrauch gekommene Wort Tugend versteht man am ehesten dann als eine passable Übersetzung der griechischen *areté*, wenn man darin das zugehörige Verb ‚taugen‘ mithört. Tugenden sind diejenigen Bestimmungen oder Charaktere, unter denen jemand etwas taugt, d. h. wirklich Mensch und in seiner je individuellen Weise er selber ist. Angenommen wird also, daß ein Mensch, insoweit er etwas taugt, dafür auch ein Selbstgefühl hat.

Anders gesagt: *Wenn* man etwas richtig macht, verbindet sich damit eine Wahrnehmung, *daß* man es richtig macht. Selbstverständlich gibt es bei dieser Bewertung immer wieder Irrtümer, aber mir kommt es jetzt nicht auf die Gewißheit an, mit der ein Mensch selber wissen kann, etwas gut oder richtig zu machen, sondern nur auf die Zusammengehörigkeit des Handelns mit dem prüfenden und gegebenenfalls billigenden, obwohl vielleicht irrenden Gefühl für die eigene Handlung. Besonnen ist ein Handeln also nicht bereits durch sein Ergebnis, das ja auch irgendwie zufällig zustandekommen kann, sondern allenfalls dann, wenn sich damit die Wahrnehmung verbindet, besonnen zu handeln. Es würde auch nicht genügen, daß ein Dritter die Besonnenheit feststellt und dem Handelnden signalisiert, denn damit wüßte dieser nicht: Ich habe besonnen gehandelt, sondern lediglich: Ich habe das und das getan und damit zufällig – ohne ein eigenes Gefühlsbewußtsein in dieser Hinsicht gehabt zu haben – so gehandelt, wie andere es für besonnen halten. Ich finde es plausibel, die bewertende Mitwahrnehmung des eigenen Handelns zu einer Bedingung der Besonnenheit zu machen und halte Platons Gesprächsregie insoweit für gerechtfertigt. Ebenso wäre es mit tugendhaften Handlungen im Sinn der andern Tugenden. Beispielsweise setzt die Tapferkeit einer Handlung ein Bewußtsein voraus, sich eine gewagte Handlung trotz der Gefahr zuzutrauen. Der Rollschuhfahrer am Abgrund, der diesen gar nicht sieht, ist deshalb nicht tapfer. Die von Platon mit der Gesprächsregie verbundene Annahme gewinnt im folgenden eine entscheidende Bedeutung.

Charmides, zur Zeit des Gesprächs vielleicht 17jährig und für seine Besonnenheit allgemein gelobt, blickt nun also in sich, um die ihm zugeschriebene Tugend zu finden, und entdeckt sie in Gestalt einer gewissen Gelassenheit und Ruhe. Solche Eigenschaften sind gewiß zu loben, allerdings mit dem Vorbehalt, daß die Ruhe nicht zur Schwerfälligkeit mißrät. Diese ist sicherlich etwas anderes als Ruhe, aber doch tendenziell dasjenige Verhalten, zu dem die Ruhe sich am ehesten verfälscht, indem sie scheinbar noch gewahrt wird. Um Charmides auf die Notwendigkeit dieser Abgrenzung hinzuweisen, reagiert Sokrates auf seine These, Besonnenheit sei Ruhe, so als hätte jener geantwortet, Besonnenheit sei Langsamkeit oder Schwerfälligkeit. Wer dieses Verfahren nicht durchschaut, kann sich nur wundern, warum Charmides sich durch lauter Einwände des Sokrates, welche die These in ihrem richtigen Kern gar nicht treffen, derart verunsichern läßt. In Wahrheit aber wird die These, Besonnenheit sei Ruhe, gar nicht aufgegeben, sondern lediglich durch den Zusatz ergänzt: Besonnenheit ist Ruhe, *jedoch nicht bis zur Schwerfälligkeit.*

Sokrates war Steinmetz, und Platon schreibt wie ein Bildhauer. Die Sokratischen Einwände entsprechen den Brocken, die von dem Steinblock abgeschlagen werden, um die Statue herauszuarbeiten oder freizulegen. Wer die so geschriebenen Dialoge aporetisch findet – also meint, daß immer nur alles widerlegt wird und nichts herauskommt –, könnte mit demselben Recht das Tun des Bildhauers als die Produktion der auf dem Boden umherliegenden Steinsplitter beschreiben und die entstandene Statue übersehen.

In seiner zweiten Antwort versucht Charmides, erneut in sich gehend, die Ruhe so einzugrenzen, daß sie nicht mehr eigens von der Schwerfälligkeit abgesetzt zu werden braucht. Er meint nun, Besonnenheit sei eigentlich Zurückhaltung oder wörtlich Scham (aidós). Jetzt beginnt das Spiel von neuem, indem Sokrates an den heimkehrenden Odysseus erinnert, der sich als Bettler verkleidete, um unbemerkt und ungefährdet in das von den Freiern belegte Haus zu kommen, also klug genug war, um der eigenen Sicherheit willen keine falsche Scham oder Zurückhaltung zu üben. So wird die erfolgte Bestimmung wiederum durch einen Zusatz ergänzt: Besonnenheit ist Zurückhaltung, *jedoch keine falsche Zurückhaltung.*

Daß Charmides sich durch Sokrates' Einwände beide Male widerlegt fühlt, mag darauf hindeuten, daß Schwerfälligkeit und falsche Zurückhaltung Eigenschaften waren, welche der historische Charmides – ein Onkel Platons mütterlicherseits und später einer der Dreißig Tyrannen – tatsächlich gehabt hat, jedenfalls aus Platons Sicht.

Die nächste Antwort stammt von dem Sophisten Kritias, der dem Gespräch gefolgt war. Sie lautet, Besonnenheit sei das Tun des Seinen. Dadurch wird nun zwar grundsätzlich entschieden, wann Zurückhaltung angemessen ist und wann nicht, jedoch gibt es tendenziell eine neuerliche

Schwäche. Sie besteht darin, daß jeder das Seine so auslegt, wie es in unserer Zeit der Homo oeconomicus tut, d. h. nach eigennützigen Präferenzen. Platon pointiert dieses Selbstverständnis so, daß jeder nur für seine eigene Kleidung, seine eigenen Schuhe usw. sorgt und möglichst sogar immer nur den eigenen Namen schreibt. Abgesehen von der hier noch fehlenden Arbeitsteilung ist dieses Verständnis des Seinen gerade das der – in der unbegrenzten Marktwirtschaft für vorbildlich erklärten – autonomen Wirtschaftssubjekte, die je für sich ihre Präferenzen haben und das Ihre tun, indem sie möglichst alles nur für sich tun. Der Ja-aber-Zusatz lautet deshalb in diesem Fall – wiederum nicht in Platons Text, aber im Blick auf die allmählich sichtbar werdende Statue –, Besonnenheit sei das Tun des Seinen, *jedoch nicht nur für sich*. Denn mit lauter Bürgern, die alle nur für sich sorgen, ist sozusagen kein Staat zu machen, wie die heutigen Kommunitaristen zu Recht betonen.

Das Seine zu tun ist also insoweit eine zutreffende und der falschen Zurückhaltung entgehende Bestimmung der Besonnenheit, als jeder bei allem, was für das Gemeinwesen im allgemeinen Interesse gut ist, für das aufkommt, was ihn persönlich angeht oder in seine Verantwortung fällt. Damit ist der Rahmen einer besonderen Tugend, der Besonnenheit im Unterschied von den andern, freilich verlassen, so daß die nächstfolgende Antwort einfach lauten kann, Besonnenheit sei das Tun des Guten überhaupt. In ihrem Kern kommen alle Tugenden überein. An dieser Stelle wird nun die dramaturgisch bereits vollzogene Voraussetzung ausdrücklich in den Gedankengang eingeholt, zum Tun des Guten gehöre das Mitwissen, Gutes zu tun – selbstverständlich immer mit der Möglichkeit des Irrtums. Gut handelt also nicht schon derjenige, der in der Meinung anderer das Richtige oder Gute tut, es aber nur zufällig und ohne es darauf abgesehen zu haben trifft, sondern allenfalls der, welcher mit dem Handeln die Absicht und die Bewertung verbindet, es gerade so, wie er es macht, auch gut zu machen.

Nach dem bisherigen Gedankengang hätte die gesuchte Bestimmung letztlich lauten sollen, Besonnenheit sei *das Tun des Guten in der Absicht und Mitwahrnehmung des Guten*. Vergegenwärtigt man sich die in jeder Ab-Sicht liegende Sicht, so braucht die Mitwahrnehmung nicht eigens betont zu werden. Diese Antwort wird aber nicht gegeben, sondern der vierten Antwort – Besonnenheit sei das Tun des Guten – folgt eine ganz anders klingende fünfte, nämlich Besonnenheit sei Selbsterkenntnis. Es ist diese Diskrepanz, deretwegen ich den vorliegenden Prolog schreibe und dem „Charmides" widme. Soweit das Gespräch konsistent ist – was man bei Platon immer so lange voraussetzen darf, bis sich tatsächlich einmal das Gegenteil zeigen sollte, was in einer so grundlegenden Frage aber schwerlich zu erwarten ist –, besagt die fünfte Antwort nämlich, daß die eigentlich zu erwartende und die tatsächlich gegebene Antwort übereinkommen, d. h.: *Das Tun des Guten in der Absicht des Guten ist Selbster-*

kenntnis. Dies aber ist eine erstaunliche Behauptung. Denn der Gegenstand der Selbsterkenntnis ist, wer ich meiner Natur nach bin, das jeweils
persönliche Ich. Was hat die Wahrnehmung des Guten mit der Erkenntnis
meiner Natur zu tun?

Vergegenwärtigen wir uns demgegenüber das liberalistische Menschenbild der heutigen Industriegesellschaft. Hier ist jeder Mensch ein Wirt-
schaftssubjekt, das seine ‚Präferenzen' hat und in der kommunikativen
Kooperation mit andern Subjekten, die auch je ihre Präferenzen haben,
aushandelt, wer was bekommt. Damit die Wirtschaftssubjekte ihre Ziele
frei wählen können, müssen zwei Voraussetzungen erfüllt sein. Die eine
ist, daß niemand vorgeschrieben bekommt, was seine Präferenzen sind,
und schon gar nicht von Staats wegen. Die zweite, gleichermaßen urlibe-
rale Annahme ist, daß die Subjekte bereits unabhängig von ihren Präferenzen existieren, damit sie über diese frei entscheiden und sich einigen können. In den Worten von John Rawls: „the self is prior to the ends which are
affirmed by it" (1971, 560). Nach diesem Menschenbild bedarf es keiner
Selbsterkenntnis, um sich für das als gut oder erstrebenswert Präferierte
zu entscheiden. Es bedarf dazu auch sonst keiner Erkenntnis, sondern
was gut ist, weiß jeder von alleine, und was einer bekommt, wird gewählt
und ausgehandelt. Wie kann man demgegenüber meinen, daß es zur Mitwahrnehmung des Guten in den anzustrebenden Gütern der Selbsterkenntnis bedarf?

Gemeint ist nicht das Gute im Allgemeinen, sondern das in der Handlung, in der ich das Meine – nicht nur für mich – tue, mitwahrzuneh-
mende Gute, also das Gute, insoweit ich es als meine Aufgabe ansehe
oder es mir zu tun zuziehe. Das Gute schlechthin kann ich gar nicht tun,
sondern immer nur irgendein näher bestimmtes Gutes, zu dem ich überhaupt die Gelegenheit habe und das ich außerdem als etwas empfinde, das
gerade ich tun sollte und nicht besser ein anderer, weil es eher das Meine
als das Seine ist. Das Meine ist im Rahmen dessen, was Menschen überhaupt für gut und irgendeiner Mühe wert halten, selbstverständlich ein
äußerst begrenztes Gutes, denn kein Mensch bringt wesentlich mehr zustande als ein Fünfmilliardstel dessen, was die ganze heutige Menschheit
für gut halten mag. Ungeachtet aller Beschränkung aber ist dies Gute, das
zu tun ich für meine Aufgabe halte, für mich das Entscheidende, nämlich
das Meine und das Gute, was mich angeht. Insoweit das Gute, das zu tun
ich mir zuziehe, weil ich es als zu meinem Leben gehörig empfinde, in
dieser Individualisierung *das Meine* ist, wird das Tun des Guten in der
Mitwahrnehmung des Guten zu einem Akt der Identifikation meiner
selbst, dessen Seines hier geschehen soll. Das Tun des Guten setzt danach
Selbsterkenntnis voraus. Gilt auch in der umgekehrten Richtung, daß
Selbsterkenntnis gerade das zu erkennen gibt, was zu tun das Meine ist,
so daß das Ich eigentlich der Inbegriff des allgemeinen Guten, an dem
‚ich' mich im Handeln orientiere, in meiner Person ist?

Hier kommt es einstweilen nicht darauf an, ob das, was zu tun ich in
einer gegebenen Situation für das Meine und somit zu tun für gut und
richtig halte, bei genauerer Prüfung und in einem weiteren Sinn tatsächlich gut ist. Erfahrungsgemäß stellt sich das, was man, als es geschah, für
gut und richtig gehalten hat, im Rückblick häufig als verfehlt heraus.
Wird man dann aber sagen: Dies zu tun war zwar das Meine, aber es war
nicht gut, oder war es in diesem Fall auch nicht das Meine? Was auch immer ich in Freiheit tue, ziehe ich jedenfalls dem vor, das ich nicht tue,
denn sonst würde ich es nicht tun, und halte es in diesem Sinn also für
besser als das andere. Dieses Bessere zu tun ist jeweils das, was ich für gut
halte, und insoweit ist das, was ich tatsächlich tue, immer zugleich das,
was ich für das Bessere und insoweit für gut halte. Anders ist es eigentlich
nur im Fall der Unentschiedenheit, weder diesem noch jenem den Vorzug
geben zu können, oder des Gefühls der Sinnlosigkeit des einen wie des
andern. In beiden Fällen aber gibt es die Frage nach dem Besseren und
insoweit den Wunsch, das, wozu man sich entschließt, als sinnvoll und
richtig bejahen und insoweit gut oder besser finden zu können. Auch der
größte Bösewicht will in diesem Verständnis bei aller Missetat eigentlich
das Gute, so wie er es für sich versteht.

Hier liegt der Einwand auf der Hand, daß das, wovon man eigentlich
weiß, daß man es tun sollte, weil es gut wäre, häufig nicht geschieht und
man statt dessen bewußtermaßen etwas Schlechtes tut, weil man sich davon allzu stark angezogen fühlt und der Versuchung erliegt. Das Gute,
das hier nicht geschieht, ist jedoch das im Sinn der Erziehung und gesellschaftlichen Moral Gute. Und wenn man dem moralisch-gesellschaftlich
Guten ein individuelles, nach der herrschenden Moral ‚Schlechtes‘ vor-
zieht, so doch nur deshalb, weil man dieses ‚Schlechte‘ zu tun nach den
eigenen Bedürfnissen doch für wünschenswert und besser hält – warum
würde man es sonst tun? Wer also absichtlich ‚das Schlechte‘ tut, hält es
eigentlich nicht für das Schlechte, sondern individuell für das Gute oder
Bessere, d. h. hier besteht ein Konflikt zwischen zweierlei Auffassungen,
was gut ist. Man denke nur an Verstöße gegen eine herrschende Ehe- oder
Sexualmoral. Wer sie verletzt, mag ein schlechtes Gewissen gegenüber
den Mitmenschen haben und sich in dieser Hinsicht schuldig fühlen. Und
doch war die Verletzung, als sie geschah, die eigene Tat, mit der man zu
sich selber oder zu der eigenen Natur Ja gesagt hat. Dies löst nicht den
Konflikt, sich als derjenige, der sich in Abweichung von der herrschenden Moral in der geschehenen Weise zu sich bekannt hat, gleichwohl mit
der Gesellschaft zu arrangieren oder sich ein- bzw. aussperren zu lassen.
Deutlich wird aber, daß alles, was man tut, und vielleicht sogar in besonderem Maß das, was der herrschenden Moral nicht konform ist, ein Ausdruck der eigenen Persönlichkeit oder Natur ist.

Es ist der Kerngedanke der Platonischen Ideenlehre, auf die ich im
zweiten Kapitel genauer eingehe, daß alle Dinge nur sind, was sie sind,

insoweit sie etwas taugen. Ein Schuh beispielsweise ist gerade insoweit wirklich ein Schuh, als man damit gehen oder laufen kann. Ein aus Leder und Gummi etc. zusammengefügtes Gebilde, mit dem sich zwar der Fuß bedecken läßt, das aber binnen kurzem wieder auseinanderfällt oder das Gehen erschwert, statt es zu erleichtern, ist nicht etwa ein schlechter Schuh, sondern gar kein Schuh. Dasselbe gilt für ein Haus. Ein Baugebilde, das kein Obdach bietet gegen Hitze und Kälte, gegen Regen und Sturm etc. ist jedenfalls kein Haus. Wieweit die Dinge etwas taugen bzw. ,Tugend' haben, beschreibt Platon durch ihre mehr oder weniger weitgehende Teilhabe an der Idee, nach der sich ihre Güte oder ihr Gutsein bemißt. Ein guter Schuh und ein gutes Haus sind nach dem Ideen-Maß von Schuh und Haus gebildet und haben entsprechend Teil an diesen Ideen. Anders gesagt: Sie sind *kraft* der Ideen, was sie sind. Auf englisch hieße dies, sie sind ,by virtue' der Ideen, was sie sind. ,Virtue' (lat. virtus) heißt wiederum Tugend, und ebendies ist gemeint. Ein Haus ist das, was an einem Gebäude gut ist, insoweit es als Haus etwas taugt, und ein Schuh ist das, was an einem entsprechenden Gebilde als Schuh getragen zu werden taugt oder gut ist. Alle Ideen kommen deshalb in der ,Idee des Guten' überein, d. h. sie sind ebenso viele Weisen, wie etwas gut sein kann.

Gilt dies gleichermaßen für den Menschen? Bin auch ich eigentlich das, worin und wofür ich gut bin? Ich denke, wir sollten dies nicht nur mit Platon so sehen, sondern es ist wirklich so. Es gibt sogar die Gemeinsamkeit mit dem Schuh und dem Haus, daß das Gutsein nicht einfach ein fertiger und als solcher feststellbarer Zustand ist, sondern projektiv besteht. Der Schuh bewährt sich im Gehenkönnen, d. h. sein Projekt ist das Gehen, und das Haus bewährt sich im Ansässigwerden, d. h. Häuser sind ein Projekt der Seßhaftigkeit. Sind auch Menschen Projekte? Ich bin in der Regel nicht einfach irgendwo, sondern lebe in einem projektiven Dasein auf etwas hin, das ich ,vor', und zwar vor mir habe und wo ich noch nicht bin. Was ich von mir aus vorhabe, finde ich gut, sonst hätte ich es nicht vor, gut jedenfalls für mein Leben und als einen Teil desselben. Alles, was ich vorhabe und je vorhaben werde, ist überhaupt das Leben, das ich als das meine weiterhin führen möchte. Man kann auch von Selbstverwirklichung sprechen, natürlich im Mitsein mit anderen und anderem. Was ich vorhabe, ist das Meine, in dessen Tun ich zu mir selber komme. Habe ich in diesem Verständnis aber nicht letztlich mich selber als den Inbegriff des Meinen und das in meinem Leben Anzustrebende vor? Die Selbsterkenntnis würde mir dann zeigen, was das Meine und mein Leben oder der Sinn meines Lebens ist, worin und wozu ich also gut bin oder wofür es gut ist, daß ich da bin. Umgekehrt gilt: „Was wir erfahren, zeigt sich ohne Sinn, weil wir uns selber längst vergessen."[1] Wenn wir unserer selbst nicht vergessen sind, zeigt sich auch nicht ohne Sinn, was wir erfahren und tun können.

---

[1] Günter Kunert, Achtzeiler (1990).

Überlege ich mir beispielsweise, ob ich eine bestimmte Aufgabe übernehmen will, so frage ich mich, ob *ich* dies will, d. h. ob es der Weg *meines* Lebens ist oder mich zumindest von diesem Weg nicht abführt, die mir angetragene Tätigkeit anzunehmen. Damit meine ich nicht, ob es mir Vorteile bringt, Ansehen, Einkünfte oder Bequemlichkeiten, denn wir sind wohl nicht in erster Linie dazu da, uns alles möglichst angenehm zu machen. Gerade wenn es eine unbequeme Herausforderung ist, frage ich mich jedoch um so mehr, ob es in *mein Leben* gehört, hier Ja zu sagen. Natürlich spielt es dabei eine Rolle, ob ich mich in die Pflicht oder Verantwortung genommen fühle. Ob dies aber so ist, hängt wiederum von meinem Lebensentwurf oder von meiner Vorstellung ab, wer ich bin, wofür ich gut bin oder was der Sinn meines Lebens ist. Dabei beziehe ich mich nur auf freie Entscheidungen, bei andern Herausforderungen stellen sich andere Fragen. Wofür ich mich aber frei entscheide, das hängt im wesentlichen davon ab, wer ich zu sein meine und was ich für mein Leben halte. Geht es dabei nun um das jeweils Gute oder Bessere, so bin ich in Gestalt dieses Lebensentwurfs oder der Grundauffassung, wofür ich mir gut, zu gut oder nicht gut genug bin, sozusagen selbst eigentlich der Inbegriff der Ziele, welche das Projekt meines Willens sind. Da bin nicht ich und blicke auf ein Maß des Guten außer mir, dem ich gerecht werden möchte, sondern dieses Maß, auf das ‚ich‘ blicke, ist das, was im eigentlichen Sinn Ich selber bin. Das Ich, zu dem ich in einem Wollen und Handeln als dem Inbegriff des Meinen Ja sage, ist selbst meine besondere Gestalt des zu mir persönlich individuierten allgemeinen Guten. *Ich bin, wofür ich gut und da bin,* oder: *Das Projekt meines Lebens bin ich selbst.* In einem Bild von Wilhelm Schapp (1959) ist es so, als wenn ich eine Geschichte schreibe, die mein eigenes Leben ist und die jeweils so oder anders weitergehen könnte. Soweit ich verstehe, wer ich bin, d. h. mich selbst erkenne, weiß ich auch, was ich will, weil es mein Leben ist. So ist das Ich das in meinem Handeln eigentlich gewollte Gute oder diejenige Individuation des überhaupt zu Wollenden, die ich selber bin. Ich bin – wie man früher sagte – meiner Natur nach ‚verbunden‘, d. h. es ist für mich selbstverbindlich, so zu handeln, wie ich bin. Deshalb ist die Selbsterkenntnis die Mitwahrnehmung oder Ab-Sicht des individuierten Guten im individuellen Tun des Guten.

Wer in einen Spiegel blickt, sieht normalerweise nur ein Bild von sich. Hinter dem Spiegel ist nichts von dem, was man darin sieht, und man selber steht in Wirklichkeit davor. Nikolaus von Kues beschreibt den Spiegel der Wahrheit, bei dem es umgekehrt ist: In ihm sieht man sich als den, der man eigentlich ist, und als der vor dem Spiegel Stehende ist man ein gegenwärtiges Bild der in ihm gesehenen Wirklichkeit. Etwa so verhalte ich mich als der, der ich jeweils bin, zu dem Ich, das die Wahrheit meines Lebens und der Inbegriff dessen ist, was ich eigentlich will. In dieser Spannung meines kontingenten Daseins zu dem Ich, nach dem die

Geschichte meines Lebens benannt ist, liegt die Chance der Entwicklung. Das eigentliche Ich, das ich im Spiegel des Cusaners sehe, steht vor dem 17jährigen anders als vor dem 50jährigen. Es entfaltet sich im Leben und wird auch durch Geschicke zurechtgestoßen, die man sich nicht aussucht. Das Ich ist kein Fertigprodukt. Darum soll man sich weder von andern noch von sich selber ein Bild machen, das man ein für allemal vor sich her trägt. So ungewiß es ist, was zu tun jeweils das wahrhaft Gute ist, so ungewiß ist es, wer ich letztlich bin. Worauf der Platonische „Charmides" hindeutet, ist einerseits, daß beide Ungewißheiten – wer ich bin und was gut ist bzw. wofür ich gut bin – dieselben sind. Die eigentliche Pointe dieser Übereinstimmung ist andererseits, daß ich weder das Gute – als wäre das gut, was für mich gut ist – von einem angenommenermaßen bereits bekannten Ich her definiere, noch das Ich – als wäre ich nur der, welcher tut, was er soll – von einem angenommenermaßen bekannten Guten her bestimme. Wer ich bin und was ich als das Gute will, klärt sich durch denselben Prozeß. An die Stelle der Sollensethik tritt eine Seinsethik: *Zu sein, wofür der Mensch gut ist.*

Dieser Prozeß aber ist das Leben selbst, keine bloße Selbstbeschau. „Wie kann man sich selbst kennenlernen? Durch Betrachten niemals, wohl aber durch Handeln. Versuche deine Pflicht zu tun, und du weißt gleich, was an dir ist" (Goethe, HA VIII 283). Die jeweilige Gewißheit, wer ich bin und wozu ich gut bin, bildet sich im Handeln. In dieser Entwicklung ist mein Dasein immer von einem Bestand dessen aus projektiv, was ich nicht mehr ‚vor' habe, sondern einmal vorgehabt und bereits getan oder unterlassen habe. Ich bin sowohl der, welcher vieles getan hat, was nicht mehr zu ändern ist, als auch der, welcher vor sich hat, was noch zu ändern ist. Solange diese Geschichte noch nicht zu Ende ist, bildet sich das Selbst in Ab-Sicht seiner selbst im Handeln. Deshalb kommen das Erkennen und das Tun hier überein.

Die unausdrückliche These, daß das Tun des Guten in der Mitwahrnehmung des Guten eigentlich Selbsterkenntnis sei, steht gerade in der Mitte des „Charmides". Auf weitere Einzelheiten, insbesondere die Deutung des Delphischen „Erkenne dich selbst!" als eines Grußes, komme ich im Verlauf dieses Buchs zurück. Da es mir hier nur grundsätzlich um das Ich als das Projekt des Lebens geht, verzichte ich auf eine eingehende Erörterung der zweiten Hälfte des Dialogs. Der Sophist Kritias, mit dem das Gespräch seit der dritten Antwort – die Besonnenheit sei das Tun des Seinen – geführt wird, ist hier ganz darauf fixiert, sich durch Sokrates' Fragen nicht als einer, der die Antwort auf die Frage nach der Besonnenheit letztlich nicht weiß, bloßstellen zu lassen. Nach der Gesprächsregie wäre damit ja auch die peinliche Konsequenz verbunden gewesen, daß ihm selbst die Besonnenheit fehlte. Um dem zu entgehen, versteht er unter Selbsterkenntnis nun aber nur das Wissen, ob einer etwas weiß oder nicht weiß. Er selber möchte sich wie in einer Prüfungssituation als einer zu erkennen geben, der etwas weiß. Gerade dadurch aber setzt er sich nicht dem Spiegel der Wahrheit aus, in dem es die Selbsterkenntnis gibt.

Im ersten Teil der zweiten Hälfte des Gesprächs fragt Sokrates Kritias, wie ein Wissen überhaupt möglich sein kann, das kein Wissen von irgendeiner Sache ist, sondern nur davon, ob jemand von einer Sache etwas versteht. Er bietet ihm dazu verschiedene Beispiele von Selbstbezügen an – vom Sehen, das keinen Gegenstand, sondern nur sich selber sieht, über den Willen, der nichts als sich selber will, bis zur Selbstbewegung der Seele. Die letztere wird später das große Thema des X. Buchs der „Nomoi" (vgl. Abschnitt III.3). Kritias verfehlt jedoch das Sehen von etwas in der Mitwahrnehmung des eigenen Sehens und die andern Reflexionen ebenso wie das Tun des Guten in der Mitwahrnehmung desselben. Sokrates gibt die Frage ihm gegenüber schließlich auf, macht aber durch den Hinweis auf einen großen Mann, der ihnen hier helfen könnte, deutlich, daß die Möglichkeit derartiger Selbstbezüge einer weiteren Erörterung bedürfte. Da sich dieser Ausblick gerade an der Stelle des Goldenen Schnitts im Dialog befindet, wird Platon ihm einiges Gewicht beigelegt haben.

Zu finden wäre ein Selbstbezug, in dem einer das Seine nicht nur für sich tut, sondern sich in der Beziehung zu anderen und anderem, also in einer Bestimmung außer sich erkennt. Kritias aber sieht alles nur von sich aus und ist dadurch blind für sich selbst. Etwa so geht es auch dem heutigen Homo oeconomicus, der sich nicht vom Ganzen her als eine persönliche Individuation des allgemein zu Wollenden versteht, sondern sich als das eigennützige Ich mit seinen Präferenzen schon zu kennen meint und von dorther seine Ziele bestimmt. Das Gute, für das dazusein er gleichwohl nicht umhin kann, kommt ihm dabei zu den Gütern des materiellen Konsums herunter. Die Tragik ist, daß die Platonische Korrespondenz des Ich, das sich oder seine besondere Bestimmung im allgemeinen Guten findet, und dieses Guten, das sich individuiert, auch hier bestehen bleibt. Dem zum Konsumenten reduzierten Ich entspricht nun aber ein entsprechend zu Konsumgütern reduziertes Gutes. Durch das Haben dieser Güter definiert sich das eigennützige Ich in seinem Sein.

Kritias hat dem heutigen Konsumenten freilich immer noch einiges voraus. Daß die Aporie des Gesprächs ihn charakterisiert, zeigt sich noch deutlicher im zweiten Teil der zweiten Hälfte des „Charmides", jenseits des Goldenen Schnitts. Hier wird trotz des im vorhergehenden mißlungenen Versuchs probehalber vorausgesetzt, ein selbstbezügliches Wissen sei möglich, und untersucht, was damit gewonnen wäre. Das Ergebnis wäre eine Expertokratie, in der alles mit Sachverstand getan würde, weil man ja die nicht wahrhaft Sachverständigen vermöge des Wissens von ihrem Nichtwissen überall fernhalten könnte. So würden Schiffe nur noch von ausgewiesenen Steuerleuten gesteuert, Kranke nur noch von guten Ärzten behandelt, alle Gebrauchsgüter von wirklichen Fachleuten hergestellt usw. Daß es uns mit all diesem Sachverstand auch *gut* gehen würde und daß wir dabei glücklich wären, das aber fehlte in dieser Welt, fügt Sokrates hinzu.

Die durch Sokrates' Einwände freigelegte ‚Statue‘, die es angesichts der umherliegenden Argumentationssplitter nicht zu übersehen gilt, liegt nun so frei vor Augen, wie ich sie – anders als Platon – zuvor als das im Handeln mit wahrzunehmende Ich beschrieben habe. Mein unverhülltes Resümee des von Platon so kunstvoll Verhüllten bedarf ihm gegenüber eigentlich der Entschuldigung. Ich kann dazu nur geltend machen, daß ich den Wegweiser, dem ich folge, an den Anfang dieses Buchs stellen wollte und daß die folgenden Überlegungen als eine Wiederaufnahme der Platonischen Frage in der Naturkrise der wissenschaftlich-technischen Welt gelesen werden können. Was den Text des „Charmides" angeht, so gibt meine eher prosaische Nacherzählung wohl auch einen Leitfaden ab, welcher die Lektüre des – manchmal etwas verwirrenden – Dialogs erleichtert und vielleicht dazu beitragen kann, zu Platons Kunstwerk mit mehr Freude zurückzukehren. Die Platonische Dramaturgie überstrahlt die von mir gegebene Lesehilfe allemal.

Von Ekkehard Martens stammt ein schönes Argument, warum Platons „Charmides" eigentlich im Zentrum der abendländischen Geistesgeschichte steht. In dieser nämlich spielt die Philosophie eine zentrale Rolle, und alle Philosophie besteht nach einem bekannten Wort von Alfred North Whitehead aus dem Werk Platons und aus Fußnoten dazu. Platons Werk wiederum rundet sich um das Denken des Sokrates, und für diesen war die Selbsterkenntnis, wie Platon berichtet, das Ziel seines Lebens. Der Selbsterkenntnis aber ist der „Charmides" gewidmet.

Mich hat dieser Dialog immer wieder beschäftigt, seitdem ich ihn in der zweiten Hälfte der 60er Jahre erstmalig zum Thema eines Seminars gemacht habe. Der philosophische Leitsatz, den ich der damaligen Lektüre verdanke und der mich seitdem begleitet, lautet: *Unser Handeln ist ein Ausdruck unseres Selbstverständnisses.* Meine Leitfrage in der Naturkrise der wissenschaftlich-technischen Welt ist deshalb: Wer ist der Mensch in der Naturgeschichte? Denn von unserem Selbstverständnis hängt es ab, wozu wir uns im Ganzen der Natur für berechtigt und aufgerufen halten, so daß die Entscheidung zwischen der anthropozentrischen und der physiozentrischen Weltauffassung zu einer Frage der menschlichen Identität wird. Naturphilosophie und Anthropologie gehen hier ineinander über. Der anthropologischen Seite war vor einigen Jahren ein schönes Buch von Charles Taylor (1989) zur Geschichte des abendländischen Selbstverständnisses gewidmet, das mir neue Anregungen zu dem alten Thema gegeben hat. Taylor bezieht die Korrespondenz des Selbstverständnisses zu dem, was ein Mensch will, aber nicht auf unser Dasein im Ganzen der Natur, geschweige denn auf unsere Menschlichkeit im Mitsein mit der natürlichen Mitwelt.

Mein naturphilosophisches Ziel ist eine Praktische Anthropologie, die keine bloße Anthropologie mehr ist, sondern den Menschen vom Ganzen der Natur her versteht, zu der er gehört.[2] Die Überlegungen dieses Buchs folgen insoweit der Platonischen Anthropologie unter den Bedingungen der Gegenwart. Der Mensch erkennt sich nur im Andern, aber nicht nur im andern Menschen, sondern im Andern des Ganzen der Natur. In unseren Grenzen der Erfahrung dieses Ganzen gilt es zu wissen, wofür wir gut sind, damit eine Welt mit Menschen schöner und besser wird als eine Welt ohne Menschen. Kommunitaristen wie MacIntyre, Taylor und Walzer erinnern mit Recht daran, daß eine Gesellschaft zerfällt, wenn sie nicht mehr durch den Gemeinsinn der Individuen zusammengehalten wird. Mir geht dies nicht weit genug. Ich glaube sogar, daß die Industriegesellschaften nur dann noch eine Zukunft haben können, wenn sie durch einen Gemeinsinn des Menschen in der Natur, von der wir ein Teil sind, zusammengehalten werden.

[2] Hans Werner Ingensiep hat zu Recht bemerkt, daß dieses Buch letztlich der Entwurf einer naturphilosophischen Anthropologie geworden ist.

I. Die Naturzugehörigkeit des Menschen

> In jedem Geschöpf ist das Universum dieses
> Geschöpf.
>
> *Nikolaus von Kues (I 345)*

Die Natur ist das Ganze, von dem wir ein Teil sind. Sie ist nicht nur die außermenschliche Natur, sondern diese ist ebenfalls ein Teil des Ganzen, allerdings der größere. Zur Unterscheidung sowohl von der Menschheit als auch vom Ganzen der Natur nenne ich sie unsere natürliche Mitwelt. Das hier betonte Mitsein erinnert an unsere naturgeschichtliche Verwandtschaft in der Lebensgemeinschaft des Ganzen der Natur. Die Natur ist so wenig nur die heutige Welt wie die Menschheit nur die heutige ist, sondern sie hat ihren ganzheitlichen Zusammenhang in der zwischen Vergangenheit und Zukunft ausgespannten Naturgeschichte.

Das menschliche Handeln ist ein Ausdruck des Selbstverständnisses, wer wir sind, woher wir kommen und wohin wir gehen. Dies gilt gegenüber unsern Mitmenschen wie gegenüber der natürlichen Mitwelt. Wenn wir uns selber so verstehen, daß wir nur im Mitsein mit ihnen – den Mitmenschen wie der natürlichen Mitwelt insgesamt – wir selber sein können, werden wir sie anders behandeln zu dürfen und zu sollen meinen, als wenn wir von einem andern Planeten zugewandert wären und mit den der Erde Eingeborenen in unserm Dasein ursprünglich nichts gemein hätten. Als die Zugewanderten lebten wir nur untereinander in einem Mitsein, das zur eigenen Identität gehört und das man nicht ohne Scham verletzen kann. Gegenüber den Hiesigen aber hätten wir keinen Grund zu derartigen Rücksichten, denn sie wären nicht andere *wie* wir, sondern nur andere *als* wir. Hier gäbe es allenfalls ein Klugheitsgebot, mit ihnen so umzugehen, wie es unsern Interessen als Eingewanderten oder Eroberern entspräche.

Die Industriegesellschaften verhalten sich so, als kämen sie von einem andern Stern und gehörten hier auf Erden eigentlich nicht dazu. Diesem Verhalten entspricht das erkenntnis- und handlungsleitende Bewußtsein in Wirtschaft und Wissenschaft. Viktor von Weizsäcker hat einmal gesagt, die Naturwissenschaft und der Kapitalismus seien eigentlich derselbe Fehler.[1] Tatsächlich erfolgen die Verwirtschaftung der Natur als Ressource oder Ware und die wissenschaftliche Objektivierung der Natur

---

[1] Aus der Sicht der Medizin bedeutet dies insbesondere, daß „die Idee der Krankheit und die Abgrenzung dessen, was behandelt werden soll, nicht nur un-

gleichermaßen so, als gehörten wir nicht dazu, und setzen insoweit denselben Irrtum voraus.

Wir sind in diesem Irrtum immer noch befangen. Zwar wird in der Regel nicht mehr ganz so unbedacht beansprucht, wir seien etwas Besseres als die Natur und lebten in einer besonderen, exclusiv geschichtlichen Welt, die sich auf einer sonst ungeschichtlichen Natur niedergelassen habe. Unter der Natur aber wird sogar in der Naturkrise der wissenschaftlich-technischen Welt im Allgemeinbewußtsein meistens immer noch die grüne Welt verstanden, die man vor dem Fenster hat oder dort vermißt, also nur die außermenschliche Natur oder das, was nicht wir sind. Alle Beteuerungen, auch wir seien ein Teil der Natur, haben daran bisher erstaunlich wenig geändert. Ein Ausdruck dieses Bewußtseins ist nicht nur die Zerstörung der Lebensverhältnisse durch die industrielle Wirtschaft, sondern gleichermaßen die herrschende Wissenschaft von Natur und Gesellschaft.

Soweit die Industriegesellschaften noch eine Zukunft haben, hängt diese meines Erachtens davon ab, daß wir uns unserer Naturzugehörigkeit bewußt werden, d. h. uns selbst erkennen als Mensch gewordene Natur und danach handeln. In jedem Geschöpf ist das Universum ganz und gar dieses Geschöpf, ist ein für dieses Buch wegweisender Satz von Nikolaus von Kues; im Menschen also ist es Mensch geworden, d. h. in besonderer Weise gefühls- und vernunftfähig. So kann die Natur in uns zur Sprache, zur bildenden Kunst und überhaupt auf menschliche Weise zur Kultur kommen. Vernunft, denke ich, ist das Vernehmen der Natur im Erkennen und im Handeln, wie es besonders wir Menschen vermögen. In andern Lebewesen und in der sogenannten unbelebten Natur kommt das – in seiner Einheit unsichtbare – Ganze der Natur auf je besondere Weise zur Erscheinung. Aber in aller Vielfalt zeigt sich immer dieselbe Natur. Sie verbirgt sich zugleich in dieser Vielfalt. Erstmals entdeckt haben sie die vorsokratischen Philosophen. Inzwischen ist nicht mehr alle Philosophie Naturphilosophie und die Natur sogar für viele Philosophen von der Natur der Dinge zu den Dingen der Natur geworden. Dieses Unverständnis ist viel älter als die Naturkrise der wissenschaftlich-technischen Welt. Ich möchte durch das vorliegende Buch dazu beitragen, daß wir

ter die theoretische Herrschaft der Begriffe exakter Naturwissenschaft gerät, sondern bezeichnenderweise unter die utilitaristischen und manchesterlichen Formulierungen ... der biologischen Ideen, denen Leben soviel wie ein Zweck, Zweck des Lebens soviel wie Erhaltung des Lebens, Gesundheit soviel wie leidlose Tüchtigkeit (Arbeits- und Genußfähigkeit), langes Leben undiskutierbarer Wert, Verhinderung des Todes eine Aufgabe der Medizin, Gesundheit soviel wie Normalität, Krankheit soviel wie Abnormität ist" (1929, V 227). Der erwähnte Satz ist durch Carl Friedrich von Weizsäcker mündlich überliefert. Die am ehesten vergleichbaren Formulierungen sind nach Rainer-M. E. Jacobi 1948, VII 270/1950, VII 327 und 1929, V 229.

jenseits der Fülle der Erscheinungen auch wieder die Natur selbst wahr- ⤬
zunehmen lernen, von der wir ein Teil sind.

Das Selbstbewußtsein, Mensch gewordene Natur zu sein, haben wir
noch nicht. Hätten wir es, so könnten wir uns nicht nur mit der heutigen
Wirtschaft, sondern auch mit den heutigen Wissenschaften nicht mehr
begnügen; denn sie beruhen auf der Entgegensetzung von Natur und Gesellschaft, so daß das unnatürliche Menschenbild dem unmenschlichen
Naturbild – und der dazu passenden Praxis – entspricht. Ein Ausweg aus
der Wirtschafts- und Wissenschaftsstruktur, in deren blinden Fleck die
jetzige Naturkrise fällt, ist erst dann zu finden, wenn die Naturzugehörigkeit des Menschen ein gemeinsamer Ausgangspunkt wird. Solange es
immer nur heißt: Ja, ja, natürlich gehören wir auch zur Natur, und ‚für
die Umwelt geschieht ja auch schon eine ganze Menge‘ – dann aber weiter
so gedacht und gehandelt wird, als gehörten wir nicht dazu, sind wir
nicht zu retten. Die Einsicht in unser Natursein ist eine Voraussetzung
der Angemessenheit von Wissenschaft und Wirtschaft im Ganzen der
Natur.

Uns auf Erden wie die interplanetarischen Eroberer zu verhalten, beruht auf dem Selbstverständnis, Mensch *sein* zu können, indem wir die
übrige Welt nur *haben* wollen. Man nennt dieses Welt- und Menschenbild
üblicherweise das anthropozentrische, weil der Mensch sich hier so in
den Mittelpunkt stellt, als sei die außermenschliche Welt nicht seine natürliche Mitwelt, sondern nichts als für ihn da: ein Haufen von Ressourcen zur Deckung seiner Bedürfnisse oder was er dafür hält. Der Ausdruck Anthropozentrik hat allerdings einen beschönigenden Beiklang,
insofern es hinsichtlich der mitmenschlichen, insbesondere der politischen Verhältnisse ein gutes und anerkanntes Ziel ist, daß nicht ein
System, ein Staat, ein Diktator, eine Partei oder eine Klasse im Mittelpunkt stehen soll, sondern eben der Mensch. Was innerhalb der Menschheit gilt, darf aber nicht ohne weiteres auf das menschliche Verhältnis zur
übrigen Welt verallgemeinert werden. Den Menschen auch in der Natur
insgesamt als die Hauptsache und den allgemeinen Bezugspunkt zu de-
klarieren, ist eine Überheblichkeit der Gattung Mensch in der Gemeinschaft der Natur, die auf der individuellen Ebene dem Egoismus des einzelnen entspricht, der meint, seine Artgenossen seien im wesentlichen für
ihn da. Man kann das anthropozentrische Weltbild deshalb auch das humanegoistische nennen.

Ich versuche in diesem ersten Kapitel die menschliche Naturzugehörigkeit als das gemeinsame Selbstverständnis, ohne das die neuen Wege
gar nicht gewollt werden könnten, aus der mythologischen und religiösen
Erinnerung zu vergegenwärtigen. Mythen haben einen Wahrheitsgehalt
und sind deshalb immer geeignet, uns etwas bewußt zu machen. Daß ihr
Wahrheitsgehalt in einer offensichtlichen Weise geschichtlich und kulturell geprägt ist, macht sie sogar glaubwürdiger als alle vermeintlich zeit-

losen Wahrheiten. Dabei soll es nicht auf die Wirkungsgeschichte der im folgenden komparativ in Erinnerung gerufenen Mythen ankommen. Mir genügt, daß die gegensätzlichen Haltungen im menschlichen Verhältnis zur Natur, zwischen denen wir uns in der gegenwärtigen Naturkrise der wissenschaftlich-technischen Welt finden, in der mythologisch-religiösen Vergangenheit wiederzuerkennen sind. Die Präsenz der Mythen im heutigen Bewußtsein zeigt sich gerade daran, daß jene Inhalte immer noch die Tiefenschichten unseres Bewußtseins und Gefühlsbewußtseins prägen. Wer hier nicht mitgeht, mag die entsprechenden Abschnitte dieses Kapitels als eine Möglichkeit ansehen, aktuelle Kontroversen in einem historischen Abstand wahrzunehmen.

Wie sind wir darauf gekommen, uns selber so zu verstehen und uns auf Erden so zu verhalten, als seien wir wie von einem andern Stern zugewandert und hätten mit den Hiesigen nichts gemein, so daß wir hienieden nur für das eigene Wohl zu sorgen hätten? Das menschliche Selbstverständnis, wer wir sind und wonach wir uns zu richten haben, war traditionell die zentrale Frage aller Religionen. Jede von ihnen bringt ein menschliches Selbstverständnis zum Ausdruck, wer wir eigentlich sind oder sein wollen, und ich kenne keine, die nicht erklärt, wie der von ihr gemeinte Mensch in die Welt gehört. Sogar dort, wo der irdische Leib wie in der Gnosis nur als ein Kerker gilt, dem wieder zu entkommen die eigentliche Hoffnung ist, soll doch eben dieses Kerkerbild die Weise unseres Daseins beschreiben. Insoweit hinsichtlich unseres Naturseins diese oder jene Antworten gegeben worden sind, hat es auch immer schon in Frage gestanden.

Das gnostische Kerkerbild kommt dem Selbstverständnis, wonach wir sozusagen aus einer andern Welt zugewandert sind und mit dem Irdischen nichts gemein haben, sogar schon sehr nahe, allerdings in umgekehrter Bewertung. Gefangene haben ja in der Regel keinen Anlaß, auf die Lebensverhältnisse, unter denen sie gefangengehalten werden, sonderlich Rücksicht zu nehmen. Vielleicht fühlen wir uns im anthropozentrischen Weltbild wie frei gewordene Gefangene, die den Platz der früheren Machthaber einnehmen, ohne sich der Kultur, über die sie nun gesetzt sind, selber zuzurechnen. Dies schließt die interplanetarische Herkunft nicht aus. Derartige Gefühle oder ihr gegenwärtiger Ausdruck, der Humanegoismus der Industriegesellschaften, sind nicht im eigentlichen Sinn religiös, weil der Mensch hier kein Maß der Menschlichkeit jenseits seiner selbst findet und dabei auch über relativ vulgäre Emotionen nicht hinauskommt. Noch jede animistische Religion ist religiös differenzierter als der bloße Humanegoismus. Ich möchte ihn gleichwohl als eine quasireligiöse Grundlage der industriegesellschaftlichen Lebensformen bisheriger Art gelten lassen, weil er das handlungsleitende Selbstverständnis der Industriegesellschaft zumindest wie ein Religionsersatz prägt, also als Religion fungiert und so zu bewerten ist. Mit allen andern religiösen oder

sittlichen Orientierungen im menschlichen Handeln hat das anthropozentrische Weltbild außerdem gemein, auf spezifischen Annahmen hinsichtlich der Naturzugehörigkeit des Menschen zu beruhen, nämlich
durch deren Verneinung.

1. Ausgrenzungen und Naturzusammenhänge
in der Religionsgeschichte

Der erdenferne Schöpfer und die Götter in der Natur

Religionen unterscheiden sich vor allem durch die Vorstellungen, die sie
sich von den Göttern oder von Gott und von ihrem oder seinem Verhältnis zum irdischen Dasein machen. Innerhalb einer Religion sind das Verständnis der Götter, der Menschen und der natürlichen Mitwelt jedoch
aufeinander bezogen, so daß man sinnvoller Weise nach dem Gottesbild
fragen kann, dem ein bestimmtes Menschenbild und ein menschliches
Naturverhältnis entspricht. Gibt es einen Gott, der der Natur so fremd
ist wie ein interplanetarisches Wesen der Erde? Eine auffallende Anoma-
lie unter den Gottesbildern der großen Religionen ist, daß der im Alten
Testament bezeugte Gott der Israeliten ein übernatürlicher, dem Naturgeschehen gegenüber autonomer, unabhängiger und transzendenter Gott
ist. Dies galt für den ursprünglichen Berggott des Jahwisten in der Wüste
Sinai nicht von Anfang an in demselben Maß wie später, ist dann im Lauf
der tausendjährigen Religionsgeschichte, von der das Alte Testament
zeugt, aber doch ein Grundcharakter des israelitischen Gottes geworden.
Diese Unabhängigkeit ist nicht so zu verstehen, daß Jahwe am Erdenge-
schehen keinen Anteil nimmt. Wenn er in bezug auf Irdisches zürnt oder
eifersüchtig ist, liebt, bereut oder sich erbarmt, geht es allerdings im wesentlichen um sein auserwähltes Volk, kaum um andere Völker und noch
weniger um die außermenschliche Natur – jedenfalls aber nur aus dem
Abstand, in dem er seine Souveränität wahrt. Was sich im Christentum,
das ja das Alte Testament umfaßt, dadurch ändert, daß Christus auch ein
Erdensohn war, ist eine andere Frage. Ich komme darauf später zurück.[2]

Das Verhältnis Jahwes zur Natur war nicht das der außerplanetarischen
Eroberer; aber bereits der Gedanke, daß die Natur ‚Schöpfung‘ sei, enthält
eine deutliche Distanzierung. Als Schöpfung ist sie keine Metamorphose
Gottes, sondern etwas außer ihm. Durch die Abwehr pantheistischer
Auffassungen ist an dieser Erdenferne Gottes in der gesamten Geschichte

---

[2] Nachhaltige Unterrichtung und viele Anregungen für die im folgenden entwickelten Überlegungen zur alttestamentlich-orientalischen Mythologie verdanke
ich Heike Baranzke. Gemeinsam ist uns, die in der jüdisch-christlichen Tradition
so verbreitete ‚Pantheismus-Allergie‘, wie sie es nennt, nicht zu teilen.

des Christentums immer wieder festgehalten worden. In der – aus dem 6. Jahrhundert v. Chr. stammenden – priesterschriftlichen Schöpfungsgeschichte (Gen 1,1–2,4a) des Alten Testaments war die Welt für Elohim, den hier im Plural genannten Schöpfergott, zwar ein Gotteswerk, aber doch entschieden etwas anderes als er selbst. Bei den einzelnen Schöpfungswerken wird der Abstand zwischen dem Bewirkenden und seinem Werk betont, indem in der Regel zunächst eine Ankündigung erfolgt, was nun als Nächstes geschehen soll, und danach das Geschehen sozusagen Stück für Stück als ein Akt des ‚Machens' – nicht des Werdens – festgehalten wird: „Elohim machte die Feste", die der Himmel ist, die „Leuchtkörper" an der Himmelsfeste, dann alle Lebewesen je für sich – zuerst die im Wasser und in der Luft, dann die auf dem Land – und schließlich den Menschen. Nur das Licht – „es werde... und es wurde" – und das Land mit den Pflanzen brauchten nicht eigens von Elohim gemacht zu werden, sondern durften, da sie sein sollten, weisungsgemäß von sich aus entstehen bzw. von der Erde hervorgebracht werden. Letzteres wurde zwar auch für die Landtiere angekündigt, aber dann war es doch wieder Elohim, der sie „machte" (Gen 1,24f.).

Die Trennung Elohims von der Erde habe ich in den (Ende des 12. Jahrhunderts entstandenen) Mosaiken des Normannendoms zu Monreale bei Palermo besonders eindrücklich dargestellt gefunden.[3] Die Schöpfungswerke sind tageweise geschildert, und der Schöpfer sitzt dabei jeweils vor seinem Erdenwerk wie ein Maler vor seiner Staffelei oder ein Bildhauer vor seinem Material, vielleicht aber auch wie ein Ingenieur vor seinem Projekt. Da er nicht selbst dazugehört, ist ihm ein Ort außerhalb der Erde gegeben worden. Dazu hat der Künstler Elohim auf eine Mandorla wie auf ein Himmelsgefährt gesetzt, das man in seiner Rundheit auch für einen andern Stern halten könnte. Von dort aus berühren zwar seine Füße gelegentlich die Erde, etwa zur Erschaffung Adams, er verläßt sein Gefährt aber doch nur einmal, um das Menschenpaar nach dem ‚Sündenfall' geschwinden Schritts zur Rede zu stellen und des Paradieses zu verweisen. Die einzige Andeutung, daß Elohim über das Machen hinaus sein Leben mit seinem Werk teilen könnte, gibt das erste Bild. Hier schwebt oder brütet in der Erzählung sein Atem als ein Wind über dem Wasser. Der Künstler hat dieses Miteinander so dargestellt, daß Elohim zwar wie ein Stern am Himmel steht, aber doch durch einen Hauch, auf dem eine Taube niederschwebt, mit dem Meer drunten verbunden ist und dieses dort, wo der Hauch es trifft, seine Züge annimmt. Das Wasser

---

[3] So wie dies Buch ein Teil meines Lebens ist, sind es auch die Bilderlebnisse, auf die ich im folgenden zu sprechen komme. Die Auswahl ist nicht kanonisch, sondern biographisch. Ich möchte damit nicht den Kunsthistorikern ihre Arbeit abnehmen, sondern meinen Gedanken ihr Leben lassen und damit den Lesern entgegenkommen. Wenn dadurch auch die Kunsthistoriker zu fachübergreifenden Fragen angeregt würden, sollte es mich freuen.

heißt hebräisch *tehôm* wie Tiâmat, die babylonische Götter- und Welten-
mutter. Einzig in diesem ersten Bild liegt eine Andeutung, daß etwas von
Gott selber in die Welt eingeht. Eine besonders unkünstlerische Distanzierung von dem Schöpfungswerk ist am vierten Tag der Ersatz der
Sonne, die in anderen Religionen als das Auge Gottes auf die Erde blickte
und ihr Licht und Kraft gab, durch eine bloße Lampe. Die Sonne zu einem ‚Leuchtkörper' abzuwerten war historisch wohl eine Polemik gegen
die babylonische Astralreligion, aber damit begann auch die Profanisierung der Welt.

Die Schöpfungsmosaiken von Monreale sind nicht singulär,[4] sie sind
aber auch nicht typisch für derartige Darstellungen. Sogar in unmittel-
barer Nachbarschaft, in der Cappella Palatina des Normannenpalasts zu
Palermo, sieht man den Schöpfer sein Werk vollbringen, indem er sich in
die Welt hineinbegibt. Er tut dies aber nicht so, daß er nicht wieder hinauskommt, d. h. etwas von seiner Unabhängigkeit aufgibt. Dies gilt auch
dort, wo er Freude an seinem Werk hat – Siehe, es war sehr gut! – und die
Erde für Menschen und Tiere sorgen läßt (z. B. im Psalm 104) oder – nach
der Sintflut – bereut, was er angerichtet hat. Ich meine deshalb, daß der
oder die Künstler von Monreale die Außerweltlichkeit dieses Schöpfers
zu Recht betont haben.

Begrifflich zeigt sich die Profanisierung der Welt durch den hebräischen
Gott am klarsten durch den Gegensatz der priesterschriftlichen Schöpfungsgeschichte zu Platons etwas später und unabhängig davon entstande-
nem Dialog „Timaios", der kein religiöser Mythos ist, aber in einer vergleichbaren Dramaturgie den göttlichen Aufbau der Welt beschreibt. Dabei ist der hier bildhaft eingeführte Handwerker (Demiurg) nicht mit Platons Einem Gott jenseits des Seins zu verwechseln. Der Gegensatz zur
hebräischen Schöpfung liegt darin, daß bei Platon die ganze Welt, der Kosmos, ein *ágalma* (Tim 37c7) war, ein Götterbild, und selbst ein wahrnehm-
barer Gott. Der Dialog schließt mit den Sätzen: „... indem diese unsere
Welt (kósmos) sterbliche und unsterbliche Lebewesen erhielt..., ist sie ein
sichtbares Lebewesen (zôon), das die sichtbaren [Lebewesen] umgibt (pe-
riéchon), als Abbild des [nur] denkbaren [Lebewesens], ein wahrnehmba-
rer Gott (theòs aisthetós), der größte und beste, schönste und vollkommenste geworden – dieser unser einziger einzigartiger Himmel" (Tim 92c).
Demgegenüber ließ Elohim nur noch den Menschen als nach seinem Bild
geschaffen gelten. Dies ist eine, vielleicht sogar die entscheidende religiöse
Grundlage des anthropozentrischen Weltbilds.

Die ältere, jahwistische – um 950 v. Chr. am Hof Salomons entstandene – Schöpfungsgeschichte des Alten Testaments (Gen 2,4b–3,24) setzt

---

[4] Ein anderes Beispiel der Darstellung des außerweltlichen – wiederum aus einer Mandorla wirkenden – Schöpfers ist der Schöpfungszyklus von Bartolo di
Fredi (1356) in der Chiesa della Collegiata in San Gimignano.

erst dort ein, wo es die Erde schon gab. Sie beschreibt zunächst die Anfänge des Menschengeschlechts bis zur Vertreibung aus dem Paradies und geht dann in die weitere Urgeschichte über. Auch in dieser Version deutet nichts darauf hin, daß Jahwe selbst Welt geworden sei. So wie in der späteren Erzählung die Sonne zu einer bloßen Lampe profaniert wurde, tritt hier ein Wohngarten für die Menschen an die Stelle des orientalischen Tempel- und Königsgartens. Eine Resakralisierung hat sich nur dadurch ergeben, daß dieser von Jahwe den Menschen zugewiesene Garten in der ersten griechischen Bibelübersetzung (Septuaginta, 3. Jh. v. Chr.) „Paradies" genannt wurde, obwohl dieser Ausdruck im Alten Testament fast gar nicht – und in der Schöpfungsgeschichte überhaupt nicht – vorkommt (vgl. Fauth 1979).

Sosehr die alttestamentlichen Schöpfungsgeschichten durch die Ursprungsmythen der großen orientalischen Hochkulturen („Gilgamesch", „Enuma elisch") inspiriert waren, an denen Jahwes Volk sich bildete, gab es in diesen doch keinen außerweltlichen Gott gegenüber einer entgötterten Welt. Statt dessen stand im babylonischen „Enuma elisch", von dem her das priesterschriftliche Lehrgedicht sonst weitgehend erzählt zu sein scheint, am Anfang die Urzeugung der Götter, indem Apsu, der Vater, und Tiâmat, die Mutter, „ihre Wasser in eins vermischten" (Garelli/Leibovici 1964, 134). Danach gab es – griechisch gesprochen – kosmische Kämpfe, in denen die Welt gebildet wurde und aus denen Marduk, der Schöpfer Babylons und der Menschheit, schließlich siegreich hervorging. *Die Entstehung der Götter (Theogonie) war also zugleich eine Entstehung der Welt (Kosmogonie).* Die Menschen fanden sich in von göttlichen Naturkräften erfüllte kosmische Verhältnisse gestellt, die bereits ihre Geschichte hatten, in der die Menschen freilich einen Fortgang finden konnten. So war es auch in der Mythologie der Griechen, die für uns größere Bedeutung hat, weil die kulturellen Wurzeln der heutigen Industriegesellschaften neben den jüdisch-christlichen vorwiegend griechisch sind.

Die wichtigsten Quellen sind die Dichtungen von Homer und Hesiod. In Hesiods „Theogonie" (8. Jh. v. Chr.) preisen die Musen durch den Mund des Dichters „zuerst die hehre Sippe der Götter, / Die zu Beginn mit der Erde der weite Himmel erzeugte" (Vs. 44 f.). *Der* weite Himmel also erzeugte mit der Erde die Götter und nicht etwa diese *den* weiten Himmel und die Erde! Genauer gesagt, so gelungen Thassilo von Scheffers Übersetzung sonst ist, steht dort nicht einmal, daß der Himmel (Uranós) die Götter „mit der Erde (Gaîa)... erzeugte", sondern daß Himmel *und* Erde die Götter zeugten (étikten), alle beide miteinander und nicht im wesentlichen nur der eine ‚mit' der andern. Dabei waren Uranos und Gaia natürlicherweise selbst schon Götter, wie hätten sie sonst Götter zeugen können? Ich denke, mit diesem Anfang läßt sich leben, wenn wir wissen möchten, wer wir sind und wohin wir gehören, denn alle Vielfalt der Welt ist zwischen Himmel und Erde ausgespannt. Wer außerdem wissen möchte, woher wiederum Himmel und Erde kommen, mag sich an den orphischen Mythos halten, im Ursprung seien die Nacht (nyx), ein Vogel mit schwarzen Flügeln, und der Wind gewesen. Vom Wind befruchtet legte die Urnacht ihr silbernes Ei in den Schoß der Dunkelheit. Aus diesem Ei trat Eros hervor, der Sohn des wehenden Winds, der Erstgeborene (protógonos) unter den Göttern. Eros brachte dann ans Licht, was noch im Ei verborgen lag: Himmel und Erde. Durch ihn in Liebe verbunden, zeugten diese beiden das Göttergeschlecht (vgl. Kerényi 1966, I 20).

Ein andrer Schritt zurück ist der von Hesiod selbst gewählte, daß nämlich Gaia, die Erde, ihrerseits erst „den sternigen Himmel (erzeugte, egeínato) / Gleich sich selber, damit er sie dann völlig umhülle" (Theogonie Vs. 126 f.). Seine Feder mag hier den Musen nur unwillig gefolgt sein, weil er hinsichtlich der Frauen ein entschiedener Chauvinist war, wie seine Interpretation der Erschaffung Pandoras als Strafe für das den Menschen durch Prometheus gegen den Willen des Zeus zuteil gewordene Feuer (aaO Vs. 570 ff.) zeigt. Außerdem läuft die Theogonie so unzweideutig auf die Männerherrschaft des Zeus zu, wie Augustus Ovids „Metamorphosen" wohl gern auf sich zulaufen gesehen hätte. Es ist aber doch ein sehr schöner und eines Landmanns – wie es Hesiod war – würdiger Gedanke, die ganze sichtbare und unsichtbare Welt ursprünglich auf die Fruchtbarkeit der Erde zurückzuführen. Freilich geht auch dies nicht ganz auf, denn Hesiod mußte zugleich mit Gaia als den „Sitz von ewiger Dauer für alle / Götter" (aaO Vs. 117 f.) doch noch den „schönste[n] der ewigen Götter; / Lösend bezwingt er den Sinn (nóon) bei allen Göttern und Menschen" (aaO Vs. 120 f.), Eros also, für sich entstehen lassen. Und beiden vorangegangen ist das Chaos, die anfängliche Öffnung, aus der die Nacht entstanden ist, welche ihrerseits den Tag hervorgebracht hat.

Im Anfang also waren, griechisch gedacht, das Chaos, Gaia und Eros. Aus ihnen ist – vor allem kraft des Eros – alles entstanden, Götter und Menschen und der ganze Kosmos. Ich nenne nur Okeanos, Iapetos (den Vater des Prometheus), Hyperion, Rheia, Themis, Phoibe (die Mutter der Leto, deren Kinder wiederum Apollon und Artemis waren), Tethys und Kronos aus der Vereinigung von Uranos und Gaia oder von Himmel und Erde. Sie alle sind die titanischen Götter. In der nächsten Generation zeugten Rheia und Kronos die olympischen Götter Hestia, Demeter, Hera, Hades und Zeus. Dessen Kinder waren unter anderem Pallas Athene, Persephone, die Musen, Apollon und Artemis, Hebe, Ares, Dionysos und Herakles. Er selber wurde nach dem großen Götterkampf zwischen den Olympiern und den Titanen und nach einer letzten Auflehnung Gaias zum König der Götter gewählt – sogar auf den Rat der Gaia, wie es dem Zeusfreund Hesiod zu behaupten gefällt (aaO Vs. 883 f.). Anders als Marduk wurde Zeus aber nie allmächtig, d. h. er war kein orientalischer Despot, sondern in der Götterfamilie nur als das Oberhaupt in der

Rolle des Vaters anerkannt. Es wäre besser gewesen, später auch Jahwe keine Allmacht zuzuschreiben. Souverän freilich war Zeus – modern gesprochen – insoweit, als die Entscheidung über den Ausnahmezustand bei ihm lag, d. h.: wenn nach seinem Urteil die olympische Ordnung selbst auf dem Spiel stand, mußte er sie retten.

Diese scheinbar vielen Namen sind weniger als ein Zehntel derer, die Hesiod in seiner (etwa tausendzeiligen) „Theogonie" nennt. Nach ihrer aller Ursprung aus Gaia, Uranos und Eros – abgesehen von den weiteren Abkömmlingen des Chaos – steht fest, daß die Götter der griechischen Mythologie Kräfte dieser Welt und in diesem Sinn Naturkräfte sind. In ihnen allen leben der Himmel, die Erde und ihr Eros auf so vielfältige Weise, daß von der unmittelbaren Erfahrung her zunächst eigentlich nichts dafür spricht, die vielen Götter seien ebenso viele verschiedene Gesichter und Namen eines einzigen. Ich meine, die jeweiligen Beziehungen seien sehr treffend dadurch beschrieben, daß beispielsweise Zeus und Hades in ihrer klaren Kompetenzverteilung Brüder sind, der mit Zeus rivalisierende Prometheus hingegen dessen Vetter aus der weniger einflußreichen titanischen Linie. Wie käme ich darauf, alle drei seien ein und derselbe Gott? Ein Gott, der überdies die Namen so verschiedener weiblicher Kräfte wie Demeter, der Fruchtbarkeit der Erde; Aphrodite, der himmlisch meerentstandenen Geliebten (nicht der Mutter); Artemis, der Spröden; Athene, der Vatertochter, und überdies den Namen Heras trägt. Sind sie nicht alle sogar in einer erkennbaren Weise verschieden, so daß es eine sinnvolle Frage ist, ob ein Gott oder eine Göttin in einem Mythos seinem oder ihrem Wesen nach richtig verstanden ist?

Ich denke z. B., daß Hera unrecht getan wird, wenn sie im wesentlichen als die eifersüchtige Ehefrau gilt. Daß es ein Verstoß gegen die Monogamie sei, wenn Zeus sich im Kosmos fortzeugt, nachdem mit ihm in diesem eine neue Ordnung herrschend geworden ist: Ist dies nicht eine so spießbürgerlich törichte Vorstellung, daß man sie einer Göttin nicht unterstellen sollte? Vielleicht ist Hera in diesem Bild ein Opfer der Ehe bzw. menschlicher Eheprobleme geworden. In ihr lebt statt dessen, so scheint mir, in einer olympischen Weise die Urmutter Gaia fort, zu deren Nachkommen außer den Titanen und den Olympiern auch immer wieder Wesen wie die Gorgonen, das Ungeheuer Typhoeus – ihr letztes Aufgebot gegen Zeus – oder die lernäische Schlange und der nemeiische Löwe gehörten (vgl. aaO Vs. 274/821/313/327). Gegen die Letztgenannten setzte Herakles die neue Ordnung durch. Dürfte dies Hera nicht viel mehr getroffen haben als die Eifersucht gegenüber Herakles' Mutter, Alkmene, die ihr gewöhnlich unterstellt wird? Für richtig an den ihr vielfältig nachgesagten Rivalitäten gegenüber andern Frauen halte ich allerdings, daß sie nicht die Geliebte, sondern nur die Partnerin war und gern mehr geliebt worden wäre, was sich mit der neuen Männerherrschaft wohl noch nicht vereinbaren ließ. Und wenn es auch gegen diese Ehrenrettung Heras Einwände gibt, so soll es mir vor allem darauf ankommen, daß ein solches Für und Wider überhaupt diskutabel, also wahrheitsfähig ist.

Das Wunderbare an den griechischen Göttern ist, daß sie erstens Naturkräfte und zweitens nicht ursprünglich einig sind, sondern in Spannungen etwas hervorbringen. Beispielsweise sorgte Hera dafür, daß Herakles erst nach Eurystheus geboren und dadurch nicht König wurde. Dieser König aber wäre ohne Herakles, den er beauftragen durfte, längst vergessen, und Herakles wurde gerade dadurch so groß und in den olympischen Himmel aufgenommen, daß er nicht der König war. Also war im Ergebnis doch wohl beides richtig, was Zeus und Hera entgegengesetzt getan haben. So war es auch in der Auseinandersetzung zwischen Zeus und Hades um die von diesem geraubte Persephone, Demeters Tochter, denn ihr verdanken wir die Jahreszeiten.

Die griechische Mythologie gewährleistete unter den Menschen eine tragfähige Lebensordnung, in der es sowohl einen Grundkonsens als auch die Anerkennung von Grundkonflikten gab, wie sie zwischen den Göttern als Naturkräften bestehen und dadurch in der Welt sind. Als die Mythen hinter dem Lebensgefühl der Menschen in der griechischen Aufklärung zurückgeblieben waren, haben die Philosophen und besonders Platon versucht, ein vernunftgeklärtes Denken an ihre Stelle treten zu lassen. Platon übte dazu einerseits eine sehr grundsätzliche Kritik an den Dichtern, vor allem an Homer, soweit sie die Götter nicht so dargestellt hatten, wie dies dem damaligen Leser bzw. Hörer noch die nötige Achtung hätte vermitteln können. Andererseits aber bewahrte er den wesentlichen Gehalt der Mythologie, indem er die „Ideen" an die Stelle der Götter und die eine Natur (phýsis) an die ihres Zeugungszusammenhangs treten ließ. Die Ideen sind Naturgestalten, und die Sinnenwelt ist nach Ideen gebildet – so vervielfältigt sich die eine, in allem verborgene Natur. „Wie es zu leben gilt" (Pol 352d7), war nun nicht mehr in der mythologischen Weise eine Frage an die Götter, sondern eine Frage der Einsicht oder des Denkens als des Gesprächs der Seele mit sich selbst darüber, was „von Natur gerecht" sei. Dabei wurde auch die Urkraft des Eros als die der Vergemeinschaftung von Ideen sozusagen säkularisiert. Als der Verständiger (hermeneûon; Symp 202e2) zwischen den Menschen und den Göttern oder den Grundkräften der Natur aber blieb Eros zwischen Himmel und Erde doch die Grunderfahrung, in der sich dem Menschen Einsicht vermittelte. So wie ich ihn verstehe, bestätigt Platon diesen Primat des Eros an der in seinem Werk für den Bestand der Ideenlehre entscheidenden Stelle, nämlich im Prolog zum Dialog „Parmenides". Dort werden die – von Aristoteles aufgenommenen – Einwände gegen die Ideenlehre erörtert, und der weitreichendste von ihnen ist, daß die Ideen für uns in dem später so genannten Ideenhimmel verschwinden könnten, wenn wir nicht von sehr guter Natur (euphyés) sind (Parm 135a7). Nur

Eros, denke ich, kann Himmel und Erde so zusammenhalten, daß dies nicht passiert. Ich komme darauf im Abschnitt II.2 zurück.

Wie wenig die griechischen Götter mit dem außerweltlichen Gott der Israeliten gemein haben, liegt auf der Hand. In den Mythologien der Völker ist dieser aber die Ausnahme und die Natürlichkeit der Götter der Normalfall. So sind z. B. in der germanischen Mythologie Ymir und Buri die Urwesen, von denen die Götter (Asen) wie ihre Gegner, die Riesen (Thursen), abstammen. Auch hier kommen die Kosmogonie und die Theogonie überein: „Aus Ymirs Fleisch / ward die Erde gemacht, / aus den Knochen die Berg', / aus dem Schädel des eisigen / Riesen der Himmel, / aus seinem Blute aber das Meer", antwortet der weise Riese Wafthrudnir dem Gott Odin (Edda 79 f.).

Erdensöhne und Erdentöchter

Der Naturzugehörigkeit der Götter entspricht die der Menschen, und dies ist die hinsichtlich der religiösen Grundlagen des anthropozentrischen Weltbilds entscheidende Frage. Ich beziehe mich wiederum auf die zuvor behandelten drei Kulturkreise, kehre die Reihenfolge jedoch um. Was zunächst die Germanen angeht, so berichtet das um 1000 n. Chr. aufgezeichnete „Edda"-Gedicht „Die Weissagung der Seherin" unsere Herkunft aus Holz, also aus Bäumen. Wie es heißt, kamen die Götter Odin und seine beiden Brüder Hönir und Lodur „nach Hause" oder „zum Meere"[5] und „fanden am Strande, / ganz entkräftet, / Ask und Embla, / ohne Schicksal." Ask bedeutet Esche, Embla ist wohl auch ein Baum, vielleicht eine Ulme. Diese Hölzer aber hatten, als die Götter auf sie stießen, „weder / Geist noch Leben, / nicht Wärme noch Stimme / noch frohe Farbe; / Leben gab Odin, / Geist gab Hönir, / Wärme gab Lodur / und frohe Farbe" (aaO 13 f.). Zwar geht dieses erste Menschengeschlecht in der großen Katastrophe, die auch Odin nicht übersteht, wieder zugrunde, aber an andrer Stelle antwortet Wafthrudnir auf die Frage, wer von den Menschen nach dem Schreckenswinter noch am Leben geblieben sein werde, daß erneut „Lif und Lifdrasir / werden sich wieder / im Hoddmimir-Holze verbergen, / haben zum Mahle / Morgentau; / dorther stammen die Menschen" (aaO 85). Im Ergebnis also sind wir nach dieser Mythologie durch göttliche Naturkräfte zu Menschen aufgelebtes Holz und aus Bäumen entborgen. Daß der Mensch ein Teil der Natur und mit der übrigen Lebewelt verwandt ist, steht außer Frage, solange unser Selbstverständnis auf dieser Mythologie beruht.

[5] Im Edda-Text steht, daß die drei Asen nach Hause (at húsi) kamen. Der Übersetzer Arthur Häny liest statt dessen, daß sie zum Meer (at húmi) kamen, weil sie sich hier auf Erden bewegten, wo sie nicht zuhause seien. Letzteres glaube ich nicht. Ich kann mir gut vorstellen, daß die Götter auf die beiden Stämme gestoßen sind, als sie nach Hause kamen.

Ebenso sahen es die Griechen. Daß „nämlichen Ursprungs (homóthen gegáasi) die Götter und [die] sterblichen Menschen" seien, ist sogar die Feststellung, die Hesiod seiner Geschichte des Menschengeschlechts voranstellt (Werke und Tage Vs.108). Berichtet wird dann eine Abfolge von fünf Menschengeschlechtern mit verschiedenen Schicksalen, wobei ein Niedergang vom Goldenen über das Silberne und Bronzene zum Eisernen Geschlecht stattfindet, als vorletztes jedoch das wieder besser geartete der Heroen oder Halbgötter eingeschoben wird. Die Charakterisierungen durch Metalle beziehen sich auf die edlere oder verderblichere seelische Verfassung. Vom Bronzenen Geschlecht heißt es wie fast zwei Jahrtausende später in der „Edda", es sei „eschenentsprossen" (aaO Vs.145). So wie die Eisenzeit beschrieben wird, kann oder konnte wohl auch dieser Menschheit keine Dauer beschieden sein: „es herrscht das Recht der Fäuste und keine / Ehrfurcht und Scham (aidós). Der Schlimme verletzt mit betrüglichen Worten / Einen edleren Mann und bekräftigt es noch mit dem Eide" (aaO Vs.192 ff.). Ovid, der die Hesiodische Genealogie in den „Metamorphosen" nacherzählt hat, ließ deshalb auch das Eiserne Geschlecht untergehen und sah ihm ein weiteres folgen.

Zum Ende der Eisenzeit kam es bei Ovid, nachdem Zeus einmal wieder in Menschengestalt über die Erde gegangen und in Arkadien bei dem ungastlichen Lykaon eingekehrt war, der ihm Menschenfleisch zum Mahl vorgesetzt und seine – ihm schließlich bedeutete – Göttlichkeit durch einen Mordversuch auf die Probe zu stellen versucht hatte (Met. I 210ff.). Lykaon wurde daraufhin in einen Wolf verwandelt – nahm also, wie soft in den „Metamorphosen", zuletzt seine wahre Gestalt an –, Zeus aber rief den Götterrat zusammen, und die Vernichtung der Menschheit wurde beschlossen. Ein wesentlicher Grund dafür war der Schutz der übrigen Natur vor dem mörderischen Menschengeschlecht: „Jedoch die unheilbare Schwäre [die Menschheit] / muß das Eisen beschneiden, damit sie das Reine nicht angreift. / Habe ich [Zeus] Halbgötter doch und Feldes Gottheiten, Nymphen, / Satyrn, Faune, und habe des Bergwalds Bewohner, Silvane. / Die wir der Ehre des Himmels nicht würdigen, sollten gewißlich / doch, die wir ihnen gegeben, die Erde wir lassen bewohnen" (I 190–195). Um wiederum der Erde und ihren nichtmenschlichen Bewohnern durch das Vernichtungswerk nicht mehr als unvermeidlich zu schaden, sah Zeus davon ab, sie mit Blitzen zu übersäen und entschied sich, die Menschheit lieber zu ertränken. „Da war alles Meer; und dem Meere fehlten die Ufer. / ... Jener schifft über Saaten dahin, übers Dach des versunken / Hofes, und dieser fängt einen Fisch im Wipfel der Ulme. ... Unter dem Wasser bestaunen die Töchter des Nereus die Haine, / Städte und Häuser; es tummeln im Wald sich Delphine... Schwimmt zwischen Schafen der Wolf, entführt die Woge die fahlen / Löwen, die Woge die Tiger; nichts frommt dem Eber der Hauer / Blitzkraft, nichts dem treibenden Hirsch die Schnelle der Schenkel. ... Wasser verschlang die meisten, und wen das Wasser verschonte, / den überwand die Not des langandauernden Hungerns" (I 292–312).

Welche neue Menschheit ließ Ovid dem Eisernen Geschlecht folgen? Als schließlich nur noch der Parnaß, der Doppelgipfel oberhalb des Delphischen Heiligtums, aus den Fluten ragte und alles andere im Wasser verschwunden war, sah Jupiter dort ein Menschenpaar landen und zu den Nymphen der Grotte wie zu Themis, der wissenden, die des Orakels damals gewaltet, beten. Es waren Deukalion, Prometheus' Sohn, und Pyrrha, Epimetheus' Tochter: „Besser als er kein Mann, ... und keine war gottesfürchtiger, als sie war. ... frei sie beide von Schuld, sie beide Verehrer der Gottheit." Angesichts dieses Paars zerriß Zeus die Wolken, „vertrieb durch den Nordwind den Regen, / zeigte dem Himmel die Erde und zeigte der Erde den Äther" (I 322–329). Als die beiden nun zu Themis beteten, war auch die Göttin bewegt und ließ sie wissen: „Von dem Tempel / geht, verhüllt euer Haupt und löst der Gewande Umgürtung, / werft dann hinter euch der Großen Mutter Gebeine!" (I 381 ff.).

Deukalion und Pyrrha erschraken, und besonders ihr widerstrebte die grausige Weisung, mit den Knochen der Mutter um sich zu werfen. Dann aber verstanden sie, daß mit der Großen Mutter die Erde und mit ihren Gebeinen die Steine gemeint waren, so daß sie diese im Gehen hinter sich werfen sollten. „Also gehn sie, verhüllen das Haupt, entgürten die Kleidung, / werfen gemäß dem Befehl in die Spur ihrer Füße die Steine. / Da – wer möchte es glauben, wenn nicht für die Kunde ihr Alter / zeugte? – die Steine verlieren allmählich Härte und Starrheit, / werden weich mit der Zeit und beginnen Formung zu zeigen. / ... Und nach der Götter Willen erhielten die Steine, die Mannes / Hände geworfen, Mannesgestalt in kürzester Frist und / ward das Weib durch die Würfe des Weibes wiedergeschaffen. / Daher sind wir ein hartes Geschlecht, erfahren in Mühsal, / geben so den Beweis des Ursprungs, dem wir entstammen. / All die übrigen Wesen, verschiedenster Bildung, gebar von / sich aus die Erde, nachdem im Feuer der Sonne die alte / Feuchte durchwärmt ... / Denn es befruchten sich ja, wenn die richtige Mischung gefunden, / Feuchte und Glut und entsteht aus diesen beiden doch alles" (I 398–431).

Prometheus und Epimetheus waren – wie Atlas, der Himmel und Erde auseinanderhielt – Söhne des Titanen Japetos, der seinerseits wie Okeanos, Themis, Rheia und Kronos der ursprünglichen Verbindung von Gaia und Uranos entstammte. War ein früheres Menschengeschlecht von Prometheus aus Erde geknetet und beseelt worden, so erwuchsen die neuen Menschen nun nach dem ‚Entwurf' der Titanenkinder aus der Erde selbst als Erdensöhne und Erdentöchter. Wessen Selbstverständnis diese religiöse Grundlage hat, der kann wiederum gar nicht auf die Erobererfrage kommen, ob und wie wir zum Ganzen der Natur gehören, sondern weiß: Wir sind Erdgeborene wie die übrigen Lebewesen auch. Wir alle gehören zur Naturgemeinschaft der Erde unter dem Licht und der be-

lebenden Wärme des Himmels. Durch das titanische Projekt ist unsere
eigene Erdenabkunft – der unser besonderes Interesse gelten darf – bei
Ovid genauer beschrieben als die der andern Lebewesen, aber die Titanen
sind selbst Naturkräfte und Abkömmlinge von Himmel und Erde, und
so sind es auch wir.

Was mir an der Geschichte von Deukalion und Pyrrha bei Ovid außer
der Erdgeborenheit der Menschen besonders gut gefällt, ist, daß es hier
zwar verschiedene Charaktere von Mann und Frau gibt, aber keine Vor-
und Nachordnung, sondern eine volle Symmetrie. Ebenso ist es in der
germanischen „Edda", wo Embla ebensogut ein Baum ist wie Ask und
beide gleichermaßen durch die Götter belebt werden, keineswegs aber im
Alten Testament, wo nach der Landung der Arche nur Noah und seine
Söhne, nicht aber ihre Frauen gesegnet werden. Paradoxerweise ergeht
hier – anders als in Gen 1,28 – sogar die Aufforderung: „Seid fruchtbar
und mehret euch und erfüllt die Erde" (Gen 9,1) an die Männer allein.
Dem entspricht der patriarchalische Gedanke der Abstammung Marias
von dreizehn Männern und keiner Frau.[6] Zuvor schon konnte man sich
über die Abkunft Evas aus Adam wundern, jedoch ist Adam vor der Erschaffung Evas wohl eigentlich für androgyn zu halten.[7] Dieser Gedanke
scheint allerdings erst im Hellenismus aufgekommen zu sein.

Demgegenüber steht die Naturzugehörigkeit des Menschen auch im
Alten Testament prima facie außer Frage, denn Adam ist aus Ackerboden
– außerhalb des Gottesgartens – geschaffen und heißt dementsprechend
der ‚Erdmann'. Soweit Eva aus einem Stück von ihm gebildet ist, gilt für
sie dasselbe. Sympathischer ist mir die von Michelangelo in der Sixtini-
schen Kapelle des Vatikans gemalte Version, der nämlich, wenn ich richtig
sehe, Eva nur scheinbar aus Adam, in Wirklichkeit aber aus der Erde hinter ihm hervorwachsen läßt und das Paradies außerdem ans Meer verlegt,
so daß dort alle Vier Elemente manifest gegenwärtig sind (wie in Gen 2
durch die Flüsse). Ob wir aus Ackerboden oder – wie in der „Edda" – aus
Holz entborgen sind, gibt sich zunächst nicht viel nach, denn im Humus
wie im Holz sind alle Vier Elemente verwachsen. Einen Unterschied
macht nun aber doch, ob der Menschenleib nach dem titanischen Entwurf direkt aus der Erde hervorwächst – bzw. durch die drei Asen, die
selbst Naturkräfte sind, mit Leben, Geist und Wärme erfüllt wird – oder

---

[6] Eine bildliche Darstellung dieses Stammbaums stammt von Benedetto Nucci:
Albero genealogico della Madonna (1570), Pinacoteca Communale im Palazzo dei
Consoli in Gubbio. Ein Relief findet sich z. B. im Türgewände des Nordportals
im Baptisterium des Doms zu Parma.

[7] Dem entspricht z. B. die Anfang des 12. Jahrhunderts entstandene Darstellung
des Meisters Wiligelmus von Modena an der dortigen Domfassade. Anders die
von Bartolo di Fredi in der Chiesa della Collegiata in San Gimignano (1356) und
die von Jacopo della Quercia an der Fassade der Basilica di San Petronio in Bologna (1425–38).

durch den außerweltlichen Gott des Alten Testaments gebildet wird. Im Fall der griechischen wie in dem der germanischen Mythologie gehören sowohl der Menschenleib als auch die Kräfte, die ihn gebildet haben, zur Natur in ihrer Geschichte, für den ‚Erdmann' Adam aber gilt nur das erstere. Belebt wurde er von einer Kraft, die nicht von dieser Welt ist. Dennoch ist allein damit noch keine Distanzierung des Menschen von der natürlichen Mitwelt verbunden, weil ja nicht nur er, sondern die ganze Welt als ‚Schöpfung' von Gott geschaffen sein soll. Unter allen andern Geschöpfen gehört insoweit auch der Mensch uneingeschränkt zur Schöpfung.

Dabei könnte es bleiben, wenn nicht im Alten Testament zur Außerweltlichkeit des Schöpfers noch die Gottebenbildlichkeit des Menschen hinzugedacht würde, und zwar im Gegensatz zur übrigen Natur, die hier nicht zum Bilde Gottes, geschweige denn zu seiner Leiblichkeit überhaupt erklärt wird. Nach Gottes Bild geschaffen zu sein, ist eine Besonderheit des Menschenbilds der jüdisch-christlichen Tradition in den Kulturen, die sich in der unseren verbinden, den orientalischen und der griechischen. Der Gedanke stammt aus der jüngeren der beiden Schöpfungsgeschichten des Alten Testaments und steht dort im Zusammenhang mit dem Herrschaftsauftrag an den Menschen in der Schöpfung. „Und Elohim sprach: ‚Laßt uns Menschen machen als unser Abbild, uns ähnlich, so daß sie herrschen über die Fische des Meeres und über die Vögel des Himmels und über das Vieh und über alles Wildgetier auf der Erde und über alles Kriechgetier, das auf der Erde kriecht'" (Gen 1,26).

Der Gedanke der Gottebenbildlichkeit des Menschen ist als eine Verallgemeinerung derjenigen des Königs gemeint, wie sie wohl zuerst in Ägypten angenommen worden ist.[8] Insoweit hier einem ganzen Volk zugesprochen wird, was zuvor dem Herrscher vorbehalten war, handelt es sich um eine Art Demokratisierung des Gedankens. Dabei darf nicht verlorengehen, daß die Gottebenbildlichkeit des Herrschers sein Handeln sowohl legitimierte als auch begrenzte, da es in diesem Verständnis immer nur soweit gerechtfertigt war, wie der König tatsächlich als Abbild Gottes handelte. Mit der Verallgemeinerung der Gottebenbildlichkeit auf ein ganzes Volk verbindet sich also auch der Anspruch, so zu sein und sich demgemäß zu verhalten. Das Sein des Menschen wird daraufhin bestimmt, so zu handeln, wie es der Gottähnlichkeit entspricht.

In der priesterschriftlichen Schöpfungsgeschichte wird die Gottebenbildlichkeit des Menschen zwar nicht als eine Bestimmung oder als ein Sollen eingeführt, sondern als eine Beschreibung, wie der Mensch ge- und somit beschaffen ist. Dadurch kann aber ja nicht jede menschliche Schlechtigkeit legitimiert werden. Die Seinsbestimmung ist deshalb als

---

[8] Ich stütze mich hinsichtlich des Stands der religionsgeschichtlichen Forschung auf die Arbeit von Heike Baranzke (1987).

ein Seinsollen zu verstehen. Dasselbe gilt dann für die aus der Gotteben- ⅄
bildlichkeit gefolgerte Berechtigung, in der Schöpfung Herrschaft aus-
zuüben. Zur Gottähnlichkeit und dementsprechend zur stellvertretenden
Herrschaft in der Welt bestimmt, sollen Menschen herrschen, insoweit sie
dieser Bestimmung gerecht werden. Wir sind so, daß wir dies sollen. Wir
sind aber nicht so, daß wir jederzeit tun, wofür wir unserm Selbstverständnis nach gut sind, bzw. – genauer gesagt – was wir unserer Natur
nach eigentlich wollen. Ich komme im vierten Kapitel auf die Seinsform
des Sollens und damit auf das Charmides-Thema des Prologs zurück.

Das Herrschaftsgebot der Schöpfungsgeschichte als die oder als eine
Wurzel der Naturkrise der wissenschaftlich-technischen Welt anzusehen,
ist dementsprechend nicht richtig, denn es war eindeutig anders gemeint
(vgl. Baranzke/Lamberty-Zielinski 1995). Die theologische Forschung
hat inzwischen auch ergeben, daß das Untertan-Machen in Gen 1,28
nicht den groben Klang hat, der die Interpreten anfangs irritierte, sondern wie das Hüten der Herde durch den Hirten zu verstehen ist. Wenn
wir also unserer Bestimmung zur Gottebenbildlichkeit gemäß lebten und
gelebt hätten, gäbe es die Krise nicht. Wir würden es uns aber zu leicht
machen, wenn wir nun einfach folgerten: In einem falschen Verständnis
der menschlichen Bestimmung zur Gottebenbildlichkeit und des von daher abgeleiteten Herrschaftsgebots sind wir in die Naturkrise der wissenschaftlich-technischen Welt geraten; also sollten wir unsere Bestimmung
in Zukunft richtig verstehen und danach handeln, um aus der Krise wieder herauszufinden! Denn wenn ein Gedanke historisch anders gelebt
worden ist, als er anerkanntermaßen gemeint war, hängt dies in der Regel
mit dem Gedanken selbst zusammen, insoweit Menschen ihn sich zu
eigen machen. Dies gilt auch für den der Gottebenbildlichkeit im real existierenden Christentum.

Im Fall der alttestamentlichen Bestimmung des Menschen ist es die
Kehrseite der ‚Demokratisierung‘ der königlichen Gottebenbildlichkeit,
welche dem Gedanken selbst eine Kehrseite gibt. Untereinander wurden
die Menschen nun zwar vor Gott gleichgestellt, aber der natürlichen Mitwelt wurden sie durch die ihnen allen, aber doch nur ihnen zuteil werdende Auszeichnung entfremdet. Der ägyptische Pharao stand, als Gott
die Sonne war, die alles erhält, wie deren Abbild über denen, die unter
der Sonne lebten, und hier gab es in dieser Hinsicht weiter keine Unterschiede. Gott war außerdem eine Naturkraft, die sich auch in Tiergestalten zeigte. Der Gott der Israeliten hingegen erschien nur in Menschengestalt. Er war nicht von dieser Welt und bestimmte gleichwohl ein Erden-
volk zu seinem Ebenbild. Wie sollten Menschen in dieser Spannung
leben, zwar ganz dazuzugehören, aber doch nicht so wie alle andern? Die
Ebenbildlichkeit des Erdengeschöpfs Mensch zu dem außerweltlichen
Schöpfer war eine folgenschwere Ausgrenzung des Menschen in der Natur. Sosehr damit bestimmungsgemäß die Verantwortung verbunden war,

am Jüngsten Tag vor dem Schöpfer für den menschlichen oder unmenschlichen Umgang mit der uns anvertrauten Schöpfung einzustehen: War es
für die Gemeinschaft der Natur gut, daß eine Gattung von Lebewesen
sich derart auszuzeichnen meinte?

Was sich weiterhin zugetragen hat, sieht man am anschaulichsten in der
Entwicklung des Kirchenbaus. Nach meinem Verständnis gab es in der
griechischen Religion eine Heiligung der Götter gegenüber der sinnlichen
Welt, die dem jüdischen Bilderverbot durchaus vergleichbar war, jedoch
anders gewahrt und gelebt wurde. In den griechischen Tempeln standen
zwar Götterbilder, aber sie befanden sich im Dunkeln, im Adyton, zu
dem nur die Priester Zugang hatten. Die Gläubigen kamen in der Regel
überhaupt nicht in das Innere des Tempels, die innerhalb des Säulen-
umgangs – wie ihn die klassischen Tempel hatten – ummauerte Cella, geschweige denn in das hinter dieser abgeteilte Adyton. Die Gottesdienste
fanden vor dem Tempel unter freiem Himmel statt, wo sich der Opfer-
altar befand. So war der Tempel ein reines Gotteshaus, in dem man den
Gott oder die Göttin wußte, jedoch in einer sozusagen wahrnehmbaren
Unsichtbarkeit: hinter einer Mauer, wohin man nicht kam, im Verborgenen, jedoch so, daß man nicht einfach gegen eine Mauer blickte, sondern
durch den Säulenumlauf eine wahrnehmbare Transparenz des Blicks auf
die ihrerseits undurchdringliche Verborgenheit bestand. Dadurch wußte
man: Es gibt den Gott oder die Göttin (hinter der Mauer), aber er oder
sie ist mit den Augen und in dem Licht, in dem sich die Dinge und Lebewesen dieser Welt außerhalb des Tempels zeigen, nicht sichtbar, nicht einmal in dem ummauerten Dunkel.

Anders als im jüdischen Bilderverbot wurde also die Verborgenheit der
Götter im griechischen Tempelbau in kunstvoller Weise sinnlich zum
Ausdruck gebracht. Die beiden Lösungen sind ästhetisch ganz verschieden, geben sich meines Erachtens theologisch sonst jedoch nichts nach.
Nun aber kam das Christentum, und aus den ‚heidnischen‘ Tempeln wurden christliche Kirchen, in vielen Fällen – wie z.B. beim Athena-Tempel
in Syrakus oder dem sogenannten Concordia-Tempel in Agrigent – durch
direkten Umbau. Dieser bestand darin, daß

– die Zwischenräume des Säulenumlaufs zugemauert wurden, so daß die
  Mauer nach außen verlegt und die transparente Zurücknahme der Verborgenheit des Innern aufgehoben wurde;
– die Ummauerung des Gotteshauses zum – nunmehr vermauerten –
  Säulenumlauf regelmäßig durchbrochen wurde, so daß an den Längs-
  seiten des aus der Cella gebildeten mittleren Kirchenschiffs Seiten-
  schiffe entstanden;
– in den westlichen Kirchen Gottes Bild den Menschen nicht mehr verborgen war.

Das Gotteshaus wurde nun für die Gläubigen geöffnet, was den Menschen ein Gattungsprivileg gab, aber sie versammelten sich zum Gottes-

dienst fortan nicht mehr unter freiem Himmel, sondern unter Ausschluß der natürlichen Mitwelt in dem ummauerten Raum, der einmal Gottes Raum gewesen war. Mit der Bestimmung des Menschen zur Gottebenbildlichkeit ist dieses Eindringen in den zuvor geheiligten Raum nicht nur vereinbar, sondern sie ist sogar eine denkbare – allerdings keine notwendige – Konsequenz aus dieser Bestimmung. War es aber gut für die Gemeinschaft der Natur, zu der wir gehören, daß sich die Menschengattung im Christentum exclusiv – unter Ausschluß der natürlichen Mitwelt – und hinter verschlossenen Türen mit dem Schöpfer des Ganzen, auch dem der Ausgegrenzten, ins Benehmen setzte? Ich denke Nein, das war nicht gut. Dem Athena-Tempel in Syrakus ist der beschriebene Umbau noch deutlich anzusehen. Vermutlich ist der Tempel nur durch den Umbau gerettet worden, aber ich habe die Veränderung doch als ein schweres Sakrileg empfunden.

Nun ist der Kirchenbau nur ein anschauliches Beispiel, wie es durch die Bestimmung zur Gottebenbildlichkeit zu einer historischen – wie ich meine – Fehlentwicklung gekommen ist. Hier zeigt sich eine Haltung, die spätestens in der Naturkrise der wissenschaftlich-technischen Welt überwunden werden sollte. Dies aber geschähe nicht schon dadurch, daß Kirchen anders gebaut oder Gottesdienste wieder unter freiem Himmel abgehalten würden, sondern in Frage steht nun die Grundhaltung selbst, die unter anderem zur Ausgrenzung der natürlichen Mitwelt im Gottesdienst geführt hat. In welcher neuen Grundhaltung zeigt sich uns ein Licht, das wegweisend sein könnte, um aus der jetzigen Krise wieder herauszufinden?

Es ist viel davon die Rede, wie die Geschichtlichkeit des menschlichen Daseins durch das Alte Testament ins Bewußtsein getreten sei. Meinem Eindruck nach ist dabei die Gegenwart der Zukunft, die ja auch dazugehört, gegenüber der der Vergangenheit etwas zu kurz gekommen. Ist aber mit der Gottebenbildlichkeit eindeutig nichts einfach Gegebenes, sondern ein Aufgegebenes gemeint oder ein nur als aufgegeben Gegebenes, so verweist vielleicht die ganze Schöpfungsgeschichte, wenn sie wahrhaft geschichtlich gedacht ist, mindestens ebensosehr auf die Zukunft wie auf die Vergangenheit. In der theologischen Forschung finde ich diesen Gedanken bei Jürgen Ebach: „Die Zukunft ist nicht *mehr* wiederkehrende Urzeit, als die Urzeit erinnerte Zukunft ist. ... Die wirkliche Genesis ist nicht am Anfang, sondern am Ende. ... Denn als ,Ursprung' gefaßt, bezeichnen Texte wie Gen 1,26ff. nicht den *Traum vom vergangenen Glück*, sondern die *Erinnerung an das noch ausstehende*. Sie wären... nur als ,Ziel' wirklich ,Ursprung'" (1986, 20ff.). Haben wir also im Kirchenbau und überall sonst, wo wir Exclusivität in der Natur beanspruchen, das Aufgegebene für ein Gegebenes vorweggenommen und damit verfälscht?

Die Auszeichnung durch das Aufgegebene braucht vielleicht nicht zurückgenommen zu werden, wohl aber die Exclusivität, weil sie auch die

Zukunft ausgeschlossen hat. Ein Wegweiser ist die früher kaum beachtete, in der Naturkrise der wissenschaftlich-technischen Welt aber vielzitierte und doch theologisch wohl immer noch nicht hinreichend gewürdigte Passage des Römerbriefs, wonach auch „die Kreatur" (ktísis), also die natürliche Mitwelt, auf die Offenbarung (Apokalypse) der Kinder (hyiôn) Gottes wartet und hofft, denn auch sie solle zur Freiheit der Abkömmlinge (téknon) Gottes kommen (Röm 8,19–21). Téknon kann im Griechischen auch tierische und pflanzliche Nachkommen bezeichnen. Diese Offenbarung sollte wohl nicht hinter verschlossenen Türen – und seien es Kirchentüren – gesucht werden, sondern wir wären nur die ersten Freigelassenen der Schöpfung (Herder) und andere sollten folgen können. „Wenn Gott Mensch werden konnte, kann er auch Stein, Pflanze[,] Thier und Element werden, und vielleicht giebt es auf diese Art eine fortwährende Erlösung in der Natur", meinte Novalis (1799/1800, Nr. 387 = II 826). So würden wir in einem Naturschicksal, das nicht nur das unsere ist, unserer Auszeichnung gerecht werden, indem wir unsere Aufgabe erfüllen, ohne sie exclusiv nur für uns erfüllen zu wollen. Wir mögen zwar das Salz der Erde sein, aber das bloße Salz ist unerträglich.

Jesus Christus Erdensohn

Wenn Zeyde-Margreth Erdmanns (1997) Ansatz zur Interpretation der Apokalypse Johannis aufgeht, würde sich die schöpfungsgeschichtliche Erinnerung an das noch Ausstehende (Ebach 1986) mit der dortigen Vision eines neuen Himmels und einer neuen Erde (Apk 21,1) verbinden. Der Grundgedanke ist, daß in diesem so schwer zugänglichen Text von dem Werden, Vergehen und Neuwerden der Erde in einer kosmischen Ordnung die Rede ist, in der wir stehen, und sogar davon, wie der Mensch an dieser Erneuerung mitwirken kann. Käme es uns darauf an, dies zu tun, was ich für geboten halte, müßte das Christentum aber wohl von Anfang an und auch vom Alten Testament her als ein kosmisches Geschehen verstanden werden, das die Natur insgesamt angeht und nicht nur eine Gattung von Lebewesen. In Christus wäre dann sowohl das Wort wirklich Fleisch, als auch das Fleisch Wort geworden oder zum Logos aufgelebt, und zwar wegweisend für die Natur insgesamt. Vielleicht lag schon in der Unabhängigkeit und übergroßen Souveränität des alttestamentlichen Gottes eine latente Sehnsucht, doch noch ganz in diese Welt einzugehen, und das Leben Jesu Christi war das kosmische Ereignis, in dem dies geschehen ist oder begonnen hat. Dann aber würde es Zeit, Jesus Christus nicht mehr nur als Gottessohn und als Menschensohn anzusprechen, sondern nun vor allem auch als Erdensohn. Denn wie könnte er für uns der Erstgeborene unter vielen Brüdern sein, die seinem Bild gleichkommen sollen (Röm 8,29), wenn er nicht ganz und gar Mensch gewesen wäre?

Wir entziehen uns der Nachfolge Christi dadurch, daß wir ihn nicht als einen Menschen wie wir wahrhaben wollen. Insbesondere sehe ich nicht, wie die radikale Anerkennung der Erdensohnschaft Jesu Christi mit der Annahme der Jungfrauengeburt vereinbar sein könnte, nachdem der Mensch aus der Vereinigung von Himmel und Erde naturgeschichtlich als Mann und Frau hervorgegangen ist und kein Mensch zur Welt kommt, ohne von beiden im Mitsein gezeugt zu sein. Wenn Jahwe wirklich zur Welt kommen wollte, durfte sein Erdensohn nicht an der Natur vorbei gezeugt sein. Wer Mensch sein will, muß auch so ,zur Welt kommen' wie ein Mensch, und dazu gehört die Zeugung durch einen Mann und eine Frau. Wir können Jesus Christus nicht als das kosmische Ereignis, in dem ein erdenfremder Gott sich doch noch der Erde hingegeben hat, wahrnehmen, solange wir nicht frei von dem Bedürfnis sind, ihn uns letztlich – insbesondere durch die Einzigartigkeit seiner Geburt – doch wieder als einen, der nicht so ist wie wir, vom Leibe halten zu wollen. Der Glaube an die Jungfrauengeburt beruht ja nicht nur auf dem Übersetzungsfehler der Septuaginta, die „junge Frau" (Jes 7,14) aus dem Urtext ins Griechische als „Jungfrau" (parthénos) übertragen zu haben. Dies hätte sich längst korrigieren lassen, wenn es nicht ein hartnäckiges, durch mancherlei mythologische Jungfrauengeburten – z. B. von Hephaistos (Hesiod, Theogonie Vs. 927) – belegtes Bedürfnis der Menschen gäbe, besonderen Menschen auch eine besondere Geburt zuzuschreiben. Gunhild und Uwe Pörksen (1980) sind derartigen Legenden im Anschluß an Jungs und Kerényis ,göttliches Kind' (1951) nachgegangen. Hat man die dergestalt Ausgezeichneten so auf einen Sockel gestellt, lebt sich's unter Menschen wie unsereinem ja auch etwas ungenierter. Ebendiese Bequemlichkeit aber dürften wir uns nicht mehr leisten, wenn Christus wirklich Mensch und ein Sohn der Erde gewesen ist.

Es gibt in der Geschichte des Christentums und wohl auch in anderen Religionen ein tief verwurzeltes Bedürfnis nach dem Besonderen im Gegensatz zum Gewöhnlichen und eine Tendenz, das Naturgeschehen für das Gewöhnliche im Gegensatz zum Übernatürlichen als dem Besonderen anzusehen. Wie aber kann das Christusgeschehen die Natur selbst betreffen, ihr eine Erneuerung und zweite Schöpfung verheißen, wenn wir uns mit ihm ins Übernatürliche davonmachen wollen? Ist es immer noch ein gnostisches Erbe, hienieden nicht ganz dazugehören und uns exclusiv des Jenseits' versichern zu wollen? Das Christentum ist aber eine Verheißung, daß nicht nur wir verwandelt werden, sondern die Natur insgesamt, so daß dem ,Gewöhnlichen' selbst ein Besonderes bevorsteht. In der babylonischen wie in der griechischen Religion war die Kosmogonie ein Teil der Theogonie, einer Theokosmogonie des Ganzen. Warum fällt es uns so schwer, das Christusgeschehen nicht für die Menschheit privatisieren zu wollen? Der Herr hat den Jüngsten Tag auch in die Bäume hineingeschrieben, meinte selbst Luther.

Mein Plädoyer, die Inkarnation Jesu Christi nun auch als eine Wort-
werdung des Fleisches wahrzunehmen, ist dem (Kierkegaardschen) benachbart, ihn zur wirklichen „Einübung im Christentum" als hier und
jetzt gegenwärtig zu erfahren. Anders als Kierkegaard geht es mir aber
nicht nur um Jesu Christi mitmenschliche Gegenwart, sondern um sein
kosmisches Eintreten in die Gemeinschaft der Natur.

Wie sooft sind die Bilder auch hier den Worten voraus. Anders als
(Panofsky) glaube ich nicht, daß die Maler nur das malen, was zu ihrer Zeit
denkbar ist, sondern daß das Gefühlsbewußtsein in der Kunst dem des
Denkens voraus ist. Achtet man auf die künstlerischen Darstellungen der
Verkündigung der bevorstehenden Schwangerschaft an Maria, so wirkt
der Engel, der ihr die Botschaft bringt, teils weiblich, teils männlich und
oft androgyn. Es gibt eine Reihe von Darstellungen, in denen ich die
schicksalhafte Begegnung eines Mannes und einer Frau sehe, die sich
ebenso irdisch wie himmlisch begibt und erkennbar ein Ereignis ist, an
dem zwar diese beiden Personen entschieden teilhaben, das aber über sie
hinaus eine weltgeschichtliche Bedeutung hat. Ich denke z. B. an Piero
della Francescas Darstellung der Verkündigung im oberen Teil des Altar-
bilds aus der Klosterkirche Sant' Antonio in Perugia (1458–1469; Galleria
Nazionale dell'Umbria). Die schönste Darstellung Marias und des Engels
als eines Menschenpaars habe ich im kastilischen León gefunden. Zwei
Statuen stehen sich in der Colegiata de San Isidoro (12. Jahrhundert) dia-
gonal gegenüber, Maria auf der Altarseite links der mittleren Apsis (die
später zu einem Chor vergrößert wurde), der Engel dort, wo das linke
Querschiff vom linken Seitenschiff abzweigt. Maria ist als eine schöne
junge Frau dargestellt, die erkennbar schwanger ist, der Engel als ein
ebenso schöner junger Mann, der sie aufmerksam anblickt. Er hält die
Schriftrolle in beiden Händen und hat den Kopf leicht zurückgelegt.
Beide wirken sehr frei, ohne Schrecken oder Verlegenheit, so als ob sie Ja
dazu sagten, daß sich mit ihnen ein Gottesgeschehen begibt. Eine etwas
bäuerlichere Darstellung Marias und des Engels findet sich in der Haupt-
kirche von San Gimignano (Collegiata) in der Toskana. Sie stammt von
Jacopo della Quercia (ca. 1374–1438) und zeigt die beiden in zwei ge-
schnitzten Skulpturen beiderseits des Eingangs. Maria erscheint hier als
eine ebenso hübsche junge Frau wie der Engel als ein hübscher junger
Mann und beide als ein schönes Paar, was ja nicht ausschließt, daß Gott
mit ihnen ist. Der – später gegebene – Titel „Madonna e Angelo" mag
darauf hindeuten, daß man es als zu gewagt empfunden hätte, die Szene
eine Verkündigung zu nennen.

Für Goethe war nur das Retortenwesen Homunculus „ein wahrer
Jungfernsohn, / Eh' du sein solltest, bist du schon!" (Faust Vs. 8253 f.).
Fausts früheren Famulus Wagner ließ er die Kopfgeburt für einen
„höhern Ursprung" (Vs. 6847) als den der Zeugung durch einen Mann
und eine Frau halten. Er selbst aber hat die theologische Lehre von der

Jungfrauengeburt geradezu als eine Gotteslästerung empfunden: „*Du hältst das Evangelium wie es steht, für die göttlichste Wahrheit,*" schrieb er lange zuvor an Lavater, „*mich* würde eine vernehmliche Stimme vom Himmel nicht überzeugen, daß das Wasser brennt und das Feuer löscht, daß ein Weib ohne Mann gebiert, und daß ein Todter aufersteht, vielmehr halte ich dieses für Lästerungen gegen den großen Gott und seine Offenbarung in der Natur" (9. August 1782; HAB I 403). Wenn es mit den religiösen Wahrheiten keine natürliche Ordnung haben darf, ist dies gleichermaßen eine lästerliche Verkennung Gottes und der Natur.

Jesus Christus war, wie ich glaube, ein von dem ‚Engel' vorehelich empfangener Sohn Marias, in dem die Erde zu einer geistigen Kraft erwacht ist, die uns einen Weg des Lebens weist. Kirchen, die noch auf der Jungfrauengeburt beharren, Theologien, die das Christusgeschehen als Geisteswissenschaften nicht in seinen historischen Zusammenhang – den der Theogonie und Naturgeschichte – stellen, und Christen, für die Jesus Christus ebensowenig ein wirklicher Erdensohn war wie für ihre kirchlichen und theologischen Wegweiser, sind aber noch lange nicht soweit, Jesus Christus als das kosmische Ereignis wahrzunehmen, das er in Wahrheit war und ist.

Daß das neuzeitliche Christusbild nicht frei von Unwahrhaftigkeiten ist, geben auch die Darstellungen der Künstler zu erkennen. Sind die Bilder in der byzantinischen Tradition oder die von Cimabue noch in sich glaubwürdig, so entstehen nach der Renaissance immer mehr süßlich bigotte, schuldzuweisende Darstellungen eines Mannes, dem zumindest ich für die Kierkegaardsche ‚Einübung' lieber nicht hätte begegnen mögen. Selbstverständlich gibt es große Ausnahmen wie die Altersbilder Tizians von Christus, und man wird der neuzeitlichen Malerei auch zugute halten, daß die vielen Mutter-und-Kind-Darstellungen, die es früher gegeben hat, der eigentlichen Herausforderung auch nicht unbedingt gerecht geworden sind. In jedem Fall aber zeigt sich an der Geschichte der Christusbilder, daß es hier im neuzeitlichen Abendland etwas nachzuholen gibt. Solange wir ihn uns nicht glaubhaft vorstellen können, ist Christus für uns noch nicht richtig zur Welt gekommen.

Es gibt Orientierungen für den hier noch zurückzulegenden Weg im Neuen Testament selbst, vor allem die neue Schöpfungsgeschichte am Anfang des Johannes-Evangeliums. Hier ist Christus das Licht, das in der Welt (en tô kósmo) war und durch das die Welt entstanden ist (egéneto; Joh 1,10). In der deutschen Übersetzung heißt es irreführend: „Es war in der Welt, und die Welt ist durch dasselbe gemacht"; vom Machen steht bei Johannes nichts. Dieselbe Pantheismus-Furcht prägt die deutsche Fassung des Kolosserbriefs, wo die offizielle Übersetzung lautet: „durch ihn [Christus] ist alles geschaffen, was im Himmel und auf Erden ist." Bei Paulus steht statt dessen: *in ihm* (en autô) ist alles geschaffen (Kol 1,16). Gregor von Tours (539–594) hat dies noch richtig verstanden, denn seine

Weltchronik beginnt mit den Worten: „Im Anfange bildete der Herr Himmel und Erde in seinem Christ (in christo suo), der da ist der Ursprung aller Dinge, das heißt in seinem Sohne, und dieser nahm, als die Elemente der ganzen Welt geschaffen waren, einen Kloß vergänglicher Erde und bildete den Menschen nach seinem Bilde und seinem Gleichnis und blies ihm in das Antlitz den Hauch des Lebens, und also ward der Mensch gemacht zu einer lebendigen Seele" (1955, 11).

Es gibt also auch eine christliche Theokosmogonie. Eine bildliche Darstellung der Erde als Christi Leib war z. B. die um 1235 entstandene Ebstorfer Weltkarte. In Meister Bertrams Hochaltar von Sankt Petri in Hamburg (1383) hat die Erde das Gesicht Christi. Christian Beutler erklärt dies im Sinn des zitierten Satzes von Gregor von Tours (1984, 29). Bewahrt worden ist die Tradition des kosmischen Christentums durch Rudolf Steiner und alle die, auf denen sein Denken – meistens unausdrücklich – fußt. Auch die ökotheologischen Ansätze entwickeln sich teilweise in dieser Richtung.[9] Wie „die Struktur nicht nur des Menschen, sondern die der ganzen Welt die kreuzartige sei" (V. v. Weizsäcker 1956, 266f.), wird aber wohl erst ein neues Verständnis der Apokalypse Johannis zeigen. Weizsäcker meinte bereits, die kreuzartige Struktur der Welt sei nicht nur eine menschliche, sondern „Tiere, Pflanzen und Atome umfassend" (aaO). Gegangen aber ist dieser Weg noch lange nicht. Vor allem das anthropozentrische Weltbild beruht ungebrochen auf der Vorstellung des außerweltlichen Gottes und der exclusiv nach seinem Bild geschaffenen Menschen.

Wer an den alttestamentlichen Gott glaubt, darf nicht anthropozentrisch denken. Im Christentum aber gerät die Abwehr des Pantheismus zu einer Verteidigung der Anthropozentrik. Friedrich Heinrich Jacobi (1743–1819) machte es sich zu einfach, als er sich von Johann Gottfried Herder (1744–1803) sagen lassen mußte: *„Du* bist... ein wahrer orthodoxer Christ; denn Du hast einen *extra*mundanen Gott, comme il faut u. hast Deine Seele errettet." Herder hielt dagegen an seinem Pantheismus – den er auch bei Spinoza zu finden glaubte – fest. „Was ihr... mit dem: *außer* der Welt existiren wollt, begreife ich nicht; existirt Gott nicht *in* der Welt, *überall* in der Welt, ... so existirt er nirgend. Außer der Welt ist kein Raum" (Briefe an Jacobi 16. September 1785 und 6. Februar 1784). Goethes Freundschaft mit demselben Jacobi zerbrach daran, daß dieser letztlich darauf bestand: Die Natur verbirgt Gott, worauf Goethe er-

---

[9] Seit der Hofgeismarer Arbeit zum „Frieden mit der Natur" (K. M. Meyer-Abich 1979) sind von den damaligen Autoren und andern – ich nenne nur Günter Altner (1987, 1991), Jürgen Ebach (1986) und Jürgen Moltmann (1985) – weitere Schritte getan worden, welche hier eine Bewegung anzeigen, bei Moltmann leider sehr fachbezogen. Eine große Schwäche der meisten Ökotheologen ist allerdings ihre unkritische Verbrüderung mit dem jeweiligen Stand der herrschenden Naturwissenschaft (vgl. Baranzke 1996).

widerte: „Aber nicht jedem!" (HA XII 365). Dies ist die treffendste Entgegnung gegen das anthropozentrische Denken, die ich kenne.

Daß wir nur dann zur Nachfolge Jesu Christi bestimmt sein können, wenn er wirklich Mensch gewesen, d. h. so zur Welt gekommen ist wie ein Mensch, hat meines Erachtens keine entsprechenden Konsequenzen für unser Verständnis seines Todes und der Auferstehung. Die Juden waren so leiborientiert, daß sie sich bereits in hellenistischer Zeit ein Fortleben nach dem Tod nicht nur seelisch vorstellen mochten, sondern dabei auch an den Leib dachten (2.Makk 7). In dieser Tradition brauchen wir ebensowenig wie Goethe anzunehmen, daß ein Toter leibhaftig wieder lebendig wird, nämlich in seiner früheren Leiblichkeit, so daß er nicht durch den Tod hindurchgegangen sein, sondern dieser rückgängig gemacht werden würde. In unserer Vorstellung von Christi Tod und Auferstehung geht es sowohl um unsere Zukunft, als auch um die der Natur insgesamt. Christus war nicht nur für uns der Erstgeborene von den Toten (Kol 1,18; Röm 4f.), sondern für die ganze Schöpfung. Können wir uns vorstellen, wie die Zukunft des Kosmos im Tod eines einzelnen gegenwärtig werden kann, solange wir den Jüngsten Tag, der doch immer schon beginnt, allenfalls für die Menschen erwarten und nicht einmal ahnen, welche Verwandlung den Neuen Himmel und die Neue Erde hervorbringt? Leider haben wir in unserer Zeit vom individuellen Tod und dem Geschehen danach im allgemeinen nicht einmal mehr das Wissen früherer Kulturen, geschweige denn ein Gefühlsbewußtsein der Gegenwart unserer Verstorbenen und ihres Lebens nach dem Tod.

Wie bereits im Hinblick auf die nicht gegebene, sondern aufgegebene Gottebenbildlichkeit, glaube ich auch hier, daß wir zunächst ein besseres Verständnis der Menschengeschichte innerhalb der Naturgeschichte suchen sollten. Eine Voraussetzung dafür ist die Erinnerung an den Götterkampf, der in allen drei Mythologien geschildert wird. Ich beginne jetzt wieder mit der biblisch-orientalischen.

Menschen im Kampf der Götter

Der Götterkampf der Bibel war der der himmlischen Heerscharen unter der Führung Michaels gegen den abgefallenen Luzifer und die Seinen. Im Monotheismus des Judentums und des Christentums treten ja die Engel an die Stelle der Göttervielfalt.[10] Luzifer war als Satanael einmal der Gott Nächststehende unter den Engeln und wurde erst nach dem Engelssturz zum Satan im bekannten Sinn. Daß dieser Abspaltung des Bösen eine theologisch sehr problematische Vereinfachung zugrunde liegt, zeigt der Vergleich zweier Bibelstellen. Im 2. Buch Samuel heißt es, Gott habe David zu einer Volkszählung gereizt (24,1), d. h. zu einer Vergewisserung

---

[10] Vgl. Stegemann 1993, 281.

seiner eigenen Macht, in der späteren und schlichter gedachten 1. Chronik hingegen, der Satan habe David dazu angestiftet (21,1). Daß in der Welt das Gute und das Böse klar geschieden sind und das Gute Gutes wirkt, das Böse hingegen Böses, ist ein einfaches Weltbild, mit dem man aber nicht weit kommt und über das auch Jahwe nur den Kopf hätte schütteln können, der da durch den Mund des Propheten Jesaja erklärte: „von der Sonne Aufgang und der Sonne Niedergang, daß außer mir keiner sei. Ich bin der Herr, und keiner mehr! der ich das Licht mache und schaffe die Finsternis, der ich Frieden gebe und schaffe das Übel. Ich bin der Herr, der solches alles tut" (45,6/7), und also nicht einmal einen Teufel neben sich duldet. Ähnliche Äußerungen findet man bei Amos 3,6, in den Klageliedern 3,37, Hiob 2,10, 5. Mose 30,15 und Sirach 11,14.

In dem simpleren Weltbild der Dichotomie – nicht der Polarität – von Gut und Böse jedoch wurde das letztere Luzifer zugeschrieben. Unter zahllosen Deutungen des Bösen gibt es eine Erklärung, die einen erstaunlichen Geltungsdrang der Menschheit erkennen läßt. Ich erwähne sie hier, weil ich die menschliche Geltungssucht für das Grundübel der Anthropozentrik halte. Der Engelssturz wird zwar nicht in der Bibel, jedoch in der späteren Überlieferung „nach einer ziemlich allgemein gelehrten Meinung" (Scheeben 1951, 224) darauf zurückgeführt, daß Luzifer und viele andere Engel empört waren, als Gott ihnen erklärte, sein Sohn solle ein Mensch sein und die Engel sollten Gott in Menschengestalt verehren. „Von da an begann Satanael an der Weisheit Gottes zu zweifeln und zugleich in einem unstillbaren Haß gegen den künftigen Menschen und gegen dessen Urbild, den Menschensohn, zu entbrennen. ... Von Neid erfüllt beschloß Satanael, seinem Herrn nicht mehr zu gehorchen, ja sich selber zum Herrn zu setzen. ... Aber nicht genug, daß Satanael sich selber zum Herrn setzen wollte – er rief auch die Engelscharen zum Abfall und zur Treulosigkeit auf. Da entstand eine schauervolle Unruhe und als Folge eine Spaltung im Engelreich: ein Drittel der Engel unterlag den Verführungskünsten Satanaels" (Rosenberg 1967, 148). Rosenberg faßt in seiner Darstellung, die der von Scheeben entspricht, allerdings „die Überlieferungen aus jüdischen und christlichen Apokalypsen, aus dem Talmud, der Gralslegende, dem Kabbalismus des Mittelalters, der spätantiken Gnosis, der ‚Legenda aurea' und der Liturgie der Kirche als Akte eines großen Dramas" in ziemlich undurchsichtiger Weise zusammen (aaO 147). Jedenfalls heißt es aber ja auch in der Bibel: „es sollen ihn [Christus] alle Engel Gottes anbeten" (Hebr 1,6), und in der Offenbarung Johannis wird Satan tatsächlich aus dem Himmel verstoßen, weil er die Christusgeburt durch das Erdenweib zunichte machen wollte (Apk 12).

Das Verdächtige an dieser Geschichte ist, daß sie von denjenigen erzählt wird, die von dem hier berichteten Hergang ihren Vorteil hatten, von Befangenen also, den Menschen. Es ging ja um ihre, um unsere Erhöhung. Daß der Mensch in der beschriebenen Weise, nämlich durch einen

Gott in Menschengestalt, erhöht werden solle, wird hier von den so zu Erhöhenden als Gottes Wille ausgegeben, und diejenigen, die dagegen waren, werden buchstäblich verteufelt. Wie glaubhaft ist es, wenn Menschen erklären, ein Geschehen, das ihnen zugutekommt, sei überhaupt gut, und das Gegenteil absolut schlecht? Kann man Luzifer, der nun ohne seine Ehren-Endung „-el" als der Satan gelten soll, nicht eigentlich ganz gut verstehen? Warum sollen Engel den höchsten Gott ausgerechnet in Menschengestalt verehren? Hätte es nicht genügt, daß sie sich gemeinsam mit dem Vatergott der Erde verbinden? Warum ist davon nicht einmal die Rede? Was hier Luzifer in Menschenworten angelastet wird: daß er sich selbst zum Herrn setzen und sein wollte wie Gott, stand nicht gerade danach auch des Menschen Sinn? Und die hier erzählte Interpretation des Engelsturzes steht ja keineswegs allein. Vor allem die Gottebenbildlichkeit des Menschen ist viel zu oft nicht als ein zu erfüllendes Maß, sondern genau wie hier als ein Privileg verstanden worden. Geht es nicht einfach zu weit, wenn wir Menschen uns einbilden, um unserer Ambitionen willen sei ein Kampf der Geister im Kosmos entbrannt und für uns gewonnen worden? Worüber kann uns das trösten? Woher kommt diese Geltungssucht?

Den Götterkampf gibt es auch in den andern Mythologien, auf die ich mich beziehe, aber in keiner von ihnen wird die Auseinandersetzung zwischen Gut und Böse nur um des Menschen willen geführt. Dies gilt auch für das babylonische „Enuma elisch", wonach im Ursprung – lange vor der Bildung von Himmel und Erde – Apsu und Tiâmat das Göttergeschlecht zeugten. In diesem gab es – so heißt es – schließlich Streit, weil der Urvater Apsu im Getümmel der vielfältigen Nachkommenschaft nicht mehr schlafen konnte. Zu Tiâmat sprach er: „Unerträglich ist mir ihr Verhalten. / Tagsüber kann ich nicht ruhen, nachts kann ich nicht schlafen. / Ich will sie vernichten, um ihrem Treiben ein Ende zu machen. / Stille soll herrschen, damit wir (endlich) schlafen können" (Garelli/Leibovici 1964, 135). Daraufhin wurde Apsu mit Billigung von Tiâmat, die um ihre Sippe fürchtete, durch Ea erschlagen. Dieser und seine Gemahlin Damkina schlugen auf Apsu, dem Süßwasserozean, ihre Wohnung auf und zeugten Marduk, den späteren Schöpfer der Welt und der Menschen, der dann auch Babylon erbaut hat. Nun aber gab es abermals Streit, weil Anu, Eas Vater, die Vier Winde ins Leben rief, um Tiâmat durch die von ihnen erzeugten Wellen zu stören. Auch die andern Götter fanden keine Ruhe mehr und verbündeten sich mit der Urflut und -mutter Tiâmat gegen die Ruhestörer. Tiâmat gebar „entsetzliche Schlangen, / ... Mit Gift anstatt mit Blut füllte sie ihren Leib. / ... Sie schuf die Viper, den roten Drachen und die Sphinx, / Den großen Löwen, den tollen Hund, den Skorpionmenschen, / Wütende Dämonen, Fischmenschen und Kentauren, / Die schonungslose Waffen tragen, die Schlacht nicht fürchten" (aaO 138). Unter den Göttern, die zu ihr hielten, erhöhte sie Kingu zum

Führer. Als die andern Götter – die Linie Anschar-Anu-Ea/Damkina-Marduk – dieser Vorbereitungen gewahr wurden, erklärte sich Marduk bereit, es mit Tiâmat und den Ihren aufzunehmen, jedoch unter der Bedingung, daß er bei Erfolg die höchste Gewalt erlange. Marduk besiegte zunächst Kingu und danach in einem grausamen Gemetzel Tiâmat, indem er sie in einem Netz fing und einen Wind in ihr geöffnetes Maul warf, so daß ihr Bauch sich blähte und durch einen Pfeil zum Platzen gebracht werden konnte. Danach halbierte er sie wie einen Fisch, bildete aus der einen Hälfte das Himmelsgewölbe und richtete dort Wohnungen für die eine Hälfte der Götter als Sternbilder ein. Aus der anderen Hälfte wurde die Erde als Wohnsitz der übrigen Götter.

In der babylonischen Theogonie und Kosmogonie also gab es bis zum Ende des Götterkampfs weder Himmel noch Erde noch Menschen. Die letzteren wurden erst danach geschaffen, und zwar zum „Dienst der Götter zu ihrer Erleichterung". Ein Zusammenhang mit dem Götterkampf ergibt sich gleichwohl dadurch, daß derjenige der gegnerischen Götter, „der den Krieg erregt, / Tiâmat zur Revolte aufgereizt, den Kampf begonnen hat", den Siegern ausgeliefert und getötet werden sollte, „damit die Menschheit entsteht". Es war Kingu, den Tiâmat zum Führer der Aufständischen gesetzt hatte. „Sie ließen ihn seine Strafe erleiden, / Seine Adern durchschnitten sie. / Aus seinem Blute schuf er [Ea] die Menschheit" (aaO 145). Nach dieser etwas problematischen Anthropogonie lebt also im Menschen das Blut des Aufrührers gegen die Götter weiter, allerdings in einer den siegreichen Göttern anverwandelten Form. Einen Grund, uns darauf sonderlich viel einzubilden, ergibt diese Herkunft nicht.

Die Ähnlichkeiten zwischen der griechischen und der babylonischen Mythologie liegen auf der Hand, insbesondere die Tatsache eines Kampfes und Sieges der jüngeren Götter gegen die älteren, die Entsprechung der männlichen Sieger Zeus und Marduk und die Abkunft des Menschen von dem älteren Göttergeschlecht, bei den Griechen von Prometheus. Der wesentliche Unterschied ist aber, daß der Götterkampf von der Bestimmung des Menschen hier ganz entkoppelt wird, denn Prometheus war an dem Kampf nicht beteiligt. Seine Rivalität mit Zeus wurde vielmehr bei dem Mekonischen Mahl und danach ausgetragen.[11] Um die Menschen ging es dabei nur in zweiter Linie, denn es galt festzulegen, welche Teile der Opfertiere den Göttern und welche Teile den Menschen zufallen sollten. Prometheus half den Menschen, indem er die Knochen – wohl dem damaligen Geschmack entsprechend – in dem Fett des Tiers attraktiv verpackte, das Fleisch hingegen in den unansehnlichen Magen hüllte. Es gelang ihm auf diese Weise, Zeus zu täuschen, der sich nämlich für das Fett und somit außerdem für die Knochen entschied, welche Ver-

---

[11] Hesiod: Theogonie Vs. 535 ff.; Werke und Tage Vs. 47 ff.

teilung denn bei allen künftigen Opfern beibehalten wurde. Zeus wollte den Menschen dafür das Feuer vorenthalten, damit sie das ihnen zugefallene Fleisch wenigstens roh essen müßten, aber dies wurde wiederum von Prometheus vereitelt, der es in einem Narthexrohr (ferula) „dem Donnerfrohen verborgen" aus dem Himmel zu den Menschen trug (Hesiod, Werke und Tage Vs.52). Das Drama endete damit, daß einerseits Prometheus an den Tartaros gefesselt und dort erst von Herakles befreit wurde, andererseits die Götter den Menschen die verführerisch aufgeputzte Pandora schickten, damit sie des Feuers nicht froh würden (aaO Vs. 54–105). „Ihr entstammte das schlimme Geschlecht und die Stämme der Frauen. / Unheilbringend wohnen sie unter den sterblichen Männern, / Ohne die schlimme Not zu teilen, aber das Wohlsein. /... Also hat auch die Weiber den sterblichen Männern zum Unheil / Zeus, der donnernde Gott, bestellt" (Hesiod, Theogonie Vs. 591–601). Resignierend schildert der misogyne Dichter, wie man fortan weder mit den Frauen noch ohne sie seines Lebens recht froh werden könne.

Den Menschen bleibt auch hier – wie aus Kingus Blut im „Enuma elisch" – die problematische Abkunft von den titanischen Göttern, insbesondere von dem mit Zeus rivalisierenden Prometheus. Ich sehe aber keine Anhaltspunkte dafür, daß sie in irgendeiner besonderen Weise der Gegenstand des Götterkampfs gewesen wären. In der „Theogonie" wird dieser zwar unmittelbar anschließend an den Prometheuskonflikt geschildert, der mit dem Mekonischen Mahl ausgebrochen war, aber nichts deutet auf einen Zusammenhang hin, und ähnlich abrupte Übergänge gibt es in der „Theogonie" auch sonst. In der Schilderung des Götterkampfs (Vs.617ff.) ist von den Menschen gar nicht mehr die Rede, sondern hier geht es ausschließlich um die Auseinandersetzung der olympischen, von Kronos und Rheia abstammenden Götter mit ihren titanischen Verwandten. Der Kampf soll lange gedauert haben und wurde schließlich – mit wesentlicher Unterstützung der Titanen Kottos, Gyes und Briareos – durch Zeus entschieden. Nachdem dieser auch noch den von Gaia zuletzt aufgebotenen Drachen Typhoeus, von dem die feuchten Winde abstammen, in den Tartaros geschleudert hatte, wurde er in der olympischen Oligarchie zum Herrscher gewählt.

In der germanischen „Edda" schließlich gab es ein erstes Menschengeschlecht – wie oben geschildert – bereits vor dem Götterkampf. Dieser spielte sich zwischen den Asen und den Wanen ab, wurde durch das Begehren des Goldes ausgelöst und endete mit dem Fall Odins. Die Menschen haben daran keinen Anteil, gehen jedoch im Weltbrand mit zugrunde. Der Katastrophe folgt der Aufgang einer neuen Welt, in der es auch wieder Menschen gibt.

2. Die naturgeschichtliche Bestimmung des Menschen

In dem bis hierher entfalteten mythologischen Feld, das noch durch entsprechende Bilder aus anderen Kulturen zu erweitern wäre, gibt es eine Grundbefindlichkeit bei den Babyloniern, Griechen und Germanen, in der teilweise auch die Juden leben, und eine abweichende Befindlichkeit bei den letzteren. Ich fasse die wesentlichen Bestimmungen hier noch einmal in fünf Grundsätzen zusammen:

(1) Die Götter sind Naturkräfte. Mit ihnen entfaltet sich die Naturgeschichte, d. h. die Kosmogonie ist als Theokosmogonie in der Theogonie aufgehoben.

Abweichung: Der Gott der Israeliten bleibt unabhängig von seiner ‚Schöpfung‘, tritt aber durch Christus in eine neue Beziehung zu ihr ein.

(2) Unter den Göttern gibt es Auseinandersetzungen, in deren Verlauf sich eine bestimmte kosmische Lebensordnung durchsetzt. Dies gilt auch für die Juden, wobei – wenn nicht in der kanonischen Theologie, so doch im Volksglauben – die Engel an die Stelle der außer Jahwe in einer Mehrzahl anzuerkennenden Götter treten.

(3) Die Menschen sind von den göttlichen Naturkräften in der Naturgeschichte als Teil der Natur gebildet worden.

(4) Die ursprünglichen Auseinandersetzungen zwischen den Göttern sind der naturgeschichtliche Rahmen, in den das menschliche Leben gestellt ist.

Abweichung: Die Unklarheit, wie weit die Naturgeschichte im Christentum an der Heilsgeschichte teilhat, der Rahmen also ein naturgeschichtlicher ist.

(5) Die Menschen haben eine besondere Affinität zu dem im Götterkampf unterlegenen Göttergeschlecht.

Abweichung: Die Rivalität der Menschen mit den luziferischen Engeln, die in der jüdisch-christlichen Überlieferung angenommen worden ist.

Unter (5) bildet, strenggenommen, auch der germanische Mythos eine Abweichung, jedoch nur insoweit, als er sich hier der Stimme enthält.

Wie stark die Abweichungen sind, hängt also vom Naturverständnis des Christentums ab. Dies gilt vor allem für die Bestimmung des Menschen in der Naturgeschichte. Um dieser Frage weiter nachzugehen, wende ich mich zunächst einer genaueren Interpretation des alttestamentlichen ‚Sündenfalls‘ zu. Ich stütze mich dabei auf die Interpretation von Friedrich Schiller und ihre naturgeschichtliche Erweiterung durch Zeyde-Margreth Erdmann (1997). Der Grundgedanke ist, daß es sich eigentlich um einen Emanzipationsprozeß handelt.

Der ‚Sündenfall' – ein Aufbruch aus dem Paradies

Vordergründig betrachtet, folgt der Mythos vom Sündenfall (Gen 2/3) der für das Alte Testament so typischen Verbots- und Strafdramaturgie. Die Handlung vollzieht sich in drei Schritten: (1) Adam (dem noch nicht von Eva entbundenen) wird verboten, vom Baum der Erkenntnis zu essen. (2) Er tut es doch, gemeinsam mit der mittlerweile hinzugekommenen Eva. (3) Daraufhin werden beide des Paradieses verwiesen und der Mühsal ausgesetzt, selbst für ihren Lebensunterhalt sorgen zu müssen. Zu diesem Verlauf passen die vorgebrachten Entschuldigungen, zunächst die des Mannes durch die Frau: Sie, die du mir beigesellt hast (!), gab mir von dem Baum und ich aß, d. h.: Sie ist schuld – und diese etwas kümmerliche Schuldzuweisung hat dann ja in der gesellschaftlichen Rolle der Frauen durchaus Geschichte gemacht.[12] Die Frau wiederum gibt den Vorwurf an die Schlange weiter: Die Schlange hat mich betört, da habe ich gegessen. Damit ist die Kette aber nicht zu Ende, denn nun muß doch die Schlange noch etwas aufgewertet werden, damit zumindest für das Selbstbewußtsein der beiden vermeintlichen Sünder eine einigermaßen überzeugende Projektion der eigenen Schuld auf einen Dritten herauskommt. Mit dem Tier allein ist das nicht zu machen, denn wer ist schon die Schlange, daß sie uns in eine derartige Existenzkrise bringen kann?

Zur Identifikation der Schlange gibt es eine historische und eine wirkungsgeschichtliche Antwort. Die historische lautet, daß der Jahwist durch die – am Hof Salomos entstandene – Sündenfallgeschichte eigentlich eine religionspolitische Kritik daran üben wollte, daß Salomo der Tochter Pharaos, die er geheiratet hatte, zuviel Einfluß gewährte. Für den Jahwisten war das ein Ärgernis, weil die Königin ihrerseits auf die ägyptische Göttin Renenutet hörte, welche für die menschlichen Grundbedürfnisse (Nahrung und Kleidung) sorgte und in Gestalt einer Schlange verehrt wurde.[13] Nach dieser historischen Interpretation der Schlange wäre die Sündenfallgeschichte längst obsolet. Tatsächlich aber hat sie sich wirkungsgeschichtlich – soweit die Deutung zutrifft – von diesem Ursprung unabhängig gemacht. Die Kritik an der Tochter Pharaos scheint ein willkommener Vorwand gewesen zu sein, den Einfluß der Frauen überhaupt dauerhaft zu beschränken. Dazu trat an die Stelle der ägyptischen Göttin einfach der Teufel, d. h. die Schlange, welche durch die Frau den armen

[12] Besonders auffällig wurde mir dieses historische Gewicht in der Menschheitschronik der Fontana Maggiore in Perugia. Die Geschichte beginnt mit Adam und Eva, und die Inschriften der ersten Doppeltafel lauten: (1) Eva täuschte Adam (*Eva decepit Adam*) und (2) Eva machte mich sündigen (*Eva fec(it) me peccare*). Danach folgen noch fünf weitere Doppeltafeln zu Samson und Dalila, David und Goliath, einer Tierfabel, Rea Silvia und Romulus und Remus, aber über die ersten beiden kommt keine mehr hinweg (vgl. Swarzenski 1926, 49 f.).

[13] Vgl. Görg 1981, der seinerseits an von Soden (1973/74) anknüpft.

Mann verführte, war in Wirklichkeit der Teufel. Damit sind wir wieder bei Satan bzw. Luzifer.

In der Bibel steht davon allerdings nichts, aber die Geschichte ist in der Tradition seit langem so verstanden worden, besonders hübsch in (Miltons) „Paradise Lost". Zunächst also haben Menschen Luzifer unterstellt, daß dieser sich durch die menschliche Gottesgeburt zurückgesetzt gefühlt habe und deshalb seinerseits so sein wollte wie Gott. Als dann aber Menschen auf das Wort der Schlange hin selber eben dieses wollten: sein wie Gott, haben sie Luzifer auch noch den eigenen Sündenfall angelastet, indem sie ihn mit der Schlange identifizierten, die sie verführt habe. Daß diese Projektionen ausgerechnet demjenigen Mythos widerfahren mußten, dessen Thema das Erkennen von Gut und Böse war, ist eigentlich ein trauriges Geschick.

Unter der Verbots-, Übertretungs- und Strafgeschichte, die unsererseits mit der Schuldzuweisung an den Satan endet, kommt nun aber ein ganz anderer Hergang zum Vorschein, wenn wir die Wirkungsgeschichte weiterdenken. Zeyde-Margreth Erdmann vergleicht ihn mit einem Geburtsprozeß, welcher den Menschen auf den Weg der Entwicklung des Bewußtseins gebracht hat. Vor allem der in der jetzigen Fassung des Sündenfall-Mythos liegende Widerspruch, daß hinsichtlich der Folgen des Essens vom Baum der Erkenntnis nicht Jahwe recht behält, sondern die Schlange, öffnet uns diesen Spielraum. Mehrdeutig ist auch, daß es zunächst der Baum des Lebens sein soll, der in der Mitte des Paradieses steht, beim Sündenfall aber der der Erkenntnis (Gen 2,9/3,3).

Wegen der manifesten Unstimmigkeit hinsichtlich der Folgen des Essens der Frucht,[14] ist Jahwes Instruktion: „Vom Baum der Erkenntnis darfst du [Adam] nicht essen; denn am Tag, da du davon ißt, mußt du unbedingt sterben", vielleicht eher als eine wegweisende Warnung zu verstehen, die durch die Überlagerung zu einem Verbot stilisiert worden ist. Wie wäre dem Menschenpaar zumute gewesen, wenn es von diesem Baum ungewarnt ebenso gegessen hätte wie von den andern? Auch Kindheitsanweisungen haben oft genug den Sinn, durch das, was man nicht soll, auf das gefaßt zu sein, was man später gerade soll. Als es dann soweit war, vernahm zuerst die Frau – als die Sensiblere von beiden – durch die Schlange, das klügste Tier, die Stimme der Natur als den Anstoß zum Aufbruch. Sicherlich war dabei die erwachende Sexualität eine innere Stimme der Natur, die der äußeren entsprach. Zugleich war es wieder einmal ein Baum, der den Menschen Kraft und Nahrung gab, sich aufzu-

---

[14] „... die angekündigte Todesstrafe tritt nicht ein. Der Fluch trifft den Menschen nicht; er trifft an ihm vorbei" (Westermann 1974, 377). Wo es nicht geradezu Augustinisch zugeht, ist das Emanzipationsverständnis des ‚Sündenfalls‘ auch von den Schulmeinungen nicht unerreichbar weit entfernt. Insbesondere gilt die ‚Urgeschichte‘ (Gen 1–11) als Exposition vor der eigentlichen Geschichte.

richten. Das Menschenpaar ist dann gemeinsam mit der Schlange in die Welt hinausgezogen. Die Widerstände, die in der Verbotsübertretungs-Fassung des Mythos als Strafe Gottes ausgegeben werden, entsprechen der Entfremdung Enkidus von seiner natürlichen Mitwelt im „Gilgamesch"-Epos, als er durch die Liebe zur Frau auf den Weg der Kultur gebracht wurde.

Der biblische Mythos vom Sündenfall erzählt nun im Sinn der Erdmannschen Interpretation erstmalig ein Stück Menschengeschichte im Rahmen der Naturgeschichte. Ich beschränke mich hier auf dasjenige Resultat des Menschwerdungsmythos vom ‚Sündenfall', das im Sinn des Grundsatzes (5) auch ohne die Deutung der Schlange als Satan eine Rivalität des Menschengeschlechts mit dem herrschenden Gott beweist. Es liegt in der Feststellung Jahwes: „Nun ist der Mensch (adam) geworden wie einer von uns im Erkennen von Gut und Böse" (Gen 3,22). Mit diesem Menschen war in Zukunft zu rechnen.

Während aber die Prometheische Auflehnung bei Hesiod mit den Nachkommen der Pandora am Feuer des Herds endete und die Bildung der Menschen aus Kingus Blut für den „Dienst der Götter zu ihrer Erleichterung" im wesentlichen die Unterwerfung der älteren Götter besiegelte, liegt in der vom Verbots- und Strafpathos befreiten Fassung des Mythos vom ‚Sündenfall' eine wegweisende Hoffnung. Schiller hat sie im Anschluß an Kants Aufsatz über den „Mutmaßlichen Anfang der Menschengeschichte" (1786) nicht auf die Natur insgesamt bezogen, wohl aber auf die Bestimmung des Menschen: „Er sollte den Stand der Unschuld, den er jetzt verlor, wieder aufsuchen lernen durch *seine Vernunft* und als ein freier und vernünftiger Geist dahin zurückkommen, wovon er als *Pflanze* und als Kreatur des Instinkts ausgegangen war, ... Dieser Abfall des Menschen vom Instinkte ... ist ohne Widerspruch die glücklichste und größte Begebenheit in der Menschengeschichte, von diesem Augenblick her schreibt sich seine Freiheit" (1790, IV 768 f.). Schiller dachte dabei nur an den Menschen – seine These sollte immerhin wohl auf die Menschheit insgesamt bezogen werden – und nicht an unsere natürliche Mitwelt. In der Erdmannschen Interpretation wird zur Vernunft und zur Freiheit zunächst die Liebe hinzugedacht, ohne die es keine Wandlung gibt. Sodann aber wird das Naturverständnis gegenüber Kant und Schiller um die Vernunft erweitert. Während nämlich bei jenen durch den ‚Sündenfall' der Naturzustand, den sie als Instinktgebundenheit beschreiben, zugunsten der Vernunft verlassen wird (vgl. Düsing 1989), ist es nun gerade die Natur, die den Menschen auf den Weg der Vernunft bringt. Diesem Gedanken ist auch Kant in seiner nachkritischen Philosophie gefolgt. Durch die ‚Geburt' aus dem Paradies aber kommt der Mensch nicht nur unter seinesgleichen zur Welt, sondern in der Gemeinschaft der Natur. Das Erwachsenwerden sollte dann ebenfalls nicht nur unter den Mitmenschen erfolgen, sondern gleichermaßen im Verhältnis zur natürlichen

Mitwelt. Dabei ist es die Erinnerung an den beim freiwilligen Aufbruch aus dem Paradies zurückgelassenen Baum des Lebens, die auf dem Weg in die Welt hinein zu einem Ziel des jenseits aller Widerstände wiederzufindenden Friedens mit der Natur wird. Ich verbinde diesen Gedanken mit der in den andern Mythologien bewußt gewordenen Erinnerung an die Naturgeschichte. Der gemeinsame Grundgedanke ist: *In der theokosmogonischen Naturgeschichte gibt es kosmische Auseinandersetzungen, in die der Mensch hineingeboren ist.*

Zu meinen, daß diese Auseinandersetzungen ausgerechnet um unseretwillen geführt werden, war ein abwegiger Gedanke. Vielmehr sind wir Menschen in kosmische Auseinandersetzungen hineingestellt, die weder nur die unseren sind noch in besonderer Weise etwas mit uns zu tun haben. Die uns angehende Frage ist jedoch: Wo stehen wir in diesen Konflikten, soweit wir verstehen können, was hier vorgeht, und was können wir tun, damit die Auseinandersetzungen nach unserer Einsicht so gut wie möglich, d. h. auf einen wiederzufindenden Frieden hin ausgetragen werden?

Die Frage in diesem Sinn geschichtlich zu stellen liegt nicht in der Tendenz der babylonischen und der griechischen Mythologie. Beide begnügen sich damit, daß es schließlich einen Sieger und stabile Verhältnisse gegeben hat, die für die Menschheit verbindlich sind, sei es unter dem Despoten Marduk oder unter dem oligarchisch moderierten Zeus. Demgegenüber gibt es in der „Edda" eine Hoffnung auf Welterneuerung, die aber bereits vom aufkommenden Christentum inspiriert sein mag: „Aufsteigen seh' ich / zum zweiten Male / aus Fluten die Erde, / die neu sich begrünt; /... Unbesät werden / hochwachsen die Äcker, / es heilt alles Unheil, / und Baldur kommt wieder" (25 f.).

Die Vorstellung, nicht nur an einen Platz im Rahmen einer so und so entstandenen und aus ihrer Entstehung verständlichen Lebensordnung gestellt zu sein, sondern in eine Entwicklung, die mit uns weitergeht, mit uns aber vielleicht doch nicht ganz genauso wie ohne uns, verbindet sich nun mit dem Gedanken eines Aufbruchs aus dem Paradies, durch den wir der Stimme der Natur – durch die Schlange und mit der Schlange – gefolgt sind. Was war das für ein Aufbruch, den wir Menschen im Sinn des Mythos vollzogen haben? Und wie bewegen wir uns durch diesen Aufbruch in eine Geschichte hinein, die nicht nur die unsere ist? Diese beiden Fragen sind bisher, soviel ich sehe, nicht in dem Zusammenhang behandelt worden, in den sie gehören. Insbesondere die Theologen aller Schulen neigen ja dazu, das griechische Denken ungeschichtlich zu finden, was der Mythologie nicht gerecht wird, und das Geschichtsbewußtsein mit den Juden beginnen zu lassen, jedoch nicht im Naturzusammenhang des menschlichen Lebens und somit noch nicht im vollen Sinn geschichtlich. Die Besonderheit dieses Aufbruchs und die Außerweltlichkeit des hebräischen Gottes brauchen uns aber nicht davon abzuhalten, unter der

Geschichte nicht nur die der Menschheit, sondern die des Ganzen der Natur zu verstehen, so wie sie uns in den andern Mythen theokosmogonisch vergegenwärtigt wird. Die Geschichte der Natur im Ganzen ist der historische Zusammenhang, in den wir mit unserer menschlichen Geschichte gestellt sind. Diese Geschichte ist nicht nur die unsere. Der Kosmos ist nicht die Kulisse, vor der sich die menschliche Heilsgeschichte abspielt. Die Frage ist dann, wie die Geschichte des Ganzen, die nicht nur die unsere ist, doch *auch* die unsere ist oder in der Menschheitsentwicklung wird. Diese Sicht ist es, aus der ich die Geburt des Bewußtseins durch den sogenannten Sündenfall für ein bedeutsames Ereignis der Menschengeschichte im historischen Zusammenhang der Naturgeschichte halte.

Wie also treten wir durch den Mythos vom ‚Sündenfall‘ ein in eine Geschichte, die nicht nur die unsere ist, an der wir aber gemeinsam mit den Göttern und der natürlichen Mitwelt dadurch teilhaben, daß wir alle – wie Pindar (Nem.Od. VI 1) sagt – ungeachtet verschiedener Vermögen von gleicher Abkunft sind und von einer einzigen Mutter her atmen? Wenn die Menschen Söhne und Töchter der Erde sind, die Stimme der Natur uns durch das klügste Tier (und die eigene Geschlechtlichkeit) den Anstoß zum Aufbruch aus dem Paradies vermittelte und wiederum ein Baum uns Kraft und Nahrung gab, uns aufzurichten, so handelt der Mythos eigentlich davon, wie *das Denken oder das Erkennen in menschlicher Form ein Prozeß in der Natur geworden ist* – und zwar aus dem Mitsein mit Tieren, Pflanzen und den Elementen, insbesondere mit der Schlange und dem Baum. Wir sind danach *von Natur in das Drama der Unterscheidung von Gut und Böse gestellt*. Dies war das Ereignis des ‚Sündenfalls‘, der somit nicht selber eine Sünde war, sondern der Übergang in einen Zustand, in dem es Sünde gibt. Daß es sie gibt, liegt mir – anders als Spinoza – fern zu bestreiten.

Der Übergang betrifft aber nicht nur uns selber, sondern die Natur erlebt ihn in uns und mit den anderen Lebewesen – nicht nur mit den uns nächststehenden Affen – in je besonderer Weise. Schon Hume hatte den Eindruck, daß es im Tierreich generell Liebe und Haß, Furcht und Mut, Neid und Mißgunst gibt (1739/40, 397ff.). In anderer Weise gibt es das Böse, wenn eine Pflanze die andere nicht mag, Giftstoffe gegen sie absondert oder ihr sogar ans Leben geht.[15] Daß es in der natürlichen Mitwelt generell nur den Kampf ums Dasein und keine Kooperation gebe, halte ich für ein in die außermenschliche Natur projiziertes und überdies falsches Menschenbild; daraus folgt aber nicht, daß es das Böse außerhalb der Menschheit gar nicht gibt.

Im Alten Testament ist dies nicht so gemeint. Nicht einmal die Verfluchung des Ackerbodens um der menschlichen Sünde willen scheint diese

---

[15] Beispiele dieser Art verdanke ich dem Forstbotaniker Peter Schütt.

als ein im weiteren Sinn naturgeschichtliches Ereignis qualifizieren zu sollen, sondern dem Gott der Israeliten geht es vorrangig um den Menschen. Um ihn zu strafen, ist ihm sozusagen jedes Mittel recht, sogar der Fluch über den unschuldigen Ackerboden, der doch gewiß nichts für den ‚Sündenfall‘ konnte und von sich aus vielleicht lieber weniger Disteln hervorgebracht hätte, als es nun höheren Orts verfügt worden war. Dennoch liegt gerade in der Beschränkung des alttestamentlichen Geschichtsverständnisses der Keim zur Erinnerung an die Naturgeschichte.

In die Naturgeschichte als das Drama der Unterscheidung von Gut und Böse gestellt, nehmen wir unsere Mitwelt ursprünglich nicht deskriptiv, sondern wertend wahr.[16] Welchen Absichten in der Naturgeschichte, die wir mythologisch als einen Götterkampf und christlich als ein Neuwerden im Leiden verstehen, zu folgen ist, damit es mit der Welt ein gutes Ende nimmt, wissen wir nicht mit irgendeiner Sicherheit. Wir stehen mitten in der göttlichen Naturgeschichte und vermögen aus ihr so wenig herauszutreten wie aus der Sprache, in der wir unsern Weg suchen. Dort aber, wo wir gerade stehen, können wir uns von Natur ein Urteil bilden, indem wir von der Naturgabe Vernunft Gebrauch machen und uns dabei von religiösen Gefühlen leiten lassen.

Die Naturgeschichte Gottes

Um zur gegenwärtigen Orientierung ein Bild der Naturgeschichte des Ganzen zu gewinnen, in der wir stehen, können wir nur versuchen, die Schöpfungsmythen und das Christentum kosmisch weiterzudenken. Nach den vorangegangenen Überlegungen glaube ich, daß Gott nicht nur Mensch geworden ist, sondern Welt. Die Natur ist der sich verweltlichende Gott, der die Welt bildet, indem er sie wird. Im Weltwerden vervielfältigt er sich in Gegensätze und verzeitlicht sich im Raum in immer wieder neuen Gestalten. Die Welt ist der sich als Natur bestimmende Gott, und Gott geht im Weltwerden (s)einen Weg. Die Natur ist Gott im Prozeß der Verweltlichung. Wir können ihn aber nicht nur in der besonderen Bestimmung dieses Prozesses – d. h. als Natur – denken. Er hat sich in Gestalt aller Dinge und auch als Mensch in die Naturgeschichte so hineingeboren, daß für die Zukunft die Erinnerung an einen Anfang bewahrt werden kann, in dem Gott noch nicht Natur war. Durch seine Verweltlichung steht in Gott das Böse dem Guten entgegen. Er wird dadurch in sich selbst verletzlich. In allen Gegensätzen ist er mit sich selber eins und zugleich mit sich als dem Ver-Anderten uneins. In den Leiden der Welt, in Krieg und Völkermord, leidet Gott an sich selbst, in den Freuden der Welt freut er sich an sich selbst. Gott vollzieht die Naturgeschichte als

---

[16] Ich komme auf diesen Grundcharakter aller Wahrnehmung im dritten Kapitel zurück.

sein eigenes Dasein. Als Natur hat er sich so auf dieses Schicksal eingelassen, daß die Naturgeschichte seine eigene Geschichte ist. Er ist in dieser Geschichte das Wagnis eingegangen, in neuer Weise – verwandelt im Wandel der Welt – wieder zu sich zu kommen oder sich im Zerfall zu verlieren. Die Auseinandersetzung zwischen Gut und Böse besteht von Anfang an und nicht erst seit dem Aufkommen des Menschen. Der Ausgang wird sein, wie er sein wird. Nur innerhalb der Naturgeschichte ist alles Sein auf etwas aus, und zwar in dem Feld göttlicher Gegensätze, in dem wir uns mit Kopf und Herz zu orientieren und ständig zu entscheiden haben. Ob das Gute – das, wofür wir einzutreten suchen – am Jüngsten Tag siegt, wissen wir nicht. Gott weiß auch nicht, wie er wieder aus der Naturgeschichte hervorgeht. Es gibt keinen Allmachtsvorbehalt, daß ihm letztlich doch nichts passieren kann. Es gibt aber die Hoffnung auf einen Neuen Himmel und auf eine Neue Erde. Wir können dazu beizutragen versuchen, daß sie sich erfüllt.

Ich fühle mich in diesen Auffassungen Nikolaus von Kues verbunden: Gott schafft sich selber mit der Welt. Hans Jonas hat sich in einem andern Sinn ähnliche Gedanken gemacht und sich dabei der jüdischen Mystik nahe gewußt (1963, 55 ff.).[17] Im 20. Jahrhundert in derartige Erörterungen wieder einzutreten, erscheint wohl etwas ungewöhnlich. Daß Jonas seine Vorstellungen als einen ‚persönlichen Mythos‘ charakterisiert hat, erweckt außerdem den Eindruck, dazu sei weiter nichts zu sagen, ein Autor könne derlei Meinungen also geradesogut für sich behalten. Dies ist aber nicht der Fall, sondern Jonas' Vorstellungen werfen wie die meinen gleichermaßen Fragen auf, die sich erörtern lassen und auch der Erörterung bedürfen. Ich beschränke mich hier darauf, die Gegensätze für diesen Fall so zu benennen, daß man darüber in ein Gespräch eintreten könnte.

Wie Jonas meine auch ich, daß Gott nicht allmächtig ist, sich mit der Weltwerdung einem Schicksal unterzogen hat und nicht der gleiche sein wird, nachdem er durch die Erfahrung des Weltprozesses gegangen ist (Jonas 1987, 33/45/30). Es gibt aber auch deutliche Differenzen. Indem ich sie aus meiner Sicht hervorhebe, zeigt sich, daß zwar diese wie jene Antwort nicht zu beweisen ist, daß wir aber dennoch eigentlich nicht umhin können, uns zwischen ihnen zu entscheiden, die Alternativen also deutlich ansprechen sollten. (1) Jonas meinte, Gott habe sich – nicht allmächtig – der Welt anheimgegeben und mische sich nicht ein in ihre Gesetze (aaO 15 f./42 f.). Ich glaube nicht, daß die Welt so eigenständig ist, sondern daß ihre Gesetze seine eigenen sind. Gott gibt sich nicht der Welt als einem andern anheim, sondern er ver-andert sich selbst und gibt sich als Welt der Geschichte anheim. (2) Jonas meinte, Gott könne weder gewinnen noch verlieren, wenn er „pantheistisch" mit der Welt identisch wäre (aaO 16), wohingegen ich denke, er hat sich darauf eingelassen, *als*

---

[17] Vgl. Scholem 1957.

Welt zu gewinnen oder zu verlieren. Auf diesem Weg ist er die Welt (Pantheismus), abgesehen von diesem Weg aber war er es nicht, so daß relativ dazu auf dem Weg alles ‚in ihm' ist (Panentheismus). (3) Nach Jonas steigt das Böse allein in den Herzen der Menschen auf und gewinnt Macht in der Welt, so daß Gott in der Naturgeschichte vor der Heraufkunft des Menschen weder gewinnen noch verlieren kann (aaO 43/21 f.). Ich meine, die ganze Naturgeschichte ist das Wagnis Gottes, zu gewinnen oder zu verlieren, nicht erst seit der Entstehung des Menschen. Das Schicksal Gottes und der Natur hängt auch von uns ab, aber wir würden uns unangemessen überschätzen, wenn wir meinten, es hinge im wesentlichen von uns ab. (4) Nach Jonas' ‚Mythos' leidet Gott „mit" der Schöpfung oder „in" Hiob, hat aber in Auschwitz nicht eingegriffen, weil er nicht konnte; die Wunder, die geschehen sind, seien „von Menschen allein" gekommen (aaO 25 f./49/41). Ich meine, Gott leidet als Schöpfung an sich selbst und hat auch in Hiob und in Auschwitz an sich selbst gelitten. Was Menschen wider dieses Leid getan haben, hat er durch sie getan. (5) Jonas meinte, Gott habe – in die Welt verwickelt – etwas anderem eine Mitbestimmung überlassen (das als das Böse in den Herzen der Menschen aufsteige; aaO 31 f./43), wohingegen ich glaube, daß Gott mit sich selber uneins ist und das Böse in ihm selbst dem Guten entgegensteht.

Unser Part in der theokosmogonischen Naturgeschichte, deren Subjekt wir nicht sind, hängt weiterhin von einer entscheidenden Frage ab. Es ist dies unsere immer wieder bezeugte Affinität zu dem bisher unterlegenen Göttergeschlecht. Wo stehen wir, wenn wir letztlich doch aus Kingus Blut oder prometheisch sind und auf Luzifer nur unsere eigenen Wünsche projizieren? Ist es vielleicht sogar an uns, die Auseinandersetzung allererst zu führen, von der die Mythen in der Vergangenheitsform berichten? Wessen Aufgebot sind wir im Kampf der Götter? Woher kommt die Vermessenheit zu glauben, es ginge alles nur um uns, und wem dient sie? Die einzigen Orientierungen, um hier nicht auf die falsche Seite zu geraten, sind die Religionen, in unserm Kulturkreis wohl vor allem die christliche und ihr philosophisches Bewußtsein. Gerade die Geschichte des Christentums zeigt aber auch, daß es keine Sicherheit gibt, im Götterkampf der Weltgeschichte auf der ‚richtigen' Seite zu stehen.

„Das Denken als einen Prozeß innerhalb der Natur zu verstehen", hat Georg Picht als Bedingung einer künftigen Humanökologie verstanden (1989, 159).[18] Wir sollen wissen, was sich für uns gehört, wenn wir zum Ganzen der Natur gehören und diese sich mit uns auf eine bestimmte

---

[18] Das Denken Georg Pichts begleitet mich viel nachhaltiger, als ich es durch Texthinweise zum Ausdruck bringen kann. Dies hängt auch damit zusammen, daß ich ihn – seit der Mitte der 60er Jahre bis zu seinem Tod 1982 – vor allem gesprächsweise gekannt habe, und er mir in seinen Büchern weniger gegenwärtig ist als in der persönlichen Erinnerung.

Entwicklung einläßt, nämlich die des Bewußtseins, und zwar wahrscheinlich weitergehend als in den andern Lebewesen. Insoweit die Natur sich gerade in dieser Weise ‚mit uns forttreibt‘, wie es in Goethes und Toblers Naturfragment heißt (HA XIII 47), kommt es hinsichtlich der Entwicklung des Bewußtseins zwar besonders auf uns an, jedoch auch hier nicht nur um unseretwillen. In den Zusammenhang des Ganzen ist dann auch umgekehrt die zerstörerische Krankheit zu stellen, die wir durch die industrielle Wirtschaft über die Natur bringen. Sie wird nicht nur von uns zu Lasten anderer und unserer selbst verursacht, sondern sie ist – ohne daß uns dies von unserer Verantwortung entlastet – auch eine Krankheit des Ganzen, welche die Natur mit uns austrägt und zu deren Austrag es darauf ankommt, daß wir – wie es in den Evangelien sooft heißt – ‚gesund‘ werden *wollen*.

Der Geschichtstriadik könnte dann der Dreischritt der mittelalterlichen Gesundheitslehre entsprechen, in welcher der ursprünglichen *constitutio* die *destitutio* der Zerfallenheit, dieser aber schließlich die *restitutio* folgt (von Engelhardt/Nitschke). Wenn wir die Krankheit als einen kosmischen Prozeß anerkennen, in dem weder nur wir leiden noch andere unter uns, sondern letztlich das Ganze der Natur durch uns unter sich leidet, könnten wir diesen Prozeß vielleicht als einen Teil der kosmischen Auseinandersetzungen erfahren, in die wir eingetreten sind, und dann auch Heilungs- und Selbstheilungskräfte erkennen, die nicht nur die unseren sind. In Schwierigkeiten geraten zu sein, muß ja nicht unbedingt bedeuten, daß man auf dem falschen Weg ist, sondern es gibt auch die Auseinandersetzungen, in die es einzutreten gilt, wenn man auf dem richtigen Weg ist. Wir tendieren statt dessen zu sehr dazu, nur uns selber retten zu wollen, und dies aus eigener Kraft. Um so mehr kommt es darauf an, uns als einen Teil des Ganzen der Natur zu erkennen und anzuerkennen, statt uns dagegen abzuschirmen, um die Krankheit des Ganzen, die wir ausgelöst haben, wenigstens von uns selber möglichst fernzuhalten. Denn dies bringt uns auch um die schöpferischen und heilenden Kräfte der Natur.

Unsere Menschengeschichte in den historischen Zusammenhang der Naturgeschichte zu stellen, hat für das Selbstverständnis, dem unser Handeln folgt, weitreichende Konsequenzen. Besonders die Frage der Theodizee, der Rechtfertigung Gottes für das Übel in der Welt, hat seit dem Erdbeben von Lissabon (1755) den Glauben an einen gütigen, uns nicht übel gesinnten Gott immer wieder nachhaltig erschüttert, zuletzt in den großen Weltkriegen des 20. Jahrhunderts. Warum läßt Gott das alles zu? Die Antwort hängt davon ab, in welchen Grenzen man meint, zumindest keinen Überhang des Übels über das Gute erwarten zu dürfen. Wer hier bereits im eigenen Leben auf eine individuelle Ausgeglichenheit hoffen zu dürfen meint, wird es schon für ungerecht halten, daß es einigen Menschen im Leben wesentlich schlechter als andern geht. Aber dürfen wir uns im Weltgeschehen so wichtig nehmen, bereits in unserm je individuellen, kleinen Leben ein zumindest ausgeglichenes Ergebnis zu beanspruchen? Wie soll eine kosmische Auseinandersetzung zu einem guten Ende kommen, wenn es dafür die zusätzliche Bedingung gibt, daß dies für Milliarden von Einzelleben, die daran teilnehmen, gleichermaßen gelten solle? Darüber hinaus ist die Theodizee in der Naturgeschichte nicht nur eine Frage der Verteilung von Übeln und Gütern allein unter den Menschen, sondern das weitergehende Problem ist, wie Gott es zulassen kann, daß unsere natürliche Mitwelt so unter der Menschheit leidet, wie es in der Naturkrise der wissenschaftlich-technischen Welt geschieht. Ich denke, er kann es nur zulassen, wenn er nicht allmächtig und die Welt sein Leib ist, so daß er nicht andere unter unserer Hybris leiden läßt, sondern letztlich selbst am meisten leidet, so daß die natürliche Mitwelt in ihm unter uns und letztlich er selbst unter sich leidet. Wir sind es, durch die er nun in besonderem Maß unter sich leidet. Ein außerweltlich unabhängiger Gott kann das Leiden der Schöpfung nicht an sich selbst erfahren, der der Ebstorfer Weltkarte, dessen Leib die Erde ist, aber kann es. Der einzelne Mensch kann hier nur im Namen eines Ganzen handeln, das in ihm er selber ist und das er zwar noch viel weniger kennt als sich selber, das aber in ihm lebt und als das er sich auf seine Weise persönlich empfindet. In jedem Geschöpf ist das Universum ganz und gar dieses Geschöpf, sagt Nikolaus von Kues (DJ II 5 = I 345).

In unserer je individuellen und je gesellschaftlichen Geschichte vollzieht sich Naturgeschichte. Dies mag daran erinnern, wie Nietzsche für sich entdeckte, „dass die alte Mensch- und Thierheit, ja die gesammte Urzeit und Vergangenheit alles empfindenden Seins in mir fortdichtet, fortliebt, forthasst, fortschliesst" (1887, III 416f.) Nietzsche aber ging es immer nur um die menschliche Natur – nicht um das Ganze, von dem wir ein Teil sind, und eigentlich nicht einmal um unsere besondere Teilhaftigkeit am Ganzen. „Der Brennpunkt der Geschichte ist [für Nietzsche] die menschliche Natur" (Riedel 1996, 201). Den Menschen in die Natur oder in den „Grundtext homo natura" zurückzuübersetzen wiederum lag ihm vor allem hinsichtlich der Sexualität – oder der „Widernatur" der Verachtung des menschlichen Geschlechtslebens – am Herzen (1886, V 169/ 1888, VI 307). In der Naturkrise der wissenschaftlich-technischen Welt möchte ich demgegenüber vordringlich daran erinnern, daß sich in unserem Leben Naturgeschichte vollzieht, deren Fortgang insoweit von uns abhängt. Innerhalb der Naturgeschichte von Himmel und Erde verdient die Menschheit derzeit sogar eine besondere Aufmerksamkeit, weil das Ganze, zu dem wir gehören, durch uns in eine bedrohliche Krise geraten ist. Uns bereits in der Krise zu fühlen, ist im Sinn der Erdmannschen Dramaturgie vielleicht eine voreilige Interpretation. Denn danach sind Exposition, Verwicklung, Krise und Lysis zu unterscheiden, und hier scheint nur die Exposition des Dramas ebenso sicher hinter uns zu liegen wie die Lysis noch vor uns. Ob die Verwicklungen bereits das Stadium der Krise – in der es um Leben und Tod geht – erreicht haben oder ob die eigentliche Krise noch bevorsteht, wissen wir nicht. Vermutlich gehört es zur Phase der Verwicklung, ebendiese Frage auch in der Annäherung an die Krise zu stellen, um wach zu sein, wenn es soweit ist.

Fast dieselbe Frage stellt sich, wenn wir unser Handeln an der Schillerschen Triadik orientieren. Während in der Viergliederung die Krise besonders betont wird, ist die Bewegung der Geschichte im Dreierbild die Entfaltung einer ursprünglichen zu einer künftig wiederzufindenden Ruhe. Der erstere Zustand ist bei Hesiod als das Goldene Zeitalter und in der Bibel als das Paradies beschrieben worden. In der politischen Philosophie der Neuzeit spielt der ‚Naturzustand‘ dieselbe Rolle, im dramaturgischen Verständnis die der Exposition aller Mitwirkenden vor dem Eintritt der Verwicklungen, durch die das Drama sich forttreibt. In der traditionellen Triadik aber sind alle diese Anfangszustände, sogar der ‚Naturzustand‘, keine Naturzustände im Sinn des Ganzen der Natur, sondern nur Bestimmungen mitmenschlicher Verhältnisse. Dasselbe gilt im Christentum für das künftige Himmelreich, das außer in der Offenbarung Johannis auch immer nur den Menschen vorbehalten sein sollte,[19] so daß man geradezu von einem „Humanegoismus des Heils“ (Heike Baranzke) sprechen könnte, oder im Marxismus für die herrschaftsfreie Gesellschaft. Demgegenüber verstehe ich unter dem „Frieden mit der Natur“ den Frieden der Teile – vor allem der Menschheit – mit dem Ganzen, also einen künftigen Zustand der Natur insgesamt, nicht nur der mitmenschlichen Verhältnisse. Dem Frieden mit dem Ganzen folgt der der Teile untereinander. Im Dreierbild kann diese Erweiterung wohl noch am ehesten bei Schiller ansetzen, der zwar die Natur im Ganzen nicht geschichtlich gedacht, sich die beiden Pole, zwischen denen die Geschichte als Menschengeschichte ausgespannt sein soll, aber doch als wirkliche Naturzustände vorgestellt hat. Dies geschah in seinem Aufsatz über die naive und die sentimentalische Dichtung (1795), also in seiner Goethe und der Natur nahen Zeit. Schiller verstand hier die Natur „als das freiwillige Dasein, das Bestehen der Dinge durch sich selbst“ und bezog die Triadik der Menschengeschichte auf die Dinge und Lebewesen in eben diesem ‚freiwilligen Dasein‘: „Sie *sind*, was wir *waren*; sie sind, was wir wieder *werden sollen*. Wir waren Natur wie sie, und unsere Kultur soll uns, auf dem Wege der Vernunft und der Freiheit, zur Natur zurückführen“ (V 694 f.).

Wie eine Erneuerung der Kultur unser Weg zum Frieden mit der Natur sein kann, zeigt der weitere Fortgang dieses Buchs. Man braucht bei Schiller nur noch hinzuzudenken, daß die Natur selbst in sich den Göt-

---

[19] Ich habe noch in keiner Darstellung des christlichen Himmelreichs ein Tier oder eine Pflanze gefunden. Nur Edelsteine gehören anerkanntermaßen dazu.

terkampf austrägt, der in den meisten Mythologien vorkommt, und daß der Natur insgesamt nicht nur und in erster Linie Vernunft zugemutet werden sollte, um sie auf dem Weg von einem ursprünglichen zu einem künftig wiederzufindenden Friedenszustand zu sehen. In der Viererdramaturgie würde der Weg zu diesem neuen Frieden außerdem durch eine Krise hindurchführen, welcher der Frieden als die Lysis folgt, wenn die Krise nicht tödlich endet.

Wieweit hängt es in der Naturkrise der wissenschaftlich-technischen Welt von uns ab, ob die Krise überstanden und der Frieden mit der Natur gefunden wird? Wenn dies die Krise ist, wie ich annehme, drängt jetzt etwas zum Leben, was es als ‚freiwilliges Dasein‘ vielleicht noch nie gegeben hat. Um in einer Welt den Weg des Lebens zu finden, in der nicht alles um unseretwillen geschieht, sondern wir in Auseinandersetzungen gestellt sind, in denen es um den Frieden im Ganzen und nicht nur um uns geht, stehen wir vor der Frage: Wofür sind wir gut? Die Frage klingt teleologisch, so als gäbe es eine uns vorab gegebene äußere Bestimmung, der wir uns nun endlich fügen sollten. Ich meine statt dessen eine Art Erwachsenwerden, in dem wir sozusagen dem Versorgungsdenken der Heranwachsenden – die sich nehmen, was das Elternhaus zu bieten hat – ein Ende setzen und nicht mehr im wesentlichen von andern erwarten, daß sie für uns da sind, sondern nun unsererseits daran denken, was wir mit unserem Leben anfangen, also nach unserm Selbstverständnis in die Welt bringen wollen, oder eben, wofür wir gut sind. Die Naturkrise der wissenschaftlich-technischen Welt wirkt aus dieser Sicht wie eine Adoleszenzkrise der Art, daß eine früher berechtigterweise im Vordergrund stehende Frage, nämlich die, was die Welt uns zu bieten hat, damit wir in ihr heran- und in sie hineinwachsen, sich in der Konsumgesellschaft aus diesem Lebenszusammenhang gelöst hat und neurotisch in immer schnellere Wiederholungen in Gestalt von Güterkreisen gerät. Tatsächlich hat es wohl noch keine menschliche Gesellschaft so ausschließlich und ohne jede Rechtfertigung im Ganzen der Natur darauf angelegt, was die Welt ihr zu bieten hat, wie die heutigen Industriegesellschaften. Landwirtschaftliche Kulturen haben zwar auch der Erde abgearbeitet, was sie brauchten. Sie haben aber gleichzeitig Kulturlandschaften geschaffen und dadurch z. B. in Mitteleuropa seit der letzten Eiszeit Lebensräume für viele Arten von Tieren und Pflanzen gebildet, die es hier sonst nicht gegeben hätte. Dies geschah zwar nicht aus der Überlegung, für das Genommene auch etwas geben zu sollen. Aber solange es von alleine geschah, bedurfte es dieser Überlegung ja auch noch nicht. Das ist nun anders geworden, denn die Industriegesellschaften bringen mittlerweile viel mehr Zerstörung als Kultur in die Welt. So wird es höchste Zeit, uns nicht immer nur weiterhin zu nehmen, was die Welt zu bieten hat und was ja erstaunlich viel ist, sondern umgekehrt daran zu denken, wofür wir in der Welt gut sind.

Ich gehe dieser Frage im folgenden weiter nach und möchte hier als ein Ergebnis der mythologischen Erinnerung die beiden entgegengesetzten Haltungen, um die es jetzt geht, zusammenfassend charakterisieren. Diejenige, die bedenkt, wofür wir gut sind, nenne ich die physiozentrische, die andere die anthropozentrische (oder humanegoistische). Was sich für uns gehört, bemißt sich physiozentrisch am Ganzen der Natur, zu dem wir selbst gehören. Anthropozentrisch sind wir uns selbst das Maß der Menschlichkeit.

Anthropozentrik (Humanegoismus)

Die anthropozentrische Haltung entspricht der gängigen Verbots-, Übertretungs- und Strafinterpretation des Mythos vom ‚Sündenfall‘, folgt daraus allerdings nicht notwendig. Der Anthropozentriker fühlt sich wegen eines Vergehens aus dem Paradies ausgestoßen, eigentlich aber weiterhin dort heimisch. Er sucht deshalb den Weg zurück in die verlorene Heimat, indem er die Welt im Zuhandensein aller Dinge zu einem Paradies jenseits des ursprünglichen machen möchte. Als ein Geschichtsbild verbindet sich damit der Gedanke des Rückgangs der Menschheit in die frühere Geborgenheit. In der Neuzeit ist dieser Rückgang vor allem im Namen des Fortschritts gesucht worden. Die klassische Formulierung des Gedankens stammt von Francis Bacon: Ziel der Erkenntnis „is a restitution and reinvesting (in great part) of man to the sovereignty and power ... which he had in his first state of creation" (ca. 1603, III 222). Die außermenschliche Natur wird davon zwar in Mitleidenschaft gezogen, hat aber für sich keinen Teil an der Geschichte, sondern diese ist eine reine Menschengeschichte.

Das Selbstverständnis des Anthropozentrikers wurzelt religionsgeschichtlich in dem Gegensatz, daß zwar der Mensch nach dem Bild Gottes geschaffen sein soll, nicht aber die außermenschliche Natur. Dieser Gedanke setzt einen außerweltlichen Schöpfer voraus, der die Schöpfung ‚macht‘ und uns Menschen dabei durch die Gottebenbildlichkeit auszeichnet, die übrige Welt hingegen profaniert (z. B. die Sonne vom Auge Gottes zu einer bloßen Lampe). Die säkularisierte Form dieser Hervorhebung des Menschen gegenüber der übrigen Natur ist die Annahme, Mensch *sein* zu können, indem wir die nichtmenschliche Welt als die Natur, die wir nicht sind, nur *haben* wollen. Anthropozentriker behandeln sie dementsprechend nicht als unsere natürliche Mitwelt, sondern als unsere bloße ‚Umwelt‘. Die Naturzugehörigkeit des Menschen wird damit verneint und der Mensch sozusagen für etwas Besseres als die übrige Natur und sogar als die Natur überhaupt ausgegeben. Das besondere Geltungsbedürfnis, das in der anthropozentrischen Auszeichnung des Menschen zum Ausdruck kommt, schließt ein Verantwortungsbewußtsein gegenüber dem Schöpfer für die uns anvertraute, von ihm gemachte Schöpfung keineswegs aus, jedoch nur im Sinn unserer Umwelt und nicht unserer natürlichen Mitwelt. Das hier im Alten Testament vorgesehene Verantwortungsgefühl ist im Lauf der Zeit durch Veränderungen im religiösen Bewußtsein, auf die ich im dritten Kapitel eingehe, verlorengegangen.

Physiozentrik

Die physiozentrische Haltung entspricht dem emanzipativen Verständnis des Mythos vom ‚Sündenfall‘, wonach das Zur-Welt-Kommen der Menschheit mit dem Aufbruch aus der behüteten Welt des Paradieses auf den Weg des Bewußtseins begonnen hat, als die Zeit dafür gekommen war. Der Physiozentriker erinnert sich des Paradieses als einer für die Zukunft wegweisenden Form des heimatlichen Daseins, möchte aber nicht dorthin zurück, sondern folgt der Stimme der Natur, um das ‚freiwillige Dasein‘ des Ursprungs im natürlichen Mitsein durch Kultur zu erneuern. Der Sündenfallmythos erzählt in diesem Verständnis erstmals ein Stück Menschengeschichte im Rahmen der Naturgeschichte. Wir sind danach durch den Aufbruch aus dem Paradies in eine naturgeschichtliche Entwicklung gestellt, deren Subjekt wir nicht sind, sondern die mit uns weiter ihren Gang geht, mit uns aber wohl nicht genauso wie ohne uns. Die menschliche Geschichte steht im historischen Zusammenhang der Naturgeschichte. In dieser sind wir von Natur – nachdem wir beim Aufbruch aus dem Paradies der Stimme der Natur in Gestalt der Schlange gefolgt sind – in das Drama der Unterscheidung von Gut und Böse gestellt. Damit ist das Denken in menschlicher Personalität ein Prozeß in der Natur geworden. Die Frage ist nun: Wie ist die Geschichte des Ganzen der Natur, die nicht nur die unsere ist, doch *auch* die unsere? Wofür also sind wir gut? Was liegt an unserem persönlichen (nicht egoistischen) Einsatz, damit der Götterkampf der Naturgeschichte zu einem – soweit wir uns darüber am jeweiligen historischen Ort von Natur ein Urteil bilden können – möglichst guten Ende kommt? Welche Chance also würde die Natur in uns verlieren, wenn wir sie nicht wahrnähmen?

Was sich für uns gehört, wenn wir wie unsere natürliche Mitwelt zum Ganzen der Natur gehören und diese sich mit uns auf eine bestimmte Entwicklung – die des menschlichen Bewußtseins – eingelassen hat, richtet sich nach unserem Selbstverständnis in der Naturgeschichte. Das Selbstverständnis des Physiozentrikers kann religionsgeschichtlich nicht das des Ebenbilds eines erdenfremden Schöpfers sein, weil unsere Naturzugehörigkeit bereits in der naturgeschichtlichen Interpretation des Mythos vom ‚Sündenfall‘ vorausgesetzt wird. Religiös denkbar wird dieses Natursein für unsern Kulturkreis in einem künftigen Christentum, in dem auch die Erde zu Wort kommt. Vorgedacht aber ist es – und dies kann auch für das Christentum wegweisend sein – in der babylonischen, griechischen und germanischen Mythologie. Hier sind die Götter Naturkräfte und mit ihnen entfaltet sich die Naturgeschichte als Theokosmogonie. Unter den Göttern gibt es dann aber Auseinandersetzungen, und in diese ist – wenn die alten Mythen im Sinn der jüdischen Geschichtsidee nunmehr zukunftsoffen, im eigentlichen Sinn (natur)geschichtlich verstanden werden – auch der Mensch gestellt, von göttlichen Naturkräften in der Naturgeschichte als ein Teil der Natur gebildet. Wir sind Erdensöhne und Erdentöchter und gehören wie die übrigen Lebewesen auch zur Naturgemeinschaft der Erde unter dem Licht und der belebenden Wärme des Sonnenhimmels.

Sowohl die anthropozentrische als auch die physiozentrische Haltung sind als ein Gefühlsbewußtsein religiös fundiert, unbeschadet beiderseits bestehender Unterschiede in der Klarheit und Differenziertheit des religiösen Bewußtseins. Aus physiozentrischer Sicht hängt zwar die Zukunft der Industriegesellschaft – soweit sie reicht – davon ab, daß wir uns als menschenhaft persönlich gewordene Natur erkennen. Die Einsicht in unser Natursein ist aber kein Ergebnis der Wissenschaft, sondern eine Voraussetzung dafür, daß in Wissenschaft und Wirtschaft überhaupt angemessene Fragen gestellt und die richtigen Ziele verfolgt werden.

Wissenschaftliche Beweise also gibt es hier nicht. Deshalb sollten aber auch die Anthropozentriker sie nicht einseitig von den Physiozentrikern verlangen, so als sei die Anthropozentrik eigentlich selbstverständlich und die Physiozentrik eine religiös bedingte Zumutung, sondern zunächst einmal Klarheit über ihr eigenes Gefühlsbewußtsein gewinnen. Aus der Sicht des Physiozentrikers wirkt die Anthropozentrik wie der Wunsch, als ein Naturwesen nicht erwachsen werden zu wollen. Das physiozentrische Denken wiederum kommt dem Anthropozentriker, wenn es nicht einfach sein Geltungsbedürfnis verletzt, so idealistisch vor, daß er es sich nicht als das Bewußtsein einer Industriegesellschaft vorstellen kann. Ich kann dazu nur sagen, daß durch vielerlei Verfälschungen, auf die ich im folgenden Abschnitt eingehe, insbesondere durch die Fetischisierung des Konsums, gleichzeitig aber auch alles geschieht, um die Industriegesellschaft von dem hier empfohlenen Erwachsenwerden abzuhalten. „Krise bedeutet ein Zweifaches“, sagte Pedro Arrupe einmal. „Sie besagt etwas, was zum Leben drängt, aber noch nicht aufgebrochen und zur Reife gekommen ist. Krise besagt aber immer auch Bedrohung, also etwas, was das Bestehende und Aufbrechende töten oder verfälschen kann“ (1981, 14).[20] Mir scheint, daß in den Verschlingungen, welche der Anthropozentriker mit Recht hervorhebt, wohl nur eine Utopie noch realistisch sein kann. Die physiozentrische Utopie aber drängt bereits zum Leben und kann sich um so eher durchsetzen, wenn wir wahrzunehmen lernen, wie sie in der Konsumgesellschaft ständig bedroht und verfälscht wird.

---

[20] Ich bin Z.-M. Erdmann dankbar für den Hinweis auf diesen Satz.

3. Verfälschungen

Ein direktes Bekenntnis zum Humanegoismus der Gattung Mensch im Ganzen der Natur findet man nur relativ selten. Wo es dazu kommt, ist oft Verzweiflung im Spiel, für die Menschheit keine Chance der Besserung mehr zu sehen, und manchmal Selbstgefälligkeit, sich in der Bejahung der Schlechtigkeit des Menschen als ,Realist' zu profilieren. Stark ist der Humanegoismus aber nicht dort, wo er ausdrücklich vertreten wird, sondern vor allem dort, wo er sich verbirgt. Die Grundform dieser Verborgenheit ist, unsere Naturzugehörigkeit nicht anzuerkennen, denn dadurch werden wir frei, uns für etwas Besseres als ,die Natur' zu halten und besondere Verhaltensweisen in Anspruch zu nehmen. Dies geschieht wiederum nicht so, daß unser Natursein ausdrücklich bestritten würde, im Gegenteil: Daß auch die Menschheit zur Natur gehört und deshalb schon aus Eigeninteresse nicht alles zerstören dürfe, ist längst in das verbale Repertoire des ,Umweltbewußtseins' unserer Gesellschaft eingegangen. Es zeigt sich aber immer wieder, daß die verbale Anerkennung dieser Naturzugehörigkeit die meisten Menschen nicht von Handlungen abhält, die damit – wenn man konsistent sein will – gar nicht vereinbar sind. Umfragen ergeben dementsprechend, daß dem ,Umweltbewußtsein' der Mehrheit ein damit konsistentes Verhalten nur bei einer Minderheit entspricht. Der wesentliche Grund dieser Diskrepanz liegt wohl darin, daß die dem verbalen Bekenntnis widersprechenden Annahmen sich nicht offen als humanegoistisch oder mit dem Selbstbewußtsein: ,Nein, wir wollen nicht zur Natur gehören', zu erkennen geben, sondern sich unter vertrauten Gegebenheiten verborgen halten. Dies sind meines Erachtens vor allem die Sprache, die Struktur der Wissenschaft, die Fühllosigkeit für die Natur im eigenen Leib, philosophische Beschönigungen, der Gedanke der Feindlichkeit der Natur, Legitimationsinteressen für unser Verhalten, der kompensatorische Konsum und sogar Ersatzhandlungen im Öko-Konsum. In all diesen Bereichen wird dem aufkommenden Bewußtsein unserer Naturzugehörigkeit aus dem Verborgenen entgegengehalten: Nein, eigentlich sind wir doch etwas Besseres als die Natur. Ich gehe die einzelnen Verfälschungen nacheinander durch, bevor ich im zweiten Kapitel den bisherigen Gedankengang wieder aufnehme, entwerfe damit aber natürlich kein Meinungsbild bestimmter gesellschaftlicher Gruppen, sondern eine Art Topik der gängigen Verfälschungen unserer Naturzugehörigkeit.

Sprache   " Umwelt"

Unter der Natur wird sogar in der Naturkrise der wissenschaftlich-technischen Welt und selbst von manchen Philosophen immer noch die grüne Welt verstanden, die man vor dem Fenster hat oder dort vermißt, also nur die außermenschliche Natur. Alle Beteuerungen, auch wir seien ein Teil der Natur – also nicht schon dadurch gute Menschen, daß wir untereinander gute Kooperationspartner sind, wie Tugendhat (1993, 97 f.) meint, denn das sind auch die interplanetarischen Eroberer –, haben daran bisher erstaunlich wenig geändert. Kognitiv wußten wir ja eigentlich bereits aus der Abstammungslehre durch Darwin, Haeckel und alle ihre Nachfolger, daß die Tiere und die Pflanzen unsere naturgeschichtlichen Verwandten sind, emotional aber empfinden die meisten von uns diese Verwandtschaft immer noch als genierlich, akzeptieren jene also nicht als unsere natürliche Mitwelt. Der erbittert geführte und bis heute nicht ganz zur Ruhe gekommene Streit über die Abstammungslehre – d. h. über die Tatsache der Abkunft des Menschen mit allen andern Lebewesen aus der Naturgeschichte (nicht über den Darwinismus als Selektionstheorie) – war und ist schwerlich eine wissenschaftliche Auseinandersetzung, sondern betrifft das menschliche Selbstverständnis. Freud hatte wohl recht damit, das kopernikanische Weltbild, die Abstammungslehre und die psychologische Entdeckung der „Grenzen seiner Macht in seinem eigenen Haus, der Seele", als die drei großen Kränkungen der Eigenliebe des modernen Menschen zu verstehen (vgl. 1917, XII 6ff.), wobei die dritte mittlerweile die Manipulierbarkeit des menschlichen Verhaltens umfaßt. Alle drei betreffen das menschliche Naturverhältnis.

Ich werde später zeigen, wie das moderne Bewußtsein in seiner dominierenden Linie die kopernikanische Herausforderung nicht ausgehalten, sondern sich statt dessen vom geozentrischen in das anthropozentrische Weltbild, d. h. von einem Irrtum in einen andern gerettet hat. Um so größer war die Kränkung, als der beanspruchte Sonderstatus in der Naturgeschichte nicht zu verifizieren war und dann auch noch herauskam, wie heteronom die Vernunft ist, auf der die menschliche Autonomie beruhen sollte. Um diese kumulative Kränkung zu überwinden, gibt es nun die Chance, zum Aufbruch aus dem Paradies endlich Ja zu sagen und dementsprechend die kopernikanische Herausforderung anzunehmen, unsern Ort jenseits des Paradieses in der Welt selbst zu finden. Solange dies nicht geschieht, kann der Anthropozentriker nur weiterhin den verlorenen Privilegien nachtrauern und sie um so mehr durch einen Sonderstatus des Menschen behaupten wollen. Indem der industriegesellschaftliche Mensch sein Selbstwertgefühl auf die Abwertung anderer gründet, nämlich die der natürlichen Mitwelt in der Gemeinschaft der Natur zu ‚unserer Umwelt‘ als einem Sack voll Ressourcen, kann er sich einbilden, etwas Besseres als ‚die Natur‘ zu sein.

Wie schwer es ist, von dieser jahrhundertelang gebildeten Haltung frei zu werden, zeigt sich daran, daß unter der Natur sprachlich meistens nur das verstanden wird, was nicht wir sind. Wenn wir aber nur den nichtmenschlichen Teil des Ganzen der Natur als *Die Natur* ansehen und benennen, haben wir in unserm Wahrnehmungsvermögen erstens einen blinden Fleck für unsere eigene Naturzugehörigkeit. Uns fehlt zweitens ein Begriff des Ganzen der Natur, das sowohl uns als auch unsere natürliche Mitwelt umfaßt. Keinen umfassenden Begriff für die Natur mehr zu haben hat in der Neuzeit wesentlich zum Vergessen der menschlichen Naturzugehörigkeit im Mitsein mit andern beigetragen und war die entscheidende Bewußtseinsvoraussetzung dafür, das Ganze aus den Augen zu verlieren. So sind wir in die Naturkrise der wissenschaftlich-technischen Welt geraten.

Eine Deformation unserer Wahrnehmung verbindet sich sogar mit dem üblichen Umweltbegriff, nach dem die gegenwärtige Naturkrise gewöhnlich als Umweltkrise benannt wird. Die übrige Welt nur als unsere Umwelt anzusehen hat einen anthropozentrischen Beiklang, der das ursprüngliche Mitsein nicht gelten läßt. Jakob von Uexküll (1864–1944), der den Begriff Anfang des 20. Jahrhunderts eingeführt hat, meinte ihn freilich gerade nicht so, sondern pluralistisch. Seine Entdeckung war: Jede Art von Lebewesen hat ihre besondere Umwelt als ihren spezifischen Lebensraum, so daß es Umwelten immer nur in der Mehrzahl gibt. Die menschliche Umwelt ist in diesem Verständnis der menschliche Lebensraum im Kosmos, und andere Arten von Lebewesen haben ihre eigenen, je spezifischen Lebensräume, in denen wiederum wir zu ihrer Mitwelt bzw. zu ihrer Umwelt im Uexküllschen Sinn gehören. Die Industriegesellschaft hat diese Relativierung so verkehrt, daß der ganze Kosmos nichts als der menschliche Lebensraum sei und andere Lebewesen ihren Lebensraum gefälligst in dem unseren zu finden oder überhaupt zu verschwinden hätten. Diese Verkehrung des ursprünglichen Mitseins ist das anthropozentrische oder humanegoistische Weltbild, das sich somit bereits hinter der Verfälschung des Uexküllschen Umweltbegriffs verbirgt, welcher ich durch den neuen Begriff der natürlichen Mitwelt zu begegnen versuche.

Struktur der Wissenschaft

Dem falschen Naturverständnis, die Natur sei das, was nicht wir sind, folgt auch die heutige Wissenschaft durch die Dichotomie von Natur- und Ingenieurwissenschaften einerseits, Geistes- und Sozialwissenschaften andererseits. Werden nämlich Natur und Gesellschaft einander so entgegengesetzt, daß diese der Gegenstand einer Wissenschaft ganz anderer Art ist als jene, so gilt für die Menschheit auch eine andere, geistes- und sozialwissenschaftlich zu erfassende Ordnung als für die – dann nur den Natur- und Ingenieurwissenschaften überlassene – Natur. Die Lebensordnung der Menschheit wird in dieser Dichotomie als eine sittliche und rechtliche sowie außerdem geschichtliche Ordnung verstanden, die der Natur hingegen als eine Ordnung nach im strengen Sinn ungeschichtlichen Natur-

gesetzen. Belegt nicht schon diese Verschiedenheit der Ordnungen, daß
wir nicht so sind wie jene? Die Folge ist aber, daß eine unnatürliche Beschreibung des Menschen neben eine unmenschliche Beschreibung der
Natur – als dessen, was nicht wir sind – gesetzt wird. Wie unangemessen
diese Art der Wahrnehmung ist, muß jedoch nicht verborgen bleiben. Am
augenfälligsten ist die Tatsache, wie wenig unserm Naturverhältnis noch
anzumerken ist, daß wir eigentlich ein Kulturvolk sind, nachdem die Gei-
stes- und Sozialwissenschaften die Natur den Natur- und Ingenieurwissenschaften überlassen haben, die ja für kulturelle Bestimmungen zumindest keine professionelle Urteilskraft haben. Allerdings sollten die beiden
Wissenschaftsbereiche zumindest in der Behandlung des Menschen eigentlich übereinkommen. Aber wo der eine den Menschen in seiner Naturzugehörigkeit zu beschreiben scheint, in der naturwissenschaftlichen
Medizin, erkennen wir uns nicht wieder, sondern sind uns selber fremd;
und wo der andere den Menschen sonst beschreibt, in Geschichte und
Gesellschaft, erkennen wir die Natur nicht wieder, zu der wir uns aber –
mindestens für den Krankheitsfall – doch auch in irgendein Verhältnis
setzen müßten. Es ist so, als hätten die interplanetarischen Eroberer sich
diese Wissenschaftsstruktur als ein Statusbewußtsein ihrer selbst ausgedacht: die Natur- und Ingenieurwissenschaften zur Wahrnehmung ihrer
Interessen auf diesem Planeten und die Geistes- und Sozialwissenschaften zur Artikulation ihres interplanetarischen Selbstverständnisses bzw.
der dazu passenden Kultur. Sind die Geistes- und Sozialwissenschaften
tatsächlich erfunden worden, damit die „caballeros del Espíritu" (Ortega
y Gasset 1947, VI 26) den Menschen für etwas Besseres als die Natur ausgeben können?

Auf eine sehr typische Weise geschieht dies in der philosophischen Anthropologie. Helmuth Pleßner etwa meinte, daß „der Mensch von Natur
[nur] halb" sei, und beschrieb als die andere Hälfte das, was ihn von der
außermenschlichen Natur unterscheidet: daß er sich selbst erlebt und sogar sein Erleben erlebt; daß er als „exzentrisches Wesen nicht im Gleichgewicht, ortlos, zeitlos im Nichts stehend, konstitutiv heimatlos" sei und
sich deshalb eine Kultur schaffe; daß es dem Menschen vorbehalten sei,
seine Artgenossen als „Mitwelt" zu haben, und daß er dies alles wisse.
Wenn „der Mensch von Bruder Esel und Bruder Baum in einem direkte-
ren als nur allegorischen Sinne reden kann, so liegt es daran, daß er die
durchgehende Gemeinsamkeit alles Lebendigen erfaßt... Die Sphäre, in
der wahrhaft Du und Ich zur Einheit des Lebens verknüpft sind und einer dem andern in's aufgedeckte Antlitz blickt, ist aber dem Menschen
vorbehalten, die Mitwelt, in der nicht nur Mitverhältnisse herrschen, sondern das Mitverhältnis zur Konstitutionsform einer wirklichen Welt des
ausdrücklichen Ich und Du verschmelzenden Wir geworden ist" (1928,
321/310/308). Pleßners Menschenbild kommt – vor allem in der konstitu-
tiven Heimatlosigkeit – dem der interplanetarischen Eroberer sehr nahe.

Unabhängig davon aber ist nicht einzusehen, warum aus der Besonderheit menschlicher Eigenschaften folgen sollte, daß der Mensch nicht gerade in dieser Weise ein Naturwesen sei. Darauf kann nur kommen, wer unter der Natur von vornherein das Andere versteht, zu dem wir nur „halb" gehören. Denn es ist der allgemeinste Charakter aller Naturwesen, je spezifische Eigenschaften zu haben.

Außer in der Anthropologie kann vor allem in der Ökonomie, die eigentlich die Ökologie der species Mensch (Humanökologie) sein sollte, sichtbar werden, wie die heutige Einteilung der Wissenschaften die Wahrnehmung der Wirklichkeit verfälscht. Zur Naturkrise der wissenschaftlich-technischen Welt kommt es ja dadurch, daß menschliche Bedürfnisse in bezug auf die natürliche Mitwelt geltend gemacht werden, aber die einen Wissenschaften beschäftigen sich allenfalls mit den menschlichen Bedürfnissen, die andern mit den Auswirkungen ‚in der Natur‘, und die Ökonomie hält sich aus beidem heraus.[21] Als das gesellschaftlich lebende Naturwesen kommt der Mensch nicht einmal in den Wirtschaftswissenschaften vor, obwohl sie eigentlich vom menschlichen Leben in der Natur handeln. Gleichwohl kann der verborgene Humanegoismus auch hier sozusagen entkappt werden. Berücksichtigt man nämlich unsere eigene Naturzugehörigkeit in Gestalt der – im wesentlichen nur unter dieser Bedingung geltend zu machenden – „gesellschaftlichen Kosten" der industriellen Wirtschaft (Kapp 1950), so erweist sich das Volkseinkommen seit Anfang der 70er Jahre als konstant, wie ich im Abschnitt V.2 näher erläutern werde. Wo also positive Wachstumsraten angegeben werden, ist der menschlichen Naturzugehörigkeit nicht gedacht. Und wo der Mensch selbst in der Beschreibung der Wirtschaftsprozesse vorkommt, soll er sowohl das souveräne Subjekt aller Bedürfnisse als auch ‚menschliche Ressource‘ sein, erscheint also wiederum sich selber fremd; denn er ist weder das eine noch das andere.

In einer gleichermaßen verborgenen Weise wird die Naturzugehörigkeit des Menschen in den klassischen Naturwissenschaften ausgeblendet. Diese beschreiben die Welt nämlich so, daß die Grundtatsache, ohne die es sie gar nicht gäbe, in ihnen nicht vorkommt, daß nämlich die Naturgeschichte den Menschen hervorgebracht hat, der nunmehr innerhalb der Welt seinen Blick auf diese selbst richtet und sie unter anderm naturwissenschaftlich wahrnimmt. Diese Sicht der Welt entspricht charakteristischerweise ebenso der eines außerweltlichen Gottes wie der der interplanetarischen Eroberer. In der klassischen Physik verbindet sich damit das Selbstverständnis, in den Naturgesetzen *Die Ord-*

---

[21] Daß die Fachbereiche keine Sachbereiche mehr sind, ist der Grundcharakter des heutigen Wissenschaftssystems. Mit tausend Augen blind, kann es den Querschnittsproblemen der Wirklichkeit allenfalls dort gerecht werden, wo es trotz der Fachbereichsstruktur zur interdisziplinären Zusammenarbeit kommt.

nung Der Natur an sich, unabhängig von allem menschlichen Zutun zu erfassen.[22]

Fühllosigkeit für die Natur im eigenen Leib

Der wissenschaftlichen Verfälschung unserer Naturzugehörigkeit entspricht in wissenschaftsgläubiger Zeit ein entsprechend unpersönlicher Umgang mit dem eigenen Leib als einem objektivierten Körper, den man hat, der man aber nicht ist. In der Selbsterfahrung des eigenen Leibs, der man ist, läßt sich das menschliche Natursein demgegenüber unschwer entbergen.[23] Eine Fülle von persönlichen Erfahrungen widerspricht der Dichotomie von Natur – im Sinn dessen, was nicht wir sind – und Gesellschaft im Erleben der eigenen Leiblichkeit, und zwar nicht nur im Krankheitsfall. Es gehört eine emotionale Hartleibigkeit dazu, nicht nur vorzugeben: Ich *bin* ein gesellschaftliches Wesen und *habe* einen Körper, sondern auch so zu leben. Mein Selbstgefühl ist demgegenüber: Dies(er Leib) bin ich. So gehöre ich zum Ganzen der Natur.

In der Fachgruppe der Philosophen, denen gegenwärtig leider kein sonderlich lebendiges Naturverhältnis nachzusagen ist, sind Hermann Schmitz und Gernot Böhme hierzulande die Pioniere der menschlichen Selbsterfahrung im eigenen Leib. In den Leibphilosophien von Maurice Merleau-Ponty und Edmund Husserl bis Hermann Schmitz wurde der Leib nicht Thema, auf menschliche Weise Natur zu sein (vgl. G. Böhme 1997), sondern vom Empfinden, Wahrnehmen und Spüren her phänomenologisch bestimmt. Erst Gernot Böhme hat es sich vorgenommen, nicht nur den Menschen in seiner Leiblichkeit, sondern diese in ihrer Natürlichkeit zu verstehen. Er hat dabei bisher allerdings den menschlichen Leib als die „Natur, die wir selbst sind", der außermenschlichen Natur als „der Natur, die wir nicht selbst sind", gegenübergestellt (aaO). In dieser Dichotomie erscheint die übrige Welt nicht als unsere natürliche Mitwelt. So aber kann meines Erachtens auch der menschliche Leib noch nicht in seiner Naturhaftigkeit erfahren werden. Tier und Blume, Baum und Stein sind nicht die Natur, die wir nicht sind, sondern wir sind auch Tiere, Pflanzen und Elemente (vgl. Kapitel IV).

Auffällig wird die eigene Leiblichkeit am ehesten bei Unstimmigkeiten. Wie die heutige mechanistisch-naturwissenschaftliche Medizin das Wesen der Krankheit verstellt und wie wir wieder lernen könnten, Krankheiten als persönliche, uns nicht nur äußerliche Verwicklungen und

---

[22] Daß die klassischen Naturwissenschaften die Bedingungen ihrer eigenen Existenz verneinen, war ein Ceterum censeo Georg Pichts.

[23] Vgl. dazu in dieser Schriftenreihe die Bände: Gernot und Hartmut Böhme: Feuer Wasser Erde Luft – Eine Kulturgeschichte der Elemente (1996); Dietrich von Engelhardt/August Nitschke: Naturerfahrung im menschlichen Leib (in Vorbereitung).

Krisen anzunehmen, ist für die moderne Welt von Viktor von Weizsäcker am gründlichsten durchdacht worden. Eine psychotherapeutische Anamnese der menschlichen Naturzugehörigkeit und der Naturgeschichte im Menschen seit der Geburt aus dem Paradies bietet die praktische Psychosomatik von Zeyde-Margreth Erdmann. Der Naturzusammenhang des menschlichen Lebens wird hier in Träumen und Wachträumen erfahren, wie sie ja auch jeder Wissenschaft vorausliegen. Die von ihr (1997) geschilderten Fälle sprechen dafür, daß wir vielleicht doch eher baumhaft als nur erdhaft zur Natur gehören, geben also in dieser Hinsicht der „Edda" mehr recht als dem Alten Testament. Aber hier mag es persönliche und regionale Unterschiede geben. Die Industriegesellschaften bedürfen einer Kultur derartiger und anderer leibhafter Visionen oder Erinnerungen an die Naturzugehörigkeit des Menschen, um die körperhaften Verfälschungen im persönlichen Erleben zu überwinden.

Philosophische Beschönigungen

Von den Philosophen ist zu erwarten, daß sie – um nicht hinter die Erkenntniskritik von Francis Bacon bis Kant und Goethe zurückzufallen – zur Selbsterkenntnis des vermeintlich extraterrestrischen Blicks der klassischen Naturwissenschaft als eines sehr voraussetzungsvollen Blicks beitragen. Wir haben es im Erkennen eben nicht nur einfach mit den Gegenständen zu tun, sondern dies geschieht menschlich erkenntnisförmig und immer unter bestimmten Interessen, so daß in allem Erkennen sozusagen ein Wunsch der Vater des Gedankens ist. Der Grundgedanke der Kritischen Philosophie Kants war: Die Dinge werden nicht einfach so erkannt, wie sie sind, sondern sie werden auch so erkannt, wie wir sind, nämlich unter den Bedingungen und in den Formen menschlicher Erkenntnis – weil wir ihnen durch die Organisation unserer Wahrnehmung (Anschauungsformen, Kategorien) bereits vorgeben, wie sie sich uns allenfalls zeigen können. Eigentlich sollte das Kritische Programm sogar beweisen: Die Dinge sind so, wie sie sind, weil wir so sind, wie wir sind. Bei der Einsicht in die Menschenförmigkeit (Anthropomorphie) unseres Erkennens ist es aber auch dann geblieben, als das Kritische Programm, die Naturgesetze gänzlich auf die Bedingungen der Möglichkeit des Erkennens zurückzuführen, in der „Kritik der Urteilskraft" nur noch für die allgemeinen und nicht mehr für die besonderen Naturgesetze aufrechtzuerhalten war. Gleichwohl sind die menschlichen Erkenntnisformen ein Teil unserer Naturerfahrung, so daß diese uns nicht *Die Natur* an sich – extraterrestrisch gesehen – zeigen kann. Die Physik ist ein menschliches und überdies durch historisch bedingte Interessen geprägtes Wissen von gegenständlichen Sachverhalten. Sie wird dadurch nicht bloß subjektiv, aber sie ist auch nicht bloß objektiv.

In der Theoretischen, nach der Einheit des Erkennens fragenden Philosophie ist dies alles im wesentlichen unbestritten. In der Praktischen, die Einheit des menschlichen Handelns betreffenden Philosophie sollten daraus nun eigentlich weitergehende Konsequenzen hinsichtlich der Naturgesetze als Handlungsformen und somit über den Primat der Ethik vor der Physik gezogen werden, wie ich es im dritten Kapitel tun werde. Statt dessen lese ich etwa bei Charles Taylor, „anthropozentrische Begriffe" seien „terms which relate to the meanings things have for us" (1989, 72). In ähnlichem Sinn hält Lothar Schäfer (1993, 203) jegliche Kultivierung der Natur für anthropozentrisch. Dieselbe Verwechslung von Anthropozentrik und Anthropomorphie erlebt man auch landauf landab in sozusagen philosophischen Durchschnittsgesprächen. Dabei ist nur die grundsätzliche Anthropomorphie unseres Erkennens und Verhaltens in gewissen Grenzen unvermeidlich, die Anthropozentrik hingegen ist eine durchaus vermeidbare Art der Anthropomorphie. Dieser Denkfehler läßt sich prima facie schwer nachvollziehen, denn im ersteren Fall handelt es sich um die vergleichsweise subtile Einsicht, daß jedes menschliche Erkennen und Handeln – unabhängig von seinem je besonderen Gegenstand – auch nur menschlich ist, d. h. die Charaktere der Endlichkeit des menschlichen Daseins hat. Insbesondere sind die Bedingungen aller gegenständlichen Erkenntnis nicht einfach für objektive Charaktere des Gegenstands zu halten. Dies ist ebensowenig anthropozentrisch, wie meine Schildkröte sich testudozentrisch verhält, wenn sie sich im Garten satt ißt. Demgegenüber ist das anthropozentrische oder humanegoistische Weltbild eine Rechtfertigung des extraterrestrischen Verhaltens, menschlichen Gattungsinteressen grundsätzlich den Vorrang vor den Interessen der natürlichen Mitwelt zu geben, und zwar auch dort, wo uns diese manifest erkennbar sind (z. B. in der Massentierhaltung). Wie kann man meinen, die Endlichkeit des menschlichen Daseins rechtfertige die Kultur- und Rücksichtslosigkeit gegenüber der natürlichen Mitwelt? Der homo-mensura-Satz des Protagoras ist hier aus seiner ursprünglichen Bedeutung – der Endlichkeit des menschlichen Geistes – in den normativen Sinn verkehrt worden, der Mensch *solle* das Maß aller Dinge sein. Wenn Anthropomorphie nur als Anthropozentrik denkbar wäre, dürfte man geradesogut für das menschliche Individuum Personalität und Egoismus verwechseln, d. h. aus der Tatsache, daß jedes menschlich individuelle Verhalten eo ipso ein persönliches Verhalten ist, schließen, somit sei es auch egoistisch. Dies trifft offensichtlich nicht zu, denn alle Menschen verhalten sich meistens personhaft, aber nur manchmal egoistisch. Ein so grober Schnitzer kann nicht nur ein Denkfehler sein, zumal unter Menschen, welche den gedanklichen Scharfsinn philosophisch professionell kultivieren.

Fragt man nach den Motiven, so spielt sicherlich eine Rolle, daß der politische Sinn dafür, wo man nicht nachgeben darf, in der philosophischen Zunft nicht sonderlich entwickelt ist. Hinzu kommt aber auch, daß man im Boot der Mächtigen gern gesehen ist, wenn sich der wirtschaftlichen Grobheit der philosophische Feinsinn beigesellt und jener bestätigt, daß ja bereits die Anthropomorphie des menschlichen Erkennens anthropozentrisch, der Humanegoismus also ganz unvermeidlich und somit legitim sei. Man sollte dann aber konsequenterweise auch auf die Unterscheidung von Personalität und Individualegoismus verzichten. Eine andere Variante ist, den Denkfehler zwar nicht zu machen, statt der Anthropozentrik aber nur noch von Humanegoismus zu sprechen, der selbstverständlich abzulehnen sei, und unter der Anthropozentrik nunmehr die unvermeidliche Anthropomorphie zu verstehen. Natürlich könnte man sich auf diesen Gebrauch der Wörter einigen. Wer aber sorgt dafür, daß diejenigen, die ihr Verhalten zuvor durch den Vorwurf der Anthropozentrik mit Recht in Frage gestellt gesehen haben, der neuen Sprachregelung folgen und sich nicht einfach dadurch beruhigt fühlen, die zuvor inkriminierte Anthropozentrik unter den zuständigen Denkern nun zu einer menschlichen Universalie avanciert zu sehen? Daß eben dies die Reaktion sein wird, liegt nach aller politischen Erfahrung auf der Hand. Dann aber hätte der philosophische Feinsinn letztlich dazu beigetragen, daß ein einmal beim Namen – Anthropozentrik – genanntes Problem nicht mehr beim Namen genannt werden kann, also zu einer Verfälschung des Problembewußtseins. Cui bono? Ist es nicht wieder nur der alte Adam, daß wir eigentlich ja doch etwas Besseres als ‚die Natur' seien, der sich hier unter neuen Kleidern verbirgt und die aufkommende Frage des physiozentrischen Denkens: Wofür sind wir gut?, um jeden Preis vermeiden möchte?

Feindlichkeit ‚der Natur'

Pflanzen und Tiere können bedrohlich sein, wenn Menschen sich in Situationen begeben, in denen sie mit einer artgemäßen Abwehr der natürlichen Mitwelt rechnen müssen. Bedrohlich sind auch Stürme an Land und auf dem Meer, Hochwasser, Waldbrände, Erdbeben, Vulkanausbrüche und Blitzschläge. Die jeweilige Gefahr hängt allerdings im wesentlichen davon ab, wieweit wir uns ihr aussetzen. Soweit dies nicht geschieht, und in der Regel brauchen wir es nicht, gibt z. B. Infektionsgefahren, die nach Naturgefahren aussehen, aber weitgehend zivilisationsbedingt sind, und technische Risiken. Im Gesamtbild sind die Gefährdungen, unter denen Menschen in den Industriegesellschaften leben, fast ausschließlich anthropogen, vor allem durch den motorisierten Individualverkehr. Wie weit es überhaupt naturbedingte Gefährdungen gibt, in die Menschen sich nicht begeben haben oder in die sie hineingeboren sind, weil ihre Vorfahren sich in jene begeben haben, z. B. in erdbebengefährdete Gebiete, bedürfte einer eingehenden Erörterung. Auch unter der Annahme, daß es in diesem Sinn echte Naturgefahren gibt, wäre es jedoch abwegig, diese auf eine grundsätzliche ‚Feindlichkeit der Natur' gegen das Menschengeschlecht zurückzuführen.

Man soll sich durch diese Feststellung nicht von der Erfahrung der Andersheit und Nichtverfügbarkeit der natürlichen Mitwelt abhalten lassen, in der z. B. das Meer wahrhaft gefährlich für uns sein kann, so daß wir gut daran tun, es bei Sturm nicht zu befahren. Ähnliche Erfahrungen kann man im Gebirge und in der Wüste machen. Mit der Natur ist sozusagen nicht zu spaßen. Umweltschützer neigen manchmal dazu, die unzivilisierte Natur zu idyllisieren und dann auch die Fremdheit der und des Anderen nicht zu würdigen. Dies ist ein Fehler. Die Natur ist so wenig idyllisch, wie Gott lieb ist. Dies gilt für die Natur im Ganzen wie für die nichtmenschliche Natur, unsere natürliche Mitwelt. Ich denke, wir sollten sie fürchten und lieben, jedenfalls aber auch fürchten, sonst fehlt uns der nötige Respekt.

Die vermeintliche Feindlichkeit der Natur ist eine Bedrohungsvorstellung, in der das Fürchten so übertrieben wird, daß für das Lieben kein Raum mehr bleibt. Ist dies nicht eine ebensolche – entgegengesetzt gleich falsche – Projektion zivilisatorischer Ängste, vor allem der Todesangst, wie die Idyllisierung? Ein typisches Beispiel ist John Stuart Mills Essay „Natur" zu entnehmen: „Fast alles, wofür die Menschen, wenn sie es sich gegenseitig antun, gehängt oder ins Gefängnis geworfen werden, tut die Natur so gut wie alle Tage. … so mordet die Natur die überwiegende Mehrzahl aller lebenden Wesen, und zwar auf dieselben gewaltsamen und heimtückischen Weisen, mit denen die schlechtesten Menschen anderen das Leben nehmen. … Sie tötet Menschen, von deren Leben das Wohlergehen eines ganzen Volkes, vielleicht sogar die Aussichten der Menschheit auf Generationen hinaus abhängen, mit ebensowenig Bedenken wie die, deren Tod für diese selbst eine Erlösung bedeutet, bzw. einen Segen für die, die unter ihrem schädlichen Einfluß stehen. So verfährt die Natur mit dem Leben. … Niemand, sei er religiös oder areligiös, glaubt, daß die verderblichen Kräfte der Natur, als Ganzes betrachtet, in irgendeiner anderen Weise guten Zwecken dienen, als indem sie vernünftige menschliche Geschöpfe dazu anreizen, sich dagegen zu wehren" (1874, 30f./33).

Der Biologe Thomas Henry Huxley proklamierte diese Gegenwehr sogar im Namen des ‚ethischen Fortschritts': „Laßt uns ein für allemal einsehen, daß der ethische Fortschritt der Gesellschaft nicht von der Nachahmung des kosmischen Prozesses abhängt und noch weniger von der Flucht vor ihm, sondern davon, daß wir ihn bekämpfen" (1893, 82).[24] Auch Freud meinte, es sei „die Hauptaufgabe der Kultur, ihr eigentlicher Daseinsgrund, uns gegen die Natur zu verteidigen" (1927, IX 149). Bei ihm wie bei Mill und Huxley wird offensichtlich ein Feindbild aufgebaut, das den Kampf des Menschen gegen ‚die Natur' legitimieren soll, und

---

[24] In meiner Übersetzung.

zwar in ihrem Verständnis als dessen, was nicht wir sind, also wieder aus der extraterrestrischen Sicht der interplanetarischen Eroberer.

Bemerkenswerterweise ist diese Stilisierung der ‚feindlichen Natur‘ eine ideologische Begleiterscheinung erst der neueren industriellen Naturzerstörung. Ein Gegenbeispiel aus früherer Zeit sind Georg Agricolas (1494–1555) „Zwölf Bücher vom Berg- und Hüttenwesen“, deren erstes in einer erstaunlich modernen Weise das Für und Wider des Bergbaus erörtert. Agricola vollzieht hier eine regelrechte Technikbewertung in Gestalt einer gesellschaftlichen Kosten-Nutzen-Analyse – zunächst für die Beschäftigten, sodann für die Allgemeinheit. Die letztere ist so angelegt, als habe er die Kriterien Wirtschaftlichkeit, Umweltverträglichkeit, internationale Verträglichkeit und sogar die Sozialverträglichkeit (Deutscher Bundestag 1980) schon gekannt. Er hält die hier von ihm durchaus gesehenen Probleme dann aber für lösbar und meint, der Nutzen des Bergbaus sei den dazu nötigen Aufwand – insbesondere um die Umwelt- und Sozialverträglichkeit zu gewährleisten – wert: „Wenn die Metalle aus dem Gebrauche der Menschen verschwinden, so wird damit jede Möglichkeit genommen, sowohl die Gesundheit zu schützen und zu erhalten als auch ein unserer Kultur entsprechendes Leben zu führen“ (1556, 11). Wenn eine gründliche Abwägung vorangegangen ist, kann man sich eine solche Folgerung gefallen lassen.[25] In dem gesamten Gedankengang aber kommt das Motiv der ‚feindlichen Natur‘, gegen die wir uns – auch durch Metallprodukte – schützen müßten, schlechterdings nicht vor. Es geht lediglich darum, daß der Bergbau gesellschaftliche Kosten hat und ob er diese wert ist; der Natur wird dabei eigentlich nicht einmal gedacht. Dies ist anders in dem gegen Ende des 15. Jahrhunderts geschriebenen Drama „Iudicium Iovis“ von Paulus Niavis (Schneevogel), in dem Mutter Erde die Bergleute des Muttermords – ihren Leib gewaltsam zu verletzen – beschuldigt und am Ende doch dazu verurteilt wird, den Bergbau zu ertragen. Nichts läge aus dieser – keineswegs technikfeindlichen – Sicht des Problems ferner als die Wahrnehmung der Natur als ‚feindlicher Natur‘. Ich halte deshalb diese Stilisierung erst für eine ideologische Spätfolge der Industriellen Revolution.

Im gegenwärtigen Bewußtsein ist die Ideologie der ‚feindlichen Natur‘ – im Sinn dessen, was nicht wir sind – vielleicht nicht mehr so virulent wie bei Mill und Freud, gleichwohl aber eine häufig namhaft gemachte Barriere gegen die physiozentrische Haltung und sogar gegen ihre rechte Wahrnehmung. In der Tradition von Darwins Rechtfertigung des Wirtschaftsliberalismus – durch die Projektion des dort propagierten Überlebenskampfs in die natürliche Mitwelt – spielen dabei nun manchmal die

---

[25] Bezeichnenderweise wird dabei bereits – wie üblicherweise auch heute – die Gesundheit in den Vordergrund gerückt.

Ideologeme der neueren Soziobiologie eine Rolle.²⁶ Es liegt ein merkwürdiger Gegensatz darin, sich einerseits damit zu trösten, daß alle menschliche Schlechtigkeit nicht nur die unsere, sondern allen Lebewesen gemein sei, andererseits gerade durch diese Abwertung das Ganze der Natur als Legitimationsinstanz aufzuwerten. Vielleicht birgt diese Ambivalenz eine Chance der Orientierung auf das Ganze, in der nicht die Schlechtigkeit bestätigt, sondern im Interesse der Natur Besserung – die auch zu den Naturanlagen des Menschen gehört – gesucht wird.

Möglicherweise ist die neuerdings von Hubert Markl (1995) propagierte „Pflicht zur Widernatürlichkeit" ein – immer noch sehr ambivalentes – Beispiel dieser Art. Markl versteht unter der Natur das „Rattenrennen der Arten", in dem sie diese rücksichtslos konkurrieren läßt und dabei „ungerührt über Leichen geht". Im Sinn dieses soziobiologischen Naturverständnisses ist die ebenso rücksichtslose industriewirtschaftliche Naturzerstörung für ihn konsequenterweise „das Natürlichste der Welt". Als ein verantwortlich denkender Zeitgenosse weiß Markl jedoch auch, daß es so nicht weitergehen darf. Er sieht den Ausweg darin, „die Natur in unsere Obhut zu nehmen", sie unter Menschenhand zu gestalten und zu bewahren. Relativ zu dem von ihm vorausgesetzten Naturverständnis kann er diese Aufgabe nun aber nur als eine Wendung zur Widernatürlichkeit beschreiben. In meinem Verständnis ist umgekehrt das, was Markl natürlich nennt – also beispielsweise die industriewirtschaftliche Zerstörung der Lebensgrundlagen –, definitiv widernatürlich. Markls Widernatürlichkeit erscheint mir deshalb als eine ‚Widerwidernatürlichkeit'. Nun wird aus dieser doppelten Negation nicht ohne weiteres eine positive Natürlichkeit. Markl hat diese Chance meines Erachtens sogar verpaßt, indem er sinngemäß und vermutlich unbewußt auf Novalis' Gedanken zurückgegriffen hat, die Natur bedürfe der Erziehung und wir seien ihre Erzieher. Grundsätzlich aber zeigt sich hier doch, wie die meines Erachtens abwegige Vorstellung der feindlichen Natur durch eine merkwürdige Dialektik in ein erneuertes Verständnis von Natürlichkeit umschlagen *könnte*, wenn hier einmal die menschliche Überheblichkeit, deretwegen ich Novalis nicht folge, aus dem Spiel bleiben würde.

---

²⁶ Sogar einem sonst so verständigen Philosophen wie Otfried Höffe ist es hier jüngst unterlaufen, ‚der Natur' einen – „imperialistisch und despotisch gefärbt[en]" „Artenegoismus" zu unterstellen, um die menschliche Anthropozentrik zu rechtfertigen. Unter ‚der Natur' wird dabei freilich nur die außermenschliche Natur verstanden, was dazu führt, daß Höffe meinen „Frieden mit der Natur" mißversteht (1993, 208/212 f.).

Legitimations-Interessen für das industriewirtschaftliche Verhalten

Die Behauptung der Feindlichkeit der Natur beruht wohl eigentlich auf Rechtfertigungsinteressen, durch die wir uns das Bewußtsein der Naturzugehörigkeit des Menschen verfälschen lassen. Eigentlich wollen wir in der Allgemeinheit der Industriegesellschaft nämlich gar nicht wissen, daß die Tiere und Pflanzen unsere naturgeschichtlichen Verwandten sind, denn die Abwertung der übrigen Natur entspricht einem leicht nachvollziehbaren Eigeninteresse, dem die Anerkennung familiärer Gemeinsamkeiten in die Quere kommt. Wenn wir nämlich – wie in der „Edda" berichtet – von Bäumen abstammen oder die heutigen Bäume abstammungsgeschichtlich jedenfalls unsere naturgeschichtlichen Vettern n-ten Grades sind, wird es innerhalb dieser Lebensgemeinschaft rechtfertigungsbedürftig, wie die Industriegesellschaften – und nicht nur sie – mit Wäldern und mit Bäumen umgehen. Dasselbe gilt für die Kuh in der Massentierhaltung, wenn sie abstammungsgeschichtlich in einem entfernten Sinn sozusagen meine Tante ist. Sich diesem Rechtfertigungsdruck entziehen zu wollen ist – zumal in der industriellen Wirtschaft – höchst naheliegend, denn jeder Rechtfertigungsversuch droht unser Handeln zu disqualifizieren. Die Dichotomie von Natur und Gesellschaft bietet auch hier wieder das passende Selbstverständnis, um sich gegen diese Einsicht emotional abzuschirmen. Danach gilt ja für die Menschheit eine ganz andere Ordnung als für ‚die Natur', und so belegt wieder die Verschiedenheit der Ordnungen, daß wir nicht so sind wie jene. Ist also die naturgeschichtliche Verwandtschaft mit der Tante Kuh vielleicht überhaupt nur eine metaphorische, im strengen Sinn unangemessene Redeweise, aus der sich keinerlei Verpflichtungen wie unter menschlichen Verwandten ergeben? Mußten nicht vielmehr alle menschliche Kultur und Zivilisation als menschliche Errungenschaften allererst ‚gegen die Natur' durchgesetzt werden? In diesem Selbst- und Weltverständnis gibt es allenfalls gesellschaftliche Verpflichtungen für den Umgang mit der außermenschlichen Natur, wie unter den interplanetarischen Eroberern. Demgegenüber wären, wenn wir selbst dazugehörten, die Regeln unseres Verhaltens nicht nur als mitmenschliche, sondern vom Ganzen her, d. h. naturphilosophisch zu begründen.

Konsumverhalten

In den bisher betrachteten Verfälschungen spielte das Nichtwahrhaben-Wollen unserer Naturzugehörigkeit immer wieder die entscheidende Rolle. Warum aber wollen wir, in der Allgemeinheit dieser Gesellschaft, nicht wahrhaben, daß wir als Menschen gerade so menschlich zur Natur gehören wie ein Baum baumhaft oder die Katze katzenhaft? Der Grund ist das erstaunliche Geltungsbedürfnis, das die in der jüdisch-christlichen

Tradition lebenden Gesellschaften begleitet, seitdem die Geburt oder das Erwachsenwerden durch das Verlassen des Paradieses als Vertreibung aufgrund einer Verfehlung empfunden worden ist. Die herrschende Interpretation des Mythos vom ‚Sündenfall' macht dieses Geltungsbedürfnis verständlich: Um den Makel der Verfehlung zu tilgen, glauben wir der Herabsetzung anderer – der Frau durch den Mann und der natürlichen Mitwelt, vorab der verteufelten Schlange als Stimme der Natur, durch sie beide – zu bedürfen. Im Übergang zur physiozentrischen Haltung stehen wir nun aber nicht einfach vor der Einsicht, daß es infantil war, das Verlassen des Paradieses nicht als einen notwendigen Aufbruch zu verstehen, für den die Zeit gekommen war, sondern als Vertreibung. Hinzu kommt vielmehr, daß wir uns durch die Konkurrenz- und Konsumgesellschaft auf ein Wirtschaftssystem eingelassen haben, das den menschlichen Selbstwert von Belohnungen abhängig macht und dadurch permanent wieder in Frage stellt. Gerhard Scherhorn hat gezeigt (1994), daß sich ein nicht geringer, immerhin bei etwa einem Fünftel liegender und hoffentlich langsam wachsender Teil unserer Gesellschaft von dieser Kontrolle des Selbstwerts durch die Höhe des Konsums allmählich freimacht, daß aber der weit überwiegende Teil noch lange nicht soweit ist. Der Konsum ist die marktwirtschaftliche Form der Schuldzuweisung an die Schlange bzw. an die Natur. Mit ihm verbindet sich ja auch die Zerstörung der Lebensgrundlagen. Hat man sich aber einmal auf die anthropozentrische Haltung eingelassen, Mensch sein zu können, indem man die übrige Welt nur haben will, so erlaubt die Regel: ‚Haste was, dann biste was', eine permanente Anpassung an diese Fehlentwicklung. Solange man nämlich an der Anthropozentrik festhält, ist jedes Haben ein immer wieder neuer Versuch, das Mitsein mit der natürlichen Mitwelt im Menschsein vermeiden zu können.

Die Konsumorientierung wird dadurch bestärkt, daß durch den Meinungs- und Unterhaltungskonsum in den ‚Medien', die nicht mehr die Vier Elemente sind, auch das Denken und Empfinden zunehmend nur noch von Schauspielern dargestellt, aber nicht mehr selbst vollzogen wird. Gleichwohl gibt es die Erfahrungen des von Scherhorn namhaft gemachten, durch Konsum nicht mehr zu berauschenden Fünftels, die zumindest einen Ausweg zeigen, wie Menschen aus der Konsumlähmung wieder erwachen können. Diese Erfahrungen beruhen darauf, daß die Frage: Warum machen wir das eigentlich?, wohl auch durch Konsum nicht nachhaltig zu unterdrücken ist. Je mehr sich nämlich die Dinge anhäufen, die zu haben in der Konsumgesellschaft als lebenswert gelten soll, desto aufdringlicher wird die Frage, was man denn nun mit ihnen anfangen kann. Die Frage kann lange unterdrückt werden, aber zumindest mit jedem Generationswechsel bekommt sie eine neue Chance. Noch provozierender ist der Konflikt über die Verwendung der Zeit, der darauf beruht, daß Zeit einerseits zur Produktion, also für die Anhäufung von

Gütern gebraucht wird, andererseits aber auch, um mit den Dingen im Leben etwas anzufangen. „Je weiter der Güterwohlstand gesteigert wird, desto mehr schränkt er den Zeitwohlstand ein, und umgekehrt" (Scherhorn 1995, 156). Je mehr Zeit man also der Mehrung des materiellen Wohlstands widmet, desto nutzloser wird dieser. Der Konflikt kann durch die Anschaffung von Gütern hinausgeschoben werden, die auch die Arbeit schmücken – z. B. Füllfederhalter, Uhren, Kleidung und das viel zu große Auto, mit dem man ins Büro fährt –, ist letztlich aber wohl doch kaum zu verdrängen.

Den Selbstwert des Menschen an seinen materiellen Konsum zu binden war zweifellos der regressivste Gedanke in der Bewußtseinsgeschichte der abendländischen Menschheit seit der Verkehrung des Aufbruchs aus dem Paradies in eine Vertreibung. Beides hängt überdies eng zusammen, denn der Konsum verspricht den Industriegesellschaften ja letztlich das Paradies auf Erden, also die Rückkehr in den Status der Unmündigkeit. Die Verfälschung des aufkommenden Neuen – des physiozentrischen Gedankens, daß es damals doch ein Aufbruch war – geht so weit, daß bereits die Verwandlung marginaler Bereiche der Konsumwirtschaft (z. B. Öko-Toilettenpapier, Pfandflaschen, Ächtung des Rauchens, Jutetaschen) in eine Art Öko-Konsumwirtschaft vielen Leuten ein gutes Gewissen gibt, ihre Autos etc. unbedenklich weiter zu benutzen.

Dies alles sind machtvolle Verfälschungen eines aufkommenden Erwachsenwerdens der Menschheit in der Natur. Verglichen mit der Macht der spätmittelalterlichen katholischen Kirche, die dem Mündigwerden der abendländischen Menschheit entgegengesetzt wurde, kann ich in der Autoregression der Konsumgesellschaft, die wir nun selbst zu verantworten haben, keinen rechten Fortschritt erkennen. Auch die Verwaltung der Wahrheit durch das Wissenschaftssystem entspricht so sehr dem allgemeinen, jetzt nur noch reminiszent religiös geprägten Bewußtsein, als habe es niemals einen Anspruch von Aufklärung gegeben. In der Aufklärung aber war die Chance der Mündigkeit, wie mir scheint, bereits verpaßt. Wirklich gegeben hat es sie noch in der Renaissance. Sie war der Morgen des Tags, der nun so bedrohlich zu Ende geht. Wenn es eine Chance gibt, daß es für uns noch wieder einmal Morgen wird und eine erwachsen werdende Menschheit aufbricht, um ihren Ort in der Welt zu finden und dieser ihr Bestes zu geben, dann liegt sie in der heutigen Vergegenwärtigung dessen, was am Anfang der Neuzeit einmal gemeint war. Was war es doch, das wir damals eigentlich gewollt hatten? Es ist so, als seien wir des Morgens mit einem Traum erwacht, wüßten aber nicht mehr, was wir geträumt haben, sondern nur noch, daß es um unser Leben ging. Dieses Buch dient der Erinnerung an den vergessenen Traum.

II. Die Ambivalenz der Renaissance

> Ideal ist, was Natur war. Daran, an diesem
> Ideale, dieser verjüngten Gottheit, erkennen
> die Wenigen sich und Eins sind sie, denn es ist
> Eines in ihnen, und von diesen, diesen beginnt
> das zweite Lebensalter der Welt.
>
> *Hölderlin, Hyperion (III 63)*

So wie es im individuellen Leben Grundkonstellationen gibt, die sich immer wiederholen, bis man den Schlüssel dazu findet oder daran scheitert, ist es wohl auch in der Geschichte. Sie wiederholt sich nicht, aber es wiederholen sich doch Grundverhältnisse unter immer wieder neuen Umständen. Das Drama der Industriegesellschaft ist deshalb nicht einfach die Geschichte des 18. bis 20. und 21. Jahrhunderts christlicher Zeitrechnung, sondern wird uns in Goethes „Faust" mit Recht bereits als ein Renaissance-Stück gegenwärtig.

Mir scheint, daß auch der Aufbruch aus dem Paradies im Verständnis des vorangegangenen Kapitels noch lange nicht vollzogen ist, sondern uns wie das Erwachsenwerden als ein Beweggrund im Drama des Lebens begleitet und von Zeit zu Zeit neu ansteht. An die theologische Interpretation der priesterschriftlichen Schöpfungsgeschichte, nach der diese eigentlich eine Zukunftsvision ist, habe ich bereits erinnert. Wir werden wohl von Natur immer wieder neu in das Drama der Unterscheidung von Gut und Böse im Kampf der Götter gestellt, aber doch nicht jederzeit neu, sondern in besonderen Zeiten des Umbruchs. Der letzte Umbruch dieser Art war in der Geschichte der Industriegesellschaft, soviel ich sehe, die Renaissance: der Aufbruch aus der gewiß nicht paradiesischen, aber doch paradiesisch geschlossenen Welt des abendländischen Mittelalters.

1. Die kopernikanische Wende

Der Aufbruch aus dem Mittelalter hat sich in Gestalt der ‚kopernikanischen Wende' vollzogen. Ich verstehe darunter nicht die Entdeckung des Subjekts, sondern den Verlust des alten Weltbilds und die Erneuerung der Frage, wie wir Menschen in die Welt gehören. Wie sich im folgenden zeigt, hat die kopernikanische[1] Wende in diesem Verständnis bereits lange vor Kopernikus begonnen. Jedenfalls aber verbindet sich auch mit dem Übergang vom geozentrischen zum heliozentrischen Planetensystem der Verlust des geozentrischen Wissens, daß der Mensch seinen Ort auf der Erde in der Mitte des Kosmos hat, und die Erneuerung der Frage, wo wir uns in dem neuen Weltbild wiederfinden.

Der Primat des Bewußtseinswandels vor der Wissenschaft

Bezieht man die kopernikanische Wende zunächst auf die heliozentrische Theorie des Planetensystems, die Nikolaus Kopernikus (1473–1543) in seinem Buch „De revolutionibus orbium coelestium" (1543) vorgelegt hat, so weist deren Wirkungsgeschichte weit über die astronomische Entdeckung hinaus. Ein heute verbreiteter Irrtum ist, daß der Erde und uns mit der Mitte des Kosmos ein Ehrenplatz abhanden gekommen sei. Im geozentrischen System war die Erde aber das aus jeder Richtung Unterste, sozusagen der Bodensatz des Kosmos, und die privilegierten Orte waren am Himmel. Der „Mittelpunkt ist bei einer Kugel ja gleichzeitig auch der unterste" (Cicero, De natura deorum II 116).[2] Giordano Bruno (1548–1600) und Galileo Galilei (1564–1642) haben deshalb die Kopernikanische Theorie zu Recht als eine Aufwertung der Erde und unseres Status im Kosmos begrüßt. Den Wendepunkt zwischen diesen entgegengesetzten Bewertungen glaubte Blumenberg (1965, 159) in Fontenelles „Entretiens sur la Pluralité des Mondes" (1686) gefunden zu haben, wo einerseits die Marquise bereits den Rangverlust der Erde beklagt, während andrerseits ihr Gesprächspartner noch das Vergnügen daran behält, die Erde als Gleiche unter Gleichen unter die Himmelskörper versetzt zu sehen. Allerdings wurde die Auffassung, daß der Mittelpunkt ein besonders würdiger Platz sei, bereits lange zuvor von Kepler vertreten. Eben deshalb nämlich müsse, so meinte er in einem Brief an Herwart (28. März 1605), „der Mittelpunkt unserer Weltsphäre mit dem Körper ausgestattet sein, der ... wegen seines Lichtes und seiner Seele der würdigste ist", der Sonne nämlich (1930, I 234). In der neuzeitlichen Bewertung des Mittelpunkts hielt es Goethe zwar irrtümlicherweise für ein verlorenes Vorrecht, der Mittelpunkt des Weltalls gewesen zu sein, begrüßte diesen Verlust jedoch als eine Herausforderung, „die denjenigen, der sie annahm, zu einer bisher unbekannten, ja ungeahnten Denkfreiheit und Großheit der Gesinnungen berechtigte und aufforderte" (HA XIV 81). Seit Nietzsche

---

[1] Das Adjektiv ‚kopernikanisch' soll sich groß geschrieben auf das Werk des Kopernikus beziehen, klein geschrieben auf die historische Entwicklung, in der er selbst steht und die über ihn hinausgeht.

[2] Als wie demütigend das Wohnen auf der Erde im geozentrischen System gegolten hat, ist neuerdings von Brague (1994) historisch belegt worden.

und mit der zunehmd aufkommenden Anthropozentrik ist diese Bewertung, durch die kopernikanische Wende zu etwas Neuem aufgefordert zu sein, leider wieder verlorengegangen. Nietzsche meinte, daß sich unser Dasein nach der Kopernikanischen Theorie „noch beliebiger, eckensteherischer, entbehrlicher in der *sichtbaren* Ordnung der Dinge" ausnehme als zuvor. „Seit Kopernikus scheint der Mensch auf eine schiefe Ebene gerathen, – er rollt immer schneller nunmehr aus dem Mittelpunkte weg – wohin? in's Nichts? in's ,*durchbohrende* Gefühl seines Nichts'?" (1887, V 404).

Blumenberg hat aus dieser wechselvollen Geschichte die Konsequenz gezogen, daß wir uns der „Gängelung" durch naturwissenschaftliche Entdeckungen lieber gleich ganz entziehen sollten, statt je nach dem Stand des historischen Bewußtseins zu derart entgegengesetzten Interpretationen zu kommen: „die Welt, wissenschaftlich objektiviert, ist stumm geworden auf die Frage, welche Stellung der Mensch in ihr einnimmt. Der Mensch ist darauf angewiesen, diese Frage nur noch an sich selbst zu stellen" (1964, 367f.). Dies falsch zu finden ist heute wohl näherliegend als im Wissenschaftsverständnis der 6oer Jahre.

Es trifft nämlich gar nicht zu, daß der kopernikanische Bewußtseinswandel durch eine wissenschaftliche Entdeckung ausgelöst worden sei, sondern es war gerade umgekehrt der Bewußtseinswandel, welcher zu der wissenschaftlichen Entdeckung geführt hat. Als der Verlust des Wissens und die Erneuerung der Frage, wie wir Menschen in die Welt gehören, war die kopernikanische Wende bereits für Kopernikus selbst erkenntnisleitend. Sein Ausgangspunkt war, daß die Unregelmäßigkeiten, deretwegen wir die Planeten die Herumwandernden nennen,[3] nicht in deren Bewegung selbst liegen könnten, sondern etwas mit unserer eigenen Daseinsweise im Kosmos zu tun haben müßten. „Deshalb halte ich es vor allen Dingen für nothwendig, dass wir sorgfältig untersuchen, welche Stellung die Erde zum Himmel hat, damit wir... nicht... irrthümlich das, was der Erde zukommt, den Himmelskörpern zuschreiben" (1543, 14f.). Tatsächlich haben sich dann die Bewegungen, die wir den Dingen zugeschrieben haben, als Gegenbilder unseres eigenen Umtriebs im Kosmos erwiesen; aber die Frage nach unserer Naturzugehörigkeit lag der astronomischen Entdeckung voraus. Sie ist umfassender als die besondere Weise, in der Kant sie später aufgenommen hat.

Daß man unter der kopernikanischen Wende nicht eine Folgerung aus einem naturwissenschaftlichen Ergebnis für das menschliche Selbstbewußtsein verstehen sollte, sondern eine Veränderung der naturphilosophischen Grundlagen der Anthropologie, welche dann für die Wissenschaft erkenntnisleitend wurde, zeigt auch die Entwicklung der Wissenschaftsgeschichte selbst. Astronomisch war das heliozentrische System eine

---

[3] gr. planáo: umherirren.

Wiederaufnahme desselben Grundgedankens bei Aristarch, der sich in der Antike aufgrund sehr stichhaltiger Einwände, die auf Aristoteles zurückgingen, aber nicht durchgesetzt hatte. Wissenschaftlich galten diese Einwände zu Kopernikus' Zeit nach wie vor, denn weder er noch – fast ein Jahrhundert später – Galilei hatten für das heliozentrische System wesentlich bessere Gründe als Aristarch. Da Kopernikus noch mit Kreisbahnen rechnete, waren seine Vorhersagen nicht einmal genauer als die ptolemäisch gerechneten. Eine wissenschaftliche Entscheidung zwischen der geozentrischen und der heliozentrischen Theorie brachte letztlich erst Newtons Himmelsmechanik (1687); zu dieser Zeit aber hatte sich das Kopernikanische System längst durchgesetzt, und zwar im wesentlichen durch Galileis rhetorischen und emanzipationspolitischen Einsatz, der aber weniger der Astronomie als der Autonomie des modernen Menschen zum Aufbruch aus der mittelalterlich geschlossenen Welt galt. Die Wissenschaftsgeschichte zeigt also, daß die Entscheidung für das Kopernikanische System im wesentlichen keine wissenschaftliche Entscheidung war, sondern einer Wendung im allgemeinen Bewußtsein folgte, und ebendies ist die eigentliche ‚kopernikanische Wende‘. Es ist darum nicht überraschend, daß diese schon weitgehend vollzogen war, als die Kopernikanische, ihm persönlich zuzurechnende in der Astronomie erfolgte. Gleichwohl können wir die Herausforderung, die Kopernikus zwar nicht ausgelöst, aber in einer so prägenden Weise aufgenommen hat, weiterhin nach ihm benennen.

Die kopernikanische Wende in der Kunst vor Kopernikus

Philosophisch stammt der Gedanke, daß die Erde sich nicht im Mittelpunkt des Universums befinden kann, weil es gar keine Mitte hat, von Nikolaus von Kues (1401–1464). Ein Jahrhundert vor Kopernikus widersprach er damit auch bereits der Abwertung der Erde zum Alleruntersten und hielt dagegen, in Wahrheit sei sie ein „edler Stern" (DJ II 12=I 401) unter andern Sternen im unendlichen Weltall. Zuvor aber haben bereits die Künstler der italienischen Renaissance, unter deren Eindruck der eine wie der andere Nikolaus gestanden haben, zu malen begonnen, wie die Menschheit in die Offenheit des Ganzen der Natur hinein aufbricht, um ihren Platz selbst zu finden. Ich will damit nicht sagen, die Künstler hätten ihre Bilder damals so gemeint, wie ich sie jetzt sehe. Mein Interesse ist kein kunstgeschichtliches, sondern ein wahrnehmungs- und bewußtseinsgeschichtliches. Aus dieser Sicht aber stelle ich zu meiner Überraschung fest, daß die kopernikanische Wende in der Kunst der Renaissance wesentlich früher begonnen hat als in der Naturwissenschaft – was auch immer die Künstler selbst sich dabei gedacht haben mögen.[4]

---

[4] In dem vielen Physikern eigenen Selbstbewußtsein habe ich bis vor wenigen

Beispielsweise waren es die impressionistischen Maler, die als erste nicht nur die Dinge malten, Häuser oder Bäume, die man auf ihren Bildern sieht, sondern die Gemaltheit dieser Dinge auf ihren Bildern mitmalten. In diesem Sinn gibt z. B. „Die Welle" (1870, Nationalgalerie Berlin) von Gustave Courbet (1819–1877) geradezu ostentativ die Materialität zu erkennen, in der hier Ölfarbe auf die Leinwand aufgetragen worden ist, so daß der Betrachter nicht einfach eine Welle sieht, sondern eine gemalte Welle.[5] Ebenso ist es bei der „Grotte der Loue" (1864, Hamburger Kunsthalle). Die Pointillisten malten darüber hinaus nicht nur die Wahrgenommenheit der Gegenstände durch sie selber mit, sondern ließen obendrein Raum für das eigene Zutun des Betrachters, nämlich die unbemalten Zwischenräume. Hier wie bei Courbet kam sozusagen der Schatten mit aufs Bild, den der Maler selbst wirft. Einen andern Weg ging Cézanne (1839–1906), indem er eigentlich nicht mehr farbig, sondern Farben malte: das Sein, dessen Schatten die Dinge selbst sind.

Dies alles war etwa ein drittel bis ein halbes Jahrhundert vor Albert Einsteins Spezieller Relativitätstheorie (1906) und Niels Bohrs Interpretation der Quantenmechanik (1927). So wie die Impressionisten das Gemaltsein eines Bilds als einen wesentlichen Teil des Bilds erkannten, identifizierten die Physiker die Bedingungen, unter denen ein Gegenstand wahrgenommen wird, als einen gleichermaßen wesentlichen Teil der physikalischen Wirklichkeit des Gegenstands (Bohr 1935, 65). Blicken wir nun in ähnlicher Weise von Kopernikus, wie er auf dem Totenbett noch die Korrekturfahnen seines Buchs las, zurück nach Italien, wo er als junger Mann prägende Jahre verbracht hatte, so sehen wir Leonardo da Vinci (1452–1519) und Raffael (1483–1520) in Florenz, Giovanni Bellini (1428–1516), den großen Giorgione (1476/78–1510) und Tizian (1486/88–1576) in Venedig oder Antonello (1430–1479) in Messina. Man braucht nur den Portraits von Giorgione und Antonello ins Gesicht zu blicken, um zu sehen, was hier passiert ist. Dies sind moderne Menschen, denen auch noch die Zuversicht anzusehen ist, in der die Moderne damals begonnen hat. Gottfried Boehm (1985) hat beschrieben, wie die neue Individualisierung der Menschen sich in ihren Haltungen, Physiognomien und Blickrichtungen zeigt. In einem neuen Selbstbewußtsein, so kommt es mir vor, blicken sie in die Welt, um ihren Platz darin zu finden. Wie dieses Bewußtsein allmählich entsteht, zeigt sich, wenn man verfolgt, wie die Maler im 14. und 15. Jahrhundert die Heiligen, die Menschen und die natürliche Mitwelt in ein Verhältnis zueinander gesetzt haben.

[handschriftliche Randnotiz: Antonello da Messina]

Jahren gemeint, die geistigen Umbrüche der Menschheit hätten sich normalerweise zuerst in der Physik vollzogen oder abgezeichnet. Dies war ein Irrtum.

[5] Maupassant berichtet, Courbet „drückte ... mit einem Küchenmesser Kleckse weißer Farbe auf eine große leere Leinwand" (nach Courbet 1978, 303).

Einer der ersten, der nicht mehr nur die Heiligen der christlichen Glau-
bensgeschichte in einem Goldgrund malte, sondern seinen Bildern einen
irdischen Aufpunkt gab, war Giotto (1266–1337). So ließ er auf einem
Bild des Heiligen Franziskus, wie er die Stigmata empfängt, von einem
Berg, den der Heilige im Rücken hat, vier Bäume in den lichten Goldgrund hineinwachsen, vor dem Christus schwebt (Louvre). Giottos Aufbruch bereitete sozusagen die kopernikanische Wende in der Malerei vor,
d. h. bildliche Antworten auf die erneuerte Frage, wie wir Menschen in
die Welt gehören. Den neuen Inhalten entspricht eine neue Art von Bildern. Ein frühes Zeugnis ist das Fresco „Auswirkungen der guten Regierung auf Stadt und Land", das Ambrogio Lorenzetti (not. 1319–48)
1337–39 im Ratssaal der Stadtregierung von Siena im dortigen Palazzo
Pubblico gemalt hat. Dieses Bild antizipiert aus der Sicht meiner Fragestellung eine Entwicklung, die dann auch in der religiösen Malerei stattgefunden hat. Es sieht mir so aus, wobei ich vor allem an die italienische
Malerei des 15. und 16. Jahrhunderts denke, daß hier
– die natürliche Mitwelt von hinten her allmählich ins Bild drängte, von
  den Heiligen im Vordergrund durch eine Mauer oder eine anderweitige
  Abschirmung getrennt, über diese hinweg und an den Seiten jedoch
  zunehmend ,vordringlich'. Wie sich der Hintergrund allmählich belebt, zeigt z. B. Giovanni Bellinis (1428–1516) Madonna mit Kind vor
  einer von menschlichem Treiben erfüllten Landschaft (1510; Mailand,
  Pinacoteca di Brera);
– die Menschen in Gestalt der Stifter von vorn her allmählich ins Bild
  kamen. Relativ zu den Heiligengestalten waren sie zuerst klein wie
  Mäuschen am unteren Bildrand. Seit der zweiten Hälfte des 14. Jahrhunderts wurden dann aber die Stifter immer größer. Palma il Vecchio
  (1480–1528) malte den Stifter einer Sacra Conversazione schließlich genauso groß wie Joseph und ließ diesen ihm sogar die Hand auf die
  Schulter legen (Rom, Galleria Colonna). In einem andern Fall läßt er
  das Christkind eine ziemlich dicke Stifterin persönlich segnen
  (ca. 1514; Rom, Galleria Borghese). Beide Male waren die Stifter im
  Bild nur noch gerade unterhalb der Heiligen Familie angeordnet.
Tendenziell verschwanden also die Heiligen aus dem Bild, und die Menschen fanden sich allein mit der inzwischen bis nach vorn vorgedrunge-
nen natürlichen Mitwelt.

Die Ambivalenz dieses Prozesses zeigt sich besonders in der Endphase,
als die Heiligen unter den Menschen gleichermaßen menschlich dargestellt werden. Schön daran finde ich, daß die heiligen Begebenheiten – wie
später Kierkegaard es sich wünschte – im alltäglichen Leben vergegenwärtigt, also nicht ins allemal Unerreichbare abgesetzt werden. Besonders gut gelingt dies in der altniederländischen Malerei. Christus hat hier
nicht mehr nur vor langer Zeit in Palästina gelebt, sondern man stellt sich
vor, ihm beispielsweise hier und jetzt in Flandern zu begegnen. Eine er-

greifende Vergegenwärtigung dieser Art ist, wie auf dem „Seilern Triptychon" des Meisters von Flémalle Anfang des 15. Jahrhunderts ein Engel sich angesichts des toten Christus eine Träne abwischt (London, Courtauld Institute Galleries). Wie auf diese Weise das Heilige im Diesseits wirklich werden kann, zeigt besonders die „Madonna mit dem Ofenschirm", wo derselbe Maler einen Ofenschirm als Heiligenschein fungieren läßt (London, National Gallery).[6]

Die Gegenbewegung ist aber, daß nicht die Welt geheiligt, sondern das Heilige in der Verweltlichung entheiligt wird. Auf einem Bild Felice Damianis (1530–1608) umstehen neunzehn Mitglieder der – in Gubbio einflußreichen – Familie Gabrielli die Begegnung von Maria und Elisabeth, und diese werden zu Darstellern ihrer selbst zu Ehren der Gabrielli (Visitazione; Gubbio, Pinacoteca Communale im Palazzo dei Consoli). Soweit der Ort des Treffens sich identifizieren läßt, vermute ich, daß es vor oder hinter der Villa Gabrielli dargestellt ist. Unter den Familienmitgliedern gibt es kunstvolle Abstufungen, aber die Prominentesten stehen so nahe bei den Heiligen, als stellten sie ihnen gerade ihr Haus für die Darstellung der biblischen Begebenheit zur Verfügung.

Das Interesse der Maler an der Naturzugehörigkeit des Menschen zeigt sich auch in Einzelheiten. Beispielsweise bleiben die Füße der Heiligen – nicht die Marias – oft nicht mehr unter ihren langen Gewändern verborgen, sondern ‚fassen Fuß‘ auf einem ebenfalls dargestellten Boden. Nicolo Tegliacci (not. 1334–63) und Luca di Tommé (not. 1356–89) lassen auf einem Bild aus dem Jahr 1362 sogar einige Zehen der Heiligen, welche Maria flankieren, über die Vorderkante einer Bühne, auf der sie alle stehen, hinaus und dem Betrachter entgegen ragen (Siena, Pinacoteca Nazionale).

Auf Lorenzettis weltlichem Wandbild ist die beschriebene Entwicklung bereits vollzogen. Es zeigt, wie Menschen auf der Erde seßhaft werden, nämlich in Stadt und Land. In der Stadt decken Handwerker ein Dach, sitzen einige Menschen in der Kirche, andere in einer Wirtschaft, verkaufen Händler Schuhe, Haushaltswaren und Lebensmittel, reiten Wohlhabende umher, transportieren Eseltreiber Waren, treibt ein Schäfer die Schafe stadtauswärts, weben und nähen oder sticken Frauen. Die Häuser sind alle gut instand, eine Tanzrunde auf der Straße demonstriert die allgemeine Zufriedenheit mit der gefundenen Lebensform und der Guten Regierung. Durch das Stadttor zum Land kommen und gehen Fußgänger und Berittene. Ein Bauer treibt sein Schwein zum Markt, andere führen Lasttiere. Auf den Feldern wird gesät und geerntet, gehackt und gepflügt. Hirten hüten Schafe, und Reiter sind mit Hunden auf der Jagd. Häuser, Felder, Bäume, Wiesen und Kastelle finden sich übers Land verteilt, alles ist in einer lebendigen und friedlichen Ordnung. Es herrscht

---

[6] Vgl. Pächt 1989. Den Hinweis auf den weinenden Engel verdanke ich Richard Hoppe-Sailer.

Frieden mit und in der Natur. Was hier gemalt wurde, ist keine Vision einer künftigen Welt, sondern eine Ordnungsvorstellung für die damaligen Lebensverhältnisse. Neu war aber wohl, daß diese gemalt wurden, d. h. neu war die Frage, welche das Bild beantwortet und in der es über seine unmittelbar politische Funktion hinausgeht.

Das Gegenbild zu den Lebensverhältnissen unter einer guten Regierung zeigt auf der gegenüberliegenden Wand, wie es unter einer schlechten zugeht: In der Stadt zerfallen die Häuser, die Geschäfte sind leer, Wohlhabende werden auf offener Straße überfallen. Auf dem Land brennt ein Dorf, die Felder sind unbebaut, Reisende bewaffnet, Soldaten ziehen umher. Passenderweise hat es sich so gefügt, daß das Bild von der Guten Regierung sehr gut erhalten ist, der Zustand des andern hingegen selbst dem des dargestellten Zerfalls entspricht.

Lorenzettis Auftrag war wohl, den Unterschied der Lebensverhältnisse unter einer guten und einer schlechten Regierung zu schildern, aber er tat dies, indem er die gesellschaftlichen Verhältnisse – wie im Mythos vom Sündenfall – daran zeigte, wie die Menschen sich im einen wie im andern Fall in der Natur einrichten.[7] Einmal ist städtische und ländliche Kultur der menschliche Beitrag zur Naturgeschichte, das andere Mal Zerstörung. Was ihn im wesentlichen interessierte, war vielleicht sogar die kopernikanische Frage, wie Menschen in die Welt gehören. Ein anderes Bild – wiederum von Ambrogio Lorenzetti – zeigt im Predellenformat eine Stadt mit Stadtmauer und Geschlechtertürmen auf einer Halbinsel, die nach hinten ins Meer ragt. Auf diesem sieht man drei Schiffe. Das Land wirkt nicht sonderlich fruchtbar, jedoch gibt es drei Bäume. Das Erstaunliche ist dann aber, daß rechts unten am Ufer ein Mensch sitzt und die Kleider neben sich liegen hat, als wolle er baden (Città sul mare; Siena, Pinacoteca Nazionale). So finden wir uns in Stadt und Land in die Natur.

Auffällig ist demgegenüber, daß Simone Martinis (1284/90–1344) „Condottiere" – im Sieneser Palazzo Pubblico rückwärtig auf derselben Wand wie Lorenzettis Gute Regierung gemalt – zwar auch auf seinem Pferd durch das Land zu reiten scheint, das zwei für ihn lebensgeschichtlich bedeutsame Orte zeigt; von den vier Füßen des Pferds befinden sich jedoch zwei in der Luft, einer steht auf dem Bilderrahmen und der letzte scheint zwar den Erdboden im Bild zu berühren, bleibt jedoch in der Schwebe, denn hinter ihm gibt es keinerlei Spuren im Sand. Der Condottiere ist dementsprechend nicht in der Landschaft, sondern vor die Landschaft gemalt. Dasselbe gilt in der Folge z. B. für Piero della Francescas (1410/20–1492) Doppelportrait des Herzogs und der Herzogin von Urbino, die sogar vor und über ihrem Land stehen, sowie für die auf den

---

[7] In ganz anderer Weise geschah dies dreihundert Jahre später auf dem Titelbild zu Hobbes' „De cive" (1642), wo der Kriegszustand zum Naturzustand erklärt wurde.

Rückseiten dieses Diptychons gemalten Wagen, die ihre Straße ziehen und sich doch nicht in ihrer Landschaft bewegen (Uffizien). Ein besonders auffälliges Beispiel dafür, wie die natürliche Mitwelt zunächst den bloßen Hintergrund abgab, der gar nicht zum Raum des Geschehens gehörte, sind Hans Pleydenwurffs (1420–1472) Kreuzigung und Kreuzabnahme Christi. Beide Bilder zeigen das Kreuz aus derselben Perspektive, aber im einen Fall ist im Hintergrund links das Meer und rechts geht es bergauf, im andern Fall ist es umgekehrt (München, Alte Pinakothek). Das Kreuz steht also nicht in der gemalten Landschaft, sondern diese ist ein von dem Geschehen im Vordergrund unabhängiges Hintergrundbild. Ebenso war es bei Bellinis zuvor erwähnter Madonna von 1510.

Innerhalb des Werks eines einzigen Malers habe ich den Übergang am ehesten bei Hans Memlings (ca. 1440–1494) Portraits gefunden. Auf dem Bildnis eines Mannes mit einer Münze – gemalt 1480 oder später – sieht man im Hintergrund u. a. zwei Schwäne in einem Fluß, einen Reiter und eine Palme, und dies alles mag lebensgeschichtlich für den Portraitierten eine Bedeutung gehabt haben. Vordergund und Hintergrund sind aber nicht so vermittelt, als werde der Mann innerhalb der dargestellten Landschaft gemalt (Antwerpen, Koninklijk Museum voor Schone Kunsten). Demgegenüber legt der Portraitierte auf einigen andern Bildern seine Hand von außen in eine Fensteröffnung oder auf eine Balustrade, so als komme er aus der im Hintergrund dargestellten Szenerie, diese ist jedoch immer noch ziemlich weit weg (Uffizien). Es gibt aber auch ein Portrait eines jungen Mannes – gemalt wiederum 1480 oder später – mit einer Lichtung und Wald im Hintergrund, das so wirkt, als stünde der Mann nicht vor der Lichtung, sondern auf der Lichtung (Venedig, Accademia).[8]

Leonardo da Vinci hat diesen Schritt, wie mir scheint, von Anfang an getan; seine ca. 1474 gemalte Ginevra de' Benci (Washington, National Gallery) steht so dicht vor einem großen Ginsterbusch, daß ihr Haar in diesen regelrecht übergeht. Über ihre Schulter hinweg sieht man ein nahes Gewässer und jenseits von diesem die Kirchtürme einer Stadt. Es ist keine Frage: Diese Frau befindet sich wirklich in der Mitwelt, in der sie gezeigt wird; sie gehört dorthin. Auf Leonardos „Verkündigung" (Uffizien) ist der Zusammenhang des gartenhaften Vordergrunds mit dem landschaftlichen Hintergrund hinter dem Arm des Engels durch einen Durchgang in der Gartenmauer sozusagen ausdrücklich eröffnet. Von der Maueröffnung schlängelt sich ein Weg nach hinten. Dort gibt es links Felsen, Zypressen und ein Tal mit einem Fluß, rechts ein größeres Gewässer mit Schiffen und am andern Ufer eine Stadt vor einer Bergreihe. Diese Verkündigung soll wirklich hier auf Erden stattgefunden haben, wo Menschen in einer kultivierten Stadt- und Gartenlandschaft ihren Platz in der Natur suchen.

[8] Nr. 20 im Katalog der Brügger Memling-Ausstellung im Herbst 1994.

Es hat danach in Italien nicht mehr lange gedauert, bis die kopernikanische Wende bei den führenden Malern ganz vollzogen war. Um 1500 malte Francesco Raibolini, genannt il Francia (1450–1517), Mariae Verkündigung bereits in einem vom Vordergrund bis zum Hintergrund landschaftlich durchgebildeten Raum (Bologna, Pinacoteca Nazionale). Ganz deutlich gilt dies auch für seine Kreuzabnahme Christi (Parma, Galleria Nazionale), die wohl um dieselbe Zeit entstanden ist. Das letztere Bild zeigt das Geschehen bereits ohne Heiligenscheine und sonstige Besonderungen, die ein Übernatürliches hervorheben. Auf einem dritten Bild, das die Anbetung der Hirten darstellt, sind die Personen so in der Landschaft verteilt, daß diese dem Geschehen regelrecht Raum gibt (Bologna, Pinacoteca Nazionale). Noch weiter ging Giorgione, als er ebenfalls um 1500 die Madonna mit dem Kind so in eine Landschaft setzte, daß man das traditionelle Motiv gar nicht mehr auf den ersten Blick identifizieren konnte, weil die Insignien des Überirdischen fehlten. Eine gut gekleidete junge Frau, die ein Kind auf dem Schoß hält, sitzt so auf einem bewachsenen Abhang, wie man sich vorstellen kann, ihr aus der links gelegenen Ortschaft oder auf dem rechts oben gezeigten Weg zu nahen, ohne diese Begegnung in irgendeiner Weise als unnatürlich zu empfinden (Petersburg, Eremitage). In derselben Weise hat dann Giovanni Luteri, genannt Dosso Dossi (ca. 1480–1542), die Anbetung durch die Hirten (Bologna, Pinacoteca Nazionale) oder die Madonna mit dem Kind (Parma, Galleria Nazionale) gemalt. Andere Beispiele sind Battista Dossis (ca. 1474–1548) Anbetung durch die Drei Könige (Parma Galleria Nazionale), Giuliano Bugiardinis (1476–1555) Rundbild der Jungfrau mit dem Kind und dem kleinen Johannes (Bologna, Pinacoteca Nazionale) sowie seine Madonna mit Kind, Santa Caterina und San Giovannino (London, National Gallery). Auf all diesen Bildern haben die Menschen ihren Platz in der Natur gefunden, indem der Maler das Heilsgeschehen ganz zur Welt kommen ließ. Bereits bei Giorgione löste sich dann auch das menschliche Natursein von der ausdrücklich religiösen Bindung. Dafür finden sich die Menschen in einer nun wieder beseelten Welt im Mitsein mit Fabelwesen, einer Pflanzenwelt und Felsen, welche sie nicht nur wahrnehmen, sondern von denen sie auch selbst angesehen zu werden scheinen. Die berühmtesten Beispiele sind Il Tramonto (London, National Gallery) und La Tempestá (Venedig, Accademia).

Das Hineingehen der Menschen in die Natur und die Suche nach der uns angemessenen Zugehörigkeit brauchen aber nicht zu bedeuten, daß das Christusgeschehen nicht auch in der Natur wahrgenommen wird. Besonders gut zeigt dies der Kampf Michaels mit dem Bösen auf einem Bild der beiden Dossi (Parma, Galleria Nazionale). Zwar ist Michael noch mit Engelsflügeln und der Böse mit Pferdefuß und Schwanz dargestellt, beide aber sind sonst so wirkliche und moderne Menschen wie auf den Portraits von Giorgone oder Antonello. Michael ist also nicht mehr die sternen-kalte Allmacht und der Teufel das unwirkliche Fabeltier wie auf so vielen früheren Bildern. Im Mittelgrund und im Hintergrund sieht man Städte, eine Menschengruppe, einen Fluß, eine üppige Pflanzenwelt und Berge. Das Bild zeigt, wie der Kampf mit dem Bösen in der Welt wirklich ist.

Von Anfang an gab es Unterschiede, wie ausdrücklich und bewußt die Maler sich der kopernikanischen Herausforderung gestellt haben. Bei Leonardo ging dieses Bewußtsein wohl relativ weit, bei andern weniger. Zumindest malerisch aber hat hier auch ein Reflexionsprozeß stattgefunden, und zwar meinem Eindruck nach eher im Norden als in Italien. Ein Beispiel ist das Gemälde „Lukas zeichnet die Jungfrau" (ca. 1435; München, Alte Pinakothek und – zum Verwechseln ähnlich – in Boston, Museum of Fine Arts) von Rogier van der Weyden (1400–1464), dem Schüler des Meisters von Flémalle. Es zeigt keinen Einblick in einen Innenraum, sondern einen Ausblick aus einem solchen, und die beiden Hauptpersonen im Vordergrund – Maria und Lukas – sind durch zwei Rückenfiguren, einen Mann und eine Frau, die von ihnen nur durch ein Gärtchen getrennt sind und über eine Mauer hinab in die weiter hinten liegende Landschaft blicken, mit der Außenwelt vermittelt. In der Bildmitte fließt ein Fluß nach hinten (oder er kommt von dort). An seinem linken Ufer liegt eine Stadt, in der ca. 12 bis 15 Menschen bei verschiedenen Tätigkeiten bzw. Bewegungen zu unterscheiden sind. Rechts sind auf einer Uferstraße Reisende zu Fuß und zu Pferd unterwegs. Das Bild hat in der Grundstruktur eine gewisse Ähnlichkeit mit dem wohl etwa ein Jahr vorher gemalten des Kanzlers Rolin mit Maria von Jan van Eyck (Louvre), unterscheidet sich aber durch die sozusagen malerische Reflexion, daß hier ein Maler einen Maler beim Malen bzw. Zeichnen malt.

Dargestellt ist also nicht nur, wie die Menschen in Stadt und Land Kultur in die Welt bringen und dadurch ihren Platz finden, sondern wie das Malen der Heiligen, dem die Malerei früher im wesentlichen gegolten hatte, ihrerseits in dieser Welt erfolgt. Auf den Heiligenbildern selbst war die Welt, in der sie gemalt wurden, zuvor nicht sichtbar. Um so wichtiger ist die Erinnerung, daß auch scheinbar weltlose Bilder ihrerseits im weltlichen Zusammenhang entstehen. Was Rogier van der Weyden sich selbst bei diesem Bild gedacht hat, ist nicht bekannt. Vielleicht hat er die Zeichnung der Maria ‚nur ikonographisch' gemeint, damit Lukas erkennbar wird. Warum aber gerade Lukas? Zeigt das Bild nicht, wie sogar das Malen der scheinbar weltlosen Heiligen selbst ein menschliches Handeln in der Welt ist?

Noch einen Schritt weiter ging Albrecht Dürer (1471–1528) in seinem 1498 gemalten Selbstportrait, denn hier scheint die kopernikanische Wende selbst zum Thema des Bilds geworden zu sein. Dürer war drei Jahre zuvor aus Italien zurückgekommen, wo er u. a. in Venedig Giovanni Bellini begegnet und sich seiner selbst als eines Malers bewußt geworden war. In der linken Hälfte des Bilds blickt er den Betrachter an; in der rechten ist eine Landschaft dargestellt, die er auf seiner Italienreise durchwandert und gemalt hatte. Dürer malte sich selbst also als einen, der sich seiner eigenen Berufung bewußt wurde, d. h. seinen Platz in der Welt fand, wie er sich wandernd und malend in ein Verhältnis zur natürlichen Mitwelt setzte.[9] Dürer malte und dachte reflektiert genug, um dies vielleicht auch gerade so gemeint zu haben. Allgemeiner gesagt: Wir erkennen unser menschliches Dasein im natürlichen Mitsein.

Den Malern folgen die Philosophen, auch diese manchmal noch vor den Naturwissenschaftlern. Zu der Zeit, als sich die kopernikanische Wende des neuzeitlichen Bewußtseins in der Malerei der Renaissance anbahnte, hat es unter ihnen jedenfalls einen gegeben, der die kopernikanische Herausforderung ganz erkannt und darauf eine angemessene Antwort gefunden hat. Wäre das Abendland ihm gefolgt, so hätte der Natur die Welt-Fremdheit der ,freigelassenen Gefangenen' und ihr interplanetarisches Eroberertum vielleicht erspart bleiben können. Auch der Reformation, denke ich, hätte es nicht unbedingt bedurft, und die Aufklärung wäre nicht auf halbem Wege – beim Menschen und vor der Natur im Ganzen – stehengeblieben. Merkwürdigerweise ist die abendländische Menschheit nicht nur den Gedanken dieses Mannes nicht gefolgt, sondern sogar seine Schriften waren quasi verschwunden, als dem liberalen 15. Jahrhundert das reaktionäre 16. gefolgt war, und sind erst im 19. Jahrhundert wieder entdeckt worden.[10] Ich meine Nikolaus von Kues (1401–1464), den Kardinal, dessen Gedanken allerdings die Philosophie Giordano Brunos (1548–1600) geprägt und insoweit auch in der Zwischenzeit gewirkt haben. Im Denken des Cusaners kommt die Neuzeit erstmals zur Sprache. Seine Philosophie ist aber zugleich eine Reinkarnation der Platonischen im Christentum. Ich schildere deshalb zunächst diese Platonische Grundlage und dann ihre Erneuerung durch Nikolaus von Kues in der Ambivalenz der Renaissance.

2. Ideenhypothese und Ideenlehre bei Platon

„Dasselbe ist Denken und Sein" ist einer der rätselvollen Sätze, welche die abendländische Philosophie seit zweieinhalb Jahrtausenden bewegen. Er stammt von dem Eleaten Parmenides (ca. 540–480 v. Chr.) und wird bei Diels-Kranz als das Fragment B 3 gezählt. Man kann den Satz so lesen, daß er trivialerweise falsch ist, wenn man nämlich einwendet, es sei doch bekannt, wie leicht man sich etwas denkt, was gar nicht (der Fall) ist. Man kann ihn mit Cornford auch so lesen, daß er trivialerweise rich-

---

[9] Den Hinweis auf Dürers Bild verdanke ich in diesem Zusammenhang wiederum Richard Hoppe-Sailer.
[10] Vgl. Meier-Oeser 1989.

tig ist, nämlich nur besage, daß dasjenige, was man sich denken kann, auch sein kann (1939, 31). In beiden Fällen hätte sich die Überlieferung wohl nicht so recht gelohnt. Eine neuzeitliche Lesart wäre: Man denkt so, wie man ist. Aber das kann ebensowenig gemeint gewesen sein wie die industriegesellschaftlich normative Variante: Was wir uns denken, das soll auch sein. Parmenides am nächsten kommt wohl der Platonische Gedanke, daß die Ideen einerseits die Bedingung des Denkens (und des Wahrnehmens), andererseits die des Seins sind. „Dasselbe" sind dann die Ideen oder das Eine, das in ihnen zur Welt kommt. Als Denken und Sein werden die Ideen bereits im „Phaidon" verstanden, dem ersten größeren Dialog, der ausdrücklich von ihnen handelt.

Was zunächst das Denken angeht, so erweisen sich die Ideen als die Bedingung der Möglichkeit aller Verständigung. Wenn Sokrates seinen Gesprächspartner fragt: Du nennst doch etwas Soundso?, ist die Vergewisserung der Verständigung der Ausgangspunkt aller weiteren Überlegungen. So fragt er z. B.: „Wir nennen doch etwas gleich? Ich meine nicht ein Holz dem anderen oder einen Stein dem anderen noch irgend etwas dergleichen, sondern außer diesem allen etwas anderes, das Gleiche selbst, sagen wir, daß das etwas ist oder nichts?" (Phn 74a). Sein Gesprächspartner, der Thebaner Simmias, stimmt ihm sofort zu. Wo wir zweierlei als gleich erkennen, wissen wir immer schon vorher – ehe wir die Dinge gesehen haben –, was damit gemeint ist. Wir erkennen Gleichheiten überhaupt nur deshalb, weil wir die Gleichheit schon kennen. Dieses „Gleiche selbst", das Gleiche als solches oder der Maßstab, nach dem wir Gleichheit feststellen, ist die Idee der Gleichheit. Nur weil wir sie kennen, d. h. wissen, was ‚gleich' ist, können wir uns untereinander über Gleichheit verständigen. Mehr noch: Wüßten wir nicht vorab, was gleich ist, würden wir auch mit den Sinnen gar keine Gleichheiten wahrnehmen. Anläßlich einer Wahrnehmung erinnern wir uns vielmehr – wie Platon sagt – erst der Idee der Gleichheit, sonst sähen wir gar nicht: Diese beiden Dinge sind gleich (oder ungleich). Und so ist es überall. Die Ideen also sind die Bedingung der Möglichkeit aller Wahrnehmung und Verständigung überhaupt. Ohne sie käme uns sogar die Kunst des Gesprächs abhanden. Im Platonischen Dialog „Parmenides" ist dies ein Hauptgrund, warum es das Verschwinden der Ideen in dem nach Aristoteles sogenannten Ideenhimmel zu verhindern gilt (Parm 135c).

Die Ideen sind aber auch die Bedingung der Möglichkeit dafür, daß die Dinge so sind, wie sie sind. Im „Phaidon" wird dieser Gedanke durch die *méthexis*-Lehre zunächst sozusagen nur abgesteckt, wonach beispielsweise schöne Dinge durch die ‚Teilhabe' (méthexis) am Schönen selbst, also an der Idee des Schönen schön seien. Das heißt: Die Dinge sind, wie und was sie sind, weil sie an den Ideen teilhaben, die wir ihnen ansehen und an deren Gestalt wir sie erkennen (Phn 99d-101e). Die *méthexis*-Lehre ist jedoch nur eine vorläufige Antwort und wird von Platon auch

ausdrücklich so eingeführt. Das eigentliche Problem, das aber am Todes-
tag des Sokrates nicht mehr ausdiskutiert werden kann, sei nämlich, die
Ursache des Entstehens und Vergehens überhaupt zu klären, da sonst die
Unsterblichkeit der Seele für die Zukunft nicht einzusehen sei (Phn 95e).
Dieses Programm hat Platon dann bis in sein Spätwerk beschäftigt. Im
„Timaios" etwa wird die *méthexis*-Lehre dahingehend präzisiert, daß die
unbestimmte Materie durch die sie begreifenden Ideen und Zahlen bewegt und gestaltet wird (Tim 50c/53b). Bemerkt man allerdings, daß die
Phaidonfrage, die der Ursache des Entstehens und Vergehens überhaupt
galt, im X. Buch der „Nomoi" („Gesetze" 891c) ausdrücklich wieder aufgenommen wird, so fällt auch auf, daß das dort folgende Ergebnis in nuce
bereits im „Phaidon" angedeutet ist. Die betreffende Stelle ist bekannt,
wird aber meistens ‚teleologisch' mißverstanden, nämlich Sokrates' Erklärung, warum er von der für ihn arrangierten Fluchtmöglichkeit aus
dem Gefängnis keinen Gebrauch gemacht habe, so daß die Athener gezwungen waren, das ungerechte Urteil an ihm zu vollziehen. Sokrates beschreibt dort, daß sein Verbleib im Gefängnis nicht naturwissenschaftlich
(im Sinn des Anaxagoras: aus der Mechanik seiner Knochen und Sehnen)
zu erklären sei. „Denn, beim Hunde, schon lange, glaube ich wenigstens,
wären diese Sehnen und Knochen in Megara oder bei den Böotiern durch
die Vorstellung des Besten in Bewegung gesetzt, hätte ich es nicht für gerechter und schöner gehalten, lieber, als daß ich fliehen und davongehen
sollte, dem Staate die Strafe zu büßen, die er anordnet" (Phn 98e-99a).[11]
So wie in den „Nomoi" letztlich herauskommt, daß Vernunft und Gesetz
ursprünglicher als Hartes und Weiches, Schweres und Leichtes – d. h. als
physikalische Eigenschaften – sind (Nom 892b), wird auch hier die Ordnung des Handelns vor die der Physik gesetzt. Dieser Primat der Ethik
vor der Naturwissenschaft hat bei Platon nichts mit Teleologie zu tun,
denn die „Vorstellung des Besten" ist ein innerer Beweggrund. Das
spätere Ergebnis zeichnet sich im „Phaidon" freilich nur in einer grundsätzlichen Form ab.

Daß die Seele der Selbigkeit von Denken und Sein in den Ideen als Naturgestalten ihrer Bewegung Raum gibt, war wohl Platons Meinung (Tim
30b), wäre hier jedoch ein für Platonische Verhältnisse viel zu kunstloses
Ergebnis. Platon versteht es, wie schon im Platonischen Vorspiel zu diesem Buch gezeigt ist, das jeweils Gesuchte in der Suche selbst als der Sache der Philo-Sophie besser zum Klingen zu bringen, als jede Aussage
über ein Ergebnis des Gedankengangs es vermag. Ein besonderes Meisterstück ist der Prolog zum Dialog „Parmenides" (126a-137c). Hier sind
alle Einwände gegen die üblicherweise so genannte Ideenlehre, die später

---

[11] Schleiermachers Übersetzung von „toû beltístou" durch „des Besseren" ist in
der von Kurz überarbeiteten Fassung beibehalten worden. Ich übersetze „des
Besten" mit Hackforth, Bluck, Kassner und anderen.

vor allem von Aristoteles ins Feld geführt worden sind, so weit getrieben, wie sie bei diesem nicht zu finden sind, nämlich bis die Ideen beinahe im ‚Ideenhimmel' verschwinden. Und doch wird das Problem dieser Trennung (chorismós) so aufgebaut, daß immer ein Lichtschein der Selbigkeit von Denken und Sein über allem liegt. Weil aber die Schwierigkeiten, in die man durch die Annahme kommt, daß es Ideen gibt, wirklich so groß sind, wie sie hier geschildert werden, sollten die Exposition und die Lösung des Problems auch terminologisch unterschieden werden. Daß als Bedingung der Möglichkeit einerseits aller Wahrnehmung und Verständigung, andererseits des Seins der Dinge Ideen wirklich sind, heißt im folgenden die *Ideenhypothese.* Es ist anzunehmen, daß diese von Sokrates stammt. Die Lösung der Schwierigkeiten hingegen, in die man gerät, wenn man sich – aus guten Gründen – auf die Ideenhypothese einläßt, ist dann die eigentliche *Ideenlehre.* Sie ist das Werk Platons, und es steht dahin, wieweit sie durch ihn schon vollendet ist. Im „Parmenides"-Prolog wird die Ideenhypothese umfassend in Frage gestellt und zugleich die Ideenlehre als Aufgabe entworfen.

Als Adressaten werden in der Rahmenhandlung des Gesprächs mehrere Bürger von Klazomenai eingeführt, der Heimat des Anaxagoras, dessen Naturverständnis die bereits erwähnte Wissenschaftskritik im „Phaidon" galt. Die ‚Materialisten', denen die Überlegungen des X. Buchs der „Nomoi" entgegengehalten werden, können ebenfalls im weiten Sinn als Anaxagoreer angesehen werden. So darf man wohl annehmen, daß der „Parmenides" den Leuten aus Klazomenai in dem Verständnis vorgetragen wird, damit denen etwas zu sagen, die von gleicher Abkunft wie Anaxagoras sind. Platon hat dazu ein Gespräch zwischen dem alten Parmenides, seinem Schüler Zenon von Elea und dem jungen Sokrates fingiert, das den Gästen von einem Zeugen namens Antiphon, der es mit angehört und genau behalten haben soll, nacherzählt wird.

Parmenides war wohl der erste, der die Einheit des Alls philosophisch wahrgenommen hat. Von der unmittelbaren Erfahrung her war es eine kühne Behauptung, trotz der augenscheinlichen Vielfalt der Dinge und Lebewesen in der Welt letztlich doch auf Einheit bestehen und die Vielfalt nicht dagegen gelten lassen zu wollen. Denen, die auf der Pluralität des Wirklichen bestanden, hat Zenon – und damit beginnt das im „Parmenides" berichtete Gespräch – nun aber in einer Jugendschrift entgegengehalten, daß die Vielen, deren Wirklichkeit statt der des Einen von ihnen behauptet wird, dann aber einander sowohl ähnlich als auch unähnlich sein müßten, was doch widersprüchlich sei. Sokrates hält dem entgegen, daß er in diesem Widerspruch kein Problem sehen könne, wenn man annehme, daß es außer den Sinnendingen die Ideen gebe, an denen sie ‚teilnehmen'. Damit sind die Ideenhypothese – im oben bezeichneten Verständnis – und die *méthexis*-Lehre eingeführt. Wenn wir heute Zenon antworten würden, viele einzelne seien einander immer in mancher Hinsicht ähnlich und in anderer Hinsicht unähnlich, sagen wir der Sache nach nichts anderes, denn die Ideenhypothese ist die Bedingung der Unterscheidbarkeit von Hinsichten. Sokrates stellt sich durch seinen Einwand auf die Seite derer, welche die Vielheit gelten lassen wollen, allerdings unter der Bedingung der Vielheit der Ideen. Etwas ironisch hatte er schon resümiert, Zenon habe also mit vielen Worten (lógoi) zeigen wollen, daß es keine Vielheit gibt (127e).

Zur Diskussion steht nun die Ideenhypothese. Platon läßt den alten Parmenides auf diesen Gedanken beifällig reagieren, dann aber zurückfragen, wieweit es denn nach Sokrates' Ansicht außer (chorís) den Dingen, die an den Ideen teilhaben, derartige Ideen geben solle. Vom Einen, vom Vielen und von der Ähnlichkeit? Vom Gerechten, Schönen und Guten? Hier überall bejaht Sokrates die Frage ohne Zögern. Es gibt gewiß nicht nur schöne Dinge, sondern auch die Schönheit oder das Schöne selbst, an dem gemessen sie schön sind, etc. Soll es außer den einzelnen Menschen aber auch noch eine Idee des Menschen geben, und ebenso bei Feuer und Wasser? Dies erscheint Sokrates zweifelhaft. Wie aber steht es mit so wenig schätzenswerten Dingen wie ausgekämmten Haaren, Schlamm und Schmutz? Hier verneint er ohne zu zögern die Frage, ob es außer den Dingen auch Ideen gebe, und entgegnet, diese Dinge seien eben das, was wir sehen. Platon aber läßt Parmenides darauf zu Sokrates sagen, er sei eben noch jung, und wenn er sich noch weiter auf die Philosophie eingelassen habe, werde er auch solche Dinge nicht mehr geringschätzen. Mit dieser Ermunterung, alles Sinnliche ausnahmslos auf Ideen zu beziehen, durch die das Sinnliche wirklich wird, indem sie in ihm wirken, beginnen die Einwände gegen die Ideenhypothese. Ich gebe sie hier wieder, weil sich bereits in der Exposition des Problems die spätere Ideenlehre abzeichnet. Vorab wird die These noch einmal in der prozessualen Form wiederholt, es gebe gewisse Ideen (eíde), durch deren Auf-Nahme (hôn metalambánonta) die Dinge zu ihrem Namen kommen, so daß groß, schön oder gerecht wird (gígnesthai), was die Größe, Schönheit oder Gerechtigkeit aufnimmt (130e-131a).

Parmenides fragt zunächst, ob die einzelnen Dinge die Ideen jeweils ganz oder nur teilweise aufnehmen. Dies ist gewiß eine berechtigte Frage: Wie kann ein und dieselbe Idee jeweils ganz und gar in vielen Dingen sein? Und was würde dem Einzelding fehlen, wenn sie es nicht wäre? Sokrates gibt darauf eine wunderschöne Antwort. Sie lautet: So wie der Tag überall und ungeteilt derselbe ist, so ist auch die Idee in allen Dingen, die an ihr teilnehmen, überall und ungeteilt dieselbe (131b). Er wird nun aber von Parmenides daraufhin befragt, wie das gemeint sein soll, und verschenkt die Antwort wieder, als Parmenides zurückfragt, ob er sich das so vorstellen solle, wie viele Menschen unter einem Dach (einem Segeltuch) sein könnten. Wäre dann nicht jeder doch nur unter dem Stück des Dachs, das er direkt über sich hat?

Das Segeltuch aber würde einem auf den Kopf fallen, wenn man es nicht insgesamt, sondern nur teilweise über sich hätte. Es ist also gerade ein Beispiel, wie etwas ungeteilt über vielem sein kann. Von der Antwort, die Idee liege über den Dingen wie der Tag, ist damit eigentlich nur das Mißverständnis weggenommen, die Idee sei teilbar wie die Sinnendinge. Der Tag ist es auch nicht, aber da er wie die Ideen über der ausgedehnten Welt liegt, müssen beide in dieser Hinsicht von den Dingen unterschieden werden. Allerdings birgt jede Unterscheidung das Problem, über den Zusammenhang des Unterschiedenen Rechenschaft geben zu müssen. Dieses Thema erweist sich am Schluß des Prologs, nach Parmenides' fünftem Einwand, als die Kernfrage der Ideenlehre. Parmenides zeigt dem jungen Sokrates hier nur noch an einer Reihe von paradoxen Folgerungen, daß die Idee nicht teilbar sein kann, wenn sie den Dingen ihre Gestalt geben soll. Die wahren Atome sind die Ideen.

Was also bleibt, verliert man die ,Statue' nicht aus den Augen, von der Idee wie dem Tag, der über den Dingen liegt, stehen? Dies wird nun allmählich entfaltet. Zunächst: Der Tag ist eigentlich die Gegenwart der Sonne. Die entsprechende zweite Antwort zur Bestimmung der Idee gibt Parmenides selbst. Sie lautet: Wenn dir vielerlei Dinge groß zu sein scheinen, so scheint es dir, wenn du auf sie alle blickst, wohl ein und dieselbe Gestalt (idéa) zu sein, deretwegen du das Große für Eines hältst (132a). Im Licht der Idee (eîdos) tritt die gemeinsame Gestalt der an ihr teilhabenden Dinge zu Tage, so wie es geschieht, wenn die Sonne über allem steht. In dieser zweiten Antwort wird also die Idee, wenn sie wie der Tag ist, als die entsprechende Gegenwart der Sonne näher bestimmt. Die Idee steht über den Dingen wie der Tag, und dadurch werden diese dem Einsichtigen, der die Idee erkennen kann, in ihrer Gestalt sichtbar. Hier muß nun freilich derjenige, der das Ideenlicht als solches erkennt, eigens eingeführt werden. Dies geschieht wiederum durch den bildhauerischen Abtrag eines möglichen Mißverständnisses, den Einwand vom sogenannten Dritten Mann. Er lautet: Wenn man nun „mit der Seele" die vielen großen Dinge wie die Größe selbst im Blick hat und diese als die Gestalt jener erkennt, muß dann für den Vergleich der vielen Dinge mit der einen Idee nicht wiederum ein Drittes hinzugezogen werden, in dem beide – die Idee und die Dinge – übereinstimmen? Wenn aber ein Drittes, dann nach demselben Argument auch wiederum ein Viertes zum Vergleich des Dritten mit der Idee und den ihr nachgestalteten Dingen, ein Fünftes, Sechstes und so endlos immer weiter? Bildet man diesen Einwand für den Vergleich mehrerer Menschen mit der Idee des Menschen, so entsteht als das erste tertium comparationis der Dritte Mensch, nach dem das Argument benannt ist (132a).

In den unendlichen Regreß gerät man allerdings offenbar nur dann, wenn Sicht und Einsicht nicht unterschieden werden, wenn nämlich der Blick auf die Dinge gerade so wie diese auch die Idee erblicken können soll, die jene gestalthaft gemein haben. Daß es so nicht sein kann, hat Platon im Höhlengleichnis der „Politeia" bildhaft durch die Blendung des Auges beschrieben, die überwunden werden muß, um von der Sicht des einen überhaupt zu der des andern übergehen zu können. Wird nun auch dieses Mißverständnis bildhauerisch abgetragen bzw. dem zu bildenden Werk die Unterscheidung von Sicht und Einsicht hinzugefügt, so erscheint die Einsicht in die Idee als die Bedingung der Sicht der Dinge, in der diese sich als gleichgestaltet zeigen. Sicht und Einsicht zu unterscheiden heißt aber tatsächlich, der bloßen Zweiheit von Idee und Sinnending ein Drittes hinzuzufügen, nämlich dasjenige Dritte, dessentwegen es des eingewandten Dritten nicht bedarf, die Seele des Wahrnehmenden. Die Ideenhypothese betrifft nicht nur die Dinge, wie sie sind, sondern den Beobachter in seinem Verhältnis zu den Dingen, d. h. das Verhältnis von Denken und Sein.

Daß es im Verhältnis von Idee und Sinnending nunmehr auf die Seele ankommt, wird Sokrates von Parmenides bereits durch die Formulierung des Einwands nahegelegt. Sokrates folgt dem Gang des Gedankens, indem er als dritte Bestimmung der Idee nunmehr antwortet, eigentlich sei doch jede dieser Ideen ein Gedanke (nóema), der sich „in den Seelen" einfindet (engígnesthai; 132b)[12] oder bildet. Der Plural der Seelen zeigt, daß er dabei von vornherein an ein ihnen Gemeinsames denkt, das wir wohl ein Bewußtsein nennen würden. Nach den vorangegangenen Unterscheidungen (1) der Ideen von den ausgedehnten Dingen und (2) von Sicht und Einsicht ist der Rekurs auf die Seele insoweit konsequent, als diese Sicht und Einsicht zusammenhält, denn sie verbindet die Sinneseindrücke durch und mit Gedanken. Angesichts der Sinnendinge bildet sich in den

[12] Schleiermacher/Kurz übersetzen, „ob nicht etwa jeder von diesen Begriffen nur ein Gedanke ist, welchem nicht gebührt irgendwo anders zu sein als in den Seelen?" Dabei ist das „engígnesthai" mit „sein" übersetzt und das „nur" hinzugefügt. Von Martens stammt das „Einfinden" („ein Gedanke..., welcher sich nirgendwo anders einfinden kann als in den Seelen"). Gadamer übersetzt „ins Dasein treten kann", Cornford „cannot properly exist anywhere but in a mind" und Susemihl „nirgends anders zu sein zukommt als in der Seele". Bei den beiden Letztgenannten ist der Singular von „Seele" unzutreffend. Nur Gadamer und Martens bewahren das Prozessuale im „engígnesthai". Meines Erachtens kommt Martens dem griechischen Original am nächsten. Im wörtlichen Verständnis von Ein-bilden könnte man auch übersetzen: sich den Seelen einbilden, aber dieser Wortsinn von Einbilden ist im Deutschen verlorengegangen.

Ein zweites Übersetzungsproblem ist das nachgestellte toúton in 132b5. Inhaltlich könnte es auf die zuvor genannten Sinnendinge – und nicht auf die Ideen – bezogen sein, so daß jede Idee als ein ‚Gedanke dieser (Dinge)‘ verstanden würde. So übersetzt auch C. F. von Weizsäcker (1971, 455). Zulässig wäre dies aber wohl doch nur dann, wenn es im Text ekeínon statt toúton hieße. Einige Handschriften haben das toúton vorgezogen, aber auch dies rechtfertigt nicht den Bezug auf die Dinge.

Seelen die Einsicht in ihre Gestalt oder Idee. Durch diesen Fortgang wird aber wiederum der Entwurf der ersten Antwort keineswegs verlassen, sondern nur näher bestimmt. So wie nämlich das Licht oder der Tag über allem die Gegenwart der Sonne ist, die ihn bringt, birgt der Entwurf die entsprechende Frage für die Idee. Was verhält sich zur Idee, wenn sie wie der Tag über den Dingen liegt, so wie die Sonne zu dem Tag? Daß es die (allgemeine) Seele sei, ist hier eine kühne Antwort, jedenfalls aber eine Antwort. Allerdings legt sie ein Mißverständnis nahe, daß nämlich die Idee ‚nur‘ ein Gedanke sei.[13]

Das neuzeitlich-subjektivistische Mißverständnis wird sogleich abgewiesen, indem Parmenides zurückfragt, ob die Idee als Gedanke dann aber wie jeder Gedanke nicht auch ein Gedanke von etwas sei. Sokrates bejaht dies natürlich und gerät damit an den Umschlagpunkt, in dem Denken und Sein das Selbe sind. Denn die Idee als der Gedanke ist ja zugleich das in der Seele Gedachte, allerdings nicht nur in den Einzelseelen, sondern in der Seele überhaupt. Worauf auch sollte sich angesichts einer Anzahl z. B. runder Dinge der Gedanke der Rundheit richten als eben auf die tatsächliche Rundheit der Dinge? In der (allgemeinen) Seele also ist der Gedanke der Rundheit auch die gedachte Rundheit. In ihr kommen das Denken als der Gedanke und das Sein als das Gedachte überein, d. h. sie gibt ihrer Selbigkeit Raum oder sie ist überhaupt das ‚Selbe‘, welches das Denken und das Sein in eins ist. Dies ist der Angelpunkt der Dramaturgie des „Parmenides“-Prologs. Wenn in der Seele der Gedanke mit dem Gedachten übereinkommt, sind Denken und Sein das Selbe. Die Teilhabe der Dinge an den Ideen ist dann so zu verstehen, „daß jedes aus Gedanken bestehe (eînai) und daß sie alle denken (pánta noeîn) oder daß sie Gedanken und doch ohne Denken sind" (Parm 132c). Auf diese von Parmenides gezogene Konsequenz antwortet Sokrates, „auch das" habe aber ja keinen Sinn. Er scheint die angebotene Alternative damit beiderseits zurückzuweisen. Tatsächlich aber geht der Gedankengang so weiter, daß nur die zweite Möglichkeit – es seien alles Gedanken ohne Denken – wegfällt.

Daß „jedes Ding aus Gedanken ist und alles denkt", wie der Text wörtlich lautet, ist wohl eine der unverstandensten Platonstellen überhaupt. Die Formulierung klingt in der Tat sehr schroff, und es ist sicherlich gut gemeint, wenn die verschiedenen Übersetzer sie durch kleine Zutaten zu mildern suchen. Aber sie wird dadurch meines Erachtens nicht verständlicher, sondern nur ungenauer. Um zu verstehen, was gemeint ist, sollte man (1) strikt festhalten, daß die erste Antwort – die Idee sei wie der Tag

---

[13] Einige Übersetzer (Schleiermacher/Kurz, Susemihl, Gadamer) unterschieben dieses Mißverständnis Sokrates ausdrücklich, indem sie dem deutschen Text ein ‚nur‘ oder ‚bloß‘ hinzufügen, das im Griechischen nicht vorkommt. Martens und Cornford tun dies richtigerweise nicht.

– bis auf einige nähere Bestimmungen und die Wiederverbindung der ge-
troffenen Unterscheidungen richtig bleibt und (2) bedenken, daß es an
dieser Stelle noch den Freiraum gibt, genauer zu sagen, wie man sich die
allgemeine Seele, in der die „Seelen" sich verbinden, zu denken hat. Im
Interpretationsraum der ersten Antwort verhält sich der Tag zur Sonne
wie die Idee oder die Ideen zu den Seelen, und es liegt nahe, diese analog
der Sonne jedenfalls in eine Einzahl zu bringen. Das Eine der vielen Seelen aber kann nur die Weltseele sein, die das All zusammenhält, indem sie
dem Miteinander des Geistigen (noûs) und des Körperlichen (sóma)
Raum gibt (Tim 30b) und so gestimmt ist, daß sie durch eine harmonische
Einteilung außerdem die Bewegungen im All hervorbringt (Tim 35/36).
Die dritte Antwort, die Idee sei ein Gedanke in den Seelen, bedeutet
dann: Ideen sind Gedanken (in) der Weltseele, genauer gesagt: Gedanken,
die sich der Weltseele in ihren Bewegungen ein-bilden (engígnesthai,
Parm 132b5f.). Wenn das so ist und außerdem festzuhalten bleibt, daß die
Einsicht in die Idee die Sicht der Dinge ermöglicht (d. h. die Idee die Bedingung der Möglichkeit von Wahrnehmung ist), so kann in der Einzelseele der Gedanke mit dem Gedachten übereinkommen, insoweit ihr
Denken die Umschwünge der Weltseele im Kosmos nachahmt (Tim 47b),
d. h. die Weltseele in ihr vereinzelt ist. Denn in der Weltseele ist das Denken immer eins mit dem Gedachten, so daß sie sich alles gerade so denkt,
wie die Dinge gedacht sind und als gedachte sind. Nur die Einzelseele
muß Möglichkeit und Wirklichkeit unterscheiden.[14]

Einfacher gesagt: Gedanken der Weltseele können im Gegensatz zu denen der Einzelseelen keine ‚bloßen' Gedanken sein. Die dritte Antwort
lautet nun: Die Idee ist wie der Tag; der Tag ist die Bedingung von Sicht
wie die Idee die Bedingung von Einsicht, und so wie der Tag die Gegenwart der Sonne zeigt, ist die Idee die Gegenwart der Weltseele.

Die Exposition des „Parmenides"-Dramas könnte hier zu Ende sein,
wenn es nur um die erkenntnistheoretische Frage ginge, wie die Gedanken bei den Dingen sein können. Es geht aber nicht nur darum, und die
Folgerung, daß „alles denkt", ist bereits eine Seinsaussage. Die Weltseele
konstituiert die Dinge als Gedachte, indem sie sie denkt. Diese Gedacht-
heit ist das Sein der Dinge. Damit zeigt Platon den Anaxagoreern, was
das von ihnen in seiner eigentlichen Bedeutung verfehlte Prinzip wahrhaft wert ist, „daß die Vernunft (noûs) das Anordnende ist und aller
Dinge Ursache" (Phn 97c).

Tatsächlich wendet sich das Gespräch nun von der Selbigkeit des Denkens mit dem Sein im Denken zu der im Sein. Anders gesagt: Der Frage,
kraft wessen die Dinge erkennbar sind, folgt die dazu komplementäre,
kraft wessen die Dinge sind, was sie sind. Die Antwort kann nur dieselbe
sein: vermöge der Ideen in der Weltseele. Der Übergang wird dramatur-

---

[14] Vgl. Kant, KdU A 336.

gisch jedoch so vollzogen, als sei man in einem Hohlspiegel durch den Brennpunkt hindurchgegangen, indem Sokrates lediglich feststellte, das alles habe ja keinen Sinn (132c12). Ein anderes Bild ist, daß er hier vom Denken her (epistemologisch) den höchsten Punkt einer Brücke – den der Selbigkeit von Denken und Sein – erreicht hatte und danach auf der anderen Seite (ontologisch) den Rückweg zum Sein antrat. Dieser Symmetrie entspricht, daß die nun folgende vierte Antwort eine ontologische Spiegelung der epistemologischen zweiten ist. Sie lautet, daß die Ideen (eíde) „gleichsam als Urbilder (paradeígmata) dastehen in der Natur (en te phýsei), die anderen Dinge aber diesen gleichen und Nachbilder (homoiômata) sind; und daß die Aufnahme (méthexis) der Begriffe (eidôn) in die anderen Dinge nichts anders ist, als daß diese ihnen nachgebildet werden (eikasthênai)" (Parm 132d).

Wenn man den Höhe- und Wendepunkt nicht beachtet, der vor der vierten Antwort liegt, und einen Fortgang wie bisher erwartet, klingt diese These merkwürdig redundant. Denn die Idee als das Vorbild, dem die Dinge nachgebildet sind, wirkt dann wie ein Rückfall in die Konfiguration der zweiten Antwort – die Idee sei die den Dingen gemeinsame Gestalt – und fordert dieselbe Korrektur durch den Einwand des Dritten Manns heraus. Warum, so müßte man sich fragen, macht Sokrates hier ontologisch erneut denselben Fehler, mit dem er epistemologisch zuvor schon einmal hereingefallen ist? Ich wüßte darauf keine Antwort. Beachtet man aber den Wendepunkt, welcher der Angelpunkt dieser Exposition der Ideenlehre ist, so bedeutet die Wiederholung, daß der Sonne, die über dem Tag steht, nicht nur in der Erkennbarkeit, sondern auch im Sein der Dinge die Weltseele entspricht. Dies gilt freilich nur dann, wenn an der Richtigkeit der ersten Antwort weiterhin strikt festgehalten wird. Tut man dies und läßt die Idee wie der Tag über den Dingen liegen, so ist der Tag die Gegenwart der Sonne, diese aber verleiht – wie es im Sonnengleichnis der „Politeia" heißt – „dem Sichtbaren nicht nur das Vermögen gesehen zu werden, sondern auch das Werden (génesin) und Wachstum und Nahrung" (509b). Ohne die Sonne würden die Sinnendinge nicht nur nicht für das Erkennen zutage treten, sondern es würde sie gar nicht geben, denn sie sind nur kraft des Sonnenlichts, was sie sind. Die Sonne hat also die doppelte Kraft, den Dingen sowohl ihr Dasein als auch ihre Wahrnehmbarkeit zu verleihen. Halten wir nun an der ersten Antwort und den inzwischen hinzugekommenen näheren Bestimmungen fest, insbesondere am Rückbezug der Ideen auf die Weltseele, wie dem des Tags auf die Sonne, so impliziert sie eine der Sonne entsprechende Doppelqualifikation der Weltseele, d. h. auch diese verleiht Dasein und Erkennbarkeit auf einmal. Und wie sollte sie nicht, wenn ihre Gedanken in eins das Gedachte sind? Die Ideen sind die Gedanken der Weltseele, und kraft ihrer Ideen-Gedachtheit oder Gedanken-Gestalthaftigkeit sind die Dinge, was sie sind. So hat später auch Nikolaus von Kues die Ideenlehre verstanden. Der Bezug auf die „Politeia" bringt zwar die Schwierigkeit mit sich, daß es im Sonnengleichnis nicht die Weltseele ist, die der Sonne korrespondiert, sondern die Idee des Guten jenseits des Seins (509b). Ich sehe darin aber keinen Gegensatz, sondern meine, durch die Weltseele werde genauer gesagt, wie jenes eigentliche Gute dem Erkennbaren das Sein gibt. Im Höhlengleichnis bedarf es dazu ja auch noch des Feuers zwischen der Sonne und der Sinnenwelt.

Dabei habe ich nun Platons „Parmenides"-Exposition von der Weltseele her interpretiert, die er nicht erwähnt, und eine Bestimmung ausgelassen, die er gibt, daß nämlich die Ideen als Vorbilder der Dinge „in der Natur" (132d2) stehen bzw. Naturgestalten sind. Daß die Weltseele zwischen „den Seelen" in der dritten Antwort und der Natur in der vierten nicht erwähnt ist, ergibt jedoch gerade die Lücke, in die sie hineinpaßt, wenn man im Fortgang der Sätze immer auch auf ‚die Statue' blickt, die hier allmählich entsteht. Ausdrücklich folgt die These, die Natur aller Dinge sei ihr Gedacht- und Bewegtsein durch die Weltseele, allerdings erst im X. Buch der „Nomoi". Wenn man aber sieht, wie sorgfältig Platon seinen Text komponiert, und den Umschlag zwischen „den Seelen" und den Vorbildern „in der Natur" beachtet, so deutet umgekehrt der „Parmenides"-Prolog auf die spätere Identifikation von Natur und Weltseele voraus.

Bis auf eine offengebliebene Frage brauchte der ersten Antwort nun keine fünfte mehr zu entsprechen, da sie selbst am Anfang und am Ende steht. Kraft der Ideen als Naturgestalten, welche die Weltseele denkt, sind die Sinnendinge uns erkennbar, wenn wir mitdenken, und kraft der Ideen als Naturgestalten, welche von der Weltseele gedacht werden, sind die Sinnendinge, was sie sind. So wie das Licht der Sonne den Sinnendingen das Dasein und die Sichtbarkeit in eins verleiht, verdanken sie den Ideen der Weltseele ihre Naturgestalt und deren Einsichtigkeit. So liegen die Ideen über den Dingen wie der Tag, und letztlich zeigt sich sogar, daß dies kein bloßer Vergleich ist, denn die doppelte Kraft der Sonne ist für die Sicht des Auges dieselbe wie die doppelte Kraft der Seele für die Einsicht. Wir können uns die Welt mit Nikolaus von Kues also durch die Sonne selbst beseelt denken (DJ II 12=I 403).

Zu erörtern ist nun aber noch die nach der ersten Antwort offengebliebene Frage, wie die Ideen, wenn sie – wie der Tag – nicht räumlich teilbar sind, sich zum Räumlichen verhalten. Platon kann die Exposition der Ideenlehre deshalb nicht hier schon zur Ruhe kommen lassen, sondern muß das bisher Erreichte noch einmal von Grund auf in Frage stellen. Er läßt Parmenides diesen fünften und letzten Einwand so aufbauen, daß dabei eine Zweiweltenlehre herauskommt, in der die Ideen uns in einem ‚Ideenhimmel' entschwinden und wir auf Erden mit den Sinnendingen zurückbleiben. Er wählt dazu zwei Relativbegriffe, nämlich Herrschaft und Wissen, wobei dann in der oberen Welt die Herrschaft selbst sich auf die Knechtschaft selbst bezieht und das Wissen selbst auf die Dinge selbst, d. h. die Ideen, wohingegen die Herrschaft „bei uns" auf die Knechtschaft „bei uns" gerichtet ist, und das Wissen „bei uns" auf die Dinge „bei uns". Da wiederum das „Wissen selbst" wohl nur Gott zukommen kann und das Wissen „bei uns" nur uns, kommt überdies heraus, daß Gott allein die Ideen kennt und von der Erdenwelt nichts weiß, wohingegen wir uns nur hienieden auskennen und keinen Zugang zu den Ideen haben. Da wir nach dem vorangegangenen Gedankengang die Ideen gerade brauchen, um uns hienieden auszukennen, wäre damit alles wieder verloren, was zuvor gewonnen war. Dies wäre aber zunächst ein Mißverständnis, denn das ganze Argument ist in einer kuriosen Weise abwegig und klingt fast so, als habe Platon sich über Aristoteles und andere lustig machen wollen, die meinten, seine „Ideen" gebe es nur außer (chorís) den Dingen, indem er ihnen dazu eine möglichst witzige Begründung anbot. Denn daraus, daß einige Ideen außer dem Denkens-und-Seins-Bezug auf die Sinnendinge als Relativbegriffe auch noch Bezüge aufeinander haben, folgt ja keineswegs, daß die ersteren Bezüge durch die letzteren aufgehoben sind. Es würde mich auch nicht wundern, wenn Platon hier im Sinn von Flasch hätte andeuten wollen, daß der den Ideen von Aristoteles unterstellte *chorismós* – ihre Extraterrestrik sozusagen – in Wahrheit das Schicksal der Aristotelischen *ousía* ist (1973, 279), mit der dieser es besser hatte machen wollen als sein Lehrer. Dies alles darf aber nicht verdecken, daß Platon hier nicht nur seinen großen Schüler in souveräner Streitlust herausgefordert, sondern untergründig auch den eigenen Gedankengang weiter fortgesetzt hat.

Der Schlüsselbegriff ist der der *dýnamis*, der Kraft bzw. Macht oder des Vermögens. Parmenides führt ihn so ein, daß die Herrschaft selbst in bezug auf die Knechtschaft selbst Herrschaft sei und ebenso die Knechtschaft selbst Knechtschaft in bezug auf die Herrschaft selbst. „Nicht aber hat, was bei uns (en hemîn) ist, sein Vermögen (dýnamin) in Beziehung auf jenes, noch jenes auf uns" (133e5 f.). Die Idee des Herrn also befiehlt der Idee des Knechts, und diese gehorcht der Idee des Herrn, beide aber vermögen nichts in bezug auf irdische Herrschafts- und Knechtschaftsverhältnisse. Wozu dieses abwegige Argument, wenn es nicht nur aus Streitlust erfolgt? Der vorangegangene Gedankengang handelte davon, daß die Sinnendinge *kraft* der Ideen sind, was sie sind, runde Dinge rund *kraft* der Kreisgestalt, gerechte Handlungen gerecht *kraft* der in ihnen zum Ausdruck kommenden Gerechtigkeit, also auch Herren herrschend *kraft* ihrer Herrschaft und Knechte gehorchend *kraft* ihrer Knechtschaft? Diese Auffassung wird, soweit sie trägt, gewiß nicht außer Kraft gesetzt, wenn sie auf Relativbegriffe wie Herr und Knecht übertragen wird.[15] Der

---

[15] Scheibe (1967) meint, daß Platon hier in Schwierigkeiten geraten sei, weil er das *pros-ti* noch nicht gekannt habe. Ich kann mir aber nicht vorstellen, daß die

mündige Leser, für den Platon schreibt, muß ihm an dieser Stelle also die Gefolgschaft verweigern und gerade dem hier Verneinten weiter nachgehen. Verneint wird, daß die Ideen eine *dýnamis* in bezug auf die Dinge hätten, die an ihnen teilhaben. Ist nicht überhaupt das Gegenteil richtig? Wie sollen die Dinge als von der Weltseele gedachte gestaltet sein, wenn diesem Denken nicht eine Gestaltungskraft innewohnt? Sind also die Ideen nicht eigentlich selbst ein Vermögen, eine *dýnamis* der Weltseele, kraft derer die Dinge sind, was sie sind?[16]

Wenn die Ideen gestaltend sind, muß ihrer Gestaltungskraft freilich eine Gestaltbarkeit der Materie entsprechen. Platon hat diesen Gedanken im „Timaios" entwickelt (50a–53c), ihn aber latent bereits in der hier entfalteten Exposition der Ideenlehre eingeführt. Während nämlich in der *méthexis*-Vorstellung des „Phaidon" vom Teil-*Haben* die Rede war, führt Sokrates die Ideen-Hypothese im „Parmenides" so ein, daß die Dinge an den Ideen teil-*nehmen* (metalambánein, 129a3), d. h. sie werden nicht nur gestaltet, sondern sie *nehmen* ihre Gestalt auch selber an.

Könnte die Exposition der Ideenlehre damit nun nicht beendet sein? Welcher Art die *dýnamis* der Ideen ist, mag sich ja auch später noch zeigen. Platon stellt die Wiederverbindung von Idee und Materie oder Ausdehnung jedoch noch unter eine Bedingung hinsichtlich der Natur des Menschen, die hier eine weitere Klärung bringt. Bevor der Einwand entfaltet wird, heißt es nämlich, er sei unwiderlegbar, „wenn nicht der Zweifelnde schon sehr geübt ist und von guten Gaben und Lust hat, dem, der den Beweis führen will, durch viele und weit ausholende Erörterungen zu folgen" (133b). Wo hier von „guten Gaben" die Rede ist, steht griechisch „mè aphyés", d. h. „nicht ohne Naturanlagen". Im übrigen ist selbstverständlich ein Philosoph gemeint. Am Ende wird noch einmal wiederholt, wer die Ideenlehre verstehen und auch andere lehren können wolle, müsse schon recht „euphyés", von guten Naturanlagen sein – sonst bliebe es bei dem Ergebnis, daß die Ideen „der menschlichen Natur unerkennbar" wären (135a5/7). Damit aber ginge uns die *dýnamis* des (philosophischen) Gesprächs verloren.

Dies soll nun offenbar nicht unausweichlich sein. Ich verstehe die Relativierung des Einwands so, daß es der philosophischen Natur nicht nur bedürfen soll, um die Paradoxie zu widerlegen, die sich aus dem Spiel mit den Relativbegriffen ergeben hatte, sondern generell zur Einsicht in die Verbindung der Ideen als *dýnamis* mit den sie annehmenden Dingen. Wer aber sind die Philosophierenden? Die Weisen philosophieren nicht, denn sie sind ja schon weise, und die Unverständigen tun es auch nicht, denn

---

folgenden Bedingungen hinsichtlich der Natur des Menschen im wesentlichen den Umgang mit Relativbegriffen betreffen sollen.

[16] Wegweisend für das Verständnis der Idee als *dýnamis* ist Platons Satz, daß das Seiende nichts anderes ist als *dýnamis* (Soph 247e).

sie haben kein Bedürfnis weiser zu werden – eben darin liegt ihr eigentlicher Unverstand. Die Philosophierenden, antwortet Diotima im „Symposion", sind vielmehr „die zwischen beiden ..., zu denen auch Eros gehören wird. Denn die Weisheit (sophía) gehört zu dem Schönsten, und Eros ist Liebe (éros) zu dem Schönen; so daß Eros notwendig weisheitsliebend (philósophon) ist und also, als philosophisch, zwischen den Weisen und den Unverständigen mitteninne steht" (204b). Umgekehrt kann für den Philosophen, der das göttlich Schöne (theîon kalón) zu schauen sucht, „nicht leicht jemand der menschlichen Natur einen besseren Helfer finden... als den Eros" (212b). Eros also steht in der philosophischen Mitte und kraft des Eros philosophieren die wirklichen Philosophen.

Diese Affinität erinnert an den orphischen Mythos, wie die Urnacht, der schwarze Vogel Nyx, vom Wind befruchtet ihr Ei in den Schoß der Dunkelheit gelegt habe und wie aus diesem Ei, indem es das All bildete, zwischen Himmel und Erde Eros als der Erstgeborene unter den Göttern hervorgetreten sei. Atlas, der Bruder des Prometheus, hat es später übernommen, Himmel und Erde getrennt zu halten, Eros aber ist in der Trennung aus der ursprünglichen Vereinigung hervorgegangen und wahrt den Zusammenhang von Himmel und Erde, indem beide miteinander die Götter und den Kosmos zeugen, wie im vorangegangenen Kapitel geschildert. Dabei bleibt es auch, wenn Eros im „Symposion" als ein großer Daimon „zwischen Gott und dem Sterblichen" verstanden wird. Und was für eine *dýnamis*, fragt Sokrates Diotima, hat Eros? „Zu verdolmetschen (hermeneûon) und zu überbringen den Göttern, was von den Menschen, und den Menschen, was von den Göttern kommt." In der Mitte zwischen beiden ist Eros „die Ergänzung, daß nun das Ganze (tò pân) in sich selbst verbunden ist" (202e), und zwar nicht nur hinsichtlich der Menschen, sondern überall in der Welt, wie Eryximachos zuvor ausgeführt hatte (186a,188a). Eros also hat die *dýnamis*, welche den Ideen in der manifesten – paradoxen – Fassung des fünften Einwands abgesprochen wird und die zu haben für die Ideen damit latent problematisiert wird. Erinnern wir uns nun, daß Platons Ideen in der griechischen Aufklärung als Naturkräfte an die Stelle der Götter getreten sind, so werden auch die Ideen Gestalten der kosmischen Liebeskraft sein, die Himmel und Erde zusammenhält. Ein Philosoph muß dies wissen, denn jede Säkularisierung wird schal, wenn das Gefühlsbewußtsein vergeht, was hier zur Welt kommen soll. Wer also gute Naturanlagen hat, weiß aus sich heraus, daß die *dýnamis*, kraft derer die Ideen die Dinge gestaltend begreifen und diese ihre Gestalt annehmen, die *dynamis* des Eros ist. Jede Zwei-Welten-Lehre, die Ideen seien in den Dingen nicht zu halten und verschwänden in einem ihnen vorbehaltenen ‚Ideenhimmel', ist darin aufgehoben.

Goethe hat betont, eine geistige Form werde in der Erscheinung zwar bedrängt, jedoch keineswegs verkürzt oder geschwächt, wie Plotin meinte – „vorausgesetzt daß ihr Hervortreten eine wahre Zeugung, eine wahre Fortpflanzung sei" (HA VIII 464). So mag es auch Platon gemeint haben.

3. Die Entfaltung der Ruhe zur Bewegung bei Nikolaus von Kues

Sollte doch nicht alle Philosophie, wie Whitehead gemeint hat, aus derjenigen Platons und aus Fußnoten zu ihr bestehen, so würde ich Nikolaus von Kues neben Kant und vor Aristoteles als einen weiteren Philosophen vergleichbarer Statur zuerst nennen. So wie Tizian, im Rückblick gesehen, im 16. Jahrhundert sozusagen bereits bis weit in das 19. Jahrhundert hinein vorausgemalt hat, finden sich bei Nikolaus die Grundgedanken fast der gesamten neuzeitlichen Philosophie von Francis Bacon bis Hegel. Wie später Spinoza sah er Gott, die absolute Notwendigkeit, durch alles in allem und alles durch alles in Gott (DJ I 22 = I 275/DJ II 5 = I 345 f.). Wie später Leibniz erkannte er jedes Ding in der Weise seiner Natur als eine Individuation des Universums und erwartete keine zwei Individuen, die in allem vollkommen gleich sein könnten (DJ II 2/10 = I 329 f./387 f.). Kantisch wiederum klingt, Gott werde durch den menschlichen Geist nicht so wahrgenommen oder berührt, wie er in sich berührbar ist, sondern so, wie er im Berührenden berührbar ist, d. h. die Anthropomorphie unseres Gottesbilds sei nur die Form unserer Erkenntnis, und das Begreifen des göttlichen Geistes sei das Hervorbringen der Dinge (CT 11 = III 689/JM 3 = III 503). Lange vor Herder schließlich gedachte Nikolaus der Selbstempfindung als Bedingung der Selbsterkenntnis (JM 1 = III 483), und lange vor Hegel erkannte er, wie die Kraft der einfachen vernunfthaften Natur alles umfaßt, was der Verstand als Gegensätze trennt (DC I 15 = II 55).

In der Philosophie des Nikolaus von Kues kam aber nicht nur die Neuzeit erstmals zu Wort, sondern sein Denken ist die einzige je gelungene Verbindung des Platonischen mit dem Christlichen. Sein Glaube endete nicht da, wo das Denken anfing, und sein Denken nicht da, wo der Glaube ihm Grenzen setzte, sondern er war ein wirklich christlicher Denker. Er war es in dem Bewußtsein, daß nicht nur einzelne Menschen denken, sondern Gott in uns. Es hängt also von uns ab, zu welchem Ende sein Denken in uns kommt.

In der Weise, wie Nikolaus von Kues der kopernikanischen Herausforderung gerecht geworden ist, wird aber auch eine Ambivalenz zwischen zwei Wegen erkennbar, die beide auf ihn zurückverfolgt werden können. Der eine ist der physiozentrische, sein eigener Weg, der andere ist der der industriegesellschaftlichen Anthropozentrik, dem er durch sein Denken und Empfinden in den Renaissancekünsten immerhin die Ansatzpunkte geboten hat, von denen aus andere ihn gegangen sind. Er ist dadurch – unter andern Bedingungen als den seinen – im Rückblick auch zu einem Wegbereiter der Naturkrise der wissenschaftlich-technischen Welt geworden. Um so wichtiger ist es, sich zu vergegenwärtigen, unter welchen Voraussetzungen dies geschehen ist. Steigen wir deshalb in die Renaissance als den Morgen des Tags zurück,[17] der nun zum Abend hin so zerstörerisch zu endigen droht, so zeigt uns gerade die Cusanische Philosophie, welche Gegenkräfte uns helfen könnten, die Krise zu überstehen.[18] Daß hier beiderlei Kräfte im Werk eines einzigen Denkers namhaft gemacht werden können, erspart für den Gedankengang dieses Buchs überdies mancherlei geistesgeschichtliche Erörterungen, in denen leicht die Einen zu den ,Guten' und die Andern zu den ,Bösen' geraten. So aber ist die Geschichte nicht gewesen, sondern beide Wege haben den kopernikanischen Aufbruch als einen gemeinsamen Ausgangspunkt. Wenn Anthropozentriker und Physiozentriker sich hier im Geist des Nikolaus von Kues begegnen, liegt darin eine größere Chance der Verständigung, als wenn etwa die einen sich um Bacon und Descartes, die andern sich um Goethe und Alexander von Humboldt scharen.

Nikolaus' Ausgangspunkt ist das Verhältnis Gottes zur Welt, nach den Überlegungen des vorangegangenen Kapitels also gerade die Frage, in der ein Grundkonflikt zwischen der griechischen und der jüdischen Religion besteht, in der aber das Christentum weiter als das Judentum geht. Jahwe ist ein erdenfremder Gott, der irdisch eingeborene Christus aber ist es nicht, und wenn Christus Erdensohn und Gottessohn in eins ist, dann kommt im Christentum auch jener zur Welt. Die christliche Verbindung Gottes mit der Erde ist bei Nikolaus das Thema der Trinitätslehre. Er hat sie Platonisch interpretiert und dadurch einerseits der Ideenlehre eine christliche Vollendung, andererseits dem christlichen Naturverständnis eine philosophische Grundlage gegeben, wie sie weder das Alte Testament noch die Paulinische Theologie bieten. In der Naturkrise der wissenschaftlich-technischen Welt empfiehlt es sich deshalb, an diese Naturphilosophie anzuknüpfen[19] und sich nicht nur auf die spärlichen und kaum verständlichen Naturbezüge in den Paulusbriefen – z.B. Röm

---

[17] Ich denke an Morgensterns Satz: „Der Tag ist abgegriffen, laßt uns in den Morgen zurücksteigen" (1918, 123).

[18] Persönlich geht es mir so, daß Nikolaus von Kues für mich der liebenswerteste Philosoph ist, den ich kenne. Er ist der einzige, der ich selber in einem früheren Leben gern gewesen wäre.

[19] „... aber bei allem Interesse an der Natur ist die Metaphysik des Cusanus nicht primär *kosmologisch* orientiert", bemerkt Flasch mit Recht (1973, 299). Es ist ein verbreitetes Mißverständnis, daß das Interesse an der Natur sich vor allem in kosmologischen Gedanken zeige. Wie naturbezogen Nikolaus von Grund auf gedacht hat, ist gerade an der relativen Beiläufigkeit kosmologischer Überlegungen in seiner Naturphilosophie zu erkennen.

8,19–23 – zu stützen, wenn Auswege im christlichen Denken gesucht werden.

Der gestaltende Blick

Wie sich Gott zur sichtbaren Welt verhält, beschreibt Nikolaus in seiner Schrift „De visione Dei" nach einem Gemälde seines Zeitgenossen Rogier van der Weyden, das damals im Brüsseler Rathaus hing und heute nur noch in einer Gobelin-Kopie in Bern erhalten ist. Cassirer spricht unter Verweis auf Panofsky von einem Selbstportrait des Malers (1927, 32). Dargestellt ist der Kopf eines Mannes, dessen Blick auf den Betrachter gerichtet ist. Worauf es Nikolaus ankommt ist, daß dieser Blick dem Betrachter folgt, wenn er sich bewegt. Dies gilt auch, wenn zwei Betrachter vor dem Bild von links und rechts aufeinander zugehen, d. h. der Blick folgt beiden in entgegengesetzter Richtung zugleich. Das Bild zeigt, erklärt Nikolaus, wie Gottes Blick niemand verläßt, sondern jederzeit mit allem ist. Die Grundantwort des kopernikanischen Weltbilds ist damit schon gegeben: Gott ist mit jedem Ding und Lebewesen ganz. Er hat allen das Sein gerade so mitgeteilt, wie sie es aufnehmen können. Kann es ein freiheitlicheres Denken in einer offeneren Welt geben?

Es bleibt freilich nicht beim bloßen Angesehenwerden, denn dies vermöchte ja auch der alttestamentliche Gott, wenn er aus übergroßer Ferne wie der Mond am Nachthimmel mit allen Wanderern in jede Himmelsrichtung ginge. Was Nikolaus zeigen möchte, ist vielmehr, daß Gott nicht eine Welt schafft, die ihm gegenüber etwas andres ist, sondern daß er sich selber bildet. Wer Gott als einen Anderes erschaffenden Schöpfer begreift, bleibt jenseits einer Mauer, nämlich jenseits der unmittelbaren Erfahrung Gottes im Christentum (VD 12=III 145). Kurt Flasch hat daran erinnert, daß der Grundgedanke, Gottes Erschaffen sei zugleich sein eigenes Erschaffenwerden, von Johannes Scotus Eriugena (ca. 810–877) stammt (De div. nat. I 12). Bei Nikolaus bedeutet er, „daß die absolute Einheit alles in sich enthält, alles in sich erkennt, alles in sich erschafft, also sich selbst schafft" (Flasch 1973, 284).

Flasch verteidigt Nikolaus gleichwohl gegen den ‚Vorwurf' des Pantheismus, der seine Philosophie freilich von Anfang an begleitet hat. Ich sehe dieses Problem vergleichsweise entspannt, weil es einerseits etwa zwanzig verschiedene Verständnisse von Pantheismus gibt (Jamme 1995), andererseits aber die Empfindlichkeit der christlichen Theologen in diesem Punkt wohl damit zusammenhängt, daß hier ein Problem in einer schmerzlichen Weise ungeklärt ist, nämlich das des Verhältnisses von Gott und Welt. Ich sehe keinen Vorwurf darin, die zitierte Zusammenfassung der Cusanischen Schöpfungslehre pantheistisch zu nennen. Eigentlich ist dies eine gute Gelegenheit, den Pantheismus endlich aus seiner religiösen Verdrängung hervorzuholen, nämlich im Sinn der Philosophie des Cusaners. Dazu gehört freilich das Zugeständnis, daß die christliche Theologie hinsichtlich des Verhältnisses von Natur und Gott bisher ein Thema vermieden und dementsprechend auf das Eingehen Gottes in die Welt abwehrend reagiert hat.

Wie schafft Gott, der als der Schauende Theos heißt, sich selbst, indem er schaut? Nikolaus antwortet, was ihn selbst betrifft: „Soweit Du mit mir bist, soweit bin ich. Und da Dein Sehen Dein Sein ist, bin ich also, weil Du mich anblickst (ego sum, quia tu me respicis)" (VD 4=III 105). Dies gilt für alle Dinge, Gottes Sicht (visus) ist der Grund (causa) alles Sichtbaren (VD 8=III 127). „Deine Schau nämlich verleiht das Sein, weil sie Deine Seinsheit ist (Visio enim praestat esse, quia est essentia tua)" (VD 12=III 143). Einen Blick auf sich ruhen zu fühlen ist eine elementare Empfindung. Sich angesehen zu spüren, ohne zu wissen von wem, kann unheimlich sein. Umgekehrt sind wir Menschen zur Gefühlsbildung in unserer individuellen Entwicklung darauf angewiesen, angeblickt zu werden – als Kleinkind von der Mutter, später von Anderen und Anderem, durch sie alle aber von Gott. Was sieht und gestaltet er dann anderes als sich selbst? „Wenn Dein Sehen Dein Schaffen ist, und Du nichts siehst, daß Dir gegenüber ein Anderes ist, … wie schaffst Du Dinge, die Dir gegenüber etwas Anderes sind? Du scheinst Dich selbst zu erschaffen, so wie Du Dich selbst siehst" (VD 12=III 145).

Diese Schöpfungslehre ist nicht in wenigen Worten verständlich. Sie zu erklären und zu begründen ist das immer wiederkehrende Thema in Nikolaus' Schriften. Die Grundgedanken sind: (1) Alle Dinge sind kraft Gottes Sicht, daß und was sie sind. (2) Gott verwirklicht sich selber in der Schöpfung. Beides klingt wie eine christliche Erneuerung der Platonischen Ideenlehre, in der die Ideen, kraft derer die Dinge sind, nun als Gottes Blicke verstanden werden. Wie aber kann ein Sehen auch gestalten und der Sehende dadurch selbst Gestalt gewinnen? Und wie gibt es ihn, bevor er sich verwirklicht? Beide Behauptungen sind den Grundpostulaten des neuzeitlichen Subjektivismus bei Descartes und Kant entgegengesetzt. Ein stärkerer Kontrast als der zwischen: „Ego sum, quia tu me respicis", und dem Cartesischen Selbst-Bewußtsein: Cogito ergo sum, ist wohl kaum denkbar. Der junge Schopenhauer erlebte ihn gegenüber Goethe. Als er einst in dessen Beisein vulgärkantianisch „erklärte, daß die Sinnenwelt unsere Vorstellung sei, und das Licht nicht wäre, wenn wir es nicht sähen, blickte Goethe ihn groß mit seinen Jupiteraugen an und sagte: ‚Nein, Sie wären nicht, wenn das Licht Sie nicht sähe'".[20] Eben dies hat Nikolaus gemeint. Sich an die dazu entgegengesetzten Paradoxien bereits gewöhnt zu haben ist sicher kein hinreichender Einspruch gegen die Wahrheit des schöpferischen Ideenblicks.

---

[20] Schopenhauer hat diesen Wortwechsel in seinem Tagebuch festgehalten. Ich zitiere ihn nach dem „Lebensbild" seines Herausgebers Arthur Hübscher (1948, 65).

Nikolaus' Gleichnis der Erfahrung Gottes war – wie in „De visione Dei" besonders schön geschildert – der Spiegel, denn wie in einem Spiegel schaut der Mensch sich selbst in Gott. Der Grund dafür ist, daß wir von ihm erhalten haben, was wir sind, also nicht etwa, daß Gottes Gesicht selber menschlich ist. Vielmehr würde ein Löwe, wenn er Gott ein Gesicht zuschriebe, es für ein Löwengesicht halten, ein Adler für ein Adlergesicht und ein Rind für ein Rindsgesicht (VD 6=III 115). Da wir nun aber Menschen sind, sehen wir Gott in Menschengestalt. Blickt also ein Mensch in diesen Spiegel, der Gott ist, „so sieht er seine Gestalt (forma) in der Gestalt der Gestalten (forma formarum), die der Spiegel ist. Und er glaubt, die Gestalt, die er im Spiegel sieht, sei die Darstellung (figura) seiner eigenen Gestalt. ... Doch das Gegenteil davon ist wahr. Was er in jenem Spiegel der Ewigkeit sieht, ist nicht Darstellung, sondern die Wahrheit, deren Darstellung er, der Sehende, selbst ist (non est figura, sed veritas, cuius ipse videns est figura)" (VD 15=III 161).

Es ist so, als hätte auch Nikolaus an Platons „Charmides" gedacht, dem der Prolog dieses Buchs gewidmet ist. Ich kenne kein schöneres Bild der Selbsterkenntnis als dieses: vor dem Spiegel zu stehen, in ihm aber nicht mein eigenes Spiegelbild zu sehen, sondern selbst das Spiegelbild zu sein und im Spiegel zu sehen, wer ich eigentlich bin. Ein gewöhnliches Spiegelbild existiert immer nur in seinem Gesehensein durch den Betrachter, denn hinter dem Spiegel ist ja weiter nichts. Bin ich nun selbst das Spiegelbild, so bin ich es, der nur im Gesehensein existiert, weil nämlich Gott, den ich spiegelhaft in meiner Gestalt sehe, mich sieht. ‚Ich bin also, weil du mich anblickst.' Wir sind, was wir sind, durch den gestaltenden Ideen-Blick Gottes, und alle andern Dinge und Lebewesen sind es auch.

Bezogen auf Platons „Parmenides" kommen im gestaltenden Blick das Denken als ein Schauen (noeîn) und das Sein überein. Handelt die im vorangegangenen Abschnitt besprochene Ideenlehre einerseits davon, wie die Dinge gesehen werden, andererseits davon, kraft wessen sie sind, was sie sind, so denkt Nikolaus die damit umschriebene Einheit als den gestaltenden Blick Gottes. Platon hätte diesem Bild ohne weiteres zustimmen können. Nikolaus in das von ihm erdachte Gespräch zwischen Parmenides und Sokrates einzubeziehen, wäre eine schöne Aufgabe.

Zur weiteren Erklärung des Zusammenhangs dient ein Beispiel, das Nikolaus in „De visione Dei" selbst gegeben hat, nämlich das des Nußbaums. Ein solcher Baum ist in seinem Samen nicht so enthalten, wie man ihn ausgewachsen vor sich sieht, sondern „der Kraft nach (virtualiter)", die im Samen liegt und kraft derer aus dem Samen ein Baum werden kann. Woher stammt diese Kraft, die vor dem Baum war? Sie stammt zunächst aus einem vorangegangenen Baum, der den Samen gebildet hat, aber dadurch wird die Frage nur verschoben. Welches also ist die Kraft (virtus), die letztlich als der Ursprung (principium) allen Samen Kraft verleiht? Ist die gestaltende Kraft des Samens noch baumhaft und sogar die dieses bestimmten Baums, so kann die Urkraft noch nicht auf Bäume festgelegt sein. Sie ist vielmehr „der Ursprung, der jeder Samenkraft und jeder anderen Kraft das Sein verleiht (principium dans esse omni virtuti seminali et non seminali)" (VD 7=III 119). Zu unterscheiden sind also zwei Stufen: der Baum kraft des Samens und der Same kraft des Ursprungs, oder der Baum als eine Entfaltung (explicatio) der Samenkraft und der Same als eine Entfaltung der allmächtigen Kraft (explicatio omnipotentis virtutis; aaO). Es zeigt sich, „daß die Samenkraft in ihrem Grund (causa), welcher die Kraft der Kräfte (virtus virtutum) ist, nicht Samenkraft ist, sondern absolute, losgelöste Kraft (virtus absoluta). So ist der Baum in Dir, mein Gott, Du selbst" (VD 7=III 121). Der Nußbaum – und jeder andere Baum – ist also kraft des Samens, was er ist, und der Same ist kraft Gottes, was er ist. Letztlich, d.h. in Gott, ist der Baum Gott selbst, so wie er hier als eine Entfaltung Gottes vor uns steht. Dasselbe gilt für alles Geschaffene. Explicatio ist ein Grundbegriff der Cusanischen Naturphilosophie.

So verständlich die Abstufung unter der Frage ist, kraft wessen etwas ist, was es ist, kam in diesem Beispiel doch der gestaltende Blick noch nicht vor. Um seiner gewahr zu werden, bedarf es der Wahrnehmung der Natur in Gestalt der hier namhaft gemachten Kräfte. Jene Samenkraft (vis seminis) nämlich ist auch die Kraft der Natur der Eigengestalt oder der Idee (vis naturae speciei), d.h. die zu dieser Eigengestalt (species) verschränkte (contracta) Natur, die ihr als ein verschränkter Ursprung (principium) innewohnt. „Aber Du mein Gott, bist die absolute Kraft (vis absoluta) und darum die Natur aller Naturen (natura naturarum omnium)" (VD 7=III 121). Die Dreistufung Gott-Same-Baum des Nußbaumbeispiels wird hier also ausgelegt als die Unterscheidung (1) der einen Natur als des Ursprungs von allem, (2) der vielen, so oder so näher bestimmten (‚verschränkten') Naturen oder Naturgestalten, Platonisch: der Ideen (z.B. der des Nußbaums) und (3) der kraft ihrer besonderen Natur in bestimmter Weise gebildeten, sinnlich wahrnehmbaren Dinge. Dies ist derselbe Schöpfungszusammenhang wie er zuvor geschildert wurde. Die Naturphilosophie fängt also bei Nikolaus nicht erst da an, wo die Theologie aufhört, d.h. sie hat keine theologischen Vorgaben. So richtig wie der theologisch bestimmte Schöpfungszusammenhang ist auch der naturphilosophische: Kraft seiner Natur (Idee) ist der Baum, was er ist, und kraft der einen Ursprungsnatur aller Naturen ist die besondere Natur des Baums, wie und was sie ist. Zum Übergang in die Sprache der Naturphilosophie gehört auch der von Gottes „virtus", die nun Natur heißt, zu deren „vis" oder „dýnamis". Bedenkt man außerdem, daß das lateinische Wort Natur eine Übersetzung des griechischen Worts *phýsis* ist und daß *phýsis* dem Wortsinn nach eigentlich ‚Wuchs' bedeutet, so kann man auch sagen: Kraft seiner Natur ist der Baum so gewachsen, wie er ist, und kraft der einen Natur aller Naturen ist die Natur des Baums selber so gebildet, wie sie ist und in den entsprechend gewachsenen Bäumen erscheint. Dies ist die Cusanisch-Platonische Ideenlehre der Naturgestalten.

Für die besondere Natur oder den Wuchs des Baums hat Nikolaus an der zitierten Stelle von der „vis naturae speciei", d. h. von der Kraft der Natur der Eigengestalt gesprochen. Daß diese „Eigengestalt" (species oder forma) die Platonische Idee ist, nähert die Interpretation der Erscheinung des Nußbaums der Wahrnehmung des gestaltenden Blicks. Um diesen geht es gleich im Anschluß an die bereits zitierte Anrufung Gottes als der absoluten Kraft und der Natur aller Naturen. Der nächste Satz lautet: „Mein Gott, Du hast mich dahin geführt zu sehen, daß Dein absolutes Aussehen (faciem tuam absolutam) das natürliche Aussehen jeder Natur (faciem naturalem omnis naturae) ist" (VD 7 = III 121). Was sich also vom göttlichen Ursprung als der Natur aller Naturen auf die vielen Naturen überträgt, ist das Aussehen oder das Angesicht, facies. Das Gesicht der einen Natur ist den verschiedenen Gesichtern aller besonderen Naturen anzusehen. Diese wiederum sind den danach gestalteten Dingen als ihr jeweiliges Aussehen gemeinsam, das Platon die Idee nannte. Was Nikolaus im Sinn von Platons Idee des Guten annimmt, ist, daß nicht nur die gleichartigen Dinge – z. B. Bäume – nach einer Idee aussehen, der Natur des Baums, sondern daß die vielen verschiedenen Ideen der Sinnendinge ihrerseits in gleicher Weise alle ein Aussehen gemeinsam haben, die Idee der Ideen oder forma formarum, wie er sonst auch sagt.

Im Gesicht der Dinge als ihrem Aussehen – facies – droht nun aber wiederum die gestaltende Kraft abhanden zu kommen, die sich im Wuchs des Baums als seine Natur ausdrückt. Dies ist das Problem der Dichotomie von Denken und Sein, das sich für das Verständnis der Platonischen Ideen genauso stellte. Nikolaus spricht es im Fortgang des zitierten Satzes, Gottes absolutes Aussehen sei das natürliche Aussehen jeder Natur, sogleich an, indem er hinzufügt, sein Angesicht (facies) sei (1) die absolute Seiendheit alles Seins (absoluta entitas omnis esse) und (2) die Kunst und Wissenschaft alles zu Wissenden (artem et scientiam omnis scibilis; VD VII = III 121). Was man sich hinzudenken könnte, um den Zusammenhang begreiflich zu machen, ist, daß facies und facere, machen, vom gleichen Stamm sind, so daß das Gesicht selbst etwas Prägendes oder Gestaltendes hat, den gestaltenden Blick. Ob die Assoziation von facies und facere etymologisch gilt, ist hier kaum von Belang, denn die Frage ist nur, ob Nikolaus sich davon hat leiten lassen. Sicher ist in jedem Fall, daß er sich in der Platonisch-Aristotelischen Kontroverse über die Wirklichkeit der Ideen auf Platons Seite gestellt hat und daß er die Ideen von da her als die Naturgestalten des gestaltenden Blicks verstanden hat, kraft deren die Dinge (1) sind, was sie sind, und (2) als das erkennbar sind, was sie sind.

Eros und Trinität

Nikolaus von Kues hat unter den Ideen im wesentlichen dasselbe verstanden wie Platon, nämlich Naturgestalten, hat die dynamische Interpretation jedoch noch verstärkt. Anders als seine schlechten Interpreten gemeint hätten, seien Platons „Ideen nicht so von den Individuen getrennt…, als wären sie äußerliche Urbilder. Denn die Natur des Individuums ist mit der Idee (idea) selbst geeint und hat von ihr alles auf natürliche Weise (naturaliter)" (VS 1 = I 7 f.). So seien beispielsweise Hunde und überhaupt alle Tiere derselben Species durch die ihnen gemeinsame eigengestaltliche Natur (naturam specificam) vereint (DJ II 6 = I 355). Die Ideen sind dadurch aber auch – und hier klingt ein neuzeitliches, bei Platon so nicht zu findendes Interesse an – Bestimmungen, was etwas werden kann. Von derselben Eigengestalt (species) sind alle diejenigen, deren Werdenkönnen (posse fieri) im Selben begrenzt ist (VS 28 = I 133). Ein Beispiel war die Begrenzung des Nußbaums in seinem Samen.

Dem anläßlich des Nußbaums geschilderten Aufstieg zur Kraft der Kräfte (virtus virtutum), die dann nicht mehr baumhaft ist, entspricht in Nikolaus' Altersschrift „De apice theoriae" eine ganz einfach ausgedrückte Einsicht. Sie lautet, „daß nichts ist, ohne daß es sein kann (nihil esse, quin possit esse)" (II 367). Je klarer die Wahrheit ist, desto einfacher ist sie. Ein solches Können, das allem vorausliegt, sind auch die Ideen, denn kraft der Ideen gibt es die Dinge und Lebewesen ihrer jeweiligen Natur. Dem vielerlei Seinkönnen, ohne das es alle die besonderen Dinge nicht gäbe, geht aber noch ein ganz unbestimmtes und allumfassendes Können voraus. Nikolaus nennt es das Können selbst (posse ipsum), wobei das „selbst" dem Platonischen Übergang von den Sinnendingen zu den Ideen entspricht, z. B. von den schönen Dingen zum Schönen selbst. Das Können selbst ist das Können allen Könnens (posse omnis posse). Es ist wie das Licht alles dessen, was leuchten kann, aber das Licht selbst offenbart sich im Sichtbaren nur als Unsichtbares, denn man sieht zwar Dinge, die im Licht sichtbar sind, nicht aber dieses selbst (aaO 367 ff.). Sieht man von der Platonischen Formel ab, so konnte das Könnenselbst – das im Deutschen ungewohnt klingt und durch den häufig hinzugefügten Bindestrich noch fremdartiger wird – auch das allgemeine und ursprüngliche ,Kraftdessen' oder wieder die Dynamis genannt werden.

Alle Ideen und Gattungen sind Seinsweisen, in denen das ursprüngliche Kraftdessen oder Könnenselbst sich zeigt. Eigentlich, meinte Nikolaus, hätten alle Philosophen immer nur dieses allem vorausliegende Können zum Ausdruck bringen wollen (aaO 375). So besage auch Platons Ideenlehre dasselbe, „was wir sagen: daß nämlich Gott das Können-Selbst ist, das in mannigfachen und der Eigengestalt (species) nach unterschiedenen Seinsweisen erscheint." Nicht anders sagen die Christen, „die Gott, den allmächtigen Vater, als den Schöpfer Himmels und der Erde

bekennen, so wie wir es tun,... daß das Können-Selbst, dem gegenüber
es nichts Mächtigeres gibt, Himmel, Erde und alles durch seine Erscheinung schaffe (creare... per suam apparitionem); denn in allem, das entweder ist oder sein kann, kann man nichts anderes sehen als das Können-
Selbst" (aaO 377).

Es gibt bei Nikolaus keinerlei Unverträglichkeit zwischen Christentum und Platonismus. Dem christlichen Denken und insbesondere dem
christlichen Verhältnis zur Natur hätte es nur guttun können, wenn die
Theologen in diesem Verhältnis weniger Profilierungsbedürfnisse entfaltet und mehr Wert auf eine zusammenhängende Schöpfungstheologie
gelegt hätten. Nikolaus ist hier einen sehr eleganten Weg der Assimilation der Hochantike an das Christentum gegangen, indem er in „Idiota
de mente" den Laien erklären ließ, er glaube, „daß Plato das Weltseele nannte, was Aristoteles als Natur bezeichnete. Aber ich meine,
daß jene Seele und jene Natur nichts anderes sind als Gott, der alles
in allem wirkt" (JM 13 = III 589). Was spricht dagegen, daß die großen Philosophen mit der Weltseele oder der Natur eigentlich den Gott
gemeint hätten, den wir Christen für den Schöpfer halten, ohne ihn
uns als solchen bisher recht denken zu können? Vielleicht wollte Platon
sagen, fügte Nikolaus noch hinzu, die Weltseele sei wie die Seele eines
Dieners, der den Geist seines Herrn kennt und dessen Willen ausführt.
Wenn es dem Gottesverständnis dient, mag auch die ‚heidnische' Weltseele nun dem christlichen Gott dienen. Die Parallelstelle in „De docta
ignorantia" belegt das damit gleichwohl verbundene Bekenntnis zu Platon in nahezu denselben Worten: „Plato nannte die Welt ein Lebewesen
(mundum animal dixit)", nämlich Tim 30c,92c.[21] „Wenn man deren
Seele als Gott begreift – aber ohne daß er in ihr aufgeht (absque immersione) – wird vieles von dem, was wir gesagt haben deutlich" (DJ II
12 = I 401).[22] In der Weltseele Gott wiederzuerkennen, ist danach der
Schlüssel zur neuzeitlich platonischen Ideenlehre des Cusaners. Dabei
halte ich die Einschränkung „absque immersione" für die kirchenpoli-
tisch ritualisierte Leerformel einer bloß verbalen Distanzierung vom
Pantheismus.[23]

---

[21] Wenn ich hier Schriften benachbart zitiere, die in ihrer Entstehung mehr als
zwei Jahrzehnte auseinander liegen, soll damit nicht gesagt sein, es habe keine
Entwicklung in Nikolaus' Denken gegeben. Manches ist in DC, JM oder AT klarer gesagt als in DJ. Ich sehe in diesen Unterschieden jedoch im wesentlichen nur
Klärungen und keine Gegensätze, so wie auch Nikolaus am Anfang von AT erklärt, etwas nun noch besser verstanden zu haben als zuvor (II 363).

[22] Kants Bemerkung: „Die Welt ist ein Thier: aber die Seele desselben ist nicht
Gott" (AA XXI 137), klingt in einer erstaunlichen Weise so, als habe er sich hier
auf Nikolaus bezogen, was aber wohl nicht sein kann. Vgl. Ingensiep 1996.

[23] Giordano Bruno, dessen Lehre mit der des Cusaners weitgehend überein-
stimmt, hat auf derartige Vorbehalte verzichtet und ist – allerdings in einer reak-

Wie man die Weltseele in ihrer Wirksamkeit zu verstehen habe, erklärte Nikolaus in der Tradition des X. Buchs von Platons „Nomoi", auf dessen Interpretation ich im folgenden Kapitel zurückkomme: Die Platoniker glaubten, jede Bewegung stamme (descendere) aus der Weltseele; diese sei „im Ganzen (in toto) und in jedem Teil der Welt ganz", durch das ganze Universum ausgebreitet, „ganz in der Erde, die sie zusammenhalte, ganz im Stein, wo sie die Härte der Teile bewirke, ganz im Wasser, ganz in den Bäumen und in jedem einzelnen. Sie sei die erste kreisförmige Entfaltung (explicatio circularis)... jeder natürlichen, zeitlichen Ordnung der Dinge", wobei sich der göttliche Geist wie der Mittelpunkt verhalte und die Weltseele wie der den Mittelpunkt entfaltende (explicans) Kreis, und umgekehrt auch deren „Einfaltung" (complicatio), die Gegenbewegung zur Entfaltung. „Daher nannten die Platoniker sie wegen der Unterscheidung und Ordnung die sich bewegende Zahl und behaupteten, sie bestehe aus dem Selben und dem Verschiedenen.... Viele Christen waren mit diesem platonischen Weg einverstanden" (DJ II 9 = I 375). Dies galt offensichtlich auch für Nikolaus.

Die Entfaltung (explicatio) der Welt ist so gedacht, daß die Weltseele die Ideen als die Urbilder (exemplaria) der Dinge in sich trägt, „wie ein Künstler (artifex), der eine Statue in Stein ausmeißeln will,... die Gestalt (forma) der Statue als Idee (idea)" in sich hat und sie durch Bewegung aus der Materie hervorbringt (DJ II 10 = I 385). Nikolaus fügte aber noch einen zweiten, spezifisch christlich theologischen Gedanken hinzu, der es ihm erlaubte, sich Gott unmittelbar im Sinn der Ideenlehre schöpferisch tätig vorzustellen, nämlich den der Trinität. Hier kommt es darauf an, die Dreiheit nicht als eine Verbindung von drei Einzelnen, sondern als eine – paradox gesprochen – besondere Struktur der Einheit zu denken, so daß der Vater wirklich Gott (actu Deus) ist, der Sohn wirklich Gott ist und der Heilige Geist ebenfalls wirklich Gott ist (DJ II 7 = I 357). Mit einem modernen, aber auch von Nikolaus gebrauchten Ausdruck ist die dreifältige Struktur des Einen vielleicht eine komplementäre Einheit zu nennen. Nikolaus verstand unter Komplementarität in der Theologie, daß man auf den Ursprung (principium) blickt, in dem das, was im Endlichen als entgegengesetzt angetroffen wird, zusammenfällt (sunt coincidentia; CT 13 = III 698).

Nikolaus führte die Trinität des Einen auf Pythagoras zurück und erklärte sie unter der Überschrift „De generatione aeterna" aus einem ursprünglichen Zeugungsgeschehen, wie es ja auch dem Bild der neutestamentlichen Vater-Sohn-Beziehung entspricht. Zeugung ist die Wiederholung der Einheit (generatio est enim unitatis repetitio), und indem die Einheit die Einheit zeugt (unitas gignat unitatem), kommt die Gleichheit

___

tionären Zeit – verbrannt worden. Im übrigen muß der Pantheismus nicht so gemeint sein, daß Gott in der Weltseele aufgeht.

(der Einheit[en]) in die Welt. Von der Einheit und der Gleichheit der Einheit wiederum geht die Verbindung aus (ab unitate et ab aequalitate unitatis connexio procedere; DJ I 8–9 = I 219 ff.), jedoch nicht neuerlich durch Zeugung, sondern durch den Fortgang (procedere) der Einheit in die Gleichheit und der Gleichheit der Einheit in die Einheit. Nach dieser ‚Lehre des Pythagoras‘ nannten „unsere heiligen Lehrer die Einheit Vater, die Gleichheit Sohn und die Verknüpfung Heiliger Geist“, jedoch nur im Hinblick auf die Geschöpfe (creaturarum respectu; DJ I 9 = I 223).

Der Bezug auf Pythagoras zeigt, daß Nikolaus den Trinitätsgedanken nicht als ein christliches proprium verstanden hat. Mir läge es näher, hier an Platon zu denken. Der Gedanke, daß der Heilige Geist als der Geist der Liebe die Kraft jeglicher Verbindung sei, ist dem des Platonischen „Symposion“ nahe, daß Eros zwischen Himmel und Erde vermittelt, wenn man darin den mythologischen Hintergrund der Ideenlehre wiedererkennt. Die Nähe zu Platon wird in dem Alterswerk „De apice theoriae“ noch deutlicher als ein Vierteljahrhundert zuvor in der geschilderten, etwas abstrakten Begründung der Dreifaltigkeit aus der Gleiches zeugenden Einheit. In dem späteren Text erklärte Nikolaus die Dreifaltigkeit im Sinn der Aristotelischen Platonauslegung so, daß das ursprüngliche Kraftdessen „im Machen-Können des Machenden und im Gemacht-Werden-Können des Machbaren und im Können der Verbindung beider (in posse facere facientis et in posse fieri factibilis et in posse connexionis utriusque)“ erscheint. „Aber es sind nicht drei Können, sondern dasselbe Können ist das des Machenden, des Machbaren und der Verknüpfung. ... Mit dem Können-Selbst wird der drei und eine Gott (Deus trinus et unus) bezeichnet, ... die Kraft der Kräfte (virtus virtutum)“ (AT These XII = II 385). Seine Trinität ist dieselbe wie die Dynamis der Ideen, der Empfänglichkeit der Dinge und ihrer Verknüpfung durch den Kosmischen Eros. Bei Nikolaus tritt der Heilige Geist als kosmische Kraft der Verbindung an die Stelle des griechischen Eros.

Sieht man von der theologischen Interpretation ab, so sind die Grundbegriffe dieser Urzeugung des Kosmos die Zeit-Worte Wiederholung und Fortgang (repetitio/procedere). Sie beschreiben die Grundstruktur der Zeit, sich sowohl zu wiederholen als auch nach dem Maß der Wiederholung der Tage und Jahre fortzuschreiten, so wie man zur Zeitbestimmung sowohl einen periodischen Vorgang (z. B. eine Uhr) als auch ein Zählwerk (z. B. einen Abreißkalender) braucht.[24] Hier wird also die Trinität als der Keim der Zeit in der Ewigkeit Gottes oder des Einen beschrieben. „Diese Einheit aber, welche der Ursprung (principium) ist“, erklärte Nikolaus an andrer Stelle, „faltet die ganze Kraft (vigor) der Einheit ein. Sie ist auf diese Weise zugleich der bestimmende Ursprung und das schaf-

---

[24] Dies ist ein von meinem Lehrer Carl Friedrich von Weizsäcker gern gebrauchtes Bild.

fende Eine (unum faciens)" (CT 10 = III 685). Aus dieser kleinen Unruhe in der Ewigkeit entfaltet sich die Zeit. In dem lebendigen Ursprung, in dem noch alles „eingefaltet" ist, gibt es sonst sozusagen noch Nichts.

Die prozessuale Einheit der Natur in Theologie, Philosophie und Physik

Entfaltung und Einfaltung (explicatio und complicatio) sind die Grundgedanken, nach denen Nikolaus von Kues Gott und Welt aufeinander bezogen hat. Gemeint ist ein Bewegungszusammenhang, in dem complicite (eingefaltet) alles Eines ist (omnia unum) und explicite (ausgefaltet oder entfaltet) Eines alles (unum omnia; CT 3 = III 661 f.). Theologisch gewendet ergibt sich daraus eine Art Prozeß-Pantheismus, indem Gott sich so zur Welt entfaltet wie die Ewigkeit zur Ruhe oder die Ruhe zur Bewegung. Eingefaltet ist alles in Gott, ausgefaltet ist er in allem (DJ II 3 = I 333). Nikolaus beschreibt dieses Wechselspiel einmal so, daß die „absolute Bewegung" Ruhe sei und von dieser Ruhe Bewegung ausgehe wie von dem auf seinem Thron verweilenden Herrscher die Bewegung im Reich, in der sich sein Wille erfüllt (DC II 13 = II 151). Ein anderes Bild ist das oben schon genannte der Entfaltung des Kreises aus seinem Mittelpunkt, z. B. wenn auf einer Wasseroberfläche von einer punktuellen Schwingung ringförmige Wellen ausgehen, wobei sich der göttliche Geist wie der Mittelpunkt verhält und die Weltseele wie der den Mittelpunkt entfaltende Kreis (DJ II 9 = I 375).

Die Dynamik von Einfaltung und Entfaltung ergibt ein bewegliches Sein, das in zwei Richtungen in unterschiedlichem Sinn ausgesagt wird. Vom Einen gesagt, bedeutet „Eines ist alles" ein Hervorgehen (von allem aus dem Einen); von allem gesagt, bedeutet „alles ist Eines" ein Zurückgehen (von allem auf das Eine). Nikolaus beschrieb diese beiden Bewegungen teilweise Platonisch als Aufstieg und Abstieg zwischen Einheit und Andersheit (unitas/alteritas), wobei die Andersheit in der – das Wechselspiel der beiden Bewegungen am ausfuhrlichsten behandelnden – Schrift „De conjecturis" für die unbestimmte Materie oder das Sinnliche steht. Der Abstieg ist die „Deszendenz" der absoluten Einheit zunächst in die Vernunftunendlichkeit (in intellectualem infinitatem), wo sie in vernunfthafter Andersheit partizipierbar ist (in intellectuali alteritate participabilis), von dort in die Verstandesunendlichkeit (in rationalem infinitatem), wo sie in verstandeshafter Andersheit partizipierbar ist, und schließlich in die sinnliche Unendlichkeit (in sensibilem infinitatem), wo sie es in sinnlicher Andersheit ist. Die jeweiligen Unendlichkeiten verstehe ich dabei als die Unbegrenztheiten, denen durch den entfaltenden Fortgang Bestimmungen oder Grenzen zuteil werden. Die Partizipierbarkeit wiederum bedeutet, daß Sinnlichkeit, Verstand und Vernunft in je besonderer Weise an der Einheit teilhaben. Dabei kann die Vernunft die

Gegensätze verbinden, deren Vereinbarkeit der Verstand leugnet, so wie die Sinnlichkeit die Einheit leugnet, welche die vielen Sinnendinge in ihrer jeweiligen Idee haben (DC II 1 = II 83).

Nikolaus setzte also die Teilhabebeziehung über die Ideenhypothese hinaus sozusagen nach oben hin fort. Die durch Sokrates eingeführten Ideen bezeichneten demgegenüber zunächst nur die Teilhabe der Sinnenwelt an deren Einheiten, also z. B. die aller gleichen Dinge an der Idee der Gleichheit. Welche Gemeinschaft wiederum die Ideen untereinander haben, hat Platon vor allem im „Sophistes" und im „Parmenides" beschäftigt, aber seine Antwort war nicht, daß hier wiederum eine Teilhabebeziehung zu einer Einheit höherer Ordnung statthat. Nikolaus machte es sich demgegenüber relativ leicht, wenn er stufenweise Gott die Gestalt oder Einheit der Vernunfteinsicht, diese die der Seele – welche wie ein Künstler die Ideen in sich hat – und die Seele die des Körpers sein ließ (Deus igitur forma est intelligentiae, intelligentia animae, anima corporis; DC I 9 = II 31).

Die Gegenbewegung ist der Aufstieg oder die „Aszendenz" der sinnlichen Einheit (unitas sensibilis) in die verständige Unendlichkeit, der ständigen Einheit in die vernunfthafte Unendlichkeit und der vernunfthaften Einheit in die absolute Unendlichkeit. Beide Bewegungen, Deszendenz und Aszendenz, decken sich insoweit, als sie einander spiegeln. Daß das Licht herabsteigt, ist nichts anderes, als daß der Schatten heraufsteigt. Diese Selbigkeit erkennt allerdings erst die Vernunft (intellectus), wohingegen der Verstand (ratio) die beiden Bewegungen als einander entgegengesetzt begreift (DC II 7 = II 121/DC I 12 = II 55 f.).

Die Oben-unten-Topologie von Licht und Dunkel, Gott und Welt entspricht der traditionellen Erfahrung, daß der Himmel oben ist und die Erde unten. So gab es auch in Platons Höhlengleichnis (Pol 514a-518b) den Aufstieg zum Licht und zur Idee des Guten, dem der Abstieg zurück und hinab in die irdischen Verhältnisse folgte. Nikolaus hat diese Übergänge in „De conjecturis" durch ein Diagramm veranschaulicht, in dem Einheit und Andersheit durch zwei einander durchdringende Kegel aufeinander bezogen sind (DC I 11 = II 44). Der Topologie von Aufstieg und Abstieg entsprechend, sollte man erwarten, in diesem Bild die Einheit oben, die Andersheit unten und dazwischen die Übergänge zu finden, die Nikolaus vor allem in dieser – neuplatonisch geprägten – Schrift im Sinn der Berichte über Platons Ungeschriebene Lehre[25] nach der Dimensionenfolge abstufte. So ist es aber nicht, sondern das Diagramm liegt waagrecht: Die Einheit ist links, die Andersheit rechts. Im Original ist die alteritas rechts außerdem dunkel schattiert, so daß das Licht von der unitas links zur alteritas rechts allmählich abnimmt.

Der Drehung von der Vertikalen in die Waagrechte entspricht, daß im

[25] Vgl. Gaiser 1963, Reale 1989.

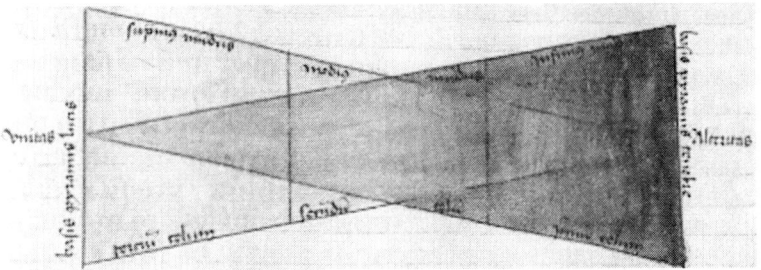

Abb. 1: Die natürliche Progression des Einen in die Sinnenwelt bei Nikolaus von Kues.

Text wechselnd von Deszendenz bzw. Aszendenz und von Progression bzw. Regression die Rede ist. In der Waagrechten wird dann nicht der Abstieg des Lichts mit dem Aufsteigen des Schattens identifiziert, sondern der Fortgang der Einheit in die Andersheit mit dem Rückgang der Andersheit in die Einheit (Unitatem autem in alteritatem progredi est simul alteritatem regredi in unitatem; DC I 12 = II 54). In einer ursprünglichen Form werden hier die in der Neuzeit so folgenreichen Begriffe Fortschritt und Rückschritt eingeführt. Dies geschah bei Nikolaus gewiß nicht in dem Sinn, in dem sie für die Bewertung des menschlichen Handelns seit dem 18. Jahrhundert maßgeblich geworden sind. Gemeinsam ist aber immerhin, daß die Richtung des Fortschritts diejenige ist, in der sich das anzustrebende Gute der Welt mitteilt. Kritisch hätten die späteren Fortschrittsfreunde von Nikolaus lernen können, daß man nicht in der Wahrheit bleibt, wenn in eins mit dem Fortschritt nicht der Rückbezug auf den Ursprung erfolgt, der sich im Fortschritt entfaltet, daß also zwar nicht verstandesmäßig, aber doch vernünftigerweise die *regressio* zur *progressio* gehört.

Was *progressio* und *regressio* vom Aufstieg und Abstieg unterscheidet, ist die Zeitlichkeit. Das Oben-unten-Verhältnis ist strukturell ewig, Fortgang und Rückgang sind Zeitbegriffe, also entspricht die Drehung aus der Vertikalen in die Waagrechte der Entfaltung der Zeit aus der Ewigkeit. Tatsächlich unterschied Nikolaus im Sinn der Zeitstruktur nach Kreisgang und Wiederholung verschiedene Arten der Progression, wobei die sechsfüßige (Senar) zum selben Ausgangspunkt zurückführt und die siebenfüßige (Septenar) zu einem gleichen, den vorigen wiederholenden, aber nicht mit ihm identischen Ausgangspunkt zurückkehrt und sich von dort zu einer zehnfüßigen als einem vollen „Denar" entfaltet. „Die Siebenzahl der Progressionen jedoch geht vom Senar aus, wie Zeit und zeitliches Nacheinander (successio) von der Dauer (perpetuo) ausgehen. Du erfährst sie in der Natur des Zeugungsfähigen und Vergänglichen. Denn während aus dem Samen ein Baum emporwächst und aus dem Baum ein

Same, umfaßt der Septenar beides. ... Dieser letzte Samen ist aber der Zahl nach ein anderer als der erste" (DC II 7 = II 121).

Im bloßen Senar kreisen Abstieg und Aufstieg (descensus ascensusque circulantur; DC II 7 = II 118), indem der Abstieg von der punktuellen absoluten Einheit (1) über die linear vernunfthafte (2) und die flächig verständige (3) zur körperlichen sinnlichen Einheit (4) führt, dort das Ende des Fließens und der Anfang des Rückfließens eintritt und dann der Aufstieg über die verständige (5) und die vernunfthafte Einheit (6) wieder zur absoluten zurückführt. Im Bild von Zeugung und Vergänglichkeit ist dies der Kreisgang vom Samen zum Baum und wieder zurück zum Samen überhaupt, jedoch nicht zu einem neuen, der Zahl nach andren Samen als dem, aus dem der Baum sich entfaltet hat, sondern dies geschieht erst im Septenar durch den Übergang von der ersten Runde (1–6) in eine zweite, deren Anfang (7) dem früheren Anfang und Ende (1) gleicht, außer dem Kreisgang nun aber das Zählwerk in Fortgang setzt und dadurch die volle Struktur der Zeit erreicht, sich nicht nur zu wiederholen, sondern in der Wiederholung fortzuschreiten. Aus dem neuen Samen (7) bildet sich dann wiederum über die Zwischenstufen der vernunfthaften (8) und verständigen (9) Einheit ein neuer Baum (10). „So entsteht ein voller Denar" (DC II 7 = II 119f.).

Hier wird deutlich, was Nikolaus mit dem „natürlichen Fortschreiten" (progressio naturale; DC I 5 = II 13) meinte, das am Anfang der Schrift zunächst nur als der Fortgang des Zählens eingeführt worden war. „Natürlich" ist das Fortschreiten in Wiederholungen, wenn diese sich so runden wie die Entwicklung eines Samens zum Baum bis zur Wiederkehr eines neuen, der Idee nach gleichen und der Zahl nach andren Samens an dem Baum. Terminologisch unterschied er dabei noch zwischen dem „natürlichen" Bestreben (appetitus naturalis), sich selbst – von Same zu Same oder von Baum zu Baum – zu verdoppeln, und einem hinzukommenden Bestreben (appetitus accidentalis), dies jeweils auf dem Weg über ein anderes – vom Samen über den Baum oder vom Baum über einen Samen – zu tun (DC II 7 = II 123).

Daß der Fortgang und der Rückgang in der Zeitstruktur des Einen zusammengehören, ist also eine Sache der Natur. Bemerkenswerterweise verband sich mit dem Gedanken der natürlichen Entwicklung bei Nikolaus außerdem ein Ziel, das im modernen Denken ebenfalls als das des Fortschritts angesehen worden ist: Vollkommenheit. Der Abstieg oder die entfaltende Progression der Einheit in die Andersheit des Sinnlichen erfolgt so wenig um dessentwillen, erklärte er, wie umgekehrt der Aufstieg oder der einfaltende Rückgang aus dem Sinnlichen zur Einheit um ihretwillen, sondern beide Bewegungen dienen der Vollkommenheit. „Es ist nicht die Absicht des Vernunft-Denkens, Sinnlichkeit (sensus) zu werden, sondern vollkommenes Vernunft-Denken als Wirklichkeit zu werden (intellectus perfectus et in actu); weil es aber in seinem Wirklichsein nicht anders gebildet werden kann, wird es Sinnlichkeit, damit es so mit diesem Mittel von der Möglichkeit in die Wirklichkeit vordringen kann (de potentia in actum pergere)" (DC II 16 = II 179). Auch in der andern Richtung ist es die Vollkommenheit, deretwegen sich das sinnenhafte Leben zur Vernunft erhebt (ob perfectionem vitae sensitivae sursum ad intellectum pergit; DC II 16 = II 181). Wenn also eingefaltet alles in Gott und ausgefaltet er in allem ist, ergibt dies nicht nur die Vollkommenheit der Welt, sondern auch diejenige Gottes.

Daß der natürliche Fortgang auf Vollkommenheit gerichtet und insoweit normativ bestimmt ist, entspricht dem antiken Naturverständnis, entzieht sich aber dem modernen Ansatz, Natur rein deskriptiv als das, was ist und nicht auf ein Neues hindrängt, erkennen zu wollen. Für Nikolaus war der Vervollkommnungsgedanke der jeweiligen Natur so grundlegend wichtig, daß er ihm gleich den ersten Satz seines ersten philosophischen Hauptwerks widmete: „Wir werden gewahr, daß durch göttliches Geschenk allen Dingen ein natürliches Verlangen innewohnt (naturale desiderium inesse), auf die bestmögliche Weise (meliori modo), zu der eines jeden Natur die Voraussetzungen in sich birgt, zu sein" (DJ I 1 = I 195). Die Natur eines Dings oder Lebewesens ist danach die bestmögliche Weise, in der es wirklich sein kann, in Aristotelischer Sprechweise also seine Entelechie. Jedes Geschöpf (creatura) ist als solches – d. h. in den Grenzen seiner Natur – vollkommen „und trachtet nicht danach ein anderes Geschöpf zu sein, als ob es dadurch vollkommener wäre", sondern wünscht, das göttliche Geschenk der eigenen Natur zu vollenden und zu bewahren (perfici et conservari). Auch der Mensch strebt (appetit) nicht nach einer andern Natur, sondern danach, in der seinen vollkommen zu sein (DJ II 2 = I 329 f./DJ II 12 = I 405).

Wenn die Natur von etwas immer nur seine spezifisch mögliche Vollendung bestimmt, so kann Nikolaus nicht gemeint haben, diese Welt sei so, wie sie ist, bereits vollendet. Für den Menschen bewertete er lediglich – wie später Leibniz – die Vervollkommnungs-Fähigkeit – im Zustand der Unvollkommenheit – als eine Weise der Vollkommenheit (JM 13 = III 593). Im übrigen hielt er sich an die relative Bewertung, daß alles „ist, was es ist, weil es anders und besser nicht sein konnte" (DJ II 5 = I 349), bzw. „alles einzeln bewegt wird, so daß es auf die relativ beste Weise ist, was es ist und kein Ding mit einem andern gleich bewegt wird" (DJ II 10 = I 387). Die Welt hat ein Ziel (finis mundi; DJ II 12 = I 409), das sie durch ein natürliches Bestreben, d. h. vermöge ihrer Natur und als ihre zu erfüllende Natur, anstrebt, an dem sie aber noch nicht ist.

Vollkommenheit entspringt also einem durchaus doppelseitigen Verlangen in der Natur. Einerseits wohnt der Materie aufgrund ihrer Eignung, eine Gestalt anzunehmen, ein *appetitus* zur Empfängnis der Form inne; andererseits begehrt die Form nach Wirklichkeit, kann aber nicht losgelöst existieren und senkt sich deshalb in die stoffliche Verschränkung herab (ut sit contracte in possibilitate), wobei die „Verschränkung" (contractio) wohl gleichbedeutend mit der Entfaltung (explicatio) zum sinnlichen Dasein ist. Indem die Form die Materie oder die „Möglichkeit" umgrenzt, vollendet und bestimmt, steigt wiederum diese gleichermaßen zum Wirklichsein auf. Und so entsteht aus Aufstieg und Abstieg die Bewegung (motus exoritur), die beide miteinander verknüpft und das Medium der Verbindung von Potenz und Akt ist (DJ II 10 = I 385). Die Vollendung, zu der es in dieser Vereinigung kommt, entspringt also einem gegenseitigen Verlangen. In „De conjecturis" heißt es entsprechend: Die Vernunft neigt sich zum vernünftigen Denken und zum Lieben, damit ihre Natur vollendet werde (inclinatur igitur intellectus ad intelligere et amare, ut perficiatur natura eius); ebenso der Verstand zum verständigen Denken (ratio ad ratiocinari) und die Sinne zum Empfinden (sensus ad sentire) (DC II 17 = II 203).

Materie und Form oder Potenz und Akt werden danach wirklich, indem sie sich verbinden. In der Bewegung des Verbindens kommt es zur Vollendung der Natur. Nikolaus definierte die Natur geradezu als diese Vereinigung, indem er die soeben wiedergegebene Schilderung, wie es im Wechselgang von Aufstieg und Abstieg – oder Fortgang und Rückgang – zur wechselseitigen Vollendung von Materie und Form kommt, mit dem Satz beschloß: Dieser Geist (hic spiritus) ist durch das ganze All (universum) und seine einzelnen Teile verbreitet und verschränkt (diffusus et contractus). Er wird Natur genannt (natura dicitur; DJ II 10 = I 385 f.). Inhaltlich entspricht dies der zuvor erklärten Natürlichkeit des Verlangens zur gegenseitigen Vollendung. Auffällig ist aber der Bezug „hic spiritus". Gemeint ist der Geist der Verknüpfung (spiritus connexionis), von dem zuvor die Rede war, der aber nicht so recht zur Terminologie von Materie und Form paßt. Hier zeigt sich, daß der schöne Gedanke, was Platon und Aristoteles mit der Weltseele und der Natur gemeint hätten, sei eigentlich Gott (JM 13 = III 589), auch umkehrbar ist, indem dann nämlich in diesem Verständnis statt von Gott wieder von der Natur gesprochen werden darf. Nikolaus hat ja wohl seiner Trinitätslehre gedacht, als er das Verbindende, das in der Einheit Gottes der Heilige Geist ist, hier als „hic spiritus" benannte. In der Naturphilosophie braucht man also nicht zu vergessen, daß alle Dinge eine Ähnlichkeit mit ihrem Ursprung behalten und deshalb wie der ewige Ursprung eine Trinität in der Einheit der Substanz bewahren (JM 11 = III 573). An die Stelle der theologischen Darstellung kann der nicht mehr theologische, deshalb aber nicht unbedingt weniger religiöse naturphilosophische Diskurs treten.

So besteht nun das Sein und die Tätigkeit der Natur (esse et operatio naturae) in der Korrelation des Agens, des Patiens und des aus ihnen gemeinsam Resultierenden (DJ I 20 = I 267). Um ein Beispiel zu nennen: Als die Möglichkeit, ein Mensch zu sein, ist die Natur Materie, als das Menschsein (humanitas) ist sie Form, als ein Mensch ist sie aus beiden zusammengesetzt und verknüpft (compositum connexumque). Dabei sind die materiale Möglichkeit, ein Mensch zu sein, diese Form des Daseins und das Compositum ein und dasselbe, so daß es in alledem nur eine Substanz gibt (JM 11 = III 579). Materie und Form also gelten bereits Nikolaus sozusagen als Attribute der einen Substanz wie später Spinoza. Das Medium ihrer Verbindung ist hier die Bewegung. Es gibt nichts im Universum, das nicht aus Potenz, Akt und der verknüpfenden Bewegung eins wäre (DJ II 11 = I 389).

Allen Dingen wohnt eine gemeinsame, erste und allgemeine Natur inne (DC II 4 = II 101). Im Ganzen der Natur ist es die Weltseele, welche die Urbilder der Dinge wie ein Künstler in sich trägt und sie der Materie durch Bewegung inkorporiert. In der Weltseele ist wie in einem Knäuel (quasi in glomo) alles eingefaltet oder angelegt, was wird. Ihre Bewegung rührt wie das Fatum in Wirklichkeit und Tat vom Fatum in der Substanz her (DJ II 10 = I 384) und entfaltet dieses zum Geschick der Welt. Deren erste sichtbare Grundbewegung ist die des Fixsternhimmels, Atropos, der gleichmäßige und niemals umkehrende Umlauf von Osten nach Westen. Ihr überlagert sich Klotho, die Umkehr, welche die Planeten periodisch von Westen nach Osten führt. Die Bewegung der Planeten vollzieht sich als eine „Evolution" der Grundbewegung und die der irdischen Dinge wiederum als eine Evolution der Planetenbewegung. Dies ist sicher nicht so gedacht, daß Wirkungen von den Planeten auf das irdische Geschehen ausgehen, sondern so, daß es eine allgegenwärtige Bewegung im Kosmos gibt, die in ihren Grundcharakteren am Himmel erkennbar ist und sich auf Erden zur In-formation der Formen in die Materie verdichtet. Platon hatte die Himmelsbewegungen in ähnlicher Weise durch eine Strukturierung der Weltseele sogar quantitativ darzustellen versucht (Tim 37f.) und die Selbstbewegung der Weltseele als den Ursprung aller Bewegungen überhaupt verstehen wollen. Wie das irdische Geschehen auf das himmlische zu beziehen ist, blieb bei Nikolaus aber ebenso offen wie früher bei Platon.

Der Grundgedanke dieser Bewegungslehre ist, alle Wirklichkeit als *actus* oder *actualitas* von der Handlung her zu denken, nämlich alles Sein als ein Gebildetwerden oder Hervorgehen aus – Aristotelisch gesprochen – der Verbindung von Potenz und Akt. Alle Potenz ist durch den Akt verschränkt bzw. entfaltet (per actum... contrahitur; DJ II 8 = I 366). Dieses Werden geht von der Einheit aus. Sie wird nach den Attributen ihrer Kraft oder ihres Könnens (attributionibus virtutis) benannt und ist eine einende Einheit (unitas unientis), indem sie sich aus der Ruhe zur Bewegung entfaltet, in die Andersheit vordringt (pergit) und allem seinen Bestand gibt (DC I 12 = II 46,51/DC I 13 = II 63/AT = II 369). Die Dinge sind dann aber nicht, was sie geworden sind, sondern sie sind es werdend. Nikolaus ging in der Bewegtheit allen Seins so weit, daß eigentlich alle Substantive und sogar Namen in Verben zu verwandeln sind. So schrieb er dem Kardinal Julianus, an den „De conjecturis" adressiert ist, in ihm „julianisierten" alle seine Bestimmungen, nämlich Italiener, Latiner, Römer und ein Cesarini zu sein, so wie die Harmonie in der Laute „lautet" und in der Kithara „kitharisiert" (in te, Juliano, iulianizat, ut harmonia in luto lutinizat, in cithara citharizat et ita de reliquis; DC II 3 = II 98). An anderer Stelle heißt es, alle Löwen leonisierten (leonizare; Dialogus de Genesi = II 436) oder ein Deutscher „deutsche" (Almanus almanizat; DC II 8 = II 131) in Italien im ersten Jahr mehr als im zweiten, weil die Kraft der örtlichen Natur sich dann allmählich durchsetze.

Die Welt wird hier als Prozeß gedacht. Die Natur ist dieser Prozeß. Alles ist in Bewegung. Die Dinge sind nicht, was sie geworden sind, sondern sie sind, was sie werden, und werden, was sie sind. Die Welt ist so, wie sie lebendig ist, und dies ist sie im Wechselspiel von Aufstieg und Abstieg oder von Fortgang und Rückgang zwischen Einheit und Andersheit, indem sich das gestaltende Licht der Einheit (DC I 11 = II 42) und der Schatten des Körperlichen durchdringen. Wenn die Unteilbarkeit in die Teilbarkeit übergeht (progredi), so ist dies nichts anderes, als daß die Einheit in die Andersheit herabsteigt (descendere). Ebenso steht es mit der Unvergänglichkeit in der Vergänglichkeit, mit der Unsterblichkeit in der Sterblichkeit, mit der Unveränderlichkeit in der Beweglichkeit und dergleichen mehr. Dasselbe gilt von der Form im Formbaren, denn jene ist unterscheidend und insoweit Einheit; von der Besonderung im Kontinuum, von der Ordnung im Durcheinander, vom Licht im Dunkel, vom Feinen im Groben, vom Geist im Körper, vom Akt in der Potenz, vom Ganzen im Teil, vom Allgemeinen im Besonderen, von der Species im Individuum, von der Liebe im Liebenswerten, von der Kunst im Kunstvollen (ars in artificiale) und überhaupt von allem Verbindenden im Verbundenen. Alle diese Gegensätze verhalten sich wie die Einheit in der Andersheit (DC I 12 = II 47).

Die umgekehrte Bewegung, den Rückgang (regressus) von der Andersheit zur Einheit, beschrieb Nikolaus etwas knapper: Hier gelangt die Teilbarkeit zur Unteilbarkeit, das Dunkel zum Licht, das Grobe zum Feinen, das Zusammengesetzte zum Einfachen, das Sterbliche zum Unsterblichen, das Veränderliche zum Unveränderlichen, das Weibliche zum Männlichen, die Potenz zum Akt und das Unvollkommene oder der Teil zum Ganzen (DC I 12 = II 49). Diese Bestimmungen des einfaltenden Regressus' sind überwiegend bloße Umkehrungen des entfaltenden Progressus' oder der progressiven Entfaltung und in der Aufzählung dementsprechend kürzer gefaßt, enthalten aber eine auffällige Ergänzung, nämlich den Rückgang des Weiblichen zum Männlichen (femineitas in masculinitatem).

Die Geschlechtlichkeit der Natur

Die Zweigeschlechtlichkeit nicht nur einzelner Arten von Lebewesen, sondern der Natur selbst und hypothetisch sogar Gottes ist ein Grundgedanke, der in Nikolaus' Philosophie nie besonders herausgestellt wird, jedoch immer wieder aufscheint, so wie an der soeben zitierten Stelle. Ich halte ihn für einen Angelpunkt seines Empfindens und finde es charakteristisch für das 15. Jahrhundert im Gegensatz zum 16., das mit der Verbrennung Giordano Brunos endete, wie frei Nikolaus in dieser Hinsicht denken konnte, ohne deshalb mit der – damals noch ‚katholischen' (allgemeinen) – Kirche in Konflikt zu geraten. In „De conjecturis" folgt hierzu noch der Gedanke, daß menschliche Frauen und Männer jeweils auch das andre Geschlecht in sich haben, worauf beim Mann z. B. die Brustwarzen hindeuteten (DC II 8 = II 127), dann aber vor allem der allgemeine Satz: „Die Natur besteht aus der männlichen Einheit und der weiblichen Andersheit (Est enim natura ex unitate masculina et alteritate feminina)" (DC II 12 = II 147). Bedenkt man hier den prozessualen Sinn von Sein, so sollte die Übersetzung wohl eigentlich lauten: Die Natur naturiert zwischen männlicher Einheit und weiblicher Andersheit. Dabei entspricht die Zuordnung von Licht und Einheit zum Mann bzw. von Dunkel und Andersheit zur Frau (DC II 8 = II 125) nicht mehr den heutigen Vorstellungen; interessanter als dies finde ich aber, wie symmetrisch das Wechselspiel von *progressus* und *regressus* und somit auch das der Geschlechter von Nikolaus gedacht worden ist.

In „De docta ignorantia" berichtete Nikolaus zur Zweigeschlechtlichkeit des Wirklichen nach Gelehrtenart zunächst, was andere gemeint haben, jedoch gingen schon diese Referenzen bemerkenswert weit. Die Heiden, so heißt es dort, die Griechen und Römer nämlich, hätten Gott, den einen, nach seinen verschiedenen Beziehungen zu den Geschöpfen mit verschiedenen Namen benannt: Jupiter wegen seiner Güte, Saturn wegen der Tiefe seiner Erkenntnis und wegen der Erfindungen lebensnotwendiger Dinge, Venus wegen der erhaltenden Liebe der Natur (propter amorem conservativum naturae) und Cupido wegen der Einheit beider Geschlechter. „Aus diesem Grunde hießen sie ihn auch Natur, da er durch das zweifache Geschlecht die Eigengestalt der Dinge bewahrt (per duplicem sexum species rerum conservat). Hermes [Trismegistos] sagt, sowohl Lebendiges als auch Nicht-Lebendiges sei doppelten Geschlechtes. Darum war er der Meinung, daß der Grund von allem (causa omnium), Gott, in sich das männliche und weibliche Geschlecht enthalte (in se masculinum et femininum sexum... complicare); für dessen Entfaltung hielt er Cupido und Venus" (DJ I 25 = I 287f.). Da Nikolaus den ‚dreifach größten' Hermes, soviel ich sehe, immer nur zustimmend zitiert und auch hier in keiner Weise Abstand nimmt, scheint er den Gedanken der latenten Zweigeschlechtlichkeit Gottes keineswegs abwegig gefunden zu haben. Zumindest aber war dies für ihn bereits in „De docta ignorantia" der Grundcharakter der Natur: Die Dinge „bewegen sich so, daß sie durch die natürliche Verbindung der verschiedenen Geschlechter in sich oder in ihrer Eigengestalt verharren", wobei die beiden Geschlechter von der die Bewegung einfaltenden Natur geeint (in natura complicante motum sunt uniti) und in den Individuen getrennt entfaltet sind (DJ II 10 = I 389).

Die Verbindung, durch welche die Dinge ihre Form haben und behalten, wurde im Vorangegangenen theologisch in der alle Welt prägenden Trinität durch den Heiligen Geist und naturphilosophisch durch die Seelenbewegung, welche Materie und Form verbindet, beschrieben. Es gibt nichts im Universum, „das nicht aus Möglichkeit, Wirklichkeit und verknüpfender Bewegung geeint wäre" (DJ II 12 = I 389). Kommt nun noch die geschlechtliche Vereinigung hinzu, so schloß es sich für Nikolaus also nicht nur nicht aus, dieselbe Verbindung gleichermaßen durch den Heiligen Geist und durch die Bewegung der Natur zu begründen, sondern er hatte darüber hinaus keinerlei Problem damit, sie sich obendrein als „die natürliche Verbindung der verschiedenen Geschlechter" zu denken. Warum auch sollte eine durch den Heiligen Geist gestiftete Verbindung im Sinnlichen nicht als geschlechtliche Zeugung erfolgen? Was mußte passieren, damit es mit den religiösen Wahrheiten nicht mehr gleichermaßen seine natürliche Ordnung haben durfte? Der Einübung im Christentum, von der ich im ersten Kapitel gesprochen habe, hätte es gutgetan, wenn die Theologen hier Nikolaus gefolgt wären und die erbsündigen Repressionsbedürfnisse der geistlichen Macht zurückgestellt hätten.

Nikolaus stellte sich die Welt also nicht nur theologisch und naturphilosophisch, sondern obendrein biologisch in Ordnung vor und hätte ohne diese Ordnung wohl auch die Welt insgesamt nicht in Ordnung gefunden. Er nahm nämlich ungeachtet aller Rangordnung von Materie und Geist an, daß die Materie der Zeit nach doch jedenfalls nicht später als der Geist dagewesen sei, und konnte sie sich sogar als durch die Sonne beseelt vorstellen.

Was die zeitliche Entfaltung der Welt angeht, so widersprach Nikolaus in „De docta ignorantia" zunächst Avicennas Lehre, daß vor allem andern das Geistige, anschließend die „edle Seele" und zuletzt die Natur entstanden sei (in esse prodierunt; DJ II 4 = I 343). Er berief sich gegen Avicenna dahingehend auf die Platoniker, daß die wahren Gestalten zwar der Natur nach in der Weltseele früher seien als in den Dingen, aber nicht der Zeit nach (non tempore, sed natura prius esse). Außerdem wäre es niemals wahr gewesen zu sagen, „Gott ist", ohne daß es auch wahr gewesen wäre zu sagen, „die Weltseele ist". Ebensowenig bestehe die Idee der Menschheit im Sinn Platons getrennt (separata/chorís) von den Menschen, sondern sie sei wiederum zwar der Natur nach eher (prius naturaliter) in der Vernunft als in der Materie, keineswegs aber der Zeit nach

(DJ II 9 = I 373/379). Daß Nikolaus selber diese Auffassung teilte, ist in „De docta ignorantia" an seiner allgemeinen Zustimmung zu Platon und an seiner Kritik aristotelisch abweichender Auffassungen zu erkennen. In „Idiota de mente" ließ er dann den peripatetischen Philosophen unterstellen, die Platoniker hätten gemeint, die schon vor dem Körper dagewesene Seele sei erst später in jenen inkorporiert worden, und korrigierte ihn darauf: Der Natur nach, nicht aber der Zeit nach (natura, non tempore), so wie es niemals ein Sehen gegeben habe, bevor das Auge wirklich war, und dennoch das Sehen der Natur nach früher – bzw. der Idee nach allgemeiner – als das Auge sei. Was ein Auge ist, läßt sich ja nur vom Sehen her verstehen. „Da nun der Geist (mens) eine Art göttlicher Samen ist, der in seiner Kraft (vis) die Urbilder aller Dinge begrifflich einfaltet, hat ihn Gott, von dem er diese Kraft hat, mit dem Sein zugleich auch in einen passenden Boden eingesetzt (in convenienti terra locatum), wo er Frucht tragen und die Gesamtheit der Dinge aus sich begrifflich entfalten kann" (JM 5 = III 515). Dies war vielleicht sogar so gemeint, daß die Boden-Erde dem ihr einzupflanzenden Geist geradezu vorangegangen sei, denn etwas später heißt es, der Geist sei hinzugefügt worden (addidit mentem; JM 5 = III 520).

Jedenfalls wird das, was in der Seele wahrhaft (veraciter) und in der Materie der Möglichkeit nach (possibiliter) ist, durch die Bewegung zeitlich entfaltet. Diese zeitliche Entfaltung „folgt der natürlichen Ordnung, die in der Weltseele ist", und wird das Fatum in der Substanz genannt. Insbesondere bewegt die Weltseele, platonisch als Inbegriff der Notwendigkeit (necessitas complexionis) gedacht, den Himmel nach der Ordnung der Natur (secundum naturae ordinem; DJ II 9 = I 371 f.). Wissenschaftsgeschichtlich hervorgehoben wird in der Regel Nikolaus' Bemerkung, daß es im Bewegungszusammenhang der Welt kein festes und unbewegliches Zentrum geben könne, jedenfalls also auch nicht die Erde; die Welt sei endlich, aber unbegrenzt wie eine Kreislinie, und Gott sei sowohl ihr Mittelpunkt als auch ihr Umkreis, überall und nirgends. Somit sei es auch nicht wahr, daß die Erde das Unterste und Schlechteste sei, sondern sie sei ein edler Stern wie andere auch (DJ II 11 = I 391/DJ II 12 = I 397f.). Ich sehe in diesen Bemerkungen weniger die astronomiegeschichtliche Vorwegnahme des Kopernikanischen Systems als die eingangs geschilderte, in einem umfassenderen Sinn kopernikanische Wende des neuzeitlichen Denkens, ohne die es auch nicht zur Theorie des Kopernikus gekommen wäre. Diese Wende wird von Nikolaus nicht gerade auf diesen wenigen Seiten vollzogen, die wissenschaftsgeschichtlich Aufsehen erregt haben, sondern im weiteren Zusammenhang seines Denkens.

Ich empfinde bei Nikolaus die völlige Durchlässigkeit seiner prozeß-pantheistischen Theologie zur säkularen Naturphilosophie sowie von dieser zur Physik bzw. zur sinnlichen Erfahrung von Ordnung – und dieselbe Durchlässigkeit in der andern Richtung – als die interessanteste

Qualität seines Denkens. Dabei sollten wir auf die Äußerungen, nach denen man ihn zu einem Vorläufer des Kopernikus stilisieren kann, sogar weniger Gewicht legen als auf diejenigen, die von uns nicht so leicht zu vereinnahmen sind. Ich denke vor allem an die These der prinzipiellen Geschlechtlichkeit der Natur oder an die Vorstellung, daß die Erde für die Sonne eine Möglichkeit sei und die Sonne sich umgekehrt zur Erde wie ihre Seele oder formale Wirklichkeit (actualitas formalis) verhalte (DJ II 12 = I 403). Nikolaus hätte schwerlich etwas dagegen gehabt, das Verhältnis Erde–Sonne auch energetisch zu beschreiben, denn alle Dinge entstehen durch die Tätigkeit des Feuers (DJ II 13 = I 412). Es ist aber ein großer Unterschied, ob der naturphilosophische Gedanke, daß die Welt ein Lebewesen sei, und der theologische, dieses als von Gott beseelt zu erleben, durch die naturwissenschaftliche Erkenntnis überflüssig gemacht oder versinnlicht werden soll. Ist das Erstere allmählich schal geworden, so wäre Nikolaus für das letztere nun ganz neu zu entdecken.

Im Bewegungszusammenhang der Natur kommt die Ideenlehre bei Nikolaus zu dem Beschluß, daß die Platonische Idee keine Abstraktion von den Dingen ist, sondern diese ihr entsprechen (non est a rebus, sed res secundum eam; DJ II 9 = I 377). Zu einer Abstraktion gerät sie allenfalls in den Köpfen der schlechten Interpreten, einschließlich des Philosophiehistorikers – nicht des Philosophen – Aristoteles. Die Dinge sind so wie die Ideen, nicht umgekehrt. „Die Gestalt gibt dem Ding das gestaltete Sein (forma enim dat formatum esse rei)", erklärte der Laie dem Peripatetiker (JS I = III 445). Nur „naturaliter" existiert die Idee vor der Materie in der Vernunft, der Zeit nach aber nicht (DJ II 9 = I 377f.). So entspricht es der Ursprünglichkeit der Einheit gegenüber der Andersheit. Ideen sind Naturgestalten, und aller Dinge Urbild oder Idee (exemplar sive idea) in der Einheit der Natur ist das Eine selbst, in dem alle Ideen übereinkommen (DJ I 17/II 9 = I 249/379f.).

Die Trinität der Natur bringt hier eine gleichermaßen durchgängige Natürlichkeit der Trinität mit sich, so daß für übernatürliche Vorgänge kein Raum bleibt, weil die Natur selber sozusagen nicht bloß natürlich ist. Gott ist „die absolute Kraft und darum die Natur aller Naturen" (VD 7 = III 121). Übernatürlichkeiten wie z. B. die Jungfrauengeburt Jesu kann man in diesem Denken nur abwegig finden, denn wer die Natur zur bloßen Natur herabsetzen und ihr etwas Übernatürliches entgegensetzen zu sollen meint, erkennt nicht an, wie alles in Gott und Gott in allem ist.

Daß Nikolaus Jesus für einen wirklich menschlich gezeugten Menschen gehalten haben dürfte, entnehme ich seiner Naturphilosophie, finde diese These aber durch seine gar nicht exclusive Schilderung der Gottessohnschaft Jesu bestätigt. „Weil Du, mein Gott, die verstehbare Wahrheit bist, kann die geschaffene Vernunft (intellectus creatus) mit Dir vereint werden. So sehe ich, ... daß ein Mensch, der Dich, den empfänglichen Gott (Deum receptibilem) aufnimmt, in eine Verbindung eingeht, die wegen ihrer Innigkeit den Namen Kindschaft (filiatio) erlangen kann. Wir kennen ja keine engere Verbindung als die der Kindschaft. ... In diesem höchsten Sohn [Jesus] ist die Kindschaft wie die Kunst im Meister oder das Licht in der Sonne. In den anderen aber ist sie wie die Kunst in den Schülern oder das Licht in den Sternen" (VD 18 = III 179). „Was ich in Dir, Jesus, auf menschliche Weise sehe, ist Ähnlichkeit und Abbild der göttlichen Natur. ... In Dir, Jesus, ist das menschliche Erkennen mit dem göttlichen so geeint, wie das vollkommene Abbild [mit] der Wahrheit seines Urbildes." Betrachten wir z. B. die Idealgestalt (formam idealem) einer Truhe im Geist des Künstlers und die Eigengestalt (speciem) der vollkommensten Truhe, die nach der Idee gebildet ist, dann sehen wir, daß die Idealgestalt die Wahrheit der Eigengestalt ist (forma idealis est veritas speciei). „Genauso sehe ich, ist in Dir, Jesus, dem Meister aller Meister, die absolute Idee aller Dinge (absoluta idea rerum omnium) und ihre Ähnlichkeitsgestalt (species similtudinaria) zugleich in höchster Weise geeint" (VD 20 = III 187f.).

Jesus kommt dem göttlichen Vorbild zwar näher als alle andern Menschen, unterscheidet sich von ihnen aber doch nur so wie der Meister von den Schülern, die als solche ja grundsätzlich auch einmal Meister werden können. Und in seinem Verhältnis zu Gott ist er zwar dessen vollkommenstes Abbild, gleichwohl aber ein Abbild und insoweit einer sehr vollkommenen Truhe im Verhältnis zu ihrer Idealgestalt vergleichbar. Man könnte meinen, im Vergleich Jesu mit der Truhe liege eine Abwertung, aber davon kann keine Rede sein. Es geht statt dessen um eine Aufwertung des Menschen zum wirklichen Bild Gottes, wie es in der Bibel steht. Die Gottessohnschaft Jesu war – anders als Nikolaus ursprünglich etwas gewaltsam erklärt hatte (DJ III 3 = I 439) – kein Privileg eines einzelnen, sondern der Weg, auf dem andere folgen können. Nikolaus dachte so in dem demütigen Bewußtsein: Aus uns sind wir nichts. Nur der allein, durch dessen Denken (intelligere) wir das sind, was er selbst in uns will, befiehlt und weiß, ist es, der in allen und allem spricht. „Der uns gemacht hat, weiß allein, was wir sind, wie und wozu wir sind. ... Auch dich selbst kannst du nur in ihm finden" (DJ II 13 = I 417). Unser Geist existiert überhaupt nur in der Teilhabe am göttlichen Licht, aber in dieser Teilhabe können wir Gott doch immerhin so nahe kommen wie die Zeit der Dauer (DC I 13 = II 59/61), wenn etwas sehr lange dauert. Und als ein Abbild der allmächtigen Gestalt (omnipotens forma) hat der menschliche Geist dann auch an der Fruchtbarkeit der schöpferischen Natur (fecunditas creatricis naturae) teil, also an der göttlichen Kraft (virtus), die in sich die dreifaltige Natur der Gleichheit und der Verknüpfung trägt (DC I 3 = II 7/DC II 17 = II 203). Wie aber gehen wir damit um?

Vom Deus alter artifex zum Artifex alter Deus

Für das Gespräch, das nach den Äußerungen des „Laien über den Geist" benannt ist, ließ Nikolaus einen Aristoteliker auf der Suche alter Schriften nach Rom kommen. Wie er dort staunend auf das einfache Volk blickte, das in den Grundfragen der menschlichen Existenz eine soviel größere Gewißheit zu haben schien, als all sein Lesen und Grübeln ihm bisher beschert hatte, begegnete ihm ein Redner (orator) und schlug ihm vor, statt der – schwerlich auffindbaren – Schriften das Gespräch mit jenem Laien zu suchen. Die Dramaturgie, die alten Schriften nun einmal ruhen zu lassen und der Wahrheit hier und jetzt selber nachzugehen, bedeutet – wie der Gesprächsverlauf zeigen wird – keineswegs eine Abkehr vom Wissen der Alten, wohl aber eine Hinwendung zur lebendigen Gegenwart dieses Wissens in dem „Laien". Die beiden Gelehrten fanden ihn Löffel schnitzend in einem Keller. Was Nikolaus dem Philosophen – einem Aristoteliker (JM 1 = III 483) – durch diesen Mann sagen ließ, hatte mindestens die Sicherheit der von jenem zuvor beneideten einfachen Leute, zugleich aber die gedankliche Stärke der Platonischen Philosophie. Es war die Zuversicht des neuzeitlichen Denkens, in der diese Antworten gegeben wurden. Was der Laie sagte, klang so, als hätte es auch von Platon zu Aristoteles gesagt sein können. Bei näherem Hinsehen zeigt sich jedoch ein bedeutsamer Unterschied. Aus dieser neuzeitlichen Abweichung, die zunächst nur klein zu sein scheint, entwickelte sich die Industriegesellschaft im Gegensatz zur griechischen Polis.

Zuerst will ich dich wissen lassen, erklärte der Laie dem Philosophen mit einiger Emphase, daß ich ohne Zögern behaupte, alle menschlichen Künste seien Abbilder der unendlichen und göttlichen Kunst (omnes humanas artes imagines quasdam esse infinitae et divinae artis; JM 2 = III 491). Mit der göttlichen Kunst ist die Kunst Gottes gemeint, d. h. Gott wird hier als ein Künstler (artifex) angesehen. Auf diese weitreichende und keineswegs selbstverständliche Eröffnung, die wegen der behaupteten Abbildlichkeit platonisch klingt, aber keineswegs von Platon stammt, reagierte der Philosoph etwas zögerlich. Der Laie erklärte ihm darauf, jede menschliche Kunst sei endlich, und mehrere unendliche Künste könne es nicht geben – somit stamme jede endliche Kunst von dieser einen unendlichen. Der wahrhaft zweifelhafte Kern der unzögerlichen These des Laien wird davon aber kaum berührt, nämlich die Vorstellung Gottes als eines Künstlers, von dessen Kunst es Nachbilder geben könne wie von einer Idee. Platon hatte demgegenüber zwar einen Handwerker auf eine Idee als Vorbild für sein Werk blicken lassen, das Können des Handwerkers aber nicht gleichermaßen als Nachbild eines idealen Könnens beschrieben.[26] Wenn nun Gott ein Künstler und seine Kunst ein

---

[26] Die Dihairesis des Angelfischers im „Sophistes" (221b), die man dagegenhal-

nachbildungsfähiges Vorbild wäre, dann könnten auch die menschlichen Künste endliche Nachbilder der unendlichen göttlichen sein, aber ist Gott ein Künstler und seine Kunst nachbildungsfähig?

Jenseits der ganz neuzeitlichen Behauptung, alle menschlichen Künste seien Abbilder der unendlichen und göttlichen Kunst, ist der Laie aber sogleich wieder bei Platon, nämlich bei dessen Kritik der Malerei im X. Buch der „Politeia". Platon hatte dort in gewohnter Weise die jeweils eine Idee von den vielen Dingen unterschieden, die ihr gleichen, hier aber ausnahmsweise Ideen von Artefakten eingeführt, nämlich die des Betts und die des Tischs. Erklärt werden soll, was eine Darstellung (mímesis) ist, und dazu wird vorab unterschieden, was Menschen machen können und was nicht. Machen können sie z.B. Betten und Tische, und dies geschieht so, daß der Handwerker bei der Arbeit sozusagen auf die Idee des Betts oder des Tischs blickt und sein Werk um so besser gerät, je näher das Nachbild dem Vorbild kommt. Möbel also können durch menschliche Kunst hervorgebracht werden, die Idee aber, an der sich ihre Güte bemißt oder „den Begriff (idéa) selbst verfertigt... keiner von diesen Meistern", sondern diese ist in der Natur, sagt Platon, und von Gott gemacht (Pol 596b9f., 597b6f.). Außer der Idee des Betts und dem Tischlerwerk gibt es nun aber noch ein sozusagen drittes Bett, und dieses macht einer, der imstande ist, „nicht nur alle Geräte zu machen, sondern auch alles insgesamt, was aus der Erde wächst, macht er und alle Tiere verfertigt er, die anderen wie auch sich selbst, und außerdem noch den Himmel und die Erde und die Götter und alles im Himmel und unter der Erde im Hades insgesamt verfertigt er" (Pol 596c). Dieses ist der Nachahmungskünstler und in Platons Verständnis von Malerei insbesondere der Maler. Das dritte Bett ist also das bloß gemalte Bett. Man merkt schon an der Schilderung seiner Alleskönnerei, wie wenig Platon von diesem Künstler hält, und so ergibt sich die klare Hierarchie: (1) Gott, der die Idee (in der Natur) gemacht hat; (2) der Handwerker (in Nikolaus' Verständnis: der Künstler), der im Blick auf die von Gott geschaffene Idee die Dinge hervorbringt, welche Menschen brauchen; (3) der Maler, der diese Dinge darstellt, sich dabei aber nicht an der Idee orientiert, sondern bloß an ihrem – niemals vollkommenen – Nachbild in der Sinnenwelt.

Es ist offensichtlich diese Platonstelle, auf die Nikolaus den Laien sich beziehen läßt, wenn er dem Philosophen seine Löffelschnitzerkunst folgendermaßen empfiehlt: Der Löffel hat außer der Idee unseres Geistes (extra mentis nostrae ideam) kein Urbild (exemplar). Ein Bildhauer oder Maler nimmt seine Urbilder von den Dingen, die nachzubilden er sich beschäftigt. Ich hingegen, der ich aus Holzstücken Löffel und aus Ton Schüsseln und Töpfe mache, tue das nicht. Denn bei dieser Tätigkeit bilde

ten könnte, erklärt sein Gewerbe nur im Sinn einer Zulassungsverordnung, aber nicht die dabei ausgeübte Kunst.

ich nicht die Gestalt irgendeines natürlichen Dinges (figuram rei naturalis) nach. Formen (formae) von Löffeln, Schüsseln und Töpfen werden allein durch menschliche Kunst zur Vollendung gebracht. Demzufolge ist meine Kunst (ars) vollkommener als diejenige, welche geschaffene Figuren nachahmt; darin ist sie der unendlichen Kunst ähnlicher (JM 2 = III 493).

Nikolaus hat hier von Platon die Dreistufung Gottes, des Handwerkers (der nun Künstler wird) und des Malers ebenso übernommen wie die Orientierung des Handwerks-Künstlers an der Idee und die des Malers an ihrem sinnlichen Nachbild. Eine für die weitere Entwicklung des Künstlers zum *alter deus* entscheidende Differenz liegt aber darin, daß nicht mehr Gott die Idee gemacht hat, sondern daß sie nun eine Idee „unseres Geistes" und somit wohl von uns gemacht ist. Göttlich ist jetzt nicht mehr die Idee der Dinge, die durch menschliche Kunst hervorgebracht werden, sondern die hier neu angenommene Idee dieser Kunst. Dadurch wird Gott zum *alter artifex* als idealer Personifikation der Kunst, und ohne diesen Wandel des Gottesbildes hätten sich die späteren Renaissancekünstler schwerlich als *alter deus* fühlen können.

Und sind es nicht tatsächlich Menschen, die sich Löffel, Betten oder Tische ausdenken? Hat Platon die kulturellen Verschiedenheiten der Schlafgewohnheiten unterschätzt, als er annahm, Gott habe die Idee des Betts gemacht, diese sei also sozusagen eine anthropologische Konstante? Nicht alle Menschen schlafen wie in Europa in Betten. Man muß aber den Platontext nicht so lesen, daß dadurch ein bestimmter Typ von Schlafstatt ausgezeichnet wird, so daß z. B. ein Bodenlager, eine Schiffskoje oder eine Hängematte keine Betten seien, sondern die allgemeine Bestimmung der Idee des Betts könnte pragmatisch lauten: Ein Bett ist etwas, auf oder in dem Menschen schlafen können. In diesem Verständnis hängt es vom natürlichen Körperbau des Menschen ab, wann und wodurch eine Art von Schlafstatt ein gutes Bett ist. Dabei mögen die einzelnen Bestimmungsstücke, was verschiedene Körperteile angeht, immer noch kulturell verschieden gewichtet werden, aber sie sind nun jedenfalls anatomisch vorgegeben und nicht nur von uns ausgedacht. In diesem Verständnis bleibt es richtig zu sagen: Die Anforderungen an ein gutes Bett sind ein Ergebnis der Naturgeschichte und in diesem Sinn von Gott gemacht. Wie sie erfüllt werden, mag dann der kulturellen Pluralität überlassen bleiben.

Das Gottesbild der personifizierten Kunst und die Unsrigkeit der Ideen „unsres Geistes" sind die entscheidend neuen Gedanken, mit denen Nikolaus von Kues sich achtzehn Jahrhunderte nach Platon der Ideenlehre wieder zuwandte. Von Seiten der griechischen Götter waren die Künste eine Gabe, die sie den Menschen jenseits des Goldenen Zeitalters gewährten, weil nun „die Obhut der Götter den Menschen fehlte und sie ... sich selbst führen und selbst für sich Sorge tragen mußten" (Platon, Politikos 274d). Dies gilt auch für die „politische Kunst" (Prot 322b) des friedlichen Zusammenlebens. In einem andern Sinn von Kunst wird „das, von dem man sagt, es sei von Natur, durch göttliche Kunst (téchne) hervorgebracht" (Soph 265e), aber diese Redeweise bestimmt weder Platons Gottesbild noch ist die „göttliche Kunst" ein Vorbild der menschlichen und von dieser nachzuahmen. Menschliche Künste dienen vielmehr der Kompensation menschlicher Unvollkommenheiten, und es wäre gänzlich abwegig, sich die Götter, welche einen solchen Ausgleich nicht nötig haben, als Techno-Künstler vorzustellen. Eine Ausnahme ist wohl Hephaistos, der Hinkefuß, der auf den Olymp aber ohnehin nicht so recht paßt. Andere Götter haben das Patronat für die menschlichen Künste, sind darin jedoch selbst keine Vorbilder. Der Wettstreit der Arachne mit Athene, wer am besten spinnen kann, geht dementsprechend nicht gut aus, ebensowenig der von Marsyas mit Apoll.[27]

So sehr nun, wie ich meine, alles dafür spricht, daß eine jenseits des Aufbruchs aus dem Paradies erwachsen werdende Christenheit ihren Platz in der Welt wirklich in der Nachfolge des Erdensohns und *filiatio* Gottes sucht, also Jesus Christus nicht zum sowieso unerreichbaren Vorbild stilisiert, liegt in dieser Vergegenwärtigung doch wiederum die Gefahr der Hybris. Es gab den Gedanken, Gott oder den Göttern ähnlich werden zu wollen, in der griechischen Religion wie später im Christentum zwar auch ohne jede Hybris, nämlich durch die demütige Hinwendung zum Göttlichen in der Abkehr von aller weltlichen Zerstreuung. So hat Platon im „Theaitetos" (176b) den Philosophen in seiner Weltfremdheit geschildert, und so empfahl auch Epikur, sich aus allen Geschäften – dem Besitzstreben wie der Politik – möglichst herauszuhalten. „Denn die Gottheit handelt nicht, ist in keine Geschäfte verwickelt, baut keine Werke auf, freut sich an ihrer Weisheit und Tugend und hat die Gewißheit, daß sie stets im Besitze der größten und ewigen Lustempfindungen sein werde" (1949, 69). Weder diesem Gott noch dem rächenden oder autoritären, liebenden oder leidenden Gott früherer Phasen der jüdisch-christlichen Entwicklung aber galt der Gottebenbildlichkeitswunsch in der Renaissance bei Nikolaus, sondern dem Künstlergott – im damaligen Verständnis einer Verbindung des Handwerkers mit dem Künstler im heutigen Sinn. So hieß es bereits in „De docta ignorantia", die Weltseele, die als eine Entfaltung des göttlichen Geists eigentlich Gott ist, trage die Urbilder aller Dinge in sich wie ein Künstler (artifex) und entfalte sie weiter durch Bewegung (DJ II 10 = I 385). Das Selbstgefühl des Renaissance-Künstlers als *alter deus* beruht auf dem Gedanken, daß Gott selbst ein *alter artifex* sei. Gott gleichkommen zu wollen ist nur nach einem Gottesbild denkbar, bei dem wir überhaupt eine Chance haben, ihm ähnlich zu werden. Im Gottesbild des Künstlers lag der Ansporn, dies nicht in der Hinwendung zur Wahrheit durch die Abwendung vom weltlichen

---

[27] Vgl. Ovid, Metamorphosen VI 1–145.

Geschehen zu tun, sondern es mit ihm aufzunehmen, indem wir es ihm gleichtun. Es ging nun um das Tun. Die Apotheose der Industriegesellschaft (vgl. Abschnitt III.1) ist darin angelegt.

Nach dem Schema der Platonischen *méthexis*-Lehre, aber in einer durch das andere Gottesbild gänzlich unplatonischen Erweiterung des Teilhabe-Gedankens, dachte Nikolaus sich die Kunst des göttlichen Künstlers als die Idee der Kunst, der wir Menschen in unsern Künsten zwar niemals gleich, aber doch mehr oder weniger nahe kommen können. Insoweit Künste es ihrerseits mit dem Nachbilden von Ideen zu tun haben, umfaßt die Idee der göttlichen Kunst (idea divinae artis) jene andern Ideen wie die Idee der Ideen oder die Form alles Formbaren (forma omnium formabilium; JS II = III 463): „Die Gestalt gibt dem Ding das gestaltete Sein (forma enim dat formatum esse rei). Darum ist die unendliche Gestalt die Wirklichkeit (actualitas) aller gestaltbaren Gestalten und ihrer aller ganz genaue Gleichheit." In der vollkommensten Idee der allmächtigen Kunst besteht jedes durch Kunst Gestaltbare in einfachster Gestalt als diese Kunst selbst (in perfectissima omnipotentis artis idea omne per artem formabile simplicissima forma ars ipsa existat). „Die Kunst oder die Weisheit Gottes des Vaters ist die einfachste Gestalt (simplicissima forma) und dennoch das einzige und gänzlich gleiche Urbild (aequalissimum exemplar) all der unendlich vielen gestaltbaren Gestalten" (JS I = III 445 f.). Dabei ist die Steigerung der Gleichheit zur „gänzlichen" Gleichheit so zu verstehen, daß ja bereits die Idee im Platonischen Sinn die Gleichheit der an ihr teilhabenden Dinge ist, so daß die verschiedenen Ideen-Gleichheiten nun in einer höchsten Gleichheit zusammenkommen.

Daß Gott selbst als „forma formarum" (DJ II 7 = I 358) eine Idee höherer Stufe sei, kommt der Platonischen „Idee des Guten" nahe. Dasselbe gilt für das dynamische Verständnis, in dem der Idee der Ideen hier besonders nachdrücklich die Kraft der Einheit (vis unitatis) als eine natürliche Kraft (vis naturalis) zugesprochen wird (JS I = III 447). An anderer Stelle entspricht dem das „unum faciens" (CT 10 = III 684) oder die „unitas uniens" (DC I 12 = II 50), kraft deren die Welt sich entfaltet und umgekehrt (complicite) in ihrem Bestand erhält.

Nachtun aber können wir es dieser Kraft nur in ihrem besonderen Verständnis als einer Kunst. Die göttliche Kunst, meinte der Laie in dem eben zitierten Zusammenhang, ist sogar ein derart genaues Urbild der menschlichen Kunst bzw. Künste, „als wäre sie gar nichts anderes als das Urbild für diese menschliche Gestalt" der Kunst (JS I = III 445). Unser Geist komme in seiner Kraft (vis) der göttlichen Schöpfungskunst so nahe, als habe diese „sich selbst schaffen wollen, und es wäre, weil die unendliche Kunst nicht vervielfältigt werden kann, ihr Abbild (imago) entstanden; einem Maler ähnlich, der sich selbst abbilden will." Und damit nicht genug: weil ja auch das beste Selbstbildnis auf der einmal erreichten Stufe von Ähnlichkeit verharrt, sei uns obendrein die Fähigkeit zur weiteren Vervollkommnung mitgegeben worden, um uns „ohne Begrenzung immer mehr und mehr dem unerreichbaren Urbild gleichzuformen (semper plus et plus sine limitatione inaccessibli exemplari conformandi)" (JM 13 = III 593).

Unsere Kunst so weit vervollkommnen zu können, daß sie der des göttlichen Schöpfungskünstlers beliebig nahe kommt, ist eine sehr weitreichende Vorstellung. Die Bescheidenheit des Nichtwissens und allenfalls einen Blick über die Mauer des Paradieses werfen Könnens wäre hier wohl nicht mehr zu spüren, wenn man – anders als bei Nikolaus – nicht der umfassenden Frömmigkeit gewiß sein könnte, in der sie erfolgt. Gemeint war, durch die grenzenlose Annäherung an Gott in ihm aufzugehen und nicht, sich an seine Stelle zu setzen. Weil die Annäherung aber nicht kontemplativ der Gottesschau, sondern aktionistisch dem Gottestun galt, muß hier der Eindruck der Ambivalenz bestehen bleiben, und dies um so mehr, als das Gottesbild des Künstlers von Nikolaus zusätzlich in einer Weise expliziert wird, wie es dann zum Leitbild der technischen Weltveränderung durch den modernen Menschen geworden ist. Wir sollen uns die Schöpfungskunst Gottes nämlich so vorstellen, daß die Kunst ein Künstler ist (ut ars sit artifex), und zwar mit den der Trinität entsprechenden Eigenschaften Allmacht (omnipotentia), Weisheit (sapientia) und dem Willen (voluntas) zu ihrer Verbindung. In diesem „Geist oder Willen (in spiritu seu voluntate), in dem die Weisheit des Sohnes und die Allmacht des Vaters sind", wirkt die Kraft der Schöpferkunst in ungeteilter Dreieinigkeit. „Diese Verknüpfung, den Geist oder Willen, kannten die Platoniker nicht (ignorarunt Platonici), da sie diesen Geist nicht als Gott erkannten, sondern für einen von Gott entspringenden (a Deo principiatum) Geist hielten, der als Seele so die Welt beseelt, wie unsere vernünftige Seele unseren Körper" (JM 13 = III 591).

Die unserm Geist miterschaffene Kraft, durch die er sich der Wirklichkeit der göttlichen Kunst angleichen kann (actualitati divinae artis conformiorem facere potest), soll in der Einheit seines Wesens nun ebenfalls gerade die Dreiheit von Mächtigkeit, Weisheit und Willen (potentia, sapientia et voluntas) sein. „In seiner Wesenheit fallen Meister und Meisterschaft wie in einem lebendigen Abbild der unendlichen Kunst zusammen. Wenn es angeregt ist, kann es sich der göttlichen Wirklichkeit ohne Ende ähnlicher gestalten (sine termino conformiorem facere potest), auch wenn die unerreichbare Genauigkeit der unendlichen Kunst immer bestehen bleibt" (JM 13 = III 593 f.).

Macht bzw. Allmacht, Weisheit bzw. Allwissenheit und Willen lassen sich als Werdenkönnen, Machenkönnen und Geist oder Willen der Verknüpfung (JM 11 = III 571) zwar auf die allgemeine Trinität, die der Welt von ihrem Ursprung her eigen ist, beziehen. Vor allem aber sind sie diejenigen Eigenschaften Gottes, nach denen der abendländisch moderne

Mensch es ihm in der Neuzeit als *alter deus* gleichzutun gesucht hat. Die Allmacht war und ist das Leitbild der Technik wie die Allwissenheit das der Wissenschaft, und dies für Nikolaus sogar in den einzelnen Wissenschaften nach göttlichem Vorbild, denn „Gott hat bei der Erschaffung der Welt Arithmetik, Geometrie und Musik und zugleich Astronomie angewendet. Dieser Künste bedienen auch wir uns, wenn wir die Bezugsverhältnisse (proportiones) der Dinge und der Elemente und der Bewegung erforschen" (DJ II 13 = I 411). Der freie Wille schließlich, den in Anspruch zu nehmen wohl das allgemeinste Leitbild der Neuzeit gewesen ist, war hier zwar ebenfalls noch eine Eigenschaft der unmittelbaren Gottebenbildlichkeit und vom späteren Autonomismus weit entfernt: „Du hast mir, Herr, das Sein gegeben... Diese Kraft (vis), die ich von Dir erhalten habe und in der ich ein lebendiges Abbild der Kraft (virtus) Deiner Allmacht besitze, ist der freie Wille, durch den ich die Aufnahmefähigkeit für Deine Gnade vergrößern oder verringern kann" (VD 4 = III 105 f.). So wie Nikolaus diese Freiheit empfunden hat, gehörte sie zum Erwachsenwerden des Menschen. Man kann sich aber auch leicht vorstellen, wie der Gedanke, unser freier Wille sei ein lebendiges Abbild von Gottes Allmacht, in Hybris umschlägt, sei es gegenüber unserer natürlichen Mitwelt oder gegenüber Gott. Verbunden mit der Allmacht der Technik und der Allwissenheit der Wissenschaft, war dies das bisherige Schicksal der Moderne.

Das Begreifen des Künstlergotts – zunächst des göttlichen Künstlers selbst, dann aber auch des vergöttlichten Menschenkünstlers – ist das Hervorbringen oder die Produktion der Dinge (conceptio divinae mentis est rerum productio; JM 3 = III 503).[28] Dieser Gott ist also produktiv, wie auch wir es sein möchten. Erstaunlicherweise sind noch weitere Charaktere des frühneuzeitlichen Gottesbilds in das Leitbild der industriegesellschaftlichen Wirtschaftstätigkeit eingegangen, z.B. die Annahme, daß Gott alles um seiner selbst willen bewirke (omnia propter seipsum operatur), um gleichermaßen das Prinzip und das Ziel (finis) von allem zu sein (DC I 3 = II 7/VD 25 = III 215). Der humanegoistisch-anthropozentrische *homo oeconomicus*, der ja auch alles nur nach seinem Maß und um seinetwillen geschehen lassen möchte, scheint danach eine Säkularisierung des frühneuzeitlichen Gottesbilds zu sein. Noch erstaunlicher wäre es, wenn geistliche Bedürfnisse, da sie religiös nicht mehr befriedigt werden, in Motivationen der Konsumgesellschaft umgeschlagen wären, aber auch dies ist nicht auszuschließen. So heißt es im Kirchenkapitel von „De docta ignorantia": „Gepriesen sei Gott, der uns einen Geist gegeben hat,... dessen Verlangen kein Ende findet... und der erkennt, daß er sich... nur im Genuß des besten, höchsten, nie abnehmenden Gutes

---

[28] Im Hinblick auf die Geschlechtlichkeit Gottes wäre es eine interessante Lesart, *conceptio* auch als Empfängnis zu verstehen.

sättigen kann, indem der Genuß nicht vergeht, weil das Verlangen nicht abnimmt. ... die Natur dieser Speise ist so, daß sie zugleich sättigt und das Verlangen anregt (satiando acueret appetitum). ... So wäre er [der Essende] stets fähig, diese Speise zu verzehren, deren Kraft (virtus) darin bestünde, den Gesättigten in unaufhörlich brennendem Verlangen zur Speise zu drängen" (DJ III 12 = I 511). Hier ging es um die geistliche Nahrung der Seele. Besteht aber das Leitbild der Konsumgesellschaft nicht gerade darin, auch den Gesättigten in unaufhörlich brennendem und kaufkräftigem Verlangen zu neuerlichem Konsum zu drängen?

Diese Säkularisierungen verhalten sich zu dem, was Nikolaus hat sagen wollen, wie der *artifex alter deus* zum *deus alter artifex*. Als mögliche Verweltlichungen aber waren sie in seinem Denken angelegt. Hätte der Fortgang in die Krise der Moderne nur dadurch aufgehalten werden können, daß der Glaube, wie ihn Nikolaus noch hatte, bewahrt worden wäre? Ich sehe in seinem Entwurf konkretere Korrektive, die grundsätzlich auch heute noch geltend gemacht werden könnten. Ihnen ist der Schluß dieses Abschnitts gewidmet.

Vom Gleichgewicht der Bewegung

Nach den vorangegangenen Überlegungen wäre es nicht abwegig, die Bedeutung von Nikolaus von Kues für die abendländische Bewußtseinsentwicklung etwa folgendermaßen zu resümieren: Nikolaus hat sich (1) den christlichen Gott als Künstler und (2) seine Schöpfungskunst wie eine Platonische Idee gedacht, so daß die menschlichen Künste der göttlichen als ihre Nachbilder grundsätzlich beliebig nahekommen können. Er hat durch dieses Gottesbild des *deus alter artifex* grundsätzlich dem Menschenbild des *artifex alter deus* den Weg bereitet. Als gläubiger Christ wäre er selbst diesen Weg nie gegangen. Tatsächlich aber hat er der Menschheit gezeigt, wie man sich Gott vorstellen müßte, um die eigene Apotheose nach Art der Industriegesellschaft ins Werk zu setzen. Andere, die nicht mehr seinen Halt im Glauben hatten, sind diesem Wegweiser gefolgt.

Dieses Resümee würde aber die spätere Entwicklung stärker legitimieren, als sie es bei genauerer Prüfung nach Nikolaus verdient. Es ist nämlich nicht richtig, daß allein der Verlust des Glaubens genügt, um ihn als einen Vordenker der späteren Industriegesellschaft erscheinen zu lassen. Vielmehr verletzt deren Entwicklung drei weitere Bedingungen, die aus seiner Sicht hätten eingehalten werden sollen und deren Erinnerung uns bestimmtere Auswege aus der Krise weisen kann. Es sind (a) die Kunst der Bedürfnisse, (b) die Einbettung der Technik in die Natur und (c) das Mitsein aller Dinge.

(a) Die Kunst der Bedürfnisse

Wie kam Nikolaus darauf, daß der Mensch gerade als Künstler Gott nahekommen könne? Die spezifisch menschlichen Vermögen sind die Sinnlichkeit, der Verstand und die Vernunft. Eben diesen schrieb Nikolaus die Wirklichkeit der Entfaltung aus der Ruhe zur Bewegung zu: Die Vernunft neigt sich zum Vernehmen und zum Lieben (inclinatur igitur intellectus ad intelligere et amare), der Verstand zum Verstehen (ratio ad ratiocinari) und die Sinnlichkeit zum Empfinden (sensus ad sentire; DC II 17 = II 203). Deswegen, so meinte er, komme es zur künstlerisch-handwerklichen Tätigkeit des Menschen!

Der auf den eben paraphrasierten folgende Satz lautet nämlich: Daraus folgt, daß die Vernunft (intellectus) danach strebt, die vernunfthaften Künste – d. h. überlegende Betrachtungen (speculationes) – aus dem vernunfthaft partizipierten Licht zu ihrer Ernährung, Erhaltung, Vervollkommnung und Zierde zu erfinden (studet adinvenire). Ebenso gewinnt der Verstand (ratio) die Künste des Verstandesdenkens aus dem verstandesmäßig partizipierten Licht und die Sinnlichkeit (sensus) die sinnenhaften Künste zur Ernährung, Erhaltung, Vervollkommnung und Zierde der sinnlichen Natur aus dem sinnlich partizipierten Licht (DC II 17 = II 203 f.).

Der Schluß, daß Vernunft, Verstand und Sinnlichkeit sich gerade in den Erfindungen der Künste spezifisch entfalten, klingt nur dann überraschend, wenn man sich diese dabei wie die moderne Technik vorstellt. Die Rede ist aber, so muß gegenüber der heutigen Welt, in der sich die Erfindungen von den Bedürfnissen gelöst haben, betont werden, von Erfindungen zur Deckung von Bedürfnissen: Ernährung, Erhaltung, Vervollkommnung und Zierde. Ich denke, daß dieses Spektrum der Grundbedürfnisse sich neben heutigen Reihungen ähnlicher Art (vgl. Maslow 1943) durchaus sehen lassen kann. Insbesondere das Streben danach, in der eigenen Natur vollkommen zu sein (DJ II 12 = I 405), ist umfassender als die Selbstverwirklichung bei Maslow, weil sie auf die individuelle Natur in ihrem Verhältnis zum Ganzen der Natur bezogen ist. Hervorzuheben ist auch, daß dieselben Bedürfnisse in der sinnlichen, der rationalen und der Vernunftsphäre gleichermaßen geltend gemacht werden, also doch wohl einander entsprechen sollen. Daß der Leib, die Seele und der Geist je eigene Bedürfnisse zur Ernährung, Erhaltung, Vervollkommnung und Zierde haben, deren in spezifischer und abgestimmter Weise gedacht werden sollte, könnte die heutige Bedürfnisforschung und die industrielle Wirtschaft sogar auf ganz neue Wege bringen. Wenn uns beispielsweise die Logik zur Jagd auf die Weisheit, von der der Geist sich ernährt, gegeben ist (VS 1 = I 9 f.) und die Vernunft sich in Liebe erfüllt, kann eine Konsumwirtschaft, welche von diesen Bedürfnissen ablenkt, der Natur des Menschen nicht entsprechen.

Der von Nikolaus gezogene Schluß bedeutet, daß die Sinnlichkeit, der Verstand und die Vernunft ihr Bewegungssein entfalten, indem sie sich an den menschlichen Bedürfnissen im Ganzen der Natur orientieren. Was könnte man dagegen haben? Jetzt aber wird das Bewegungssein in seinem kritischen Potential gegenüber der Moderne erst richtig interessant, insoweit nämlich das Gleichgewicht von Progreß und Regreß dazugehört. Im Prozeß-Pantheismus von Nikolaus von Kues wird das Sein immer zugleich in zwei Richtungen bewegt: Eines ist alles, und alles ist Eines. Es ist gegenläufig dieselbe Bewegung, daß das Licht herabsteigt und die Schatten heraufsteigen oder daß die Einheit sich in die Andersheit entfaltet und diese in der Einheit zusammengehalten oder eingefaltet wird. Nur in dieser Einheit der Gegensätze kommt es zu einem „natürlichen Fortschreiten" wie von Baum zu Baum oder von Same zu Same in einer Progression, die immer in der Rückbindung oder dem Regreß auf das Ganze aufgehoben bleibt. Durch die Verzeitlichung der Spannung von Einheit und Andersheit zum Bewegungsgleichgewicht von Progreß und Regreß wie überhaupt durch den Grundgedanken, daß sich die Zeit und die Bewegung aus der Ewigkeit und der Ruhe entfalten, gibt es bei Nikolaus den Zukunftsgedanken, der die Neuzeit so durchgreifend bewegt hat. Auch in seinem Verständnis teilt sich das anzustrebende Gute in der Richtung des Fortgangs der Welt mit. Das Kriterium der Balance von Progreß und Regreß bedeutet aber, daß der Fortschritt das Gleichgewicht oder die Ruhe der Rückbindung in das sich entfaltende Eine bewahren soll und sich nicht überschlagen darf. Der Fortschritt der Industriegesellschaft hat diese Bedingung nicht eingehalten, sondern er hat das Gleichgewicht verloren.

Ruhe zu bewahren bedeutet für die Progression nicht, daß sie kein Ziel hat, das Ziel und die Ruhe verloren hat aber der heutige Fortschritt. Bei Nikolaus waren die Zeit-Worte ‚Wiederholung' und ‚Fortgang' die Grundbestimmungen der Urzeugung des Kosmos aus der Trinität, und er betonte die Prozeßhaftigkeit des Seins vielleicht gerade deswegen so grundsatzlich, damit dieser Prozeß auch einmal wieder auslaufen kann. Die geistigen Kräfte in der Welt sollen sich als ein Ziel konstituieren, und zwar nicht nur um unsretwillen (DC II 13 = II 155). Die Menschheit gelangt zu sich selbst, indem sie ihre Kraft (virtus) entfaltet (DC II 14 = II 161), aber die Welt selbst hat ein Ziel darüber hinaus. In Christi Geist kommt das Vollenden der zu schaffenden Natur zur Ruhe (quiescit perfectio creabilis naturae; VD 25 = III 217).

(b) Einbettung der Technik in die Natur

Nikolaus sah keinen Gegensatz zwischen Natur und Kunst. Beispielsweise fand er das Denken für den Menschen natürlich, jedoch keineswegs ohne Kunst – der eine kann es besser, der andere weniger gut (DC II 12 = II 147). Generell meinte er: Die *rationes* der künstlichen Dinge (artificialium) werden auf das Ziel der natürlichen hin geordnet (ordinantur ad finem naturalium). Anfang und Ende der künstlichen Dinge ist nämlich die Natur (natura extitit). Die verständige Kunst – das Reden, Weben, Säen, Kochen usw. – wird also auf das Ziel der sinnlichen Natur hingeordnet (ad finem sensibilis naturae ordinatur), so wie die Kunst der Vernunft auf das Ziel der verständigen Natur (sicut ars intelligentiae ad finem rationalis naturae; DC II 12 = II 149). Nikolaus hatte zu seiner Zeit wohl keinen Grund zum Zweifel, ob diese Sätze, die heute normativ klingen, für die damalige Wirtschaftswirklichkeit auch empirisch zutrafen. Für uns aber ergibt sich die Forderung, die Bestimmungen der technischen Artefakte auf die der nicht von uns geschaffenen Naturdinge hinzuordnen, als ein einzuhaltendes, in der Industriegesellschaft aber nicht eingehaltenes Kriterium.

Wie die Einbettung der Kunst bzw. Technik in das Ganze der Natur nach Nikolaus vorzustellen wäre, kann man sich wohl nach der Schilderung des Nußbaums denken, der in Gott Gott selbst ist (VD 7 = III 121). Wenn der Baum eine Entfaltung Gottes ist, sollte eigentlich alles, was wir mit dem Baum machen, als eine weitere Entfaltung dieses Ursprungs im Ganzen der Natur gemeint sein können. In allgemeinerer Form hieße das, die Ideen in unserm Bewußtsein, nach denen wir wie der Löffelschnitzer Artefakte bilden, so als Naturgestalten zu entwickeln, daß sie zum naturgeschichtlichen Dasein des Holzes wie des Menschen passen. Ob der Löffelschnitzer es hier letztlich doch mit Platon halten sollte, macht für die Wirtschaftstätigkeit einen großen Unterschied. Nur diejenigen Artefakte herzustellen, deren Idee wir uns als von Gott gemacht denken können, heißt nämlich, sich dabei möglichst an den tatsächlichen oder wahren Bedürfnissen zu orientieren, so wie das Bett am Körperbau oder den Löffel an der Form des Mundes. Wird statt dessen alles, was Menschen sich ausdenken, zum Entwurf einer technischen Produktion genommen, so bleibt im Sinn des Löffelschnitzers immer noch die gleichermaßen kritische Frage, welche menschliche Kunst der göttlichen wirklich nachgebildet ist.

Für Nikolaus verbanden sich die Ideen der nichtmenschlichen Welt mit denen von Artefakten zwanglos im selben Bewußtsein. So meinte er, die Einheit des Verstands spezifiziere die Vielheit der sinnlichen Individuen ebenso (sic!) wie durch die Einheit des Verstands unzählige Paare Schuhe hergestellt werden (parantur; DC II 12 = II 149). Soviel ich sehe, beruht diese Korrespondenz auf einem verum-factum-Prinzip, in dem die Dinge nicht nur so erkannt werden, wie wir sie hervorbringen können, sondern so, wie sie von Gott oder von Natur hervorgebracht werden bzw. – was die Artefakte angeht – werden würden. Es lautet, wobei für Gott auch die Natur eintreten kann: Man erreicht (attingitur) nichts so, wie es ist, außer in der ihm eigenen Wahrheit, durch die es ist (per quam est), letztlich also nur im göttlichen Denken, durch das alles ist (per quem omne ens existit;

DC I 13 = II 59), allein in dessen Teilhabe unser Geist jedoch existiert. Nikolaus hätte Wissenschaft und Technik danach nicht in die Verantwortungslosigkeit entlassen, sondern als ein im Ganzen der Natur zu legitimierendes Erkenntnishandeln gutgeheißen.

(c) Vom Mitsein aller Dinge

Daß die Erde nicht die Mitte der Welt ist, war die Entdeckung von Nikolaus Kopernikus. Der Grundgedanke, daß die Welt überhaupt keine Mitte hat, stammt von Nikolaus von Kues. Er ist die Voraussetzung dafür, daß es ein Jahrhundert später zu der astronomischen Entdeckung kommen konnte. Auf den Kosmos bezogen – der nun *machina mundi* hieß, das Weltgefüge, ohne die *machina* mechanistisch zu meinen – lautete der ‚kopernikanische' Gedanke bei Nikolaus von Kues, es sei so, „als hätte er überall seinen Mittelpunkt und nirgends seinen Umkreis, da sein Umkreis und sein Mittelpunkt Gott ist, der überall und nirgends ist" (DJ II 12 = I 397). Über die astronomischen Verhältnisse hinaus bedeutet dies eine grundsätzliche Eigenwertigkeit aller Dinge in der Gemeinschaft der Natur. Jedes Geschöpf ist als solches vollkommen und trachtet nicht danach, ein andres zu sein, als ob es dadurch vollkommener würde (DJ II 2 = I 329f.)! Überall ist Mitte, und von jeder Mitte aus gibt es Nähen und Fernen. Aus diesem allgemeinen Gleichstellungsprinzip ergibt sich dann u. a. die im Kantischen Sinn kopernikanische Relativierung aller Erfahrung auf die Wahrnehmungsform, in der sie erfolgt: In den Pflanzen ist der *sensus* pflanzlicher Natur (vegetativae naturae), in den Tieren ist er tierischer Natur (animalis naturae) und in den Vernunftwesen ist er vernünftiger (intellectualis) Natur. Ebenso verhält es sich mit dem Verstand und der Vernunft. „Die vernunfthafte Subtilität, durch welche die Pflanze ihr Wurzelwerk hervortreibt, um mit Hilfe der Schwerkraft Halt zu gewinnen, ist im Pflanzlichen pflanzlicher Natur; die vernunfthafte Subtilität, durch welche die Tiere jagen und die für zukünftige Bedürfnisse gesammelten Dinge bewachen, ist bei den Tieren (in animalibus) tierisch. Im Höchsten (in supremis) aber ist die vernunfthafte Subtilität Weisheit (sapientia), die zur Wahrheit selbst hinführt. Jeder Geist (spiritus) hat also auf seine Weise an den Elementen der geistigen Natur (spiritualis naturae) so teil, wie der Körper an denen der körperlichen." In den Vernunftwesen gebiert die Natur vernunfthafte Frucht, in den Tieren tierische, in den Pflanzen pflanzliche (DC II 10 = II 139/DC II 12 = II 147).

Für den Menschen bedeutet dies, daß er nicht anders als nur menschlich urteilen kann (non potest iudicare nisi humaniter), „da sein Urteil innerhalb der menschlichen Natur verschränkt (contractum) ist. Und das Gebundensein an diese Verschränkung verläßt er nicht beim Urteilen. Genauso würde auch ein Löwe, wenn er Dir [Gott] ein Gesicht zuschriebe, es für nichts anderes als ein löwenartiges, ein Rind für das eines Rindes und ein Adler für das eines Adlers halten" (VD 6 = III 115/DC II

12 = II 159). Jakob von Uexküll hätte sich in seiner Umweltenlehre passender auf Nikolaus von Kues als auf Kant berufen, da Kant nur die menschliche Wahrnehmung auf die besonderen Formen menschlicher Erfahrung relativiert hat, wohingegen Nikolaus wie später Uexküll bereits alle Lebewesen einbezogen hat. Sogar an der Individualisierung innerhalb einer Species fehlt es nicht, daß, wenn etwas Sichtbares von vielen gesehen wird, dies nicht in gleicher Weise geschieht, „da zwei nicht genau gleich sehen können" (CT 11 = III 689).

Nikolaus hat die Relativierung der Wahrnehmung auf die jeweilige Rezeptivität auch physiologisch bereits so formuliert, wie sie im 19. Jahrhundert als das Prinzip der spezifischen Energien von Johannes Müller wiederentdeckt worden ist: Der Geist im Sehnerv kann nicht durch Töne gereizt werden, sondern nur durch Farben (spiritus in nervo optico non est offendibilis per species sonorum, sed solum per species colorum; JM 7 = III 536). Dementsprechend ist das Auge nicht nur sonnenhaft, sondern es sieht die Sonne augenhaft, wie Jakob von Uexküll den Goetheschen Satz später ergänzte. Auf der je spezifischen Wirklichkeit („Energie") der verschiedenen Sinnesorgane, immer nur nach ihrer besonderen Einrichtung auf Eindrücke reagieren zu können, das Auge nur durch Lichtwahrnehmung, die Nase nur durch Geruchswahrnehmung etc., beruht die Uexküllsche Umweltenlehre in der Verhaltensforschung. In allgemeiner Form findet sich sein Umweltkonzept sogar bereits bei Nikolaus von Kues, nämlich in der Feststellung, die Lebewesen einer *species* würden darin eins, daß sie sich eine spezifische Region schaffen und an allem teilhaben, was dazugehört (animalia unius speciei quasi unam regionem specificam facientia se uniunt; DJ II 12 = I 404). Dem Umweltgedanken, daß die Gemeinschaft einer *species* sich in der allen Individuen gemeinsamen „spezifischen Region" konstituiert, ließ Nikolaus die Platonische Idee entsprechen, in der z. B. alle Hunde durch die ihnen gemeinsame eigengestaltliche Natur eins werden (DJ II 6 = I 355).

Nikolaus ist aber sozusagen auch bereits wieder über Uexküll hinausgegangen, indem er die jeweilige Eigenwertigkeit aller Dinge und Lebewesen relativ zu ihrer besonderen Natur betont hat, ohne der Pluralität ihren Zusammenhang zu opfern. Dieser ist ihre Gemeinschaft im Ganzen der Natur. Es gibt keinen Eigenwert eines Individuums oder einer *species*, der nicht auf ihrer aller Mitsein im Ganzen bezogen wäre: Nichts im Universum taugt etwas außer in der Einheit und Ordnung des Universums (nihil igitur universi diligendum est, nisi in unitate atque ordine universi; DC II 17 = II 207). Alles hat seinen Eigenwert, aber es hat ihn nur in der Einheit und Ordnung des Ganzen! Es gibt keine schärfere Absage an die humanegoistische Anthropozentrik und jede entsprechende Zoozentrik als diese. Die Relativierung aller Eigenständigkeit auf die Ordnung des Ganzen oder die Gemeinschaft der Natur hat bei Nikolaus jedoch keinerlei totalitäre Züge. Ein schönes Bild für die Vielfalt der Welt in ihrer

Hinordnung auf das Eine ist das eingangs beschriebene Gemälde von Rogier van der Weyden, auf das Nikolaus sich am Anfang von „De visione Dei" bezieht. Gott trägt „um jeden einzelnen so Sorge..., als ob er sich allein um ihn, der erkennt, daß er angeblickt wird, kümmern würde und um keinen anderen" (VD o = III 99). Sein Antlitz ist das Urbild jedes einzelnen, als ob es das keines andern sein könnte (VD 6 = III 115). Dies gilt nicht nur für Menschen, sondern für alles in der Welt. Er widmet dem geringsten Geschöpf die gleiche eifrige Sorge wie dem größten und dem ganzen Universum (VD o = III 99). Darum ist jedes Geschöpf als solches vollkommen und trachtet nicht danach ein anderes zu sein, als ob es dadurch vollkommener würde. In jedem Geschöpf ist das Universum ganz und gar dieses Geschöpf (DJ II 2 = I 329f./DJ II 5 = I 345). In mir schreibt es gerade dieses Buch. Dies ist der Grundgedanke der Ganzheitlichkeit, wie ich ihn besser nicht auszudrücken wüßte.

Ganzheitlichkeit wird hier nicht so gedacht, daß das Individuum hinter dem Ganzen zurückgesetzt würde, sondern sie erfüllt sich in den Individualitäten. Der liberale Holismus im Ganzen der Natur, der sich auf diese Weise ergibt, entsprach der politischen Grundhaltung des Cusaners, die Geltungskraft einer Ordnung von der Verständigung und dem allgemeinen Konsens abhängig zu machen und nicht allein von dem Willen des Papstes (quod canonum statuendorum auctoritas non solum dependet a papa, sed a communi consensu; De concordantia catholica II 11). Die menschliche Lebensordnung sollte im Einklang mit der des Ganzen der Natur stehen. Dies setzt freilich hier wie dort ein Selbstverständnis voraus, in dem jedes Einzelne sein Dasein in der Gemeinschaft oder im Mitsein mit Andern zu erhalten sucht (agat in communione cum aliis). „So dient der Fuß dadurch, daß er lediglich zum Gehen da ist, nicht nur sich selbst, sondern auch dem Auge, den Händen, dem Körper und dem ganzen Menschen; ebenso verhält es sich mit dem Auge und den übrigen Gliedern und ähnliches gilt auch für die Teile der Welt" (pariformiter de mundi partibus; DJ II 12 = I 401). Diese Gemeinschaft dachte Nikolaus sich nun aber nicht nur im Sinn einer Art Funktionstrennung oder Arbeitsteilung, sondern in einem Mitsein einzelner Individuen oder Organe, das sie selber konstituiert. Hand und Fuß gehören nicht nur zu einem Ganzen, zu dem auch das Auge gehört und somit sie alle miteinander, sondern sie sind selbst mit im Auge, jedoch sind sie „im Auge nicht Hand und Fuß, sondern Auge, sofern das Auge selbst unmittelbar im Menschen ist. Ebenso sind alle Glieder im Fuß Fuß, insofern der Fuß unmittelbar im Menschen ist" (DJ II 5 = I 349). Dieses Mitsein ist ein Alles-in-Allem und geht damit weit über die bloße Wahrnehmungsförmigkeit der Wahrnehmung oder Erkenntnisförmigkeit der Erkenntnis hinaus, denn danach ist nicht nur in der Sinnlichkeit alles sinnlich und in der Vernunft alles vernünftig, sondern: Im Stein ist alles Stein (omnia in lapide lapis) und in der vegetativen Seele diese Seele (in anima vegetativa ipsa anima), im Leben ist alles Leben (in vita vita) und im Sinnlichen ist alles sinnlich (in sensu sensus): im Gesicht Gesicht (in visu visus) und im Gehör Gehör (in audito auditus); in der Vorstellung ist alles Vorstellung (in imaginatione imaginatio), im Verstand Verstand (in ratione ratio), in der Vernunft Vernunft (in intellectu intellectus), in Gott ist alles Gott (in Deo Deus). Vergegenwärtigen wir uns also, wie die Einheit der Dinge oder das Universum in der Vielheit ist und umgekehrt die Vielheit in der Einheit (DJ II 5 = I 347)!

III. Selbst-Sicherheit durch eine Wissenschaft der Tat-Sachen

> Das Leben fragt sich selber, was es sei.
>
> *Viktor von Weizsäcker (1954, 57)*

Der neuerliche Aufbruch aus dem Paradies, der mit der kopernikanischen Wende des neuzeitlichen Bewußtseins eingesetzt hat, ist bisher eher ein Gang in die Welt hinaus als einer in die Welt hinein geworden. Ich meine damit, daß im menschlichen Verhältnis zur natürlichen Mitwelt die Vernunft sich im wesentlichen gerade nicht zum Vernehmen und Lieben neigt, der Verstand zum Überlegen und die Sinnlichkeit zum Empfinden, wie Nikolaus von Kues sich den menschlichen Umgang mit der übrigen Welt vorgestellt hat (DC II 17 = II 203). Dies alles sind Charaktere des Mitseins, wie sie Menschen in der Nachfolge des eingeborenen Gottessohns erfahren würden, wenn sie als mündige Erdenbürger in die Welt *hinein*gingen, um ihren Platz in der Gemeinschaft der Natur selbst zu finden. Was statt dessen stattgefunden hat, ist im wesentlichen ein Eroberungszug in die Welt *hinaus*, wo der Fremde auf sich selbst gestellt ist und gut daran tut, sich gegen Unvorhergesehenes zu sichern, indem er Abhängigkeiten und Bindungen vermeidet, also möglichst unabhängig und mobil bleibt. Dies ist ein anderer Weg als der ‚ins Freie‘, in die neue Offenheit der Welt, um dort im Mitsein mit Anderen und Anderem seßhaft zu werden und Sicherheit umgekehrt gerade in gemeinsamen Abhängigkeiten zu finden. Dabei ist auch das ‚Freie‘ in einer zu respektierenden Weise fremd, also nichts weniger als eine Idylle, jedoch so, daß man sich dort nicht grundsätzlich bedroht fühlt, wohl aber Gefahren wahrnimmt, denen man sich aussetzt.

Gefahren wahrzunehmen, die auch das Mitsein birgt, beruht auf einer prinzipiell andern Einstellung als dem Grundverdacht der Feindlichkeit der äußeren Welt. Wer sich bewußt ist, daß auf See oder im Urwald mit Gefahren zu rechnen ist, braucht ein allgemeines Mitsein nicht auszuschließen, in dem zum Ende der Zeiten auch diese Gefahren befriedet werden mögen; er macht dann weder den Fehler, die Natur für Feindesland noch sie für eine Idylle zu halten, d. h. den erhofften Endzustand schon jetzt für gegeben anzunehmen. Es wäre deshalb fahrlässig, nicht auf Sicherheit bedacht zu sein, jedoch nicht einseitig als Sicherheit des Menschen vor der übrigen Welt, sondern so, daß man auch die Rechte der natürlichen Mitwelt anerkennt und letztlich den Frieden mit der Natur in einer „gemeinsamen Sicherheit" sucht, in der weder wir die natürliche Mitwelt noch diese uns zu fürchten braucht.

Ich übernehme das Konzept der Gemeinsamen Sicherheit aus der internationalen Friedensforschung. Es stammt von Egon Bahr (1982) und ist als Alternative zur ostwestlichen Abschreckungspolitik in den Bericht „Common Security" der Palme-Kommission eingegangen. Für die internationalen Verhältnisse besagt es, daß man „Sicherheit... nicht mehr zu Lasten Verunsicherter" (Baudissin 1978, 2) gewinnt, d. h. als autonome Sicherheit durch Unabhängigkeit und militärische Stärke, sondern nur im gemeinsamen Interesse der jeweiligen Konfliktpartner (Bahr/Lutz 1986). Sich auch in der Natur nicht mehr durch ein Feindbild zur autonomen Sicherheit verleiten zu lassen, sondern die gemeinsame Sicherheit im natürlichen Mitsein zu suchen, ist sinngemäß derselbe Gedanke.

Der Weg in die Welt hinein ist der der Freiheit, der in die Welt hinaus ist der der Autonomie. Um der Freiheit willen braucht man Abhängigkeiten im Mitsein der gemeinsamen Sicherheit nicht zu scheuen, zur Autonomie aber gehört Unabhängigkeit. Autonomie ist die Freiheit *vom* Mitsein, nicht die Freiheit *im* Mitsein.[1] Der Weg der Unabhängigkeit ist nicht notwendig stets gewaltsam. Nicht dazuzugehören, sondern unabhängig bleiben zu wollen wahrt aber doch die Fremdheit der Zugewanderten. Nach meinem Verständnis ist diese Haltung, die der interplanetarischen Eroberer, der christlichen geradezu entgegengesetzt, weil sie sich der Inkarnation oder dem irdischen Eingeborensein verweigert. Sie fällt damit auch hinter das Alte Testament zurück, in dem dies Zur-Welt-Kommen immerhin angelegt war. Zwar korrespondiert die Erdenfremdheit der Eroberer der Außerweltlichkeit Jahwes; soweit sie die Herrschaft über die Schöpfung aber nicht in seinem Namen – als gerechte Herrschaft – suchen, handeln sie auch nicht in der Ebenbildlichkeit zum alttestamentlichen Vatergott. Die religiöse Grundlage des Autonomiestrebens ist nach meinem Verständnis das spätmittelalterliche und neuzeitliche Gottesbild, so wie es in der scholastischen Tradition auch bei Nikolaus von Kues angelegt war, in Verbindung mit der Vorstellung, diesem Bild unbegrenzt ähnlich werden zu können. Es ist das Gottesbild der Allmacht, der Allwissenheit und des Willens zu ihrer Verbindung, wie sie Nikolaus in die-

---

[1] Anders als in der Friedensforschung bedeutet Autonomie sowohl umgangssprachlich als auch unter Philosophen in der Regel etwas selbstverständlich Gutes, ohne daß diese Bewertung der Freiheit vom Mitsein gleichermaßen zu gelten braucht. So ist es auch in den Arbeiten von Scherhorn (vgl. den Epilog zu diesem Buch). Ich folge diesem Sprachgebrauch nicht, sondern verstehe Autonomie als das, was das Wort besagt. Selbst Gesetzgeber zu sein heißt, daß die Gesetze nicht im Mitsein gebildet sind. Nach meinem Gefühl sollte man Wörter nicht gegen ihren Wortsinn gebrauchen, weil sich dieser immer wieder einschleicht. Ich folge deshalb auch keinen ‚Strategien'.

ser Reihenfolge dem Vater, dem Sohn und dem Heiligen Geist – den die
Platoniker noch nicht gekannt hätten – zugeordnet hat (JM 13 = III
591 ff.). Dieses Gottesbild ist
– dasjenige, dem die abendländische Menschheit durch die tendenzielle
  Allmacht der Technik, die tendenzielle Allwissenheit der Wissenschaft
  und den Willen zur Weltveränderung durch die Verbindung von Wissen und Macht gleichzukommen gesucht hat;
– eines, das sich der – auch von Nikolaus ins Auge gefaßten – menschlichen Annäherung nicht verweigert und eigentlich geradezu danach
  aussieht, dasjenige Gottesbild zu sein, in dem wir Gott nicht nur nahe-
  zukommen wünschen, was immer ein religiöses Bedürfnis war, sondern es ihm gleichzutun hoffen können.
In den Leitbildern des modernen Lebens sind überdies weitere Charaktere des mittelalterlichen Gottesbilds wiederzuerkennen, z. B. die Allge-
genwart im modernen Verkehrssystem, welches ja tatsächlich tendenziell
so angelegt ist, daß man jederzeit möglichst schnell überall sein kann, indem nicht Wege zurückgelegt, sondern Entfernungen überwunden werden. Das heutige Informationssystem folgt demselben Ideal in anderer
Weise.

Das geschilderte Gottesbild ist aber nicht das des mündigen Erdenbürgers, der sich ins Freie begibt, um seinen Platz in der Gemeinschaft der
Natur nicht einfach zu haben, sondern ihn selbst zu finden. Ein allmächtiger und allwissender Wille ist ja insoweit entmündigend, als er immer
allem überlegen ist und weder Söhne und Töchter noch Partner braucht.
„Perfection is terrible, it cannot have children", heißt es in einem Gedicht
von Elliot. Den jüdisch-christlichen Vatergott kann ich in diesem Bild
nicht wiedererkennen, wohl aber das Gesicht einer politisch und geistig
autoritären Kirche, die nicht mehr die des Cusaners war und deren Herr-
schaftsbedürfnissen es in der Reaktion auf die Spaltung um so mehr ent-
gegenkam, die Gläubigen von Mündigkeit zu entlasten.

1. Apotheose der Industriegesellschaft

Im Jahrhundert der Vernichtung, wie das 20. Jahrhundert im Rückblick
vielleicht einmal heißen wird, ist der „Abschied vom allmächtigen Gott"
(Schiwy 1995) von vielen Menschen schon vollzogen. Die Weltkriege, der
Einsatz der Atombomben, die bis in die Gegenwart andauernden Völker-
morde und der Tod, den die Industriegesellschaften über die natürliche
Mitwelt gebracht haben, sind mit der Vorstellung eines sowohl allmächtigen als auch allgütigen Gottes, der alledem von oben her stattgibt, nicht
vereinbar.[2] Als höchste Macht ist Gott nicht zu verstehen: „Und wer den

---

[2] Vgl. Abschnitt I.2 zur Frage der Theodizee.

‚Allmächtigen' Gott nennt, der redet in der furchtbarsten Weise an Gott vorbei" (Barth 1947, 52).[3] Um so wichtiger ist es, uns zu vergegenwärtigen, daß es sich hier weder um den Gott Hiobs noch um einen bloßen ‚Gott der Philosophen' gehandelt hat, sondern um ein geschichtsmächtiges Bewußtsein, das unser Handeln – und sei es als eine „Männerphantasie" (Marti 1995, 186) – latent auch dort noch leiten könnte, wo wir uns von dem Gedanken an den allmächtigen Gott bereits verabschiedet zu haben meinen.

Wie sollten Menschen in der Nachfolge des zur Welt gekommenen Gottessohns als mündige Erdenbürger der kopernikanischen Herausforderung folgen, wenn sie nur einen allgewaltigen Gott über sich wußten, von dem sie sich niemals freigegeben fühlen konnten? Der Weg in die Mündigkeit oder das Erwachsenwerden war unter diesem, gegen jede biblisch genauere Auslegung durch die geistliche Autorität gestützten Gottesbild enorm erschwert. Viel näherliegender war es, statt dessen der Autonomie Gottes wiederum mit Autonomie gleichkommen zu wollen. Der Grundgedanke der Ebenbildlichkeit verträgt sich nicht mit jedem Gottesbild. Ein herrschender Gott, der nicht allmächtig ist, kann Herrschaft abgeben, ein allmächtiger Herrscher kann es nicht, sondern bleibt allmächtig. Ein liebender Gott, der Freiheit duldet und sogar wünscht, kann gleichermaßen Ebenbilder ertragen, denn Freiheit und Liebe koexistieren partnerschaftlich. Ein autonomer Gott aber kann neben sich keine weitere Autonomie dulden, weil sie der seinen Grenzen setzt. Also ist die Ebenbildlichkeit in diesem Gottesbild nur erfüllbar, wenn wir ihm nicht nur ähnlich werden, sondern an seine Stelle zu treten suchen. Die Apotheose der Industriegesellschaft ist die Geschichte dieses Versuchs. Ich schildere sie hier nur in großen Zügen, soweit es darauf für den Gedankengang dieses Buchs ankommt.

Im Bild des Erwachsenwerdens ist außer dem Gedanken der Gottebenbildlichkeit auch der der Gotteskindschaft aufgenommen. Horst Eberhard Richter hat die abendländischen Allmachtsbedürfnisse aus psychoanalytischer Sicht damit verglichen, wie Kinder, die ihrer Eltern nicht mehr sicher sind, in einen Drang verfallen, „alles übersehen und dirigieren zu wollen", sich dabei aber selbstschädigend überfordern. „Es läßt sich vermuten", meint Richter, „daß sich in den Europäern beim Übergang vom Mittelalter in die Neuzeit Prozesse abgespielt haben, die dem hier erläuterten kindlichen Reaktionsmuster verwandt sind, und daß wir immer noch von den Konsequenzen dieser Prozesse betroffen sind ... Anwachsende Geborgenheitsunsicherheit im Verhältnis zu Gott erzwang einen Ausgleich durch narzißtische Selbstsicherung ... Der lange Zeit als

---

[3] Karl Barth behält den Gedanken der Allmächtigkeit Gottes in einem andern Sinn bei, jedoch so, daß diese mit keiner weltlichen Macht kommensurabel ist (1947, 50ff.).

großartige Selbstbefreiung gepriesene Schritt des mittelalterlichen Menschen in die Neuzeit war im Grunde eine neurotische Flucht aus narzißtischer Ohnmacht in die Illusion narzißtischer Allmacht ... Die Angst, sich die seit dem Mittelalter nur verdrängte infantile Abhängigkeitsposition einzugestehen, ist fatalerweise momentan immer noch viel größer als die Angst, mit einem objektiv selbstmörderischen Größenwahn unterzugehen. Das ist der Fluch dieses kollektiven Komplexes, des Ohnmacht-Allmacht-Komplexes, den man auch zusammenfassend als ‚*Gotteskomplex*' bezeichnen kann" (1979, 20ff./29ff.). Richter beschreibt außerdem, wie die aus der Verlassenheitsangst in die unumschränkte Dominanzhaltung flüchtenden Kinder „in aller Regel hartnäckige Egozentriker" (aaO 32) bleiben, was sich leicht auf den anthropozentrischen Humanegoismus verallgemeinern läßt.

Ich halte die Naturkrise der wissenschaftlich-technischen Welt in der individualpsychologischen Parallele nicht für eine Kindheitskrise, sondern für eine Adoleszenzkrise, stimme der Richterschen Analyse sonst aber zu. Nachdem Richter dem „Gotteskomplex" zunächst in der allgemeinen Philosophiegeschichte und dann vor allem in den Bewußtseinsstrukturen der Gegenwart nachgegangen ist, handeln die folgenden Überlegungen vom Gottesbild der Philosophen und dem entsprechenden Erkenntnisideal in der modernen Naturwissenschaft.

Was ich als Apotheose der Industriegesellschaft beschreibe, war für Hans Blumenberg (1920–1996) ein „Daseinsprogramm" der „humanen Selbstbehauptung", „unter das der Mensch in einer geschichtlichen Situation seine Existenz stellt und in dem er sich vorzeichnet, wie er es mit der ihn umgebenden Wirklichkeit aufnehmen ... will" (1966, 211f./159). Mir ist die Humanität dieses Programms nicht mehr erkennbar. Zwischen Blumenbergs – historisch viel detaillierteren, jedoch nicht in einen systematischen Entwurf eingebetteten – Überlegungen zur Rechtfertigung der Neuzeit und meiner Suche nach Auswegen aus dem nicht mehr zu Rechtfertigenden liegt nicht nur eine Generation, sondern auch das Ende der Nachkriegszeit durch die Entdeckung der Grenzen des Wachstums. Mich bewegt nicht mehr die „Not der Selbstbehauptung" nach der „Zerstörung des Vertrauens in die dem Menschen zugewandte Ordnungsstruktur der Welt" (aaO 216/160), sondern die Selbstbeschränkung des Menschen in der Not der Natur nach dem Verlust des Vertrauens in das Pathos der eigenmächtigen Selbstbehauptung des Menschen.

Von einer Apotheose der Industriegesellschaft zu sprechen ist insoweit mißverständlich, als die damit gemeinte Entwicklung längst vollendet war, bevor im heutigen Sinn von einer Industriegesellschaft gesprochen werden konnte. Sie liegt im wesentlichen sogar vor der Industriellen Revolution. Die eigentliche Apotheose war die Assimilation des modernen Menschen an das Gottesbild der Verbindung von Allmacht und Allwissenheit im weltverändernden Willen. Zu dieser Assimilation, ohne die es weder die Industrielle Revolution noch die Industriegesellschaft gegeben hätte, ist es nicht dadurch gekommen, daß sie ausdrücklich gesucht worden ist, im Gegenteil: Wenn jemand dafür so einprägsam eingetreten wäre, wie Francis Bacon (1561–1626) für die Entwicklung der modernen Naturwissenschaft und Technik oder Galilei (1564–1642) für das Kopernikanische System, hätte dies wohl eher abschreckend gewirkt. Die Apotheose hat auch nicht dort schon wirklich begonnen, wo Menschen bereits im Mittelalter technischen Allmachtsphantasien nachgehangen haben, die erst im 20. Jahrhundert wirklich geworden sind. Beispielsweise hat sich der Franziskanermönch Roger Bacon (ca. 1220–1292) bereits 700 Jahre vor der Neutronenbombe Waffen vorgestellt, mit denen Feinde in der Ferne sogar, ohne sie zu berühren, umgebracht werden könnten, was seiner Meinung nach die Überlebenden von der Macht des Christentums überzeugen sollte. Begonnen hat die Apotheose vielmehr dort, wo man vielleicht am wenigsten an dergleichen und überhaupt an denkbare Weltveränderung gedacht, sondern nur in neuer Weise nach der Wahrheit, damit aber auch nach einer neuen Art von Wahrheit gesucht hat, nämlich der der modernen Naturwissenschaft.

Naturwissenschaft seit Kepler

Gefragt wurde nach den Gedanken Gottes bei der Schöpfung, und dies ist für viele Naturwissenschaftler, soweit sie sich über ihre erkenntnisleitenden Gefühle Rechenschaft geben, bis heute die Wahrheit, um die es ihnen – religiös oder in einer säkularisierten Form – geht. Ein großes Beispiel und einer der Begründer der modernen Naturwissenschaft war Johannes Kepler (1571–1630). Sein erstes Buch hieß „Das Weltgeheimnis" (Mysterium Cosmographicum, 1596) und hatte die Entschlüsselung dieses Geheimnisses – der Anordnung der Planeten relativ zur Sonne – zum Gegenstand. „Ich habe mir vorgenommen", ließ er den Leser wissen, „in diesem Büchlein zu beweisen, daß Gott der Allgütige und Allmächtige bei der Erschaffung unserer beweglichen Welt und bei der Anordnung der Himmelsbahnen jene fünf regelmäßigen Körper, die seit Pythagoras und Plato bis auf unsere Tage so hohen Ruhm gefunden haben, zu Grunde gelegt und ihrer Natur Zahl und Proportionen der Himmelsbahnen, sowie das Verhältnis der Bewegungen angepaßt hat" (aaO 19). Gefragt wird hier also, nach welcher Ordnung Gott das – heliozentrisch gedachte – Planetensystem geschaffen habe, und die Antwort lautet, er habe dabei geometrische Strukturen zugrunde gelegt, nämlich die fünf Platonischen Körper.[4] „Denn wir sehen hier, wie Gott gleich einem menschli-

---

[4] Vgl. „Weltharmonik" (1619, 98). Daß diese Theorie nicht haltbar war, bringt das Erkenntnisinteresse, das sich in der Naturwissenschaft sonst allzu leicht hinter der Richtigkeit der Ergebnisse verbirgt, um so deutlicher zum Vorschein.

chen Baumeister, der Ordnung und Regel gemäß, an die Grundlegung der Welt herangetreten ist und jegliches so ausgemessen hat, daß man meinen könnte, nicht die Kunst nehme sich die Natur zum Vorbild, sondern Gott selber habe bei der Schöpfung auf die Bauweise des kommenden Menschen geschaut" (aaO 6).

Dies ist ein erstaunlicher und für die Denkweise der aufkommenden Naturwissenschaft gleichwohl charakteristischer Gedanke: Nicht die Sinnendinge, sondern den „Bau der Welt" (aaO 46) gilt es zu erkennen; gebaut aber ist die Welt so, wie auch wir sie bauen würden, und zwar vom Allmächtigen, dem somit auch wir es nachzutun hätten. Aristoteles hatte denselben Gedanken in umgekehrter Richtung: Wenn Häuser von Natur entstünden, kämen sie geradeso zustande wie jetzt durch die Baukunst (Phys 199a12f.). Artefakte sind danach so gemacht, wie die Natur sie machen würde, wohingegen Kepler meinte, die Naturdinge seien so gemacht, wie wir sie machen würden. In demselben Sinn stellte Descartes einige Jahrzehnte später überrascht fest, daß die Regeln der Mechanik – d. h. die, nach denen die technischen Mechaniker etwas bewirken – dieselben seien wie die der Natur („que les regles des Mechaniques... sont les mesmes que celles de la nature"; 1637, V.14 = 1911, 45). Und gerade so meinte es auch Galilei, als er Aristoteles um dieselbe Zeit vorwarf, er sei in der Astronomie viel zu schnell mit den Sinneseindrücken bei der Hand, statt sich zunächst einmal den Bau der Welt theoretisch zu überlegen; dies seien „Anzeichen, daß er die Absicht hat, uns falsche Karten in die Hände zu spielen, den Bauplan dem fertigen Gebäude anzupassen, nicht aber das Gebäude nach den Vorschriften des Planes aufzurichten (di volere accomodar l'architettura alla fabbrica, e non costruire la fabbrica conforme a i precetti dell'architettura)" (1632, 40 = 1891, 17).

Ein Beleg für das Prinzip, die Dinge zu erkennen, indem wir sie selbst hervorbringen können, findet sich bereits bei Leonardo da Vinci (1452–1519). Im „Traktat über die Malerei" (ca. 1510–15) beschäftigt er sich mit den Gesetzen oder Regelmäßigkeiten des Pflanzenwuchses und bemerkt dazu: „Du Maler also, der du solche Regeln nicht besitzest, sei, um dem Tadel der Sachverständigen zu entgehen, willig und stets bereit, Alles, was du machst, nach der Natur abzuzeichnen, und schenke dir nicht das Studium, wie die Geldmacher thun" (1882, § 834a = II 249). Wer jedoch die Regeln kennt, kann die Pflanze zeichnerisch konstruktiv wachsen lassen und braucht sie nicht Stück für Stück abzuzeichnen. Leonardos Pflanzenzeichnungen sehen – wie seine Wellenbilder – so aus, als seien sie in einem solchen Bewußtsein der Konstruktivität entstanden.

Dem entspricht nach Leonardos Empfinden das „Wohlgefallen des Malers (Piacere del pittore)": „Die Göttlichkeit, die die Malereiwissenschaft besitzt, macht, daß sich der Geist des Malers in ein Abbild des göttlichen Geistes verwandelt, denn er kann in uneingeschränkter Macht (libera potesta) die Hervorbringung (generatio) verschiedener ‚essentie' von unterschiedlichen Tieren, Pflanzen, Früchten, Landschaften (paesi), Gefilden (campagne), Bergstürzen, furchterregenden und erschreckenden Orten, die ihre Betrachter mit Schrecken (terrore) erfüllen, ins Werk setzen (discorre); – aber auch angenehme, süße (suavi) und erfreuliche Orte (lochi) mit Blumenwiesen in unterschiedlichen Farben…; vom Hochgebirge herabkommende Flüsse mit dem Impetus der großen Überschwemmungen, die vor sich die entwurzelten Pflanzen herjagen, vermischt mit Steinen, Wurzeln, Erde und Schaum; alles mit sich reißend, was sich ihrer Zerstörungskraft entgegenstellt; und das Meer mit seinen Wirbelstürmen (proccelle) ringt und kämpft mit den Winden, die sich mit dem Meer eine Schlacht liefern, sich mit den stolzen Wellen in die Höhe erhebend" (aaO § 68 = I 126).[5] Es folgt eine dramatische Schilderung des wütenden Kampfs von Wind und Wasser, die so detailverloren ist, daß man schon daran spürt, wie Leonardo sich in der Macht des Malers gefällt, dies alles hervorbringen zu können. Es ist so, als hätten die Künstler sich Platons Kritik zu Herzen genommen und blickten nun auch auf die Idee, jedoch so, daß sie es nicht nur dem Handwerker, sondern – wie Nikolaus' Löffelschnitzer – gleich dem Schöpfer nachzutun versuchten.

Ein charakteristisches Beispiel für die konstruktivistische Art der Wahrheitssuche ist, daß Kepler, als er die sichtbaren Planeten in keiner erkennbaren Ordnung um die Sonne fand, es zunächst einmal mit der Erfindung zusätzlicher, aus noch zu erklärenden Gründen uns unsichtbarer Planeten versuchte, um sie alle zusammen – die sichtbaren und die unsichtbaren – in einer nachvollziehbaren Ordnung zu finden (1596, 20f.). Kepler hat diesen Versuch selbst wieder aufgegeben und sich nach dem „Weltgeheimnis" überhaupt erst einmal gründlich auf Tycho Brahes empirische Daten eingelassen, das Buch aber nach 25 Jahren unverändert wieder erscheinen lassen und in den hinzugefügten Anmerkungen keinerlei Gesinnungswandel hinsichtlich des Erkenntnisideals zum Ausdruck gebracht. Dazu gab es wohl auch keinen Anlaß, denn er hatte damit den Weg der modernen Naturwissenschaft gewiesen. Was die hinzugedachten unsichtbaren Planeten anging, so führte derselbe Gedanke im 19. Jahrhundert den Astronomen Leverrier zur Entdeckung des Neptun, der zunächst auch nur hypothetisch angenommen wurde, um bestimmte Abweichungen der andern Planetenbewegungen von den nach der Newtonschen Himmelsmechanik berechneten zu erklären. An der Existenz des Neptun ist inzwischen kein Zweifel mehr. Als Leverrier dann freilich den Planeten Vulkan erfand, um in gleicher Weise der Periheldrehung des Merkur – in ihrer Abweichung von den Gesetzen der klassischen Mechanik – Rechnung zu tragen, und sich gute Gründe ausdachte, warum dieser Planet mit den verfügbaren Instrumenten gänzlich unsichtbar sein

---

[5] In der Übersetzung von Frank Fehrenbach. Vgl. zu Leonardo Fehrenbach 1996.

müßte, erwies sich die Abweichung von der Theorie schließlich aber doch als eine Abweichung der Theorie von der Wirklichkeit, allerdings erst sehr viel später durch die Allgemeine Relativitätstheorie (vgl. Hanson 1963, 27). Dies änderte gleichwohl nichts daran, daß zur naturwissenschaftlichen Erkenntnis neuzeitlicher Art in der Regel nur der auf Sinneseindrücke angewiesen ist, „der Vernunftgründe nicht verstehen will oder kann", wie Galilei den Aristoteliker Simplicio spitz wissen ließ (1632/ 1891, 179). Beispielsweise ist das Neutrino – und für andere Elementarteilchen gilt grundsätzlich dasselbe – eigentlich ein Defizit in den Erhaltungsgrößen der Physik, das man aus guten Gründen zu einem Teilchen hypostasiert hat.

Mit Recht hat Kepler von Kopernikus gesagt, er habe „uns zudem einen immer noch unerschöpften Schatz von wahrhaft göttlichen Einsichten (thesaurum ... divinissimorum ratiociniorum) in die so herrliche Ordnung der ganzen Welt und aller Körper erschlossen" (1596, 31=1938, 16). Kepler war ein frommer Mann und wollte seine Arbeit wirklich dem Lob Gottes widmen. „Wem das Lob unseres Schöpfers und Herrn am Herzen liegt, der lese das 5. Buch meiner Harmonik", erklärte er dazu nach Professorenart (1596, 39). Die „göttlichen Einsichten" aber, zu denen er wie Kopernikus und so viele andere nach ihnen beiden beigetragen hat, waren nicht nur Einsichten zum Lob Gottes, sondern sie waren auch göttliche Einsichten derer, denen vielleicht doch nur menschliche Einsichten zugestanden hätten, der Menschen nämlich. Durch die Wahrheitssuche der modernen Naturwissenschaft hat die abendländische Menschheit sich auf den Weg der „göttlichen Einsichten" in Menschengestalt begeben. Dies hätte immer noch ein christlicher Weg werden können, wenn dabei nicht der autonome Gott das Leitbild geboten hätte, dem dann auch die Industriegesellschaft gefolgt ist.

Die Äußerungen der großen Naturwissenschaftler sind hinsichtlich der „göttlichen Einsichten" nicht einheitlich. Sogar Newton (1643–1727), den zu den Ahnherrn der Industriegesellschaft zu rechnen prima facie eigentlich viel näher liegt als Kepler, hielt hier entschieden mehr auf Abstand: „Eben so wie der Blinde keine Idee von den Farben hat, haben wir auch durchaus keine Idee von der Weise, wie der weiseste Gott fühlt und alle Dinge erkennt", erklärte er (1686, 510). Goethe hätte sich daran gefreut haben können, wie Newton hier die Erhabenheit Gottes gerade durch die Farbempfindung beschreibt. Der Selbstinterpretation der Naturwissenschaftler ist freilich immer nur insoweit zu trauen, wir wir sie in ihren Werken bestätigt finden. Gerade Newton aber war es, der durch die Verbindung der Keplerschen Gesetze mit dem Galileischen Trägheitsprinzip zur klassischen (theoretischen) Mechanik einen der bis heute größten Erfolge errungen hat, die Verfügbarkeit der Dinge für ein autonomes Bewußtsein naturwissenschaftlich zu sichern. Und es war derselbe Grundtenor wie bei Kepler, als im 20. Jahrhundert Albert Einstein

(1879–1955) gegen die Bohr-Heisenbergsche Quantentheorie aus tiefstem Herzen mit dem Einwand protestierte: Gott würfelt nicht!, oder der bescheidene Max Planck (1858–1947) in demselben Sinn meinte, wenigstens der ‚liebe Gott‘ aber werde doch die Impulse und die Orte der Elementarteilchen gleichzeitig wahrnehmen können. Plancks Bemerkung macht besonders deutlich, daß der außerweltliche, von oben auf alles herabsehende Gott unverändert der der klassischen Physik ist: Wir, die wir hienieden in das Geschehen verwickelt sind, können wegen dieser Verwicklung die Orte und Impulse nicht wissen, Gott aber behält den distanzierten Überblick. Das Erkenntnisideal der klassischen Naturwissenschaft war von Anfang an diese ‚göttliche Einsicht‘ und ist es bis heute geblieben. Planck und Einstein haben diesen Weg auch noch in der Atomphysik – erfolglos – zu gehen versucht. Erst Niels Bohr (1885–1962) hat von den Grenzen unserer Erkenntnis her gedacht.

Descartes, Locke und Leibniz

Noch eindeutiger sind die Gedanken der Philosophen. Descartes (1596–1650) schloß zwar daraus, daß wir uns eine Vollkommenheit vorstellen können, welche wir *nicht* haben, also gerade aus der Verneinung unserer Göttlichkeit, auf den göttlichen Ursprung dieser Vorstellung und somit auf die Existenz Gottes. Der dazu methodisch fällige Zweifel dürfte ihm jedoch willkommen gewesen sein: „Aber vielleicht bin ich [doch] etwas mehr, als ich selbst einsehe", fuhr er fort, „und alle jene Vollkommenheiten, die ich Gott zuteile (tribuo), sind in gewisser Weise der Möglichkeit nach in mir, wenn sie sich auch noch nicht hervortun und noch nicht zum Wirklichsein (ad actum) hingebracht werden; denn ich erfahre bereits, daß meine Erkenntnis allmählich wächst; und ich sehe weder, was dagegenstände, daß sie so mehr und mehr wachse bis ins Unendliche, noch auch, warum ich nicht vermöge der so gewachsenen Erkenntnis alle übrigen Vollkommenheiten Gottes erreichen könne" (1641, III.26 = 1956, 81 f.). Natürlich nahm der Autor diesen Gedanken sofort wieder zurück: „Doch nein, es kann vielmehr nichts davon sein …", denn: „Wenn ich dagegen von mir selbst existierte, … so wäre ich selbst Gott" (aaO 27/30 = 83/85). Auf den darauf gefaßten Leser aber dürfte der hypothetische Stachel, wir könnten vielleicht doch die Vollkommenheiten Gottes – vor allem seine Unabhängigkeit, seine Macht und sein Wissen – erreichen, stärker gewirkt haben als der pflichtschuldige Widerruf.

Was der Autor wirklich meinte, war ja auch ganz klar, wenn er an anderer Stelle schrieb, es sei „der aus diesen und jenen Rädern zusammengesetzten Uhr ebenso natürlich, die Stunden anzuzeigen, als es dem aus diesem oder jenem Samen aufgewachsenen Baum natürlich ist, diese Früchte zu tragen" (1644, IV.203 = 1955, 246), daß das Menschenwerk also Gottes Werk nicht nachstehe. Erstaunlich ist die Klarheit, in der Descartes hier im Jahr 1644 die Ideale der modernen Industriegesellschaft als Eigenschaften Gottes, die der Mensch sich aneignen könne, zusammenfaßte: Unabhängigkeit (substantia independentis), Unbegrenztheit (substantia infinita – bis über die Grenzen des Wachstums hinaus), höchste Einsicht (substantia summe intelligentis) und höchste Macht (substantia summe potentis), von der alles in der Welt geschaffen ist (1641, III.22 = 1956, 79), seien es Uhren oder Bäume. Die Allwissenheit in der Unabhängigkeit ist das bindungslose Wissen, durch das Menschen dem Gott ähnlich werden, der selber ohne Bindungen ist bzw. Bindungen immer nur selbst herstellt und sie nicht im Mitsein annimmt.

Fünfzig Jahre später wurde der Gedanke, daß unsere Wissenschaft dem göttlichen Wissen gleichkommen könne, von John Locke (1632–1704) schon viel unbefangener ins Auge gefaßt. Es ging wieder um die Vorstellung Gottes, in Lockes Sinn eine aus einfachen Vorstellungen zusammengesetzte Vorstellung. Wie kommen wir zu dieser Vorstellung? Weiß ich etwas, so kann ich mir vorstellen, doppelt so viel zu wissen, dann nach einer weiteren Verdoppelung viermal so viel usw., bis mein Wissen alles Existierende (all things existing) umfaßt. Genauso kann ich es machen, um nicht nur immer mehr zu wissen, sondern alles noch immer besser zu wissen. So also bilde ich mir die Vorstellung eines unendlichen oder grenzenlosen Wissens (idea of infinite or boundless knowledge), und ebenso, meinte Locke, geht es mit der Allmacht, der Ewigkeit und allen anderen Vollkommenheiten Gottes (perfections; Essay 1690, §33 f. = II 23). Sein Wissen ist danach so zu denken wie die vollendete Wissenschaft, nach sehr vielen Verdoppelungen ihres Umfangs. Geradeso hat man in der Wissenschaftsforschung das Tempo des Fortschritts durch Verdoppelungszeiten des Wissens zu quantifizieren versucht. Durch Wissenschaft erheben wir uns zur Allwissenheit des scholastischen Gottesbilds. Und wenn wir durch ein exponentielles Wachstum zu Gott zu kommen und es ihm gleichtun zu können meinen, brauchen wir uns wohl auch nicht zu wundern, wenn einmal Grenzen des Wachstums erreicht und überschritten werden.

Im 18. Jahrhundert charakterisierte Leibniz (1646–1716) Gott – die „Substanz, *die den Grund ihres Daseins in sich selbst trägt*" – durch (1) Einsicht, um sich unter vielen Möglichkeiten für eine zu entscheiden, (2) Macht, um diese zu verwirklichen, und (3) den Willen, dies auch zu tun und dadurch Gutes zu wirken (1710, §7 = II 1, 217ff.). Dies klingt von vornherein schon sehr menschlich, und die entsprechenden Fähigkeiten werden denn auch den Menschen als „Abbilder[n]" der Gottheit oder des Urhebers (l'Auteur) der Natur selbst" gleichfalls zugeschrieben, freilich mit dem Mangel, jeweils nur einen Teil der Welt ganz klar wahrzunehmen und das übrige verworren (confuse). Innerhalb seines eigenen Umkreises aber sei der menschliche Geist „fähig, das System des Universums zu erkennen und etwas davon in Proben eigener Systembaukunst nachzubil-

den (imiter quelque chose par des echantillons architectoniques); denn jeder Geist ist in seinem Bereiche gleichsam eine kleine Gottheit" (comme
une petite divinité; 1714*, § 83/60). „... und Gott erfreut sich gewissermaßen an diesen kleinen Göttern", meinte Leibniz, „wie wir uns an den
Kindern erfreuen, die sich allerlei Beschäftigungen machen, die wir unter
der Hand fördern oder verhindern, je nach Belieben. Der Mensch ist also
gleichsam ein kleiner Gott (un petit dieu) in seiner eigenen Welt oder seinem Mikrokosmos, den er nach seiner Weise regiert: er schafft zuweilen
Wunderwerke darin, und oft ahmt seine Kunst die Natur nach" (1710,
§ 147 = II 1, 459). Diese Schilderung klingt zunächst so, als spielten wir
noch wie die Kinder unter elterlicher Aufsicht und als liege das Paradies
nicht hinter uns. Auch Leibniz aber läßt die Rivalität zwischen den Menschen und dem allmächtigen Gott anklingen, indem er anschließend aus
Claudians Carmina minora die Stanze zitiert, in der Jupiter mißtrauisch
beobachtet, wie Archimedes' Hand sich ‚als Rivalin der Natur' zeigt.

Leibniz war zu weise und außerdem wohl zu konfliktscheu, um den
Gegensatz zu bewerten. Die hier angedeutete Religionsgeschichte der industriegesellschaftlichen Überheblichkeit kann ohnehin bei weitem nicht
allem neuzeitlichen Denken des Menschen in seinem Verhältnis zu Gott
und zur übrigen Welt gerecht werden. Montaigne, Pascal und Burke, Spinoza, Goethe und Schelling haben anders gedacht als meine Zeugen der
Apotheose, und in Nietzsches Inthronisierung des in seiner Unabhängigkeit durch nichts mehr beschränkten Menschen hat sich die Welle schon
gebrochen. Meine Frage ist lediglich, wie der abendländische Mensch gemeint hat, es zur eigenen Vergöttlichung und damit zur Autonomie in der
Natur bringen zu können. Die Antwort ist: Er hat sich den Schöpfer so
gedacht, daß er sich an seine Stelle setzen und dadurch der Natur als dem
Anderen, von dem wir kein Teil sind, nur noch gegenüberstehen könne –
mit der Allmacht der Technik, der Allwissenheit der Wissenschaft und in
der gesetzgebenden Autonomie des modernen Menschen, aber ohne
Liebe.

Leibniz wandte sich einmal sogar ausdrücklich dagegen, daß die Liebe
der Erkenntnis vorausgehen solle. Vielmehr sei die Erkenntnis unsere
Leidenschaft und die Liebe das Vergnügen, das sich daraus ergibt (Ainsi
la lumiere est notre passion, l'amour est le plaisir qui en resulte; Brief an
Molanus, März 1695, 366f.). In dieser Reihenfolge spricht nichts dagegen,
„die Natur selbst ... gleichsam auff die folterbanck zu bringen", wie Bacon
empfohlen habe (Brief an Wagner 1696 = V 2, 86). Konsistenterweise beschrieb Leibniz die moralische Welt als eine Enklave innerhalb der natürlichen Welt und wollte Gottes Güte auf jene beschränkt wissen, während
sich seine Weisheit und Macht überall bekunden sollte (1714*, § 86).
Kants Zweireichelehre ist damit vorgezeichnet. Dieses Denken ist des
Ganzen nicht einmal uneingedenk, sondern geht in seiner Weise selbst
aufs Ganze. So allerdings dürften wir es in Zukunft nicht mehr meinen.

Kants vermessene Bescheidenheit

Vollends an die Stelle des allmächtigen Gottes versetzt hat sich der moderne abendländische Mensch dann sozusagen in kritischer Bescheidenheit, nämlich in derjenigen Phase von Immanuel Kants (1724–1804) Philosophie, in der sie „das Subjekt so hoch erhebt, indem sie es einzuengen scheint" (Goethe, HA X 539). Es ist dies die Zeit der ersten beiden großen „Kritiken", der „Kritik der reinen Vernunft" (1781, ²1787) und der „Kritik der praktischen Vernunft" (1788). Allerdings ist Kant bereits mitten in diesen Jahren, nämlich 1784 durch Johann Gottfried Herder (1744–1803) auf einen andern Weg gebracht worden, der ihn später über die „Kritik der Urteilskraft" (1790) in sein nachkritisches Alterswerk geführt hat. Kant ist auf diesem Weg dem Denken seiner vorkritischen Jahre wieder näher gekommen, in denen Herder sein Schüler gewesen war. Ich beschränke mich hier auf die Grundgedanken des ‚kritischen' Entwurfs und komme im dritten Abschnitt dieses Kapitels auf den andern Weg, den ich – anders als den jetzt zu schildernden – auch heute noch für zukunftweisend halte, zurück.

Die Kritische Philosophie war bei aller Originalität und Geisteskraft Kants das typische Produkt eines in dem Sinn kritischen Zeitalters, daß das Herkommen oder die historische Würde – sei es von Einrichtungen, Personen oder Behauptungen – grundsätzlich nicht mehr als ein Ausweis ihres Werts anerkannt wurde, sondern alles sich einem neuen „Probierstein des Werts oder Unwerts" (KrV A 12) aussetzen lassen sollte. „Unser Zeitalter ist das eigentliche Zeitalter der *Kritik*", erklärte Kant im Vorblick auf die „Kritik der reinen Vernunft", „der sich alles unterwerfen muß. *Religion*, durch ihre *Heiligkeit*, und *Gesetzgebung*, durch ihre *Majestät*, wollen sich gemeiniglich derselben entziehen. Aber alsdenn erregen sie gerechten Verdacht wider sich, und können auf unverstellte Achtung nicht Anspruch machen, die die Vernunft nur demjenigen bewilligt, was ihre freie und öffentliche Prüfung hat aushalten können" (KrV A XI). Dieser Anspruch selbst wird von Kant nicht weiter begründet, sondern politisch als der seines Zeitalters eingeführt. Das bürgerliche Pathos, daß Achtung nur dort verdient sein kann, wo sie ‚unverstellt' gewährt wird, und die kritische Prüfung alles Hergebrachten ‚frei und öffentlich' erfolgen solle, ist inzwischen aber ja sogar zu einem Grundzug der demokratischen Gesellschaft geworden und insoweit auch heute im allgemeinen nicht begründungsbedürftig, was freilich den Mißbrauch nicht ausschließt. Einer solchen Kritik wird nun überdies die Vernunft selbst ausgesetzt, die dazu allerdings in eigener Sache aufgerufen ist, indem sie „das beschwerlichste aller ihrer Geschäfte, nämlich das der Selbsterkenntnis aufs neue zu übernehmen" habe (aaO).

Fragt man sich, wieso alles andere – Religion und Majestäten – sich vor der Vernunft auszuweisen habe, um deren ‚unverstellte Achtung' zu ge-

winnen, diese aber sich selbst legitimieren dürfen soll, so ist auch darauf
bei Kant keine Antwort zu finden. Es wird nur erklärt, daß man die Vernunft ja in sich selber antreffe und somit der Aufforderung des Persaios
folgen möge: „Kehre bei dir ein, und du wirst bemerken, wie knapp bemessen dein Hausrat ist" (KrV A XX). Was bei dieser Einkehr sonst noch
zu finden wäre, ist eine von Kant im wesentlichen vermiedene Frage (vgl.
Böhme/Böhme 1985). Die Konzentration auf das Ich und die eigenen
Gesinnungen bleibt ein Grundzug der Kritischen Philosophie, den Kant
mit den Stoikern teilt.

Kant hat hier aber nicht nur der Vernunft eine Sonderrolle zugewiesen,
sondern zusätzliche Bedingungen gestellt, denen diese in der Geschichte
des Vernunftgebrauchs nicht jederzeit genügt habe. Er wäre wohl bis auf
einige Ausnahmen nicht einmal bereit gewesen, den vorkritischen Vernunftgebrauch überhaupt als solchen anzuerkennen, denn: „So viel ist gewiß: wer einmal Kritik gekostet hat, den ekelt auf immer alles dogmati-
sche Gewäsche", wobei ziemlich offenbleibt, welchen seiner Vorgänger –
den vom ihm als Skeptiker geschätzten David Hume (1711–1776) ausgenommen – Kant von diesem harten Verdikt verschont wissen wollte. Der
Wortgebrauch des Ekelns und des Gewäschs gibt zu erkennen, daß die
Rationalität für Kant – wie auch heute – eine höchst emotionale Angelegenheit ist und letztlich aus einem Gefühlsbewußtsein gerechtfertigt
wird. Der Satz steht in den „Prolegomena" (1783), die der Einführung in
die Kritische Philosophie und insbesondere in die zwei Jahre zuvor er-
schienene, etwas ledern geschriebene „Kritik der reinen Vernunft" dienen
sollten, und wird von einer Erklärung gefolgt, der nun genauer zu entnehmen ist, zu welchem besonderen Gebrauch Kant die Vernunft zu
schnüren gedachte: „Die Kritik verhält sich zur gewöhnlichen Schulme-
taphysik gerade wie *Chemie* zur *Alchimie*, oder wie *Astronomie* zur
wahrsagenden *Astrologie*." Wer sich darauf einlasse, werde nie mehr zur
„alten... Scheinwissenschaft zurückkehren", sondern eine neue Metaphysik „in seiner Gewalt" sehen (1783, A 190).

Diese neue philosophische Gewalt ist demnach als eine wissenschaftliche gedacht, und zwar mit allem Pathos, in dem sich die wissenschaftliche
Chemie der Alchemie (auch der des Paracelsus) oder die Astronomie der
Astrologie (auch der Keplerschen) in der Regel bis heute überlegen
dünkt. Es geht aber gar nicht primär um Gewalt, sondern um Sicherheit.
Mit diesem Motiv beginnt die – neugeschriebene – Vorrede zur 2. Auflage
der „Kritik der reinen Vernunft" 1787 gleich im allerersten Satz, der ja
nach einer schönen Beobachtung Hans Erich Nossacks oft so etwas wie
„die Tonart, die Stimmung oder die Atmosphäre" (1962, 81) alles Folgenden angibt. Der Satz lautet: „Ob die Bearbeitung der Erkenntnisse, die
zum Vernunftgeschäfte gehören, den sicheren Gang einer Wissenschaft
gehe oder nicht, das läßt sich bald aus dem Erfolg beurteilen." Als das
Gegenbild zum erfolgreich *sicheren* Gang nennt Kant das bloße „Herum-

tappen", bei dem man unsicher ist und ins Stocken gerät, vielleicht wieder umkehrt, neue Wege probiert und wo überdies unter den Beteiligten Uneinigkeit besteht, welcher Weg gegangen werden sollte (KrV B VII). Gemeint ist also ein Weg, auf dem es immer weitergeht und den man eigentlich so geht, als ob man ihn schon gegangen wäre, so daß niemals eine Unsicherheit entsteht, wie es weitergeht.

Wie kann das Denken von Unsicherheit entlastet werden, indem es alle Wege so geht, als ob es sie schon kennt? Kants ,kritische' Antwort ist an der Geschichte der Wissenschaften orientiert, die ja nun hinsichtlich des sicheren Gangs zum Vorbild der Philosophie werden sollen. Am leichtesten hatte es die Logik. Daß sie „diesen sicheren Gang schon von den ältesten Zeiten her gegangen sei", meinte Kant und gibt damit bereits seinen Grundgedanken zu erkennen, liege daran, daß der Verstand es hier „mit nichts weiter, als sich selbst und seiner Form zu tun hat" (KrV B VIIIf.). Dieselbe Sicherheit hätten zwar auch andere Wissenschaften gewonnen, in denen das Denken nicht allein sich selbst zum Gegenstand nimmt, und zwar zunächst die Mathematik. Dies sei ihr aber auch nur dadurch gelungen, daß das mathematische Denken nach dem Vorbild der Logik ebenfalls von seinen besonderen Gegenständen abgesehen und sich auf sich selbst zurückgewandt habe: „Dem ersten, der den *gleichseitigen Triangel* demonstrierte…, dem ging ein Licht auf; denn er fand, daß er nicht dem, was er in der Figur sahe, … nachspüren und gleichsam davon ihre Eigenschaften ablernen, sondern [sie] durch das, was er nach Begriffen selbst a priori hineindachte und darstellete (durch Konstruktion), hervorbringen müsse", denn „sicher" wüßten wir von dem Gegenstand allemal nur das, was wir selbst in ihn hineingelegt haben (KrV B XIf.). Nach Kants Theorie der Mathematik wissen wir damit aber auch schon alles, was überhaupt von den Gegenständen der Mathematik mit Sicherheit und Gewißheit zu wissen ist, denn die Mathematik hat es in seinem Verständnis nur mit den Strukturen der menschlichen Anschauung zu tun, so daß alles, was uns überhaupt anschaulich wird, sich in den mathematisch zu beschreibenden Strukturen zeigt.

Der kritische Trick, wie man das Verfahren wohl nennen darf, besteht also darin, hinsichtlich der Erkenntnis der Dinge dadurch Sicherheit zu gewinnen, daß man sich von ihnen ab- und sich selbst zuwendet, um zu ermitteln, was man selber zur Erscheinung der Dinge beiträgt, und sich dadurch zugleich seiner selbst versichert. Anders gesagt, lautet die Frage: Sind die Dinge, wie und was sie sind, weil wir so sind, wie wir sind? In der Logik ist es kein sonderlich kühner Gedanke, diese Frage in vollem Umfang zu bejahen und dadurch Sicherheit auf das eigene Selbst gründen zu können. Auch die Mathematik ist – jedenfalls im heutigen Bewußtsein – soweit Geisteswissenschaft, daß es wohl angehen mag, sie als eine Wissenschaft von bestimmten Bereichen des menschlichen Innenlebens gelten zu lassen (vgl. Hasse 1952). Wie aber steht es mit den Gegenständen der Physik, mit den Sinnendingen? Sind auch sie so, wie sie sind, weil wir so sind, wie wir sind? Bleibt hier nicht doch ein ‚Erdenrest zu tragen peinlich‘, wenn man sie gleichermaßen in die Sicherheit des eigenen Selbst zurücknehmen möchte? Dieser Erdenrest, die empirischen oder ‚besonderen‘ Naturgesetze, hat Kant aus seiner Kritischen Kernphase später wieder hinausbegleitet, aber seine eigentliche Vision der Kritischen Philosophie, in der die volle Sicherheit gewonnen werden sollte, war es doch, sogar die Sinnendinge als das, was sie sind, erweisen zu können, weil wir so sind, wie wir sind.

Die totale Sicherheit durch die Rückbindung in das eigene Selbst, diese Selbst-Sicherheit also, ist seit Descartes der Grundgedanke des modernen Subjektivismus. *„Nach Wegfall des göttlichen Schutzes"*, erklärt Horst Eberhard Richter, *„wird das Selbstbewußtsein des individuellen Ich zum Garanten eines modernen Sicherheitsgefühls.* ... Das Ich setzt seine Selbstgewißheit obenan" (1979, 27). Weder Kants Kritische Philosophie noch der spätere Idealismus haben das Ziel je erreicht, aber Kants Entwurf war die Gestalt des Traums der Selbst-Sicherheit, welche die Menschheit wohl am meisten beeindruckt hat und bis heute fesselt. Es war ein Traum von einer Art Bescheidenheit, da ja ‚nur wir‘ uns in den Dingen wiedererkennen, ohne zu wissen, wie diese ‚an sich‘ beschaffen sind, und doch von der vermessenen Bescheidenheit, Sicherheit im eigenen Selbst gewinnen und keines Halts in einem Andern mehr bedürfen zu wollen. Wieviel Angst um die eigene innere Sicherheit der Antrieb zu diesem grandiosen Entwurf von Selbst-Sicherheit gewesen sein mag, ist hier nicht mein Thema.[6] Ich glaube auch nicht, daß Kant den ihm von mir unterstellten ‚Kritischen Traum‘ als seinen eigenen anerkannt hätte, jedenfalls nicht in den ‚kritischen‘ Jahren. Dies schließt aber natürlich nicht aus, daß er diesem Wunschbild faktisch gefolgt ist. Warum sollten es die Philosophen besser haben als die Naturwissenschaftler und die Künstler, denen man ja auch immer nur begrenzt trauen darf, wenn sie sich selbst interpretieren?

Kants Bezug auf den Stoiker Persaios (ca. 305–243 v. Chr.), der noch ein direkter Schüler Zenons war, legt die Erinnerung nahe, daß auch die Stoiker in ihrer Weise die Selbst-Sicherheit gesucht haben. Sie taten dies in der Bescheidung auf die Ziele, welche nicht außer ihnen, sondern in ihnen selbst lagen und die sie deshalb sicher erreichen zu können meinten, nämlich die Tugenden. In der eigenen Tugendhaftigkeit suchten sie das Glück. Kants Bescheidenheit, sein Glück gleichermaßen in sich zu machen, und zwar in derselben Fremdheit gegenüber dem eigenen Leib,

---

[6] Richter beobachtet: „Die aggressive Färbung der zahlreichen triebfeindlichen Äußerungen in der ‚Praktischen Vernunft‘ zeigt, psychoanalytisch formuliert, die Notwendigkeit einer Gegenbesetzung gegen das verdrängte Triebmoment" (1979, 46). Eine sorgfältige und ausführliche Untersuchung des ‚Anderen der Vernunft‘ bietet das Buch von Böhme/Böhme (1985).

steht wohl in dieser Tradition. Daß auch die Anthropozentrik philosophisch gerade in der Stoa zuerst aufgekommen ist, deutet bereits auf die
Nachbarschaft von Bescheidenheit und Vermessenheit hin.

Die Chance zur Selbst-Sicherheit gegenüber der sinnlichen Welt sah
Kant in einem dritten Rückblick, der nach dem auf die Logik und dem
auf die Mathematik nunmehr auf die Physik gerichtet war: „Als *Galilei*
seine Kugeln die schiefe Fläche mit einer von ihm selbst gewählten
Schwere herabrollen, oder *Torricelli* die Luft ein Gewicht, was er sich
zum voraus dem einer ihm bekannten Wassersäule gleich gedacht hatte,
tragen ließ...: so ging allen Naturforschern ein Licht auf. Sie begriffen,
daß die Vernunft nur das einsieht, was sie selbst nach ihrem Entwurfe
hervorbringt... Und so hat sogar Physik die so vorteilhafte Revolution
ihrer Denkart lediglich dem Einfalle zu verdanken, demjenigen, was die
Vernunft selbst in die Natur hineinlegt, gemäß, dasjenige in ihr zu suchen..., was sie von dieser lernen muß, und wovon sie für sich selbst
nichts wissen würde. Hiedurch ist die Naturwissenschaft allererst in den
sicheren Gang einer Wissenschaft gebracht worden, da sie so viel Jahrhunderte durch nichts weiter als ein bloßes Herumtappen gewesen war"
(KrV B XIIff.).

Daß die Vernunft nur das einsieht, was sie selbst, und zwar nach ihrem
eigenen Entwurf, hervorbringt, ist vielleicht der erstaunlichste Satz der
abendländischen Neuzeit. Da sitzt im April 1787 ein kleiner, seinem Wesen nach eigentlich eher ängstlicher Mann von 63 Jahren an seinem
Schreibtisch fern in der preußischen Provinz, wo anscheinend fast nichts
passiert, in der Stadt Königsberg, die er kaum verlassen hat, und schreibt
diesen Satz auf Papier, mit Tinte, auf nichts als Papier. Er verkündet ihn
nicht wie Augustus auf dem Kapitol und nicht einmal wie der Preußen-
könig in Berlin, sondern er schreibt ihn ohne jede Macht, aber dieser Satz
steht nun seit zwei Jahrhunderten über uns wie ein Menetekel. Große
philosophische Sätze haben ja eine Tendenz, geschichtlich normativ zu
werden. So ist aus dem des Protagoras, daß der Mensch das Maß aller
Dinge ist, die anthropozentrische Handlungsnorm geworden, daß der
Mensch das Maß aller Dinge sein *soll*, Parmenides' Selbigkeit von Denken
und Sein ist es ähnlich gegangen, und Descartes' Einteilung der Welt in
das Denken und die res extensa hat sich in das Ziel verwandelt, alles, was
nicht menschliche Gedanken sind, nur noch als ausgedehnte Masse oder
Material (Ressource) zur Anverwandlung an menschliche Gedanken gelten zu lassen. Beton und Spanplatten, in denen so gut wie jede eigene
Form getilgt ist und die (fast) jede neue Form annehmen können, sind
dafür die typischen Beispiele. So ist es auch dem Kantschen Satz ergangen, daß die Vernunft nur das einsieht, was sie selbst hervorbringt. In der
Industriegesellschaft sind wir der äußeren Welt tatsächlich erst dann sicher, wenn unsere Vernunft alle Dinge nach ihrem Entwurf hervorbringt,
und diese Sicherheit suchen wir. Die Welt *soll* uns dadurch einsichtig sein,

daß wir alles nach eigenem Entwurf hervorbringen – nachdem Vico gemeint hatte, das von uns Hervorgebrachte sei uns verständlicher als das von selbst Entstandene. Natürlich hat Kant dies nicht dadurch bewirkt, daß er es im fernen Königsberg, weit weg von allem im engeren Sinn politischen Geschehen, mit Tinte auf Papier geschrieben hat; aber er hatte auch nicht nur ein besonderes Sensorium für das Emergente, das geschichtlich Neue, sondern hat das Selbstverständnis des modernen Menschen in einem Maß geprägt wie nur noch wenige andere.

Was Kant in der Physik kommen gesehen hatte, sollte nun auch dem umfassendsten Denken Sicherheit geben, dem der Philosophie: „Bisher nahm man an, alle unsere Erkenntnis müsse sich nach den Gegenständen richten; aber alle Versuche, über sie a priori etwas durch Begriffe auszumachen, wodurch unsere Erkenntnis erweitert würde, gingen unter dieser Voraussetzung zu nichte. Man versuche es daher einmal, ob wir nicht in den Aufgaben der Metaphysik damit besser fortkommen, daß wir annehmen, die Gegenstände müssen sich nach unserem Erkenntnis richten... Es ist hiemit eben so, als mit den ersten Gedanken des *Kopernikus* bewandt, der, nachdem es mit der Erklärung der Himmelsbewegungen nicht gut fort wollte, wenn er annahm, das ganze Sternheer drehe sich um den Zuschauer, versuchte, ob es nicht besser gelingen möchte, wenn er den Zuschauer sich drehen, und dagegen die Sterne in Ruhe ließ" (KrV B XVI). So ergibt sich „die veränderte Methode der Denkungsart..., daß wir nämlich von den Dingen nur das a priori erkennen, was wir selbst in sie legen" (KrV B XVIII). Was wir aber nicht a priori erkennen, das ist auch keine Wissenschaft (1786, A VI).

Geht es hier nicht primär um Macht oder Gewalt, sondern um Sicherheit als Selbst-Sicherheit, so gehört doch auch die Macht dazu und teilweise sogar in der Form von Gewalt: „Die Ordnung und Regelmäßigkeit... an den Erscheinungen, die wir *Natur* nennen, bringen wir selbst hinein... Es ist also der Verstand... selbst die Gesetzgebung vor [= für] die Natur" (KrV A 125f.). Naturgesetze sind danach wie Rechtsgesetze. Wir erkennen sie nicht in der äußeren Natur, geschweige denn als Gedanken Gottes, der wir nicht sind, sondern wir geben sie selbst! Der soeben zitierten Formulierung aus der ersten Auflage der „Kritik der reinen Vernunft" folgte zwei Jahre später in den „Prolegomena" die noch härtere Fassung, daß die Natur überhaupt nur durch uns möglich ist und daß unser Verstand ihr seine Gesetze geradezu *vorschreibt*: „Wie ist Natur in *materieller* Bedeutung... überhaupt möglich? Die Antwort ist: vermittelst der Beschaffenheit unserer Sinnlichkeit... Wie ist Natur in formeller Bedeutung... möglich? Die Antwort kann nicht anders ausfallen, als: sie ist nur möglich vermittelst der Beschaffenheit unseres Verstandes." So ergibt sich, „daß die oberste Gesetzgebung der Natur in uns selbst, d.i. in unserm Verstande liegen müsse...: *Der Verstand schöpft seine Gesetze* (a priori) *nicht aus der Natur, sondern schreibt sie dieser vor* ... und so ist der Verstand der Ursprung der allgemeinen Ordnung der Natur" (1783, A 110–116). Daß der Verstand der Natur ihre Ordnung vorschreibt, hat Kant selbst als einen „dem Anscheine nach gewagten Satz" empfunden (aaO A 113), er hat aber darauf bestanden, ihn im Text selbst gesperrt drucken lassen und hat ihn später verschiedentlich wiederholt (z. B. 1787, KrV B 163 und 1790, KdU A XXV).

Ich habe im Prolog und im vorangegangenen Kapitel auch Platon so interpretiert, daß er im diskursiven Denken etwas hervorbringt, die ‚Statue' nämlich, die inmitten der argumentativen Splitter entsteht. Wodurch unterscheidet sich Kants Hervorbringen nach eigenem Entwurf von Platons Bildhauerstil? Bei Platon *zeigt sich* das argumentativ Hervorgebrachte, wenn wir mit seiner Hilfe die ‚Statue' in uns selbst freilegen. Dies ist ein Erinnern, so wie die Statue aus dem Innern des Steins hervorgeholt wird, wenn der Bildhauer ihm keine Gewalt antut. Die Erinnerung gilt der Natur des Steins oder der, die uns prägt.[7] Das eigene Zutun Platons wie des Lesers ist kein konstruktives Hervorbringen, sondern eine Vergegenwärtigung der eigenen Bildung. Kant hingegen bringt hervor wie Leonardo und Galilei, indem er sich nichts zeigen läßt, sondern nach Regeln konstruiert und vorschreibt. Ebenso verschieden ist die Kantsche Selbsterkenntnis von der Platonischen. Im Sinn Platons erkenne ich mich, wenn ich sehe, wofür ich gut bin, und mich so auch zu erkennen gebe. Der Mensch erkennt sich nur in Anderem und Anderen. Bei Kant ist es umgekehrt: Wir erkennen das Andere nur in uns, und wir lehren das Leben, was es sei.[8]

Die Vorschriften, die der Verstand der Natur macht, sind im aufgeklärten Preußen wohl nicht so hart gemeint wie die Torturen, denen Francis Bacon sie aussetzen wollte. Als wissenswert gilt aber auch hier, „was wir unserer Beobachtung oder Experimenten so unterwerfen können, daß wir es gleich der Natur ... selbst hervorbringen könnten; denn nur so viel sieht man vollständig ein, als man nach Begriffen selbst machen und zu Stande bringen kann" (KdU A 305 f.). Dies ist das seither in der klassischen Naturwissenschaft gültige Ideal der Erkenntnis ‚im Modus der Herstellung', und das Unterwerfen ist dabei keineswegs nur im Sinn des genaueren Hinsehens gemeint, so wie etwas ‚der näheren Betrachtung unterworfen' wird. Vielmehr läßt der Naturforscher in Kants Verständnis „nur solche Wirkungen gelten, die er vermittelst des Experiments jederzeit unter Augen stellen kann, indem er den Gegenstand gänzlich unter seine Gewalt bringt". Dieser harte Satz, dem freilich das Richtergleichnis in der „Kritik der reinen Vernunft" (B XIII) nicht viel nachgibt, findet sich bei Kant bezeichnenderweise in einer kleinen Schrift „Ueber Schwärmerei und die Mittel dagegen" (1790, 180). Um der Selbst-Sicher-

---

[7] Vgl. Matussek 1996.
[8] Vgl. Goethe, Tasso Vs. 1242f. und Abschnitt IV.3.

heit willen, in der nun alles auf die innere Sicherheit ankam, die nach den
für Kant erkenntnisleitenden Gefühlen zweifellos durch Schwärmerei gefährdet wurde, war aus seiner Sicht jede Härte erlaubt. Und so finden wir
uns durch den Kritischen Entwurf letztlich doch im allzu wörtlichen Sinn
auf der „Heeresstraße", welche die „Kritik der reinen Vernunft" in ihrem
letzten Satz dem Leser empfiehlt. Es ist die Straße der bedingungslosen,
quasi militärischen Unterwerfung der natürlichen Mitwelt im Interesse
der menschlichen Selbst-Sicherheit.

Erinnern wir uns: In den Theokosmogonien der Schöpfungsmythen
konnten wir angesichts des Himmels über der Erde verstehen, wer wir
sind. Nun war es umgekehrt. Kant verstand nicht uns vom Ganzen her,
sondern das Ganze von uns her. Die Welt sollte so sein, wie sie ist, weil
wir so sind, wie wir sind. Also ist der Mensch zu einem in der Welt be-
findlichen Schöpfer des Ganzen als seiner Umwelt avanciert. Die kopernikanische Frage, wie der Mensch in die Welt gehört, war damit erledigt,
denn wir sind es, die die Welt allererst schaffen – von einer Mitte aus,
die in uns liegt. Dieses Weltbild, in dem der Mensch an die Stelle des
Schöpfers treten soll, ist gegenüber dem geozentrischen das im eigentlichen Sinn anthropozentrische. Es ist eine angstvolle Allmachtsphantasie,
in der alles nach uns aussehen soll, allerdings in einer vernunftgemäßen
Allgemeinheit, wie sie der Welt, welche die Industriegesellschaft sich anverwandelt hat, nicht ohne weiteres anzusehen ist. Diese totalisierte
Selbst-Sicherheit war zwar eine Übertreibung, von der auch Kant selbst
– nach dem Anstoß durch Herder 1784 – allmählich wieder Abstand gewonnen hat. Sie steht aber doch immer noch im Hintergrund der heutigen, in der Industriegesellschaft geschichtsmächtigen Anthropozentrik
in Gestalt des im wirtschaftlichen Handeln herrschenden Leitbilds,
Mensch sein zu können, indem man die übrige Welt nur haben will.
Man könnte die Kantisch vorgestellte Anthropozentrik auch als die erkenntnisleitende von der industriegesellschaftlich handlungsleitenden
unterscheiden.

Kant hat die wirkliche Vermessenheit der Kritischen Allmachtsphantasie einer total anthropomorphen Welt immer wieder in der übergroßen
Bescheidenheit vermittelt, daß wir von den Dingen, wie sie „an sich"
sind, nun einmal nichts wissen könnten – außer der wirklichen Existenz
der Außenwelt –, uns also damit bescheiden müßten, sie in unsern *bloß
menschlichen* Kategorien zu „buchstabieren" (1783, A 101). Diese Bescheidenheit ist auch vollkommen glaubhaft, wenn man Kant – der etwas
vergeßlich war und sich deshalb möglichst zu jedem Satz die vorangegangenen Überlegungen erneut vergegenwärtigte – in überlangen Sätzen mit
seinen Gedanken ringen sieht. Die „Kantorthopädie" (V. v. Weizsäcker
1923, I 509) vieler Kantianer setzt dieses Ringen bis heute fort. Kant erscheint deshalb in einem verbreiteten Bild als der demütige Mann, der die
Sicht auf den bestirnten Himmel über sich und die Einsicht auf das mora-

lische Gesetz in sich richtet und zwischen beiden seinen Platz gefunden hat. Ein wie wohlmeinendes Mißverständnis dies ist, das die Vermessenheit nicht wahrhaben will, zeigt sich, wenn man – an der fraglichen Stelle zum Schluß der „Kritik der praktischen Vernunft" – ein paar Sätze weiter liest, wie der bestirnte Himmel relativ zu dem moralischen Gesetz bewertet wird. Der Anblick des Himmels nämlich, so empfand es Kant, macht uns klein, aber er „vernichtet gleichsam [nur] meine Wichtigkeit, als eines *tierischen* Geschöpfs... Der zweite [= der Anblick des moralischen Gesetzes] erhebt dagegen meinen Wert, als einer *Intelligenz*, unendlich, durch meine Persönlichkeit, in welcher das moralische Gesetz mir ein von der Tierheit und selbst von der ganzen Sinnenwelt unabhängiges Leben offenbart" (KpV A 289). Diese ‚unendliche Erhebung' tilgt also das endliche Kleinsein unter dem bestirnten Himmel, welches ja nur unsere Tierheit betreffen kann. Wenn man von etwas Unendlichem etwas Endliches abzieht, bleibt bekanntlich immer noch ein Unendliches nach, in diesem Fall die unendliche Erhöhung über die „Tierheit". So meinte Kant auch noch in der „Kritik der Urteilskraft", die den früheren Dualismus überwinden soll, daß es in der Natur nichts Erhabenes gebe, nicht einmal das Meer – der Anblick des stürmenden Ozeans sei „gräßlich" –, sondern daß allein das menschliche Gemüt durch entsprechende Sinneseindrücke zu einem Gefühl gestimmt werde, welches selbst erhaben sei (KdU A 76).

Wahre Größe also ist nur in uns, wobei wohl an Erwachsene gedacht wird (vgl. Elias 1936, xlviii), nicht im Ganzen der Natur. Kant erhebt sich über alles, was uns in der Natur noch nicht zu Füßen liegt, so ähnlich wie Petrarca durch seine legendäre (fiktive) Bergbesteigung: Kein Berg, so entdeckte er auf dem Gipfel des Mont Ventoux – und nur um dieser Steigerung willen hat er die Gipfelbesteigung literarisch fingiert –, ist so hoch, wie wir uns innerlich erheben können (vgl. Groh 1992). Was der Natur nun noch bleibt, ist nur ihre physische Überlegenheit, uns durch Naturgewalten – Stürme, Erdbeben, Krankheiten – unsere Habe und das Leben nehmen zu können, aber selbst in solcher Not bleiben wir, und nun braucht Kant ein sein Naturverständnis blitzartig erhellendes Wort, „unerniedrigt". Denn gegenüber der Naturgewalt erkennen wir zwar unsere „physische Ohnmacht", zugleich aber eine „Überlegenheit über die Natur" aus einer „Kraft (die nicht Natur ist)..., wenn es auf unsre höchste Grundsätze und deren Behauptung oder Verlassung ankäme" (KdU A 103 f.). Wenn also zwei Männer in Seenot an einer Planke hängen, die nur einen tragen kann, so kann die Naturgewalt zwar beide ertrinken lassen, aber keinen von ihnen nötigen, wider das moralische Gesetz zu verstoßen, den andern ins Meer zu stoßen, um sich zu retten. Wenn sie es nicht tun, bleiben sie vermöge jener Überlegenheit „unerniedrigt" durch die Natur. Daß die Natur uns erniedrigen könne, meint nur, wer sich über sie erhöht. Kants Haltung entspricht hier wieder der des Stoikers, der den

Schmerz nicht an sich heranließ. Kant gibt ihm recht, „denn der Schmerz verringert den Wert seiner Person nicht im mindesten", sondern gibt sogar Anlaß, „seinen Mut... zu erheben" (KpV A 106).

Blickt man nun darauf zurück, wie Kant in der „Kritik der praktischen Vernunft" die natürliche Mitwelt gnadenlos dem Reich der Notwendigkeit überläßt, um den Menschen ins Reich der Freiheit zu retten – statt die Natur insgesamt unter Bestimmungen der Freiheit zu denken –, so erweist sich dieses Denken als beunruhigend stimmig. Sogar der Kategorische Imperativ: *„handle so, als ob die Maxime deiner Handlung durch deinen Willen zum allgemeinen Naturgesetze werden sollte"* (1785*, B 52), hat auf einmal nicht mehr den bescheidenen Klang, sich vor anderen nichts herauszunehmen zu sollen, sondern klingt so wie: *Handle so, als ob du Gott wärst,* so daß die Maxime deiner Handlung durch deinen Willen zum allgemeinen Naturgesetz werden sollte! Auch die andere Formulierung: „Handle so, daß die Maxime deines Willens jederzeit zugleich als Prinzip einer allgemeinen Gesetzgebung gelten könne" (KpV A 54), bekommt einen totalitären Beiklang, wenn Menschen sich in der Natur so zu leben anschicken. Wieso steht es uns an, so zu leben, als wollten wir die Maxime unseres Willens zum Prinzip einer allgemeinen Gesetzgebung werden lassen?

Findet die menschliche Überheblichkeit bei Kant wenigstens ihre Grenze in der Erfahrung der Erhabenheit Gottes? Schickt sich vor Gott nicht doch die Unterwerfung statt des „Gefühl[s] der Erhabenheit unserer eigenen Natur" (KdU B 107)? Unerbittlich bleibt Kant auch hier: „In der Religion überhaupt scheint Niederwerfen, Anbetung mit niederhängendem Haupte, mit zerknirschten angstvollen Gebärden und Stimmen, das einzigschickliche Benehmen in Gegenwart der Gottheit zu sein" (KdU B 108). Man spürt schon an diesen Worten, wie ihm die Demutsgebärden gegen den Strich gehen. Theologisch rettet Kant sich in den aufrechten Gang des Aufklärers: Wer sich unterwirft, sei gar nicht in der Gemütsverfassung, Gottes Größe wirklich zu bewundern. Gottes Erhabenheit erkenne der Mensch nur, „sofern er eine dessen [Gottes] Willen gemäße Erhabenheit der Gesinnung bei sich selbst erkennt, und dadurch über die Furcht vor solchen Wirkungen der Natur... erhoben wird" (KdU B 108). Gott ist hier, wie man sieht, noch nicht ganz tot, aber unsere Erhabenheit ist nunmehr der seinen „gemäß". „Selbst der Heilige des Evangelii", Christus, fordert Kant, „muß zuvor mit unserm Ideal der sittlichen Vollkommenheit verglichen werden, ehe man ihn dafür erkennt" (1785*, A 29)! „... this man is with us still", bemerkt Iris Murdoch zu diesem heroischen Menschenbild, „free, independent, lonely, powerful, rational, responsible, brave, the hero of so many novels and books of moral philosophy" (1970, 80). Es ist nicht leicht, sich dem Pathos der Autonomie zu entziehen, und doch gilt es, diesen „Gotteskomplex" zu überwinden, wenn die gemeinsame Sicherheit im Mitsein unser Ausweg aus der Naturkrise der wissenschaftlich-technischen Welt ist.

„So Göttern gleichen. Ohne Spur von deren Wesen"![9] Der Schöpfer, mit dem wir uns hier identifiziert haben, ist einer, der die Welt nicht liebt wie sich selbst. Macht, Einsicht und Willen brauchte er für die Schöpfung, Liebe kam dabei nicht vor, und auch mit ihm selber hatte das Schöpfungswerk nichts zu tun. Das Menschenbild, in das wir durch die beschriebene Apotheose eingezogen sind, ist – soweit wir darin aufgehen – gleichermaßen ohne Liebe zur Schöpfung und die sie bedingende Liebe zu sich selbst. In der Naturkrise der Industriegesellschaft zeigt sich dies auf unserer „Heeresstraße" durch die Natur als einem Lager von Ressourcen. Das gleichermaßen verächtliche Denken – sich andernfalls ‚erniedrigt' zu fühlen – aber geht dem entsprechenden Handeln voraus, so wie ja auch das industriegesellschaftliche Menschenbild bereits vollendet war, als die erste Industrielle Revolution gerade erst begonnen hatte.

Für und Wider bei Schiller, Novalis und Hölderlin

Bisher habe ich von Naturwissenschaftlern und Philosophen gesprochen. Gibt es die Apotheose auch in der Kunst?[10] Der direkte Einfluß Kants zeigt sich in Schillers Ästhetik. Charakteristisch ist eine kleine Schrift, die Rezension „Über Matthissons Gedichte" (1794), die mit der wünschenswerten Unterscheidung beginnt, „ob man die unbeseelte Natur bloß als *Lokal einer Handlung* in eine Schilderung mit aufnimmt..., oder ob man... gerade umkehrt, wie der Landschaftsmaler, die unbeseelte Natur *für sich selbst* zur Heldin der Schilderung und den Menschen bloß zum Figuranten in derselben macht" (1794, V 992). Schiller bewunderte das erstere bei Homer, hielt das letztere zu seiner Zeit jedoch für angezeigt. Statt sich diesem Thema zuzuwenden, beunruhigte ihn dann aber doch vor allem die Frage, daß in der Dreiheit von außermenschlicher Natur, Betrachter und Dichter nicht nur die Kantische Rivalität zwischen den beiden ersteren besteht, wer wem das Gesetz vorschreibt, sondern auch eine entsprechende Rivalität zwischen den beiden letzteren. Ob wir Betrachter „das Gesetz..., das wir uns doch selbst geben sollten" (aaO 997) vielmehr von dem Künstler empfangen, hat mit der Wahrnehmung der Natur in ihrer Eigenständigkeit allenfalls so viel zu tun, als sich beide um diese bemühen sollten. Gerade dazu aber kommt es nicht, sondern Schiller sah die Lösung darin, daß beide den Gegenstand in gleicher Weise zu

---

[9] Günter Kunert: Zum Start der „Columbia" (1981).

[10] Meine Überlegungen zu Schiller, Novalis und Hölderlin haben sich in Gesprächen mit Christoph Jamme, Jürgen Barkhoff und Wolfgang Riedel entwikkelt. Alle drei haben mir wesentliche Anregungen gegeben und mich von Vereinfachungen abgehalten, zuletzt vor allem Wolfgang Riedel im Hinblick auf Hölderlin. Wo dies nicht gelungen ist, liegt die Schuld allein bei mir. Vgl. Jamme 1994.

subjektivieren hätten: Nur wenn der Dichter „gewiß ist, daß er sich an das *reine* Objekt gehalten und sich selbst zuvor dem Gesetz unterworfen habe, nach welchem die Einbildungskraft in allen Subjekten sich richtet, nur dann kann er versichert sein, daß die Imagination aller andern in ihrer Freiheit mit dem Gang, den er ihr vorschreibt, zusammenstimmen werde" (aaO 995). Das „reine Objekt" aber „liegt nur innerhalb der menschlichen Natur, und daher wird er nicht ruhen, bis er seinen Gegenstand in dieses Reich der höchsten Schönheit hinübergespielt hat". Dergestalt „in den Kreis der Menschheit gezogen" (aaO 998 f.), wird die Natur gerade nicht „für sich selbst zur Heldin der Schilderung", so daß der Mensch in ihr als dem Umfassenderen „figuriert", wie es eigentlich Schillers Vorsatz war. So „undankbar gegen die große Mutter, die ihn gewiß nicht stiefmütterlich behandelte" (Goethe, HA X 539), war Schiller gegenüber Kant anscheinend nicht so frei, wie der Betrachter oder Leser nach seinen Überlegungen von dem Autor gelassen werden sollte. Wie steht es mit der Apotheose in der freien Kunst?

Bei Novalis (1772–1801) klingt manches ganz anders, z. B. wenn er in dem Roman „Heinrich von Ofterdingen" (1802) bemerkt: „Die Natur will nicht der ausschließliche Besitz eines Einzigen seyn. Als Eigenthum verwandelt sie sich in ein böses Gift" (Die Erwartung, 5. Kap. = I 292). Der folgende Satz könnte geradezu der Ausgangspunkt einer Theologie des natürlichen Mitseins sein und erscheint bar jeder anthropozentrischen Überheblichkeit: „Wenn Gott Mensch werden konnte, kann er auch Stein, Pflanze[,] Thier und Element werden, und vielleicht giebt es auf diese Art eine fortwährende Erlösung in der Natur" (1799/1800, Nr. 387 = II 826). Bleibt es bei diesem Eindruck aber auch dann, wenn man sieht, welche Rolle Novalis dabei dem Menschen zugedacht hat? Dies ist die kritische Frage, an der sich in der Neuzeit die Geister scheiden, und hier ist auch auf Novalis kein Verlaß mehr. Wie soll es denn zu verstehen sein, wenn wir in seinen – allerdings von ihm nicht veröffentlichten – Notizen anderweitig lesen: „Wir sind auf einer Mißion: zur Bildung der Erde sind wir berufen" (1797/98, Nr. 32 = II 241) oder: „Die Natur soll moralisch werden. Wir sind ihre *Erzieher ...*" (1798/99, Nr. 73 = II 485)? Und was bedeutet in demselben Zusammenhang die „*Ehe von Natur und Geist*" (aaO Nr. [50] = II 480)? Hat man dabei nicht an die Verlobung des 22jährigen mit einer 13jährigen zu denken, die ihm „zur Natur geworden" (1795, I 571) war? Auch von Ingenieursphantasien war Novalis nicht frei: „... dann wird der Mensch erst wahrhaft unabhängig von der Natur, vielleicht im Stande sogar seyn, verlorne Glieder zu restauriren, sich blos durch seinen Willen zu tödten, und dadurch erst wahre Aufschlüsse über Körper – Seele – Welt, Leben – Tod und Geisterwelt zu erlangen" (1798, Nr. 247 = II 373).[11]

---

[11] Vgl. Engelhardt/Nitschke.

Es ist eine verbreitete Erwartung, in der romantischen Dichtung ein Gegengewicht zum Technizismus des 19. und 20. Jahrhunderts zu finden. Novalis ist auf diese Weise aber wohl nicht gerecht zu werden. Sein Menschenbild war eher das eines Praeceptor Naturae, und gerade dies hat er mit allen wohlmeinenden Weltveränderern von Francis Bacon bis zu Wolf Häfele und Hubert Markl gemein.[12] Die wissenschaftlich-technische Welt ist ja nicht von Menschen geschaffen worden, welche Tod und Zerstörung über die natürliche Mitwelt bringen wollten, sondern diese treten erst im Ergebnis so stark hervor. Gemeint war es so, daß eine wirklich Schöne Neue Welt entstehen sollte. Die Selbstüberschätzung, an der das Projekt der Moderne zu scheitern droht, teilte Novalis, selbst Ingenieur, nach meinem Eindruck mit den technischen Naturbildnern.

„Spinotza stieg bis zur Natur – Fichte bis zum Ich, oder der Person. Ich bis zur These Gott" (1795/96, Nr. 151 = II 63), ist wiederum eine handschriftliche Notiz und dementsprechend moderat zu gewichten. Unbestreitbar aber ist, daß die romantische und die transzendentale Innerlichkeit dieselbe Erhebung des menschlichen Subjekts zum Maß aller Dinge gemeinsam haben. So meinte Novalis, zur Erkundung des Universums brauche man sich nicht der äußeren Welt, sondern nur sich selber zuzuwenden, und so hat es auch Kant gemeint. „Wir träumen von Reisen durch das Weltall – Ist denn das Weltall nicht *in uns*? Die Tiefen unsers Geistes kennen wir nicht – Nach Innen geht der geheimnißvolle Weg. In uns, oder nirgends ist die Ewigkeit mit ihren Welten – die Vergangenheit und Zukunft. Die Außenwelt ist die Schattenwelt" (1797/98, Nr. 17 = II 232). Gerade so – Kantisch idealistisch und diametral anders als Goethe – hat Novalis das Delphische Gebot verstanden: Was Menschen zu allen Zeiten in den Höhen und Tiefen der äußern Welt vergeblich gesucht hätten, das finde man nun letztlich bei sich selber im eigenen Innern: „Wer von sich selber den Stein ewiger Weisheit begehrt. / Nur der vernünftige Mensch ist der ächte Adept... /... und er faßt endlich das: *Kenne dich selbst*" (1798, I 127). Dem romantisch groß geschriebenen Innen entspricht die erzieherische Missionierung der äußeren Welt, in der wir diese letztlich wie bei Kant nur so gelten lassen, wie wir sie nach unserm eigenen Entwurf hervorbringen. Gerade die von Novalis empfohlene Abkehr vom Reisen durch das Weltall hat die tatsächliche Weltraumfahrt erst ermöglicht.

Ich halte das nach Innen gewendete Naturverhältnis romantischer oder idealistisch-transzendentaler Art für eine Pygmaliongeschichte, so wie das der Industriegesellschaft. Als Partnerin können wir das als Natur erfahrene Weibliche nicht ertragen – deshalb machen wir uns ein Bild von ihm, indem wir das Formlose uns anverwandeln, und beziehen uns lieber nur noch auf unsere eigene Vorstellung. Ist das nicht der Ingenieurstraum der Moderne?

[12] Vgl. Abschnitt I.3.

Immun gegen diesen Narzißmus war Goethe. Daß davon jedoch auch wieder frei werden konnte, wer anfänglich dazu neigte, zeigt sich bei Friedrich Hölderlin (1770–1843), wenn man die Entwürfe zu „Hyperion" mit der abgeschlossenen Fassung vergleicht. Das von Schiller vorab veröffentlichte „Fragment von Hyperion" (1794) schildert, wie die Neigung Hyperions zu einer Frau – Melite – nach deren Entrückung durch ihren Vater in eine Hinwendung zur Natur überging. Im Verhältnis zu der Frau aber war Hyperion im wesentlichen mit sich selbst beschäftigt, und es wird nicht erkennbar, daß sich daran in bezug auf die Natur etwas geändert hätte. In einem andern, nur handschriftlich überlieferten Bruchstück lernt Hyperion von einem weisen Mann, mit dem der Erzähler sich zu identifizieren scheint: „Der Maasstaab, woran wir die Natur messen, soll gränzenlos sein, und unbezwinglich der Trieb, das formlose zu bilden, nach jenem Urbilde, das wir in uns tragen, und die widerstrebende Materie dem heiligen Geseze der Einheit zu unterwerfen" (1794/95, III 188 f.). In der metrischen Fassung tritt die „widerstrebende Natur" (aaO 189) an die Stelle der widerstrebenden Materie. Die Natur als das Formlose aufzufassen und sie nach unserm Bild gestalten zu wollen ist das romantisch-technizistische Programm. In den Schlußsätzen desselben – von Hölderlin wieder verworfen – Fragments steigert sich dieser Narzißmus bis zur Hybris, es gebe nichts, was nicht durch uns Menschen so wäre, wie es ist: „Ich weis, daß nur Bedürfnis uns dringt, der Natur eine Verwandschaft mit dem Unsterblichen in uns zu geben und in der Materie einen Geist zu glauben, aber ich weis, daß dieses Bedürfnis uns dazu berechtigt, ich weis, daß wir da, wo die schönen Formen der Natur uns die gegenwärtige Gottheit verkündigen, wir selbst die Welt mit unserer Seele beseelen, aber was ist dann, das nicht durch uns so wäre wie es ist?" (aaO 192). Abgesehen davon, daß die Industriegesellschaft die Welt wohl nicht gerade dem Unsterblichen in uns anverwandelt hat, ist dies genau der Gedanke, der uns in die Naturkrise der wissenschaftlich-technischen Welt geführt hat.

Hölderlin hat diesen Weg aber wieder verworfen, und es ist für uns nun um so lehrreicher, welches Naturverhältnis er statt dessen gefunden hat. Die veröffentlichte Fassung des Hyperion (1797–99) beginnt damit, daß der Erzähler „wie ein Fremdling" vor der Natur steht und nun den Idealismus fürchtet, er habe es in Wahrheit nur mit sich selbst zu tun, wenn er sie zu sehen meint: „Es ist, als säh' ich, aber dann erschrek' ich wieder, als wär' es meine eigne Gestalt, was ich gesehn, es ist, als fühlt' ich ihn, den Geist der Welt, wie eines Freundes warme Hand, aber ich erwache und meine, ich habe meine eignen Finger gehalten" (aaO 9/12). Dann aber erkannte er sich in der Natur und nicht umgekehrt die Natur nur in sich: „wie die Sonne des Himmels sich wiederfand im tausendfachen Wechsel des Lichts, das ihr die Erde zurückgab, so erkannte mein Geist sich in der Fülle des Lebens, die ihn umfing, von allen Seiten ihn überfiel" (aaO 21).

Hier wird das Subjekt zwar noch mit der Sonne verglichen, aber nicht in dem Sinn, daß das Licht die Welt hervorbringt. Es trägt den Blick, dieser aber begegnet dem Andern. Umgekehrt wie im „Fragment von Hyperion" erfüllt sich dann seine Liebe zur Natur in der zu einer Frau, Diotima. „Unter den Blumen war ihr Herz zu Hause, als wär' es eine von ihnen ... Und das war so ganz nicht angenommen, angebildet, das war so mit ihr aufgewachsen ...; je unschuldiger, schöner eine Seele, desto vertrauter mit den andern glücklichen Leben, die man seelenlos nennt" (aaO 56). Diotimas Natürlichkeit – die Natur in ihr – war für Hyperion Vergangenheit und Zukunft im Sinn des Schillerschen Dreischritts: „Von Pflanzenglük begannen die Menschen und wuchsen auf, und wuchsen, bis sie reiften; von nun an gährten sie unaufhörlich fort, von innen und außen, bis jetzt das Menschengeschlecht, unendlich aufgelöst, wie ein Chaos daliegt, daß alle, die noch fühlen und sehen, Schwindel ergreift; ... Ideal ist, was Natur war. Daran, an diesem Ideale, dieser verjüngten Gottheit, erkennen die Wenigen sich und Eins sind sie, denn es ist Eines in ihnen, und von diesen, diesen beginnt das zweite Lebensalter der Welt" (aaO 63).

Hyperions Naturverhältnis in der Liebe zu Diotima bringt ihn auch zum Handeln in der Welt: „Du frägst nach Menschen, Natur? ... Sie werden kommen, deine Menschen, Natur!" (aaO 90). Die Natur braucht den Menschen, und die erhoffte Befreiung Griechenlands soll auch ein „Festtag der Natur" im Ganzen sein (aaO 108). „Längst, rief ich, o Natur! ist unser Leben Eines mit dir" (aaO 101), und dies besiegelt die Verlobung mit Diotima. Als deren Leben zu Ende geht, weist sie Hyperion ein letztes Mal den Weg in das zweite Lebensalter der Welt: „Die schöne Welt ist mein Olymp; in diesem wirst du leben, und mit den heiligen Wesen der Welt, mit den Göttern der Natur, mit diesen wirst du freudig seyn. O seid willkommen, ihr Guten, ihr Treuen! ... Sonn' und Erd' ...! o nimmt die allesversuchenden Menschen, nimmt die Flüchtlinge wieder in die Götterfamilie, nimmt in die Heimath der Natur sie auf, aus der sie entwichen! –... ich hab' es gefühlt, das Leben der Natur, das höher ist, denn alle Gedanken – wenn ich auch zur Pflanze würde, wäre denn der Schade so groß?" (aaO 147 f.). In der natürlichen Mitwelt findet Hyperion sie wieder, als Diotima gestorben ist. In der Natur sind alle Wesen eins. „Auch wir, auch wir sind nicht geschieden, Diotima, und die Thränen um dich verstehen es nicht. Lebendige Töne sind wir, stimmen zusammen in deinem Wohllaut, Natur!" (aaO 159).

In der Natur wieder eine Heimat zu finden ist Hölderlins Vermächtnis auch für uns. „Wer mit dem Himmel und der Erde nicht in gleicher Lieb' und Gegenliebe lebt, wer nicht in diesem Sinne einig lebt mit dem Elemente, worin er sich regt, ist von Natur auch in sich selbst so einig nicht" (aaO 82). Diese Kritik trifft uns, und sie trifft die ganze transzendentalidealistisch-technizistische Tradition. Hölderlin hatte sich schon davon gelöst, als Schiller in „Anmut und Würde" noch „einen Schritt weniger über die Kantische Gränzlinie gewagt hat, als er nach meiner [Hölderlins] Meinung hätte wagen sollen" (Brief an Neuffer, 10. Oktober 1794 = VI 1, 137). Um dieselbe Zeit distanzierte er sich in einem Brief an Hegel deutlich von Fichtes absolutem Ich (26. Januar 1795 = ebd. 154 ff.). Danach schrieb er den „Hyperion". Mit seinem Bruder war er sich „schon lange darinn einig, daß alle die irrenden Ströme der menschlichen Thätigkeit in den Ocean der Natur laufen, so wie sie von ihm ausgehen" (4. Juni 1799 = ebd. 329). Ein Trost bleibt dies wohl auch für uns. Vorerst aber erinnert Hölderlin uns vor allem daran, daß die Natur nach Menschen fragt. Jetzt sind wir gefragt.

Goethes Kritik an der Selbst-Sicherheit

Fausts Gang zu den Müttern hat die Interpreten von Eckermann bis Emrich und darüber hinaus stets in eine gewisse Andacht versetzt. Beispielsweise spricht Emrich von dem „furchtbaren Ernst, der einzig dem Schönen ewige Größe verleiht" (1964,222). „Ergriffen" fühlen sozusagen auch die Deuter „tief das Ungeheure" dieser Szene (Faust II, Vs. 6274) und folgen damit dem Gestus, in dem sie zumindest auf den ersten Blick geschrieben ist. Tatsächlich hat Goethe sich im „Faust" überall so viel gedacht, daß man immer wieder neue Hintergründe finden kann. Die Frage ist aber, ob der Hinweis auf die griechischen bzw. sizilianischen Muttergottheiten, den er Eckermann gegeben hat, als dieser auf den Gang zu den Müttern etwas ratlos reagierte, mehr zu dessen Beruhigung diente oder wirklich etwas zum Verständnis der Szene beiträgt. Mir liegt nichts ferner, als Gaia, Demeter oder – ins Schwesterliche gewendet – Hera nicht als Göttinnen und elementare Naturkräfte anzuerkennen; ich spüre aber nicht, daß das Theater im Theater, welches Goethe hier inszeniert und letztlich (nach Vs. 6563) in Dunst aufgehen läßt, mit ihnen irgend etwas zu tun hat oder es aus seiner Sicht gehabt haben könnte.

Auffällig ist nun, daß Goethe Eckermann, als diesem am 10. Januar 1830 an der Mütterszene „so vieles rätselhaft" blieb, erst einmal regelrecht veralbert hat: „Er aber, in seiner gewöhnlichen Art, hüllte sich in Geheimnisse, indem er mich mit großen Augen anblickte und mir die Worte wiederholte: ‚Die Mütter! Mütter! 's klingt so wunderlich'" (1836–48, 348). Erst als Eckermann mit diesem Gestus nichts anfangen konnte, soll Goethe davon gesprochen haben, daß er bei Plutarch einmal etwas von den Muttergottheiten des Altertums gelesen habe. Dieser Spur sind viele Interpreten gefolgt. Mich wundert daran aber der Bezug auf Plutarch statt auf Homer, Hesiod oder Ovid. Die originalen Muttergottheiten hat Goethe hier offenbar aus dem Spiel halten wollen. Warum dies, und worüber hat er sich Eckermann gegenüber lustig machen wollen?

Des Rätsels Lösung hat erst jüngst die neue Interpretation von Thomas

Zabka (1993) geboten. Sie besagt, daß mit Fausts Gang zu den Müttern der romantische Weg nach innen gemeint ist und daß Goethe hier in satirischer Form die Selbstverabsolutierung des Subjekts kritisiert (aaO 144/ 146), wie sie etwa bei Novalis im zuvor zitierten 17. Blüthenstaub-Fragment oder im Gedicht „Kenne dich selbst" erfolgte. Der Innenweltlichkeit der Romantiker ist nach Zabkas Interpretation die Satire von Fausts Reise in das eigene Innere gewidmet, an deren Ende die von dort geholten, bloß eingebildeten Geister zu Dunst verpuffen. Goethe hat es als eine Anmaßung empfunden, die Wahrheit des Seins in sich selber finden zu wollen, statt dazu umgekehrt nach Kräften über sich hinauszugehen. Sogar das Delphische – von Novalis für seine Verinnerlichung sicher zu Unrecht in Anspruch genommene – ‚Erkenne dich selbst!‘ war ihm verdächtig, „als eine List geheim verbündeter Priester" den Menschen zu falscher Beschaulichkeit verleiten zu sollen. „Der Mensch kennt nur sich selbst, insofern er die Welt kennt" (1823; HA XIII 38). Es hat wohl nicht der Psychoanalyse bedurft, um die hier abgewiesene Reise in das eigene Innere als einen Rückgang in das jederzeit Allerinnerste, in den Mutterbauch oder zu den Müttern zu stilisieren.

Gaia und Demeter aber waren hier gewiß nicht gemeint, denn für Fausts Gang zu den Müttern sollen – analog zum „Papiergespenst der Gulden" (Vs. 6198), dem unechten Gold – nur „Heroinen" (Vs. 6202) aufgeboten werden und „Mit wenig Murmeln, weiß ich, ist's getan" (Vs. 6207). Faust soll „ins Tiefste schürfen" (Vs. 6220), dort in der eigenen Innerlichkeit, „Von Einsamkeiten… umhergetrieben" (Vs. 6226) werden und nichts mehr „sehn in ewig leerer Ferne" (Vs. 6246) – noch weniger als auf dem grenzenlosen Ozean, wo er wenigstens eine Welle nach der andern kommen sehen würde. Gleichwohl verspricht er sich, „In deinem Nichts… das All zu finden" (Vs. 6256) – und das ausgerechnet, indem er „dem Entstandenen" (Vs. 6276) entflieht, was Goethe nie bejaht hätte, und sich zu jenen ‚Müttern‘ begibt, die ihn selber nicht einmal wahrnehmen können, „denn Schemen sehn sie nur" (Vs. 6290). Dies alles ist so sehr zum Lachen, daß einem das Lachen schon wieder vergeht, wenn man bedenkt, wohin wir es mit der romantisch verklärten, aber eigentlich technizistischen Innerlichkeit gebracht haben. Der Spott endet, indem Mephisto Faust mit auf den Weg gibt: „Dein Wesen strebe nieder; / Versinke stampfend, stampfend steigst du wieder. / (Faust stampft und versinkt)" (Vs. 6302 ff.).[13]

Zabka hat darauf aufmerksam gemacht, daß kurz nach der Mütterszene der frühere Famulus Wagner – mittlerweile promoviert und Fausts akademischer Nachfolger – wieder auftaucht und durch einen Schlüssel charakteri-

---

[13] In diesem kuriosen Kontext kann auch: „Gestaltung, Umgestaltung, / Des ewigen Sinnes ewige Unterhaltung" (Vs. 6287f.) keine Beschreibung der Metamorphose in Goethes Sinn sein, wie selbst Zabka noch annimmt (1993, 142).

siert wird, der vielleicht ein Wagnersches Pendant zu Fausts Schlüssel für den Dreifuß ist (Vs. 6650f.; vgl. Vs. 6259). Wagner aber arbeitet daran, in seinem Labor dem Menschen einen „höhern Ursprung" als die geschlechtliche Zeugung durch Mann und Frau zu geben, ihn nämlich als eine Kopfgeburt aus dem Geist der Wissenschaft, dem konstruktivistischen Pendant zur romantisch verklärten Innerlichkeit, zu erneuern. Soweit diese Beziehung der beiden Schlüssel besteht, wäre in der Mütterszene latent auch die Wissenschaftskritik mitgemeint. Mit dem Schlüssel zum eigenen Innern kann man nicht nur subjektive Einbildungen hervorholen, die sich in Dunst auflösen, wenn man sie für die Wirklichkeit hält, sondern auch Homunculi produzieren, die nicht so leicht wieder loszuwerden sind.

In der Naturkrise der wissenschaftlich-technischen Welt ist Goethes Kritik der romantischen Innerlichkeit insoweit von aktueller Bedeutung, als diese mit der Anverwandlung der Welt an die Kopfgeburten des wissenschaftlich-technischen Konstruktivismus dieselbe Abwendung von der Natur gemeinsam hat. Seine Kritik aber gilt damit auch der Kritischen Philosophie, obwohl Goethe bei Fausts Gang zu den Müttern wohl nicht direkt an Kant gedacht hat.

Goethes Verhältnis zu Kant und Fichte hat sich im Gespräch mit Schiller entwickelt. Dabei entsprach seiner Abneigung gegen die Selbstbeschau eine ebenso starke Abwehr alles Sinnlichen auf der Schiller-Kantschen Seite. „Ueberhaupt ist seine [Goethes] Vorstellungsart zu sinnlich und *betastet* mir zu viel", schrieb Schiller an Körner (1. November 1790; Jonas [1893], III 113 f.), nachdem ihm die Natur bereits in „Anmut und Würde" zur ungehemmten Lüsternheit heruntergekommen war. Kants ‚kritischer' Rückzug auf sich selbst war wohl ähnlich motiviert. Goethe hatte ein ungezwungeneres Verhältnis zu Kants bzw. Schillers Konstruktivismus als diese beiden zu seiner Sinnlichkeit. Ein sehr schönes Zeugnis ist sein Brief vom 18. September 1831 an Staatsrat Schultz: „Ich danke der kritischen und idealistischen Philosophie, daß sie mich auf mich selbst aufmerksam gemacht hat, das ist ein ungeheurer Gewinn: sie kommt aber nie zum Objekt" (HAB IV 450).[14]

Goethe ließ also die Kantische Einsicht in die grundsätzliche Anthropomorphie allen menschlichen Erkennens – vernünftigerweise – gelten. Fühlte Kant sich damit nun aber seiner selbst und vor den Objekten sicher, bewertete Goethe die „Kantische Philosophie, welche das Subjekt so hoch erhebt, indem sie es einzuengen scheint" (1817; HA X 539), nur um so mehr als eine Herausforderung, ‚zum Objekt zu kommen'. Der kritische oder konstruktivistische Traum, wir könnten uns ohnehin nur so auf die Dinge beziehen, wie wir sie selbst hervorbringen, oder die

---

[14] Den Hinweis auf diesen Brief verdanke ich Jost Schieren. Seine Studien zum Verhältnis von Goethe und Kant waren mir auch dort hilfreich, wo ich ihren Ergebnissen nicht folge.

Fichtesche Vorstellung, die Welt sei – in Schillers Worten – „nur ein Ball, den das Ich geworfen hat und den es bei der Reflexion wieder fängt!!" (28. Oktober 1794; HABaG I 172), hatten für Goethe nichts Beruhigendes. Sehr charakteristisch für seine Haltung ist in dem zitierten Brief an Schultz die Begründung, warum wir uns nicht damit zufriedengeben dürften, vermöge der kritischen und idealistischen Philosophie nicht ‚zum Objekt zu kommen': „... dieses [das Objekt in seiner Gegenwart] müssen wir so gut wie der gemeine Menschenverstand zugeben, um am unwandelbaren Verhältnis zu ihm die Freude des Lebens zu genießen" (HAB IV 450).

Wie die Freude des Lebens immer auf Andere und Anderes bezogen ist, hatte Goethe in dem Brief an Schultz zuvor beschrieben. Die zitierten Sätze sind das Resümee dieser Schilderung. Der alte Goethe, 15 Jahre nach Christianes Tod, blickt aus dem Fenster seines Hauses am Frauenplan auf die Menschen, die sich von der auf dem Platz gelegenen Wasserstelle „das notwendige Ingredienz ihres Daseins abzuholen" kommen.

„Hier ist das Geschäft einfach und doch mannigfaltig: aus dem Becken wird geschöpft, in Butten gegossen, zum Reinigkeitsgebrauche auf dem Rücken fortgetragen. Zum Trinken werden Krüge unter die Röhre gestellt, zu Koch- und feinerem Bedürfnis Eimer untergeschoben. Dabei ist nun die Haltung der Handelnden und Abwartenden nie dieselbe; die Mannigfaltigkeit der Gebärden ist unendlich, die Stellung derjenigen sowohl, die im Besitz des Empfangens ist, als der andern, die auf den Augenblick paßt, bis die Reihe an sie kommen soll, zeigt keine Spur von Ungeduld, alles geht im Takt, und doch ist ein feiner Unterschied zwischen einer und der andern zu bemerken. Salat an Ort und Stelle zu waschen, ist jetzt streng polizeilich verboten. Schade! das gab recht artige häusliche Stellungen, und doch bleibt noch genug übrig, von der früh Ankommenden, Einsamen bis zum Gedränge der höhern Tagesstunden, bis zuletzt die ganze Anstalt wieder verlassen dasteht, und doch endlich noch ein Knabe auf den Rand des Beckens bis zu dem Pfeiler hinaufsteigt, um sich über die Röhre gebückt, unmittelbar aus derselben zu erquicken" (HAB IV 450).

Die Freude des Lebens im Mitsein der Wasserholer untereinander und mit dem Wasser, wie sie Goethe hier von seinem Fenster aus teilte, kann man nicht allein an sich selber haben. Einige Jahre zuvor hatte Schultz an Goethe geschrieben: „... wo Sie das Bedeutende im Objecte erkennen, Schiller solches aber nur für einen Act des Subjectes anerkennen will" (4. Juni 1829; Düntzer 1853, 374), und Goethe hatte ihm geantwortet: „fürwahr hier ist die Axe, um die sich der Correspondenten [Goethe und Schiller] uneinige Einigkeit bewegt" (29. Juni 1829; WA IV 45, 318).

2. Die Handlungsförmigkeit der Wissenschaft und die erkenntnisleitenden Gefühle

Ungeachtet der Kritischen Philosophie beschreibt die klassische Naturwissenschaft in ihrem Selbstverständnis die Natur so, als betrachteten wir sie von außen und so, wie sie an sich ist. Dabei ist mit der ‚klassischen‘ Naturwissenschaft diejenige gemeint, welche ihre Gegenstände so versteht, als hätten sie unabhängig von der wissenschaftlichen Bestimmung die Eigenschaften, die durch diese erfaßt werden, und die in diesem Selbstverständnis nicht offensichtlich inkonsistent ist. Das zugehörige Seinsverständnis, daß die Naturwissenschaft die Natur so von außen sieht, wie der interplanetarische Blick die Erde, und daß die Formen der Erkenntnis nur die Eigenschaften des Gegenstands und nicht zumindest teilweise die Bestimmungen des Erkennenden sind, wird gelegentlich auch die ‚klassische Ontologie‘ oder zumindest die Ontologie der klassischen Physik genannt. Die in diesem Sinn klassische Naturwissenschaft galt als Erkenntnis *der* Ordnung *der* Natur ohne jede Relativierung. In der Relativitätstheorie ist es innerhalb der Physik ein letztes Mal gelungen, die Relativierung der Erkenntnis auf den Erkennenden zu vermeiden, indem dessen Bewegungszustand mit objektiviert wurde. Die klassische Physik bis hin zur Relativitätstheorie ergibt ein Bild der Welt, auf dem wir selber nicht zu sehen sind. Erst in der Quantentheorie war es damit vorbei.

Begnügt man sich nicht mit der bloßen Operabilität der Theorie, kommt die klassische Naturwissenschaft allerdings schon früher an ihre Grenze. Von Carl Friedrich von Weizsäcker wurde das Kriterium der ‚semantischen Konsistenz‘ eingeführt, welches verlangt, daß nicht nur die Beobachtungen, sondern auch die Art ihrer Feststellung mit der Theorie in Einklang stehen muß. Aus dieser Sicht war es eine Paradoxie der klassischen Naturwissenschaft, grundsätzlich auf alle Erscheinungen anwendbar zu sein und in diesem Sinn die Welt vollständig zu erfassen, nicht aber die Grundtatsache, ohne die es diese ganze Wissenschaft nicht gäbe, nämlich den erkennenden Naturwissenschaftler. Auf diese Paradoxie hinzuweisen, war ein Ceterum Censeo Georg Pichts.

Als der Vater seiner kleinen Tochter die Photographien zeigte, die er auf einem gemeinsamen Spaziergang aufgenommen hatte, fand sie sich darauf ohne ihn und fragte verwundert: Aber Papa, wo bist du denn? Er war doch bei ihr gewesen und hatte sogar selbst die Bilder gemacht, gehörte also dazu. Wieso war er auf den Bildern nicht zu sehen?[15] Gerade so ergeht es uns mit der klassischen Physik.

---

[15] Hans Werner Ingensiep hat diese Geschichte mit seiner Tochter Johanna erlebt.

Sicherheit in der Natur

Hätte sich Kants Kritischer Traum erfüllt, daß die Welt so ist, wie sie ist, weil wir so sind, wie wir sind, wäre die Ontologie der klassischen Naturwissenschaft nicht nachhaltig in Frage gestellt worden. Es gäbe dann zwar, strenggenommen, die Einschränkung, daß wir Menschen wohl nicht *die* Ordnung *der* Natur erkennen, weil andere Wesen andere Anschauungsformen und Begriffe haben könnten als die unseren. Diese Relativierung wäre aber folgenlos und eigentlich nur die Bescheidenheitsform, unter der sich die vollendete Apotheose verbergen würde. Denn wenn wir der Natur ihre Ordnung geben, indem wir sie ihr ‚vorschreiben‘, ist die Welt unsere kontinuierliche Schöpfung und nichts sonst. Daß diese Welt ‚nur‘ die unsere ist, wäre wiederum nur die Beschönigung des Anspruchs, daß sie nichts als die unsere und uns dementsprechend unbeschränkt verfügbar ist. Alle Naturerkenntnis wäre dann als Wissenschaft a priori möglich, nämlich durch Selbsterkenntnis der menschlichen Vernunft. Was unsern Verstand noch von einem anschauenden Verstand unterscheiden würde, welcher die Gegenstände seiner Erkenntnis hervorbringt, indem er sie denkt, hängt mit der Erkennbarkeit von Anfangsbedingungen zusammen, ist aber nicht leicht zu sagen. Herauskommen würde aber wohl, daß alle Weltveränderung durch den Menschen gewissermaßen von allein geschieht.

Wäre das Kritische Programm in der Weise zu erfüllen gewesen, daß wir der Naturordnung als unserer eigenen, der Natur von uns vorgeschriebenen Ordnung sicher sein könnten, so hätten wir damit die vollendete Selbst-Sicherheit gewonnen. Ich meine damit die Sicherheit, daß in unserm Herrschaftsbereich nichts passiert, was nicht letztlich von uns selber gewollt ist. Dies wäre die Sicherheit eines Gewaltherrschers, der sich ja auch nur dann ganz sicher fühlt, wenn in seinem Reich nichts passiert, was er nicht selbst angeordnet oder zugelassen hat. Kant dürfte diesen Vergleich nicht zurückgewiesen haben, da er in der Naturerkenntnis ausdrücklich Gewalt für geboten hielt und außerdem durch das Vorschreiben der Gesetze für die subtilste, am wenigsten spürbare und zugleich effektivste Form der Herrschaft eingetreten ist. Fragen wir uns angesichts dieser Korrespondenz von Kritischem Programm und Selbst-Sicherheit, welches der beiden Ziele Kant in erster Linie angestrebt hat und welches das sekundäre war, so meine ich, daß er vor allem die Selbst-Sicherheit gesucht hat, vor der äußeren wie vor seiner inneren Natur, letzteres im Hinblick auf das „Andere der Vernunft" (Böhme/Böhme 1985). Ich beschränke mich hier auf das Ziel der Sicherheit in der äußeren Natur.

Daß Kant letztlich das Kritische Programm um der Sicherheit willen verfolgt hat und nicht umgekehrt, entspricht nicht allein seiner hypochondrischen Persönlichkeitsstruktur, sondern ist auch deshalb plausibel, weil die Freiheit vom Mitsein ein Grundmotiv der neuzeitlichen Entwicklung zur Industriegesellschaft gewesen ist. Das 18. Jahrhundert war als ein ‚kritisches‘ ebensosehr ein unsicher gewordenes Zeitalter, weil die Kritik mit einem Vertrauensverlust einhergeht und dadurch selbst eine Form der Unsicherheit ist. Mit der Apotheose der Industriegesellschaft war ein Autonomieschub im Sicherheitsbedürfnis des abendländischen Menschen verbunden, und zwar sowohl in der Natur als auch gegenüber der Obrigkeit und gegenüber den Mitmenschen. Unter Bedingungen der Freiheit im Mitsein durch eine gemeinsame, nicht unabhängige Sicherheit gab es ein Vertrauen,

- daß wir in der Natur trotz schwankender Ernteerträge letztlich immer wieder Nahrung finden, so wie es Jahwe nach der Sintflut versprochen hatte (Gen 8,22);
- daß es zwar gute und schlechte, aber doch auch immer wieder gute Herrscher gibt. Es war gerade die Römische Kaiserzeit, in der das Wort securitas (se = ohne, cura = Sorge) zum Inbegriff der inneren und äußeren Sicherheit durch die Pax Romana wurde;
- daß die Mitmenschen für den Einzelnen sorgten, solange er sich nicht selbst aus der Gemeinschaft ausschloß, wenn er in Not geriet, „weil letztlich alle gesellschaftlichen Pflichten auf Gegenseitigkeit beruhen“ (Polanyi 1944, 75).

Diese Belege aus verschiedenen Zeiten und gesellschaftlichen Verhältnissen mögen dazu dienen, die hier vertretene These wenigstens grundsätzlich zu erläutern.

In diesen Abhängigkeiten fühlte man sich im neuzeitlichen Abendland offenbar immer weniger sicher, denn

- in der Natur wurde durch die Verfügbarkeit der natürlichen Mitwelt vermöge technischer ‚Allmacht‘ und wissenschaftlicher ‚Allwissenheit‘ die Freiheit vom Mitsein gewonnen, der das anthropozentrische Weltbild entspricht;
- gegenüber der Obrigkeit hatte im modernen Rechtsstaat das Eigentum die Funktion, „Außenwerke der Persönlichkeit“ (Dahlmann 1815, 247f.) zu bilden, hinter denen der Bürger vor dem staatlichen Zugriff sicher war;
- gegenüber den Mitmenschen sollte das Eigentum die individuelle Unabhängigkeit garantieren, zumal in dem erweiterten Verständnis, daß auch Rentenansprüche und Versicherungen, welche den Einzelnen aus familiären Angewiesenheiten befreien, als Eigentum galten (vgl. J. Meyer-Abich 1980).

Sicherheit in diesen neuen Formen anzustreben war wohl keine Steigerung des Sicherheitsbedürfnisses selbst, sondern nur seine Verlagerung von der gemeinsamen auf die autonome Sicherheit. Eben darum ging es Kant, wenn nunmehr die menschliche Vernunft in der Natur gesetzgebend sein, der Mensch also im wörtlichen Sinn auto-nom werden sollte.

Diese Bewegung als Selbstbehauptung gegenüber einem allzu autonom gewordenen Gott zu interpretieren (vgl. Blumenberg 1966) schließt nicht aus, daß dadurch ein aus andern Gründen übersteigertes Geltungsbedürfnis legitimiert werden sollte.

Wie bei Kepler zeigen sich die Motive auch bei Kant am reinsten dort, wo das Ziel nicht erreicht worden ist, weil das eigentlich Gewollte hier sozusagen bloßliegt und sich nicht hinter dem Erfolg verbirgt. Was ist aus dem Kritischen Ansatz geworden? Daß wir in der Natur gesetzgebend sind bzw. ihr ihre Gesetze ,vorschreiben', soweit es Wissenschaft gibt, hat Kant noch in der zweiten Auflage der „Kritik der reinen Vernunft" (1787) uneingeschränkt behauptet. Ein Jahr zuvor hatte er in den „Metaphysischen Anfangsgründe[n] der Naturwissenschaft" (1786) dargelegt, wie der Begriff der Materie als des Beweglichen im Raume unter den reinen Verstandesbegriffen durch „metaphysische Konstruktion" (1786, A XIV; vgl. Plaaß 1965) näher zu bestimmen sei. Hier zeichnete sich aber bereits die Unterscheidung zwischen den allgemeinen und den besonderen Naturgesetzen ab, in der die ursprüngliche Hoffnung aufgegeben wurde, der Natur, soweit sie einer Ordnung nach Gesetzen folgt, alle diese Gesetze unsererseits vorschreiben zu können. Unter den besonderen Naturgesetzen sind diejenigen zu verstehen, derer wir nur empirisch kundig, also – nach dem Humeschen Argument – niemals gewiß sein können, unter den allgemeinen hingegen die a priori ableitbaren. Man wird hier jetzt vor allem an die Erhaltungssätze der Physik – die Kant freilich noch nicht kannte – denken, welche ja tatsächlich sogar innerhalb der Physik wie transzendentale Bedingungen der Erkenntnis fungieren, z. B. – wie im vorangegangenen Abschnitt gezeigt – im Hinblick auf die Objektivierung von Lucken. Ihrer Ableitung a priori ist Carl Friedrich von Weizsäcker bisher am nächsten gekommen, jedoch nicht nach der Kantschen Kategorientafel, wie überhaupt die transzendentale Deduktion aus der Urteilstafel hierzu längst überholt sein dürfte. Kant hat die Unterscheidung in der „Kritik der Urteilskraft" (1790) so getroffen, daß er den besonderen Naturgesetzen einen vielfach und – zumindest anfänglich – wohl auch von ihm selbst unterschätzten neuen Status gegeben hat. Diese Gesetze, schrieb er in gewohnt länglicher Argumentation, folgten dem Grundsatz, „daß, da allgemeine Naturgesetze ihren Grund in unserem Verstande haben, der sie der Natur (ob zwar nur nach dem allgemeinen Begriffe von ihr als Natur) vorschreibt, die besondern empirischen Gesetze in Ansehung dessen, was in ihnen durch jene unbestimmt gelassen ist, nach einer solchen Einheit betrachtet werden müssen, als ob gleichfalls ein Verstand (wenn gleich nicht der unsrige) sie zum Behuf unserer Erkenntnisvermögen, um ein System der Erfahrung nach besonderen Naturgesetzen möglich zu machen, gegeben hätte" (KdU A XXV). Die besonderen Naturgesetze sind danach zwar nicht von uns gegeben, jedoch nur so zu verstehen, „als ob" sie gleichermaßen verständig seien wie unsere eigene Gesetzgebung, allerdings nicht kraft *unseres* Verstands. Dieser Erklärung hängt in ihrer Interpretationsgeschichte das Als-ob als ein ‚bloßes‘ Als-ob an, d.h. als eine zweitbeste Lösung, solange man nicht weiß, wie es wirklich ist. Daß auch Kant selbst dies – zumindest anfänglich – so gesehen zu haben scheint, zeigt, daß ihm eine transzendentale Begründung der besonderen Naturgesetze nach Art der allgemeinen lieber gewesen wäre, er den Kritischen Traum also tatsächlich hatte und ihm noch nachtrauerte. Eigentlich liegt in dem Gedanken, die besonderen Naturgesetze seien gleichermaßen verständig wie die von uns gegebenen, und zwar als Ausdruck einer weitergehenden Absichtlichkeit oder Kunst, aber sogar eine interessantere Orientierung als in dem Kritischen Ansatz, welche die Als-ob-Abwertung nicht verdient. Ich komme darauf im folgenden Abschnitt zurück.

Wissenschaft von Tat-Sachen

Die Kritische Allmachtsphantasie, selbst Gesetzgeber in der Natur zu sein, ist uns durch die Unterscheidung der beiden Arten von Gesetzgebung, von denen uns nur die erstere obliegt, in der ursprünglichen Form genommen worden. Der Mensch hat sozusagen nicht in aller Stille an die Stelle Gottes treten können, so als habe er eigentlich immer schon dort gestanden und dies erst jetzt begriffen. Der Gedanke einer autonomieorientierten Naturwissenschaft, welche das Naturgeschehen, wenn nicht bereits durch die gesamte Gesetzgebung, so doch in seinem tatsächlichen Verlauf beherrscht, ist damit aber ja nicht aus der Welt. Der Weg dahin führte auch ohne die Kritische Vollendung über die „göttlichen Einsichten“, auf welche die klassische Naturwissenschaft von Kepler bis Planck und Einstein angelegt war und denen erst Bohr abgesagt hat. Darüber hinaus aber hatte Kant selbst in einer weiter gefaßten Formulierung bereits das Erkenntnisideal geprägt, das auch unterhalb des Kritischen Traums noch aufrechtzuerhalten war – das Menetekel des 19. und 20. Jahrhunderts: daß nämlich *die Vernunft nur das einsieht, was sie selbst nach ihrem Entwurfe hervorbringt, indem sie den Gegenstand gänzlich unter ihre Gewalt bringt* (vgl. KrV B XIII/KdU A 306 und 1790, 180). In dieser Formulierung sind zwei Kernsätze Kants zu dem Leitbild verbunden,[16] das die industriegesellschaftliche Wahrnehmung der Natur seitdem geprägt hat. Dieser Orientierung folgend haben wir verlernt wahrzunehmen, wie die natürliche Mitwelt sich uns von sich her zeigt.

---

[16] Ich finde den älteren Ausdruck „Erkenntnisideal“ (A. Meyer-Abich 1934) aussagekräftiger als den neueren „Paradigma“ (Kuhn 1962), wenn es um die antizipierte Form der wissenschaftlichen Erkenntnis geht. Ist die entsprechende Praxis mitgemeint, so hat der Ausdruck ‚Leitbild‘ den Vorteil, sowohl erkenntnis- als auch handlungsleitende Vorstellung sein zu können.

In dem Leitbild, nur noch das wahrhaben zu wollen, was man selbst hervorbringt, ist der Kritische Traum sozusagen normativ geworden, wie dies philosophischen Ansätzen immer wieder begegnet ist. Wenn die Welt nicht von allein so ist, wie sie ist, weil wir sie vermöge unserer Gesetzgebung so hervorbringen, dann *soll* sie eben so sein, wie wir sie hervorbringen. Wir erreichen dieses Ziel teils transzendental, indem wir die allgemeinen Naturgesetze selber geben, teils durch unser technisches Handeln, indem wir uns der besonderen Gesetze zu unserer Beherrschung der Erscheinungen dadurch vergewissern, daß wir diese experimentell reproduzieren.

Es gehört zu den Ideologemen der modernen Naturwissenschaft, daß das Experiment dem Gewinn von Erkenntnis diene. Eine dazu verbreitete Meinung ist, daß man sich vor dieser Wissenschaft nicht um die Erfahrung gekümmert, sondern nur theoretisch herumspekuliert habe. Im Gegensatz dazu gebe man nun endlich der Erfahrung ihr Recht, so daß die Wahrheit gefunden werde, indem man von Experiment zu Experiment fortschreite und sich immer nur auf die Erfahrung stütze. Von dem allen kann keine Rede sein, sondern derartige Geschichten sind Rechtfertigungen, an denen eigentlich nur interessant ist, weshalb und wem gegenüber sie für nötig gehalten werden. Auf die Rolle der Theorie bei Galilei, der damit gegen den Empiriker Aristoteles ganz entschieden Platons Wissenschaftsentwurf wiederaufnahm, habe ich bereits hingewiesen, ebenso auf die theoretischen Konstrukte von Kepler und Leverrier. Im tatsächlichen Gang der Wissenschaft trägt das Experiment nur dann zur Erkenntnis bei, wenn dies die praktisch einfachste Form ist, zwischen mehreren theoretischen Entwürfen zu entscheiden. Normalerweise aber dient es der Demonstration einer theoretisch begründeten Aussage durch die Vergewisserung, daß man ein Phänomen technisch beherrscht, indem man es selbst hervorbringen kann und somit den Gegenstand ganz unter Kontrolle hat. Warum bedarf das Denken dieser Demonstration? Weil die Physik, wie Bohr zu sagen pflegte, davon handelt, was wir getan und erfahren haben. Physik ist ein Handlungswissen. Das Experiment ist also keine ‚Bestätigung‘ eines theoretisch gefundenen Ergebnisses, sondern es ist selbst das Ergebnis. Das experimentelle Handeln dient nicht der Erkenntnis, sondern diese dient dem experimentellen Handeln. Wird das erstere behauptet, ist eigentlich das letztere gemeint. In diesem Verständnis ist das Experiment tatsächlich der Kern der modernen Naturwissenschaft. Daß trotzdem nur relativ wenige Experimente gemacht werden, liegt daran, daß die Wissenschaftler von vornherein handlungsförmig denken.

Das von Kant so entschieden befürwortete Verum-factum-Prinzip, etwas erst dann erkannt zu haben, wenn man es so beherrscht oder in der Gewalt hat, daß man es selbst hervorbringen kann, ist das bis heute unverändert gültige Erkenntnisideal der modernen Naturwissenschaft. Vielfach spricht man auch von Erkenntnis im Modus der Herstellung (Heidegger). Daß in dieser Redeweise schon die industrielle Produktion anklingt, ist berechtigt und weist darauf hin, daß jedes Experiment grundsätzlich die Demonstration eines technisch möglichen Produktionsprozesses ist.

Erkenntnis im Modus der Herstellung zu suchen ist alles andre als selbstverständlich. Nehmen wir z. B. an, es bestehe ein Interesse an der Voraussicht von Ereignissen, so gibt es dazu grundsätzlich ganz verschiedene Möglichkeiten:

(1) Man könnte etwas aus Gewohnheit kommen sehen, z. B. daß morgen die Sonne wieder aufgeht, oder aus gewissen Regelhaftigkeiten der Erscheinungen – so wie Platons Gefangene in der Höhle gewettet haben, wer oder was (welcher Schatten) als nächstes kommt (Pol 516cd). Ein anderer Fall dieser Art ist, wie Thales eine gute Olivenernte hat kommen sehen, Ölmühlen gekauft hat und durch diese reich geworden sein soll.

(2) Man könnte sich mit den Wahrscheinlichkeiten für Teilräume des Ereignisraums begnügen.[17] Wenn sich z. B. jemand angetrunken aufs Fahrrad setzt, ist die Vorhersage, wo er stürzen oder in welcher Kurve er den Hang hinunterrutschen wird, relativ belanglos gegenüber der Grundeinschätzung: Das kann nicht gutgehen. Ebenso steht es mit vielen Technikfolgenabschätzungen.

(3) Man könnte – wenn es das noch gäbe – ein weises Orakel wie das in Delphi befragen, in dessen Kundgaben der Fragende immer schon ein Teil der Antwort ist. Kroisos hat diesen Weg, bevor er den Krieg gegen die Perser begann, durch die gleichzeitige Befragung mehrerer Orakel in einer systematischen Weise eingeschlagen (Herodot, Historien 1,47).

(4) Man könnte sich aufs Hellsehen verlegen und würde auch hier bei richtiger Wahl des Mediums für praktische Zwecke durchaus brauchbare Vorhersagen bekommen.

(5) Man wünscht Erkenntnis im Modus der Herstellung. Hier gewinnt man Sicherheit, erfährt aber weit mehr, als zur bloßen Vorhersage nötig ist. Denn wenn es gelingt, den Gegenstand zu beherrschen, kann man das Ereignis selbst zu einem beliebigen Zeitpunkt eintreten lassen und nicht nur vorhersagen, wann es ohne unser Zutun eintreten würde.

Wer sich für die fünfte Möglichkeit entscheidet, sucht offenbar nicht die bloße Vorhersage, sondern ein Mehr-Wissen, das einem weitergehenden Interesse entspricht.

Einen ganz andern Weg ist Goethe gegangen. Sein Leitbild war, „daß wir uns, durch das Anschauen einer immer schaffenden Natur, zur geistigen Teilnahme an ihren Produktionen würdig machten" (HA XIII 30f.).

---

[17] Statistisch würde man normalerweise von disjunktiv aggregierten Ereignissen sprechen, was aber aus meiner Sicht den Schönheitsfehler hat, sich die Einzelereignisse, von denen ich gerade absehen möchte, zunächst einmal fiktiv vorzustellen.

Dadurch wird keineswegs ausgeschlossen, daß Naturerkenntnis praktisch wird, wenn wir nämlich nach dem Vorbild der Natur auch unsererseits etwas hervorbringen. Dies geschähe aber nicht in der ichhaft kontrollorientierten Weise der herrschenden Naturwissenschaft.[18]

Im üblichen Verständnis der klassischen Naturwissenschaft wird einerseits anerkannt, daß das Selbst-hervorbringen-Können ein erkenntnisleitendes Interesse ist, andrerseits an der klassischen Ontologie festgehalten, diese Wissenschaft beschreibe *die* Ordnung *der* Natur. Im letzteren Verständnis wird das Sein der Dinge erkannt, im ersteren dieses Sein als ein Hervorgebracht-Sein konstruiert. Beides paßt nur aus der Sicht des außerweltlichen Schöpfers zusammen, der den Willen hat, kraft seiner Allmacht und Allwissenheit die Welt hervorzubringen. Für diesen Schöpfer schickt es sich auch, das Sein der Welt als das zu stiften, was sein soll, d. h. als ein Seinsollen, denn er will es ja so haben, wie er es hervorbringt. Wie aber fügt sich beides für uns zusammen, wenn wir uns nicht einfach unausdrücklich mit dem Schöpfer identifizieren, sondern uns als hienieden Eingeborene bekennen? Die einfache Antwort: ,Wir wollen wissen, welche Gesetze das Sein der Dinge unabhängig von uns bestimmen, damit wir sie nach ihren eigenen Gesetzen verändern können', ist jetzt nicht mehr unverändert möglich, weil wir selbst dazugehören – nicht Gott sind – und in unserm Sein von denselben Gesetzen bestimmt sind wie die Dinge, also auch in den von uns intendierten Veränderungen davon bestimmt sein müßten. Uns mit der bloßen Widerspruchsfreiheit in einer Zwei-Welten-Lehre zufriedenzugeben, war auch für Kant letztlich kein befriedigender Ausweg. Das Dilemma ist dann nur entweder durch eine semantisch konsistente Wissenschaft lösbar, deren Wissen die Tatsache des wissenschaftenden Menschen umfaßt, oder durch den Verzicht auf einen der beiden Ansprüche, sowohl *die* Ordnung *der* Natur als auch die Möglichkeiten des Hervorbringens zu beschreiben. Da der letztere Anspruch für die Industriegesellschaft handlungsleitend ist, wohingegen auf den ersteren folgenlos verzichtet werden kann, geht die Wahl zugunsten des Verum-factum-Prinzips aus.

Ist somit die ,klassische Ontologie' obsolet geworden, so erweist sich die moderne Naturwissenschaft als ein *Kanon von Regeln, nach denen Menschen, die selbst dazugehören, in der Sinnenwelt Ziele erreichen können.* Ich wähle diese Formulierung im Gedenken an Paul Lorenzens (1915–1994) Bestimmung der Logik als des Ensembles derjenigen Regeln, an die man sich tunlichst halten sollte, wenn man ein Streitgespräch nicht verlieren will. Naturgesetze sind danach Handlungsformen. *Naturwissenschaft handelt von Tat-Sachen, nicht nur von den Sachen.* Sie beschreibt nicht das Sein der Dinge, sondern ihr Veränderbarsein, also den Raum, in

---

[18] Ich nehme diesen Gedanken in meinem Beitrag zum Konzept einer Mit-Wissenschaft (1997) wieder auf.

dem ein Wollen unsererseits als ein Hervorbringen geltend zu machen ist. Dies könnte auch physiozentrisch geschehen. Die herrschende Naturwissenschaft aber ist eine *anthropozentrisch-autonomieorientierte Verfügungs- und Verfahrensordnung*, nach der in der Sinnenwelt Ziele der autonomen Sicherheit zu erreichen sind. Sie ist als Wissenschaft ein gesellschaftlich verfaßtes Wissen, wie man zu verfahren hat, um mit autonomer Sicherheit über Sinnendinge zu verfügen. Welche Ziele im Rahmen dieser Verfügungsordnung erreicht werden sollten, wird hier zwar nicht im einzelnen festgelegt, und insoweit handelt es sich nur um eine Rahmenordnung; in jedem Fall aber geht es um autonome Sicherheit, d. h. um die Freiheit vom Mitsein. Zur Erkenntnis dieser Ordnung kommt es dadurch, daß Menschen sich vornehmen, nur noch das wahrhaben zu wollen, was sie nach ihrem eigenen Entwurf hervorbringen können.

Die Naturwissenschaft als einen zielorientierten Kanon von Regeln zu verstehen kommt dem Selbstverständnis ihrer Akteure vor der Industriellen Revolution viel näher, als es heute empfunden werden mag. Von Kepler bis Leibniz wurden nämlich die Naturgesetze als die Handlungsformen Gottes verstanden, um die Welt zum Besten einzurichten. So folgerte Leibniz aus Gottes Vollkommenheit, „daß er bei der Hervorbringung (en produisant) des Universums den bestmöglichen Plan" und dazu die „angemessensten *Bewegungsgesetze*" gewählt habe, nämlich die wissenschaftlichen „nach *Gewicht, Maß, Zahl* etc." (1714, § 10/11/14). Die Naturgesetze also sind ursprünglich die Wege Gottes, um sein Schöpfungsziel zu erreichen, d. h. die Sinnenwelt hervorzubringen. „... die Gesetze der Bewegung... gehen aus der Perzeption des Guten und des Bösen oder aus dem hervor, was am meisten angemessen ist" (Brief an Bierling, 12. August 1711 = V 2, 309). Dabei war schon zu Leibniz' Zeit strittig, welches Ziel am ehesten gut ist, jedoch nicht die normative Orientierung der Naturgesetze auf eine möglichst wohl zu bildende Welt hin. In der modernen Naturwissenschaft und Technik suchen wir die Wege Gottes in unserm Verständnis des Guten – z. B. als ‚Fortschritt' – weiterzugehen, indem wir innerhalb der Natur unsererseits den Kanon derjenigen Regeln herausfinden, nach denen wir in der Sinnenwelt die Ziele erreichen können, die wir für gut befinden.

Daß Naturgesetze Handlungsformen sind und die Naturwissenschaft eine Verfahrensordnung in Gestalt eines Kanons von Regeln ist, nach denen in der Sinnenwelt Ziele erreicht werden können, ist ein im wörtlichen Sinn pragmatisches Wissenschaftsverständnis. Pragma ist im Griechischen „das, womit man es im besorgenden Umgang (prâxis) zu tun hat" (Heidegger 1927, 68). Heidegger war, wenn man vom amerikanischen Pragmatismus absieht, in der neueren Philosophie auch „der erste, der sich mit der These vom Primat des In-der-Welt-seins grundsätzlich von der Idee eines fundierenden Bewußtseins verabschiedet[e]" (Gethmann 1988, 144).

Die pragmatische Interpretation besagt nicht, daß die Wissenschaft nicht von Wahrheit handelt, wohl aber, daß sie von Wahrheit *handelt*. Der Wahrheitsbezug geht keineswegs verloren, wenn Wahrheit – wie bei William James – als Handlungswahrheit verstanden wird, d. h. als das, was sich bewährt, nicht als abgezogene Behauptungen – unabhängig davon, was daraus für unser Handeln folgt. Wer dieses pragmatische Verständnis in dem Sinn herabsetzend findet, daß es der Wissenschaft ihre sozusagen höhere Wahrheit bestreitet, wird letztlich an dem Keplerschen Verständnis festhalten wollen, daß Wissenschaft uns „göttliche Einsichten" gebe, so wie es ja auch Planck und Einstein getan haben. Ich halte dieses Selbstverständnis für unangemessen, weil es einem falschen Gottesbild folgt und relativ dazu die Apotheose probt. Historisch aber hat es zu der Naturwissenschaft als anthropozentrisch-autonomieorientierter Verfahrensordnung geführt, die nur pragmatisch zu verstehen ist. Manche heutigen Naturwissenschaftler werden sich mit dem pragmatischen Verständnis vor allem deshalb schwertun, weil es der Wissenschaft nicht den verantwortungsfreien Raum läßt, der in einem eigennützigen Verständnis von Wissenschaftsfreiheit für sie beansprucht wird, sondern ihre Teilhabe am industriewirtschaftlichen Handeln beim Namen nennt. Freiheit aber ist auch in der Wissenschaft nur durch Selbstverantwortung zu rechtfertigen. In der Naturkrise der wissenschaftlich-technischen Welt wird die Wissenschaft von der Natur dadurch selbst mit auf die Probe gestellt.

Als man sich von der Wissenschaft noch eitel Weltverbesserung versprach, war der Pragmatismus demgegenüber kein Problem. So war es auch in den Anfängen der modernen Naturwissenschaft. Man könnte zwar meinen, daß Kepler davon nichts hätte wissen wollen, als Astronom in dieser Hinsicht freilich auch nicht viel zu bieten gehabt hätte. Selbst er aber scherzte hinsichtlich seines Traums von einer Mondfahrt, die nur vier Stunden dauern sollte, ganz unbefangen: „Verjagt man uns von der Erde, so wird mein Buch als Führer den Auswanderern und Pilgern zum Monde nützlich sein" (1634, XII). Um so mehr galt für Francis Bacon: „Das wahre und rechtmäßige Ziel der Wissenschaften ist kein anderes, als das menschliche Leben mit neuen Erfindungen und Mitteln zu bereichern" (1620, I, § 81 = I, S. 173). Er versprach dazu, sich aber nicht wie die antike Atalanta durch den sozusagen erstbesten goldenen Apfel um den Sieg bringen lassen zu wollen, denn „ich begehre nicht kindisch goldene Früchte, sondern setze alles auf den Sieg im Wettlauf der Kunst mit der Natur" (aaO § 117 = S. 245). Das Ziel war der Sieg, also die Bemächtigung, nicht nur eine gelegentliche Freude. „Die Erfindungen sind gleichsam neue Schöpfungen und sind Nachahmungen der göttlichen Werke … Das Menschengeschlecht mag sich nur wieder sein Recht über die Natur sichern, welches ihm kraft einer göttlichen Schenkung zukommt" (aaO § 129 = S. 269/273). Dazu aber müssen wir uns an die Naturgesetze halten, denn „was bei der Betrachtung als Ursache erfaßt ist, dient bei der Ausführung als Regel" (aaO § 3=S. 81). Anders gesagt: Das Erkenntnisinteresse gilt denjenigen Ursachen, die bei der Ausführung als Regel dienen können. Dies ist wohl die früheste und vielleicht immer noch eleganteste Formulierung des Gedankens, daß Naturwissenschaft eigentlich eine Verfahrensordnung ist, nach der Menschen sich der Welt bemächtigen können.

Das Prinzip Technik

Das Verum-factum-Prinzip geht vor Kant zunächst auf Giambattista Vico (1668–1744) zurück, der meinte, daß die selbst inszenierten Entwicklungen uns eher verständlich sein müßten als das, was ohne unser Zutun geschieht. Vico hielt deshalb die Geschichte grundsätzlich für verständlicher als die Natur (1744). Der Gedanke ist jedoch wesentlich älter. So heißt es bei Nikolaus von Kues, unser mathematisches Wissen habe eben die Genauigkeit, in der die Gegenstände der Mathematik aus unserm Verstand hervorgehen (vgl. Hösle 1990). Dieser Vorstellung vorausgegangen ist wiederum das Platonische Prinzip, sowohl die Gegenstände der Geometrie als auch den Staat insgesamt am ehesten zu verstehen, wenn man ihn in Gedanken selbst bildet. Platon begründete dieses Vorgehen sozusagen bloß didaktisch, aber jede gute Didaktik ist nicht ‚nur Didaktik‘, sondern bildet den Menschen, indem sie Wahrheit bildet. Zwischen der Platonischen Wahrheitsbildung und dem industriegesellschaftlichen Einsichtigmachen der Welt, indem möglichst alles selbst hervorgebracht wird, liegt jedoch eine Zäsur. Das spezifisch Neuzeitliche ist bei Kant schon wieder verborgen, war für die Entwicklung der modernen Naturwissenschaft und ihres Gesetzesbegriffs jedoch wegweisend, nämlich das Leitbild der modernen Technik. Es war in der wissenschaftlichen Entwicklung nicht nur latent angelegt, sondern ist älter als die Naturwissenschaft und ein Wegweiser ihrer Entwicklung.

Der Grundgedanke der Technik ist seit der Antike, etwas in erlernbarer Weise möglichst mühelos zu tun, so daß es geschieht, ohne eigentlich getan zu werden. In der Neuzeit kommt das Bestreben hinzu, nicht alles selber zu tun, sondern durch das eigene Tun ein Mehr an Wirkung zu veranlassen. Segelschiffe, Wind- und Wassermühlen oder Schußwaffen sind dafür bereits mittelalterliche Beispiele. Die Mehrwirkung ergibt sich durch Energiesysteme, d. h. durch die Verwandlung von Energie in eine gesellschaftliche Dienstleistung. Dabei steht der instrumentelle Charakter der Technik im Vordergrund, solange der Mensch die technischen Einrichtungen bedienen muß. Die ideale Mehrwirkung ergibt sich demgegenüber, wo es gelingt, in einen Ablauf nicht unablässig regelnd, steuernd oder nachhelfend eingreifen zu müssen, sondern ihn von allein ablaufen zu lassen. Industriell hat sich dieses Leitbild erst im 20. Jahrhundert durchgesetzt, soziotechnische Lösungen aber sind älter, und der größte Erfolg des technischen Denkens war bereits die Newtonsche Himmelsmechanik. Hier war es – jedenfalls in Kants Interpretation (1755) – der Schöpfer, dessen bewundernswerteste Leistung darin gesehen wurde, den Himmelslauf nicht nur nicht von Zeit zu Zeit nachregulieren zu müssen, sondern die Ordnung selbst von allein entstehen zu lassen. Diesem Gottesbild entspricht das technische Denken – und umgekehrt.

Die entscheidenden Bestimmungen sind das *Von-alleine* und das *Lassen*. Das Von-alleine bedeutet, daß man sich um den Ablauf in der Regel nicht zu kümmern braucht, also weder mitmachen noch aufpassen und gegebenenfalls eingreifen muß, sondern derweil etwas anderes tun kann. Durch ihr Von-alleine ist jede Technik arbeitsparend. Die andere Bestimmung ist das Lassen. Der Prozeß läuft von allein so, wie man möchte, weil man ihn so hat laufen ,lassen'. Etwas geschehen zu lassen heißt in der Technik nicht, daß man sich damit abfindet, sondern es ist wieder so, als wenn man etwas tun läßt, ohne daß es getan zu werden braucht, und es trotzdem geschieht. Was man geschehen lassen will, geschieht ja nun von allein, nachdem einmal für diejenigen Anfangs- und Randbedingungen gesorgt worden ist, unter denen der Prozeß keiner weiteren Regulierung bedarf. Man braucht nur die richtigen Anordnungen zu treffen, aber sie sind nicht mehr als Weisungen an Menschen gerichtet, sondern Anordnungen der Dinge. Hat man den Dingen die entsprechende Anordnung gegeben, so braucht man den Prozeß nur noch ,von alleine ablaufen zu lassen'. Dies ist das Grundprinzip der modernen Technik. Das Bewußtsein dafür hat sich – nach Vorläufern wie Roger Bacon – im wesentlichen in der Renaissance gebildet, während die neuere Entwicklung der Technik selbst weit ins Mittelalter zurückreicht.

Die dritte Bestimmung der Technik ist, daß wir es sind, die einen Vorgang von allein ablaufen lassen. Wenn dies selbstherrlich geschieht, steht es in einem Gegensatz zu Goethes Leitbild, uns der Teilnahme an der Produktivität der Natur würdig zu erweisen. Es gilt, wie es am Schluß seines Prometheus-Dramas „Pandora" heißt, nur das geschehen zu lassen, was die Götter zulassen oder gewähren (Vs. 1084 ff.). Prometheus hatte statt dessen den „Tag vor dem Tage" (Vs. 157) in Gestalt von Arbeit und Technik bei künstlichem Licht ausgerufen. Könnten wir nicht auch einmal das von allein geschehen lassen, was die Götter uns gewähren?

In der Geschichte der Industriegesellschaft war es bisher nicht so gemeint, denn durch Technik lassen wir möglichst das von allein geschehen, was wir selber wollen, seien es soziotechnische Abläufe oder Veränderungen in der außermenschlichen Welt. Auch in der Renaissance ist von vornherein beides versucht worden, z. B. in Florenz etwa gleichzeitig von Leonardo und von Machiavelli.

– Leonardo da Vinci (1452–1519) hat sich sein Leben lang in einer regelrechten Besessenheit immer wieder neue Anordnungen ausgedacht, wie man mechanische oder hydromechanische Prozesse ablaufen lassen kann (vgl. Fehrenbach 1996).

– Niccolò Machiavelli (1469–1527) wollte dem Herrscher eines Staats, sofern dieser kein Freistaat und darauf nicht angewiesen ist, das gleichermaßen technische Wissen zum Machterhalt vermitteln, also die Technik der Politik. Den Staatenlenkern „Regeln vorzuschreiben", nach denen „Herrschaft... sicher und dauerhaft" ist (1532 [Widmung/ XXIV. Kap.] = 1978, 2/100), nach denen sie also ihre Anordnungen zielgerecht treffen können, ist ihm zwar nur begrenzt gelungen. Meinem Eindruck nach aber ist der Grundgedanke, selbst etwas so Kunstvolles, weitgehend von Personen Geprägtes wie die Politik als Technik zu entwerfen, das sozusagen am ehesten Machiavellistische an Machiavelli. Jedenfalls sind die Regeln, die er im „Principe" entwickelt, soweit es sich nicht um historische Verallgemeinerungen oder einfache Lebensweisheiten handelt, in ihrem spielerischen Scharfsinn ziemlich weit entfernt von denen eines zynischen Machterhalts.[19]

Während Machivelli zunächst ohne Nachfolger geblieben ist, wurde das Prinzip Technik in der Entwicklung der modernen Naturwissenschaft alsbald erkenntnisleitend. Naturgesetze wurden nach dem technischen Erkenntnisideal generell als die Regeln erkannt, wie in der Natur etwas von allein abläuft, so daß man es – indem das Gesetz zur Regel genommen wird – von allein laufen lassen kann. Vor allem die Himmelsmechanik wirkte dann aber in das sozialphilosophische Denken zurück.

Konnte man auch eine Gesellschaft nach einer solchen Naturordnung einrichten? Ihre Naturordnung überhaupt war nach Machiavellis Entwurf bereits die Grundfrage der politischen Philosophie seit Hobbes. Dafür eine soziotechnische Lösung zu finden, in der man die Dinge möglichst von allein laufen lassen könnte, ist vor dem Wirtschaftsliberalismus aber wohl niemand eingefallen. Angestrebt wurde, sich vor dem Staat nicht nur durch Eigentum zu sichern, sondern auch die Staatsmacht selbst zu schwächen. Der liberale Grundgedanke dazu war, die Herrschaft von Menschen über Menschen weitestgehend einzuschränken, vor allem aber dafür zu sorgen, daß möglichst wenig regelnde Eingriffe erfolgten. Die hier gefundene Lösung entsprach dem seit der Renaissance entwickelten Paradigma der Technik.

Den gesellschaftlichen Prozessen einen Selbstlauf nach einer Lebensordnung der Natur zu geben sollte den Staat als eingreifende und regelnde Instanz möglichst überflüssig machen. Sich nicht nur hinter dem Außenwerk des Eigentums zu verbarrikadieren, sondern die Gesellschaft insgesamt so einzurichten, daß der Staat kaum noch etwas zu tun hat, entsprach den Interessen des aufstrebenden, selbst zur Macht drängenden Bürgertums in idealer Weise. Der schottische Sozialphilosoph Adam Smith (1723–1790) – das selbstregulierende Planetensystem als Paradigma

---

[19] Vittorio Hösle machte mich hierzu auf Carl Schmitts treffende Bemerkung aufmerksam, wenn Machiavelli wirklich ein ‚Machiavellist' gewesen wäre, hätte er ein Buch voller rührseliger Sentenzen geschrieben.

für die Wirtschaftsgesellschaft vor Augen – meinte damit so weit gehen zu können, daß der Staat überhaupt nur noch für den Betrieb infrastruktureller Einrichtungen wie z. B. von Leuchttürmen, für das Bildungswesen und außerdem zur Organisation der Verteidigung des Landes gebraucht würde.

Eine Marktwirtschaft im eigentlichen Sinn ist diejenige Wirtschaftsordnung, in der der Wirtschaftsablauf ein selbstregulierender Mechanismus ist, wobei freilich ein bestimmtes Menschenbild – das des homo oeconomicus – vorausgesetzt wird. Polanyi (1944) hat mit Recht hervorgehoben, daß das Laissez-faire der unbegrenzten, alles vermarktenden Marktwirtschaft eine Errungenschaft der Soziotechnik war und nicht die Folge einer naturwissenschaftlich-technischen Entwicklung. Eine entsprechende Erfindung war z. B. auch Jeremy Benthams, des Utilitaristen, Panopticon: ein kostengünstiges Gefängnis, das durch eine sternförmige Gliederung, in deren Mitte der Aufseher seinen Platz hatte, pro Aufseher wesentlich mehr Gefangene zu überwachen ermöglichte als in den bisherigen Anordnungen. Wer dazu tendiert, die Industrielle Revolution als weitgehend durch materiell-technische Erfindungen wie z. B. die Dampfmaschine ausgelöst zu verstehen, sollte die soziotechnischen Parallelen stärker berücksichtigen. Die Marktgesellschaft folgte dem technischen Paradigma für die gesamte Natur, d. h. sowohl für ihre eigene Organisation wie für die der außermenschlichen Natur. Dabei galt z. B. Ricardos Gesetz der abnehmenden Bodenerträge nicht in einem andern Sinn als ein Naturgesetz wie die Naturordnung etwa des Arbeitsmarkts, nach der das Armenrecht damals weithin für verderblich gehalten wurde, weil es die Faulheit begünstige. „Das Gravitationsgesetz ist nicht gewisser als die Tendenz solcher Gesetze, Reichtum und Macht in Elend und Schwäche zu verwandeln... bis schließlich alle Klassen mit der Plage allgemeiner Armut behaftet wären", meinte Ricardo (1817, 91). Ich komme auf die Tragweite der marktwirtschaftlichen Organisation der Wirtschaftsprozesse im folgenden Kapitel zurück.

Was die Naturwissenschaften angeht, so entspricht es in der Regel nicht dem Selbstverständnis der Wissenschaftler, an einem Kanon von Regeln zu arbeiten, nach denen sich in der Sinnenwelt Ziele von allein erreichen lassen, also latent technisch zu denken. Dabei spielen aber auch Standesrivalitäten zwischen Wissenschaftlern und Technikern eine Rolle, in denen die ersteren sich etwas Besseres zu sein dünken und die letzteren immer nur die Kamele zu sein fürchten, auf denen andere durch die Wüste reiten. Ein so bedeutender Physiker wie Werner Heisenberg hat sich demgegenüber nicht gescheut anzuerkennen, daß Technik, experimentelle und theoretische Naturwissenschaft „sich gegenseitig bedingen und ergänzen. Es ist in jedem Zeitpunkt die Aufgabe der reinen Naturwissenschaft, den Boden urbar zu machen, auf dem die Technik wachsen soll" (1934, 54).

Die Entdeckung der Technik in der Renaissance – Prozesse möglichst von allein geschehen lassen zu können – ist der historische Hintergrund, vor dem sich die heutige Gestalt der Naturwissenschaft als einer Verfügungsordnung, nach der in der Sinnenwelt Ziele zu erreichen sind, wie die konsequente Antwort auf eine damals entworfene Frage ausnimmt. Jetzt ist es soweit, daß wir alle Artefakte nach menschlicher Anordnung mehr oder weniger von allein entstehen lassen können, so daß Arbeit weniger in der Produktion als in der Investitionsgüterindustrie und für die Dienstleistungen vonnöten ist. Je mehr Ziele erreichbar werden, desto mehr fragt es sich allerdings, welche die richtigen sind. Dem entspricht die in den letzten Jahrzehnten entstandene öffentliche Debatte über die Akzeptabilität von Atomkernkraftwerken oder von gentechnologischen, chemotherapeutischen und landwirtschaftschemischen Produkten etc. unter Gesichtspunkten der Umwelt- und Sozialverträglichkeit (vgl. Deutscher Bundestag 1980).

Wissenschaft: Richtige Antworten auf angemessene oder unangemessene Fragen

Die Frage, welche Ziele die richtigen sind, wird in der Wissenschaft insoweit vorentschieden, als der wissenschaftliche Kanon nicht alle Ziele gleichermaßen erreichbar macht, sondern einige vorrangig und andere gar nicht sowie viele in irgendeiner Zwischenform. Zum Beispiel ist die heutige Medizin ein hervorragender Kanon zur stationären Behandlung mittelschwerer bis schwerer Krankheiten, fällt in ihrer Leistungsfähigkeit aber sehr ab, wenn man an die Vor- und Nachsorge oder an den Umgang mit Alltagserkrankungen wie Erkältungen oder Wirbelsäulenschwächen denkt (vgl. Miller/Miller 1981). Eine zweite Form der Vorentscheidung ist, daß wissenschaftliche Ergebnisse, wenn sie einmal da sind, in das wirtschaftliche Kräftefeld geraten. Die Dinge, mit denen sich unter den gegebenen Bedingungen Karriere machen oder etwas verdienen läßt, sind nicht immer die gesellschafts- und mitweltpolitisch am ehesten wünschenswerten, diese aber stehen nur dann überhaupt zur Wahl, wenn ihnen zuvor ein wissenschaftliches Interesse gewidmet worden ist. Tatsächlich gibt es meinem Eindruck nach ein Übermaß an *Zerstörungswissen* – nicht nur militärtechnischer Art – und einen Mangel an *Erhaltungswissen*, sowohl für die Integrität der menschlichen Gesellschaft als auch für die der natürlichen Mitwelt.[20]

Man versteht unter Wissenschaft in der Regel die Ergebnisse der wissenschaftlichen Forschung, so wie sie veröffentlicht werden, in die Lehr- und Handbücher eingehen und teilweise industriewirtschaftlich genutzt

---

[20] Laura Westra hat dem Integritätsprinzip für den Umgang mit der natürlichen Mitwelt eine wegweisende Untersuchung gewidmet (1994).

werden. Wissenschaftliche Ergebnisse aber sind Antworten auf Fragen, und zwar auf wissenschaftliche Fragen – wie man so sagt. Sind diese Fragen genauso wissenschaftlich wie die Ergebnisse, mit denen sie beantwortet werden? Sind z. B. beide gleichermaßen richtig oder falsch? Wissenschaftliche Ergebnisse sind normalerweise richtig, und im Ausnahmefall heißt es, ein zunächst angenommenes Ergebnis habe sich bei näherer Überprüfung als falsch herausgestellt, sei also doch kein Ergebnis gewesen. Dies gilt für die Ergebnisse. Wie aber steht es mit den Fragen? Sind auch sie richtig oder falsch und lassen sie sich daraufhin überprüfen?

Nehmen wir beispielsweise das Fallgesetz. Es ist im Rahmen der klassischen Physik und unter den jeweiligen Spezifikationen – z. B. im Vakuum – zweifellos richtig. Wie richtig aber war der Gedanke, das Fallgesetz wissen zu wollen? Was hätte Galilei in einem Antrag an die Italienische Forschungsgemeinschaft oder ein Forschungsministerium, wenn es dergleichen damals gegeben hätte, geltend machen können, um Personal- und Sachmittel zur Erforschung des freien Falls von Körpern im Gravitationsfeld zu akquirieren? Das Fallgesetz gilt zwar, wie man so sagt, immer – auch beim Blumengießen. Hier aber ist es eigentlich uninteressant, sozusagen nicht wissenswert. Dafür hätte es schwerlich Drittmittel gegeben. Anders ist es, wenn man mit Kanonen schießen will, denn dadurch möchte man ja Ziele treffen, also die Bahn des Geschosses im Schwerefeld zuvor abschätzen können, und dazu braucht man das Fallgesetz. Dies ist der typische Fall des technisch-wissenschaftlichen Interesses, nämlich die Kanonenkugel so fliegen zu lassen, daß sie – einmal abgeschossen – von allein ins Ziel kommt. Zur Beantwortung dieser Frage wäre Galilei sein Forschungsantrag wohl auch damals schon genehmigt worden, zumal nach den – ebenfalls waffentechnisch orientierten – Vorarbeiten von Tartaglia. Ist es nun aber eine richtige Frage gewesen, auf die mit dem Fallgesetz eine richtige Antwort gefunden worden ist? War es richtig, schießen und dazu – wenn überhaupt geschossen werden soll: sinnvollerweise – die Geschoßbahnen vorausberechnen zu wollen? Man sieht: Die Richtigkeit der Antwort enthebt uns nicht der Überlegung, ob es auch eine richtige Frage gewesen ist, auf die hier eine richtige Antwort gefunden worden ist. Beides ist ganz unabhängig voneinander zu beurteilen, und während die Antworten auf ihre Richtigkeit leicht überprüfbar sind, bleibt hinsichtlich der Richtigkeit der Fragen eine deutliche Unsicherheit. Es zeigt sich also: *Die Wissenschaft ist nicht so wissenschaftlich wie ihre Ergebnisse*, insoweit sie nämlich durch das Erkenntnishandeln Fragen beantwortet, die nicht so wissenschaftlich begründet sind wie die Antworten. Wie richtig das Fallgesetz ist und ob es wissenswert ist, ob es also zu wissen wünschenswert ist und wir es somit wissen wollen sollten, sind zwei ganz verschiedene und unterschiedlich zu beantwortende Fragen. Auch in der Naturwissenschaft sind letztlich Wünsche die Väter und Mütter der Gedanken.

Die Richtigkeit der Fragen ist nicht von gleicher Art wie die der Ergebnisse. Um beide zu unterscheiden, nehme ich für die Fragen den Leibnizschen Begriff der Angemessenheit auf.[21] Daß „die Gesetze der Bewegung... aus der Perzeption des Guten und des Bösen oder aus dem hervor[gehen], was am meisten angemessen (convenientissimum)" ist, so daß Gott die Welt nach den „angemessensten (plus convenables) *Bewegungsgesetze*[n]" hervorgebracht hat (Brief an Bierling 1711=V 2, 309/1714, § 11), ist eine bewertende Aussage über die Güte der Ordnung, nach der die Welt insgesamt eingerichtet ist, nicht über die Richtigkeit einzelner Gesetze. Mehr oder weniger angemessen zu sein unterscheidet Grade der Vollkommenheit (vgl. 1714*, § 54), hinsichtlich der Wissenschaft also sozusagen alternative Naturordnungen des Hervorgebrachtseins alternativer Welten, wobei die bestmögliche Welt nach der angemessensten Ordnung gebildet wäre. In diesem Verständnis von Angemessenheit als Grad der Güte oder des Gutseins einer Naturordnung ist dann die *Richtigkeit der Antworten* auf die in der Wissenschaft gestellten Fragen von der *Angemessenheit der Fragen*, die hier – in der Regel richtig – beantwortet werden, d. h. von der Angemessenheit der betreffenden Wissenschaft selbst zu unterscheiden. Aus der Richtigkeit beispielsweise der Physik folgt nicht ihre Angemessenheit. Es gibt richtige Antworten auf unangemessene Fragen. Daß Leibniz die moderne Naturwissenschaft, zu der er selbst wesentlich beigetragen hat, für den Kanon der Wege Gottes zur Hervorbringung der Sinnenwelt hielt, zeigt, daß er an ihrer Angemessenheit nicht gezweifelt hat. In der Naturkrise der wissenschaftlich-technischen Welt können wir aber nicht mehr so sicher sein, wieweit die moderne Naturwissenschaft nicht doch die richtigen Antworten auf unangemessene Fragen gibt.[22]

Daß es keine voraussetzungslose, nicht lebensweltlich motivierte Wissenschaft gibt, so daß mit den Voraussetzungen immer auch die Angemessenheit in Frage gestellt werden kann, sollte eigentlich unstrittig sein. In Worten von Max Weber: „Man pflegt heute häufig von ‚voraussetzungsloser' Wissenschaft zu sprechen. Gibt es das? ... Vorausgesetzt ist...: daß das, was bei wissenschaftlicher Arbeit herauskommt, *wichtig* im Sinn von ‚wissenswert' sei. Und da stecken nun offenbar alle unsere Probleme darin. Denn diese Voraussetzung ist nicht wieder ihrerseits mit den Mitteln der Wissenschaft beweisbar" (1919, 598f.), sondern hier streiten eben auch verschiedene Götter miteinander. „Es giebt", bemerkte bereits Nietzsche, „streng geurtheilt, gar keine ‚voraussetzungs-

---

[21] Ich folge damit der Anregung von Ludwig Siep, dem Kriterium der Angemessenheit neue Aufmerksamkeit zu widmen; vgl. S. 363, Anm. 12.

[22] Unangemessene Fragen, auf die dann gleichwohl richtige Antworten gesucht werden, gibt es auch in der Philosophie. Ich denke an die von Peter Singer angezettelte Debatte über die Personalität Behinderter. Es ist nicht wahr, daß man über alles reden können dürfen muß.

lose' Wissenschaft, der Gedanke einer solchen ist unausdenkbar, paralogisch: eine Philosophie, ein ,Glaube' muss immer erst da sein, damit aus ihm die Wissenschaft eine Richtung, einen Sinn, eine Grenze, eine Methode ein *Recht* auf Dasein gewinnt" (1887, V 400). Wir sind gegenüber vorwissenschaftlichen Zeiten in der wissenschaftlich-technischen Welt nicht sozusagen von einem Ethos ohne Wissenschaft zu einer Wissenschaft ohne Ethos übergegangen, so daß das Ethos nun noch nachzutragen bliebe, sondern es gibt gar keine Wissenschaft ohne Ethos. Soweit ihr erkenntnisleitendes Ethos nicht das richtige ist, wird ein verändertes Ethos in der Regel auch zu einer anderen Wissenschaft führen.

Es muß nicht immer ein militärisches Interesse sein, welches ein wissenschaftliches Wissen wünschenswert macht. In welcher Weise beispielsweise Keplers Fragen nicht so wissenschaftlich waren wie seine Ergebnisse, hat der Physiker Wolfgang Pauli (1900–1958) in einer Arbeit untersucht, die in der Zeit seines Gedankenaustauschs mit C. G. Jung entstanden ist.[23] „Die rationalistische Einstellung der Forscher seit dem 18. Jahrhundert hatte", bemerkte Pauli zu Beginn seiner Arbeit, „zur Folge, daß die Hintergrundsvorgänge, welche die Entwicklung der Naturwissenschaften begleiteten, obwohl sie wie stets vorhanden und entscheidend wirksam waren, weitgehend unbeachtet, d. h. im Unbewußten verblieben sind" (1952, 113). Pauli sah hier eine „Beziehung zwischen archetypischen Vorstellungen und naturwissenschaftlichen Theorien" (aaO). Er ist diesem Zusammenhang bei Kepler nachgegangen, der den Ausdruck Archetypus selbst gebraucht hat, und zwar in dem Sinn, daß der menschliche Geist die Gegenstände der Geometrie von seinem Archetypus im göttlichen Geist her bewahrt habe. Kepler sprach statt dessen auch von einem „natürlichen Instinkt" (aaO 121) und drückte sich damit entschieden vorsichtiger aus als Kant, der später irrigerweise die A-priori-Wahrheit der euklidischen Geometrie behauptet hat. Pauli schlug deshalb vor, zumindest hinsichtlich der Geometrie „das a priori bei der, den instinctus leitenden, bildhaften Vorstufe der Ideen zu belassen" (aaO 124). Von den apriorischen, vermeintlich ungeschichtlichen Gewißheiten nicht nur auf erkenntnisleitende Paradigmen, sondern auf Archetypen, Bilder, Symbole oder Erkenntnisideale zurückzugehen, könnte die Leitbild- oder Paradigmenforschung wesentlich vertiefen. Ein solcher Archetypus war für Kepler die Vorstellung der Trinität in Gestalt einer Kugel: „Das Abbild des dreieinigen Gottes ist in der Kugel(fläche), nämlich des Vaters im Zentrum, des Sohnes in der Oberfläche und des Heiligen Geistes im Gleichmaß der Bezogenheit zwischen Punkt und Zwischenraum

---

[23] Wolfgang Pauli gehört unbekannterweise zu den bedeutendsten Physikern unseres Jahrhunderts. Der Wissenschaftshistoriker E. P. Fischer hat wiederholt auf die noch weniger bekannten Arbeiten Paulis zur Wissenschaftsgenese hingewiesen.

(oder Umkreis)" (Spiritus in aequalitate scheseos inter punctum et ambitum; aaO 117). Dieses Dreieine galt Kepler auch als „das ursprünglich echte und passendste Formbild der Körperwelt". Er fand es demnach nicht verwunderlich, daß die Sonne als „jenes Prinzip aller Schönheit in der Welt,... jene Matrix aller animalischen Lebensfähigkeiten und das Band zwischen der physischen und geistigen Welt in eben jene selben Formgesetze einging, durch welche die Welt gestaltet werden sollte". Dies ist der eigentliche Grund, weshalb der Sonne „der Mittelpunkt und das Zentrum der ganzen Welt als Platz gebührt, damit sie sich ständig im Gleichmaß in den ganzen Kosmos verströmen kann. Alle anderen Wesen nämlich, die am Licht teilhaben, imitieren die Sonne" (aaO 127f.).

Pauli zieht aus dieser Begründung des heliozentrischen Systems den Schluß, „daß das symbolische Bild bei Kepler der bewußten Formulierung eines Naturgesetzes vorangeht. Die symbolischen Bilder und archetypischen Vorstellungen sind das, was ihn zum Suchen nach den Naturgesetzen veranlaßt. Deshalb sehen wir auch Keplers Anschauung der Entsprechung der Sonne und der sie umgebenden Planeten mit seinem abstrakten sphärischen Bild der Trinität als primär an: *Weil er Sonne und Planeten mit diesem archetypischen Bild im Hintergrund anschaut, glaubt er mit religiöser Leidenschaft an das heliozentrische System* – nicht etwa umgekehrt, wie eine rationalistische Auffassung irrigerweise annehmen könnte" (aaO 129). Pauli ging sogar noch einen Schritt weiter: „Da die Trinität vor Kepler nie in dieser besonderen Weise dargestellt worden ist und Kepler am Beginn des naturwissenschaftlichen Zeitalters steht, liegt es nahe, anzunehmen, daß Keplers Mandala eine Einstellung oder seelische Haltung versinnbildlicht, die, an Bedeutung weit über Keplers Person hinausgehend, diejenige Naturwissenschaft hervorbringt, die wir heute die klassische nennen" (aaO 132).

Sollte die bekannte Anekdote zutreffen, daß Newton das Gravitationsgesetz anläßlich eines vom Baum fallenden Apfels eingefallen sei, würde man dabei mit Recht Genesis und Geltung unterscheiden. Der Apfelfall mag zur Entstehung des Newtonschen Einfalls beigetragen haben, aber solange es sich um keinen neuerlichen Apfel vom Baum der Erkenntnis handelte – was freilich durch die Anekdote nahegelegt wird –, begründet er weder die Geltung des Gravitationsgesetzes noch die Angemessenheit der Frage danach. Gänzlich anders ist die Bedeutung von Keplers Trinitätsvorstellung, denn sie hat ihn dazu gebracht, die Kopernikanische Hypothese zu glauben. In diesem Glauben hat er die nach ihm benannten Gesetze der Planetenbewegung gefunden, aber die Mittelstellung der Sonne konnten weder er noch Galilei wissenschaftlich beweisen. Endgültig über die Kinematik, die bloße Beschreibung der Bewegungen, hinaus ging lange nach ihrer beider Tod erst Newtons Himmelsmechanik. Diese aber beruhte auf den Keplerschen Gesetzen, die ohne den trinitarisch begründeten Glauben an die heliozentrische Theorie von Kepler nicht gefunden worden wären. Keplers Trinitätsgedanke war also sozusagen eine historische Bedingung der klassischen Mechanik! Unter diesen Umständen spricht tatsächlich viel dafür, in der sphärischen Trinität einen Archetypus der ganzen klassischen Physik zu sehen. Ich wüßte gern, was Nikolaus von Kues dazu gesagt hätte.

Welchen archetypischen Leitbildern die Wissenschaft in der Art der Fragen, die sie stellt, folgt – so daß andere Fragen unterbleiben –, sollte von Keplers Trinität bis in die Alltagswissenschaft von heute untersucht werden.[24] Dies ist für die Industriegesellschaft vielleicht sogar die Kernfrage jeder Politik der Zukunft, jedenfalls aber die der künftigen Wissenschaftspolitik. Wenn z. B. das menschliche Genom kartographisch entschlüsselt werden soll, werden die Fragen damit gerechtfertigt, nicht erst akute Krankheiten behandeln zu wollen, sondern bereits die Anfälligkeit für Krankheiten überhaupt – von der immer wieder erwähnten Sichelzellanämie bis hin zu Kreislaufkrankheiten und Diabetes. Um hier das menschliche Erbgut korrigieren zu können – und sei es nur individuell, ohne Eingriffe in die Keimbahn –, müßte man es tatsächlich zunächst einmal genau kennen.[25] Ist ein solches Wissen aber wünschenswert? Man ist zwar in der Regel nicht gerne krank, aber ist das ein hinreichender Grund, um Krankheiten überhaupt abschaffen zu wollen? Krankheiten sind oft genug Gesundungsprozesse, in denen etwas ausgetragen wird, was sonst steckengeblieben wäre. Sie sind dafür – nach der gesunden – zwar immer nur die zweitbeste Form; was aber passierte, wenn es diese Möglichkeit des Konfliktaustrags nicht mehr in Reserve gäbe? Eine denkbare und mir einleuchtende Antwort ist: „dann wird der moralische Krieg der Menschen untereinander Dimensionen annehmen, daß sie sich nach der Zeit der Krankheiten zurücksehnen werden wie nach einem Goldenen Zeitalter." „Krankheit ist ein Examen, aber auch ein Unterricht" (V. v.Weizsäcker 1955, VII 383/1928, V 66). Unabhängig davon, ob die Weizsäckersche Hypothese zutrifft, zeigt sich wiederum, daß die Wissenschaft erkenntnisleitenden Zielen folgt, die selbst nicht wissenschaftlich zu legitimieren sind. In der Medizin liegt dies besonders auf der Hand, wie Viktor von Weizsäcker auch anderweitig klar gesehen hat: „Die Behauptung, Zweck der ärztlichen Handlung sei, die Arbeits- und Genußfähigkeit des Kranken herzustellen – diese Behaup-

---

[24] Die von Thomas S. Kuhn neu angestoßene Paradigmen-Forschung kann dazu den Einstieg bieten, müßte aber hinsichtlich der pragmatischen Beweggründe, aus denen bestimmten Paradigmen gefolgt wird, wesentlich vertieft werden.

[25] Die Motivation des (europäischen) Genkartierungsprogramms wurde in einer Drucksache für den Europarat sehr deutlich ausgesprochen, viel deutlicher als üblicherweise sonst in Forschungsanträgen. Vgl. Deutscher Bundestag 1988. Die Begründung hat abschreckend gewirkt, was viele Forschungsanträge um den Preis der Ehrlichkeit vermeiden.

tung ist nicht eine Wesensbestimmung der Heilhandlung, sondern die Beschreibung eines *gesellschaftlichen Zustandes* und seiner Ideale" (1927, V 187).

Typische Beispiele bietet die pränatale Diagnostik. Das Interesse gilt hier keineswegs nur den allerschwersten Beeinträchtigungen wie der oft erwähnten Gehirnlosigkeit oder der Spina bifida. „Mißbildungsdiagnostik beginnt am Ende des 1. Trimenons mit der Kontrolle über die Integrität des Embryos bzw. Feten hinsichtlich seiner Oberflächenkonturen und später, vor allen Dingen im 2. und 3. Trimenon, hinsichtlich der Erkennbarkeit innerer und äußerer Entwicklungsanomalien ... Die erkrankten Embryonen oder Feten wurden vorzeitig eliminiert" (Staudach 1989, 20 ff.). Ist es richtig, sich in der Erwartung eines Kindes seiner Makellosigkeit zu vergewissern, um es sonst gegebenenfalls ‚eliminieren' zu können? Es gibt auf diese Frage wiederum keine wissenschaftliche Antwort, d. h. eine Aussage mit Gewißheit.

Cytogenetische Untersuchungen wie die Amniozentese erlauben u. a. die pränatale Diagnose des Mongolismus (Down-Syndrom). Seitdem es diese Diagnosemöglichkeit gibt, müssen Eltern, die ein Kind erwarten, sich entscheiden, entweder wissen oder nicht wissen zu wollen, ob es mongoloid wird. Die Chance, es gar nicht wissen zu *können*, gibt es nicht mehr. Unsere Gesellschaft aber ist nie vor die Frage gestellt worden, ob sie es *wissen können* will oder ob es dabei bleiben soll, es gar nicht wissen zu können. Diese Entscheidung ist ihr von den Wissenschaftlern abgenommen worden, die vermöge der Entwicklung der Amniozentese ihren persönlichen – geistigen oder materiellen – Interessen nachgegangen sind und damit vermutlich irgendwelche Karrierestufen hinter sich gebracht haben – Habilitationen, Professuren, Einnahmeverbesserungen. Ohne eine gesellschaftliche Entscheidung, ob wir es wissen können wollen oder nicht wissen können wollen, finde ich es nicht gerechtfertigt, sich derart existentielle Veränderungen aufgrund persönlicher Interessen einzelner Forscher gefallen lassen zu müssen. Auch hier erweist sich: Die Wissenschaft ist nicht so wissenschaftlich wie ihre Ergebnisse.

Exkurs in die Wissenschaftsgläubigkeit

The West has given no critique of science comparable to its critique of religion, bemerkte Ramchandra Gandhi vor einigen Jahren zu Recht.[26] Der Glaube an die Wissenschaft ist sogar zu einer Ersatzreligion geworden (vgl. C. F. v. Weizsäcker 1964), was zu einer Immunisierung auch gegen die Beobachtung immanenter Grenzen und historischer Bedingthei-

---

[26] Mündliche Bemerkung auf einer Tagung über „The Responsibility of Mankind for Nature and Environment – Towards an Ethics of the Technological Era" im Goethe-Institut Madras im Oktober 1993, an der ich teilgenommen habe.

ten geführt hat. Wissenschaftskritik der Art, wie ich sie übe, wird deshalb häufig im abwertenden Sinn verstanden. Was ich sagen will, ist aber weniger, daß wir bisher manches falsch gemacht haben, als daß es in Zukunft anders gemacht werden sollte. Wenn die Angemessenheit der Wissenschaft eine so politische Frage ist, wie es sich jetzt zeigt, dürften Wissenschaftler dafür keine Experten zu sein beanspruchen. Der unkritische Wissenschaftsglaube führt sonst wahrscheinlich zu einer allgemeinen Enttäuschung (wie sie sich in neueren Umfragen bereits abzeichnet), so daß das Vertrauen in die Wissenschaft auch dort gefährdet ist, wo sie es verdient und wir sie brauchen werden, um aus der Naturkrise der wissenschaftlich-technischen Welt wieder herauszufinden. Die in der vorangegangenen Analyse von manchen vielleicht empfundene Abwertung gilt nicht der Wissenschaft, sondern den Hoffnungen, die sie nicht erfüllen wird. Die Religionskritik ist genauso bekämpft worden. Dabei gibt es nicht den mindesten Grund, die Geschichtlichkeit aller religiösen Wahrheit als eine Einschränkung zu verstehen. Für das Christentum gehört die Geschichtlichkeit sogar zu der Inkarnation, die selbst eine Bedingung seiner Wahrheit ist. Dies ist aber nicht die herrschende Meinung und verletzt die immer noch geltenden unkritischen Erwartungen. So geht es einstweilen auch der Wissenschaftskritik.

Wenn die Naturgesetze Formen sind, in denen wir Herrschaft über die Natur ausüben können, so liegt es eigentlich auf der Hand, daß wie jede Herrschaft so auch diese einer politischen Kultur bedarf, um richtig ausgeübt zu werden. Wir ermangeln dieser Kultur bisher nicht zuletzt deshalb, weil diejenigen Wissenschaften, welche dafür die Voraussetzungen zu schaffen hätten, die Kulturwissenschaften (Geistes- und Sozialwissenschaften), durch ein Konkordat mit den Naturwissenschaften kompromittiert sind. Die historischen Wissenschaften wurden im 19. Jahrhundert durch die erfolgreichen, expansiven und neue Maßstäbe von Wissenschaftlichkeit setzenden Naturwissenschaften als „Papierwissenschaften" (Ostwald), die „Notizen... sammeln von dem, was Andere schon über denselben Gegenstand gefunden haben" (Helmholtz 1869, 184), in die Enge getrieben. Damals sammelten sie sich unter dem Banner ‚Geisteswissenschaften' in einer Enklave, wohin die andern ihnen nicht folgen konnten, nämlich in der der Zuständigkeit für das Innerliche und das historisch Einmalige. Sie erreichten damit zwar, von den ‚Realwissenschaften' als eigenständige Tätigkeiten anerkannt zu werden, blieben aber immer nur die Zweitbesten und haben sich seitdem im wesentlichen an das unausdrückliche Abkommen gehalten, dafür, daß sie von den Naturwissenschaften in Ruhe gelassen wurden, ihrerseits auch diese in Ruhe zu lassen und ihnen die uneingeschränkte Zuständigkeit für die Natur nicht streitig zu machen.

Die unkritische Affirmation des naturwissenschaftlich-technischen Verhältnisses zur Natur ist beispielsweise bei Wilhelm Dilthey, dem Begründer der ‚Geisteswissenschaften‘, leicht zu belegen. Ich zitiere nur einige Sätze, die sich auf die neuzeitliche Entwicklung seit der Renaissance beziehen, um den Kontrast zu den vorangegangenen Überlegungen zu verdeutlichen:

Die „Hoffnungen auf eine Religion der Vernunft empfingen schon seit dem 15. Jahrhundert eine immer zunehmende Stärke durch die Erfolge dieser Vernunft in der Unterwerfung der Natur durch das Wissen … Nur auf dem Wege des Versuchs, der Rechnung, der Entdeckung, der Erfahrung konnte das Denken den Forderungen des Lebens genügen." Durch die neue bürgerliche Gesellschaft ergab sich „die schöpferische Verbindung der Industriearbeit mit dem wissenschaftlichen Nachdenken. *Diese Verbindung der Arbeit mit dem forschenden Geiste im Schoße einer freien bürgerlichen Gesellschaft hat das Zeitalter der Autonomie und Herrschaft der Vernunft herbeigeführt.* Es entstanden… Erfindungen im Dienste der Herrschaft der Arbeit über die Natur… Bald haben dann diese Erfindungen zu Ergebnissen geführt, welche eine außerordentliche Steigerung der Souveränität des Menschen gegenüber der Natur zur Folge hatten … So wurde durch die großen Entdeckungen von Copernicus, Kepler und Galilei und die sie begleitende Theorie von der Konstruktion der Natur durch a priori gegebene logisch-mathematische Bewußtseinselemente definitiv das souveräne Bewußtsein der Autonomie des menschlichen Intellektes und seiner Macht über die Dinge begründet: eine Lehre, welche zur herrschenden Überzeugung der am meisten fortgeschrittenen Geister wurde" (1893, 257–260).

Daß das Denken der modernen Naturwissenschaft und Technik den „Forderungen des Lebens" gerade im rechten Maß genüge, war eigentlich schon vor hundert Jahren eine ziemlich unbedachte Ergebenheitsadresse (vgl. Sieferle 1984). In der Naturkrise der wissenschaftlich-technischen Welt kann davon nun aber wirklich keine Rede mehr sein.

Erstaunlicherweise zeichnet sich ein kritischeres Bewußtsein bisher allenfalls am Rande der Sozialwissenschaften ab (G. Böhme u. a. 1972, Beck 1986), während in den eigentlichen Geisteswissenschaften fast alles beim alten geblieben zu sein scheint. Ich komme darauf hinsichtlich der Ritter-Marquardschen Kompensationsthese im folgenden Kapitel noch einmal zurück und beschreibe hier nur ein besonders paradoxes Exempel ungebrochener (Natur-)Wissenschaftsgläubigkeit aus diesem Bereich. Es handelt sich um eine Bewertung von Goethes Wissenschaftskritik durch einen Literaturwissenschaftler, der das herkömmliche Wissenschaftsverständnis so unkritisch bejaht, wie es heute auch kein Laie mehr tun dürfte.

Ich meine Albrecht Schönes Kritik an „Goethes Farbentheologie" (1987), in der der Autor – nach seinem Selbstverständnis – „unsere buchstabengestrenge, urkundentreue, faktenorientierte und in solchem Sinn wissenschaftlich-kritische Mentalität" gegen den irrationalen Heilspropheten Goethe in Anschlag bringt. Im Ergebnis muß Goethe sich hier eine im Medium der Wissenschaft operierende Heilslehre, wie man sie doch sonst nur bei Marxisten, Grün-Alternativen und Anthroposophen finde, sowie eine „auf Intuition abgestellte, irrational eingefärbte, vorkritische Erkenntnistheorie" und „Vorstellung[en] vom potentiell wahrheitsverbürgenden Vorurteil" (aaO 112/117/109f.) unterstellen lassen. Es fehlt nur gerade noch das böse Wort vom selbsternannten Experten. Was Schöne zu dieser Verurteilung bewegt hat, ist die höchst berechtigte Frage, was Goethe veranlaßt habe, bis zuletzt und im wesentlichen gegen den Rest der Welt auf der Wahrheit seiner Farbenlehre zu bestehen und dabei auch vor bitterer Polemik gegen seine Gegner nicht zurückzuscheuen. Schönes Antwort lautet, Goethes instinktive Sicherheit, „daß die Newtonische Lehre falsch sei" (HA XIV 259), habe auf einem religiösen Erweckungserlebnis beruht. „Die maßlosen Anschuldigungen, zu denen er sich in seiner Polemik gegen den Irrlehrer [Newton] hinreißen ließ, die haarsträubenden Zwangsmaßnahmen, die er gegen ihn eingesetzt wünschte, werden allererst dadurch verständlich, daß er in diesem wissenschaftlichen Kontrahenten den folternden Inquisitor, ja den Kreuziger der Gottnatur vor sich zu sehen glaubte" (Schöne 1987, 40/67). Mit andern Worten: So unanständig kann man nur aus religiösen Gründen sein. Der Begriff „Theologie" im Titel des Buchs ist dementsprechend abwertend gemeint. In diesem Verständnis sucht Schöne einen Indizienbeweis dafür zu führen, daß Goethes Farbenlehre „als eine kryptotheologische Dogmatik, als eine kontroverstheologische Polemik und als eine Kirchen- und Ketzerhistorie des Farbenwesens zu begreifen" sei. Sie erweise sich demnach als „Wissenschaftstheologie im Zeitalter der Spaltung von Theologie und Wissenschaft" (aaO 52/117) und sei somit keine Wissenschaft.

Was Schöne nicht sieht, ist zunächst die Gebundenheit jeder Wissenschaft an ein Erkenntnisideal oder Paradigma, der die neuere Wissenschaftsforschung seit Thomas S. Kuhn (1962) immerhin große Aufmerksamkeit gewidmet hat. Relativ zu diesem Stand der Forschung muß man Goethe eigentlich – zu allen übrigen Verdiensten – obendrein als den ersten Wissenschaftsforscher würdigen, wenn auch aus eigener, leidvoller Betroffenheit. Schönes ‚Indizienbeweis' trägt in erster Linie die Sätze zusammen, in denen Goethe die herrschende Wissenschaft als das wahrnimmt, was sie hinsichtlich ihres Urteils über die Angemessenheit der als wissenschaftlich anzuerkennenden Frage ist: als Konsensgemeinschaft einer Zunft. Wie die Newtonianer ihm begegneten, erinnerte Goethe zu Recht an seine Lektüre von Gottfried Arnolds „Unparteyische[r] Kirchen- und Ketzer-Historie" (1729). Es war ein kluger und wegweisender Gedanke, diese Widerstände wie die „einer Gilde, einer Konfession, einer Partei" oder einer „herrschende[n] Kirche" (4. Februar 1832 an Zelter; HAB IV 470) zu verstehen. War es nicht eine überraschende Beobachtung, daß die Verhaltensweisen, gegen die die moderne Naturwissenschaft sich einst durchsetzen mußte, nun auch in ihr wiederauflebten? „Jede Schule scheint von den Grundsätzen der römischen Kirche etwas

geerbt zu haben. Wer von dem einmal festgestellten Glaubensbekenntnisse abweicht, wird als Ketzer ohne weiteres verdammt... und so bleibt
dem Beobachter, der, auf dem freien Wege der Natur, die unendlichen
Phänomene verfolgt, welche die Schule schon in ihren engen Kreis gebannt zu haben glaubt, nichts übrig, als entweder einsam und in sich verschlossen seinen Weg fortzugehen, oder bei einem öffentlichen Bekenntnis sich auf die heftigen Anfälle einer ganzen Partei vorzubereiten" (LA I
3, 154f.).

Daß die Wissenschaft nicht so wissenschaftlich ist wie ihre Ergebnisse,
entgeht Schöne noch in einem umfassenderen Sinn. Er beobachtet zwar
ganz richtig, daß Goethe gegen Newton theologisch argumentiert, bemerkt aber nicht, daß diese Argumentation gegen die in Newtons Optik
gleichermaßen erkenntnisleitende Theologie gerichtet ist: „Das Licht und
‚seine Taten und Leiden' hat er... als ein genuin religiöses Phänomen verstanden, den Streit um die rechte Lehre von den Farben deshalb als eine
theologische Auseinandersetzung geführt" (1987, 85). Dies ist zwar nicht
im negativen, wohl aber im positiven Sinn von Theologie richtig. Goethe
hat das Licht tatsächlich als eine Offenbarung des Göttlichen gesehen –
ich denke mit Recht – und Newtons Optik theologisch als Gotteslästerung empfunden. Schöne hat dies ganz richtig erkannt. Sein Irrtum ist
nur, daß er meint, Newtons Physik habe keine theologische Grundlage,
Goethes Farbenlehre hingegen wohl und deshalb sei sie keine Wissenschaft.

Es ist das Problem aller Vertreter und Apologeten einer herrschenden
Lehre, die eigenen Vorurteile nicht als solche wahrzunehmen. Ganz anders
als Goethes Farbenlehre, meint Schöne, „kann man... die [Newtonschen]
‚Opticks' ohne irgendeine theologische Implikation verstehen und akzeptieren" (aaO 115f.). Vermeintlich ohne Theologie kommt ‚man' hier aber
nur dann aus, wenn man über das schöpfungstheologische Ziel der klassischen Naturwissenschaft, die Verfahrensordnung eines außerweltlichen
Schöpfers zur Produktion der Erscheinungen in der Sinnenwelt zu erfassen, nicht weiter nachdenkt. Auch Einsteins Kritik an der Quantentheorie:
Gott würfelt nicht!, ist keine Metaphorik, sondern kommt aus dem religiösen Bewußtsein der klassischen Physik. In welcher Befangenheit der
Geisteswissenschaftler Schöne gar nicht daran denkt, sich über das Selbstverständnis der meisten Naturwissenschaftler hinsichtlich der von ihm
inkriminierten Theologie eine eigene Meinung zu bilden, zeigt sich besonders dort, wo er es ganz richtig zu machen meint, wenn er sorgfältig aufsagt, was die Kollegen von der naturwissenschaftlichen Fakultät ihm aufgeschrieben haben. Da steht z. B. mitten im Sprachfeld und -duktus des
Literaturwissenschaftlers, wo der Begriff ‚achromatische Objektive' vorkommt, der erklärende Zusatz: „(farbrandkompensierende Kombination
einer Bikonvexlinse aus weniger stark fächerndem Kronglas mit einer Bikonkavlinse geringerer Brennweite aus stärker fächerndem Flintglas)"

(aaO 57). Dies ist ganz gewiß richtig, und wer könnte sich der Faszination durch eine derart exakte Wissenschaft entziehen? Kann aber Goethe gerecht werden, wer sich in dieser Beflissenheit mit der herrschenden Wissenschaft und ihrem Selbstverständnis identifiziert? „Newton, physikalische Eigenschaften des Lichts isolierend, bahnte der Mathematik den Zugang zu den optischen Phänomenen und half die Farbenmetrik vorbereiten, welche das gesamte Spektrum durch verschiedene Mischungsverhältnisse weniger Grundfarben definiert und zu dem dreidimensionalen Farbraum führte, in dem (beispielsweise) ein reines Gelb heute nach der Farbenkarte DIN 6164 durch die Ordinatenwerte $x(\lambda)$0,5096, $y(\lambda)$0,4904, $z(\lambda)$0,0 bestimmt wird" (aaO 95 f.). Überwältigend ist diese Exaktheit – wohl auch für das Sprachgefühl unseres Autors.

Wenn man Schönes Buch gegen den Strich liest, zeigt es, ein wie hervorragender Außenseiter Goethe gewesen ist. Er selbst hat seinen Kampf gegen die herrschende Optik mit dem Sturm auf die Bastille verglichen. Ich halte seine Wissenschaftskritik für ebenso bedeutend wie Kants Vernunftkritik und für wichtiger als die Französische Revolution. Für unser Naturverhältnis war Goethe ein Revolutionär, und ohne seine Revolution bleibt die moderne Naturwissenschaft unvollendet. Sie zu vollenden aber ist für die wissenschaftlich-technische Welt zu einer Lebensfrage geworden. Wir brauchen Wissenschaft und Technik, um – soweit es Lösungen gibt – die Probleme zu lösen, die wir ohne Wissenschaft und Technik nicht hätten. Dazu darf nicht alles so weitergehen wie bisher, sondern wir sollten Naturerkenntnis in Zukunft „auf dem freien Wege der Natur" (Goethe, LA I 3, 153) suchen. „Wenn der Naturforscher sein Recht einer freien Beschauung und Betrachtung behaupten will, so mache er sich zur Pflicht die Rechte der Natur zu sichern; nur da wo sie frei ist, wird er frei sein, da wo man sie mit Menschensatzungen bindet, wird auch er gefesselt werden" (LA I 8, 388).

Freiheit ist eine Frage der politischen Kultur, auch im menschlichen Verhältnis zur natürlichen Mitwelt. Wenn davon Gebrauch gemacht werden soll, dürfen diejenigen, deren Wachsamkeit die kulturelle Überlieferung bedarf, nicht den Hofhund derer spielen, welche sie gefährden. Unserm Verhältnis zur Natur ist heute kaum noch anzusehen, daß wir eigentlich ein Kulturvolk sind. Welche Mitverantwortung daran die Geisteswissenschaften in ihrer unkritischen Haltung gegenüber den Naturwissenschaften trifft, demonstriert Schönes Buch. Es handelt sich freilich nur um ein typisches Beispiel in einem weiten Feld, das von der völlig unkritischen Rezeption der jeweils neuesten Naturwissenschaft durch viele Theologen (vgl. Baranzke 1996) bis zum kompensationstheoretischen Arrangement mancher Philosophen mit der herrschenden Naturzerstörung reicht. In dieser Konfliktscheu wird zu Lasten der Natur und Kultur versäumt, sich theologisch, philosophisch und überhaupt kulturwissenschaftlich mit den erkenntnis- und handlungsleitenden Voraussetzungen der herrschenden Naturwissenschaft und Technik kritisch auseinanderzusetzen.

Erkenntnisleitende Gefühle

Welche Ergebnisse in der Naturwissenschaft als wissenswert gelten, hängt in weitem Umfang von Sicherheitsbedürfnissen und Angstgefühlen ab. Die Furcht vor dem Tod und der Wunsch nach Unsterblichkeit stehen bei Francis Bacon (ca.1603, III 222) bereits am Anfang der neuzeitlichen Entwicklung von Wissenschaft und Technik. Der heutige Konsumbetrieb, zu dem ja auch die Wissenschaft gehört, lebt weitgehend davon, daß das irdische Leben sozusagen die „letzte Gelegenheit" ist, es sich gutgehen zu lassen, wenn man nicht mehr an das Jenseits glaubt (vgl. Gronemeyer 1993). Dieses Motiv ist bis in die Transplantationschirurgie erkenntnis- und handlungsleitend geblieben. Daß auch der Tod zur Natur gehört, kann sogar dazu führen, sie nicht mehr als Quelle des Lebens, sondern als todbringenden Feind zu stilisieren. Ich halte dieses Motiv der industriegesellschaftlichen Unterwerfung der Natur, die uns bedroht, für wesentlich stärker als den alttestamentlichen Auftrag, uns die Erde untertan zu machen. Zur Legitimation des Kampfes gegen die Natur – die natürliche Mitwelt und den eigenen Leib – eignet sich die Todesfurcht freilich weniger als die Berufung auf das Alte Testament.

Ein bemerkenswerter Zeuge der Naturfeindschaft aus Todesfurcht ist der im nachkommunistischen Rußland wieder vielgelesene Philosoph Nikolaj Fedorov (1829–1903), der den zivilisatorischen ‚Kampf ums Dasein' als natürlich *und* todbringend bewertete. Wie Hubert Markl und andere Soziobiologen (vgl. Abschnitt I.3) zog er daraus die Konsequenz, daß wir relativ zu dem naturbedingten Niedergang eine Art Pflicht zur Widernatürlichkeit hätten. Nach seiner Vorstellung sollten die Menschen unsterblich werden, indem sie sich unabhängig von der Ernährung durch getötete Lebewesen machten und durch ‚positive Keuschheit' die Fortpflanzung einstellten, dafür aber die Vorfahren wiederbelebten.[27] Fedorov empfand sogar die Schwerkraft als niederziehend und bereits den aufrechten Gang als einen Aufstand gegen die Natur. Vermöge technischer Fortschritte, darunter u. a. der Regie des Klimas und Wetters zur Vermeidung von Mißernten, hoffte er jenseits der Überwindung des Todes auf die menschliche Besiedlung des Weltraums. Wer seine Beweggründe abwegig findet, sollte einmal den Versuch machen, die heutige Weltraumfahrt auf eine überzeugendere Weise zu begründen als Fedorov. Mir würde hier allenfalls noch die erinnernde Vergegenwärtigung unseres interplanetarischen Eroberertums einfallen.

[27] Vgl. Hagemeister 1989, 64ff./82ff./117ff. Den Hinweis auf Fedorov verdanke ich Rainer Gruebel.

Wie derartige Phantasmata auch in der heutigen Biotechnologie erkenntnisleitend sind, zeigen das schon erwähnte Projekt zur Entschlüsselung des menschlichen Genoms und das darauf bezogene Plädoyer von Robert Shapiro (1991). Der Unsterblichkeitsgedanke kehrt hier so wieder, daß der genetische Bauplan eines menschlichen Individuums auf einer Diskette gespeichert und damit nach Art eines Theaterstücks immer wieder neu inszeniert werden könnte (aaO 362 f.). Dies würde, meint Shapiro, zwar noch nicht mit der Technik von heute und morgen, wohl aber mit der von übermorgen möglich sein. Fedorovs Plan ließe sich dadurch verwirklichen. Denjenigen, die dergleichen Ziele für unerreichbar halten, bietet Shapiros Buch eine Fülle von Beispielen, wie in der Molekularbiologie immer wieder Zukunftsphantasien als ganz unrealistisch abgetan, einige Jahre später jedoch erreichbar geworden seien. Allerdings würde die Unsterblichkeit hier lediglich einem Körper verliehen, den wir uns ebensowenig ausgesucht hätten wie die Welt, in die er hineingeboren worden sei, wohingegen es nun eigentlich darauf ankäme, unsern Körper nicht nur zu warten wie ein Auto, sondern ihn laufend zu verbessern und vielleicht sogar ganz neu zu entwerfen, indem wir die Evolution selbst in Regie nehmen (aaO XVI/XIX/2/15/374). Eben dies erklärt Shapiro als das Ziel des Projekts.

Daß diese Forschungsziele nicht so wissenschaftlich sind wie die Ergebnisse der molekularbiologischen Sequenzierung des menschlichen Genoms, liegt auf der Hand. Es gäbe aber diese Ergebnisse gar nicht, wenn sie nicht um der zuvor bereits erwähnten Abschaffung von Krankheiten und der Vervollkommnung unserer körperlichen Beschaffenheit willen gesucht, finanziert und erarbeitet würden. Die erkenntnisleitenden Fragen wären also ebenso gründlich auf ihre Angemessenheit hin zu bewerten wie die Ergebnisse auf ihre Richtigkeit. Das erstere findet kaum statt. Statt dessen sollte der Frage: Warum machen wir das eigentlich?, in der Wissenschaft grundsätzlich mindestens etwa ein Zehntel der Arbeitszeit gewidmet sein, sowohl unter den Beteiligten als auch interdisziplinär und im öffentlichen Diskurs. Das alte Steuermaß des ,Zehnten' bekäme dadurch in der wissenschaftlich-technischen Welt einen ganz neuen Sinn. Shapiro, einer der am US-amerikanischen Genomprojekt maßgeblich Beteiligten, hat das Verdienst, diesen Zehnten weitergehend als die meisten andern Molekularbiologen erbracht zu haben. Ehrlicherweise hat er auch nicht verschwiegen, daß die Beschränkung auf somatische Eingriffe, d. h. der Verzicht auf Eingriffe in die Keimbahn, der inneren Logik des Projekts widerspricht.

Wenn es dann aber dazu kommt, daß möglichst viele Beteiligte ihren Zehnten zur gesellschaftlichen Bewertung der Forschungsziele beitragen, kann natürlich nicht grundsätzlich alles akzeptabel sein, was Wissenschaftler sich wünschen, um ihre Neugier und in eins damit ihre materiellen oder Statusbedürfnisse zu befriedigen. Shapiro nimmt beispielsweise

für einen jungen Mann Partei – und auch hier ist seine Offenheit alle Anerkennung wert –, der, bevor er sich verliebt, zuerst einmal das Genom
des dazu in Aussicht genommenen Mädchens in Augenschein nehmen
möchte. Nur so kann er ja vorab feststellen, ob ihre gemeinsamen Risiken
geringer ausfallen würden als die individuellen Teilrisiken. Der Aufwand
dafür wäre in Zukunft nicht groß, nimmt Shapiro an, man brauchte nur
in eine Apotheke zu gehen und könnte das Ergebnis nach einer Stunde in
Empfang nehmen. Das Mädchen aber verweigert die Analyse, weil sie um
ihrer selbst willen und nicht ihres Genoms wegen geliebt werden möchte.
Außerdem verläßt sie sich lieber auf ihr Gefühl als auf die molekularbio-
logische Interpretation ihres Erbguts. Sind unsere Gefühle nicht tatsächlich eine ziemlich gute Gabe der Natur, um uns unter Bedingungen, die
nicht in unserer Hand sind, mit einem *angemessenen* Maß an Sicherheit
zu orientieren? Ich würde in diesem Fall gegen Shapiro die Partei des
Mädchens nehmen, trete mit ihm gemeinsam – nachdem er sein Buch geschrieben hat – aber vor allem dafür ein, daß die Forschungsziele der Molekularbiologen in einem öffentlichen Diskurs auch relativ zu so persönlichen Entscheidungen bewertet werden, wie sie diese beiden jungen Leute
gegebenenfalls zu treffen hätten, wenn das Genomprojekt erfolgreich
wäre.

In einem solchen Dialog würde auch alsbald erkennbar, daß relativ archaische Wünsche die Väter und Mütter der molekularbiologischen Gedanken sind. Was die Verfechter des Genomprojekts dem jungen Mann
versprechen, ist ja grundsätzlich nichts anderes als das, was Menschen seit
Jahrtausenden von Astrologen zu erfahren hoffen, nämlich was ihnen in
Zukunft an Glück und Leid zustoßen könnte, wovor sie sich hüten sollten und wo ihre Chancen liegen. Hinsichtlich der Risiken überhöht der
Genetiker den Astrologen allerdings noch um das Angebot eines Versi-
cherungsagenten, und dies in sehr avancierter Form. Während nämlich
eine gewöhnliche Versicherung nur für den entstandenen Schaden aufkommt, gehört zum Angebot des Molekularbiologen sogar, den Scha-
densfall gar nicht erst eintreten zu lassen, indem beispielsweise die Anfäl-
ligkeiten für bestimmte Krankheiten vorab eliminiert werden.

In der Regel sind es wohl Wünsche aus vorwissenschaftlicher Zeit, die
durch die neuzeitlichen Sicherheitsbedürfnisse stark geworden und nun
durch Wissenschaft befriedigt werden. Dies zeigt sich nicht erst im
20. Jahrhundert. Auch ein so seriöser und anerkannter Naturwissenschaftler des 19. Jahrhunderts wie Emil Du Bois-Reymond (1818–1896)
meinte – zwar in einem andern Stil als Shapiro, aber in derselben Gefühlslage: Was „die auf *Voltaire*'s Schultern stehenden Enzyklopädisten...
träumten, ist übertroffen. Schon ward aus dem werkzeugmachenden
Tier... der Mensch zum vernünftigen Tiere, welches mit dem Dampfe
reist, mit dem Blitze schreibt, mit dem Sonnenstrahle malt ... Noch
mehrt sich die Zahl der Metalle, und noch fand Chemie den Stein der

Weisen nicht; morgen vielleicht besitzt sie ihn ... Die Würgengel Pocken, Pest, Skorbut sind gefesselt. *Lister*'s Verband wehrt den schleichmörderischen Sonnenstäubchen den Zutritt zu den Wunden des Kriegers. Das Chloral breitet die Fittige des Schlafgottes über die gequälteste Seele, ja das Chloroform spottet, wenn wir wollen, des biblischen Fluches des Weibes. So ward das weit in die Zukunft schauende *Bacon*'s Wort erfüllt: Wissen ist Macht" (1877, 599 f.).

Träume werden erfüllt, der Stein der Weisen wird gesucht, die feindliche Natur wird besiegt, des biblischen Fluchs wird gespottet. Daß der Entwicklung von Wissenschaft und Technik erkenntnisleitende Phantasmata vorausgehen, hat sich besonders früh in Roger Bacons waffentechnischen Allmachtsphantasien gezeigt, in denen er sich sinngemäß bereits die Neutronenbombe ausgedacht hatte. Von ähnlicher Qualität ist das aus dem Orient stammende und in Europa seit den Kreuzzügen literarisch aufgenommene Motiv des Jungbrunnens.[28] Wesentlich subtiler, aber ebensowenig ‚wissenschaftlich' ist Keplers Leitbild, in dem das heliozentrische Planetensystem „zum Träger des Mandalabildes geworden ist, wobei die Erde zur Sonne sich verhält wie das Ich zum umfassenderen ‚Selbst'. Es scheint", bemerkte Pauli mit Recht, „daß hierdurch die heliozentrische Lehre bei ihren Bekennern Zuschüsse von starkem emotionalem Gehalt aus dem Unbewußten erhalten hat" (1952, 133).

Im 17. Jahrhundert glaube ich beispielsweise in einigen Bildern von Poussin (1594–1665) erkennen zu können, wie die Idee der prinzipiellen Feindlichkeit der natürlichen Mitwelt – nicht nur der Gefährlichkeit, wenn man sich in den Wald oder auf das Meer begibt – allmählich aufkommt und die gleichzeitige Entwicklung der Naturwissenschaft zur Sicherung des menschlichen Lebens in der Natur legitimatorisch begleitet. Ich denke dabei an relativ späte Bilder wie das, in dessen dunklem Vordergrund eine Frau am Wasser von einer Schlange umgebracht wird. Poussin zeigt, wie diese Kunde über einen Passanten und eine Wäscherin auf dem Weg in den lichten, zivilisierten Hintergrund ist, in dem u. a. Fischer, Reisende, Badende und ein Mann, der sein Pferd in einen See reitet, davon noch nichts wissen (Paysage avec un homme tué par un serpent, dit parfoit Les effets de la terreur, 1648; London, National Gallery). Auf einem andern Bild wird ein Mann von einem fallenden Ast erschlagen; zwei weitere fliehen entsetzt, die Familie weiß es noch nicht und schläft. Im Hintergrund bietet eine Stadt im Licht Sicherheit, die feindliche Natur ist wiederum von Dunkel erfüllt (Paysage à l'ombre frappé par la foudre, dit L'orage, 1651; Rouen, Musée des Beaux Arts). Noch mehr Schrecken häufen sich in der „Paysage orageux avec Pyrame et Thisbé" (1651; Frankfurt/M., Städelsches Kunstinstitut): Im wiederum unheimlich dunklen Vordergrund findet die vor dem Löwen geflohene Thisbe

---

[28] Vgl. Rapp 1977. Ein typisches Bild stammt von Lucas Cranach (1546).

den toten Pyramus, nicht weit davon fällt die Bestie einen Schimmel an, von dem eine Frau gestürzt ist; ein Mann kämpft gegen den Löwen, Hirten und Herden fliehen voraus. Gefahr liegt durch ein Gewitter sogar über dem städtisch zivilisierten Hintergrund, der See spiegelt den Himmel in einer abgründigen Unbewegtheit.[29] In andern Fällen läßt Poussin die übrige Welt das jeweils dargestellte Geschehen auffallend teilnahmslos betrachten. Auf diese oder jene Weise wird in seinen Bildern die aufkommende Feindschaft des abendländischen Menschen gegenüber der natürlichen Mitwelt umgekehrt zu einer Wahrnehmung von Feindlichkeit der natürlichen Mitwelt gegenüber den Menschen stilisiert. Die Menschen sind hier nicht in der Welt heimisch geworden, sondern werden in einer fremd bleibenden Welt gezeigt. In dieselbe Richtung deutet vielleicht der Umstand, daß um 1600 sowohl Stilleben – Bilder von getöteten und trophäenhaft festlich zugerichteten Lebewesen der natürlichen Mitwelt – als auch Naturkatastrophen zu einem neuen Thema der Malerei werden. Uns gegen Feindlichkeit sichern zu sollen und dies durch Wissenschaft und Technik tun zu können mag derselbe Gedanke sein, von zwei verschiedenen Seiten her gesehen. Wie im folgenden Jahrhundert für Kant das Sicherheitsbedürfnis im Vordergrund gestanden hat und die Angst im Hintergrund, ist im vorangegangenen Abschnitt bereits beschrieben.

Mir liegt nichts ferner, als diese Gefühlsbestimmtheit von Technik und Wissenschaft in herabsetzender Absicht zu betonen. Es gibt kein Bewußtsein, auch nicht das wissenschaftliche, das nicht in einem – mehr oder weniger fruchtbaren – Boden von Gefühlen lebt, die es tragen und in denen der Same des Gedankens keimt. Jedes Bewußtsein ist ein Gefühlsbewußtsein, d. h. ein Bewußtsein,[30] kein bloßes Gefühl, aber ein Bewußtsein, das Gefühle ausdrückt und von Gefühlen getragen ist. „Ich glaube, der Mensch träumt nur, damit er nicht aufhöre zu sehen", schrieb Ottilie in ihr Tagebuch (Goethe HA VI 375). Generell sind es die Gefühle, welche der Vernunft die Augen öffnen für das, was sie sieht oder sehen will. Ein anderes Bild stammt von Alexander Pope, der unter den „Passions" allerdings „Modes of Self-love" versteht: „On Life's vast Ocean diversely we sail, / Reason the Card (Windrose), but Passion is the Gale (Brise)" (1734, II Vs. 83/97 f.). Ein Leben ohne Gefühle wäre wie ein Segeln ohne Wind, und dies gilt auch für die Wissenschaft. Daß die Vernunft gefühlsgeleitet ist, bedeutet umgekehrt, daß die Gefühle vernunftgeprägt zum Ausdruck kommen.

Anders gesagt: Alles, was uns ins Bewußtsein kommt, ist zuvor im limbischen System – innerhalb des Kleinhirns – mit unbewußten emotiona-

---

[29] Im Katalog der Pariser Poussin-Ausstellung (1994/95) haben die drei Bilder die Nummern 179, 200 und 203.

[30] Ein Hofhund beispielsweise ist ein Hund, eine Hundehof hingegen ein Hof (Steimlesches Lemma).

len Wertungen aufgeladen worden. Ich nenne sie, was die Wissenschaft angeht, *erkenntnisleitende Gefühle*. Von ihnen hängt es ab, was uns interessiert, und von unsern Interessen hängt es ab, was wir sinnlich wahrnehmen. Man sieht nur, was man weiß, ist ein bewährter Satz. Dazu gehören aber noch zwei weitere, nämlich: Man weiß nur, was man wissen möchte, und wissen (lernen) möchte man nur das, was einen interessiert. Jedes Interesse aber und jede Einstellung sind gefühlsbestimmt. Wieweit es sich dabei um Sublimationen des Trieblebens handelt, steht hier nicht in Frage. Die Welt, in der wir leben – wie wir sie wahrnehmen und wie wir uns verhalten –, ist letztlich eine Gefühlswelt von Interesse und Desinteresse, Neigung und Abneigung, Bedürfnis und Abwehr, Suchen und Vermeiden, Neugier und Verschlossenheit, Sicherheit und Unsicherheit. Alle diese Gefühle müssen als die unsrigen von einem Selbstgefühl begleitet werden können, so wie auch das ‚Ich denke‘ nach einem Kantschen Satz alle meine Vorstellungen begleiten können muß (KrV B 131 f.). Diesem Selbstgefühl entspricht das Gefühlsbewußtsein *„Ich fühle mich! Ich bin!"* (Herder 1769, II 244). Hölderlin hat später im 1. Kapitel von „Hyperions Jugend" hinzugefügt, wohl ohne dabei an Herder zu denken: „Sich aber nicht zu fühlen, ist der Tod" (1795, III 202). Das ‚Ich fühle mich‘ muß all mein Leben begleiten können.

So viel Gefühlsbestimmtheit mag manchem schon unheimlich werden, aber auch das ist ein Gefühl. Dem Gefühl, alles Emotionale lieber vermeiden zu wollen, folgt die herrschende Wissenschaft. Im Gegensatz zu Herders ‚Ich fühle mich! Ich bin!‘ hält sie sich deshalb lieber an das Cartesische ‚Ich denke, also bin ich‘, dessen beide Teilsätze mit einem charakteristischen ‚also‘ verbunden werden. Zwischen diesen beiden Feststellungen, der Herderschen und der Descartesschen, liegt die rationalistische Gefühlsvermeidung, und doch sind beide gleichermaßen Grundformen eines Selbstgefühlsbewußtseins. Zwar bedeutet die *cogitatio* bei Descartes, strenggenommen, nicht nur das Denken; gemeint aber hat er eigentlich doch nur dieses. Warum hätte er sonst den Sitz der Seele aus dem Herzen ins Gehirn verlegt? Wenn demgegenüber Heidegger „Befindlichkeit und Verstehen… als Existenzialien die ursprüngliche Erschlossenheit des In-der-Welt-seins" charakterisieren läßt (1927, 148), kommt er damit auf seine Weise Herder wieder nahe, allerdings ohne dessen naturphilosophische Weite.

‚Werden Sie doch nicht emotional, sondern bleiben Sie bei der Sache!‘, ist ein in wissenschaftsgläubiger Zeit allemal akzeptierter Ordnungsruf. Lassen wir also die Gefühle und halten uns an die Wissenschaft? Als die „Süddeutsche Zeitung" am 21. Juni 1990 ihren Wissenschaftsteil erweiterte, wurden zur Eröffnung elf Industrielle, Psychologen und Umweltpolitiker – darunter vier Frauen – um eine Antwort auf die Frage gebeten: In welche Richtung entwickelt sich der technische Fortschritt, und welche Rolle spielen dabei die Emotionen? Den Frauen und einigen Männern

war die Gefühlsbestimmtheit der Entwicklung klar. Repräsentativ für
den Gefühlsraum der Wissenschaftler waren aber wohl vor allem zwei
Stimmen aus der Industrie, von denen
- die eine die Gefühle in das Privatleben verwies. „Globale und zeitlich
  langfristige Auswirkungen haben sie nicht" (O. G. Folberth);
- die andere (wie mehrere Voten) die Gefühle im wesentlichen bei den
  andern sah: „Je undurchschaubarer die Technik für die Menschen wird,
  desto emotionaler stehen sie dieser Entwicklung gegenüber. Unsicherheit und Angst prägen ihr Verhalten. Auch wir Techniker in der Industrie müssen uns daran gewöhnen, daß Emotionen Fakten sind. Nur
  Offenheit und Aufklärung können Vertrauen und Akzeptanz schaffen. Denn Unbegreifliches kann nur durch Vertrauen akzeptiert werden. Die Industrie muß bereit sein, einen offenen Dialog zu führen. Sie
  muß die Ängste der Menschen ernst nehmen und in allen realistischen
  Betrachtungsweisen den Faktor Emotion mit berücksichtigen"
  (E. Weise).

Die letztere Stimme ist wohl eine der verständigsten und vertrauens-
würdigsten in der deutschen Industrie, aber es liegt auf der Hand, wie
sehr die eigenen Gefühle hier vermieden werden. Durch das Layout der
Zeitung hat es sich so gefügt, daß den eben zitierten Sätzen der folgende
gerade gegenüberstand: „Die beklagten Emotionen sind oft nur Versuche, uns vor den Spätfolgen der Emotionen der ‚Experten' zu schützen"
(J. von Uexküll).

Mir wird bisweilen entgegengehalten, es sei doch sozusagen unanständig, in der Wissenschaft Gefühle wie das für die natürliche Mitwelt in ihrem Mitsein und insbesondere das für die Würde von Pflanzen und Tieren ins Spiel zu bringen. Denn gerade die Wissenschaft habe es verstanden, sich aus allen Gefühlsbezogenheiten herauszuhalten und dafür ganz
sachlich zu bleiben. Tatsächlich gehört zur heutigen Wissenschaftskultur
das Verbergen oder sogar das Vermeiden der erkenntnisleitenden Gefühle, und damit verbinden sich bestimmte Erfolge. Die herrschende
Wissenschaft ist aber nicht minder ein Gefühlsbewußtsein als der mit-
weltliche Zugang zur Natur. Sie ist nicht so wissenschaftlich wie ihre Ergebnisse – das beweisen die geschilderten erkenntnisleitenden Gefühle
von den Unsterblichkeits- bis zu den Sicherheitsbedürfnissen. „Es ist…
nicht wahr, daß der Naturforscher ein eiskalter Verstandesmensch ist,
nicht wahr, daß der Verstand keine Leidenschaft ist, und nicht wahr, daß
die Natur, mit der der Naturforscher Umgang pflegt, sich leidenschafts-
los gegen ihn benimmt" (V. v.Weizsäcker 1947, VII 140). Die Erkenntnis
ist sogar eine Leidenschaft, hinter der die Liebe zurückgestellt wird (vgl.
Leibniz an Molanus 1695). Deshalb geht es nicht an, daß die in der Wissenschaft bisher herrschenden Gefühle sich hinter dem Schirm der Sachlichkeit verbergen und die abweichenden Gefühle demgegenüber dem
Vorwurf ausgesetzt werden, ein Gefühlsbewußtsein zu bilden, das wegen

seiner Emotionalität nicht wissenschaftlich sein könne. Sehen wir statt dessen lieber zu, welches die richtigen Gefühle sind, von denen wir uns in der Wissenschaft leiten lassen wollen, die freien oder die bisher verkappten, und tun nicht so, als gebe es eine Sachlichkeit, die kein Ausdruck eines Gefühlsbewußtseins ist.

Vielleicht gibt es im Gefühlsbewußtsein Unterschiede zwischen Männern und Frauen, die nicht nur verschiedenen sozialen Rollen entsprechen (vgl. Fox Keller 1985). Der Unterschied liegt jedoch ganz gewiß nicht darin, daß die einen ein Gefühlsbewußtsein haben und die andern nicht.

Welches die richtigen erkenntnisleitenden Gefühle sind, ist eine der allerschwierigsten Fragen überhaupt. Nicht bestritten werden sollte aber, daß überhaupt wahre und falsche oder angemessene und unangemessene Gefühle zu unterscheiden sind. Beispielsweise sind rassistische Gefühle in der Regel ein Ausdruck von Selbstwertzweifeln, die sich ihrerseits in der Folge von Behinderungen eines sich bejahenden Selbstbewußtseins ergeben, und sind in diesem Verständnis falsche oder bloß kompensatorische Gefühle. Dasselbe gilt für den kompensatorischen Nationalismus (als Chauvinismus) im Gegensatz zum Selbstbewußtsein der eigenen kulturellen Wurzeln in ihrer ethnischen Besonderung. Die Angemessenheit einer wissenschaftlichen Frage hängt gleichermaßen davon ab, ob sie wahren oder falschen Gefühlen folgt.

Die grundsätzliche Berechtigung, zwischen wahren und falschen Gefühlen zu unterscheiden, impliziert natürlich nicht die Gewißheit der Bewertung im Einzelfall. Meine Kritik der Apotheose der Industriegesellschaft von Kepler bis Novalis ist letztlich eine Kritik falscher, nämlich überheblicher Gefühle. Aber man kann Überheblichkeit nicht beweisen wie die Winkelsumme im Dreieck. Dies gilt für fast alle Annahmen von existentieller Tragweite. Wer sich von einem Astrologen oder Humangenetiker eine größere Lebenssicherheit geben lassen möchte, muß sich gleichermaßen die Frage nach der Angemessenheit dieses Sicherheitsbedürfnisses gefallen lassen. So gewiß es also ist, daß wahre und falsche Gefühle zu unterscheiden sind, so ungewiß ist das Urteil, ein bestimmtes eigenes oder fremdes – Gefühl sei wahr oder falsch. Dies gilt auch für die Wissenschaft. Die Angemessenheit eines Gefühls zu beurteilen, um uns davon unter Bedingungen, die nicht in unserer Hand sind, in einem angemessenen Grad von Sicherheit leiten zu lassen, ist eine Frage der Gefühlsbildung. Ein Ergebnis dieses Abschnitts ist, daß das herrschende Gefühlsbewußtsein gegenüber den Alternativen selbst mit zur Prüfung ansteht und seinen Gefühlscharakter nicht mehr verleugnen dürfte. Ihm das physiozentrische Gefühlsbewußtsein gegenüberzustellen ist das Ziel des vierten Kapitels. Gefühle sind dann daraufhin zu beurteilen, ob wir sie als die je persönliche Individuation des Ganzen der Natur, die jeder Mensch ist, im Namen dieses Ganzen haben können. Die Frage ist also, ob ein Gefühl, in der je persönlichen Weise zu wollen, wofür wir gut sind, ein

Selbstgefühl sein kann. Im folgenden Abschnitt zeige ich zuvor, welchen Beitrag die Praktische Philosophie zur Unterscheidung wahrer und falscher erkenntnisleitender Gefühle geben kann.

3. Der Primat der Ethik vor der Wissenschaft

Nach den Überlegungen des vorangegangenen Abschnitts ist die herrschende Naturwissenschaft ein Kanon von Regeln, um in der Sinnenwelt, zu der wir selbst gehören, Ziele zu erreichen, zu denen wir durch handlungsleitende Gefühle gezogen werden, vor allem durch das anthropozentrische Bedürfnis nach autonomer Sicherheit (Freiheit vom Mitsein). In der Wissenschaft sind diese Gefühle erkenntnisleitend. Mancher mag meinen, wenn das so sei, dann handle es sich hier um gar keine Wissenschaft. Dies wäre aber ein großer Irrtum. Die Naturwissenschaft ist zwar nicht so wissenschaftlich wie ihre Ergebnisse, und sie ist auch nicht so objektiv, wie viele Naturwissenschaftler selbst meinen. Da sie nicht *die* Ordnung *der* Natur beschreibt, ist sie sozusagen nicht bloß objektiv; aber das macht sie noch lange nicht bloß subjektiv. Was sollte daran auszusetzen sein?

Die herrschende Naturwissenschaft handelt von Tat-Sachen. Die Handlungsförmigkeit dieser Erkenntnis, eine Verfahrensordnung zum Erreichen von Zielen in der Sinnenwelt zu sein, ist schwerlich zu beanstanden. Ich meine sogar mit Charles Saunders Peirce und William James, daß die Handlungsform einer Aussage ihre eigentliche Wahrheit ist, soweit sie reicht. Diese Wahrheit zeigt sich in der Bewährung. Meine Kritik an der herrschenden Naturwissenschaft ist überhaupt nicht, daß sie handlungsförmig ist, sondern daß die Handlungsformen und Ziele, welche wir uns hier zu eigen machen, nicht angemessen sind. Zu diesem Urteil ist auch Georg Picht gekommen, der seine Vorlesung zur Entwicklung des Naturbegriffs (1973) mit der Feststellung begonnen hat: „Die Menschheit ist heute in Gefahr, durch ihre Wissenschaft von der Natur den Bereich der Natur, in dem sie lebt und der ihrem Zugriff ausgesetzt ist, zu zerstören. Eine Erkenntnis, die sich dadurch bezeugt, daß sie das, was erkannt werden soll, vernichtet, kann nicht wahr sein. Deswegen sind wir heute gezwungen, die Wahrheit unserer Naturerkenntnis in Frage zu stellen" (1989, 80). Der Grund dafür ist, daß das – falsche – geozentrische Weltbild nicht durch das kopernikanische, sondern vermöge der Apotheose der Industriegesellschaft durch ein anderes falsches Weltbild ersetzt worden ist, das anthropozentrische.

Auffällig wird uns die in der klassischen Naturwissenschaft wie in den Mosaiken von Monreale vorausgesetzte Erdenfremdheit des Menschen vor allem dort, wo wir selbst zum Gegenstand dieser Wissenschaft oder der ihr entsprechenden Wirtschaft werden. Als Objekt der Medizin erkennen wir uns nicht wieder, und als menschliche Ressource in der Wirtschaft auch nicht. Anthropozentrisch verhalten sich die interplanetarisch Zugereisten, insofern sie alles nur auf sich beziehen und von sich aus sehen, sich selber aber nicht in und mit allem sehen. Ihr Weltbild ist, Mensch sein zu können, indem sie alles übrige nur haben wollen. Sie finden sich nicht in die Welt hinein, um im Mitsein mit Anderen und Anderem eine gemeinsame Sicherheit zu gewinnen, sondern sie begeben sich in die Welt hinaus und suchen die Autonomie als die Freiheit vom Mitsein.

Kritik der erkenntnisleitenden Gefühle

Ob durch das anthropozentrische Weltbild der interplanetarischen Eroberer wirklich nur ein Irrtum durch einen andern ersetzt worden ist, der geozentrische durch den anthropozentrischen, statt die kopernikanische Herausforderung anzunehmen, hat sich im vorangegangenen Abschnitt als eine Frage der Wahrheit erkenntnisleitender Gefühle erwiesen. Es gilt also, noch einmal in den Worten von Wolfgang Pauli, der „Bedeutung der vorwissenschaftlichen Stufe der Erkenntnis für das Werden der wissenschaftlichen Ideen dadurch Rechnung zu tragen, daß der Untersuchung der naturwissenschaftlichen Erkenntnis nach außen eine Untersuchung dieser Erkenntnisse nach innen an die Seite gestellt wird". Wenn die Naturwissenschaften dabei „ihren stolzen Anspruch, im Prinzip die *ganze* Welt verstehen zu können", aufgeben, könnte die „Korrektur der früheren Einseitigkeit den Keim eines Fortschrittes in sich tragen in Richtung auf ein einheitliches Gesamtweltbild, in welchem die Naturwissenschaften nur ein Teil sind" (1952, 163 f.).

Der hier nun wirklich anstehende Gang ,nach innen' könnte kantisch vielleicht eine ,Kritik' der erkenntnisleitenden Gefühle – seien sie anthropozentrischer oder physiozentrischer Art – genannt werden. Ihre bloße Intensität ist gewiß kein Wahrheitskriterium. Die Kritik der Gefühle ist jedoch das ureigenste Thema der Praktischen Philosophie. Diese Formulierung ist nicht üblich, wird aber leicht einsichtig, wenn man sich vergegenwärtigt, daß die zuvor herausgestellten erkenntnisleitenden Gefühle auf Handlungsziele gerichtet sind. Die Ziele des Handelns aber sind im üblichen Verständnis der Gegenstand der Praktischen Philosophie, d. h. der auf das Handeln bezogenen philosophischen Reflexion. Genauer gesagt, ist es die Einheit oder Integrität des Handelns, in der die zu rechtfertigenden Ziele ihren Zusammenhang finden. Das Grundverhältnis zu dem, was letztlich zu wollen ist und uns den Weg des Lebens weist, ist aber zutiefst gefühlsbestimmt. In den Religionen bekommt es eine künstlerische Form, für die Praktische Philosophie prägt es ein Gefühlsbewußtsein. Hier geht es um Begründungen und Zusammenhänge, d. h. um den Gebrauch der Vernunft, die eine Gabe der Natur ist, um in unseren Gefühlen mehr Klarheit zu gewinnen, als sie sie von sich aus haben.

Letztlich ist es die Aufgabe der Praktischen Philosophie, in einer Gemengelage von Gefühlen des eigentlich Gesuchten und Ersehnten soweit ansichtig zu werden, daß es in diesem Licht zur begründeten, wenn auch niemals gewissen Einsicht in die den jeweiligen historischen und kulturellen Bedingungen angemessenen Handlungsziele kommt. Die ausrichtende Entscheidung (krísis), derer es dabei bedarf, kann im wörtlichen Sinn eine ‚Kritik‘ der Gefühle genannt werden.

Die Ziele also, die in der Naturwissenschaft erkenntnisleitend sind, gilt es einzubetten in einen Lebenszusammenhang. Die Naturwissenschaften sind in diesem Untersuchungsrahmen, wie Pauli es wünschte, „nur ein Teil“. Philosophisch gesprochen, ergibt sich ein Primat der Praktischen Philosophie vor der Naturwissenschaft oder – kürzer gesagt, wenn die Ethik nicht mehr auf das mitmenschliche Handeln beschränkt und Physik im umfassenden Sinn von Naturwissenschaft verstanden wird – der Ethik vor der Physik. Die Angemessenheit der Handlungsziele, auf welche die erkenntnisleitenden Gefühle bezogen sind, läßt sich zwar nicht so wissenschaftlich legitimieren wie die Ergebnisse der diesen Gefühlen folgenden Wissenschaft, ein Thema der Praktischen Philosophie – oder der Ethik im weitesten Sinn – aber ist sie allemal.

Technikfolgenabschätzungen werden dadurch nicht überflüssig. Falsch ist aber die immer noch weitverbreitete Auffassung, die Entwicklung der Wissenschaft erst einmal in einem verantwortungsfreien Raum stattfinden lassen und dann noch in gesellschaftlicher Verantwortung unvoreingenommen über die ‚Anwendungen‘ entscheiden zu können. Die Ideologie der sogenannten Grundlagenforschung, sich autonom in einem solchen Raum entwickeln und dafür auch noch das Grundrecht der Wissenschaftsfreiheit in Anspruch nehmen zu dürfen, kommt zwar den persönlichen Interessen vieler Wissenschaftler entgegen, bei ihrer Arbeit in Ruhe gelassen zu werden und dafür möglichst auch noch öffentliche Mittel zu bekommen, ist aber politisch unverantwortlich. Denn auch die Ergebnisse dieser Forschung setzen potentiell neue Handlungsmöglichkeiten in die Welt, welche die Chancen des Austrags der jederzeit bestehenden Konflikte zugunsten der einen und zu Lasten der anderen Seite verändern. Es gibt keine ‚reine‘ Wissenschaft, sondern alles Wissenschaften schafft grundsätzlich bereits politische Tatsachen, freilich so, daß deren Tragweite von den jeweiligen Konfliktverhältnissen abhängt. Es ist so, als würden während eines bereits stattfindenden Spiels, ohne daß damit zu rechnen gewesen wäre, auf einmal neue Züge erlaubt. Gewinnchancen und Verlustwahrscheinlichkeiten der Beteiligten werden dadurch in der Regel verändert. Beispiele sind die Entdeckung der Atomkernspaltung (1938) in ihrer Tragweite für den Zweiten Weltkrieg oder die der Mikroelektronik für den Konfliktaustrag zwischen Arbeit und Kapital. Es gibt keine unparteiische Entscheidung über die ‚Anwendungen‘ einer neuen wissenschaftlichen Entdeckung mehr, wenn diese bereits in ein derartiges

Kraftfeld politischer und wirtschaftlicher Interessen geraten ist. Für weniger weitreichende Entdeckungen gilt grundsätzlich dasselbe. Wenn die ethische und gesellschaftliche Bewertung nicht von vornherein auf die Angemessenheit der in den erkenntnisleitenden Gefühlen der Wissenschaft geltend gemachten Handlungsziele gerichtet ist, kommt jede weitere Wahrnehmung von Verantwortung grundsätzlich zu spät. Andernfalls können hypothetische Technikfolgenabschätzungen – die also bereits im Stadium der sogenannten Grundlagenforschung angestellt werden – als konkretisierende Veranschaulichungen beispielhaft zur Entscheidung über das Wissenswerte beitragen. Demokratisch hat dies den Sinn, daß die politischen Dimensionen der Wissenschaft in der Öffentlichkeit wahrgenommen und politisch bewertet werden. Die politische Verantwortung für die Wissenschaft ist nicht nur die der Wissenschaftler, sondern muß von der Allgemeinheit öffentlich wahrgenommen werden, denn in der wissenschaftlich-technischen Welt ist das Wissenschaften ein gesellschaftlicher Akt.

Wissenschaft und Demokratie passen nur soweit zusammen, wie die wissenschaftlich-technische Entwicklung in öffentlicher Verantwortung erfolgt. Mit der Entwicklung der Wissenschaft fallen die wesentlichen Vorentscheidungen, wie wir in Zukunft leben werden, politische Entscheidungen also, die eine gleichermaßen politische Willensbildung voraussetzen, wenn sie verantwortbar sein sollen. Damit es für die Zukunft der Industriegesellschaft die richtige Wissenschaft geben wird, ist eine politische Willensbildung in der Öffentlichkeit darüber, was für die Zukunft wissenswert ist, eine wesentliche Voraussetzung. Die im deutschen Grundgesetz garantierte Wissenschaftsfreiheit bedeutet nicht, daß ein Wissenschaftler tun darf, was ihm gerade so paßt, sondern weist ihm die Selbstverantwortung zu. Um sich in dieser Verantwortung nicht zu übernehmen, sollten Wissenschaftler eine grundsätzliche Willensbildung über Forschungsziele in der Öffentlichkeit begrüßen und nicht als Einrede in bisher genossene Freiräume beklagen.

Eine Kritik der in den Wissenschaften erkenntnisleitenden Gefühle ist zunächst dadurch möglich, daß sie auf ihre Sozialverträglichkeit hin entfaltet werden. Darunter ist ihre Verträglichkeit mit der gesellschaftlichen Ordnung und Entwicklung zu verstehen, d. h. letztlich mit einem Lebensentwurf, wie wir in Zukunft miteinander leben wollen. Um wissenschaftlich-technische Erkenntnisziele und Handlungsformen auf ihre Sozialverträglichkeit hin beurteilen zu können, sind die denkbaren Innovationen zunächst in Lebensverhältnisse zu übersetzen. Beispielsweise ist einem naturwissenschaftlich-technisch beschriebenen Energiesystem nicht anzusehen, ob wir lieber mit ihm als ohne es leben würden. Entfalten wir die technische Charakteristik dann aber zu einem Lebensbild, so zeigt sich, unter welchen gesellschaftlichen Voraussetzungen und mit welchen Folgen für die Lebensverhältnisse es funktionieren würde, wenn wir uns dafür entschieden. Beispielsweise ergibt eine Untersuchung der Sozialverträglichkeit eines Atomkernenergiesystems, daß die Allmachtsphantasien, welche hier erkenntnisleitend waren, in entsprechend autoritären Sozialstrukturen wiederkehrten, wenn energiebezogene Bedürfnisse auf diese Weise gedeckt würden (Roßnagel 1984; Meyer-Abich/Schefold 1986). Man kann dann die hier erkenntnisleitenden Gefühle in ein Verhältnis zu demokratischen und individuellen Wertvorstellungen setzen, um sich ein Urteil über ihre Angemessenheit zu bilden. Wegen der beschriebenen Nichtabgrenzbarkeit der Grundlagenforschung sollte dieser Bewertungsprozeß möglichst bereits im vortechnischen Stadium erfolgen. Beiläufig zeigt sich, daß das instrumentelle und das praktische Handeln nicht so zu unterscheiden sind, wie Habermas sich dies vorgestellt hatte, denn das instrumentelle Handeln hat praktische Voraussetzungen und Folgen. Instrumentell handeln zu können ist selbst praktisch zu bewerten – sonst gäbe es gar keine Probleme der Sozialverträglichkeit. Wie eine politische Willensbildung über die Akzeptabilität wissenschaftlich-technischer Innovationen im Rahmen von Lebensentwürfen institutionell unterstützt werden könnte, ist eine weitergehende Frage.[31]

Die Analyse der Sozialverträglichkeit betrifft die Akzeptabilität einer wissenschaftlich-technischen Entwicklung unter ethischen und rechtlichen Gesichtspunkten der gesellschaftlichen Ordnung und Entwicklung. Das menschliche Naturverhältnis kommt dabei nur indirekt zur Sprache, soweit es das gesellschaftliche Zusammenleben betrifft. Der menschliche Umgang mit der natürlichen Mitwelt selbst war traditionell kein Thema der Ethik und nicht einmal der Praktischen Philosophie überhaupt. In der Naturkrise der wissenschaftlich-technischen Welt ist dies ein Mangel. Eine ‚Praktische Naturphilosophie' darf sich nicht mit bloßer Erkenntnistheorie begnügen, sondern sucht das Erkennen und die erkenntnisleitenden Gefühle im umfassenderen Handlungszusammenhang des menschlichen Lebens in der Natur zu bewerten. Das Ziel ist letztlich die naturphilosophische Begründung ethischer und rechtlicher Normen. Mit dem gängigen Naturbegriff ist dies nicht ohne weiteres möglich, weil die Natur – weitgehend sogar im philosophischen Bewußtsein – seit der Antike von der Natur der Dinge zu den Dingen der Natur heruntergekommen ist.[32] Dementsprechend stößt der Gedanke, ethische und rechtliche Normen naturphilosophisch begründen zu können, heute in der Regel auf Unverständnis oder sogar auf den ‚Naturalismus'-Verdacht als eine gesteigerte Form von Unverständnis. Dabei hat die Warnung vor ‚naturalistischen

---

[31] Vgl. K. M. Meyer-Abich 1988, Kap. IV.

[32] Dies gilt natürlich nicht für die Tradition der Naturphilosophie selbst, wie sie zuletzt von meinem Vater, Adolf Meyer-Abich (1893–1971), durch die Begründung des Holismus weitergeführt worden, im 20. Jahrhundert aber nur eine Nebenlinie des philosophischen Denkens gewesen ist.

Fehlschlüssen' den guten Sinn, daß Schlüsse vom Sein auf ein Sollen nicht ohne weiteres gezogen werden dürfen, sondern zu rechtfertigen sind. Ich finde dies so selbstverständlich wie David Hume und George E. Moore (1903; vgl. Murdoch 1970, 3 ff.). Insoweit einige Dinge der Natur sich nach einer interesselosen, rein deskriptiven Beschreibung so und so verhielten, wäre damit beispielsweise nicht gesagt, daß andere sich in bestimmter Weise verhalten sollten. Dies gilt aber nur in bezug auf wirklich rein deskriptive Seinsaussagen. Wo die Naturbeschreibung nicht rein deskriptiv ist, sondern die Dinge bereits wertend beschrieben werden, sind daraus mit Recht praeskriptive Schlüsse zu ziehen oder praeskriptive Voraussetzungen namhaft zu machen. Nach den Überlegungen des vorangegangenen Abschnitts ist aber die herrschende Naturwissenschaft insgesamt – als eine anthropozentrische Verhaltens- und Verfügungsordnung – keine rein deskriptive Naturbeschreibung. Obwohl die Einzelziele dabei in der Regel offenbleiben, ist die generelle Art der Verfügung immer schon grundsätzlich als ein Handlungsrahmen vorausgesetzt. Wo aus Naturaussagen, die schon latent oder manifest praeskriptiv sind, auf ein Sollen geschlossen wird, ist dies kein naturalistischer Fehlschluß. Wo Schlüsse als naturalistische Fehlschlüsse kritisiert werden, wird meistens dogmatisch und irrtümlich vorausgesetzt, Naturaussagen seien grundsätzlich rein deskriptiv. Die auf diesem falschen Naturverständnis beruhenden Schlüsse auf anderer Leute Schlüsse als naturalistische Fehlschlüsse sind inzwischen häufiger als die wirklich naturalistischen Fehlschlüsse. Sie sind eigentlich nur naturalistische Mißverständnisse.

Sehr verbreitet sind diese Mißverständnisse unter reinen Geisteswissenschaftlern herkömmlicher Art. In dieser Tradition stehen auch die heutigen Kommunikationsemphatiker. Wer – wie u. a. Ernst Tugendhat – meint, um ein guter Mensch zu sein, brauche man nur ein guter Kooperationspartner zu sein und sonst nichts (vgl. 1993, 58) – lebt ja auch in einer Erdenfremdheit, welcher der Gedanke einer Naturverbindlichkeit des menschlichen Handelns so fernliegt wie die natürliche Mitwelt. Der Irrtum geht jedoch weiter zurück als der Rückzug der Geisteswissenschaften auf das Innerliche und ihre Selbstbehauptung als Sozialwissenschaften.

Charakteristisch dafür, wie alt die Dichotomie von Natur und Sittlichkeit – oder der bewußtseinsblinde Fleck für Unsittlichkeit hinsichtlich der Natur – auch in der Philosophie schon ist, scheint mir Raffaels Allegorie der Philosophie in der Stanza della Segnatura des Vatikans zu sein, die sich an der Decke des Raums über der „Schule von Athen" rundet (1509–1511). Die Philosophie wird dort als eine Frau dargestellt und ihre Aufgabe in einer Inschrift als „causarum cognitio" gefaßt. Die Frau hält in jeder Hand ein Buch; auf dem einen steht „naturalis" und auf dem andern „moralis". Damit verzweigt sich also die „Erkenntnis der Gründe" einerseits auf die der Sittlichkeit, andererseits die der Natur. Nun wäre noch alles in Ordnung, wenn diese, seit Aristoteles traditionelle Unterscheidung von Physik und Ethik in der Philosophie wie in Raffaels Allegorie so getroffen würde, daß beide wenigstens wie zwei Hände derselben Person zusammenwirkten. In Raffaels Darstellung steht außerdem das Buch der Moralphilosophie senkrecht auf dem waagrecht gehaltenen und dadurch die Grundlage bildenden der Naturphilosophie, was einen klaren Zusammenhang ergibt. Zumindest im 20. Jahrhundert aber tun sich die Philosophen mit der zweihändigen Verschränkung von Physik und Ethik ziemlich schwer, so daß die beiden Hände zwar einzeln – hinsichtlich der Physik oder der Ethik – große Geschicklichkeit entfalten, jedoch nicht in dem ihnen eigentlich angestammten Zusammenhang. Ich erinnere deshalb zunächst daran, daß die integrierte Zweihändigkeit, die in Raffaels schöner Allegorie zur Philosophie gehört, in deren Geschichte immer wieder geübt worden ist, und dies sogar von Anfang an.

Anaximander

Vielleicht sollten wir es nach der Nossackschen Regel auch in der Geschichte der Philosophie so halten, daß der erste Satz tonangebend bleibt. Der Überlieferung nach wäre dies der Satz des Anaximander: „Woraus aber die Genesis ist für die seienden Dinge, dahinein geschieht auch das Vergehen nach der Schuldigkeit (katà tò chreón). Denn es geben die Dinge einander Sühne und Buße (díken kaì tísin) für ihre Ungerechtigkeit nach der Anordnung der Zeit (chrónou táxin)" (Diels-Kranz B 1).[33] Hier ist offenbar von einer Grundordnung des Kosmos die Rede, die allem gemein ist, und nicht einerseits von Sittlichkeit, andererseits von der Natur. Gelegentlich liest man, Anaximander habe diesen Unterschied ‚noch nicht' gemacht und das sei das Archaische an seinem Denken. Aber wir sehen nun ja, wohin es führt, wenn man den Unterschied so macht, wie es im modernen Denken meistens geschieht. Tatsächlich wird von Anaximander die Einheit von Natur und Sittlichkeit angesprochen, deren eingedenk es dann auch einen guten Sinn hat, die menschliche Lebensordnung im Ganzen der Natur von den Lebensordnungen der natürlichen Mitwelt zu unterscheiden. In dieser Einheit darf man natürlich nicht Schuldigkeit, Sühne und Buße für sittliche Begriffe im Gegensatz zu Naturbegriffen halten.

Für den Begriff der Schuldigkeit fällt dies nicht allzu schwer, da alle Dinge ihr Dasein in der Gemeinschaft mit andern zu erhalten suchen (Nikolaus von Kues DJ II 12 = I 401) bzw., wie der Botaniker Carl von Linné dieses Mitsein zum Ausdruck brachte, da in der „Haushaltung der

---

[33] Ich folge im wesentlichen der Übersetzung von Schadewaldt (1978, 240), übersetze am Anfang jedoch „ex hôn dé... eis taûta" mit „Woraus aber... dahinein" statt „Aus welchen Dingen aber... in diese hinein".

Welt jedes nicht bloß für sich selbst, sondern auch für andere geschaffen" ist (1739, 245). Wenn das Tier einerseits von Pflanzen lebt, andererseits durch seine Lebensweise wie ein naturwüchsiger Gärtner den Lebensraum der Pflanzen erhält und ihnen schließlich auch den eigenen Leib zur Nahrung hinterläßt, so steht sein Nehmen faktisch in einem Einklang mit seinem Geben. Aus unserer Sicht kann dieses Gleichgewicht auch so beschrieben werden, daß das Tier als Gegengabe für seine Ernährung seine Schuldigkeit erfüllt. „Diese Dinge leben den Tod jener und jene sterben das Leben dieser" (Heraklit DK B 62).[34] Das Tier ist sich dessen zwar nicht bewußt, ist dafür in der Erfüllung seiner Schuldigkeit aber wesentlich zuverlässiger als der Mensch. Die Natur ist voller Ausgleichs- und Kreisprozesse, in denen eines auf ein anderes angewiesen ist, von den Kontinuitätsgleichungen in der Strömungslehre bis hin zu den Nahrungsketten oder -kreisen in der Biosphäre. Diese allgemeine Angewiesenheit der Dinge und Lebewesen aufeinander ist auch heute unverändert wahrzunehmen. Dabei fehlt uns ein entsprechender Begriff für das Pendant zur Angewiesenheit. Wenn A in bezug auf B der Angewiesene ist, was ist dann B in bezug auf A? Man könnte sagen, B sei für A da, aber das bezieht B insgesamt nur auf A und läßt seiner eigenen Natur keinen Raum. Sagten wir, A sei von B auf das angewiesen, was B für A schuldig ist, so wären Angewiesenheit und Schuldigkeit ökologisch aufeinander bezogene Grundcharaktere der Lebensordnung der natürlichen Mitwelt im Ganzen der Natur. Die Lebensverhältnisse so wahrzunehmen wäre teilnehmender und deshalb vielleicht überhaupt adäquater als die kühle Feststellung von Nahrungsketten und jedenfalls auch angemessener als die Wahrnehmung des ‚Fressens und Gefressenwerdens', die ja meistens gesellschaftlich ideologisch aufgeladen ist. Die generelle Zusammengehörigkeit von Schuldigkeit und Angewiesenheit kann uns demgegenüber zumindest auf den Gedanken bringen, ob nicht auch wir für all das Genommene, auf das wir angewiesen zu sein meinen, der übrigen Welt etwas schuldig sind, oder ob wir uns als einzige Lebewesen der allgemeinen Balance, wie Anaximander sie feststellt, entziehen dürfen wollen. Warum sollten gerade wir nichts dafür schuldig sein, daß wir, wie alles Lebendige, nur um den Preis andern Lebens leben können? Daß auch wir etwas schuldig sind und was dies ist, soll in den folgenden Kapiteln gezeigt werden.

Mit den Begriffen Sühne und Buße fällt es im heutigen Verständnis schwerer, ihnen über die menschliche Gesellschaft hinaus einen Sinn zu geben. Jedenfalls aber sind sie zunächst einmal als eine Auslegung der Schuldigkeit gemeint, so daß deren Interpretation auch hier fortgilt. Im übrigen ist die Übersetzung mit „Sühne und Buße" besonders soziomorph gewählt. Man kann die Worte auch so verstehen, daß die Dinge

[34] In der Übersetzung von Jaeger (1953, 84).

einander schließlich im Sinn einer ausgleichenden Gerechtigkeit ihr Recht (díke) lassen oder daß immer wieder ein Ausgleich gefunden werden muß. Worauf es dann letztlich ankommt, ist, daß in der Natur alles zu seinem Recht kommt. Im Rahmen dieser Rechtsgemeinschaft gibt es die Korrespondenz von Angewiesenheit und Schuldigkeit, ein Eigenrecht der Dinge, in dem sie sich beeinträchtigen und das sie einander letztlich doch lassen müssen, also auch ein Prinzip, einander zu vergelten, was eines dem andern schuldig geblieben ist.

Der ‚archaische' Gedanke einer Rechtsgemeinschaft der Natur ist meines Erachtens gerade in unserer Zeit ein Ausweg aus der Krise, in welche die moderne Dichotomie von Natur und Sittlichkeit geführt hat. Es waren zwei Juristen, Christopher Stone (1972) und Godofredo Stutzin (1973), welche diesen Vorschlag – ohne Anaximanders zu gedenken und wohl auch ohne von ihm zu wissen – in unserer Zeit unabhängig voneinander gemacht haben. Die Anerkennung von Rechten der natürlichen Mitwelt ist die unserer politischen Kultur am ehesten angemessene Form, den je eigenen Naturen der Dinge und der Lebewesen im Mitsein gerecht zu werden. Die Abkehr vom anthropozentrischen Weltbild muß dabei freilich schon vorausgesetzt werden. Aus der physiozentrischen Sicht fragt es sich zwar, wieweit es beispielsweise der Natur eines Baums oder des Meers gerecht werden kann, ihnen Rechte als eine sehr menschliche Form der Anerkennung zuzumuten. Dies ist jedoch insoweit kein Problem, als die Rechte der natürlichen Mitwelt lediglich uns Menschen davon abhalten sollen, ihre Eigenwerte zu mißachten, also der menschlichen Selbstbegrenzung dienen. Wir muten eigentlich nicht dem Baum oder dem Meer Rechte zu, sondern erkennen unsererseits an, daß *wir kein Recht* haben, sie so zu behandeln, wie es ihre Rechte verletzen würde, wenn sie selber welche hätten.

Wie Anaximander haben auch andere vorsokratische Philosophen gedacht. So war es wiederum Dike, die göttliche Gerechtigkeit, welche die Schlüssel zu dem Tor der Wahrheit verwaltete, durch das die Töchter des Lichts Parmenides (ca. 540–480 v. Chr.) führten (DK B 1, 11–14). Die Wahrheit des Seins also wurde ihm rechtsförmig erschlossen. Und bei Heraklit (ca. 544–ca. 483 v. Chr.) heißt es, die Sonne werde ihr Maß nicht überschreiten, denn sonst würden sie die Schergen der Dike ausfindig machen (DK B 94). Auch der Sonnenlauf folgt der kosmischen Rechtsordnung.

In der Naturkrise der wissenschaftlich-technischen Welt kommt es darauf an, die Ordnung des menschlichen Handelns wieder in einen Einklang mit der Ordnung des Ganzen der Natur zu bringen,[35] wie er in der Geschichte der Menschheit zwar nicht immer, aber doch immer wieder

---

[35] Daß die Gesetze des menschlichen Handelns wieder in Einklang mit denen der Natur zu bringen seien, war eine gern gebrauchte Redeweise Georg Pichts.

bestanden hat und wohl noch nie so grundlegend gestört war wie jetzt. Dazu sind die erkenntnis- und handlungsleitenden Ziele der menschlichen Gesellschaften im Ganzen der Natur zu bewerten, so wie es Anaximander angesprochen hatte. Der erste umfassende Versuch der Einbettung naturwissenschaftlicher Erkenntnis in eine naturphilosophisch fundierte Praktische Philosophie stammt von Platon und hat mich auf den Weg gebracht, dem ich in diesem Buch nachgehe.

Platon, Nomoi X

Der Grundgedanke steht bereits im „Phaidon" und besagt, daß Sokrates' Verbleib im Gefängnis nicht aus der Physiologie seiner Knochen und Muskeln zu erklären sei, sondern daraus, daß „die Vorstellung des Besten" (Phn 99a2) ihn nicht in Bewegung nach Megara oder zu den Böotiern gesetzt, sondern ihn im Gefängnis festgehalten habe. Er hat die von seinem Freund Kriton arrangierte Gelegenheit zur Flucht deshalb nicht ergriffen. Allgemeiner gesagt: Der Ursprung der Bewegung ist in der Seele, nicht in den Muskeln bzw. in den Muskeln nur, insoweit sie beseelt sind und dadurch in Bewegung gesetzt werden. Mit Teleologie hat dies nichts zu tun, sondern es geht um die internen Beweggründe des Handelns. Sokrates setzt sich – sich selbst – in Bewegung, wenn er meint, dies tun zu sollen, und folgt weder nur seinen Knochen noch einem ihm äußerlichen Guten, sondern den Beweggründen seiner eigenen Natur. Die sittliche Ordnung der Bewegung, nach welcher die Seele sich richtet, umfaßt die physiologische. In einer Zeit, in der es noch keine entwickelte Naturwissenschaft, geschweige denn eine Physiologie des menschlichen Verhaltens gab, scheint dies leicht gesagt gewesen zu sein. Die Auseinandersetzung aber war grundsätzlich dieselbe, wie sie auch in unserer Zeit zu führen ist, ob nämlich das menschliche Verhalten naturwissenschaftlich erklärbar oder die Naturwissenschaft zunächst ihrerseits als ein – mehr oder weniger angemessenes – menschliches Verhalten zu bewerten ist. Wer das erstere meint, hat dafür beim heutigen Stand der Wissenschaft weitreichende Argumente. Wer es nicht meint, darf es nicht dabei bewenden lassen, sich den Menschen als körperlich determiniert und sittlich frei vorzustellen, „gleich als ob es so viel verschiedene Welten wären" (Kant, KdU A XIX), sondern muß dann umgekehrt die naturwissenschaftliche Ordnung von der sittlichen her verstehen. Dies ist der Weg, der im naturphilosophischen Holismus eingeschlagen wird, wenn Adolf Meyer-Abich die Ordnung, welche die Physik beschreibt, als eine „Simplifikation" der biologisch verstandenen Lebensordnung und diese wiederum als eine Simplifikation der sittlichen beschreibt (1934, 84/160; 1935, 31/53). Die Sokratische Bemerkung über den Ursprung der Bewegung in der „Vorstellung des Besten" wird dadurch bereits zu dem Programm der Praktischen Naturphilosophie entfaltet, dem ich hier folge.

Im X. Buch der „Nomoi" führte Platon eine Auseinandersetzung mit einer – aus heutiger Sicht – am ehesten materialistisch und reduktionistisch zu nennenden Naturphilosophie. Seine Kontrahenten werden nicht namentlich benannt, im weitesten Sinn aber handelt es sich – wie an der „Phaidon"-Stelle und im „Parmenides"-Prolog – wieder um Auffassungen im Umkreis des Anaxagoras von Klazomenai (um 500–428 v. Chr.). Ich nenne die Materialisten, mit denen sich Platon hier auseinandersetzt, deshalb auch Anaxagoreer. Es geht um die Frage, warum die Gesetze gelten, worauf also beispielsweise der Geltungsanspruch für die in den vorangegangenen neun Büchern entworfene Gesetzesordnung beruht, die dem neu zu gründenden Staat gegeben werden soll. Die traditionelle Antwort lautet, daß die Geltung der Gesetze sich aus dem Glauben an die Götter ergibt. Gegenüber den Materialisten aber ist damit nichts gewonnen, denn sie glauben nicht, daß es diese Götter gibt, oder zumindest nicht, daß sie sich um uns kümmern und nicht durch Opfer bestechlich sind. Kleinias, der Gesprächspartner des Atheners, antwortet, um sie davon abzubringen brauche man ihnen aber doch nur den Himmel zu zeigen – da sähen sie mit bloßem Auge, daß es Götter gibt, nämlich die Gestirne. Er muß sich dagegen aber sagen lassen, so einfach sei das nicht. Denn die Materialisten würden entgegnen, die Gestirne seien gar keine Götter, sondern bloß Erde und Steine, hervorgegangen aus Umsetzungen der Vier Elemente. Diese seien ihre Natur (phýsis) und ihr eigentlicher Ursprung. Von der Natur der Elemente nun und nicht von den Göttern leite sich die Geltung der Gesetze her, aber ganz anderer Gesetze als der zuvor für den neuen Staat entwickelten. Danach sei nämlich das Recht des Stärkeren von Natur gerecht und nicht die Gesetzes-Gerechtigkeit (nomothesía), welche ja umgekehrt die Schwachen vor den Starken schütze. Mit dieser kurzen Argumentation wird ein sehr weiter Bogen geschlagen, den es nun nachzuvollziehen gilt.

Die Auseinandersetzung mit denen, die das Recht des Stärkeren für gerecht halten, ist ein Grundthema der Platonischen Philosophie. Höhepunkte sind vor dem X. Buch der „Nomoi" die Dialoge mit Kallikles im „Gorgias" und mit Thrasymachos im I. Buch der „Politeia". Die Grundhaltung, mit der Platon es hier zu tun hat, wird in den „Nomoi" jedoch – anders als in den früheren Dialogen – naturphilosophisch begründet. Für das „von Natur Gerechte" (phýsei díkaion) ist Platon zwar auch früher schon eingetreten. Indem er die Argumentation nun explizit naturphilosophisch führt, wird aber deutlich, wie dies gemeint ist, daß nämlich Gerechtigkeit oder überhaupt sittliche und rechtliche Normen wirklich einer naturphilosophischen Begründung bedürfen. Die Naturphilosophie ist für Platon keine bloß ‚kosmologisch' der Natur gewidmete Philosophie, sondern die Philosophie des Ganzen wie bei den Vorsokratikern seit Anaximander. Bemerkenswerterweise gibt es in dieser Hinsicht aber gerade keinen Dissens zwischen Platon und den Anaxagoreern. Der Gegensatz also, in den sich manche heutigen philosophischen Schulen zu Platon setzen, wenn sie die Einbeziehung der Sittlichkeit in die Naturphilosophie als ‚naturalistisch' abwehren, besteht zwischen Platon und seinen Kontrahenten nicht. Ich finde mich hier auf der Seite der antiken Denker, weil der Naturalismus-Vorwurf auf einem unzureichenden Verständnis der Natur beruht. Sowie man unter der Natur die Lebensordnung des Ganzen versteht, zu dem auch wir gehören und in dem wir uns vermöge der Sittlichkeit als einer Natureigenschaft des Menschen zu orientieren suchen, wohingegen andere Lebewesen mit anderen Orientierungsvermögen ausgestattet sind, spricht alles dafür, sittliche Regeln vom Ganzen her – d. h. naturphilosophisch – zu begründen.

Um so interessanter wird Platons Auseinandersetzung mit seinen materialistischen Kontrahenten. Diese behaupten also nicht, Gesetze seien nicht naturphilosophisch zu rechtfertigen, sondern sie bestreiten nur die Legitimation der ohne Rekurs auf die Natur aus dem Glauben an die Götter gerechtfertigten Gesetze. Die Götter selbst nämlich – und um so mehr diese Gesetze – seien bloße Konventionen, d. h., sie „verdanken ihr Dasein der Kunst (téchne) und nicht der Natur, sondern bestimmten Gesetzen, und diese seien jeweils verschieden, je nachdem wie die einzelnen Gesetzgeber hier miteinander übereingekommen seien; und so sei auch das Schöne etwas anderes nach der Natur und etwas anderes nach dem Gesetz; das Gerechte (tà díkaia) vollends beruhe überhaupt nicht auf der Natur, sondern die Menschen würden darüber fortwährend streiten und es ständig neu festsetzen; was sie aber festsetzten und sobald sie es einmal festgesetzt hätten, das sei dann jeweils gültig, obwohl es auf der Kunst und auf den Gesetzen beruhe, aber gewiß nicht auf irgendeiner ... Natur" (Nom 889e).[36]

Ein entsprechender Konventionalismus wird als Rechts-Positivismus auch in der Moderne vielfach vertreten, jedoch im Sinn einer Rechtfertigung der Gesetze, wohingegen ihnen diese hier aus der Sicht der Materialisten gerade wegen ihrer bloßen Konventionalität abgesprochen wird, d. h., weil die üblichen Gesetze nicht von Natur seien. Von Natur und somit richtig erweise sich vielmehr „das Gerechteste ..., was einer mit Gewalt durchsetzt". Das „richtige Leben gemäß der Natur" bestehe darin, „daß man die andern beherrscht und nicht dem Gesetz gemäß andern dient" (Nom 890a).

Platon hält dem entgegen, von Natur gerechtfertigt sei nicht das Recht des Stärkeren, sondern die Gerechtigkeit, d. h. die Gesetze in seinem Verständnis. Der Dissens liegt also im Naturverständnis, ein Konsens aber darin, daß eine Lebensordnung nur dann richtig sein kann, wenn sie naturgemäß ist. Aus welchem Naturverständnis ergibt sich das Recht des

---

[36] In der Müller-Schöpsdauschen Übersetzung heißt es: „... auf irgendeiner Ordnung der Natur"; dies trifft wohl den Sinn des Textes, in diesem aber ist hier von Ordnung nicht die Rede.

Stärkeren? Ein interessanter Hinweis ist, nach Auffassung der Materialisten seien diejenigen Künste am besten entwickelt, „die ihre eigene Kraft
(dýnamis) mit der Natur teilten, wie die Heilkunst und die Landwirtschaft und die Gymnastik" (Nom 889d), was aber eben bei der Staats-
kunst kaum und in der Gesetzgebung gar nicht der Fall sei. Dies ist ein
Technikkriterium, dem Platon nicht zu widersprechen brauchte und das
auch wir uns zu eigen machen könnten. Unstrittig ist außerdem, daß unter Natur das ursprüngliche Werden oder der Ursprung alles Entstehens –
die génesis perì tà prôta (892c) – verstanden werden soll. Dafür aber halten die Materialisten die Umsetzungen der Vier Elemente, der Athener
hingegen die Ursprünge in der Seele. Diese Verschiedenheit des Naturverständnisses ist die eigentliche Kontroverse, auf der die über die Gesetzgebung beruht. „Wer nämlich jene Ansicht" – daß das Recht des Stärkeren von Natur gelte – „vertritt, der scheint Feuer und Wasser und Erde
und Luft als das Erste von allem zu betrachten und eben das mit dem
Namen ‚Natur' zu bezeichnen, die Seele aber als etwas, das erst später aus
diesen entstanden ist" (Nom 891c).

Wir kennen diese Naturauffassung nur aus Platons Bericht. Wie die
Materialisten es gemeint haben könnten, daß aus der Zurückführung allen Geschehens auf die Umsetzungen der Vier Elemente das Recht des
Stärkeren folge, bleibt hier ganz offen. Wenn dieser kühne Gedanke nicht
weiter begründet gewesen sein sollte, als er bei Platon berichtet wird, behält er als ein naturphilosophisch-ethisches Programm gleichwohl seinen
Sinn. Platon hat ihm freilich nicht dahingehend widersprochen, daß er
den behaupteten Charakter der sinnenweltlichen Prozesse, Umsetzungen
der Vier Elemente zu sein, bestritten hätte, sondern dies gern zugestanden, sich damit aber nicht zufriedengegeben. Er hat also den Anaxagoreern nicht bestritten, daß die Gestirne „Erde und Steine" (Nom 886d)
seien, sondern weiter gefragt, was Erde und Steine sind. In demselben
Sinn spricht nichts gegen die Auffassung, alle Lebens- und geistigen Prozesse seien materielle Umsetzungen, solange man mit Carl Friedrich von
Weizsäcker weiterfragt: Was aber ist Materie? Die Elementarteilchen-
Theorie des „Timaios" (53b-57d) ist ein Modell dafür, wie Platon sich
eine Antwort auf diese Frage vorgestellt hat, nämlich in der Grundform:
Die Materie besteht aus immateriellen mathematischen Strukturen, d. h.,
er wollte sich nicht mit der vorläufigen Antwort der Atomisten zufriedengeben, die großen Körper bestünden aus kleinen Körpern, denn damit war ja nicht erklärt, was ein Körper ist. Im „Timaios" hat Platon nur
angedeutet, daß man zu noch „höheren Anfängen" weitergehen könne
(Tim 53d).[37] Dies ist in der sogenannten Ungeschriebenen Lehre gesche-

---

[37] Alexander von Humboldt glaubte dieser Bemerkung einen ‚bescheidenen
Mißmut' anmerken zu können (1845–62, III 13), hat aber wohl Platons späteren
Fortgang zu den eigentlicheren Ursprüngen nicht nachvollzogen.

hen (Gaiser 1963, Reale 1989), in der bildhauerischen Schreibweise, die für Platon charakteristisch ist, im wesentlichen aber wohl auch bereits in den Dialogen vom „Parmenides" bis zu den „Nomoi".

Vor den Kernsätzen wird die im „Phaidon" gestellte Grundfrage nach der allgemeinen Ursache des Entstehens und Vergehens (Phn 95e8f.) in den „Nomoi" wörtlich wieder aufgenommen. Im „Phaidon" ging es um die Unsterblichkeit der Seele, also ebenfalls um die Rechtfertigung der Gesetze bzw. um die Frage, ob es eine weitergehende Strafe – im Leben nach dem Tod – gibt, wenn man für eine Übeltat der irdischen Strafe entgeht. In den „Nomoi" heißt es nun:

„Das, was die erste Ursache alles Werdens und Vergehens ist, das erklären jene Lehren... nicht für das Erste, sondern für etwas später Entstandenes, was aber später entstanden ist, für das Frühere ... Die Seele, mein Freund, scheinen fast alle in ihrem Wesen und in ihrer Wirkkraft (dýnamis) verkannt zu haben, sowohl was ihre sonstigen Eigenschaften als auch was ihre Entstehung betrifft, daß sie nämlich zu den ersten Dingen gehört (en prótois estí), da sie vor allen Körpern entstanden ist, und daß bei jeder Veränderung und Umgestaltung der Körper vor allem sie die Führung übernimmt (árchei). Wenn dem aber so ist, müßte da nicht notwendig auch das, was mit der Seele verwandt ist, früher entstanden sein als das, was zum Körper gehört, da sie ja älter ist als der Körper?... Meinung (dóxa), Fürsorge (epiméleia), Vernunft (noûs), Kunst (téchne) und Gesetz (nómos) wären demnach ursprünglicher (prótera) als Hartes und Weiches, Schweres und Leichtes; und so wären denn auch die großen und ursprünglichen Werke und Leistungen (érga kaì práxeis) Erzeugnisse der Kunst (téchnes gígnoito), da sie zu den ersten Dingen gehören (ónta prótois), während die Werke der Natur und die Natur selber, die sie nicht richtig mit eben diesem Namen bezeichnen, später entstanden wären und von der Kunst und von der Vernunft abhingen (hystera kaì archómena àn ek téchnes eíe kaì noû). – Wieso nicht richtig? – Mit ‚Natur' wollen sie doch die Entstehung der ersten Dinge bezeichnen (génesin tèn perì tà prôta); wenn sich nun aber herausstellen sollte, daß die Seele das Erste ist (prôton), nicht aber das Feuer oder die Luft, sondern daß die Seele unter den ersten Dingen entstanden ist (en prótois gegenoméne), so wird man wohl mit vollem Recht sagen dürfen, daß sie ganz besonders von Natur ist" (Nom 891e–892c).

Die für den Primat der Ethik vor der Physik – bzw. der Praktischen Naturphilosophie vor der Naturwissenschaft – entscheidende Folgerung ist, daß Meinung, Fürsorge, Vernunft, Kunst und Gesetz vor dem Harten und Weichen oder Schweren und Leichten kommen. Aller Naturwissenschaft – deren Gegenstände hier durch ihre Schwere und ihre Festigkeit charakterisiert werden – liegen danach Ansichten und Erwartungen, Zuwendungen, Überlegungen, Handlungsformen und Gesetze voraus, jedoch auch als Naturbestimmungen, da sie ja zur Seele gehören und diese im ursprünglichsten Sinn Natur ist. Die Naturbestimmungen der sittlichen Besinnung auf das, was gut ist, kommen also vor den Naturbestimmungen des Schweren und Leichten oder Harten und Weichen. Hinsichtlich der Gesetze ist damit gesagt, daß die sittlichen Naturgesetze ursprünglicher und umfassender sind als die physikalischen. Das heißt, daß beispielsweise eine Wasseroberfläche in ihrer Ebenheit, welche sich aus der Gravitation oder Schwere ergibt, nicht nur ein Bild der Gerechtigkeit oder des gerechten Ausgleichs, sondern geradezu ein Ausdruck der Gerechtigkeit in der Natur ist. Die Gerechtigkeit ist das ursprüngliche Prinzip, die Wasseroberfläche eine bestimmte Erscheinung dieses Prinzips in der Sinnenwelt. Anaximander hätte dieser Analyse wohl zustimmen können. Ebensowenig wie bei ihm sollten wir uns dem Verständnis der These dadurch verschließen, daß wir Gerechtigkeit für soziomorph und von dort her die ,Erweiterung' auf den Kosmos für ,bloß metaphorisch' halten. In Platons und Anaximanders Sinn ist Gerechtigkeit eigentlich ein kosmisches Prinzip – was man heute ohne weiteres zwar der Gravitation zubilligt, nicht aber der Gerechtigkeit – und die Gerechtigkeit unter Menschen ist eine Besonderung der kosmischen Gerechtigkeit. Der Begriff Gravitation ist nicht weniger anthropomorph als der der Gerechtigkeit, und ich sehe keinen Grund, die erstere für universeller als die letztere zu halten. Daß beiderlei Strukturen den Kosmos aus der Sicht des Menschen beschreiben, tut nichts zur Sache, denn diese Sicht ist die unsere.

Die Naturwissenschaft ist also auch im gedanklichen Zusammenhang der Ideenlehre nicht so wissenschaftlich wie ihre Ergebnisse. Wenn es nämlich in der Sinnenwelt immer nur das gibt, was den seelischen Gegebenheiten entspricht, so ist sozusagen die Seele das Es, welches gibt, was ,es gibt'. Die den sinnlichen Verhältnissen vorausliegenden Abwägungen in der Seele aber sind als deren Voraussetzungen nicht gleichermaßen wissenschaftlich bestimmt wie jene. Für Platon wie für uns hängt diese Folgerung davon ab, daß ein falscher Naturbegriff überwunden wird. Während er dabei mit seinen Kontrahenten wenigstens noch die Grundhaltung gemein hatte, unter der Natur die Natur der Dinge oder den eigentlichen Ursprung alles Entstehens verstehen zu wollen, geht es heute darum, uns jenseits der Dinge der Natur erst einmal wieder der Natur der Dinge zu erinnern. Platon hielt den Anaxagoreern entgegen, nicht die Vier Elemente seien die Natur der Dinge, sondern die Seele, da sie von Natur ursprünglicher sei als alles Körperliche. Die sogenannte Natur der Materialisten sei also nicht der eigentliche Ursprung und somit – im Sinn der gemeinsamen Fragestellung nach der Natur als dem ursprünglichen Werden – nicht die wahre Natur. Aus der Sicht des falschen Naturverständnisses wird ein seelisch Gesetztes, das die Materialisten für Kunst im Gegensatz zur Natur halten, als die eigentliche Natur erklärt. Im Sinn des Verständnisses der Natur als göttlicher Kunst (Soph 265e) brauchte Platon sich nicht einmal dagegen zu verwahren, daß er eine Kunst als Natur ausgebe. Etwas Unvernünftiges darf in Platons Verständnis nicht

„téchne" genannt werden (Gorgias 465a). Unvereinbar war jedoch die Erkenntnis der Seele als der eigentlichen Natur aller Dinge mit der Auffassung, in den Vier Elementen bereits die Natur der Dinge gefunden zu haben, um so mehr also mit dem Gedanken, damit auch noch das Recht des Stärkeren legitimieren zu können.

Die Anaxagoreer haben auf die richtige Frage nach der *phýsis* als dem Ursprung, dem gemäß es eine naturgemäße staatliche und gesellschaftliche Ordnung naturphilosophisch zu begründen gilt, also die vorschnelle Antwort gegeben, die Umsetzungen der Elemente seien bereits die ursprünglichste Ordnung. Nach Platons Überlegungen ist es in Wahrheit die Selbstbewegung der Weltseele.[38] In dieser Bewegung aber, im Denken nämlich, vergewissern wir uns vor allem der richtigen Handlungsformen, insbesondere der Gerechtigkeit und der gerechten Gesetze. Wie bei den Materialisten tritt hier die Natur als Legitimationsinstanz der Gesetze an die Stelle der Götter, so wie es den Bedürfnissen der griechischen Aufklärung entsprach. Als Natur und eigentlicher Ursprung aller Dinge aber ergab sich für Platon die Weltseele. So wie er das Problem gelöst hat, ist die Naturphilosophie die Philosophie des Ganzen. Es bedarf also naturphilosophischer Überlegungen, um das menschliche Verhalten im Ganzen der Natur zu rechtfertigen.

Die Natur ist nun im Platonischen Sinn die Legitimationsinstanz dessen, wofür wir gut sind. Was von Natur ist, zeigt sich uns immer als ein zu Wollendes. Platon hat diese Begründung ethischer und rechtlicher Normen darauf beschränkt, wie Menschen von Natur am besten miteinander leben. Es ging ihm darum, daß wir Menschen uns im Ganzen der Natur so verhalten, wie es richtig ist, indem wir uns nach den Umschwüngen der Weltseele richten (Tim 47bc). Sein Ansatz beschreibt jedoch auch die natürliche Mitwelt grundsätzlich in Verhältnissen, wie sie vermöge der vernünftigen Selbstbewegung der Weltseele gut sind, und zwar kraft der Ideen als Naturgestalten des Guten. Daß jede Idee eine besondere Bestimmung der Idee des Guten ist, die Sinnenwelt sich aber nur erkennen läßt, indem wir uns anläßlich aller Wahrnehmungen der Ideen erinnern, garantiert den Primat der Ethik vor der Physik. Die Platonische Naturwissenschaft beschreibt die Welt so, „wie sie sein muß, damit sie sinnvoll ist" (Frede 1997). Wie sie sinnvoll und schön ist, kommt vor dem Harten und Weichen, Schweren und Leichten, von dem die Naturwissenschaft handelt. Die Grundform der Frage, auf welche die wissenschaftlichen Antworten gegeben werden, ist die nach dem Guten.

[38] Wie Platon sich die Übersetzung der seelischen in sinnliche Bewegungen vorgestellt hat, ist in der Theorie der Bewegungen angedeutet, welche der von mir interpretierten Argumentation folgt. Wie diese Theorie gemeint ist, hat die wenigen Interpreten, die sich daran gewagt haben, seit langem beschäftigt. Die relativ weitestgehende Klarheit ist hierzu jüngst von Michael Hoffmann (1996) gewonnen worden.

Dieses aber hat bei Platon wiederum nichts mit auswärtiger Teleologie zu tun, sondern damit, daß die Wissenschaft einem Gefühlsbewußtsein dessen folgt, worauf es von Natur aus zu sein gilt, und in diesem Sinn nicht so wissenschaftlich ist wie ihre Ergebnisse.

In der Neuzeit wird der Primat der Sittlichkeit vor der Naturwissenschaft im Platonischen Sinn wohl noch am ehesten von Leibniz vertreten. Daß nämlich Gott die „angemessensten *Bewegungsgesetze*" gewählt habe, um die Welt hervorzubringen, heißt ja, daß er verschiedene mögliche, d. h. alternative Naturordnungen daraufhin bewertet habe, welche von ihnen das Universum nach dem „bestmöglichen Plan" entstehen lasse, und sich dann um der besten aller Welten willen für die angemessenste Naturordnung entschieden habe. Diese Ordnung ist für Leibniz der Gegenstand unserer Naturwissenschaft, der somit eine (göttliche) Bewertung auf Angemessenheit – d. h. hinsichtlich ihrer Güte – vorausliegt, so wie bei Platon die sittliche Ordnung vor der Physik kommt (1714, § 10/11). Man kann aus dieser Sicht sogar verstehen, was Leibniz zu der allem Anschein nach so abwegigen Behauptung veranlaßt hat, die bestehende Welt sei die beste aller möglichen, denn: „Ohne diese Voraussetzung wäre es unmöglich, einen Grund dafür aufzuzeigen, warum die Dinge eher diesen als einen anderen Lauf genommen haben" (aaO). Leibniz braucht die These von der besten aller Welten also als erkenntnisleitendes Prinzip. Wenn man klug genug ist, um zu sehen, daß aller Naturwissenschaft eine Wertentscheidung auf Angemessenheit vorausliegt, aber noch so ungeschichtlich denkt wie Leibniz, ist die These, diese Welt sei die beste aller möglichen, wohl selbst die bestmögliche Antwort, wenn auch mit dem Mut zur absurden Konsequenz, der nach einem Wort Carl Friedrich von Weizsäckers den großen Philosophen auszeichnet. Geschichtlich wird die beste aller Welten später als eine Hoffnung in die Zukunft verlegt, sei es durch das Ziel des ‚Fortschritts' oder das des Friedens mit der Natur.

So gern Leibniz sich sonst zu Bacon bekannte, scheint er dessen Fortschrittspathos der Weltveränderung nicht geteilt zu haben, sondern lebte insoweit noch in der antiken Welt, in der „alles Werden … geschieht, damit dem Leben des Ganzen ein glückliches Sein beschieden ist", also nicht um einer Veränderung oder gar um unseretwillen, denn auch wir sind „um jenes Ganzen willen geschaffen" (Nom 903c). Kraft der gemeinsamen Genesis soll der Teil sich nach dem Ganzen richten. Wo Platon Ideen von Artefakten behandelt, sind sie deshalb – wie das Bett, das Zaumzeug etc. – stets auch von Gott gemacht oder von Natur. Nach der kopernikanischen Wende war es damit vorbei, denn nun stand nicht mehr nur in Frage, wie Menschen in Frieden miteinander leben können, sondern auch, wie wir überhaupt in die Welt gehören. Unter der kopernikanischen Herausforderung entwickelte sich ein neues Naturverständnis. Für Platon zeigte die Erkenntnis der Natur, was so, wie es ist, gut ist.

Naturerkenntnis war Seinserkenntnis der guten Ordnung der Welt nach Ideen als Naturgestalten. In der Neuzeit ist es zwar dabei geblieben, das Natursein der Dinge als die Weise ihres Gutseins zu verstehen, jedoch als ein Angelegtsein auf ein Künftiges. Das Natursein der Dinge wird nun eine zu erfüllende Bestimmung, auf die sie in ihrem Mitsein mit andern – nicht von außen her (teleologisch) – angelegt sind. Natur wird das, was werden soll, und wir Menschen finden unsern Platz in der Welt, indem wir dazu beitragen, daß die Natur vollendet wird.

„Alles *ist*, aber das Seyn *wird*." So könnte man die kopernikanische Zukunftsbestimmtheit des Naturseins mit dem romantischen Naturphilosophen Johann Wilhelm Ritter (1776–1810) zum Ausdruck bringen (1810, §589). Diese zukunftsoffene Geschichtlichkeit der Natur ist eine christliche Fortsetzung der im ersten Kapitel geschilderten mythischen Vergangenheitsgeschichte, in der die göttliche Naturgeschichte nach einem Götterkampf – griechischer oder babylonischer Vorstellung – zur Ruhe gekommen war. Es ist so, als sei dieser Götterkampf nun doch noch nicht zu Ende, sondern ziehe sich weiter in die Zukunft hinein, so daß die Mythen eigentlich eine zukünftige Geschichte beschreiben. Menschen können nach bestem Wissen auf das in diesem Kampf angelegte künftige Gute in der Natur hinwirken. In der Naturkrise der wissenschaftlich-technischen Welt stehen wir vor der Frage, auf welche Seite wir uns für die Zukunft stellen wollen.

Francis Bacon

Ein Grundgedanke, wie wir uns in der natürlichen Mitwelt einrichten können, war der der Technik, wie er sich seit dem Mittelalter allmählich entwickelt und in der Renaissance entfaltet hatte. Ein politisches Programm, die übrige Welt so einzurichten, wie sie werden soll, wurde daraus am erfolgreichsten bei Francis Bacon (1561–1626), jedoch so, daß der Entwurf einer einheitlichen Naturordnung für die gesellschaftlichen Verhältnisse und die der außermenschlichen Natur gewahrt blieb. Auch der Gedanke, daß wir in der Welt heimisch werden, indem wir dazu beitragen, die Natur der Dinge – als das, was noch nicht ist – zu vollenden, hätte danach nicht als Apotheose der Industriegesellschaft gelebt zu werden brauchen. Sobald wir das Unsere – wie Goldmarie im Grimmschen Märchen – nicht nur für uns tun, liegt keine Hybris darin, die Bestimmungen des Menschen in der Weltveränderung zum Guten, das noch nicht ist, zu sehen. Bacons Entwurf ist dieser Auslegung nicht so verschlossen, wie er oft bewertet wird.

Francis Bacon gilt heute überwiegend als der Wegbereiter der industriegesellschaftlichen Anthropozentrik und wird dafür von den einen gepriesen, von den andern verurteilt. Tatsächlich hat er die technische Gewaltsamkeit gegenüber der Natur als einem Haufen von Ressourcen hemmungslos befürwortet, unsere eigene Naturzugehörigkeit also nicht berücksichtigt. Bacon war geradezu der Prophet unseres Status als interplanetarischer Eroberer. Während Kant die Natur knapp zwei Jahrhunderte später immerhin noch als Zeugen gelten ließ, betrachtete er sie schlechterdings als den Angeklagten, den es – den Justizverhältnissen der Zeit entsprechend – zu fesseln und zu plagen galt (naturae constrictae et vexatae; 1620, I S. 54). „... die Natur der Dinge offenbart sich mehr, wenn sie von der Kunst bedrängt wird (per vexationes artis), als wenn sie sich selbst frei überlassen bleibt" (aaO 57). Daß die Natur nicht nur unterworfen, sondern dann auch noch gefesselt werden soll (vincitur et constringitur; aaO 40), entspricht der Ängstlichkeit des Eroberers, der sich ins Unbekannte hinauswagt und sich durch Autonomie sichert. Der Unterschied zu Platon, der das Experiment ebenfalls in Justizbegriffen seiner Zeit beschrieb, es jedoch in dieser Zwanghaftigkeit gerade entgegengesetzt bewertete, ist offensichtlich (Pol 531b).

Was Bacon in der Natur fürchtet, scheint – da er seine Empfindungen nicht verbirgt – etwas mit seinem Verhältnis zu Frauen zu tun gehabt zu haben. Der Sinn seiner Untersuchung sei nämlich, „das Schwierige und Dunkle an der Natur zu durchdringen (superanda)" und dazu „das Brautbett (thalamum) des Geistes und der Natur unter dem Beistand der göttlichen Güte bereitet und geschmückt" zu haben. „Die Bitte des Hochzeitsliedes sei aber, daß aus dieser Hochzeit Hilfe für den Menschen und ein Stamm von Erfindern hervorgehen mögen, welche die Not und das Elend der Menschen zumindest teilweise mildern und besiegen" (1620, I S. 41/51). Bacon wünschte sich die Natur somit als eine gefesselte Braut. Der offenen Vergewaltigung hoffte er dadurch entgehen zu können, daß er sie – nach seinem berühmten Wort – besiegt (und in Fesseln legt), indem er ihr gehorcht (übrigens in Keuschheit; aaO 63 f.).[39] Es liegt auf der Hand, wie weitgehend das industriegesellschaftliche Verhältnis zur Natur dem Baconschen Entwurf entspricht. Walter Benjamin hat es im 20. Jahrhundert ebenfalls durch das Bild der Vermählung beschrieben und festgestellt, wie sich „das Brautlager in ein Blutmeer verwandelt" hat (1928, 147). Ist dies nun aber erkannt, so ist Bacons Philosophie damit keineswegs erschöpft, sondern behält auch für uns noch zukunftweisende Gedanken.[40]

Bacons weitreichender Einfluß und seine – nicht erst im 20. Jahrhundert – wechselvolle Rezeption zeigen zunächst die grundsätzliche Bedeutung der Leitbilder für die Entwicklung der Wissenschaft. Wenn es noch

---

[39] Carolyn Merchant hat auf die Parallele zu den damaligen Hexenprozessen hingewiesen (1980, 177ff.).

[40] Anregungen zur Beschäftigung mit dem weniger bekannten Bacon verdanke ich vor allem Wolfgang Krohn in der Zusammenarbeit am Kulturwissenschaftlichen Institut.

einer historischen Demonstration bedürfte, daß die Wissenschaft nicht so wissenschaftlich ist wie ihre Ergebnisse, so wäre Bacons Nachwirkung das lebendigste Beispiel. Ich sehe darüber hinaus vor allem zwei Gesichtspunkte, unter denen wir uns meines Erachtens auch für die Zukunft – d. h., um Auswege aus der Naturkrise der Industriegesellschaft zu finden – an Bacon orientieren können. Der eine ist das Verständnis der Natur als dessen, was werden soll, der andere die Einheit von Naturordnung und Gesellschaftsordnung. Was die Auffassung der Natur als eines Künftigen und zu Wollenden angeht, so ist das Verständnis des Naturseins als eines Gutseins zwar Platonisch, war bei Platon jedoch so gemeint, daß in der Natur alles so erkennbar und erkennbar so *ist*, wie es gut ist. Bacon fand in der Natur demgegenüber nicht alles so, wie es seiner Meinung nach sein sollte, und propagierte deshalb die Veränderung des Vorgefundenen. Wir sollten hinter diese Neuauffassung meines Erachtens nicht nur deswegen nicht wieder zurückgehen, weil mittlerweile – nicht zuletzt aufgrund von Bacons repressivem Naturverständnis – ganz gewiß nicht mehr alles so ist, wie es gut ist. Denn unabhängig davon folgt das Verständnis der Offenheit der Natur für das Werden von etwas, was noch nicht ist, der kopernikanischen Wende und ist ein irreduzibler Unterschied der Neuzeit von der Antike. Bacon hat für dieses Werden sogar das Stichwort aufgenommen, das die Natur nicht als in Fesseln zu legende Braut, sondern noch geradezu freiheitlich wahrnimmt, wenn auch nur im Sinn eines Vergleichs, nämlich das der Kunst. „Wollte jemand das Genie und den Fleiß (ingenia et industriam) eines Künstlers vollkommen ergründen", schrieb er, „so dürfte er nicht bloß das rohe Material der Kunst und dann wieder nur das vollendete Kunstwerk sehen wollen. Bei dem Schaffen selbst und dem Werden des Werkes müßte er zugegen sein (praesens esse cum artifex operatur et opus suum promovet). Das gleiche gilt für das Betrachten der Natur (circa naturam faciendum est)" (1620, II § 41 = II S. 491).

Dieser Gedanke ist nicht überholt, wenn es nun darauf ankommt, nicht das geozentrische Weltbild durch das anthropozentrische und somit den einen Fehler nur durch einen andern zu ersetzen, sondern der kopernikanischen Herausforderung gemäß unsern Platz in der Welt selbst zu finden. Denn das Ingenium und die Industria, den schöpferischen Geist und den nachhaltigen Eifer der Natur, die auch die unsere ist, sollten wir wohl kennen, um in ihr heimisch zu werden. Der Gedanke kann anthropozentrisch ausgelegt werden, wird aber meines Erachtens erst wirklich interessant, wenn man Bacons Analogie zur Kunst – im Sinn der Renaissance – folgt. Die kopernikanische Frage ist dann nämlich, was wir, die wir selbst der Kunst der Natur entstammen, für die Zukunft zur weiteren Entfaltung dieser Kunst beitragen können, so daß die Natur sich auch mit uns in ihre Zukunft forttreibt.

Der zweite Gedanke, den ich bei Bacon vor dem anthropozentrischen

Fehlschluß retten möchte, ist der der Einheit von Natur- und Gesellschaftsordnung. Man kann dabei den Grundgedanken eines Rechtsver-
hältnisses zur natürlichen Mitwelt von den besonderen Charakteren des
Rechtswesens zu Bacons Zeit – insbesondere von der Zulässigkeit der
Folter – trennen und sich das Verhältnis so vorstellen wie Christopher
Stone und Godofredo Stutzin. Bacon hat es für seine Zeit anders gemeint,
aber in die Reihe derer, die sich das menschliche Verhältnis zur außermenschlichen Natur grundsätzlich rechtsförmig – also jedenfalls nicht
‚wertfrei‘ – vorgestellt haben, gehört er allemal. Es gibt im „Neuen Organon" sogar den systematischen Grundgedanken, die politische Ordnung
der einzelnen Staaten und die der internationalen Staatengemeinschaft
durch eine politische Ordnung in der Natur überhaupt zu überhöhen.
Zwar ging es ihm dabei nur um Macht, die Macht einzelner Menschen
und Völker über andere Menschen und Völker sowie über die Natur insgesamt, aber die persönliche Macht war ihm als Hauptfaktor der Politik
so selbstverständlich wie uns ihre Moderation durch eine politische Verfassung. Wir dürfen also jene durch diese ergänzen, um sein Modell in
unsere Zeit zu übertragen. Bacons Gedanke war, „drei Arten oder Grade
des Ehrgeizes bei den Menschen zu unterscheiden. Bei der ersten ist man
darauf aus, die eigene Macht in seinem Vaterlande zu vermehren, dies ist
die gewöhnliche und teilweise unedle Art; bei der zweiten strebt man dahin, des Vaterlandes Macht und Herrschaft über das menschliche Geschlecht zu erweitern; diese Art ist gewiß würdiger, reizt aber zu stärkerer Begierde; erstrebt nun jemand, die Macht und die Herrschaft des
Menschengeschlechtes selbst über die Gesamtheit der Natur zu erneuern
und zu erweitern (instaurare et amplificare), so ist zweifellos diese Art
von Ehrgeiz, wenn man ihn so nennen kann, gesünder und edler (sanior
et augustior) als die übrigen Arten. Der Menschen Herrschaft aber über
die Dinge beruht allein auf den Künsten und Wissenschaften" (1620, I
§ 129 = I S. 271).

Bacon hat dies geschrieben, nachdem er selbst die ersten beiden Stufen
des politischen Ehrgeizes, so wie er sie hier schildert, erreicht hatte, dann
aber auf der zweiten gescheitert war und sich nun auf der dritten versuchte. Daß der Gedanke dementsprechend wohl auch zu seiner eigenen
Ehrenrettung beitragen sollte, entwertet aber nicht die behauptete Stu-
fenfolge. Sieht man wieder von Bacons Anthropozentrik ab, so besagt sie,
daß die mitmenschlichen Lebensordnungen – nationale und internationale – durch eine politische Naturordnung überhöht werden sollen, nach
der sich auch der menschliche Umgang mit der außermenschlichen Natur
zu richten hat. Dies ist eine politische Auslegung des Platonischen Pri-
mats der Ethik vor der Physik. Die menschlichen Rechtsgesetze sind in
der Ordnung des Ganzen nicht von grundsätzlich anderer Art wie die
übrigen Naturgesetze, wohingegen die letzteren heute als Seinsgesetze
üblicherweise den ersteren als Sollensgesetzen entgegengesetzt werden.

Um die menschliche Verhaltensordnung wieder in einen Einklang mit der Ordnung der Natur insgesamt zu bringen, vor allem hinsichtlich der Wirtschaftstätigkeit, wäre es also durchaus hilfreich, uns des bei Bacon noch nicht verlorengegangenen Zusammenhangs wieder zu erinnern.

Manchen Bacon-Freunden[41] mag es mißfallen, Bacon von seiner Anthropozentrik zu befreien und seine Herrschaftsvorstellung auf den politischen Zweck, d. h. auf Ordnung zu reduzieren. Ich wüßte aber doch gern, wieweit Bacons Vorstellungen in meinem Verständnis nicht nur in die Naturkrise der wissenschaftlich-technischen Welt hineingeführt haben, sondern auch Auswege aus dieser Krise bieten könnten. Wie fern ihm der Gedanke einer Dichotomie von Naturordnung und politischer Ordnung gelegen hat, verdeutlicht ein Brief an seinen König, in dem er an den Zusammenhang der Gesetze der Natur mit denen der Politik erinnert.

„Es wundert mich nicht", so heißt es dort, „daß ein bestimmtes, bis heute erhalten gebliebenes Buch von Heraklit…, als er es herausbrachte, von den einen als eine Erörterung über die Natur, von den andern als eine Abhandlung über Politik und Wirtschaft (matter of estate) aufgefaßt wurde. Denn es besteht eine enge Verwandtschaft und Übereinkunft (affinity and consent) zwischen den Regeln der Natur und den wahren Regeln der Politik: Die einen sind nichts anderes als eine Ordnung in der Beherrschung (government) der Welt, die andern eine Ordnung in der Behandlung von Gütern (estate). Deshalb wurden die Könige von Persien in einer Wissenschaft gebildet und geschult, die damals mit großer Ehrfurcht genannt wurde, jetzt aber heruntergekommen ist und mißbraucht wird: Denn die persische Magie, die geheime Lektüre der Könige, beobachtete die Erwägungen (contemplations) der Natur und kam von dort zu Anwendungen im politischen Verstand (to a sense politic); die Grundgesetze der Natur… wurden dabei als das erste und ursprüngliche Vorbild (model) genommen, dessen Nachbild für die Regierung es zu beschreiben gilt" (1603, X 90 in meiner Übersetzung).

Daß diejenigen, welche die enge Verwandtschaft zwischen den Regeln der Natur und denen der Politik nicht berücksichtigen, keinen wahrhaft politischen Verstand haben, sollte ganz gewiß Bacon als Berater des Königs empfehlen. Was er hier schrieb, hat er jedoch nach seinen sonstigen Überlegungen selbst für richtig gehalten, so daß der behauptete Zusammenhang von Naturordnung und politischer Ordnung zu einer Herausforderung an das heutige Politikverständnis gerät, welche mancher von Bacon nicht erwartet. Wie angebracht diese Herausforderung gegenwärtig ist, zeigt sich vor allem daran, daß die Politik nach neuerer Erfahrung – wie Erhard Eppler einmal sagte – sehr unpolitisch wird, wenn sie sich nur mit den menschlichen Verhältnissen – wenn nicht überhaupt nur noch mit denen der Politiker – beschäftigt. Vielleicht hat Bacon also nicht nur damit recht behalten, daß Wissenschaft und Technik die wesentlichen politi-

---

[41] Ich denke an Lothar Schäfer (1993).

schen Determinanten der modernen Welt sein würden. Naturerfahrung erweist sich als eine Fortsetzung der Politik in einem umfassenderen Sinn.

Bacons Gedanke, die „Erwägungen" (contemplations) oder Absichten der Natur zum Vorbild für das politische Denken zu nehmen, klingt insoweit nach einem naturalistischen Fehlschluß, als er unter der Natur wohl auch hier nur das, was nicht wir sind, verstanden hat. Erinnert man sich jedoch wiederum der außermenschlichen Natur als der gefesselten Braut, so zeigt sich, daß ihr Zustand gänzlich als ein gesollter verstanden wird, sei es daß der Forscher ihr gehorcht, um sie fesseln zu können, sei es daß sie als gefesselte ihm gehorchen muß. „Wissen ist Macht" (knowledge itself is power; [1598], VII 253) und somit nicht wertfrei. Der Gedanke, das Natursein als ein Absichtlichsein zu verstehen, ist von Kant – vermutlich ohne einen Bezug zu Bacon – jedoch sehr viel konsistenter entwickelt worden, als es Bacons Stil entsprach.

Versöhnung mit Kant: Das Projekt der höchsten Vernunft

Kants eigentliche Größe liegt darin, die Kritische Philosophie nicht nur entworfen, sondern auch wieder aus ihr hinausgefunden zu haben. Kant war nicht positionell[42]. Er hat immer weiter gedacht, so weit sein Leben reichte. Bereits seine ‚vorkritische' Naturphilosophie von 1755, auf der die Kant-Laplacesche Theorie der Entstehung des Planetensystems beruht, folgte einem Ansatz, der dem der Kritischen Philosophie kaum nachstand und letztlich darüber hinauswies, weil in die Geschichte der Natur auch der Mensch gehört. Auf diesem Weg wurde Johann Gottfried Herder (1744–1803) sein Schüler. Danach hat die Kritische Philosophie Kant hinweggetragen, wobei sein Sicherheitsbedürfnis das erkenntnisleitende Gefühl gewesen zu sein scheint. Herder ist ihm auf diesem Weg nicht gefolgt, hat Kant jedoch im Jahr 1784 durch den ersten Band seiner „Ideen zur Philosophie der Geschichte der Menschheit" den entscheidenden Anstoß gegeben, durch den er zur „Kritik der Urteilskraft" (1790) und darüber hinaus in seine sozusagen ‚nachkritische' Spätphilosophie hinein gefunden hat. Kants späterer Weg folgt wieder der 1755 eingeschlagenen Richtung, so daß die ersten beiden „Kritiken" relativ zu dieser Grundlinie auf einer Art Kritischer Schleife liegen, die dann freilich andere zum Deutschen Idealismus geführt hat. In den Jahren 1784–88 hat Kant zweispurig gedacht. Meine Kritik an seiner Kritischen Schleife habe ich im ersten Teil dieses Kapitels deutlich gemacht. Ich wende mich jetzt dem naturgeschichtlichen Weg zu, den Kant ursprünglich eingeschlagen und auf den er später dank Herder wieder zurückgefunden hat.

Kants Ausgangspunkt war der Konflikt zwischen naturwissenschaftlichen und theologischen Aussagen, wie er sich seit der heliozentrischen

---

[42] Ich gebrauche diesen Begriff im Sinn von Reinhard Ueberhorst (1985).

Theorie entwickelt hatte. Newtons Beschreibung der Himmelsbewegungen nach der irdischen Mechanik war hierzu ein entscheidender Schritt, jedoch hatte er mit Bischof Bentley ein Arrangement gefunden, nach dem hinfort Theologie und Physik friedlich koexistieren können sollten, nämlich die Festlegung einer Zuständigkeitsgrenze. Der Physik wurde in diesem Konkordat zugestanden, die Himmelsbewegungen in ihrem jetzigen Verlauf erklären zu können, wohingegen die Theologie die Erklärungskompetenz zugesprochen erhielt, wie es zu der bestehenden Konfiguration von Bewegungen gekommen sei, nämlich durch den Schöpfer, der das Weltall so geschaffen habe, wie es nun seinen Bewegungsgesetzen folgt. Eine solche Grenze zu bestimmen ist seither immer wieder versucht worden, jedoch stets mit dem Ergebnis, daß die Naturwissenschaft sie zu Lasten des der Theologie zugestandenen Raums alsbald doch wieder überschritten hat. Die erste große Grenzüberschreitung dieser Art ist 1755 gerade von Kant vollzogen worden, indem er nämlich entdeckte, wie auch die Entstehung des Planetensystems naturwissenschaftlich erklärt werden kann. Newton hatte dies nicht für möglich gehalten und dementsprechend das Arrangement mit Bischof Bentley eingehen zu können geglaubt.

So einfach durfte man es sich mit der aufkommenden Naturwissenschaft also theologisch und philosophisch nicht machen. Lebte hier nun aber, wie man hätte meinen können, der ‚heidnische‘ „Epikur... mitten im Christentume wieder auf" (Kant 1755, A XII)? Woran sollten die Christen sich im Handeln orientieren, wenn ihrer Religion durch die Naturwissenschaft der Boden entzogen wurde?

Kant sah (wie Platon), daß der Schluß ‚Was von selbst geschieht, kann kein Ausdruck göttlicher Bestimmung sein‘ naturphilosophische und theologische Voraussetzungen hat, die man nicht zu teilen braucht. Seiner Religiosität entsprach ein anderes Naturverständnis als das der Theologen, für die der Erfolg der Naturwissenschaft eine Anfechtung im Glauben war. Warum soll es denn, so fragte Kant zurück, des

„Projekt[s] der höchsten Vernunft" (aaO A 194) bedürfen, um Ordnung *gegen die Natur* durchzusetzen? Wie wäre es zu „rechtfertigen, daß man die Natur als ein widerwärtiges Subjekt ansieht, welches nur durch eine Art von Zwange, der ihrem freien Betragen Schranken setzt, in dem Gleise der Ordnung und der gemeinschaftlichen Harmonie kann erhalten werden...? Je näher man die Natur wird kennen lernen, desto mehr wird man einsehen, daß die allgemeinen Beschaffenheiten der Dinge einander nicht fremd und getrennt sein..., daß sie wesentliche Verwandtschaften haben, durch die sie sich von selber anschicken, einander in Errichtung vollkommener Verfassungen zu unterstützen...; man wird auch alsbald inne werden, daß die Verwandtschaft ihnen von der Gemeinschaft des Ursprungs eigen ist, aus dem sie insgesamt ihre wesentlichen Bestimmungen geschöpft haben" (aaO A 194 f.).

Daß alle Dinge und Lebewesen vermöge der Gemeinschaft des Ursprungs miteinander verwandt sind und ihrem freien Betragen kein Zwang angetan werden sollte, klingt wie von einem ganz anderen Kant gesagt als dem späteren der Kritischen Zwanghaftigkeit.

Die Natur, die eine des Ganzen und die vielen Naturen der Dinge, ist in Einheit und Vielheit das Sein Gottes in der Sinnenwelt. So könnte Spinoza den Kantschen Gedanken ausgedrückt haben. In diesem Naturverständnis ist der Erfolg der Naturwissenschaft keine religiöse Anfechtung. Demgegenüber läßt die entgegenstehende Auffassung, die Natur sei ein „widerwärtiges Subjekt", das erst durch den Schöpfungsakt gefügig gemacht werden muß, nicht zu, daß – wie in Kants Naturphilosophie – schon „die sich selbst durch die Mechanik ihrer Kräfte bestimmende Materie eine gewisse Richtigkeit in ihren Folgen habe und den Regeln der Wohlanständigkeit ungezwungen genug tue" (aaO A XIX).

Tut sie dies nun aber auch in den menschlichen Lebensordnungen? In der „Naturgeschichte und Theorie des Himmels" von 1755 war dies für Kant noch keine Frage. Der damalige Grundgedanke, daß es in der Gemeinschaft der Natur vermöge des gemeinsamen Ursprungs ungezwungen, also von allein zur Bildung vollkommener Verfassungen komme, brauchte – nachdem er einmal gefaßt war – aber ja nicht nur auf die Entstehung des Planetensystems bezogen zu werden. Ausdrücklich sprach Kant sich 1755 auch dagegen aus, dem Menschen eine Sonderstellung im Ganzen der Natur zuzuerkennen, so wie „ihm sein böser Genius in den Kopf gesetzt hatte, daß die Welt nur um seinetwillen hervorgebracht sei" (aaO A 179). Richtig sei vielmehr: „Die Unendlichkeit der Schöpfung fasset alle Naturen, die ihr überschwenglicher Reichtum hervorbringt, mit gleicher Notwendigkeit in sich" (aaO A 178). Nachdem sich nun also gezeigt hatte, daß die Ordnung der Welt im Großen von Grund auf eine Naturordnung ist und alle Annahmen übernatürlicher Ursprünge auf höchst anfechtbaren theologischen Voraussetzungen beruhen, war eigentlich die Tür geöffnet, um denselben Weg auch hinsichtlich der menschlichen Geschichte einzuschlagen. Die überraschende Ordnung in der außermenschlichen Natur war sogar eine Herausforderung, in der Naturrechtstradition nun gleichermaßen nach einer Naturordnung der menschlichen Lebensverhältnisse zu suchen. Schien es vor den Entdeckungen der Naturwissenschaft in der außermenschlichen Welt – abgesehen von den Himmelsbewegungen und selbst hier mit Ausnahme der ‚herumirrenden' Planeten – nicht eher noch ungeordneter zuzugehen als in der menschlichen Geschichte?

(a) Naturordnung der menschlichen Geschichte

Der naturwissenschaftlich erfahrenen Ordnung eine entsprechende Ordnung der menschlichen Verhältnisse an die Seite zu stellen, ist freilich nicht Kant, sondern Herder zuerst eingefallen. „Schon in ziemlich frühen

Jahren", also vielleicht bereits, als er 1762–64 bei Kant studierte, berichtete Herder in der Vorrede zu den „Ideen zur Philosophie der Geschichte der Menschheit" (1784–91),

„kam mir oft der Gedanke ein: *ob denn, da alles in der Welt seine Philosophie und Wissenschaft habe, nicht auch das, was uns am nächsten angeht, die Geschichte der Menschheit im Ganzen und Großen eine Philosophie und Wissenschaft haben sollte?* Alles erinnerte mich daran, Metaphysik und Moral, Physik und Naturgeschichte, die Religion endlich am meisten. Der Gott, der in der Natur Alles nach Maß, Zahl und Gewicht geordnet, ... wie, sprach ich zu mir, dieser Gott sollte in der Bestimmung und Einrichtung unsres Geschlechts im Ganzen von seiner Weisheit und Güte ablassen und hier keinen Plan haben?" (I 0=14f.).

So war denn auch Kants „Naturgeschichte und Theorie des Himmels" das Werk, auf das Herder seine „Ideen zur Philosophie der Geschichte der Menschheit" zuerst und gleich am Anfang bezog. Herder soll Kants naturgeschichtliche und geographische Vorlesungen überhaupt wesentlich mehr geschätzt haben als die metaphysischen (vgl. Haym 1880, I 33).

Der erste Teil – von vieren – der Herderschen „Ideen" erschien zu Ostern 1784. Herder schickte ihn mit einem Begleitbrief vom 10. Mai an Johann Georg Hamann in Königsberg. Dieser antwortete am 6. August 1784: „Ihre Ideen habe [ich] zum zweitenmale zu lesen angefangen, bin aber darin unterbrochen worden, weil ich selbige allen meinen Freunden, Kant und Pfarrer Fischer zuerst, mitgetheilt" (1825, VII 148). Dabei muß das Wort „mitgetheilt" wohl soviel wie ‚ausgeliehen‘ bedeuten, denn sonst hätte er ja weiterlesen können. Da Hamann sich sehr entschuldigt, erst so spät zu reagieren, ist die Ausleihe vermutlich auch schon eine Weile zuvor erfolgt. Wie es mit Büchern so geht: Man verleiht eines, bekommt es einstweilen nicht wieder zurück, und dann wird es – obwohl das Buch gar nicht mehr da ist – höchste Zeit, dem Autor zu danken. Im November 1784 erschien Kants Aufsatz „Idee zu einer allgemeinen Geschichte in weltbürgerlicher Absicht". Das Manuskript dürfte kaum vor Mitte Oktober in Druck gegangen sein. Kant kann Herders Buch also eine ganze Weile bei sich gehabt haben. Unter diesen Umständen lassen sowohl (1) die zeitliche Abfolge als auch (2) der vielsagende Übergang von Herders – für Kants Geschmack zu vielen – „Ideen" zu der einen „Idee", in der Kant die Lösung des Problems sah, und (3) die völlig überraschende Hinwendung zu Herders Thema und Naturbegriff in der Hochphase der Kritischen Philosophie meines Erachtens keinen andern Schluß zu, als daß Kants „Idee" eine direkte Reaktion auf Herders „Ideen" war. Bei aller Unterschiedlichkeit ihrer Denkstile wie ihrer Ergebnisse haben beide Schriften die Ausgangsfrage gemein, wie es angesichts der Ordnung der außermenschlichen Natur mit der der menschlichen Lebensverhältnisse in ihrer Geschichte stehe. „Denn was hilft's", so lautet die dem Herderschen Jugendgedanken entsprechende Frage bei Kant, „die Herrlichkeit und Weisheit der Schöpfung im vernunftlosen Naturreiche zu preisen und der Betrachtung zu empfehlen: wenn der Teil des großen Schauplatzes der obersten Weisheit, der von allem diesen den Zweck enthält, – die Geschichte des menschlichen Geschlechts – ein unaufhörlicher Einwurf dagegen bleiben soll, dessen Anblick uns nötigt, unsere Augen von ihm mit Unwillen wegzuwenden...?" (1784, A 410). Hier zeigt zwar die Bemerkung, in der Menschengeschichte liege der Zweck des ganzen Universums, wie anthropozentrisch Kant inzwischen denkt. Gleichwohl gibt es hier – ganz im Gegensatz zur Kritischen Philosophie – keine Dichotomie von Natur und Geschichte oder Freiheit. Vernunft und Freiheit werden sogar selber als Naturanlagen eingeführt, d. h., Kant begibt sich hier in seinem Naturverständnis auf einen – relativ zur Entgegensetzung von Natur und Freiheit in der „Kritik der reinen Vernunft" und ebenso in der späteren „Kritik der praktischen Vernunft" – völlig neuen Weg und verläßt den des Kritischen Ansatzes.

Kant hat Herder diesen Anstoß nicht gedankt. Für die neugegründete Jenaer „Allgemeine Litteratur-Zeitung" schrieb er anonym sogar eine sehr unfreundliche Rezension des ersten Teils der „Ideen", die im Januar 1785 erschien. Herder sah sich in einer freundschaftlichen Verbindung zu seinem alten Lehrer und war davon ebenso überrascht wie verletzt. „Denken Sie, der heftigste Feind meiner Ideen ist der mir unerwartetste, mein eigner ehemaliger Lehrer, Kant", schrieb er am 19. Dezember 1785 an Johann Georg Müller. Im zweiten Teil der „Ideen" rächte er sich mit einer entsprechenden Kritik an Kants „Idee". Kant antwortete darauf wiederum anonym im Rahmen einer neuerlich sehr herabsetzenden Rezension des zweiten Teils. Ich verstehe diese Auseinandersetzung so, daß es dabei im wesentlichen um sehr konträre Gefühle ging, denn argumentativ geben diese Angriffe beiderseits nicht viel her. Einmal hatte Herder einen etwas überschwenglichen, pathetischen und sich gegen Angriffe nicht sichernden Denk- und Schreibstil. Ich kann darüber hinweglesen, weil seine Begeisterung liebenswert ist und sein Pathos in einem Brief an Friedrich von Hahn vom 5. August 1774 aus einer persönlichen Schwäche entschuldigt ist: „Die Lampe meines Geistes brennt von gar zu naßem Feuer: sie hat fast immer Öl der Leidenschaft nöthig u. das ist so grob u. wäßrig – daher denn Alles, was ich schreibe u. denke, dampft." Herder schrieb deshalb relativ ungeschützt und gab sich oft vermeidbare Blößen. Kant aber konnte nicht einmal Anklänge an ‚Schwärmerei' ertragen. Versteht man unter Schwärmerei, sich bei sich selber an der Vorstellung zu berauschen, man sei beim andern, war die Kritische Philosophie ja selbst eine sublimierte Schwärmerei. Herder erregte Kants Widerstand auch dadurch, daß ihm die Leiblichkeit der Vernunft ganz natürlich war, was Kant nicht nur in seiner persönlichen leiblichen Unsicherheit traf, sondern zugleich in der philosophischen seiner hier beginnenden ‚Zweispurigkeit'. Jenseits dieses emotionalen Konflikts, in dem Herder – was die Leiblichkeit angeht – letztlich recht behalten hat, gibt es kaum einen nennenswerten sachlichen Gehalt der Kantschen Kritik an Herders „Ideen". Herder hat das Pech gehabt, dennoch immer wieder aus der Kantschen Sicht beurteilt zu werden.[43]

Wie aber Kant durch Herder befreit worden ist, zeigt sich besonders drastisch in dem Grundgedanken der „Idee", dem einer Naturabsicht in der Menschengeschichte. Eine „planmäßige Geschichte", meinte Kant, wäre von den Menschen so leicht zu schreiben wie etwa „von den Bienen oder den Bibern", wenn man sich auf ihre weltbürgerliche Vernünftigkeit ebenso verlassen könnte wie auf die Instinktgebundenheit dieser Tiere; davon aber könne ja keine Rede sein. Mangels vernünftiger eigener Absichten der Menschen war Kants „Idee" eines vernünftigen Zusammenhangs der Geschichte, daß er statt dessen „versuche, ob er nicht eine *Naturabsicht* in diesem widersinnigen Gange menschlicher Dinge entdecken könne; aus welcher, von Geschöpfen, die ohne eigenen Plan verfahren, dennoch eine Geschichte nach einem bestimmten Plane der Natur möglich sei" (1784, A 387). Kant nahm damit auch den Grundgedanken von Mandevilles Bienenfabel (1714) wieder auf.

Meinte Kant, daß die Natur tatsächlich Absichten hat wie ein menschliches Subjekt? Gewiß nicht, wie die differenziertere Argumentation in der „Kritik der Urteilskraft" zeigen wird. Im Sinn der „Kritik der reinen Vernunft" ist die hier eingeführte Naturabsicht eine „Idee", d. h. eine Ordnungsvorstellung, durch welche die Vernunft „systematische Einheit über alle Erfahrung verbreitet" (KrV A 682). Durch die scheinbare Personalisierung werden eigentlich Naturanlagen benannt, die dazu „*bestimmt* [sind], *sich einmal vollständig und zweckmäßig auszuwickeln*" (1784, A 388). Es geht also um die Entwicklung – für Kant im bildlichen Sinn der ‚Entwickelung' – von Anlagen. Damit ist auch die teleologische Sprechweise dem Bewußtsein angepaßt, daß Naturanlagen und Funktionen keine teleologischen Bestimmungen sind. Lebewesen und so auch den Menschen nicht nur durch die Eigenschaften und Fähigkeiten zu charakterisieren, die sie bereits haben, sondern auch durch die Anlagen zu Eigenschaften und Fähigkeiten, welche sie noch nicht haben, entsprach der Epigenesistheorie der Biologie des späteren 18. Jahrhunderts, die sich zu Kants Zeit allmählich gegen die Präformationstheorie durchgesetzt hat. Zur Wirklichkeit eines Lebewesens auch die mit ihm existierenden Möglichkeiten zu rechnen, die noch nicht verwirklicht sind, die es aber hat, also die Anlagen, heißt aber gleichwohl, eine innere Zukunftsbestim-

---

[43] Dies gilt nicht nur für seinen Biographen Rudolf Haym. Manchmal drohen selbst seine treuesten Rezipienten schließlich doch der Faszination durch das „Königsberger Reinheitsgebot von 1781" (Marquard 1996) zu erliegen.

mung mit zum gegenwärtigen Sein zu rechnen. Diese als ein Abgesehen-
sein auf etwas Künftiges oder letztlich doch wieder als eine Art von Absichtlichkeit zu verstehen, die aber zur Natur des Lebewesens gehört und
nicht von außen her geltend gemacht wird, finde ich eigentlich naheliegend und störe mich insoweit nicht an der quasi teleologischen Redeweise von der Naturabsicht.[44]

Welche Naturanlagen sind es, die zur ,Entwickelung' drängen? Kant
meint hier grundsätzlich alle Triebkräfte der menschlichen Entwicklung,
bezieht sich für die Naturordnung der menschlichen Geschichte aber vor
allem auf die Vernunft, die Freiheit des Willens, die Geselligkeit, den Eigensinn und eine Grundanlage zur sittlichen Unterscheidung. Unter diesen Anlagen ist der „Hang und Beruf zum *freien Denken*" derjenige, für
den „die Natur... am zärtlichsten sorgt" (1784*, A 493). Als den wesentlichen Antrieb zur Entwicklung schildert Kant jedoch den Antagonismus
von Geselligkeit und Eigensinn, daß der Mensch unter seinen Mitmenschen – unter ihnen, aber für sich – etwas gelten will, „die er nicht wohl
leiden, von denen er aber auch nicht *lassen* kann. Da geschehen nun
die ersten wahren Schritte aus der Rohigkeit zur Kultur." Ohne dieses
Geltungsbedürfnis, meinte Kant, würden „alle Talente auf ewig in ihren
Keimen verborgen bleiben: die Menschen, gutartig wie die Schafe die sie
weiden, würden ihrem Dasein kaum einen größeren Wert verschaffen, als
dieses ihr Hausvieh hat; sie würden das Leere der Schöpfung in Ansehung ihres Zwecks, als vernünftige Natur, nicht ausfüllen" (aaO A
392 f.).

Auffälligerweise werden hier unter den geschichtlichen Antrieben der
Menschen nun auch Gefühle – Geselligkeit und Eigensinn – zugelassen.
Kant knüpft damit wohl an Shaftesbury an, in dessen Nachfolge David
Hume der Orientierung durch das Gefühl eine Priorität vor der durch die
Vernunft zugesprochen hat.[45] In seinem Kritischen Ansatz aber war er
Hume gerade noch damit entgegengetreten, daß man sich zwar nicht auf
die Erfahrung, wohl aber auf die Vernunft verlassen könne. Denn diese
sollte ja die Allgemeinheit und Notwendigkeit garantieren, deren die Erfahrung ermangelt, wie Hume mit Recht betont hatte. Daß Kant 1784
nun auch Gefühle gelten ließ, war eine Öffnung, die er bis in sein Alterswerk durchgehalten hat. Dies geschah vor allem in der Hoffnung, daß
„aus dem innerlich mit sich selbst immer wieder sich veruneinigenden
Bösen" (1798, B 325) letztlich doch Gutes hervorgehen werde.

Kant sah den Menschen nun also als Naturwesen darauf angelegt, „als

---

[44] Ich trete nicht für das teleologische Denken im Gegensatz zum kausalen ein,
insoweit dadurch auswärtige Zweckursachen angenommen werden, teile aber
auch nicht die Allergie gegen alles Teleologische, die sich in der Wissenschaftsgeschichte entwickelt hat.

[45] Diesen Grundgedanken Humes in den Vordergrund gestellt zu haben ist das
besondere Verdienst der Monographie von Rudolf Lüthe (1991).

vernünftige Natur" Kultur zu entwickeln, ohne die ja übrigens auch die Schafe nicht aus ihren wilden Vorfahren domestiziert worden wären. Das Bild, daß in der Welt eine „Leere" verbliebe, wenn etwas – in diesem Fall die menschliche Naturanlage zur Kultur – nicht entwickelt würde, liegt in der heutigen Verhaltensforschung dem Begriff der ökologischen Nische zugrunde. Die ökologische Nische, vernünftige Natur zu sein und als solche etwas zur Naturgeschichte beizutragen, was andere Lebewesen nicht gleichermaßen tun, nämlich Kultur, ist tatsächlich die besondere Chance des Menschen, der kopernikanischen Herausforderung zu begegnen und in der Welt seinen Platz zu finden.

Dies ist von mir in andern Worten als von Kant gesagt. Immerhin aber ist er aus dem Mandevilleschen Bild, wie Schlechtigkeiten Gutes wirken, nicht in den schalen Optimismus abgeglitten, durch den Adam Smith so berühmt geworden ist. Im Gegensatz zur vulgärkapitalistischen Ökonomie behauptete er nicht, daß die individuelle Befriedigung allemal zum allgemeinen Wohl ausschlagen werde, sondern er erklärte, warum es im Interesse der auszufüllenden Leere die individuelle Befriedigung nicht gibt. Wir Menschen sind in der Natur – d. h. unserer Natur nach – in diesem Entwurf nicht darauf angelegt, es uns einfach gutgehen zu lassen wie die Schafe, sondern darauf, Mühseligkeiten oder Spannungen auf uns zu nehmen, die sonst ungelöst blieben. Eben darin sah Kant aber eine ferne Chance, daß sich eine „*pathologisch*-abgedrungene Zusammenstimmung zu einer Gesellschaft endlich in ein *moralisches* Ganze verwandeln kann" (1784, A 393).

Wer insoweit noch gemeint hat, die Natur, um deren ‚Absicht' es hier gehe, sei doch die deterministische des Gegensatzes von Natur und Freiheit, dürfte spätestens durch das vorsichtige „kann" dieser Aussage davon überzeugt werden, daß Kant sich hier in einem neuen Naturverständnis auf einen gleichermaßen neuen Weg begibt. Wie soll es zugehen können, damit aus dem angedeuteten „kann" etwas wird? Die Chance der Sittlichkeit für die Menschheit als ein Ganzes lag für Kant darin, daß „die Natur ... dem Menschen Vernunft und darauf sich gründende Freiheit des Willens gab" (aaO A 390). Durch Vernunft und Freiheit also könne „die Natur ... durch eigene obzwar dem Menschen abgedrungene Kunst" eine künftige politische Ordnung als „eine vollkommen *gerechte bürgerliche Verfassung*" (aaO A 400/395) ins Werk setzen. Kant verstand auch seinen eigenen Vernunftgebrauch zur Einsicht in diese Naturabsicht als einen Beitrag zu ihrer Verwirklichung, sah sich also in der Rolle des Wegbereiters. Im übrigen habe die Natur einen Kepler und einen Newton hervorgebracht, um die Ordnung der außermenschlichen Welt zu erkennen, und so dürfte man es wohl auch „der Natur überlassen, den Mann hervorzubringen" (aaO A 387f.), der die entsprechende Ordnung der Geschichte durchschaut. Herder hat sich gewünscht, dieser ‚Newton der Geschichte' zu sein. Wenn unsere historische Einsicht diesen Status bisher nicht er-

reicht hat, liegt das vielleicht auch daran, daß die Historiker die Menschheitsgeschichte immer noch nicht in ihrem historischen Zusammenhang
sehen, nämlich in dem der Naturgeschichte. Herders „Ideen" und Kants
„Idee" haben das Bewußtsein des Naturzusammenhangs der menschlichen Geschichte gemeinsam und sind darin aller späteren Geschichtsfor-
schung voraus.

Im Gegensatz zum Optimismus und Fortschrittsglauben seiner Zeit
war Kant nicht optimistisch, daß die Menschheit sich aus Einsicht in den
Gang der Geschichte zu deren Subjekt aufschwingen könne. Um an der
Wirrnis der menschlichen Geschichte nicht zu verzweifeln, sei es aber
doch immerhin eine „Hoffnung, daß, nach manchen Revolutionen der
Umbildung, endlich das, was die Natur zur höchsten Absicht hat, ein allgemeiner *weltbürgerlicher Zustand*, als der Schoß, worin alle ursprüngliche Anlagen der Menschengattung entwickelt werden, dereinst einmal zu
Stande kommen werde" (aaO A 407). Kant war also ganz ohne die Überheblichkeit der Aufklärer, nunmehr den rechten Weg zu wissen. Sein Beweggrund war vielmehr die „*Rechtfertigung* der Natur" (aaO A 410),
nicht nur in der außermenschlichen Welt auf Ordnung und Schönheit zu
halten, sondern auch die menschliche darauf angelegt zu haben. Daß die
Natur den Frieden will, hat Kant später in seiner Schrift „Zum ewigen
Frieden" genauer ausgeführt (1795, A 58ff.). Er hatte noch keinen Anlaß,
dabei über den Frieden unter Menschen hinaus an den der ganzen Natur,
wie er durch Menschen gefährdet wird, zu denken.

(b) Die Verbindung von Natur und Freiheit

Der von Kant in der „Idee zu einer allgemeinen Geschichte in weltbürgerlicher Absicht" neu eingeschlagene naturphilosophische Weg hat ihn
nicht nur in die Geschichtsphilosophie hinein, sondern auch aus der Kritischen Philosophie wieder hinaus geführt. Wie im ersten Abschnitt dieses Kapitels bereits dargelegt, zeigte sich in dem Kritischen Projekt alsbald, daß nur die allgemeinen Naturgesetze so sind, wie sie sind, weil wir
so sind, wie wir sind. Hinsichtlich der besonderen Naturgesetze entwik-
kelte Kant in der „Kritik der Urteilskraft" (1790) den Gedanken, sie seien
gleichermaßen verständig wie die von uns gegebenen, und zwar als Ausdruck einer weitergehenden Absichtlichkeit oder Kunst, wobei transzendental an die Erkennbarkeit für den menschlichen Verstand gedacht
wurde, jedoch in einem ganz neuen Sinn. Dieser – keineswegs selbstverständliche – Gedanke wird ohne weitere Begründung mit den Worten
eingeführt: „Nun kann dieses Prinzip [der Erkenntnis besonderer Natur-
gesetze] kein anderes sein, als:..." (KdU B XXVII), was eine gewisse
Verlegenheit verrät. Einleuchtend wird der neue Ansatz aber genau dann,
wenn man in der hier geltend gemachten Absichtlichkeit gerade den
neuen Naturbegriff der „Idee" von 1784 voraussetzt. Wenn Kant dies
ausdrücklich getan hätte, würde die Kritische Gemeinde, die inzwischen

entstanden war, sich wohl etwas versetzt gefühlt haben. Vielleicht hat er die „Kritik der Urteilskraft" hier möglichst unauffällig auf den neuen Weg bringen wollen, dessen er sich wohl auch noch nicht ganz sicher war, und sich deshalb so apodiktisch ausgedrückt.

In dem neuen Naturverständnis gelingt Kant nun auch die Überwindung der Dichotomie von Natur und Freiheit, auf der das Nebeneinander der ersten beiden „Kritiken" vorläufig beruht hatte. In der „Kritik der reinen Vernunft" – die ja eigentlich eine Kritik des reinen Verstandes ist – ist der Verstand gesetzgebend in der Erfahrung der Sinnenwelt; in der der praktischen Vernunft ist diese gesetzgebend im Gebrauch der Freiheit. Man kann beides unterscheiden wie die Ordnung des Seins von der des Sollens, was zunächst einen guten Sinn hat, muß dann aber ja doch irgendwann überlegen, wie ein Sollen in der Welt des Seins – auf die es als ein Seinsollen allemal gerichtet ist – wirklich werden kann. Kant hat das Sein und das Sollen vermöge des neuen Naturverständnisses von 1784 in der „Kritik der Urteilskraft" in ein Verhältnis gesetzt, nachdem die beiden andern „Kritiken" beides so unterschieden hatten, „als ob es so viel verschiedene Welten wären". Der Ausgangspunkt ist dabei, daß wir zum freien Handeln nicht in einer separaten, von der Sinnenwelt durch den Abgrund eines Chorismos unüberbrückbar getrennten Welt der Freiheit aufgerufen sind, sondern die in Freiheit zu verfolgenden Ziele „in der Sinnenwelt wirklich machen" sollen; „die Natur muß folglich auch so gedacht werden können, daß die Gesetzmäßigkeit ihrer Form wenigstens zur Möglichkeit der in ihr zu bewirkenden Zwecke nach Freiheitsgesetzen zusammenstimme" (KdU B XIX f.).

Die Erkenntnis der Gesetzmäßigkeit der Naturprozesse muß die Möglichkeit freier Handlungen zulassen, also verständlich machen, inwiefern die Naturordnung alledem, was Menschen als Freiheit erfahren, und dem, worauf sie es in Freiheit absehen, überhaupt Raum gibt. Dies ist zunächst eine Frage der semantischen Konsistenz der Naturerkenntnis selbst, die ja aus Freiheit erfolgt und davon u. a. in jedem Experiment Gebrauch macht. Sodann aber kann es doch wohl kein Zufall sein, daß es niemals ein Gebot der Sittlichkeit ist, in bestimmten Fällen auf dem Wasser zu gehen oder in der Luft zu ruhen, und daß es umgekehrt niemals das Gravitationsgesetz oder ein anderes Gesetz der Physik ist, welches Menschen davon abhält, sittlich richtig zu handeln. Wenn die Ordnung der sinnlichen und die der sittlichen Welt ganz unabhängig voneinander bestünden, hätte man keinen Anlaß, eine derartige Korrespondenz zu erwarten. „Also muß es", meinte Kant, „doch einen Grund der *Einheit* des Übersinnlichen, welches der Natur zum Grunde liegt, mit dem, was der Freiheitsbegriff praktisch enthält, geben, wovon der Begriff ... den Übergang von der Denkungsart nach den Prinzipien der einen, zu der nach Prinzipien der anderen, möglich macht" (KdU B XX). Uns von dieser Einheit des Übergangs einen Begriff zu machen, soweit das menschliche Erkenntnisvermögen reicht, ist das Ziel der „Kritik der Urteilskraft". In Kants Entwurf liegt die Chance, die Natur – wie es sich Platon im X. Buch der „Nomoi" vorgestellt hatte – unter Bestimmungen der Praktischen Philosophie, d. h. der Freiheit zu denken. Soweit ihm dies gelungen ist, deutet seine nachkritische Philosophie eigentlich bereits über Hegel hinaus, der zwar die Weltgeschichte als Entwicklung des Begriffs der Freiheit verstanden, dabei aber doch wohl nur an die der Menschen gedacht hat.

Wo wird die Einheit gefunden? Das eine Denken gilt der Natur, aber diese ist nicht nur die Sinnenwelt, geschweige denn nur die außermenschliche Sinnenwelt, sondern ihr liegt ein Übersinnliches zugrunde, eine „Natur an sich (welche die Vernunft in der Idee hat)" (KdU B 116). Allerdings können wir die erscheinende Natur oder die Sinnenwelt als Darstellung dieser übersinnlichen Idee nicht erkennen, sondern nur denken. „Da es aber doch wenigstens möglich ist, die materielle Welt als bloße Erscheinung zu betrachten, und etwas als Ding an sich selbst (welches nicht Erscheinung ist) als Substrat zu denken, diesem aber eine korrespondierende intellektuelle Anschauung, (wenn sie gleich nicht die unsrige ist) unterzulegen: so würde ein, ob zwar für uns unerkennbarer, übersinnlicher Realgrund für die Natur Statt finden, zu der wir selbst mitgehören" (KdU B 352). Dieses übersinnliche Substrat der Natur ist das Wesen an sich, von welchem wir bloß die Erscheinung kennen (vgl. KdU B 374). Die übersinnliche Natur ist diejenige, von deren ‚Absicht' Kants „Idee zu einer allgemeinen Geschichte…" handelte. Zu ihr gehören wir im freien Handeln, so wie wir körperlich zur Sinnenwelt gehören.

Von der übersinnlichen Natur gibt es keine Physik, aber ohne sie gäbe es keine Physik, denn in ihr gründet die physikalisch erfahrene Ordnung. Während die Physik in der Weise der Wissenschaft von Ursachen handelt, geht es hier – nicht so wissenschaftlich wie innerhalb der Wissenschaft – um die Gründe der Möglichkeit von Wissenschaft. Kant hat sich nicht gescheut, die Erfahrung dieser Gründe und ihres Zusammenhangs als eine gefühlsmäßige zu beschreiben, nämlich als eine „Stimmung des Gemüts, die der zum Moralischen ähnlich ist" (KdU B 116; vgl. B 478). Noch etwas mehr aus sich heraus ist er – der wissenschaftlichen Gefühlskultur gemäß – nicht in eigenen Worten, sondern in Gestalt eines Zitats gegangen: „Vielleicht ist nie etwas Erhabneres gesagt, oder ein Gedanke erhabener ausgedrückt worden, als in jener Aufschrift über dem Tempel der *Isis* (der Mutter *Natur*): ‚Ich bin alles was da ist, was da war, und was da sein wird, und meinen Schleier hat kein Sterblicher aufgedeckt'" (KdU B 197). Diese Natur ist es, zu der wir sinnlich und übersinnlich selbst gehören. Sie auch ist es, ‚Mutter Natur', nach deren Anlagen oder Absicht in der Menschengeschichte Kant 1784 gefragt hatte. Wer immer nur den Gegensatz von Sein und Sollen sieht und meint, Kant hätte die Natur letztlich nicht auch unter Bestimmungen der Freiheit gedacht, hat die „Kritik der Urteilskraft" sozusagen noch vor sich.[46]

Tatsächlich ist nicht nur das Gefühl für die übersinnliche Kraft der Natur dem für das Moralische – d. h. für die Sittlichkeit – ähnlich, sondern „das übersinnliche Substrat der Natur" ist einerlei „mit dem, was die Kausalität durch Freiheit in der Welt möglich macht" (KdU B 421 f.). Unter Kausalität durch Freiheit versteht Kant das Anfangen naturgesetzlich geltender Kausalketten aus Gründen sittlicher Entscheidung, d. h. die Möglichkeit, übersinnlich freie Entscheidungen in der Sinnenwelt nach deren – in der übersinnlichen Natur fundierten – Ordnung zu verwirklichen. In der Kausalität durch Freiheit ist das Übersinnliche wiederum nicht „*Ursache*", sondern „*Grund*...", die Kausalität der Naturdinge zu einer Wirkung, gemäß ihren eigenen Naturgesetzen... zu bestimmen" (KdU B LIV). Die Möglichkeit dazu und damit die Brücke zwischen den beiden Welten und Denkungsarten muß in der Natur an sich oder im Übersinnlichen der Natur liegen, weil es Freiheit gibt. Der in diesem Verständnis des gesuchten Zusammenhangs angenommenen Bereitschaft der Naturdinge, sich nach ihrer übersinnlichen Bestimmung – aus Freiheit – zu richten, entspricht es, wenn Kant andrerseits die Sittlichkeit selbst „eine zweite (übersinnliche) Natur" nennt (KdU B 126), d. h. eine der ersten (sinnlichen) vorgeordnete Natur.

Kant verbindet Natur und Freiheit, indem er diese zweite Natur – die Natur an sich, das Substrat der Natur oder die übersinnliche Natur – als ‚übermenschliche Kunst' versteht (vgl. KdU B 189). Dieser Gedanke erinnert an Platon (Soph 265e3) und beruht darauf, daß das schöpferische Vermögen des Künstlers, welches dem Hervorbringen in der Kunst die Regel gibt, zur Natur gehört, „zu der wir selbst mit gehören", denn das Genie ist eine „Naturgabe" (KdU B 181). Ob ein Kunstwerk gelungen ist, sieht man dementsprechend daran, daß es „als Natur aussieht". Dazu muß es „von allem Zwange willkürlicher Regeln so frei scheinen, als ob es ein Produkt der bloßen Natur sei. Auf diesem Gefühle der *Freiheit* im Spiele unserer Erkenntnisvermögen... beruht diejenige Lust, welche allein allgemein mitteilbar ist, ohne sich doch auf Begriffe zu gründen" (KdU B 179; Hervorhebung hinzugefügt), nämlich das Gefühl der Schönheit. Wenn also Kunstwerke wieder nach Natur aussehen, so ist Freiheit das Merkmal der wiedergewonnenen Natürlichkeit: Die Ursprünglichkeit der Naturbegabung des Künstlers zeigt sich in der Ungezwungenheit und Freiheit seiner produktiven Kraft.

Kunst als Naturentfaltung in Freiheit aufzufassen, die menschliche Kunst wie die allgemeine Kunst, welche die Natur selbst ist, verbindet die beiden Welten des Sinnlichen und des Sittlichen, von denen die ersten bei-

---

[46] In meinem früheren Kantverständnis ist dies auch mir so gegangen (1984, 70ff.).

den Kritiken handelten. Nun wird auch die Natur unter Bestimmungen der Freiheit gedacht, insoweit nämlich die Freiheit der zweiten, übersinnlichen Natur der Grund der Angemessenheit der in der ersten, sinnlichen Natur erfahrenen Ordnung nach Ursachen ist. Wie bei Platon kommt es – in der Auslegung des Seelischen als dem Raum der Bestimmung aus Freiheit – wieder so heraus, daß „Meinung, Fürsorge, Vernunft, Kunst und Gesetz... ursprünglicher als Hartes und Weiches, Schweres und Leichtes" sind (Nom 892b). Die Ordnung der Sinnenwelt ist eine angemessene Ordnung aus Freiheit, so wie sie in der Physik ja auch aus Freiheit erkannt wird. Mit andern Worten: Die Seinsordnung der Dinge in der Sinnenwelt ist selbst beabsichtigt und gut, nämlich durch Kunst aus Freiheit. Die Angemessenheit der Naturordnung ist – wie bei Leibniz – eine dieser selbst vorgeordnete Seinsbestimmung.

Was die Kunst im engeren Sinn angeht, so kann Kant hier nur an die gegenständliche und überdies nur an die gedacht haben, welche es im provinziellen Königsberg gab. Um so erstaunlicher ist seine Weitsicht, im produktiven Vermögen des Künstlers die schöpferische Kraft der Natur wiederzuerkennen. Kunst ist die Vergegenwärtigung der wiederzufindenden Natur im Modus der Suche, so wie die Philo-Sophie die erinnernde Suche nach der Wahrheit ist. In der Kunst ist die Kraft der Natur seither über die Nachbildung des Gegenständlichen weit hinausgegangen. Es gibt heute schon Bilder, in denen sich das ursprüngliche Werden – lange vor aller gegenständlichen Festlegung – selbst zur Darstellung bringt.[47] Daß es die Produktivität der Natur ist, vermöge derer Kunst entsteht, kommt teilweise auch im Selbstverständnis der Künstler zum Ausdruck. So heißt es bei Paul Klee: „Der Künstler ist Mensch, selber Natur und ein Stück Natur im Raume der Natur" (1923, 124).[48]

Was die Kunst hervorbringt, ist das Schöne, die menschliche Kunst das Natürliche und die übermenschliche Kunst die Dinge und Lebewesen der Natur. Das Schöne wiederum ist das Symbol des sittlich Guten, in dem wir den Schöpfer ahnen können, der in Gestalt der übersinnlichen Natur die sittliche Ordnung will und durch diese der Grund der sinnenweltlichen Ordnung ist. Wir sind jedoch – aus heutiger Sicht wie aus der Kantschen – weit davon entfernt, dieses Guten und Schönen gewiß sein zu können, sondern unsere Einsicht in die Ordnung der Sinnenwelt „verheißt" uns lediglich einen „Begriff von dem Urgrunde der Natur... als Welturzsache". In einer sehr schönen, den besonderen Charakter der Unverfügbarkeit des Guten und Wahren wahrenden Formulierung erklärte Kant auch, es sei „wohl eine gewisse Ahnung unserer Vernunft, oder ein

---

[47] Ich denke an die Scheidung von Hell und Dunkel und das zwischen ihnen aufkommende Leben im Spätwerk von Bruno Erdmann. Vgl. Boehm 1993.

[48] Vgl. Hoppe-Sailer 1993.

von der Natur uns gleichsam gegebener Wink", über die Natur hinaus den Gedanken an eine höchste Ursache zu fassen, die verständig nach Absichten wirkt (KdU B 470/320). Der Ungewißheit dieser Ahnung oder Verheißung sollte, was Kant nicht so gesehen hat, die Ungewißheit entsprechen, ob wir auf der Suche nach der wahren Ordnung in der Sinnenwelt sind. Das Erkenntnis-Handeln der Wissenschaft ist in der Naturkrise der wissenschaftlich-technischen Welt vielleicht sogar der zentrale Raum des weltgeschichtlichen Götterkampfs geworden.

(c) Kunst, Selbstorganisation und Kultur in der Naturgeschichte

Der diesseits religiöser Empfindungen vermittelnde Begriff zwischen den Gesetzesordnungen der beiden Welten, an denen wir teilhaben, der sinnlichen und der sittlichen, ist in Kants „Kritik der Urteilskraft" der der Zweckmäßigkeit der Natur. Es ist eine *„Gunst der Natur"* (KdU B 303), daß wir diese Zweckmäßigkeit als Schönheit erfahren. Unter einem Zweck wird dabei „die vorgestellte Wirkung, deren Vorstellung zugleich der Bestimmungsgrund der verständigen wirkenden Ursache zu ihrer Hervorbringung ist", verstanden (KdU B 381). Zwecke sind somit Gegenstände, die zu etwas da sind und dazu aufgrund dieser Vorstellung – ihres Zu-etwas-da-Seins – verständig hervorgebracht werden. Beispielsweise bestimmt die Vorstellung, auf einer Schlafstatt schlafen zu können, denjenigen, der dieses sich oder andern ermöglichen will und mit Verstand ein Bett anfertigen kann, dazu, dies auch zu tun. Dabei ist die Zielsetzung aus Freiheit im Übersinnlichen der Grund für die ursächlich ablaufenden Vorgänge im Sinnlichen.

Der Begriff des Zwecks ist von Kant aber nicht glücklich gewählt, um die beiden Welten in einer für das heutige Bewußtsein nicht verwirrenden Weise zu verbinden. Denn einerseits bezeichnete er – wie wir es nicht tun – Kunstwerke und geometrische Figuren als Zwecke (KdU B 179/271), weil sie nach einer Vorstellung verständig hervorgebracht werden, also beabsichtigt sind. Diesen Sprachgebrauch würden wir vielleicht akzeptieren, wenn er dafür wenigstens diejenigen Zwecke, die auch im heutigen Sprachgebrauch so heißen, insbesondere die biologischen Zweckmäßigkeiten (Funktionalitäten), die im 18. Jahrhundert – nicht nur unter physikotheologischen Gesichtspunkten – so vielfach bewundert wurden, zumindest gleichermaßen als solche angesprochen hätte. Kants Beispiele von Zweckmäßigkeiten aber sind gerade in diesem Bereich noch spärlicher als das von ihm verschiedentlich erwähnte Gras, von dem die Rentiere sich in der Arktis ernähren. Kant versteht unter einem Zweck also etwas anderes als wir, so daß wir, um ihn zu verstehen, ein anderes Wort für das von ihm Gemeinte finden sollten.

Passender für die Kritik der teleologischen Urteilskraft, den zweiten Teil des Werks, wäre der Begriff Technik, so wie ihn Kant hier gleich eingangs definierte: „Denn wir führen einen teleologischen Grund an, wo wir ... die Natur als durch eignes Vermögen *technisch* denken" (KdU B 270). Technik der Natur nennt Kant ihre produktive Kraft, Zweckver-knüpfungen hervorzubringen, genauer gesagt: sich selbst so zu organisie-ren, daß Teile um einander und um des Ganzen willen da sind (KdU B 343/291f.). Die Verbindung zur Kritik der ästhetischen Urteilskraft, dem ersten Teil des Werks, ergibt sich dann aber dadurch, daß uns die Technik der Natur durch die Naturschönheit offenbar wird. Dies „erweitert... unsern Begriff von der Natur ... zu dem Begriff von eben derselben als Kunst: welches zu tiefen Untersuchungen über die Möglichkeit einer sol-chen Form einladet" (KdU B 77). Mir scheint, daß das Verständnis der Natur als Kunst dem, was Kant mit den Zwecken eigentlich meinte, im heutigen Verständnis näher kommt als diese, wenn wir Kunst als „Kausa-lität nach Ideen" in ihrer geschichtlichen Nähe zu der in der „Technik der Natur" gemeinten Technik denken (KdU B 320/322). Die Zweckmäßig-keit der Natur im Sinn der „Kritik der Urteilskraft" besagt also, Natur sei Kunst im Sinn der Einheit von Kunst und Technik, wie sie in der Renais-sance verstanden wurde.

Nachdem die Absichtlichkeit der Zwecke, auf die es Kant ankam, im heutigen Sprachgebrauch kaum noch mitgehört wird, ist der Begriff der Natur als Kunst auch hierzu besser geeignet. Der menschliche Verstand muß Möglichkeit und Wirklichkeit unterscheiden (KdU B 340), d. h., was wir uns vorstellen, wird vermöge der bloßen Vorstellung noch lange nicht wirklich. Als Zweck aber ist etwas dadurch ausgezeichnet, daß seine Vor-stellung zugleich der Grund seiner Wirklichkeit ist (KdU B XXVIII). Es wird also als beabsichtigt vorgestellt. Aufschlußreich ist hierzu Kants Beispiel eines in den Sand gezeichneten regelmäßigen Sechsecks, das je-mand in einem von Menschen vermeintlich unbewohnten Gebiet ent-deckt. Diese Figur wäre relativ zu allem, was man dort erwarten kann, so zufällig oder unwahrscheinlich, daß man nicht umhin kann, sie auf eine verständige Absicht zurückzuführen. Kants Grundgefühl war in ebendie-sem Sinn das der extremen Unwahrscheinlichkeit von Lebewesen relativ zu allem, was in der Welt sonst passiert, so daß wir es „unentbehrlich nö-tig [haben], der Natur den Begriff einer Absicht unterzulegen" (KdU B 334), um uns einen Begriff von der Ordnung der besonderen Naturge-setze zu machen.[49] Wenn wir also die Natur als Kunst – im Sinn der Re-naissance – und ihre Zweckmäßigkeit als Absichtlichkeit verstehen, ist dies ein dem heutigen Sprachgebrauch angepaßter Ausdruck von Kants Naturverständnis, so wie es in der „Kritik der Urteilskraft" dem der „Idee zu einer allgemeinen Geschichte" entspricht.

Ist dies Naturverständnis beim heutigen Stand der Biologie noch ver-tretbar? Kant hielt es für „ungereimt, ... daß noch etwa dereinst ein

---

[49] Der physikotheologischen Interpretation, gegen die Kant sich KdU A 297/ 304 verwahrt, braucht heute wohl nicht mehr besonders gedacht zu werden.

Newton aufstehen könne, der auch nur die Erzeugung eines Grashalms nach Naturgesetzen, die keine Absicht geordnet hat, begreiflich machen werde", nämlich „aus bloß mechanischen Ursachen" (KdU B 337f./353). Hier hat er zwar mit der Mechanik recht behalten, insbesondere gegenüber den materialistischen Mechanisten des 18. Jahrhunderts und den mechanistischen Biologen des 19. Jahrhunderts (vgl. Helmholtz 1869), die weitere Entwicklung der Biologie jedoch unterschätzt. Denn durch die Evolutionstheorie, ihre molekularbiologischen Grundlagen und die neueren Selbstorganisationsmodelle ist der ‚Newton des Grashalms' nun doch im Kommen. Hier hat Kant selbst den Fehler gemacht, den er Newton für sein Konkordat mit Bischof Bentley nachgewiesen hatte. Damit ist aber nicht gesagt, ob Kant mit dem Begriff „Absicht" in der Natur 1790 vielleicht doch bereits so richtig umgegangen ist, daß er den ‚Newton des Grashalms' gar nicht hätte auszuschließen brauchen. Es könnte ja auch so kommen, daß dieser die Naturabsicht gar nicht außer Kraft setzt, sondern zeigt, wie sie erfüllt wird.

Absichtlichkeit und Selbstorganisation der Natur schließen einander nicht aus, solange der ersteren kein äußeres Subjekt unterstellt wird, das in und mit der Natur Absichten verfolgt, sondern die Natur selbst in ihrer Entwicklung auf etwas hindrängt. Wir würden ein solches immanentes Drängen oder eine Propensität immer nur so als ein Abgesehensein-auf beschreiben, daß wir hinzufügen, die Natur dränge auf etwas hin, ‚als ob' sie es darauf abgesehen habe. Dieses Als-ob aber soll nur festhalten, daß die Natur keine Absichten hat wie ein menschliches Subjekt, was gewiß zutrifft, ausgenommen in den Naturabsichten menschlicher Subjekte. Wenn wir aber auch subjektlose Absichten gelten ließen, so würden diese eine Form der Selbstorganisation und außerdem gerade diejenige Art von Absichtlichkeit sein, welche das Sein der Natur allenfalls erfassen könnte. Menschenförmige Absichten kommen hier schon deshalb nicht in Frage, weil wir selber mit intendiert wären. Kant hat sich eine solche Selbstorganisation in den von ihm hinterlassenen Notizen („Opus postumum" und „Reflexionen") als die eines „Organism der Materie" vorstellen können „bis unser allgebährender Erdglob' selbst als ein aus dem Chaos hervorgegangener organischer Körper den Zweck im Mechanism der Natur vollendete" (AA XXI 213).

„Man könte diese [die Organisirung der Systeme von organisirten Körpern] die fortschreitende Weltorganisirung nenen und zwar im System der Zwecke. Man kan hiebey die Natur sich nach Analogie eines zu oberst disponirenden denkenden Wesens vorstellen welches eine Menge von nicht blos Sinnenfähigen sondern auch vernünftigen Subjecten anhebend erstlich zur häuslichen [Organisation] darauf zur öffentlichen eines Volks, endlich zu einem Staat organisirt. – Der Erdstoff als die formlose Basis aller Bildungen wird durch sie zuerst zu Pflanzen die eine inere Zweckmäßigkeit der Materie ihrer Bildungen bey sich führen geformt. Die Classe des *Pflanzenreichs* (der *vegetiren-*

den) ist in ihrer großen Mannigfaltigkeit für *Thiere* von verschiedener Species (der lebenden Körper) (z. B. das Moos der Eiswüsten fürs Renthier): endlich diese Vernunftlose Thierspecies für Menschen – diese vielleicht absichtlich noch zu Eigenheiten der Raçen (deren manche untergegangen sein mögen bis sie den jetzigen Platz machten) bestimt: so daß dem Linnäischen *Nominalsystem* der äußeren Bezeichnungen ein allgemeines inneres Organisations System und ein darauf abzweckendes actives Princip zum Grunde liegt. – Endlich könte man sich wohl gar den gantzen Erdglob' selbst als einen organischen wenn gleich nicht lebenden Körper denken: dessen fortschreitende mit Revolutionen untermengte doch zweckmäßige Ausbildung... ein Princip der Organisation im Gantzen desselben darbietet welches mechanisch// zweckmäßig sich selbst bildend ist aber von unserem Verstande nicht mehr als ein solches nach seiner Einheit übersehen werden kan" (aaO 566ff.).

Nach dieser Vorstellung ist es die Natur, welche die – unvernünftigen oder vernunftfähigen – Wesen, welche die Erde gebärt, zu Lebensgemeinschaften bis hin zu Staaten, in denen sie aufeinander angewiesen sind, organisiert. Zunehmend interessant wird dabei die Erde als ein organisches Wesen, wie sie neuerdings auch im Rahmen der 'Gaia-Hypothese' wieder wahrgenommen wird. Kant kommt hier der platonischen Vorstellung sehr nahe: „Die Welt ist ein Thier: aber die Seele desselben ist nicht Gott" (aaO 137).[50]
    Kant hat sich die Selbstorganisation der Erde so vorgestellt, daß alle Lebewesen in einem Zusammenhang des wechselseitigen Aufeinander-Angewiesenseins im Ganzen der Natur stehen und auch der Mensch aus dieser Gegenseitigkeit nicht ausgenommen ist.

„Die Natur organisirt die Materie nicht blos der Art sondern auch den Stufen nach sehr mannigfaltig. – Nicht zu gedenken: daß in den Erdschichten und Steingebirgen Exemplare von ehemaligen Thier// und Gewächsarten die jetzt ausgegangen sind Beweisthümer ehemaliger uns jetzt fremden Producte unseres lebendig//gebährenden Glob's aufzuzeigen sind sondern die organisirende Kraft desselben hat auch das Ganze der für einander geschaffenen Pflanzen und – Thierarten so organisirt daß sie einander als Glieder einer Kette den Menschen nicht ausgenomen einen Kreis bilden nicht blos nach ihrem Nominalcharacter (der Ähnlichkeit) sondern dem Realcharakter (der Causalität) einander zum Daseyn zu bedürfen welches auf eine Weltorganisation (zu unbekanten Zwecken) selbst des Sternensystems hinweiset" (aaO 570).

Daß auch der Mensch in diesen „Kreis" gehört, setzt nun sogar der Kantschen Anthropozentrik Grenzen. Charakteristisch dafür ist die Bemerkung: „[Der Mensch] Zieht dem Thiere sein Kleid ab und sucht sich damit zu bedecken und schmeichelt sich wegen dieser Härtigkeit mit einer Vorsorge der Gottheit, die um seinetwillen das Thier damit bedekt habe" (Refl. 1521=AA XV.2, 890).

[50] Vgl. dazu Ingensiep 1996.

Die tendenzielle Abkehr von der Überheblichkeit des Menschen in der Natur, die sich in Kants Alterswerk abzeichnet, verbindet sich damit, daß auch in seiner Geschichtsphilosophie die Menschen im Kreis des wechselseitigen Aufeinander-Angewiesenseins nicht nur nehmen, was sie zum Leben zu brauchen meinen, sondern ihrerseits nach ihren spezifischen Naturanlagen oder -absichten für etwas gut sind. Ist der Mensch unter den andern Lebewesen „im System der lebenden Natur" ein „mit *Vernunftfähigkeit* begabtes Tier", so ist die Vernünftigkeit seine besondere Chance sich zu „perfektionieren" (1798, B 313), eine zu entwickelnde Anlage. Daß das Denken ein Prozeß in der Natur wird (Picht), gehört also auch zur Selbstorganisation unseres ‚lebendig gebährenden Erdglobs'. In der „Idee" von 1784 ging es darum, was in der Naturgeschichte aus uns werden soll. Wie „die größte Entwicklung der Naturanlagen" des Menschen erfolgen könne, ist im Anschluß an die frühere „Idee" auch ein Thema der „Kritik der Urteilskraft". Die Antwort ist dieselbe wie zuvor: in der bürgerlichen Gesellschaft, und hier wird außerdem die Kultur als Zweck der Menschheit in der Natur bestimmt. „Die Hervorbringung der Tauglichkeit eines vernünftigen Wesens zu beliebigen Zwecken überhaupt (folglich in seiner Freiheit) ist die *Kultur*. Also kann nur die Kultur der letzte Zweck sein, den man der Natur in Ansehung der Menschengattung beizulegen Ursache hat" (KdU B 391). Der Mensch ist nach seinen Anlagen dazu bestimmt, in Freiheit Kultur hervorzubringen. Diese Lebensform und Lebensordnung ist uns Menschen von der Natur, zu der wir gehören, aufgegeben. In der Freiheit der bürgerlichen Gesellschaft oder des modernen Rechtsstaats Kultur in die Welt zu bringen ist unser Sein im Ganzen der Natur, „worin der Mensch ein Glied ist". Dabei „können wir es als *Gunst der Natur* ansehen, daß sie uns, durch Aufstellung so vieler schönen Gestalten, zur Kultur hat beförderlich sein wollen" (KdU B 303).

Deutlicher als in der „Idee" von 1784 klingt hier durch, daß es Kant nicht nur um eine Vervollkommnung im menschlichen Eigeninteresse geht, sondern tendenziell auch um eine Bestimmung im Ganzen der Natur. Den vulgär-anthropozentrischen Gedanken, die Welt sei im wesentlichen dazu da, damit es uns Menschen gutgehe, braucht Kant immer wieder als Gegenbild dessen, worauf das Menschenleben ausgerichtet sein solle. So heißt es z. B., ohne die „bürgerliche Vereinigung würden wir wie Schaafe in Faulheit leben, und die Talente würden nie entwikelt werden" (Refl. 1501=AA XV.2, 791). An anderer Stelle hat man noch die Wahl zwischen dummen und frommen Schafen. Aus heutiger Sicht hat Kant hier ziemlich eurozentrisch gedacht: „... der Wilde war faul"; vernünftige und glückliche Wesen, die nicht in der Kultur fortschreiten, „scheinen nur das Leere der Schopfung auszufüllen. America" (Refl. 1521 = aaO 890f.). Abgesehen von der besonderen Bestimmung des Menschen, wie Kant sie gesehen hat, finde ich seinen Entwurf vor allem deshalb wegweisend, weil er überhaupt auf einer naturgeschichtlichen Bestimmung des Menschen bestanden und damit die Menschengeschichte zumindest grundsätzlich in ihren historischen Zusammenhang, den der Naturgeschichte, gestellt hat. Ein späteres Zeitalter, so meinte er freilich in einer etwas bedeckten Formulierung im Hinblick auf die Anfänge der Französischen Revolution, werde „der Natur immer weniger nahe sein…, und sich zuletzt, ohne bleibende Beispiele von ihr zu haben, kaum einen Begriff von der glücklichen Vereinigung des gesetzlichen Zwanges der höchsten Kultur mit der Kraft und Richtigkeit der ihren eigenen Wert fühlenden freien Natur in einem und demselben Volke zu machen im Stande sein" (KdU B 263). Entscheidend ist der Gedanke, daß die Natur selbst zur Freiheit kommt und ihren eigenen Wert fühlt, wenn ein Volk die politische Naturabsicht in der Menschengeschichte, den modernen Rechtsstaat, verwirklicht und in dieser Verfassung Kultur in die Welt bringt.

Kant hat dementsprechend auch unter dem Naturzustand nicht nur eine gesellschaftliche Verfassung von Menschen verstanden, sondern eine solche Verfassung im Ganzen der Natur. Rousseau interpretierte er so, dieser habe nicht gewollt, „daß der Mensch wiederum in den Naturzustand zurück *gehen*, sondern von der Stufe, auf der er jetzt steht, dahin zurück *sehen* sollte" (1798, B 322). Welchen Weg von der Vernunftfähigkeit zur Vernunft sollen wir ‚gehen', indem wir auf den Naturzustand zurücksehen und von daher unsere Richtung gewinnen? Eine Antwort habe ich bei Kant in einer unveröffentlichten Notiz gefunden, die fast wörtlich mit dem oben zitierten Satz beginnt und Rousseau darin recht gibt, dann aber fortfährt: „um in dem Wege zur Vollkommenheit auf die Naturzwecke zu sehen, damit jene künstliche Anordnung immer mehr mit der Naturordnung einstimmig wäre" (Refl. 1454 = AA XV.2, 635 f.). Kant konzipiert hier also den Schillerschen Dreischritt der Geschichte vom unmittelbaren Naturzustand durch das im eigentlichen Sinn geschichtliche Zeitalter der Zwietracht bis hin zur wiederzufindenden Natur, zu der wir vorausgehen, indem wir auf den ursprünglichen Naturzustand zurücksehen, so wie man beim Rudern die Richtung hält, indem man sich am Zurückliegenden orientiert. „Der letzte Zwek der Natur ist Cultur" (Refl. 1521 = aaO 888). Daß Kant dabei ausdrücklich an den Spiralgang im Sinn des Dreischritts gedacht hat, bestätigt wiederum eine Notiz zu „Rousseau: ob der wilde Zustand besser sey als der gesittete; der letzte ist, wenn der Circel geschlossen ist, besser" (Refl. 1498 = aaO 778). Ich verstehe dabei den „Circel" als den Weg von der ursprünglich unmittelbaren zur kulturell wiedergefundenen Natur. „Die Absicht der Natur ist, daß alle Talente *und zuletzt selbst die Moralitaet* vermittelst der vollkommenen *Cultur* entwickelt und dauerhaft befestigt werde, um ein system der Glückseeligkeit und Vollkommenheit *durch die Freyheit* des Menschen, aber vermittelst eines Stachels der Bedürfnisse zu wege zu bringen" (Refl. 1521 = aaO 891; Hervorhebung hinzugefügt). Dieser Stachel kann, wenn wir uns nach der Naturordnung der menschlichen Geschichte zu richten versuchen, also auch ein Antrieb sein, die Ordnung der menschlichen Gesellschaft in Einklang mit der wiederzufindenden Natur zu bringen.

Fazit

Die herrschende Naturwissenschaft ist ein Kanon von Regeln, um in der Sinnenwelt Ziele zu erreichen, zu denen wir durch handlungsleitende Gefühle, die im Wissenschaften erkenntnisleitend werden, hingezogen sind. Die Wissenschaft handelt von Tat-Sachen, nicht nur von den Sachen. Die Kritik der erkenntnis- und handlungsleitenden Gefühle und die Bewertung der Tat-Sachen nach ihren Intentionen ist eine Aufgabe der Praktischen Philosophie. In der philosophischen Tradition seit Anaximander ist diese Aufgabe vor allem bei Platon, Leibniz und Kant so gesehen worden, daß die Grundordnung der Natur eine angemessene Lebensordnung im Hinblick auf ein intendiertes Gutes ist. Dieser Ordnung dessen, was sein soll, folgt die Seinsordnung der Physik, soweit die Physik angemessene Fragen beantwortet. Die Angemessenheit der Wissenschaft hängt davon ab, an welcher Lebensordnung ihre Erkenntnisideale und erkenntnisleitenden Gefühle sich orientieren, d. h. von ihrem ursprünglichen Naturverständnis. Nach dem Naturverständnis richtet sich die Lebensordnung insgesamt, in deren Rahmen Wissenschaft und Technik auf Handlungsziele gerichtet sind. Platon hat im X. Buch der „Nomoi" erstmalig gezeigt, zu wie verschiedenen Lebensordnungen unterschiedliche Naturverständnisse führen können.

Weiter ausgeführt hat diesen Gedanken erst Kant in der „Kritik der Urteilskraft", indem er nämlich das Sein der Sinnenwelt in ihren ‚besonderen' Naturgesetzen als Absichtlichkeit und die Dinge der Natur als Kunst – d. h. als in der Weise der Kunst beabsichtigt – beschrieb. Für die ‚allgemeinen' Naturgesetze gilt grundsätzlich dasselbe, weil sie nur den Rahmen abgeben, in dem die besonderen gelten. Wie bei Platon ist diese sinnenweltliche Naturordnung der sittlichen nachgeordnet. Als Kunst entspricht die Sinnenwelt derjenigen Absicht, in der die sittliche Ordnung ihre Einheit hat, d. h. der des Guten. Die sittliche Ordnung der zweiten, übersinnlichen Natur ist der Grund der Angemessenheit der Kausalverhältnisse in der sinnlichen, ersten Natur. Die kategorialen Wege zur Einheit der Apperzeption (reine Verstandesbegriffe) sind dementsprechend auch die Wege zur Einheit der Handlung im beabsichtigten Guten.

Kants Ansatz der Natur als Kunst könnte in heutiger Forschungsperspektive dem der Selbstorganisation von Naturprozessen entsprechen. Ordnung durch zufällige Fluktuationen erklären zu wollen, wie es in den neueren Selbstorganisationstheorien geschieht, läuft dem Kantschen, eher holistischen Ansatz der Weltorganisation durch eine Art organischer Vernunft jedoch zuwider. Oder sollen Anlagen und Absichtlichkeiten ihrerseits durch zufällige Interaktionen zustande kommen können?

Für die weitere Forschung dürften wir uns nicht damit zufriedengeben, (1) die Welt als intendiert zu beschreiben, sondern wir sind, wenn sie es ist, (2) selber mit intendiert und die wissenschaftliche Weltbeschreibung durch eine Handlungsordnung entspricht (3) unsern eigenen Intentionen. Die dritte dieser Feststellungen ist die des vorangegangenen Abschnitts, die erste ist die Kantsche in der „Kritik der Urteilskraft". Einmal wird die Sinnenwelt als verständigerweise beabsichtigt beschrieben, zwar nicht von uns, aber uns verständlich, das andere Mal hinsichtlich des von uns zu Beabsichtigenden. Kant hat diese Tat-Sächlichkeit der wissenschaftlichen Naturerkenntnis nicht gesehen. Ist die weitere Kritik der Urteilskraft nunmehr uns überlassen, so finde ich es zwar entscheidend, wessen Absichtlichkeit das Natursein entspricht. Ich denke aber, daß nicht nur eine einzige Naturwissenschaft möglich ist, wie Kant annahm, sondern daß es – wie grundsätzlich bereits von Leibniz angenommen – Alternativen gibt. Für diese können wir uns damit zufriedengeben, daß die Sinnenwelt jedenfalls als ein Raum des zu Beabsichtigenden beschrieben wird, jedoch so, daß die letzlich leitende Absicht in ihrer Angemessenheit als ein angenommenes und ungewisses Gutes in Frage steht. Dies ist eine sozusagen Baconische Auslegung der „Kritik der Urteilskraft", da die Sinnenwelt als ein Raum, in dem menschliche Ziele verwirklicht werden, verstanden wird. Im Gegensatz zu Bacon halte ich es aber nicht mehr für gewiß, sondern für unangemessen, als das dabei erkenntnis- und handlungsleitende Ziel die anthropozentrische Unterwerfung der außermenschlichen Natur im Sinn der außerplanetarischen Eroberer zu setzen. Wir sollten in der Welt nicht in autonomer, sondern in gemeinsamer Sicherheit zu leben suchen, d. h. die kopernikanische Herausforderung so annehmen, daß wir in der Welt wahrhaft heimisch werden. Die außermenschliche Welt ist dann nicht die bloße Umwelt, aus der wir uns versorgen, sondern sie ist unsere natürliche Mitwelt, in der wir leben. Im Mitsein ergeben sich andere Absichten als die der bloßen Verfügungsordnung, nämlich die erkenntnisleitenden Absichten einer künftigen Mitseins- oder Mit-Wissenschaft. Das folgende Kapitel handelt von der Freiheit im Mitsein, die es nun anstelle der Freiheit vom Mitsein zu suchen gilt.

IV. Menschen im natürlichen Mitsein

... den Menschen als ein Ganzes herbeizuru-
fen, ihn in die Vollständigkeit des Daseins ein-
zuführen.

Wilhelm Lehmann (1953, 11)

Die Frage nach der Naturgeschichte war im 18. Jahrhundert zunächst
vom Menschen weg in die äußere Welt gerichtet, sei es auf die Entstehung
des Planetensystems oder auf die der Erde und der Lebewesen in ihrer
geologisch zu beschreibenden Vergangenheit. In der Konsequenz des Ansatzes liegt aber auch die umfassendere Frage nach dem Aufkommen des
Menschen selbst in der naturgeschichtlich entstandenen Welt. Eigentlich
hatte schon die ältere der beiden biblischen Schöpfungsgeschichten in ihrer Weise eine Antwort darauf gegeben, daß nämlich der Mensch belebte
Erde sei. Allenfalls die außerplanetarischen Eroberer könnten die Entstehung der Erde so erkennen, daß sie dabei nicht auch ihrer eigenen
Menschwerdung ansichtig würden, wir aber gehören selbst mit zu der
Natur, die wir in ihrer Geschichte – die auch die unsere ist – zu erkennen
suchen.

Holistische Selbsterfahrung

Philosophisch hatte schon Platon das Verhältnis von Naturphilosophie,
Anthropologie und menschlicher Lebensordnung in ihrem Zusammenhang gesehen, allerdings nicht im Sinn einer geschichtlich, also auch zeitlich zu gliedernden Abfolge, sondern in dem der inneren Gefügtheit oder
Bildung. Dem Vorentwurf eines gerechten Staats gemäß der Selbsterfahrung der menschlichen Seele in der „Politeia" ließ er dementsprechend im
„Timaios" eine Beschreibung der Genesis des Kosmos folgen, durch die
letztlich auch die *phýsis* des Menschen erkennbar werden sollte. Das Ziel
war, den Staatsentwurf daraufhin zu prüfen, ob er im Rahmen des Ganzen die richtige Lebensordnung für die ihrer Natur nach zu diesem Ganzen gehörigen Menschen wäre. Ein Staat, der sich nicht als Naturstaat bewährt, kann im Kosmos nicht der richtige sein.[1] Dabei setzt eine solche

---

[1] Zum Konzept des Naturstaats in der Naturkrise der wissenschaftlich-technischen Welt vgl. K. M. Meyer-Abich 1990, Kap. 5.

Prüfung natürlich voraus, daß die Natur des Menschen aus der Genesis des Kosmos überhaupt politisch bestimmt ist, daß also der Mensch – wie Aristoteles später sagte – bereits von Natur ein politisches Lebewesen ist. Hier verstand es sich von selbst, daß der Mensch ein Naturwesen ist und seine politischen Lebensformen somit der Ordnung des Ganzen entsprechen müssen. In der Neuzeit ist dieser Ansatz bei Hobbes und Locke insoweit wieder aufgelebt, als den bloß geschichtlich legitimierten politischen Ordnungen bzw. Herrschaftsverhältnissen Naturordnungen entgegengesetzt wurden, jedoch – wie in der „Politeia" für sich – nur von der Natur des Menschen her, ohne darin die menschlich gewordene Natur des Ganzen wiederzuerkennen. Die naturphilosophische Prüfung im Sinn des „Timaios" unterblieb bei den Staatsphilosophen der frühen Neuzeit. Diesen Weg hat – ohne dies 1755 selber so zu sehen – erst Kant wieder eingeschlagen, faktisch nach dem Platonischen Vorbild, nun aber im historischen Verständnis der Genesis des Kosmos oder zumindest des Planetensystems.

Weder Platon selbst noch Kant haben die naturphilosophische Prüfung politischer Entwürfe so zustande gebracht, wie dies im „Timaios" idealerweise vorgezeichnet ist. Kant ist damit jedoch insofern weiter gekommen, als er auf eine Schwierigkeit gestoßen ist, die Platon noch nicht haben konnte, weil er die klassische Physik nicht kannte. Das Problem ist jedoch grundsätzlich auch von ihm gesehen worden, insofern nämlich die naturphilosophische Prüfung des aus dem menschlichen Innern – der Struktur der Menschenseele – entfalteten Staatsentwurfs grundsätzlich ja auch negativ hätte ausgehen können. Es besteht darin, daß die Sicht des Menschen als ein Teil des Ganzen – also das Wiedererkennen unserer selbst im Bild des Kosmos – nicht notwendigerweise dem Bild entspricht, das wir unmittelbar von uns selber haben. Sobald wir einsehen, selbst dazuzugehören, braucht das Selbstverständnis und Menschenbild, dem unser Handeln folgt, nicht notwendigerweise mit dem übereinzukommen, das wir von uns gewinnen, wenn wir uns ein Bild vom Kosmos insgesamt machen und uns in diesem dann auch selbst als Teilhaber wiederfinden.

Derartige Zirkel betreffen – wie z. B. auch der ‚hermeneutische' – die Grundstruktur des menschlichen Erkennens und spielen deshalb in der Philosophie eine bedeutende Rolle. Der hier von mir bezeichnete sollte meines Erachtens ebenfalls einen eigenen Namen haben und könnte der holistische Zirkel oder die *holistische Selbsterfahrung* heißen, denn es geht ja darum, daß der Teil ein Bild von dem Ganzen gewinnt, zu dem er selbst gehört, so daß er sich in diesem Bild wiederfinden und als derjenige zu erkennen geben müßte, der er von sich aus zu sein meint. In neuerer Zeit war der durch Niels Bohrs Ceterum censeo gesetzte holistische Zirkel: Wir beschreiben die Natur, von der wir selbst ein Teil sind, der Ausgangspunkt der Komplementaritäts-Philosophie. Ein entsprechender Gegensatz ergab sich zuvor für Kant, nämlich der zwischen Natur und

Freiheit. Freiheit ist für den modernen Menschen abendländischer Provenienz die unmittelbarste Erfahrung seiner selbst. Soweit wir das Gefühl haben, als Handelnde das Subjekt eines Geschehens zu sein oder daran teilzuhaben, so daß wir dafür verantwortlich oder mitverantwortlich sind und nicht lediglich durch uns etwas geschieht, was wir nicht selbst gewollt haben, entspricht dies unserm unmittelbaren Selbstverständnis, voll dabeizusein. Kant aber hatte angesichts der Erfolge der klassischen Physik, die in Newtons Himmelsmechanik kulminierten und zu denen er selbst hinsichtlich der Entstehung des Planetensystems beigetragen hatte, allen Anlaß, eine durchgängig deterministische Physik für wahrscheinlich zu halten. Der Selbsterfahrung der Freiheit stand also als ein künftig zu erwartendes Ergebnis der – ebenfalls aus Freiheit entwickelten – Physik die Determiniertheit alles sinnenweltlichen Geschehens gegenüber, somit auch dessen, an dem wir – vermeintlich frei handelnd – beteiligt sind. Dies ist der Gegensatz zwischen Natur und Freiheit, wie ihn Kant in der Zweiweltenlehre der ersten beiden „Kritiken" beschrieben und leidlich stabilisiert hat. Wir fühlen uns frei, von außen aber sehen wir uns nicht danach aus.

Wie Kant den Gegensatz durch die Anerkennung einer ursprünglich übersinnlichen Natur 1784 und 1790 aufgehoben hat, ist im dritten Abschnitt des vorangegangenen Kapitels beschrieben. Von dieser Natur gibt es keine Physik, aber ohne sie gäbe es die Physik nicht. Die sinnliche Natur wird nun unter Bestimmungen der Freiheit gedacht, in der alle Kausalzusammenhänge ihren Grund haben, d. h., die Seinsordnung einer ‚angemessenen‘ Physik folgt der Ordnung dessen, was aus Freiheit gut ist, auch in unserm Handeln. Kant hat hier, wohl ohne dies gewußt zu haben, den Grundgedanken Platons in der natur- und rechtsphilosophischen Auseinandersetzung mit den Anaxagoreern übernommen. Für unser Handeln bedeutet der Primat der Ethik vor der Physik, daß der Determinismus in der Sinnenwelt, soweit er reicht und eine angemessene Erkenntnis ist, ein Ausdruck derselben Absichtlichkeit ist, von der wir unser Handeln nach unserm Selbstverständnis leiten lassen wollen, nämlich einer Absicht auf das Gute als der Einheit des persönlichen Handelns. Die Ungewißheit dieses Guten überträgt sich dann, was Kant noch nicht gesehen hat, auch darauf, ob wir die angemessene Physik für wissenswert halten und gehalten haben. Wieweit wir auf der Suche nach der wahren, angemessenerweise handlungsleitenden Ordnung der Sinnenwelt sind, ist genauso ungewiß wie die Vorstellung des Guten, an der wir uns im Handeln insgesamt – nicht nur im Erkenntnis-Handeln – orientieren. Eine sinnliche Vergegenwärtigung der Frage, ob wir auf dem angemessenen Weg sind, ist die Kultur oder die mangelnde Kultur dessen, was wir hervorbringen. Vor allem an der Schönheit in der sinnlichen Natur erfahren wir die Gegenwart der übersinnlichen Natur, allerdings nicht mit Gewißheit. Dies gilt nicht nur für die Kunst im bildnerischen Sinn, sondern auch als Kunst im Sinn von Technik entspricht die Sinnenwelt der Absicht des Guten, soweit Schönheit auf Kultur hindeutet.

Die Antwort auf die kopernikanische Herausforderung, in der Welt nicht nur einfach heimisch zu *sein*, wie im geozentrischen Weltbild, sondern es in Freiheit zu *werden*, lautet dann: *Vernünftige Natur zu sein und als solche etwas zur Naturgeschichte beizutragen, was andere Lebewesen nicht gleichermaßen tun und können, nämlich Kultur, ist sowohl die Chance der Natur, sich mit uns Menschen fortzutreiben, als auch die besondere Chance des Menschen, in der Natur heimisch zu werden und so der kopernikanischen Herausforderung zu begegnen.* Dabei fehlt uns zwar die Gewißheit zu unterscheiden, wann wir wirklich Kultur hervorbringen und wann nicht, so wie auch die im dazugehörigen Wissen bzw. Wissenschaften erkenntnisleitende Vorstellung des Guten immer im Ungewissen bleibt. Es ist aber doch eine Gunst der Natur, uns durch Schönheit ein sinnliches Zeichen zu geben, ob wir eher auf dem richtigen als auf dem falschen Weg sind.

Ich habe diese Antwort hier im Anschluß an die nachkritische Philosophie Kants entwickelt, ohne sie ihm selbst so umfassend unterstellen zu wollen. Wieweit sie für uns noch die richtige sein kann, läßt sich nicht beurteilen, ohne die holistische Selbsterfahrung naturgeschichtlich beschrieben und unsere eigene Naturzugehörigkeit nachvollzogen zu haben. Dies liegt zwar in der Perspektive des Kantschen Ansatzes von 1755, ist aber doch erst durch Herder begonnen worden. In der Erfahrung der Naturgeschichte zeigt sich, welche Verwandtschaft allen Dingen und Lebewesen der Natur von der Gemeinschaft des Ursprungs her eigen ist (vgl. Kant 1755, A 194f.). In der Naturkrise der wissenschaftlich-technischen Welt aber kommt es darauf an, das menschliche Selbstverständnis in einen Einklang mit unserer Zugehörigkeit zur Gemeinschaft der Natur zu bringen. Wir erleben unsere Freiheit erst dann richtig, wenn wir sie aus der Naturzugehörigkeit aller Dinge als die Freiheit im natürlichen Mitsein erleben. Kants Vermittlung von Natur und Freiheit ist daraufhin nicht bedacht. Erst die Naturgeschichte ist der Raum des natürlichen Mitseins.

1. Herders Naturgeschichte der Kultur

Johann Gottfried Herder (1754–1803)[2] hat den geschichtlichen „Plan der gesamten Natur" in einer Reihe von Grundsätzen zusammengefaßt, deren drei erste die holistische Selbsterfahrung im naturgeschichtlichen Sinn beschreiben:

---

[2] Mannigfache Anregungen zum Verständnis Herders verdanke ich dem Gedankenaustausch mit Jürgen Barkhoff während seines Aufenthalts im Kulturwissenschaftlichen Institut (vgl. Barkhoff 1996).

(1) „Auf unsrer Erde belebte sich Alles, was sich auf ihr beleben konnte";

(2) „Unter diesen Organisationen stieg auch der Mensch hervor";

(3) Der Mensch hat Vernunft und „erforschet die Gesetze der Natur" (III 15 V = 665)[3].

Die Erde also hat viele Lebewesen hervorgebracht und unter ihnen eines, das sie selbst vernunftförmig erkennt oder in dem sie sich selbst erkennt. Herder hat das menschliche Natursein in einer Radikalität bejaht, wie es sonst nur in der materialistischen Tradition geschehen ist, dort aber in der Regel mit Angst oder Verzweiflung bzw. Verachtung gepaart und nicht mit dem Gottvertrauen, wie er es hatte. Wenn wir unser Leben in seiner Naturhaftigkeit so bejahen könnten wie Herder, wären wir heute schon viel weiter. Menschen sind Erdensöhne und Erdentöchter.

„Mein Auge ist für den Sonnenstrahl in dieser und keiner andern Sonnenentfernung, mein Ohr für diese Luft, mein Körper für diese Erdmasse, alle meine Sinnen aus dieser und für diese Erdorganisation gebildet: dem gemäß wirken auch meine Seelenkräfte; ... daher auch in vielen Sprachen der Mensch von seiner Mutter Erde den Namen führet" (I 1 I = 23).

Die Naturbestimmtheit der Vernunft

Die Einsicht in die Naturzugehörigkeit des Menschen hat bei fast allen, die sie entwickelt haben – ausgenommen Alexander von Humboldt –, zu reduktionistischen Überschwängen geführt. Daran ist auch Herder nicht ganz vorbeigekommen, zumal er zu expressionistischen Formulierungen neigte. „Stolzer Mensch", meinte also auch er einmal, „blicke auf die erste notdürftige Anlage deiner Mitgeschöpfe zurück, du trägst sie noch mit dir; du bist ein Speisekanal, wie deine niedrigern Brüder" (I 3 I = 78). Anders als die verzweifelten Reduktionisten des 19. Jahrhunderts wollte Herder damit aber nicht sagen, wir seien ‚bloß' oder ‚nichts als' ein Speisekanal, denn er empfand es keineswegs als eine Kränkung, in dieser Weise gemeinsam mit den Tieren zur Gemeinschaft der Lebewesen zu gehören, so daß wir auch die einfachsten Lebensformen mit ihnen gemeinsam haben. Gerade im Kreis unserer Verwandten zeigt sich vielmehr, daß uns die Natur in der Vielfalt unserer Fähigkeiten reich bedacht hat, wir in unserer Naturausstattung also sehr gut weggekommen sind und keinerlei Grund zur Klage haben. Glücklich dürfen wir uns vielmehr schätzen, unter andern, die wesentlich bescheidener ausgestattet sind, „die vollkommenste animalische Pflanze, ein eingeborner Genius in einer menschlichen Bildung" (II 7 IV = 273) zu sein, so daß nichts Herabsetzendes in

---

[3] Die Herder-Zitate dieses Kapitels stammen, soweit kein Erscheinungsjahr vermerkt ist, aus den „Ideen zur Philosophie der Geschichte der Menschheit" (1784/85/87/91).

der Selbsterkenntnis liegt: „Die Regel, die Weltsysteme erhält und jeden Krystall, jedes Würmchen, jede Schneeflocke bildet, bildete und erhält auch mein Geschlecht: sie machte seine eigne Natur zum Grunde der Dauer und Fortwirkung desselben, solange Menschen sein werden" (III 15 V = 669). Wenn die Monisten und ihre theologischen Widersacher im 19. Jahrhundert dies gleichermaßen entspannt gesehen hätten und wir kulturell mitsamt den Kulturwissenschaften nicht einem Bedürfnis gefolgt wären, den Menschen für etwas Besseres als die Natur auszugeben, hätte uns und unserer natürlichen Mitwelt die Naturkrise der wissenschaftlich-technischen Welt wohl erspart bleiben können.

Was für den Menschen als Naturwesen gilt, wiederholt sich im Verhältnis von menschlicher Geschichte und Naturgeschichte: „Die ganze Menschengeschichte ist eine reine Naturgeschichte menschlicher Kräfte, Handlungen und Triebe nach Ort und Zeit" (III 13 VII = 568). Sparta und Athen, so meinte Herder beispielsweise, seien „so natürliche Produkte ihrer Lage, Zeit, Einrichtung und Umstände, als je eine Natur-Erzeugung sein mochte" (III 13 VI = 559). Er verband die beiden Ordnungen freilich durch den Gedanken, daß die menschliche Geschichte erst dann als ein Naturprozeß zu denken ist, wenn die Natur insgesamt und nicht erst im Menschen geschichtlich gedacht wird. Dann aber kann es uns Mut machen, die menschliche Geschichte in die Naturgeschichte als ihren umfassenderen historischen Zusammenhang eingebettet zu sehen, denn darin liegt eine Hoffnung, auch in unserer Geschichte letztlich eine Art Ordnung zu finden, wohingegen die Menschengeschichte gegenüber der in der außermenschlichen Natur erfahrenen Ordnung sonst allzusehr wie der Schauplatz von Unvernunft und Bosheit erscheint. Vermöge unserer Naturzugehörigkeit war also zu hoffen: „Ist ... ein Gott in der Natur: so ist er auch in der Geschichte: denn auch der Mensch ist ein Teil der Schöpfung" (III 15 0 = 630). Die Hoffnung darauf, der Menschengeschichte etwas mehr Vernunft abgewinnen zu können, als sie sie von sich aus zeigt, war wohl das Hauptmotiv, den Naturzusammenhang des menschlichen Lebens so freudig zu bejahen, wie Herder es getan hat.

Herder hat wohl nicht ausdrücklich von einer Geschichte der Natur im Ganzen gesprochen, aber darauf kommt es hier nicht an. Denn er beschreibt die „ganze Menschengeschichte" als „eine reine Naturgeschichte menschlicher Kräfte, Handlungen und Triebe nach Ort und Zeit" (III 13 VII = 568) und spricht von der „Naturwelt der Geschichte" (III 14 VI = 622). Die menschliche Geschichte ist darin „einem großen Teil nach *zoologisch* und *geographisch*" (I 2 III = 69). Herder naturalisiert also die Geschichte, so daß aus der bloßen Menschengeschichte eine Naturgeschichte wird, in der es die Pflanzen und die Tiere vor uns gegeben hat.

Daß die Natur eine Geschichte hat, war eine Entdeckung des 18. Jahrhunderts. Herder war der erste Geschichtsphilosoph, dessen Geschichtsverständnis das Ganze der Natur umfaßte, und ist viel zu lange der einzige geblieben, der so umfassend gedacht hat. Welch ungeheurer Schritt damit naturphilosophisch vollzogen wurde, läßt sich am augenfälligsten im Gegensatz zu Leibniz ermessen, der nur siebzig Jahre zuvor noch ganz unhistorisch gedacht und sich dadurch zu ziemlich abwegigen Folgerungen genötigt gesehen hatte. Leibniz' Monadologie ist die Philosophie der totalen Atomisierung der Welt in lauter mehr oder weniger lebendige Individuen, die jedoch nicht in einem aufeinander bezogenen Mitsein zu ihrer jeweiligen Individualität gebildet worden sind, sondern völlig unabhängig voneinander existieren. Er nennt sie Monaden und beschreibt sie als fensterlos. Eine scheinbare Gemeinschaft der Individuen ergibt sich nur deshalb, weil jede Monade sozusagen mit Recht verlangen kann, „daß Gott schon bei der uranfanglichen Regelung der anderen auf sie Rücksicht genommen habe". Tatsächlich aber ergibt sich durch diese „prästabilierte Harmonie" eine Welt, in der die Körper so wirken, als ob es keine Seelen gäbe, und die Seelen so, als ob es keine Körper gäbe, „und alle beide tun so, als ob eines das andere beeinflußte" (1714*, §7/51/80/81). Es gibt zwei Gründe, die Leibniz zu diesem grotesken Individualismus veranlaßt haben. Erstens hat die Präformationstheorie bzw. die biologische Entdeckung, daß Lebewesen nicht aus Fäulnis oder Unordnung, sondern aus Samen und somit einer ihnen vorausgehenden Ordnung entstehen, Leibniz' Denken wohl am maßgeblichsten geprägt. Deshalb konnte er an eine Setzung des Weltablaufs im Anfang glauben. Zweitens kannte er die Geschichtlichkeit der Natur noch nicht, zu der dann im späten 18. Jahrhundert die biologische Epigenesistheorie paßte. Leibniz konnte also noch nicht darauf kommen, daß die Naturgeschichte das Medium des Mitseins ist, in dem die Individuen sich aufeinander beziehen. Herder hatte hier andere Voraussetzungen, hat die Herausforderung aber auch erkannt und angenommen.

Wer die Menschengeschichte in die Naturgeschichte als ihren umfassenderen historischen Zusammenhang eingebettet zu sehen hofft, muß die Konsequenz ziehen, daß dann sogar die menschliche Vernunftfähigkeit – unsere besonders charakteristische Naturausstattung – naturgeschichtlich gebildet ist. Bei Kant wird dies prinzipiell durch den programmatischen Satz anerkannt, daß die Vernunft eine Naturgabe sei, jedoch nicht naturgeschichtlich gedacht. Herder hat demgegenüber – auf der Spur von Kants „Naturgeschichte und Theorie des Himmels" (1755) – in den „Ideen" von Anfang an vorausgesetzt, daß „unsere Gedanken und Kräfte offenbar nur aus unsrer Erd-Organisation keimen… Unser Verstand ist nur ein Verstand der Erde, aus Sinnlichkeiten, die uns hier umgeben, allmählich gebildet: so ists auch mit den Trieben und Neigungen unsres Herzens" (I 1 II = 27 f.). Herder brauchte die Naturgeschichte der Vernunft in den „Ideen" nicht mehr ganz neu zu begründen, weil er dies bereits 1772 in seiner Abhandlung über den natürlichen Ursprung der Sprache getan hatte. Er konnte von daher voraussetzen: „den Menschen baute die Natur zur Sprache... Von der Sprache also fängt seine Vernunft und Kultur an" (I 4 III = 141). Mit guten Gründen hatte er diese Lösung gegenüber Süßmilchs frömmlerischem und erbaulichem „Versuch eines Beweises, daß die erste Sprache ihren Ursprung nicht vom Menschen, sondern allein vom Schöpfer erhalten habe" (1766) auch theologisch als die bessere gewählt, denn: „Der Ursprung der Sprache wird nur auf eine würdige... Art Göttlich, sofern er Menschlich ist" (1772, II 357). Die Sprache ist eine Naturgabe und brauchte dem Menschen nicht an der Natur vorbei zugesteckt zu werden. Burke hatte dazu bereits 1759 bemerkt, daß sich sogar die uns nicht vertrauten Tiere durchweg klar verständlich machen, was man vom menschlichen Sprachgebrauch nicht generell sagen könne (1759, 156).

Daß Herder unsere Naturzugehörigkeit wirklich so radikal – einschließlich des Erkenntnisvermögens – gemeint hat, wie ich ihn hier interpretiere, zeigt sich besonders klar an Arnold Gehlens (1904–1976) Mißverständnis (vgl. 1940, 76ff.), Herder – sicherlich gut gemeint – als einen Vorläufer in der Auffassung des Menschen als eines Mängelwesens anzusehen. Beiden gemeinsam ist lediglich die Ausgangsbeobachtung: „Als nacktes, Instinktloses Tier betrachtet, ist der Mensch das elendeste der Wesen" (Herder 1772, II 319). Herders Bewertung dieses Sachverhalts ist aber der Gehlenschen genau entgegengesetzt. Kläglich erscheint der Säugling nämlich allenfalls, wenn man von der Bestimmung des Menschen zur Gesellschaft als einer gleichermaßen natürlichen Bestimmung absieht und seine Eltern nicht mit einbezieht. In Wahrheit aber ist jeder Mensch natürlicherweise von Anfang an mit allen Fähigkeiten, insbesondere der Vernunftfähigkeit ausgestattet, die ihn gerade nicht zum Mängelwesen, sondern zu einem „Meisterstück der Natur" machen (vgl. aaO 302). Auf die Idee mit dem Mängelwesen kann nur kommen, wer die Vernunftfähigkeit nicht zur Naturausstattung des Menschen rechnet, so wie es der Anthropologe und Sozialphilosoph Gehlen getan hat, Herder aber gerade nicht.

Von Natur also „ist dem Menschen sein Analogon des Instinkts oder der Vernunft gegeben" (II 8 IV = 313). Wir haben die Fähigkeit zur Vernunft, wo andere Lebewesen Instinkte haben, aber beides ist analog und gehört gleichermaßen zur Naturausstattung. So wie der Biber seine Dämme baut, die Biene Honig sammelt und die Schildkröte sich vergräbt, wenn der Winter naht, denkt und handelt der Mensch. Damit muß dann auch physiologisch alles seine Ordnung haben: „Das Resultat der Reize wird Trieb; das Resultat der Empfindungen, Gedanke: ein ewiger Fortgang von organischer Schöpfung, der in jedes lebendige Geschöpf gelegt ward" (I 3 I = 82). Hinsichtlich der Naturgeschichte der Vernunft entwickelte Herder außerdem bestimmte Vorstellungen, wie die Gestalt des menschlichen Kopfs eine Bedingung seiner Vernunftfähigkeit gewesen sei. Ähnliche Gedanken hatte in der Spätantike Gregor von Nyssa.[4] Kant fand diese Überlegungen besonders abwegig, aber ich kann den Spott in seiner Paraphrase: „Nicht weil er [der Mensch] zur Vernunft bestimmt war, ward ihm... die aufrechte Stellung angewiesen, sondern er bekam [bei Herder] Vernunft, durch die aufrechte Stellung" (1785, A 18) hier durchaus nicht teilen. Denn was wem „bestimmt" ist und „angewiesen" wird, soll nun ja gerade erst naturgeschichtlich begründet werden, so wie es Kant 1755 gegenüber Newton und Bentley selbst getan hatte. Kants Einwand zeigt deutlich, daß seine ‚Kritische Schleife‘ letztlich sein Versuch war, der Naturbestimmtheit der Vernunft zu entgehen, indem umgekehrt die Natur durch ihr von der Vernunft vorgeschriebene Gesetze als vernunftbestimmt erwiesen werden sollte. Dies war Kants Auflehnung gegen die Natur oder sein Versuch, ihr gegenüber Selbst-Sicherheit zu gewinnen. Herders Lebensproblem war nicht dieses. Kein anderer Philosoph hat so ungeschützt geschrieben wie er. In dieser Furchtlosigkeit hat er sich manche Blößen gegeben, welche ihm kantisch geschnürte Gemüter bis heute nicht verzeihen, sich und den Menschen in seinem Denken aber der Natur anvertraut.

Über Herders Klimatologie hat Kant sich gleichermaßen mokiert: „Die nähere Kenntnis des Luftkreises, selbst der Einfluß der Himmelskörper auf denselben,... scheint ihm [Herder] auf die Geschichte der Menschheit einen großen Einfluß zu versprechen" (aaO A 17f.). Tatsächlich war Herder eine moderne Reinkarnation des Anaximenes oder des Hippokrates, indem er meinte: „Die Luft beschwängert und löset auf: sie sauget ein, macht Gärungen und schlägt nieder. Sie scheint also die Mutter der Erdgeschöpfe, so wie der Erde selbst zu sein; das allgemeine Vehikel der Dinge, die sie in ihren Schoß ziehet und aus ihrem Schoß forttreibt." Auch „der Mensch ist ja, wie alles andre, ein Zögling der Luft", und aus einer „geographische[n] Aerologie" sollte, wie Herder sich vorstellte, „die Bildung der Menschen an Körper und Geist" zu erklären sein (I 1 V = 37ff.), auch die Bildung des Geistes! Ich kann Kants Kritik hier erneut nicht folgen, zumal Herder unter dem Klima die Lebensverhältnisse generell, also den jeweiligen Oikos verstanden und in diesem Sinn das Leitbild der modernen Ökologie bereits etwa ein Jahrhundert vor Haeckel entworfen hat. Dies geschah freilich im Rahmen eines für das 18. Jahrhundert typischen Interesses.

Ein Satz, über den Kant sich besonders geärgert haben könnte, lautet: „Vorstellungen, die wir oft für die allgemeinsten Grundsätze der Menschenvernunft erkannten, verschwinden dort und hier mit dem Klima eines Orts" (II 8 II = 304). Man sollte hier heute hinzudenken, daß das menschliche Denken nicht nur durch das Klima geprägt wird, sondern es auch seinerseits prägt, nämlich durch die anthropogene Gestaltung der

---

[4] Vgl. Pohlenz 1950, 210f.

Lebensverhältnisse. Grundsätzlich aber hat Herder auch hier recht behalten, zumal er sich keinen Determinismus der Prägung des Bewußtseins durch die Lebensverhältnisse vorstellte, sondern nur eine Art Propensität: „... das Klima zwinget nicht, sondern es neiget: es gibt die unmerkliche Disposition" (II 7 III = 270). Im übrigen wirkt der zitierte Satz dem Ewigkeitsanspruch, zu dem das philosophische Denken neigt, in heilsamer Weise entgegen. Worüber auch immer wir philosophieren, wir tun es *jetzt*.

Die Naturordnung der Geschichte

Hat Herder vermöge dieser uneingeschränkten Bejahung der Naturzugehörigkeit des Menschen die Naturordnung der Geschichte gefunden? Er war zuversichtlich und teilte damit auch den Optimismus seines Jahrhunderts, daß Vernunft und Billigkeit (im Sinn des zu Billigenden) sich im Rahmen einer Gesamtentwicklung zur „Humanität" durchsetzen würden. „Es ist keine Schwärmerei, zu hoffen daß wo irgend Menschen wohnen, einst auch vernünftige, billige und glückliche Menschen wohnen werden." Den „Plan der gesamten Natur", der darauf hinauslaufen sollte, hat er am Ende des dritten Teils der „Ideen" in zwölf „Naturgesetzen" zusammengefaßt. Die ersten acht handeln davon, wie die Unordnung vergeht, wie also die Auseinandersetzung mit den „wilden Kräften" der Geschichte schließlich doch gut ausgeht. Die erste Gruppe beginnt – wie bereits angesprochen – mit der Grundstruktur der holistischen Selbsterfahrung und beschreibt dann, was dem Menschen Beständigkeit in einer künftigen Humanität verspricht, ein zu billigendes Verhalten und die zu überliefernde Vernunft, im weitesten Sinn also die vernommene Ordnung, jedoch – im Gegensatz zu Kant – nicht in der Gestalt einer staatlichen Verfassung. Nach einer vorangegangenen Formulierung Herders könnte der Beständigkeit ein I. Hauptsatz der Geschichte gewidmet sein, der besagt: *Ohne Ordnung keine Dauer*. Die zweite Gruppe handelt davon, wie aus Unordnung Ordnung wird, indem das der Ordnung Zuwiderlaufende auch in sich selbst keine Ordnung hat und deshalb sogar sich selbst zuwiderläuft und sich aufhebt. In Analogie zum II. Hauptsatz der Thermodynamik, den Herder noch nicht kannte und der umgekehrt die Entstehung von Unordnung aus Ordnung behauptet, wenn diese nicht eigens aufrechterhalten wird, kann Herders Prinzip: *Aus Unordnung wird Ordnung*, sein II. Hauptsatz der Geschichte genannt werden. Dieser Satz widerspricht dem physikalischen nicht, weil die Erde kein geschlossenes System ist, sondern von der Sonne lebt und in deren Licht tatsächlich Ordnung aus Unordnung entstehen läßt (vgl. III 15 IV/V = 661/665 ff.).

Die beiden Hauptsätze, durch die ich Herder sozusagen als den Inbegriff des Naturwissenschaftlers für die Geschichte stilisiert habe, klingen für sich genommen viel mehr nach Ordnung als es zum Denkstil seiner eher anarchistischen Gesinnung paßt. Gemeint ist aber, daß dies die Naturordnung ist, nach der die Krise, die als Geschichte ihre Zeit braucht, in einem Friedenszustand der Humanität oder im Frieden mit der Natur dermaleinst überstanden sein wird. Daß (II) aus Unordnung Ordnung hervorgebracht wird und (I) ohne Ordnung keine Dauer ist, bezieht sich also auf einen Endzustand der Geschichte oder jenseits der Geschichte. Herder nennt ihn einen Naturzustand des Friedens und des ursprünglichen Genusses (vgl. II 8 IV = 316), aber dies ist ein Frieden, den wir nicht haben, sondern suchen, und den wenigstens in der Suche zu vergegenwärtigen eine Zuversicht geben kann, daß es mit dem Elend der Geschichte doch einmal ein Ende nimmt. Er ist ein Ebenmaß, zu dem wir auf lange Sicht gebildet sind. „Durch Fehler und Verirrungen, durch Erziehung, Not und Übung sucht jeder Sterbliche dies Ebenmaß seiner Kräfte, weil in solchem allein der volleste Genuß seines Daseins lieget" (III 15 III = 648 f.). Die Zeichen dieser Suche – daß sie wirklich stattfindet – sind Kultur und Zivilisation, auch Wissenschaft und Technik.

Herder hätte die Parallele mit den je zwei Hauptsätzen – im Kosmos generell und in der menschlichen Geschichte – vielleicht gefallen, weil er verbale Korrespondenzen zur Naturwissenschaft (d. h. damals: zur Mechanik) liebte und ja auch deren Erfolg in einer Wissenschaft von der Geschichte wiederholen zu können hoffte. Obwohl seine Formulierungen der geschichtlichen Ordnung manchmal etwas mechanistisch klingen, hat Herder aber gewiß nicht daran gezweifelt, daß z. B. die Stoßgesetze in der Mechanik gegenüber denen der Wiedervergeltung in der Geschichte höchst simplifiziert seien. Die Gemeinsamkeit sollte nicht weiter gehen, als daß in beiden Fällen ein Austausch als Folge einer Wechselwirkung eintritt, wenn auch auf ganz verschiedenartige Weise, und dies war für die Geschichte ja bereits eine starke Behauptung. Wir denken ähnlich, wenn wir in der Politik von Gleichgewichten sprechen und dabei auch nicht an die Gravitationsgewichte denken, sondern an andere, nicht einmal physikalische Kräfte im Gleichgewicht. Auch wenn er vom „Triebwerk Europa's" (IV 20 0 – 854) spricht, hat dies nichts mit Maschinen im mechanischen Sinn zu tun, sondern ist nur die Diktion der Zeit. Heute sprechen viele Sozialwissenschaftler in Zusammenhängen, welche sich jeder – nicht nur durch ein Aufgebot von Worten suggerierten – systemtheoretischen Beschreibung entziehen, von Systemen, Teilsystemen, Rückkopplungen, Autopoiese etc. Was würden sie davon halten, hier in zweihundert Jahren – sofern diese Überlegungen entsprechend überdauern – systemtheoretisch beim Wort genommen zu werden? Wenn wir bei Herder lesen, was alle Wesen und ihre Systeme erhält, sei „nur Eins: *Verhältnis ihrer Kräfte zur periodischen Ruhe und Ordnung"* (III 15 III = 656), sollten wir auch ihm zugute halten, Tradition und Gerechtigkeit nicht nach einer mechanischen Ordnung gemeint zu haben. Wohl aber gibt es ‚Kräfte', ‚Ruhe' und ‚Bewegung' nicht nur in mechanischen Systemen.

Abgesehen von der Diktion seiner Zeit, steckt jedoch noch ein bisher nicht ausdrücklich angesprochener Gedanke dahinter, wenn Herder die Erfahrung der Geschichte mit der der Naturgeschichte verbinden zu können glaubte. Es ist dies zunächst der Monotheismus: „Der Gott, den ich in der Geschichte suche, muß derselbe sein, der er in der Natur ist: denn der Mensch ist nur ein kleiner Teil des Ganzen und seine Geschichte ist wie die Geschichte des Wurms mit dem Gewebe, das er bewohnt, innig verwebet. Auch in ihr müssen also Naturgesetze gelten, die im Wesen der Sache liegen" (III 15 V = 664 f.). Herder hat dieses „Wesen der Sache" in seinem Geweberaum sodann aber spinozistisch gedacht und den cartesischen Dualismus dadurch in einer Weise überwunden, die auch für uns holistisch wegweisend sein könnte. „Einen Geist, der ohne und außer aller Materie wirkt, kennen wir nicht; und in dieser sehen wir so viele geistähnliche Kräfte, daß mir ein völliger *Gegensatz* und *Widerspruch* dieser beiden allerdings sehr verschiednen Wesen des Geistes und der Materie, wo nicht selbst widersprechend, so doch wenigstens ganz unerwiesen scheinet" (I 5 II = 171). Schon die Vier Elemente – Erde, Wasser, Luft und Feuer – entwickelten sich nach seinem naturgeschichtlichen Entwurf „aus geistigen und körperlichen staminibus" (I 1 III = 31), sind also nicht nur körperlich zu denken, und dasselbe gilt dementsprechend für alle Lebewesen, die dann naturgeschichtlich aus ihnen hervorgegangen sind.

Analogie des Seins und des Empfindens in der Welt

Was Herder auf diese Weise zu denken suchte, ist die durchgängige Verwandtschaft alles Seienden in der Gemeinschaft der Natur. Er kannte diesen Gedanken vermutlich von Giordano Bruno (vgl. Eusterschulte 1996), im übrigen aber auch von Kant, dessen naturgeschichtlicher Ansatz 1755 ja auf der Annahme beruhte, daß allen Dingen eine „Verwandtschaft... von der Gemeinschaft des Ursprungs eigen ist" (1755, A 195). Die Lehre von der durchgängigen Verwandtschaft alles Seienden ist nach einem Gedanken Herbert Herrings (1995, 77) sogar bereits der Kern der scholastischen Auffassung von der *analogia entis*, die ja wiederum bis in die Antike zurückreicht. Ich kann nicht belegen, wieweit Herder sich dieser Tradition bewußt war. Tatsächlich aber ist das Prinzip der Analogie ein in den „Ideen" immer wiederkehrender Leitgedanke, und Herder hat darunter auch wirklich den Schöpfungszusammenhang aller Dinge der Natur verstanden: „eben dieselbe *Analogie*, das Gefühl von dem Einen, der in aller Mannichfaltigkeit herrschet" (1778, II 666).[5] Die Analogie aller

---

[5] Irmscher (1981) hat zu Recht die heuristische Funktion des Analogiedenkens bei Herder hervorgehoben. Ich sehe den Grund der Möglichkeit der produktiven Fortbildung des Denkens durch Analogien etwas weitergehend darin, daß die Wirklichkeit selbst so gebildet ist und daß auch Herder dies gemeint hat.

Dinge ist derselbe Zusammenhang, den Nikolaus von Kues durch den Gedanken angesprochen hat, das Geschaffene werde „als Geschaffenes nur dann vollkommen gesehen, wenn auch der Schöpfer gesehen" oder mitgesehen wird (CT 14 = III 703). In dieser Verwandtschaft des Ursprungs sah Herder alle Lebewesen von „der schaffenden Natur, die immer nur tätig denkt... nach dem unverkennbaren Gesetz Einer Analogie, die durch alles Lebendige unsrer Erde herrschet" (II 7 IV = 271 f.), gebildet. Ein bereits zitiertes Beispiel ist die Vernunft als ein Analogon des Instinkts. In den „Ideen" steht außerdem der Gedanke im Vordergrund, alle Lebewesen seien insoweit analog gebildet, als ihre Entwicklungsgeschichte – nicht im Sinn einer Abstammungsgeschichte, sondern als Entwicklungsmorphologie verstanden – auf den Menschen zugelaufen sei. Interessanter als diese besondere Hypothese, wie die Analogie sich konkretisiert, ist aber der grundsätzliche Gedanke, daß alle Lebewesen überhaupt in einer Analogie zueinander stehen.

Das Analogsein aller Dinge ist ein Charakter von Zusammenhang, Ganzheit und in einem weiten Sinn sogar von Einheit der Welt. Analogien sind relativ zu weiterreichenden Ansprüchen an Einheitlichkeit jedoch immer nur ,bloße' Analogien. Sich hinsichtlich der Einheit der Natur mit dem Analogsein zu begnügen ist weniger als jede andre Form des Einheitsdenkens in der Philosophiegeschichte gefährdet, totalitär gemeint oder zumindest so verstanden zu werden.[6] Dies ist eine besondere Qualität der Aristotelischen Tradition, in der Herder hier steht und die man auch anerkennen kann, ohne sie kritisch gegen Platon zu wenden. Sich mit dieser schwachen Form von Einheit zu begnügen entspricht dem latenten Anarchismus, der sich hinter Herders politischem Republikanertum wie hinter seiner Betonung des je besonderen Eigenwerts aller Dinge verbirgt. Zur Natur und ihrer Geschichte gehört das Blühen in Vielfalt, und in jeder Blüte blüht sie ganz: *„jedes Geschöpf hat also seine eigne, eine neue Welt"* und „ist ein Zähler zu dem großen Nenner, der die Natur selbst ist" (I 3 II/V = 89/108). Dies gilt auch für den Menschen. „Freilich ist die Erde dem Menschen gegeben; aber nicht ihm allein, nicht ihm zuvörderst" (I 2 III = 67). Daß „jedes Geschöpf eine so ganze Form der Natur ist, als ob sie nichts anders geschaffen hätte" (I 4 I = 129), kommt mit dem Gedanken des Cusaners überein, daß das Universum in jedem Geschöpf dieses Geschöpf sei. Ich kenne keine schönere und treffendere Bestimmung der Ganzheit der Natur. Herder hat auch theologisch genauso gedacht:

„Alle Werke Gottes haben dieses eigen, daß ob sie gleich alle zu Einem unübersehlichen Ganzen gehören, jedes dennoch auch für sich ein Ganzes ist und den göttlichen Charakter seiner Bestimmung an sich trägt. So ists mit der Pflanze und mit dem Tier; wäre es mit dem Menschen und seiner Bestim-

---

[6] Kein Platon ist vor Poppern sicher.

mung anders? daß Tausende etwa nur für Einen, daß alle vergangenen Geschlechter fürs letzte, daß endlich alle Individuen nur für die Gattung d. i. für
das Bild eines abstrakten Namens hervorgebracht wären? So spielt der All-
weise nicht: er dichtet keine abgezognen Schattenträume; in jedem seiner
Kinder liebet und fühlt er sich mit dem Vatergefühl, als ob dies Geschöpf das
Einzige seiner Welt wäre" (II 9 I = 341 f.).

Herder hat also Ganzheit nicht so verstanden, daß das Ganze die Hauptsache sei und es auf die Teile nur um des Ganzen und nicht somit auch um
ihrer selbst willen ankomme, sondern das Ganze, so wie er es meint, ist in
jedem seiner Teile ganz. Es ist nicht nur nicht die Hauptsache, es ist eigentlich gar keine Sache, sondern dazu wird es immer erst im Einzelnen. Die
Teile haben ihren Wert nicht nur um des Ganzen willen, sondern sie sind
selbst das Ganze, je für sich in einer besonderen Individuation. Sie haben
ihren jeweiligen Eigenwert, aber sie haben ihn kraft des Ganzen, das sie je
in ihrer Weise sind und das sich so, wie sie sind, in ihnen zeigt. Herder hat
diesen anarchistischen Pluralismus gleichermaßen für den Eigenwert verschiedener Kulturen, verschiedener Epochen der Geschichte einer Kultur,
einzelner Individuen in ihrer jeweiligen Gegenwart und für die Eigenwerte
aller Dinge oder Lebewesen im Ganzen der Natur geltend gemacht.
„... hätten wir", meinte er sogar, „einen Sinn, die Urgestalten und ersten
Keime der Dinge zu sehen, so würden wir vielleicht im kleinsten Punkt die
Progression der ganzen Schöpfung gewahr werden" (I 2 I = 56). Alles Einzelne als Individuation des Ganzen der Natur anzusehen erinnert außer an
Nikolaus von Kues auch an Leibniz, aber Herders Individuen sind nicht
einsam, sondern stehen in einem historischen Zusammenhang.

Hinsichtlich anderer Völker und Sitten folgt aus Herders holistischem
Prinzip anerkanntermaßen die ethnologische Regel, wir sollten „unsre
stolzen Vorurteile verleugnen" und jede andre Kultur möglichst – soweit
wir dies vermögen – „so unparteiisch betrachten, als ob sie die einzige in
der Welt wäre" (II 6 IV = 228). Er hat den Eurozentrismus und die kolo-
niale Unterdrückung fremder Identitäten entsprechend mißbilligt. Weniger bekannt ist, daß Herder für dasselbe Prinzip auch über die Menschheit hinaus in der Gemeinschaft der Natur eingetreten ist. „Die Republik
der Biene" z. B. ist danach ein Ausdruck von „Bienensinn, Bienenge-
fühl... Ihre Seele ist in diese Organisation eingeschlossen und mit ihr
innig verwebt ... Der Bienenstock ist ihre Welt" (I 3 IV = 103). Ganz
ähnliche Gedanken kehren im 20. Jahrhundert bei Jakob von Uexküll
wieder, nach dessen Umweltenlehre jede Art von Lebewesen zunächst
einmal in einer eigenen Welt, ihrer „Umwelt" lebt, so daß es sich fragt,
wie diese vielen Welten obendrein zu einer einzigen gehören können.
Noch enger wird die Verbindung dadurch, daß Herder die Verschiedenheiten des „Klimas", d. h. in seinem Verständnis der Lebensverhältnisse
oder der „Umwelten" im Uexküllschen Sinn, für den wesentlichsten Bestimmungsgrund der Entstehung jener Pluralität gehalten hat.

Herders pluralistisch ganzheitliche Sicht, die Natur sei in jedem Individuum so ganz, als ob es kein andres gäbe, kann heute der Ausgangspunkt einer physiozentrischen Wahrnehmung der natürlichen Mitwelt in der Naturgeschichte sein. Seine Analogielehre von der durchgängigen Verwandtschaft alles Seienden ist für uns aber nicht nur ontologisch interessant. Eine weitergehende Pointe liegt darin, daß Herder sich nicht mit der Außensicht begnügt, sondern die so verstandene Welt auch als Wahrnehmungswelt zu verstehen versucht hat, so daß der äußeren die innere Sicht an die Seite gestellt wird. Seitdem Parmenides die Selbigkeit von Denken und Sein bedacht hat, gab es für diese Beiderseitigkeit eine philosophische Tradition. Herder aber ist insoweit über alles Bisherige hinausgegangen, als er

– die holistische Selbsterfahrung naturgeschichtlich gedacht und damit ausdrücklich auch die Naturgeschichte der Vernunft gemeint hat;
– dem Empfinden in diesem Zusammenhang – und insoweit anders als Hume – eine Priorität vor der Vernunft zugesprochen hat.

Beide Schritte sind in ihrer philosophischen Tragweite, die insbesondere in ihrer Verbindung liegt, bisher nicht hinreichend gewürdigt worden.

Was den ersten Gesichtspunkt angeht, so habe ich Herders uneingeschränkte und so erstaunlich unverächtliche, geradezu freudige Bejahung der menschlichen Naturhaftigkeit schon geschildert. Er war vielleicht der erste Philosoph, für den die *„Geburt unsrer Vernunft"* aus der Natur schlechterdings nichts Unanständiges bedeutete – im Gegensatz zu denen, die ihre Gedanken so empfinden und präsentieren, als seien sie auch individuell nie Kinder gewesen, hätten nie von andern zu sprechen gelernt und auch keinen spezifisch menschlichen „Empfindungskreis', keine *Mutter-* und *Menschensprache.* Sie sprechen wie die Götter: d. i. *denken rein* und erkennen ätherisch, daher denn auch nichts als Götter- und Vernunftsprüche von ihren Lippen kommen können." Herder war von diesen Prätentionen völlig frei, sondern wußte: „was ich bin, bin ich geworden. Wie ein Baum bin ich gewachsen: der Keim war da; aber Luft, Erde und alle Elemente, die ich nicht um mich satzte, mußten beitragen, den Keim, die Frucht, den Baum zu bilden"' (1778, II 692). Den Kern dieses Selbstbewußtseins, nicht einfach Johann Gottfried Herder, sondern Natur in seiner Gestalt zu sein, drückt vielleicht der Nebensatz: „die ich nicht um mich satzte" am treffendsten aus. In uns lebt, was nicht von uns ist, sondern von Natur.

Der durchgängigen Analogie alles Seienden in der Natur – der allgemeinen Verwandtschaft, an der auch wir teilhaben – entspricht nun aber eine gleichermaßen analoge Verwandtschaft des Empfindens. Dies ist der zweite Grundgedanke, der sich mit dem ersten so verbindet, daß „ein gewisses *analoges Empfinden und Erkennen* der Hauptzweck war, zu dem sie [die Natur] alle Erdorganisationen bilden wollte" (I 4 I = 127). Das ursprüngliche Natursein aller Dinge der Natur ist dann ein Empfinden, das die Natur von sich selbst hat.

„... die Natur gab ihren lebendigen Kindern das beste, was sie ihnen geben konnte, eine *organische Ähnlichkeit ihrer eignen schaffenden Kraft, belebende Wärme.* Durch solche und solche Organe erzeuget sich das Geschöpf aus dem toten Pflanzenleben lebendigen Reiz und aus der Summe dieses, durch feinere Kanäle geläutert, das Medium der Empfindung. Das Resultat der Reize wird Trieb: das Resultat der Empfindungen, Gedanke: ein ewiger Fortgang von organischer Schöpfung, der in jedes lebendige Geschöpf gelegt ward. Mit der organischen Wärme desselben... nimmt auch die Vollkommenheit seiner Gattung, wahrscheinlich also auch seine Fähigkeit zu einem feinern Gefühl des Wohlseins zu, in dessen alles durchgehendem Strom die allerwärmende, allbelebende, allgenießende Mutter sich selbst fühlet" (I 3 I = 82f.).

Hier sind mit dem „feinern Gefühl des Wohlseins" die zu Gedanken geläuterten Empfindungen gemeint, so daß selbst das Denken primär als eine Form des Wohlseins erscheint. Man soll den Lebensstrom zulassen, heißt es an andrer Stelle, auch im Denken, so daß er dort zu *„Lebensgeist"* werde (1778, II 695). Dem Empfinden aber gebührt die Priorität, der mit Gefühl verbundenen Wahrnehmung (Aisthesis).[7] „Alle unser Denken ist aus und durch Empfindung entstanden, trägt auch, Trotz aller Destillation, davon noch reiche Spuren" (aaO 722). Ein Denken ohne Empfindung erscheint wiederum wie ein Segeln ohne Wind.

Herder hat hier an Shaftesbury und wohl auch an Hume angeknüpft. Daß in der Philosophie Gefühle nicht nur zum Ausdruck gebracht, sondern selbst thematisiert werden, ist ungewöhnlich, und die drei Genannten hatten dazu nicht in gleicher Weise Anlaß. Für Herder sehe ich den Grund darin, daß er – in der Philosophie vielleicht überhaupt erstmalig – die Gemeinschaft der Lebewesen zu denken gesucht hat und dafür gemeinschaftliche Bestimmungen brauchte, welche nicht nur für Menschen zutreffen. Bereits für die Menschheit ist es eine fragwürdige Tradition, die Vernunft bzw. die Vernunftfähigkeit als das am ehesten Gemeinsame zu verstehen, denn dadurch wurden eigentlich die europäischen Erwachsenen und – nach der Art der gemeinten Vernunft – vor allem Männer, diese aber auch nur in diskursiv bestimmten, nicht unbedingt repräsentativen Situationen zum Paradigma von Menschlichkeit erklärt. Für die Gemeinschaft der Lebewesen kam dies nun vollends nicht mehr in Frage. Was aber ist der gemeinsame Nenner der Natur? „Siehe die ganze Natur, betrachte die große Analogie der Schöpfung. Alles fühlt sich und Seinesgleichen, Leben wallet zu Leben ... Tier fühlt mit Tier" (aaO 693).

Zwar ist der Horizont unserer Empfindung begrenzt; „das Leben der Pflanzen, kennen wir nicht: das Leben der Metalle, die ohne Zweifel auch leben, nicht; das Leben der ganzen Erde, wo diese Pflanzen, diese Mine-

---

[7] Trotz der besonderen Rolle des Tastsinns, die Herder zu Recht betont (vgl. Mülder-Bach 1994), verstehe ich unter dem Gefühl bei ihm weiterhin generell die Selbstwahrnehmung des Lebens.

ral-Adern, Haare, usw. sind; nicht" (1769, II 246). Daß in der Gemeinschaft der Natur alles sich und seinesgleichen fühlt, ist aber doch wohl
das Grundverhältnis dieses verwandtschaftlichen Zusammenhangs. Dabei beschränkt das „Seinesgleichen" das Gefühl füreinander sicher nicht
auf die eigene Art oder Gattung, benennt aber die jeweiligen Horizonte
als Grenzübergänge. Und doch ist es letztlich ein Gemeingefühl, „in dessen alles durchgehenden Strom die allerwärmende, allbelebende, allgenießende Mutter [Natur] sich selbst fühlet", in den Menschen mit Men-
schengefühl und in den Schnecken mit Schnecken- oder Meeresgefühl (I 3
I/II = 83/91).

Dem Cartesischen Cogito-ergo-sum (1644, I § 7) hat Herder schon in
jungen Jahren als seine eigene Selbsterfahrung entgegengesetzt: *„Ich
fühle mich! Ich bin!"* (1769, II 244), wobei die Andersartigkeit der Aussage es mit sich bringt, daß Herder kein „ergo" braucht.[8] Beiderlei Selbst-
verständnissen entsprechen ganz verschiedene Identifikationen, in welcher Gemeinschaft man sich als sich selbst erfährt. Descartes' Denken
sucht der Leiblichkeit zu entgehen, aber Herders Selbstgefühl ist dezi-
diert leiblich. Der Mensch „empfindet nur im *beständigen Horizont* seines Körpers" (1774, II 564), also unserer Verwandtschaft mit der natürlichen Mitwelt im Ganzen der Natur. Soweit wir durch dieses Selbstgefühl
in uns die Andern und das Andre wahrnehmen, so weit reicht der Horizont unseres verwandtschaftlichen Mitgefühls. In Herders Worten: „Im
Grad der Tiefe unsres Selbstgefühls liegt auch der Grad des Mitgefühls
mit andern: denn nur uns selbst können wir in andre gleichsam hinein
fühlen" (1778, II 694).

Es wäre ein Mißverständnis zu meinen, Herder habe die Vernunft
durch das Gefühl ersetzen wollen. Wer so viele vernünftige Bücher geschrieben hat wie er, ist gegen diesen Vorwurf immunisiert. Seine Frage
war vielmehr, was in uns zur Sprache kommt, also vernünftig bedacht
wird, und dies ist nicht nur die Vernunft selber, sondern die Natur, diese
aber ursprünglich – wie bei Epikur – gefühlsförmig. Dabei fehlte Herders
Selbsterfahrung der Natur völlig die Fixierung auf die Sexualität, die später Nietzsches, sonst teilweise ähnlichen Weg bestimmt hat. Was Herder
zeigen wollte, war – um es mit dem von ihm selbst vorgezogenen Begriff
der Analogie zu sagen – die Fundierung des Logischen im Analogischen,
der Vernunft im Gefühl oder des Lebensgeists im Leben, damit zwar
Geist hervorgebracht werde, aber doch nicht ohne Leben, sondern aus
dem Leben selbst. Der Satz: „was ich bin, bin ich geworden", gilt auch
für Philosophen, und dies erlebt zumal derjenige, dessen Thema die Gemeinschaft des Gewordenseins ist. So war es die Natur für den Naturge-

---

[8] Herder hat sich hier nicht namentlich auf Descartes bezogen. Seine Aussage
aber ist gegenüber der Cartesischen so zugespitzt, daß der Gegensatz unüberseh-
bar ist.

schichtsphilosophen Herder. Relativ zur Gefühlsfremdheit der Scholastik oder dem Rationalismus von Descartes bis Kant war dies ein großer Schritt. Blickt man weiter zurück, so fällt aber doch auf, daß in der Philosophie seit dem Spätmittelalter Gefühlsbezüge verlorengegangen zu sein scheinen, die es zuvor gegeben hat. Noch Nikolaus von Kues hat die Delphische Einsicht so verstanden, daß der Geist sich selbst erkennt und sich (nur) in der Verbindung mit dem göttlichen Geist selbst empfindet (sentiat; JM 1 = III 483), so daß die Selbsterkenntnis mit dem Selbstgefühl zusammengehört.

Herder hat das Selbstgefühl, dessen Tiefe den Horizont des Mitgefühls mit Anderen und Anderem bestimmt, in der Regel nur als Genuß beschrieben. Dem Selbstgefühl des Wohlseins der Natur entsprechen der Naturzustand des ursprünglichen Genusses im Ebenmaß der Kräfte und die Verhältnisse der Natur, durch die wir glücklich werden sowie die Kunst, die zum Genuß Natur werden muß (vgl. II 8 IV/V = 316/335 und III 15 III = 649). Fremdheit und Zerfallenheit kommen dabei nicht vor. Herder hatte die besondere Fähigkeit, in allem ein Gutes zu sehen und dadurch jedem in seinem Eigenwert gerecht zu werden, ohne es nur historistisch zu relativieren. Mit dieser Stärke hat sich die Schwäche verbunden, bisweilen zuviel des Guten zu sehen oder zu wünschen.[9] So mag es auch hinsichtlich des genießenden Selbstgefühls gewesen sein, zumal ihm dies persönlich nur sehr begrenzt gegeben war, wie das Fiasko seiner Italienreise auf Goethes Spuren gezeigt hat. Ich denke deshalb hinzu, daß in den Horizont des Mitgefühls auch die Erfahrung der Fremdheit des Andern gehört und daß diese Fremdheit sogar im Selbstgefühl des eigenen Innern angelegt sein muß, wenn das Gefühl für Andere gerade so weit reicht wie dieses. Außer der Erfahrung der Fremdheit fehlt in Herders Beschreibung aber auch die der Gegenseitigkeit des Gefühls, so daß er mit der ausschließlichen Betonung der Korrespondenz von Selbstgefühl und Mitgefühl doch dem aufkommenden Idealismus aufgesessen sein mag.

Abgesehen von diesen Bedenken bleibt festzuhalten, daß Herders analogischer Ansatz ein Einvernehmen des Gefühls in der Gemeinschaft der Natur zeigt, welches die naturgeschichtliche Verwandtschaft aller Dinge vergegenwärtigt. In diesem Einvernehmen sind die Tiere als der „Menschen ältere Brüder" und die Pflanzen in ihrer „durchscheinende[n] Ähnlichkeit zu Tieren und Menschen" gleichermaßen als unsere natürlichen Verwandten zu erleben (I 2 III/II = 67/63). *Die ursprüngliche Verwandtschaft aller Dinge im Mitgefühl als die Naturgeschichtlichkeit des Mitseins zu erfahren* ist der Wegweiser, den ich Herders Naturgeschichtsphilosophie entnehme. Ich denke, daß wir diese Fähigkeit zur Wahrnehmung des

---

[9] Ein Beispiel ist Herders Fortschrittsbegeisterung am Ende des III. Teils der „Ideen".

Mitseins wirklich haben – wie bei allen menschlichen Fähigkeiten in Verbindung mit der gegenteiligen, der zur Selbstbezogenheit – und daß in
der nicht selbstbezogenen Erfahrung des Andern sowohl unter Menschen
als auch in der weitergehenden Gemeinschaft der Natur sogar eine besondere Erfüllung von Humanität liegt. Dies freilich bleibt zu zeigen.

Wir verdanken Herder innerlich und äußerlich ein neues Menschenbild. Unser Selbstverständnis ist innerlich nunmehr das Lebensgefühl,
welches wir mit allen Naturwesen gemeinsam haben, jedoch in der
menschlichen Eigenart, daß es in besonderem Maß erkenntnisleitend
werden kann. Auch äußerlich erscheinen wir uns erstmals als Naturwesen im vollen Sinn, hervorgegangen aus der Naturgeschichte und so, daß
wir *sind, was wir geworden sind*. Wir haben unser Leben nicht von uns,
sondern von Natur, und in uns lebt, was nicht von uns ist. Vielleicht sind
Selbstgefühl und Selbsterkenntnis noch nie so nahe zusammengekommen
wie hier bei Herder. Umgekehrt waren sie vielleicht noch nie so weit entfernt voneinander wie in Descartes' Selbstwahrnehmung als *res cogitans*
und der äußerlich körperlichen Wahrnehmung des Menschen wie der übrigen Welt als *res extensa*. Die holistische Selbsterfahrung ist im 19. und
20. Jahrhundert aber kein lebendiger Kreis geworden, wie er aus Herders
Ansatz hätte hervorgehen können. Die biochemischen Systeme, als die
wir im Weltbild der Naturwissenschaft erscheinen, haben mit dem Selbstgefühl, das wir von uns haben, schlechterdings nichts zu tun. Was haben
wir falsch gemacht? Hätten wir in der Naturwissenschaft lieber Herder
als Descartes folgen sollen? Welche Chancen hat diese Alternative heute?

Herders Naturphilosophie der Vernunft ist in der philosophischen Tradition leider ziemlich ignoriert worden. Dies gilt für den Autor selbst
freilich mehr als für die Grundgedanken seines Entwurfs. So steht beispielsweise in Karl Marx' „Pariser Manuskripten", was auch von Herder
hätte gesagt sein können: „Die Geschichte selbst ist ein *wirklicher* Teil
der *Naturgeschichte*, des Werdens der Natur zum Menschen" (1844, III
123). Dabei, daß „der Denkprozeß… ein *Naturprozeß* ist", ist Marx
auch später geblieben.[10] Er hat sich aber für das menschliche Natursein
doch immer nur etwas freudlos und eigentlich nicht weiter interessiert,
als sich daraus Argumente wider seine Gegner ergaben. Später haben die
Marxisten die Natur über dem Fortschrittsglauben im wesentlichen ganz
aus den Augen verloren. So entsprach es aber auch der allgemeinen geistigen Haltung in den Sozialwissenschaften. Beispielsweise bezog sich Hannah Arendt auf die beiden soeben zitierten Bemerkungen von Marx mit
der mißbilligenden Erläuterung, dann habe auch Milton sein „Paradise
Lost" „aus dem gleichen unwiderstehlichen Trieb [produziert], der den
Seidenwurm dazu drängt, den Seidenfaden zu spinnen". „Damit verschwindet die letzte Spur von Handeln aus dem Tun der Menschen"

---

[10] Brief an Kugelmann, 11. Juli 1868.

(1960, 313f.). Die Geburt unserer Vernunft aus der Natur gilt unter Geistes- und Sozialwissenschaftlern bis heute als genierlich. Zwar wird kulturgeschichtlich zur Kenntnis genommen, wie stark gesellschaftliche Verhältnisse vom Naturverhältnis der betreffenden Gesellschaft geprägt werden, aber dies ist nur der erste Schritt zur Wahrnehmung der menschlichen Naturzugehörigkeit in der Gegenwart. Eigentlich geht es immer noch um die kopernikanische Frage, wie wir in die Welt gehören und in ihr heimisch werden können. Oder wollen wir weiterhin wie außerplanetarische Eroberer leben? So oder so – wie wollen wir leben? Dies ist eigentlich die Grundfrage der Ethik, aber gerade die Ethik ist heute naturfremder denn je. Ich folge deshalb Herders Ansatz in der Richtung auf eine naturphilosophische Begründung der Ethik.

2. Die Aufgabe der Ethik in der Naturkrise der wissenschaftlich-technischen Welt

In der gegenwärtigen Naturkrise muß die alte Frage nach der rechten Lebensordnung wieder neu gestellt werden: Wie wollen wir in Zukunft leben? Die Frage ist dringlich, weil die Industriegesellschaften nicht so weiterleben dürfen und auf längere Sicht auch nicht so weiterleben können wie bisher, so daß neue Antworten gefunden werden müßten. So wie die bisherigen Antworten im wesentlichen aus der Renaissance stammten, der kopernikanischen Herausforderung aber nicht gerecht geworden sind, gilt es diese Herausforderung heute erneut wahrzunehmen. Sie bestand darin, in der Welt nicht einfach heimisch zu sein wie im geozentrischen Weltbild, sondern es zu *werden*. Darin besteht sie noch heute, denn heimisch geworden sind wir noch lange nicht. Wie wir in die Welt gehören, ist ein vergessener Traum. Darum sind die Regeln unseres, vor allem des industriegesellschaftlichen Verhaltens nicht im Einklang mit der Ordnung des Ganzen der Natur.

Die bisher weitestgehende Antwort auf die kopernikanische Herausforderung, die dem anthropozentrischen Eroberertum entgegentritt, ist die von Herder gegebene. Sie lautet: Was ich bin, bin ich in der Gemeinschaft der Natur geschichtlich geworden. In uns lebt, was nicht von uns ist, sondern von Natur. Für ein Lebewesen gehört sich nur, was auch in diese Geschichte gehören kann. Wir passen so in die Welt wie in der Naturgeschichte unter unsere naturgeschichtlichen Verwandten. Im Gefühl für die Gemeinschaft des Ursprungs wird uns die Naturgeschichte gegenwärtig. Wenn dieses Gefühl in der menschlichen Anlage zur Vernunft erkenntnisleitend wird, können wir kraft der Vernunft die Stimme der Natur vernehmen.

Was diese Stimme uns heute zu sagen hat, ist nicht bei Herder nachzulesen, sondern darum müssen wir uns schon selbst bemühen, wenn wir ihm erst einmal darin folgen, daß dies die richtige Frage ist. Davon sind wir im gegenwärtig dominanten Bewußtsein weit entfernt. Eigentlich aber handelt es sich, abgesehen von ihrer Vergegenwärtigung in der Naturgeschichte, um eine sehr alte Frage. Wir suchen die Natur zu bezwingen, „während das politische Denken der Griechen an der Natur Maß nahm, um zu sehen, welche Ordnung unter den Menschen sein sollte" (Meier 1986, 102). Eine klassische Formulierung dieses Maßnehmens an der Natur der Dinge, die auch die unsere ist, stammt von Heraklit und lautet, frei übersetzt: Der Mensch vermag sich im Erkennen und Handeln an der Wahrheit zu orientieren, indem er auf die Natur hinhört (DK B 112). Die Praktische Vernunft kann im Erkennen und Handeln die Stimme der Natur, zu der wir selbst gehören, vernehmen. Dies tun zu sollen ergibt sich aus der ebenfalls Heraklitischen Regel: „Wer da redet mit Einsicht, der muß fest werden (sich festigen) in dem allen Gemeinsamen" (DK B 114).[11] Heraklit dachte dabei an die Gesetze innerhalb der politischen Gemeinschaft, aber für uns ist dieses Gemeinsame, dem man „folgen" soll (DK B 2), zur Allgemeinheit der Natur erweitert.

Ermutigen lassen dürfen wir uns auch von Kant, der durch seinen naturgeschichtlichen Ansatz „die Natur... würdiger, als sie gemeiniglich angesehen wird, erscheinen" zu lassen versprach (1755, A 146). Die Achtung vor der Würde der natürlichen Mitwelt ist heute eine Chance, der zerstörerischen Konsumwirtschaft kulturelle Grenzen zu setzen. Dies wahrzunehmen setzt allerdings die Bereitschaft voraus, die Würde der Natur überhaupt in neuer Weise anzuerkennen, wie sie in der frühen Neuzeit mehr als heute bestanden hat. Vielleicht kann uns hier die Erinnerung zu denken geben, wie sowohl in der griechischen als auch in der neuzeitlichen europäischen Aufklärung die Berufung der Vernunft auf die Natur zur vernünftigen Begründung einer den herrschenden Machtansprüchen gegenläufigen Lebensordnung als Naturordnung beigetragen hat. Beide Aufklärungen haben sich nicht nur auf die Vernunft berufen, sondern dieser einen Halt in der Natur gegeben. Zeigt nicht auch das haltlos freie Schweben der Vernunft im sich vollbringenden Konstruktivismus der aufkommenden Medienwelten, daß sie diesen Bodenkontakt braucht? In der Antike war die Wendung zur Natur um so überzeugender, als auch die Götter – welche die früheren Lebensordnungen legitimiert hatten – als kosmische Mächte oder Naturkräfte wahrgenommen worden waren. In der Neuzeit hat der Berufung Hobbes', Lockes und der andern Staatsphilosophen auf die Natur die kos-

---

[11] Übersetzung von Schadewaldt 1978, 368. Vgl. Forschner: „Heraklits Logos ist nicht nur Gesetz im Sinne des Naturgesetzes, das einen invarianten Zusammenhang von Erscheinungen ausdrückt, sondern zugleich Gesetz im normativen Sinn, dem als dem Gemeinsamen zu folgen geboten sei" (1981, 11). Auf dieser Gesetzeseinheit beruhte später die Philosophie der Stoa.

mische Kontrolle gefehlt, welcher Platons „Timaios" hinsichtlich der
„Politeia" dienen sollte. Wir können nach den Überlegungen des vorangegangenen Kapitels nun aber berücksichtigen, daß auch der Naturwissenschaft ein Lebensentwurf vorausgeht, brauchen uns also – in der Tradition des späten Platon und des nachkritischen Kant – nicht von den
Autonomieansprüchen der herrschenden Naturwissenschaft abschrek-
ken zu lassen. Geschieht dies für die Zukunft im Bewußtsein der Geschichtlichkeit der Natur selbst, die im Menschen zur Sprache kommt,
so haben wir eine neue Chance, in der Vernunft die Stimme der Natur
vernehmen und das menschliche Leben nach einer Lebensordnung der
Natur einrichten zu können.

Aus der Sicht einer nicht naturphilosophisch fundierten Ethik ist es ein
abwegiger Gedanke, die Regeln des menschlichen Verhaltens auf den Naturzusammenhang des Lebens beziehen zu wollen. Ist aber die Platonische
Frage, wie es zu leben gilt (Pol 352d7), nicht das eigentliche Thema der
Ethik? Die bisherigen Erfahrungen der industriestaatlichen ‚Umweltpolitik' zeigen, daß die bestehenden Hemmnisse letztlich weder technischer
noch wirtschaftlicher Art sind, sondern im Bewußtsein liegen. Eigentlich
leiden wir und lassen wir die natürliche Mitwelt nicht nur unter Schadstof-
fen leiden, sondern unter unseren falschen Lebensentwürfen. Dasselbe gilt
für die Dritte Welt und die Nachwelt, zu deren Lasten wir obendrein leben. Ich erinnere hier nur summarisch an die Tatsachen:[12]
– Die Technik folgt wechselnden Leitbildern. Nach dem Zweiten Weltkrieg galt im wesentlichen ein Leitbild des großtechnischen Optimismus, in dem weder die gesellschaftliche Tragweite technischer Entwicklungen (Sozialverträglichkeit) noch ihre Verträglichkeit mit dem
  Naturzusammenhang des Lebens (Umweltverträglichkeit) berücksichtigt wurde. Seit den 70er Jahren hat sich dies jedoch geändert. Die technischen Möglichkeiten haben sich sogar relativ rasch gewandelt, weil es
  in der Technikentwicklung immer auch Minderheiten gibt, welche
  nicht dem dominanten Leitbild folgen, sich also z. B. sogar in Zeiten, in
  denen das Mineralöl nur 9 Pfennige/Liter kostete, für Möglichkeiten
  der Energieeinsparung interessiert haben. Mittlerweile sind genügend
  viele und gute technische Lösungen entwickelt, um in der Industriegesellschaft nicht mehr zu Lasten der Mitmenschen, der natürlichen Mitwelt, der Dritten Welt und der Nachwelt zu leben. Daß sie in der Regel
  nicht mehr kosten als das Leben zu Lasten Dritter, ist eigentlich nicht
  zu erwarten. Erstaunlicherweise aber sind sie in vielen Fällen kaum
  teurer oder sogar billiger als die bisherigen Verfahren (vgl. E. U.
  v. Weizsäcker 1995).

[12] Vgl. Hartkopf/Bohne 1983; K. M. Meyer-Abich 1984/1986/1990; Jänicke
1986; Wicke 1986; Simonis 1990; E. U. v. Weizsäcker 1990; Jischa 1993; Müller/
Hennicke 1994.

– Die vorhandenen technischen Lösungen kommen allenfalls so weit zur Anwendung, wie dies auch betriebswirtschaftlich rational ist, d. h. den einzelnen Wirtschaftssubjekten in den jeweiligen Grenzen ihrer Optimierung Vorteile bringt. Das volkswirtschaftliche Ergebnis ist, daß weiterhin zu Lasten Dritter, zu Lasten des Bestands – also der Vergangenheit – und zu Lasten der Zukunft gewirtschaftet wird. Ich komme im Abschnitt V.2 darauf zurück, in welchem Maß die Kosten der industriellen Wirtschaft durch die Erträge nicht gedeckt werden, diese Wirtschaft also volkswirtschaftlich im strengen Sinn unwirtschaftlich ist. Welche wirtschaftspolitischen Instrumente dem abhelfen könnten, um die einzelwirtschaftlichen Optimierungsbedingungen wieder mit dem öffentlichen Interesse – in einer so oder so weit zu fassenden Allgemeinheit – in Einklang zu bringen, ist seit Jahrzehnten bekannt. Über die umweltökonomischen Grundorientierungen hinaus sind für einzelne Branchen inzwischen hervorragende Möglichkeiten entwickelt worden, die Geschäftsbereiche in neuer Weise so zu begrenzen, daß der einzelwirtschaftliche Vorteil dem volkswirtschaftlichen nicht mehr entgegenläuft. In der Energiewirtschaft wäre der Übergang von Energieversorgungs-Unternehmen (EVU) zu Energiedienstleistungs-Unternehmen (EDU) ein solches Beispiel. Es gibt sogar den „Wohlstand durch Vermeiden" (Müller/Hennicke 1994).

Man kann also den Stand der ‚Umwelt'- bzw. Mitweltpolitik im wesentlichen durch den Dreisatz zusammenfassen: (1) So geht es nicht weiter. (2) Was statt dessen geschehen müßte, ist grundsätzlich bekannt. (3) Trotzdem geschieht es im wesentlichen nicht. Warum nicht?

Der unmittelbare Befund ist, daß die Beteiligten die Verantwortung untereinander herumschieben, statt jeweils bei sich selber anzufangen. Dies gilt gleichermaßen hinsichtlich (1) der Wirtschaft, (2) des Staats und (3) der Bürger. So heißt es unter den Bürgern: (3/1) die Wirtschaft ist schuld, weil sie unsere Lebensverhältnisse beeinträchtigt oder zerstört (wobei unter ‚der Wirtschaft' die Unternehmensleitungen oder jedenfalls nur die Betriebe verstanden werden, denen man selber nicht angehört); (3/2) der Staat (gemeint sind die Regierung und Verwaltung) ist schuld, weil er der Wirtschaft dies nicht verbietet. Die Wirtschaft wiederum macht die Bürger und ebenfalls den Staat verantwortlich: (1/3) Die meisten Bürger kaufen das Billigste oder allenfalls das Preiswerteste ohne jede Rücksicht darauf, ob der Preisvorteil zu Lasten der Mitbürger, der natürlichen Mitwelt, der Dritten Welt oder der Nachwelt erzielt wird. (1/2) Wenn der Staat die Rahmenbedingungen durch Auflagen, Abgaben und Zertifikate, sowie allenfalls durch Ökosteuern[13] so verändern würde, daß in der wirtschaftlichen Konkurrenz kein Preis- bzw. Profitvorteil

---

[13] Ich sehe hier von unterschiedlichen Belastungen und entsprechenden Gegensätzen verschiedener Wirtschaftszweige ab.

mehr dadurch zu erzielen wäre, daß Lebensverhältnisse zerstört werden, würde die Wirtschaft nur noch umweltverträglich produzieren und umweltverträgliche Produkte anbieten. Mit den entsprechenden Gesetzen und Verordnungen aber sei erst einmal der Staat am Zuge. Damit gemeint sind wieder die Regierungen und Verwaltungen. Diese aber, dergestalt von den Bürgern wie von der Wirtschaft in die Ecke gestellt, antworten: (2/3) Wenn die Bürger die Politik, die sie hier verlangen, dann auch bei der nächsten Wahl honorieren, wollen wir gern entsprechend durchgreifen. (2/1) Im Rahmen der Europäischen Gemeinschaft und darüber hinaus der internationalen Arbeitsteilung sowie des Freihandels sind homogene Konkurrenzverhältnisse nur schwer oder gar nicht zustande zu bringen.

Bemerkenswerterweise sind alle diese Argumente richtig. Sie sind jedoch insoweit unangemessen, als sie nur für die jeweils andern gelten sollen und von der eigenen Verantwortung ablenken. Was zunächst die Wirtschaft angeht: (1) Freiheit heißt Selbstverantwortung. Dies gilt auch für die Wirtschaftsfreiheit, soweit also im wirtschaftlichen Handeln nicht nur Vorschriften erfüllt werden, für die andere verantwortlich sind. Die Wirtschaftsfreiheit ist ein hohes Gut und sollte nicht dadurch mißbraucht werden, daß die Unternehmen sagen: Wir wollen gern aufhören zu Lasten Dritter zu wirtschaften und die Allgemeinheit zu schädigen, aber erst dann, wenn der Staat dies verboten hat. Wer seine Freiheit nur dann nicht mißbraucht, wenn dies regelrecht verboten wird, ist ihrer nicht würdig. Wer unter Konkurrenzbedingungen selbstverantwortlich handeln möchte, darf dabei freilich auch eine Unterstützung durch die Allgemeinheit erwarten. (2) Wer in ein politisches Amt gewählt wird, bekommt Macht auf begrenzte Zeit, um damit eine Verantwortung wahrzunehmen. Wer sein Verhalten im Amt in erster Linie an den Chancen der Wiederwahl orientiert, mißbraucht das politische Amt. (3) Aufgeschlüsselt nach Verwendungsarten wird das Sozialprodukt zu zwei Dritteln für den Verbrauch und die Investitionen der Privathaushalte ausgegeben. Nimmt man es also nicht mehr als ein Maß des wirtschaftlichen Erfolgs, sondern als eines der damit verbundenen Zerstörung, die den Erfolg allmählich überwiegt (vgl. Abschnitt V.2), so sind die Bürger auch daran durch die Art und Weise, wie sie ihr Geld ausgeben, zu zwei Dritteln beteiligt. Wer z. B. Auto fährt, schädigt das Klima und die Dritte Welt; wer Fleisch aus der Massentierhaltung ißt, spart Geld um den Preis der Tierquälerei.

Auch diese Argumente sind kaum zu bestreiten. Die meisten Betroffenen schirmen sich aber dagegen ab, indem sie – wie zuvor beschrieben – die Verantwortung herumschieben, also erst einmal den andern die Schuld geben. Viele Menschen – sei es als einfache Bürger oder in politischer bzw. wirtschaftlicher Verantwortung – aber wissen auch, daß wohl eigentlich jeder bei sich selber anfangen müßte, oder sie widersprechen diesem Aufruf zumindest nicht, und etliche unter ihnen haben tatsächlich begonnen, ihr Leben zu ändern. Dies sind mittlerweile zwischen 10 und 20 Prozent aller Bürger, auf sie komme ich im Epilog zu diesem Buch zurück. Die andern aber tun es dennoch nicht, oder sie entsorgen zwar ihren Abfall und steigen dann wieder in ihre Autos – durch Besserung im Kleinen guten Gewissens, daß sie im Großen so weitermachen wie bisher. Warum? Es geht hier nicht um Argumente, z. B. hinsichtlich der Rationalität des Autofahrens. Wer angesichts der heutigen Verkehrsverhältnisse immer noch meint, Autos seien bequem, zeitsparend und billig, dem hilft kein Argument, daß sie sich bei rationaler Überlegung als unbequem, zeitraubend und teuer erweisen.[14] Dasselbe gilt für das oft genannte Motiv, mit dem Auto ,fühle man sich unabhängiger'. Wo alle Rationalität versagt, muß mehr dahinterstecken als die bloße Überlegung. Gibt es vielleicht eine Art Wohlstandstrieb in bezug auf materielle Güter? Unter dieser Annahme heißt es vielfach, man müsse einsehen und offen ansprechen, daß es ohne Verzicht nicht abgehen könne. Die Antwort auf die Frage des umweltpolitischen Dreisatzes: Warum geschieht es nicht?, würde dann lauten: Weil wir nicht oder nicht hinreichend auf unsern Wohlstand zu verzichten bereit sind. Stimmt das?

Was ist es denn, worauf wir nicht verzichten wollen? Wer Fleisch aus der Massentierhaltung ißt, wird dies vermutlich nicht dadurch erklären, daß er – oder sie – nicht bereit sei, auf das Geldsparen um den Preis der Tierquälerei zu verzichten. Und wer unbedenklich weiter Auto fährt und den Gebrauch des Autos nicht einmal reduziert, wird dazu auch nicht erklären, er – oder sie – sei nicht bereit, darauf zu verzichten, Wege zu Lasten Dritter – besonders in der Dritten Welt – zurückzulegen. Es wäre abwegig, in diesen Fällen überhaupt von ,Verzicht' zu sprechen. Was also kann gemeint sein, wenn viele Menschen das Gefühl haben, ohne Verzicht gehe es nicht, der aber falle schwer? Ich habe lange gebraucht, um zu verstehen, daß der Verzicht, von dem hier die Rede ist, mit den *Dingen*, auf die zu verzichten wäre, nicht viel zu tun hat.[15] Wer beispielsweise aus eigener Erfahrung weiß, wie erholsam es ist, ohne Auto zu leben, denkt leicht: Wenn die andern es doch nur einmal probieren würden, dann merkten sie es auch! Dies ist tatsächlich immer wieder der Fall, und doch kommt es bei den meisten Menschen gar nicht primär auf die Dinge an, sondern auf den Lebensentwurf, zu dem sie gehören. Ein Auto und ein halbes Pfund Fleisch pro Tag – der pro-Kopf-Verbrauch liegt nur knapp darunter – teilweise oder ganz nicht mehr haben zu wollen, ist erst dann kein Verzicht mehr, wenn man zuvor auf den zugehörigen Lebens-

[14] Beispielsweise sollte man die Verkehrsverhältnisse und die Tatsache berücksichtigen, daß der Durchschnittsbürger mehr als eine Stunde pro Tag arbeitet, um die Autokosten zu verdienen.

[15] Hier können im Sinn von Scherhorn verschiedene Konsumentengruppen unterschieden werden. Ich komme darauf im Epilog zurück.

entwurf verzichtet hat. Dieser aber war, daß es ein gutes Leben sei, wenn man Auto fährt und täglich ein halbes Pfund Fleisch ißt, so daß es sich lohnt, dafür – wie für den sonstigen Konsum – sein Leben einzusetzen. Wenn das auf einmal nicht mehr gelten soll, wird vielen Menschen der Boden unter den Füßen weggezogen, so daß sie vielleicht nicht einmal die Tatsachen wahrhaben wollen werden, um welchen Preis sie leben. Verschließen sie davor aber nicht einfach die Augen, so werden sie sich mit Recht fragen: Wofür arbeite ich denn eigentlich, wenn ich damit letztlich mehr Schaden als Nutzen anrichte? Wie gilt es zu leben, damit sich die Arbeit wieder lohnt? Dies ist, so meine ich, in der Tat eine durchaus angemessene Frage und gerade die, auf welche in der Naturkrise der wissenschaftlich-technischen Welt neue Antworten zu finden sind. Wie wollen und können wir in Zukunft leben?

Eine naturphilosophisch fundierte Ethik sucht in der jetzigen Krise eine Antwort auf die Platonische Frage zu finden, so wie es zu leben gilt. Denn die jetzigen Lebensformen der Industriegesellschaft sind unsittlich: erstens zu Lasten der natürlichen Mitwelt, wie vor allem das Artensterben zeigt; zweitens zu Lasten der Dritten Welt, auf längere Sicht besonders wegen der – durch unsere Art, im Wohlstand zu leben – absehbaren Klimaänderung, welche vor allem die Lebensgrundlagen in den armen Ländern des Südens schädigen wird; drittens zu Lasten der Nachwelt, welche von Generation zu Generation schlechtere Lebensbedingungen vorfindet, als die heute Lebenden – Menschen, Tiere und Pflanzen – sie vorgefunden haben; viertens zu Lasten der Mitbürger und des eigenen Gemeinwesens. Das eigene Leben darauf zu gründen, daß man andern schadet, hat noch nie und nirgends als moralisch vertretbar gegolten. Verstöße gegen die Moral aber sind ein Thema der Ethik.

Nun könnte man meinen: Da der Fall moralisch klar, unsere Lebensweise also in dieser Hinsicht eindeutig zu verurteilen ist, bedarf es hier weiter keiner ethischen Reflexion darauf, was moralisch richtig ist. Dabei dürfen wir es aber nicht bewenden lassen, denn wer soll für die Veränderung von Lebensentwürfen kompetent sein, die zu Lasten Dritter gelebt werden, wenn nicht derjenige, der sich auf die Gesichtspunkte versteht, unter denen die Sitten und Bräuche der Menschen als moralisch vertretbar oder nicht vertretbar zu beurteilen sind, also der Philosoph? Dann aber darf man sich nicht mit dem Urteil: Unmoralisch! begnügen, sondern muß auch zu ergründen helfen, welche Fehler dem falschen Verhalten zugrunde liegen und was zu tun besser wäre. Diese Analyse führt, wie soeben demonstriert, zurück auf die alte Frage, wie wir leben können und wollen. War dies nicht doch immer schon die Grundfrage der Ethik? Die so verstandene Aufgabe kommt sogar dem ursprünglichen Wortsinn von Ethos ganz nahe, nämlich der Lebensweise, wozu die Art der Wohnhaftigkeit sowie die Sitten und Bräuche gehören, in denen sich wiederum eine bestimmte Sinnesart ausdrückt.

Wie es zu leben gilt, wird in der heutigen philosophischen Diskussion auch von Bernard Williams (1985) als die Grundfrage der Ethik angesehen, und zwar ebenfalls im Rückbezug auf Platon. Ludwig Siep hat in diesem Sinn das „Leben lernen" als den Gegenstand der Ethik bestimmt (1996, 291). Demgegenüber gibt sich die bei weitem dominierende Linie der philosophischen Ethik derzeit mit Überlegungen zufrieden, wie die autonomen Präferenzen gleichberechtigter Vernunftwesen als Kommunikations- bzw. Kooperationspartner in wechselseitiger Achtung vereinbart werden können. Siep hat in einem bemerkenswerten Aufsatz daran erinnert, daß auf diese Weise zwar eine sozusagen wissenschaftliche Sicherheit in der Ethik zu gewinnen sei, diese aber – soweit sie geht – den Preis der Irrelevanz hat. Die Sicherheit im Kleinen wird sogar durch eine um so größere Unsicherheit im Großen erkauft. Dies gilt insbesondere für die ‚Diskursethik'. „Solche möglichst ‚anthropologiefreien' Minimalethiken beschränken sich auf Aussagen über formale Anforderungen an Verhaltensregeln (Universalisierbarkeit, Verfahrensregeln des Diskurses), die in der Kooperation gleichberechtigter Vernunftwesen eingehalten werden müssen ... Es fragt sich aber, ob eine – verkürzt gesagt – ‚anthropologiefreie' Ethik für die Beschäftigung mit den moralischen Problemen der gegenwärtigen Gesellschaft hinreichend ist." Sieps Antwort lautet: „Keine Ethik kommt ohne Anthropologie aus" (aaO 276f./279/274). Dies läßt sich, wie Siep in einer neueren Arbeit gezeigt hat, sogar in den ethischen Ansätzen – beispielsweise von Jürgen Habermas und Ernst Tugendhat – belegen, welche dies versuchen. „Sie können sich nicht auf subjektiv artikulierte Interessen beschränken, sondern müssen von allgemein menschlichen Bedürfnissen ausgehen" (1997, 17), d. h. sich auf Bewertungen einlassen, die nicht durch private Interessen zu legitimieren sind.

Siep hat hier meines Erachtens vollkommen recht. „In der europäischen Neuzeit ist der Anspruch auf Respekt vor der Autonomie des Individuums das höchste der Güter geworden" (aaO 25). Dies war ein Irrtum, denn die Autonomie der Individuen darf nicht zu Lasten der Allgemeinheit in Anspruch genommen werden. Die Naturkrise der wissenschaftlich-technischen Welt zeigt aber gerade, wie die vielen autonomen Individuen sowohl in der Gesellschaft als auch in der umfassenderen Allgemeinheit der Natur zu Lasten des Ganzen leben (vgl. Abschnitt V.2). Dies ist die schon geübte Kritik an den falschen Lebensentwürfen, wobei die Autonomieansprüche der Individuen zum großen Teil nur noch kompensatorisch geltend gemacht werden, vor allem durch Güterkäufe zur Stärkung des Selbstbewußtseins, das vor dem – falschen – Autonomieanspruch versagt.[16] Selbstverständlich und konsequenterweise müssen bestimmte

---

[16] In der Werbebranche stellt man sich darauf ein, daß Automobile nicht mehr gekauft werden, um im Konkurrenzkampf andern zu imponieren, sondern sich selbst. Zur politischen Philosophie des Konsums vgl. den Epilog in diesem Buch.

Kommunikations- und Kooperationsregeln eingehalten werden, wenn man mit andern Menschen kommuniziert und kooperiert, aber dies ergibt noch keine Ethik. „Ein Verständnis der interpersonalen Pflichten als Sonderfall der Mitwirkung am guten Gesamtzustand der Welt erscheint ... sinnvoll" (aaO 30). Worauf es eigentlich auch in der Ethik ankommt, ist der gute Gesamtzustand der Welt, soweit wir darauf durch unser Leben Einfluß nehmen können.

Grundsätze (1) – (7) der Praktischen Naturphilosophie für eine physiozentrische Ethik

Keine Ethik kommt ohne Anthropologie aus. Wenn die anthropologischen Bestimmungen aber nicht ihrerseits als Naturbestimmungen, d. h. naturphilosophisch fundiert werden, ergibt sich doch wieder nur eine Ethik der Menschheit als einer geschlossenen Gesellschaft interplanetarischer Eroberer. Dies gilt insbesondere für die von Siep auf ihre anthropologischen Voraussetzungen geprüften Ansätze von Habermas und Tugendhat. In der Naturkrise der wissenschaftlich-technischen Welt kann das höchste Gut aber weder die Autonomie des Individuums (bzw. der männlichen Erwachsenen in den OECD-Ländern) noch die Autonomie der Menschheit (bzw. der reichen Industrieländer) sein, sondern das Heimischwerden der Menschheit in der Natur. Den Platz des Menschen in der Natur neu zu bestimmen, war und ist die kopernikanische Herausforderung. Eine ihr entsprechende Ethik müßte zum Ausdruck bringen, wie Menschen im Ganzen der Natur richtig leben können. Ich beantworte diese Ausgangsfrage in erster Näherung durch eine Folge von metaethischen Prinzipien der Praktischen Naturphilosophie für eine Ethik der wissenschaftlich-technischen Welt:

(1) *Lebensentwurf:* Die Grundfrage der Ethik lautet, wie es im Ganzen der Natur zu leben gilt. Eine Ethik, welche in der Naturkrise der wissenschaftlich-technischen Welt der kopernikanischen Herausforderung entspricht, in der Natur heimisch zu werden, muß naturphilosophisch fundiert sein und wäre dann eine physiozentrische Ethik.

Dieser Grundsatz gilt für die Ethik im Sinn der philosophischen Reflexion auf moralische Ordnungen ebenso wie für die Moral. Der Begriff Ethik wird jedoch zunehmend in beiderlei Sinn benutzt. Ich werde es weitgehend ebenso halten, um den moralisierenden Beiklang des Moralischen zu vermeiden.

Ob die physiozentrische eine ‚neue Ethik' sein wird, ist eine ziemlich belanglose und überdies mehrdeutige Frage. Wenn es uns gelänge, unsere Lebensformen wieder in einen Einklang mit der Ordnung des Ganzen zu setzen, wäre das gewiß nicht neu. Neu wäre allenfalls, daß dies nun für *unsere* Lebensformen zu geschehen hat, die nicht dieselben wie die früherer Zeiten sind. Nicht neu aber wäre auch daran, daß andere Zeiten dies für ihre Lebensformen immer wieder gleichermaßen zu tun hatten. Durch diese Relativierung ergibt sich bereits ein Grundsatz, den ich hier im Hinblick auf fachphilosophische Begründungs- und Letztbegründungsdebatten allen weiteren Überlegungen voranstellen möchte:

(2) *Aktualität:* Das Ziel der Ethik ist die kritische Beurteilung sittlicher Entscheidungen hier und jetzt, nicht überall und immer. Dafür genügt ein endlicher Begründungsstrang, in dem eine bestimmte Gesellschaft in ihrer Situation für sich klärt, wie sie leben möchte.

Hinsichtlich der Gegenwartsbezogenheit unseres Denkens teile ich Paul Feyerabends aristotelisch motivierten *„ontologische[n] Relativismus"* (1992/93, 48), daß es nicht auf die Erkenntnis des Guten überhaupt, sondern des Guten hier und jetzt ankommt.[17] Dabei handelt es sich nicht um Fachfragen, sondern immer um Sachfragen, nämlich um ein wirkliches Orientierungsbedürfnis. Eine ungewisse Antwort auf die richtige Frage ist somit einer möglichst gewissen Antwort auf eine belanglose oder unangemessene, der Situation nicht entsprechende Frage vorzuziehen, d. h.:

(3) *Relevanz:* Relevanz geht vor Gewißheit.

Eine sozusagen wissenschaftliche Sicherheit, wie sie in den philosophisch ethischen Bemühungen der Gegenwart vielfach angestrebt wird, lohnt nicht den Preis der Irrelevanz. Es ist ein Irrtum, hier gebe ich auch Ernst Tugendhat recht, daß es nur entweder eine absolute oder gar keine Begründung der Ethik geben könne (1993, 25). Letzlich kann man „niemand erklären, warum es besser sei, für andere als für sich selbst zu sorgen, wohl aber kann man ihm die Erfahrung ermöglichen, daß er selbst besser wird, wenn er für andere sorgt" (V. v. Weizsäcker 1926, V 123).

Aus den Kriterien der Aktualität und Relevanz ergeben sich zwei Bedingungen, denen eine naturphilosophisch fundierte Ethik heute notwendigerweise zu genügen hätte. Die eine ist, daß das Leben zu Lasten der natürlichen Mitwelt, der Dritten Welt, der Nachwelt und des eigenen Gemeinwesens durch sie so grundsätzlich ausgeschlossen sein muß wie das Leben zu Lasten anderer Menschen in der naheren Umgebung durch die bisherige Moral.

(4) *Kein Leben zu Lasten Dritter:* Eine Ethik muß Lebensentwürfe ausschließen, nach denen Menschen zu Lasten ihres Gemeinwesens, der natürlichen Mitwelt, der Dritten Welt und der Nachwelt leben.

Durch welche Lebensordnung diese Bedingung erfüllt werden kann, bleibt der inhaltlichen Entwicklung einer solchen Ethik vorbehalten. Hier geht es um die Anforderungen, welche diese Entwicklung jedenfalls erfüllen soll, also um eine Art naturphilosophische Metaethik.

Ein weiterer Grundsatz betrifft den gesellschaftlichen Umgang mit Pluralität. Die in dem umweltpolitischen Dreisatz geschilderte Situation,

---

[17] Vgl. Aristoteles, Nikomachische Ethik 1097a.

daß sowohl die Aufgaben als auch ihre Lösungen weitgehend bekannt sind, dennoch aber im wesentlichen nichts geschieht, ist der Ausgangspunkt der Arbeiten von Reinhard Ueberhorst, der jedoch hinzufügt: (4) Die Lösungen werden nicht nur nicht realisiert, sondern sie werden nicht einmal angemessen erörtert. Denn es findet keine gesellschaftliche Verständigung darüber statt, welche Auswege die richtigen sind und welche nicht (Ueberhorst 1985/1993).

Auf der Hand liegt dieser Befund vor allem in der Energiepolitik. Der industriegesellschaftliche Umgang mit Energie bewirkt etwa die Hälfte der absehbaren Klimaänderung, bedroht also die Lebensverhältnisse von Menschen, Tieren und Pflanzen in naturgeschichtlich einzigartiger Weise. Um hier nicht weiter zu Lasten Dritter zu leben, müßte der Verbrauch fossiler Energieträger – vor allem von Braun- und Steinkohle – schnell und drastisch reduziert werden.[18] Dazu gibt es technisch und wirtschaftlich drei Möglichkeiten: (1) die „Energiequelle Energieeinsparung",[19] d. h. den Ersatz von Energie durch intelligentere Technik und angemessenere Lebensformen; (2) den Ersatz von fossiler Energie durch Atomkernenergie, die allerdings im wesentlichen nur für die Elektrizitätserzeugung in Betracht kommt, d. h. in Deutschland zur Zeit für etwa ein Sechstel der gesamten Energienachfrage; (3) den Ersatz von fossiler Energie durch Sonnenenergie (einschließlich Wind- und Wasserkraft). Zahlreiche Studien belegen diese verschiedenen Möglichkeiten, und unzählige Experten halten unablässig Vorträge darüber, wie sie unter den gegebenen Bedingungen komparativ zu bewerten sowie gegebenenfalls zu verbinden seien. Eine öffentliche Diskussion aber, wie es sie durch die Energiebewegung der 70er Jahre bis in die 80er Jahre hinein gegeben hat, wird daraus bisher nicht. Es ist schon schlimm genug, hierzulande zu Lasten der armen Länder des Südens im Wohlstand zu leben, indem wir durch unsere Verbrennung fossiler Energieträger deren Lebensbedingungen zerstören. Noch schlimmer ist, daß die hierzu längst bekannten Lösungen, von einigen Einsparbemühungen abgesehen (die noch viel weiter gehen könnten), nicht realisiert werden, weil die Befürworter verschiedener Lösungen diese und einander gegenseitig blockieren. Ist es aber nicht überhaupt noch der Gipfel der „organisierten Unverantwortlichkeit" (Beck 1988), daß dieser Skandal seinerseits nicht zum Thema einer öffentlichen Auseinandersetzung wird? Die Bundesregierung hat zwar gelegentlich beschlossen, sie sei „sich ihrer Verantwortung bewußt, diese gesellschaftliche und politische Verständigung zu fördern" und „zur kooperativen Klärung von Konsensmöglichkeiten" in der Öffentlichkeit beizutragen (BMWi 1992, 11). Diese Initia-

---

[18] Die Klimaschädlichkeit der Verbrennung von Braunkohle, Steinkohle, Mineralöl und Erdgas verhält sich etwa wie 120:100:80:60.

[19] Vgl. Abschnitt V.3 und K. M. Meyer-Abich 1979*.

tive ist dann aber doch wieder parteiförmig mißraten und gescheitert.[20] Die Landesregierung von Nordrhein-Westfalen hat obendrein etwa gleichzeitig die Erschließung ausgerechnet weiterer Braunkohlefelder, d. h. die langfristige Fortsetzung der klimaschädlichsten Energienutzung überhaupt, beschlossen.

Ueberhorst resümiert, wir seien sozusagen Weltmeister in der Entwicklung von Alternativen zu den zerstörerischen Prozessen in der industriellen Wirtschaft, aber wir fingen nichts damit an. Dabei mangelt es an zwei Arten der Verständigung, die sorgfältig unterschieden werden sollten: (1) Der Verständigung darüber, ob man sich überhaupt verständigen will oder ob man meint, die eigenen Ziele besser anders erreichen zu können; (2) die Verständigung, die bereits gewollt wird. Während die Diskursethiker sich auf die (formal relativ trivialen) Verständigungen zweiter Art beschränken, ist diejenige erster Art noch in einer andern Hinsicht als der, daß wir zu Lasten Dritter leben, eine ethische Aufgabe, nämlich eine der politisch werdenden Kultur. Pluralität zu erzeugen, dann aber einfach herumstehen zu lassen bedeutet den Verzicht darauf, ethische Argumente in der Politik überhaupt zum Tragen zu bringen. Denn ethisch zu argumentieren ist immer mit dem Anspruch verbunden, daß andere entweder begründet widersprechen oder sich das betreffende Urteil zu eigen machen. Wo dies gar nicht erst versucht wird, zeigt sich eine moralische Schwäche der Politik, deren Symptom ein Zerfall in Pluralität, d. h. eine Desintegration der Gesellschaft ist. Wenn manche Philosophen oder Sozialwissenschaftler dies auch noch ganz in Ordnung finden, kann das nur daran liegen, daß sie die tatsächliche Entwicklung, die sich derzeit im Selbstlauf ergibt, im Grunde bejahen. Dies ist mir nicht nachvollziehbar. In Anlehnung an eine Formulierung von Ueberhorst möchte ich deshalb als Bedingung einer physiozentrischen Ethik festhalten:

(5) *Gelingender Umgang mit Pluralität:* Ethik ist eine Ordnung des gelingenden Umgangs mit Pluralität im Hinblick darauf, wie wir in Zukunft leben möchten.

Umgekehrt mißlingt der Umgang mit Pluralität, wenn die Autonomie der Individuen und damit die Pluralität selbst zum höchsten Gut wird, nicht aber die Verständigung darüber, was eine Gesellschaft damit anfangen will, um nicht zu zerfallen. Verständigungsaufgaben dieser Art gibt es heute auch international, da die Naturkrise der wissenschaftlich-technischen Welt verschiedene Kulturen und Religionen durchdringt, deren ethische Maßstäbe nur teilweise übereinkommen. Hier zeigt sich überdies besonders deutlich, daß der durch Verständigung gelingende Umgang mit Pluralität nicht die universalistische Vereinheitlichung zu bedeuten braucht und sie meines Erachtens sogar in der Regel nicht bedeuten

---

[20] Ich meine die sogenannten Konsensgespräche.

sollte. Der Reiz der Verständigung kann gerade in der Wahrung regionaler Traditionen in der Kultur und Ethik liegen.[21]

Eine sich mit der Ueberhorstschen verbindende Bedingung für das Gelingen einer physiozentrischen Ethik ist der Überlieferung nach wiederum zuerst von Platon ausgesprochen worden, und zwar in seiner Version des Prometheus-Mythos im Dialog „Protagoras" (320c–322d). Hier wird geschildert, wie Prometheus, der ‚Vorbedachte‘, und sein Bruder Epimetheus, der ‚Nachbedachte‘, einst von den Göttern beauftragt wurden, die verschiedenen Geschicklichkeiten auf die Lebewesen zu verteilen. Epimetheus bat Prometheus, ihn dies allein machen zu lassen, und Prometheus willigte ein. Da gab Epimetheus den einen Stärke, damit sie sich wehren konnten, den andern Schnelligkeit, damit sie sich nicht zu wehren brauchten; den einen einen dicken Pelz, damit sie die Kälte ertragen könnten, den andern Widerstandskraft gegen Hitze etc. Als Prometheus sich das Ergebnis ansah, fand er den Menschen leer ausgegangen. Nackt, unbeschuht, unbedeckt und unbewaffnet stand er da, gänzlich unbegabt (akósmeton). Daraufhin stahl er den Göttern Hephaistos und Athene das Feuer sowie das für den Umgang damit nötige technische Wissen und gab auf diese Weise den Menschen immerhin „Behaglichkeit des Lebens". Wörtlich heißt es: Euporía, d. h., daß auch die Menschen nun ihren Weg (póros) als einen guten (eu) oder gebahnten gehen konnten. Heute würde man sagen: Die Menschen verfügten damit über die nötigen Ressourcen technisch-wirtschaftlicher Art. Was ihnen noch fehlte, war aber die Kunst des gemeinschaftlichen Lebens. Soweit sie nämlich zerstreut lebten, wurden sie – wie Platon erzählt – von den wilden Tieren aufgefressen, und soweit sie sich davor in Städte retteten, zerstritten sie sich dort, weil sie untereinander keinen Frieden halten konnten, und zerstreuten sich wieder.

Wie man sieht, hat Platon in diesem Drama, das hier nun bereits von der Exposition bis zur Krisis fortgeschritten ist, zwei Grundprobleme der Neuzeit entfaltet, nämlich

– das des ‚Mängelwesens Mensch‘ (Gehlen 1940), also die Frage, wie sich die menschliche Vernunft zu den spezifischen Vermögen der andern Lebewesen verhält;

– das der gesellschaftlichen Einbettung (Sozialverträglichkeit) von Techniken, also die politischen Dimensionen, in denen Technik nicht ‚bloß‘ Technik ist, sondern geeignete Lebensformen voraussetzt bzw. nach sich zieht.[22]

[21] Siep weist hierzu gesprächsweise auf die in Deutschland aus guten Gründen zu pflegende besondere Sensibilität hinsichtlich der Euthanasie oder auf die Ablehnung von Transplantationen in Japan hin.

[22] Die Sozialverträglichkeit einer Technik ist ihre Verträglichkeit mit der gesellschaftlichen Ordnung und Entwicklung. Vgl. Abschnitt III.3.

Im übrigen geht es in diesem Mythos offenbar darum, wie Menschen leben können, so daß die Lysis des Dramas nach dem Grundsatz (1), den Platon wohl geteilt haben würde – nur eine ethische sein kann. Welche Lösung hat Platon gewählt?

Der Protagoras-Mythos kommt hinsichtlich der Menschen dadurch zu einem guten Ende, daß sie Zeus leid tun und er ihnen durch Hermes die „politische Kunst" (politikè téchne) zukommen läßt. Diese besteht aus Sittlichkeit und Rechtsgefühl (aidô te kaì díken), damit es im gemeinschaftlichen Leben Ordnungen (kósmoi) und Bande gebe. Die wörtliche Übersetzung von *aidós* und *díke* lautet: Scham und Recht. *aidós* mit Sittlichkeit statt Scham zu übersetzen[23] ist – zumal für den modernen Leser – zwar grundsätzlich richtig, aber dadurch geht doch die Pointe verloren, daß es gerade die Scham ist, wodurch Sittlichkeit in die Welt kommt. Wie kann das gemeint sein?

Der hier gemeinte Sinn von *aidós* läßt sich aus dem Zusammenhang eingrenzen. Was den Menschen fehlte, war die Kunst, miteinander Frieden zu halten. Sie konnten zwar mit dem Feuer bzw. mit Energie umgehen, aber nicht miteinander, zumal mit dem Feuer in der Hand. Für den Frieden muß jedenfalls eine Rechtsordnung gefunden werden. Dies ist die eine der beiden göttlichen Gaben. Wozu bedarf es noch einer weiteren, wenn für die Rechtsordnung gesorgt ist? Wird aber irgendeine Zufallsansammlung von Menschen schon dadurch zu einem Volk oder zumindest zu einer Rechtsgemeinschaft, daß eine Rechtsordnung erlassen und Zuwiderhandlungen sanktioniert werden? Nein, solange die grundsätzliche Identifikation mit der betreffenden Ordnung fehlt, wird sie allenfalls soweit befolgt, wie Verstöße von dem nächststehenden Polizisten bemerkt werden, eine Solidarität aber würde sich aus der gemeinsamen Betroffenheit zunächst wohl allenfalls gegen die neue Ordnung entwickeln. Geltung haben würde sie erst dann, wenn fast alle Betroffenen grundsätzlich Ja dazu sagten, d. h. sich mit ihr *identifizierten*, und die grundsätzliche Verweigerung allenfalls im Promillebereich der Bevölkerungszahl liegt. Ob vielleicht sogar mehrere Prozent fehlender Identifikation noch erträglich sind, hängt von der Entschlossenheit der Minderheit und von der Solidarität der Mehrheit ab. Wie die Integrität einer Gesellschaft bereits durch weniger als ein Millionstel von Verweigerern in Frage gestellt werden kann, haben Radikale neuerlich immer wieder gezeigt. Die Identifikation, die zur Rechtsordnung hinzukommen muß, ist im wörtlichen Sinn die Bejahung einer Identität, nämlich Angehöriger eines Volks, einer Nation oder einer sonstigen Gemeinschaft zu sein. Zwar werden Menschen immer schon in eine solche Gemeinschaft hineingeboren und gewinnen ihre Identität durch Sozialisation, geraten insoweit also nur selten

[23] So in der von Heinz Hofmann bearbeiteten Schleiermacherschen Übersetzung.

oder gar nicht in die Lage, sich ausdrücklich zu identifizieren. Die Identifikation muß aber stark genug sein, um die Gesellschaft zusammenzuhalten.

Davon handelt neuerdings die Kommunitarismus-Debatte in Nordamerika (MacIntyre 1981, Walzer 1983, Ch. Taylor 1989). Die Vorgeschichte ist, daß in der Entwicklung des modernen Rechtsstaats Grundrechte zunächst als Freiheitsrechte gegen den Staat durchgesetzt worden sind. Dazu gab es vor zweihundert Jahren die allerbesten Gründe. Gegen zu starke Reglementierungen Pluralität zu schaffen war und ist ein liberaler Impuls, der nicht wieder verlorengehen sollte. Gemeint war aber die Pluralität in einer öffentlichen und politischen Gemeinschaft freier Bürger, in der jeder seine Rechte und Pflichten kannte. Herausgekommen ist mittlerweile statt dessen, daß jeder Bürger vielerlei Rechte gegen den Staat hat und daß diese sich unter der Hand außerdem zunehmend in Ansprüche gewandelt haben. Im Zeichen der Bejahung von Pluralität war all dies erwünscht, und es gibt auch heute noch nachvollziehbare Gründe, der allgemeinen Individualisierung gute Seiten abzugewinnen (Beck 1986). Wo aber ist nun die öffentliche und politische Gemeinschaft geblieben? Das Verbindende in unserer Gesellschaft sind im wesentlichen (1) riesenhafte Verwaltungen, die alle möglichen Ansprüche der Bürger wie der Wirtschaft bearbeiten, (2) Unternehmen, welche in dem Faß der Bedürfnisse, nachdem ihm einmal der Boden ausgeschlagen ist, nur noch durch ständigen Durchfluß einen Schein der Fülle erzeugen können, und schließlich (3) eine Gruppe von Politikern, die, soweit sie regiert, dem, was sowieso passiert, den Überbau eines politischen Gewolltseins verleiht. Ist dies aber eine politische Vereinigung freier Bürger, wie sie in der liberalen Tradition einmal gewollt war?

Auf die traurige Geschichte des Liberalismus, die einmal so gut angefangen hatte und im modernen Rechtsstaat meines Erachtens zu einer der größten Errungenschaften der politischen Kultur geführt hat, komme ich im Epilog zu diesem Buch zurück. Sie zeigt: Ohne eine tätige Identifikation der Individuen gibt es keine Gemeinschaft, kein Volk und keinen Staat. Insoweit gebe ich den Kommunitaristen recht. Ich halte die Botschaft des Prometheus-Mythos in der Platonischen Form für richtig, daß Individuen nur in einer politischen und kulturellen Gemeinschaft, mit der sie sich identifizieren, lebensfähig sind. Umgekehrt sieht man: soweit Menschen lebensfähig sind, leben sie mit andern in einer Gemeinschaft, in der sie allererst sie selber sind. Leibniz' prästabilierte Harmonie ist für uns allenfalls noch eine überspitzte Frage, die heute damit zu beantworten ist, daß wir zu dem Gemeinwesen Ja sagen, in dem wir geworden sind, was wir sind. Dies ist der Akt der Identifikation, durch den man ein mündiger Bürger wird. *Aidós* ist einerseits die Achtung vor der Ordnung, die man bejaht und nach der man lebt, andererseits die Scham, die ein Verstoß gegen die gewählte Lebensordnung mit sich brächte und die einen deshalb von solchen Verstößen abhält. Daraus ergibt sich die Grundanforderung an jede Ethik, eine entsprechende Identifikation zu bieten, wie man zu sich selber Ja sagen kann:

(6) *Identität in der Gemeinschaft:* Ethik bringt ein Selbstverständnis zum Ausdruck. Dieses hängt davon ab, mit welcher Gemeinschaft die Menschen sich identifizieren wollen, d. h., welches Menschenbild das Maß dafür abgibt, ob man „gut" gewesen ist oder vor sich selber wie vor andern Scham empfinden muß.

Die Übersetzung von *aidós* mit ‚Sittlichkeit' ist insoweit gerechtfertigt.

Auf die Bedeutung der Scham für die Grundlegung der Ethik hat auch Gabriele Taylor (1985) hingewiesen, allerdings nicht im Anschluß an Platon. Tugendhat bezieht sich auf ihre Überlegungen und erinnert außerdem daran, daß sich ein Gewissen, also „ein Über-Ich nur ausbilden kann, wenn sich ... das herausbildet, was [Freud] ... als Ich-Ideal bezeichnet hat ..., das heißt, das Kind sagt sich: so will ich sein" (1993, 61). Ich halte dies für richtig, diejenige Identifikation allerdings, die in Tugendhats eigenem Ansatz zum Ausdruck kommt, für unzureichend. Tugendhat meint nämlich, es gebe „*eine* Fähigkeit, die für die Sozialisation zentral ist, und das ist die Fähigkeit, ein sozial umgängliches, ein kooperatives Wesen zu sein ..., und ich möchte nun behaupten, daß die moralischen Normen einer Gesellschaft eben jene sind ..., die definieren, was es heißt, ein gutes kooperatives Wesen zu sein" (aaO 57f.). Nach dieser Auffassung ist man dann ein guter Mensch, wenn man andern Menschen ein guter Kooperationspartner ist – egal, ob sie alle miteinander die übrige Welt zugrunde richten. Dies ist – neben der Diskursethik – geradezu der Paradefall einer Ethik der interplanetarischen Eroberer bzw. – im Platonischen Bild – die einer solchen Räuberbande.

Von den kontraktualistischen Auffassungen, welche die Ethik auf virtuelle Verträge zwischen den beteiligten Individuen gründen (Rawls 1971, Mackie 1977), unterscheidet sich die Orientierung an einem menschlichen Selbstverständnis dadurch, daß man nicht nur – wie nach dem Klugheitsgebot ‚Was du nicht willst, daß man dir tue, das füg' auch keinem andern zu' – seinen Vorteil darin sieht, die Regeln einzuhalten, sondern es aus Selbstachtung wie aus Achtung vor dem andern (aidós) tut. Dies klingt nun schon beinahe wieder kantisch, jedoch nicht in der hier gemeinten Relativierung auf ein vorgängiges Menschenbild, auf das sich in der Regel die eigentlichen Kontroversen beziehen.

Wer sich nicht mit der Räuberbande identifizieren will, kann die eigene Lebensordnung in der Gemeinschaft der höheren Tiere, in der aller Lebewesen oder in der der Natur insgesamt suchen. Für die physiozentrische, zuletzt genannte Möglichkeit werde ich im folgenden Gründe nennen, empfinde diese jedoch letztlich als Ausdruck und Bestimmung eines Selbstgefühls, das allen weiteren Überlegungen vorausliegt. Andern und nicht zuletzt den zuvor angesprochenen Autoren geht es augenscheinlich ebenso. Die erkenntnisleitenden Gefühle sollten dann aber in der Ethik auch namhaft gemacht werden:

(7) *Selbstgefühl:* Jede Ethik ist der Ausdruck und die nähere Bestimmung eines Selbstgefühls im Verhältnis zu Anderen und Anderem.

Im „Timaios" ist es das Herz, in dem alle Wahrnehmungen zusammenlaufen, ob sich etwas Böses zusammenbraut. Den Weg von einem ursprünglichen Selbstgefühl im Kopfschmerz über die tatsächliche Selbsterkenntnis bis zur Einsicht, daß die Ethik bzw. das Verständnis der Besonnenheit eine Frage des Selbstverständnisses im Selbstgefühl der Freude ist, zu der sich die Griechen im grüßenden Erkennen des Andern aufrufen, hat Platon im „Charmides" beschrieben: Der Selbstauffälligkeit im Kopfschmerz folgen die Ruhe oder Gelassenheit (die aber nicht zur Schwerfälligkeit mißraten darf), die Scham (aidós, jedoch nicht als falsche Zurückhaltung) und das Tun des Seinen, jedoch nicht nur jeder für sich, sondern als das Tun des Guten in der menschlichen Gemeinschaft, und schließlich die Bestimmung der eigenen Identität, an der sich allererst bemißt, was gut ist und was schlecht. Das Bild, das der „Charmides" zum Vorschein bringt, wenn alle die vielen Einwände und Aporien als ein Abtrag von Verstellungen und Mißverständnissen wahrgenommen werden, ist eigentlich bereits die Seinsethik, die ich hier gegen die bloße Sollensethik zu stellen suche. Deshalb habe ich diesem Buch die „Charmides"-Interpretation vorangestellt. Tugendethik ist ohnehin Seinsethik, und in diesem Dialog kommt heraus: Die zentrale Tugend der Besonnenheit ist Selbsterkenntnis. Wir wollen eigentlich so handeln, wie wir sind, wenn wir etwas taugen (d. h. Tugend haben); also taugt unser Handeln etwas, wenn es dem Selbstverständnis folgt, in dem wir etwas taugen. Dieses ist ein Lebensentwurf. Ich lebe danach, wie ich eigentlich bin; wenn ich falsch lebe, verfehle ich mich.

Platon war Künstler und verstand es, seine Gefühle unverdrängt zu gestalten, so daß er sie nicht zu thematisieren brauchte. Beispielsweise ist das Erleben – die Gesprächshandlung – im „Charmides" dem Gedankengang immer ein wenig voraus. Angesichts der rationalistischen Gefühlsvermeidung ist man hier in der Neuzeit in einer andern Lage. Kluge Rationalisten können sich allerdings von Leibniz daran erinnern lassen, daß jeder Mensch einen Grund hat, das Glück zu suchen. Ist nun die wahre Liebe diejenige Regung des Geistes, durch die wir bewegt werden, am Glück eines andern Freude zu haben, so ergibt sich daraus ein Grund, nach dem Guten und Gerechten zu trachten, weil wir Freude daran haben. „Denn woran wir Freude haben, das begehren wir aus sich selbst (per se)" (Brief an Hansch, 25. Juli 1707 = V 2,289). Leibniz hat sich darauf in der Vorrede des Codex juris gentium (1693) berufen, also die Geltung des Rechts letztlich auf ein Gefühlsbewußtsein gegründet.

Es ist David Hume zu verdanken, die erkenntnisleitende Kraft des Gefühls vor den Anspruch der Vernunft gesetzt zu haben: „Reason is, and ought only to be the slave of the passions, and can never pretend to any other office than to serve and obey them" (1739/40, 415).[24] Daß die Vernunft nur ein Sklave sei, halte ich allerdings für provokativ überpointiert. In der Platonischen Differenziertheit scheint der Gedanke bei Hegel wiederzukehren, der mir für das Gefühlsbewußtsein sonst eher nicht sonderlich sensibel gewesen zu sein scheint. Hegel meinte mit dem „Selbstgefühl" keineswegs nur die unmittelbare Selbstwahrnehmung. „Vielmehr müssen auch Stufen des Selbstbewußtseins, des praktischen Gefühls und des Willens bis zu dessen höchster Form, der sittlichen ‚Gesinnung', noch als Stufen des Selbstgefühls betrachtet werden" (Siep 1992, 196).

Grundsatz (8): Von der Sollensethik zur Seinsethik

Nach den vorangegangenen Überlegungen zum Identitäts-Grundsatz (6) wird die Grundfrage der Ethik, wie es zu leben gilt (1), nicht dadurch beantwortet, daß ich etwas *soll*, sondern dadurch, wer ich *bin*. Genauer gesagt: Dadurch, daß ich meinem Selbstverständnis und meinem Identifikationswillen oder – einfacher gesagt – *meiner Natur nach* ‚eigentlich' derjenige bin, dessen Sein ich leben möchte, was aber nicht ausschließt, daß dies manchmal mißlingt, so daß ich mich zu schämen habe, und zwar vor allem vor mir selbst. In der Differenz dieser Abweichung, nicht immer so zu sein, wie ich ‚eigentlich bin', liegt das Wollen, meiner Natur oder meinem eigentlichen Sein zu entsprechen. Ich meine dies so wie Nikolaus von Kues in dem ersten und tonangebenden Satz von „De docta ignorantia": Allen Dingen wohnt „ein natürliches Verlangen inne..., auf die bestmögliche Weise, zu der eines jeden Natur die Voraussetzungen in sich birgt, zu sein". In seiner identifikativen Durchgängigkeit ist dieses Verlangen ein anderes als das im zeitlichen Wechsel auf dies oder das gerichtete Bedürfnis und fühlt sich daher mehr wie eine Maxime oder wie ein Sollen an. Eigentlich handelt es sich aber um den Willen, so zu sein, wie man seiner Natur – als dem Inbegriff seiner besseren Möglichkeiten – nach ist. So ergibt sich die abschließende naturphilosophische Grundbestimmung der Ethik:

(8) *Natur des Menschen:* Die Antwort auf die Grundfrage der Ethik, wie zu leben sei, besagt nicht, was man soll, sondern wer man der eigenen Natur nach ist. In der Differenz des jeweiligen Seins zum eigentlichen Sein ist das letztere die Natur, in der man sich selbst erkennt.

Eine klassische Aussage über die Natur des Menschen ist die der Gottebenbildlichkeit, von deren Normativität bereits im ersten Kapitel die Rede war. Individuell verbindlich wird eine solche Behauptung jedoch erst dadurch, daß sie persönlich angenommen wird und Identität bildet,

---

[24] Ich verdanke wiederum Rudolf Lüthe (1991) die Einsicht, daß Hume dies wirklich so gemeint hat, wie es hier (II 3 § III) gesagt ist.

was überdies ein bestimmtes Gottesbild voraussetzt. Maßgeblich für unser Handeln ist das wirkliche Selbstverständnis, wer wir unserer Natur nach sind. Frei handle ich nur dann, wenn ich so handle, wie ich bin, also meiner Natur nach lebe. Im gelingenden Leben vollziehe ich unter den jeweiligen, schicksalhaften Umständen, wer ich bin. Und soweit ich weiß, wer ich bin, weiß ich auch, was ich will oder wofür ich jeweils gut bin. Platon hat diese Seinsbestimmtheit im Politeia-Mythos so beschrieben, daß die Seele sich für das Leben ein Schicksal wählt, welches sie dann erfüllt. Dieser Vollzug kann auch als Selbstverwirklichung beschrieben werden, allerdings in einem umfassenderen Sinn, als es in der pluralistischen Gesellschaft in der Regel gemeint ist.

Menschen werden von jeher in Bestimmungen ihrer Natur als ihres eigentlichen Seins beschrieben, so daß unter diesen durch die ethische Reflexion nur einige ausgezeichnet, jedoch nicht den Seinsaussagen neue Sollensaussagen hinzugefügt werden. Oder was wissen wir vom Sein des Menschen, das nicht zugleich eine Bestimmung im präskriptiven Sinn ist? Daß wir im wesentlichen Vernunftwesen seien, ist z. B. immer schon so gemeint, daß wir nur dann im vollen Sinn Menschen sind, wenn wir von unserm Vernunftvermögen auch Gebrauch machen, wo dies angezeigt ist – beispielsweise zur mitmenschlichen Verständigung, aber keineswegs nur dazu. Ein – ethisch zu begründender – Schluß von der Feststellung: Ich bin meiner Natur nach ein Vernunftwesen, auf die Forderung: Ich soll meine Vernunft gebrauchen, wäre abwegig, denn die anfängliche Seinsbestimmung bringt bereits ein Seinsollen zum Ausdruck, so daß es gar keinen Übergang vom Sein auf ein Sollen gibt. Ebenso steht es mit der Feststellung, der Mensch habe von Natur ein Herz, das wie in einer Wachstube Freveltaten wahrnimmt und für die Herrschaft des Besten eintritt (Platon, Tim 70b). Ich würde mich nicht wundern, wenn in der philosophischen Anthropologie, so vielfältig sie den Menschen bestimmt, alle menschlichen Charaktere letztlich implizit oder explizit bewertend und nicht ,bloß deskriptiv' gemeint wären.

Im sittlichen Bewußtsein des Einzelnen finde ich ebenfalls keine Dichotomie zwischen Feststellungen ,So bin ich' und ,Das soll ich'. Oder ist schon einmal jemand von der Feststellung ,Ich bin der, der meine Frau liebt' unter zusätzlich zu mobilisierenden normativen Prämissen zu der Folgerung ,Deshalb sollte ich in der und der Situation das und das tun!' übergegangen? Soweit ich jeweils weiß, wer ich bin, weiß ich auch, wofür ich gut bin oder was ich ,soll', weil dies mein Leben ist, das ich möglichst nicht verfehlen möchte. Und soweit ich in Konflikten, Dilemmata etc. unsicher bin, was ich in einer gegebenen Situation zu tun habe, frage ich mich, wer ich eigentlich bin oder worauf es mit mir hinaus will, um mir über mein Sein als das, wofür ich gut bin, klar zu werden. Denn maßgeblich für mein Handeln ist das Selbstverständnis, wer ich im Gang meines Lebens jeweils und letztlich bin. Wir leiden unter unangemessenen Lebensentwürfen, nicht unter einem Mangel an Moralität. Wenn ich falsch handle, ist die eigentliche Strafe deshalb nicht die justiziable, sondern – wie von Platon unübertrefflich klar geschildert (Th 177a) – die Seinsstrafe, ein Übeltäter mit den entsprechenden Blessuren in der eigenen Seele zu sein. Und wenn es mit einem Menschen so weit gekommen ist, wird von ihm aus Gründen des Mitseins mit andern bei schweren Verfehlungen mit Recht erwartet, daß er *sich* – in seinem Sein – ändere, weil er sich in sich selbst geirrt habe, nicht nur sein Handeln. Dabei kann vielen Menschen durch Fortbildung ihrer Identität, die immer schon eine gesellschaftliche ist und einen Bildungsgang gehabt hat, geholfen werden.

Justiziable Strafen sind insoweit gerechtfertigt, wie sie dazu beitragen, daß Menschen sich selber finden und dann auch anders handeln. Übeltäter, welche sich weder aus eigener Kraft noch durch Strafen oder mit Hilfe anderer Menschen ändern, also wirklich ihrer Natur nach zu Lasten ihrer Mitmenschen böse handeln, können nicht als freie Bürger der betreffenden Gesellschaft leben. Soweit ihre Natur mit dem Lebensentwurf des Gemeinwesens wirklich unverträglich ist, muß man sie entweder einsperren oder aussperren, soweit die Schäden, die sie anrichten, nicht hinnehmbar sind. Zu wahren ist dabei gewiß die liberale Toleranz, Menschen, die sich nach Meinung ihrer Mitmenschen z.B. durch Lieblosigkeit, Trunksucht oder Grausamkeit selbst verfehlen, dies nicht zu verbieten, solange es nicht zu Lasten Dritter geschieht und nicht mehr tolerabel ist. Eine helfende Kritik sollte die Gemeinschaft ihnen in ihrer Einsamkeit möglichst aber doch nicht vorenthalten.

Der seinsethische Grundgedanke erinnert an Spinoza – oder jedenfalls an seine Rezeption im 18. Jahrhundert – und wohl auch an Hegel, so wie Ludwig Siep ihn versteht. Ich beziehe mich hier weder auf den einen noch auf den andern, sondern auf das Cusanische Prinzip, daß allen Dingen ein natürliches Verlangen (naturale desiderium) innewohnt, auf die bestmögliche Weise das zu sein, wofür sie ihrer Natur nach gut sind. Deshalb ist ein jedes nur darauf aus, wie Nikolaus später ergänzte, das eigene Sein zu vollenden und zu bewahren (perfici et conservari), „und trachtet nicht danach, ein anderes Geschöpf zu sein, als ob es dadurch vollkommener würde" (DJ I 1/II 2 = I 195/331). Die Seinsethik handelt davon, was wir eigentlich wollen, nämlich was wir unserer Natur nach gemeinschaftlich sind und was jedes Individuum seiner besonderen Natur nach ist. Die Kernfrage der Seinsethik ist deshalb, die jeweilige Natur zu erkennen, nicht aber aus einer Verantwortung ein Sollen zu begründen. „Wir wollen nichts von dir was du nicht bist", sagte die Prinzessin zu Tasso, den sie liebte (Vs. 3237). Ich verstehe auch Christi Frage: Willst du gesund werden?, die den Heilungen in der Regel voranging, so, daß die Krankheit erst überwunden wird, wenn der Wille zur eigenen Natur gesund ist. Krankheit ist eine Entfremdung von der eigenen Natur.

Was ich meiner Natur nach bin, sehe ich in dem Spiegel der Wahrheit, den Nikolaus in „De visione Dei" beschrieben hat. Vor diesem Spiegel bin ich, der ich davorstehe, in meinem augenblicklichen Dasein ein Bild dessen, den ich im Spiegel sehe und der ich eigentlich bin oder als der ich leben möchte. Der Spiegel zeigt mir, wofür ich überhaupt gut bin; davor stehe ich als der, der gegenwärtig für etwas gut ist, dafür aber in der Regel noch nicht gut genug ist. Im Spiegel sehe ich also den Bestand der Bewegung, die mein Leben ist, oder den eigentlichen Julianus, der vor dem Spiegel julianisiert.

Den Sinn der Begriffe Sein und Sollen unterscheiden zu können heißt also noch lange nicht, daß es entsprechend getrennte Sphären in der Wirklichkeit gibt, etwa die Natur als das Reich des Seins und die Freiheit als das des Sollens. Die Wirklichkeit der Dichotomie von Sein und Sollen hat auch Hans Jonas bestritten, jedoch im Rahmen einer Verantwortungsethik und im wesentlichen so, daß er einzelne Gegenbeispiele genannt hat, insbesondere „das Neugeborene, dessen bloßes Atmen unwidersprechlich ein Soll an die Umwelt richtet, nämlich: sich seiner anzunehmen" (1979, 235). Ich will dies nicht bestreiten, finde das Beispiel jedoch unfair, weil es jedem Einwand von vornherein Herzlosigkeit unterstellt. Vor allem aber meine ich, daß man sich nicht auf Beispiele gegen den Allgemeinheitsanspruch der Dichotomie von Sein und Sollen zu beschränken braucht, sondern ihm umgekehrt entgegenhalten kann, daß Sein und Sollen in unserer Wahrnehmung der Wirklichkeit in der Regel nicht auseinandertreten. Dies gilt außer für die philosophische Anthropologie immerhin für die gesamte Medizin, deren Aussagen sich ja durchgängig auf die Norm ‚Gesundheit' beziehen. In andern Wissenschaften liegt dies nicht so einfach auf der Hand, aber im vorangegangenen Kapitel hat sich bereits gezeigt, wie die klassische Naturwissenschaft grundsätzlich ein normatives Sein der Verfügbarkeit der Dinge beschreibt, so daß sich – in der Tradition von Platons „Nomoi", Leibniz' ‚Angemessenheit der Naturordnung' und Kants „Kritik der Urteilskraft" – ein Primat der Ethik vor der Physik ergibt. In allem, was wir sehen, haben wir es immer schon auf etwas abgesehen – es kommt nur darauf an, worauf. So fügt sich unsere Gegenwartserfahrung auch in den mythologischen und naturgeschichtlichen Zusammenhang des ersten Kapitels ein. Ist die Menschengeschichte ein Teil der Naturgeschichte und sind wir *von Natur* in das Drama der Unterscheidung von gut und böse gestellt, so gilt dies einerseits im Sinn des Ganzen der Natur, das diese Entzweiung erfährt, zugleich aber nach unserer je besonderen Natur.

Ist es nicht sogar ein Idealbild der Praktischen Philosophie, nicht erst jenseits der ‚bloßen Fakten' zu erwägen, welche Präferenzen ein monadisch liberales Individuum unter zuvor ‚wertfrei' beschriebenen Verhältnissen geltend machen solle? Die verbreitete, dabei zugrunde gelegte Vorstellung, die Praktische Philosophie sozusagen als eine Anwendung der

Theoretischen zu entwickeln, erinnert mich sehr an den tendenziell außerplanetarischen Blick der klassischen Naturwissenschaft und an deren Verwandtschaft mit dem Kapitalismus. In Wirklichkeit sind wir immer schon dabei. ‚Wir hängen in der Sprache‘, pflegte Niels Bohr zu sagen, z. B. wenn wir uns mit andern Begriffen über die Bedeutung eines Begriffs klar werden wollen; und wir gehören immer schon als Handelnde und Interessenten zu der Welt, von der wir uns ein Bild zu machen suchen. Das Leben fragt sich selber, was es sei.[25] Diesem holistischen Selbstbezug gemäß sollten wir nicht vorgeben, nicht immer schon irgendwo zu stehen, von wo wir uns dann freilich um ‚Objektivität‘ bemühen können (Nagel 1986), jedoch niemals so, daß der Ausgangspunkt gelöscht wird. In diesem Sinn ist auch der philosophische Pragmatismus zu verstehen, alle Dinge seien Pragmata im wörtlichen Sinn, nämlich das, womit wir es ‚zu tun haben‘.[26]

Der Ontologie des wertfreien Seins, dem erst das (moderne abendländische) Subjekt seinen Sinn gibt, ist aber vor dem Pragmatismus bereits das antike Seinsverständnis entgegenzuhalten. Als die ethische Grundfrage, wie zu leben sei, in der griechischen Aufklärung nicht mehr mit einer theologischen Legitimation befriedigend zu beantworten war, verwies Platon auf die Ordnung der Natur, der wir unsere Verhaltensformen anzumessen hätten. Das Sein der Natur ist hier bereits die Lebensordnung des Ganzen und somit normativ gemeint. Ich finde diese Antwort viel einleuchtender als die Kantische, daß ich dem Sittengesetz folgen soll, weil ich es mir in eigener Autonomie selber gebe. Denn warum soll ein Gesetz, das ich mir selber gebe, überzeugender sein als ein von außen gegebenes? Täusche ich mich selber nicht viel leichter, als andere mich täuschen, jedenfalls im Handeln und zumal dann, wenn ich mich dabei zur personifizierten Vernunft stilisiere? Die platonische Antwort: Ich soll, was ich soll, weil ich sein will, was ich eigentlich bin, und die Welt so wahrnehme, wie sie gut wäre, also die Zurückführung des Sollens auf ein werthaftes Sein, halte ich immer noch für wesentlich vertrauenswürdiger als den kantisch-preußischen Versuch, den Souverän der höchsten Vernunft selber zu spielen.

Generell wüßte ich nicht, wie Beschreibung und Wertung zu trennen wären.[27] Jede Beschreibung setzt eine Wertung voraus. Beispielsweise ist ‚natürliche Mitwelt‘ selbstverständlich ein wertender Begriff, aber ‚Ressource‘ ist es auch, nämlich als der Inbegriff dessen, was zur Disposition steht, um zu etwas anderem gemacht zu werden. ‚Bloße‘ Beschreibungen gibt es allenfalls unter denen, für die die Wertung unstrittig ist. Erst wenn besondere, nicht unumstrittene Wertungen hinzukommen, werden diese

---

[25] Vgl. V. v. Weizsäcker 1954, 57.
[26] Vgl. Heidegger 1927, 68 und Gethmann 1988, 146.
[27] Immer noch lesenswert ist hierzu der Artikel von Warnock 1967.

als Wertungen empfunden. Nach diesem Prinzip verfahren auch die Zeitungsredaktionen bei der Trennung von ‚Nachrichten' und ‚Meinungsäußerungen'. Sowie man eine andere als die ‚eigene' Zeitung liest, kann man kaum umhin, bereits die ‚bloße' Berichterstattung als tendenziös zu empfinden. Es ist gar nicht möglich, ein politisches Ereignis, einen Lebenslauf, ein Violinspiel etc. wirklich unvoreingenommen oder ‚objektiv' zu beschreiben, jedoch gibt es verschiedene Allgemeinheitsgrade der Voreingenommenheit. Hugo Dinglers Definition z. B., ein Tisch sei etwas, worauf man etwas legen kann, ist von hohem Allgemeinheitsgrad und doch eine manifeste Wertung. Wenn z. B. jemand seine Zeitung auf eine Plastik legt, wird er mit Recht vermahnt: Aber das ist doch kein Tisch! Man sieht daran auch, daß die im Sein implizierte Wertung keineswegs immer auf die Zukunft gerichtet ist, denn der Tisch ist ja bereits gegenwärtig das, worauf etwas gelegt worden sein kann. Nicht einmal in der Dingwelt gilt: *operari sequitur esse*. Durch ein gegenwärtiges Seinsollen – der Festigkeit im Verbund – ist auch der Stein in der Hausmauer bestimmt, das ganze Haus hingegen, solange es noch im Bau ist, durch ein zukunftbezogenes Seinsollen.

Nicht nur Artefakte sind so zu verstehen, daß ihr Begriff den Grund ihres Daseins impliziert, d. h. als Zwecke im Kantischen Sinn. Wenn mir z. B. jemand sagt: Dort steht ein Baum, kann damit die Absicht verbunden sein,

– mich für den Fall, daß es regnet, auf einen Schutz aufmerksam zu machen;
– mir für den Fall, daß ich von einem Hund oder von einem Elephanten verfolgt werde, zu zeigen, daß ich mich auf den Baum retten kann;
– mein Wohnen ‚im Grünen' zu betonen;
– mich darauf aufmerksam zu machen, daß hier im Herbst Laub zu harken ist;
– mir eine Holzreserve zu zeigen;
– mir zu beweisen, daß es wertfreie Aussagen gibt, etc.

Es fällt schwer, etwas über den Baum zu sagen, was nicht durch irgendeine Absicht motiviert ist. Wozu würde es sonst gesagt? Auch die Dendrologie gibt sich nur den Schein der Objektivität, ist aber so wenig bloß objektiv wie jede Wissenschaft. Der einzige Zugang zu dem Baum, der nur ihm selber in seinem Eigenwert gilt, ist der durch ein Bild oder ein Gedicht, durch Musik oder eine Plastik, also der durch die Kunst. Dies ist der unvoreingenommenste Zugang, den wir zu finden vermögen, und doch versteht meines Erachtens auch der Künstler die Dinge so, wie sie gut sind, jedoch von ihnen aus nach ihrer eigenen Natur. Das menschliche Interesse ist dabei so weit gelöscht, wie dies überhaupt möglich ist. Die Unvoreingenommenheit oder Objektivität der Kunst ist jedoch nicht die des interplanetarischen Beobachters, sondern die der Freiheit im Mitsein.

3. Die Natur des Menschen

Nach den naturphilosophischen Vorüberlegungen, was die Aufgaben der Ethik sind, fragt es sich nun für einen jeden: *Wer bin ich meiner besonderen Natur nach im Ganzen der Natur, daß*[28] *ich in der wissenschaftlich-technischen Welt zu leben weiß*, insbesondere nicht zu Lasten Dritter lebe und darin auch mit meinen Mitmenschen übereinkomme? Dies ist eine andere Frage, als sie nach einem Sollens- oder Verantwortungsverständnis von Ethik zu stellen wäre, oder wenn man sich damit begnügen wollte, seinen Mitmenschen ein guter Kooperationspartner zu sein. Es ist aber die Frage, die zu stellen in der Naturkrise, in die wir geraten sind, geboten ist.

Mitmenschliche Identität

Wer also bin ich meiner Natur nach? Die bescheidenste und zugleich umfassendste Antwort hat Goethe im „Tasso" gegeben: „Und was man ist, das blieb man andern schuldig" (Vs. 106). Von dieser Antwort lasse ich mich im folgenden leiten.[29] Schuldigkeit ist, zumal in der protestantischen Tradition, aus der ich stamme, nicht leicht von Schuldhaftigkeit zu trennen, soll hier aber in einem unbefangen praktischen Sinn verstanden werden. Die Redeweise, daß jemand seine Schuldigkeit tut, wenn er das Seine tut oder das, wofür er gut ist, kommt dem ganz unemphatischen Sinn, auf den ich hinauswill, am nächsten. Denselben Grad von Selbstverständlichkeit hat die Frage: Was bin ich dafür schuldig?, wenn man etwas empfangen hat und sich revanchieren will. Die Frage braucht ja nicht als das Angebot der Bezahlung gemeint zu sein und sollte hier auch gerade nicht so gemeint werden, weil man sich durch Geld dem, was man eigentlich schuldig ist, nur entzieht. Auch die Aufrechenbarkeit des Geschuldeten für ein Empfangenes ist hier nicht gemeint. Abgesehen von diesen kommerziellen Assoziationen bringt die Frage: Was bin ich dafür schuldig?, den Sinn des Tasso-Verses aber wohl in einfacher Sprache zum Ausdruck.

Wer sind die andern, denen ich schuldig bin, wofür ich gut bin, und um welche Art von Schuldigkeit handelt es sich? Das nächstliegende Beispiel sind im allgemeinen die Eltern. Ich verdanke ihnen den größten Teil meiner körperlichen und geistigen Bildung. Was bin ich dafür schuldig? Falls

---

[28] Ich brauche das „daß" hier in dem altertümlichen Sinn, in dem es nach ‚damit' klingt.

[29] Ich verdanke dieses Wort wie auch sonst wesentliche Anregungen dem Philosophen Hermann Noack (1895–1977). Pohlenz (1948, I 289) bezieht den Gedanken auf Marc Aurel.

meine Eltern von mir erwartet hätten, einen mir von ihnen vorgegebenen Lebensentwurf zu erfüllen, wäre ich ihnen dann schuldig gewesen, dies zu tun? Selbstverständlich nicht, denn dies ist mein Leben und nicht ihres. Sie haben das aber gar nicht getan, sondern immer nur dafür gesorgt, daß ich mit ihnen der werden konnte, der ich meiner Natur nach bin, und mir dazu alles gegeben, was mir helfen konnte. Ich schulde ihnen also denjenigen Umgang mit allem, was in mir meine Züge angenommen hat, in dem mein Leben sich erfüllt. Kurz gesagt, ich schulde ihnen, ich selber zu sein, soweit ich mich ihnen verdanke. Da sich dieses Selbstsein in einem Tun vollzieht, in dem ich möglichst so lebe, wie ich meiner Natur nach bin, kann ich statt dessen auch sagen: Ich schulde ihnen, das zu tun, wofür ich gut bin. Dies ist hier wieder nicht in einem äußerlich teleologischen Sinn gemeint, so als habe eine höhere Macht verfügt, wozu ich da zu sein hätte, sondern von mir aus in dem Sinn, daß ich mein Leben lebe. Weil ich so bin, wie ich bin, bin ich – wie man früher sagte – verbunden[30], das zu wollen, wofür ich gut bin.

Der zu sein, der ich bin, schulde ich aber nicht nur meinen Eltern, sondern ihnen nur vor allen andern. Bin ich nicht auch meinen Lehrern schuldig, mit alledem, was sie mir mitgegeben und wozu sie mich angeregt haben, so umzugehen, wie es nach meiner Natur und meinem Selbstverständnis in mir aufgegangen ist? Ich denke Ja, und dasselbe gilt für alle Verwandten, Freunde, Mitarbeiter und Kollegen in Wissenschaft und Politik, die mir etwas mitgegeben haben, was zu mir geworden ist und nun meine Züge trägt.

Die individuelle Bildung ist ein allmähliches Zur-Welt-Kommen, in dem der Mensch im Mitsein mit andern Menschen zu sich kommt. Sind es zunächst in der Regel die Eltern und die näheren Angehörigen, mit denen sich die eigene Identität bildet, dann Lehrer und Freunde etc., so ist das Mitsein, in dem man zu sich kommt, doch von Anfang an auch das Überpersönliche der Sprache und Kultur in ihren regionalen und überregionalen Erscheinungen. Angesichts der Tatsache, daß jeder Mensch nur unter und mit andern Menschen in einer Gesellschaft er selber wird, war es eine abwegige Idee, sich Gesellschaft und Staat als durch den Zusammenschluß von bereits existierenden autonomen Individuen konstituiert vorzustellen. Denn es gäbe – wollen wir nicht statt der Geschichtlichkeit zur Monadologie zurückkehren – diese Individuen niemals ohne die Gesellschaft, in der sie allererst geworden sind, was sie sind. Shaftesbury hat in diesem Verständnis den *common sense* als das allen Gemeinsame gegen Hobbes betont. Dasselbe gilt für unsere weltbürgerliche Identität im Verhältnis zu andern Kulturen. Was wir Europäer sind, sind wir vor allem den orientalischen Kulturen und denen des Mittelmeerraums schuldig. Das Gefühl der persönlichen oder gemeinschaftlichen Originalität beruht

[30] Das heißt: ist es für mich verbindlich, daß ...

in der Regel überwiegend darauf, daß man sich nicht bewußt ist oder wahrhaben will, wieweit jeder ‚eigene' Gedanke den Vorfahren und den Mitmenschen geschuldet ist, von denen er kommt, wie diese also in uns leben. „Wir sind nur Originale, weil wir nichts wissen", meinte selbst Goethe einmal (HA XIII 112). „Mein Werk ist das eines Kollektivwesens, das den Namen Goethe trägt" (Soret 1905, 146; vgl. Eckermann 17. Februar 1832). Als ein Kollektivwesen empfinde auch ich mich, und ich kenne niemand, der es nicht gleichermaßen wäre.

Ob die Schuldigkeit, die dem Selbstgefühl entspricht: ‚Was du bist, das bist du andern schuldig', etwas mit dem von Martin Heidegger in „Sein und Zeit" (1927, 280 ff.) gemeinten Schuldigsein zu tun hat, möchte ich offenlassen.[31] Unter den alltäglichen Bedeutungen des Schuldigseins, von denen er ausgeht, kommt die Schuldigkeit in dem hier betrachteten Sinn gar nicht vor. Liest man dann aber weiter: „Das Sein des Daseins ist die Sorge ... Das Schuldigsein konstituiert das Sein, das wir Sorge nennen" (aaO 284/286f.), so mag dies vielleicht so gemeint sein, daß der Mensch seine Schuldigkeit erfüllt, indem er für andere und anderes sorgt. Heidegger versteht unter dem Schuldigsein dann aber den „Rückruf des Gewissens", daß das Dasein – d. h. der Mensch – „aus der Verlorenheit in das Man sich zu ihm selbst zurückholen soll, d. h. *schuldig* ist" (aaO 287), was viel tiefsinniger klingt als das, was ich sagen wollte. Seine im Hochdeutschen etwas stilisierte, nicht in erster Linie der Klarheit verpflichtete Sprache gibt jedenfalls nicht ohne weiteres zu erkennen, daß er es ebenso gemeint haben könnte wie ich in der Orientierung an Goethe.

Im Sinn des praktisch naturphilosophischen Grundsatzes (6) habe ich bisher das menschliche Selbstsein als eine Schuldigkeit gegenüber andern Menschen in Sprache und Kultur ausgelegt und in diesem Zusammenhang das Feld des Mitseins als das der individuellen Bildung und Schuldigkeit eingeführt. Gemeint ist zunächst nur ein menschliches Mitsein, also Mitmenschlichkeit. Mitmenschlich ‚verbunden', meine Schuldigkeit zu erfüllen, bin ich insoweit allen denen, die in mir mit- oder weiterleben, den Lebendigen und den Toten. Nun gibt es viele Menschen, die mir nichts zu sagen oder sonst zu geben haben, was in mir weiterlebt, und außerdem gibt es diejenigen, die mir zwar etwas zu sagen haben, aber keineswegs das, was ich mir zu eigen zu machen bereit bin, vielleicht sogar das Gegenteil. Habe ich auch in bezug auf diese eine Schuldigkeit? Das bisher Gesagte folgt Herders These, daß der Grad des Mitgefühls mit andern dem Grad der Tiefe unseres Selbstgefühls entspricht. Wer aber bin ich in bezug auf diejenigen, die ich nicht bin und nicht sein will, die mir fremd sind oder gegen die ich kämpfe? Bin ich ‚verbunden', mich ihnen in irgendeiner Weise verbunden zu fühlen? Ist die Seinsethik hier zu Ende und hilft nun doch nur noch die Sollensethik – z. B. nach der Goldenen Regel – weiter? Ist der Identitätsgrundsatz (6) mit dem der gelingenden Pluralität (5) etwa gar nicht vereinbar?

---

[31] Die Frage wurde mir von Carl Friedrich Gethmann gestellt.

Die biblische Regel, den andern zu lieben wie sich selbst, ist wohl in zwei Richtungen zu verstehen. Die eine ist, den andern wahrzunehmen wie sich selbst, insoweit man die eigene Natur in ihm wiedererkennt. Danach habe ich insoweit gesucht. Zum Wiedererkennen seiner selbst kann es auch durch einen Kampf kommen. So war es in Parzivals Bruderkampf: „Du hast hier gegen dich selbst gekämpft, und ich bin gegen mich in den Kampf geritten!"[32] Muß es aber nicht auch die andere Richtung geben, das Andere, Fremde, Gegensätzliche in sich selbst zu finden? Wenn es wirklich wahr ist, daß Gott sich zur Welt entzweit hat und als Natur mit sich selber uneins ist, hat Nietzsches Wort: „mit Zweien beginnt die Wahrheit" (1887, III 517) einen theokosmogonischen Sinn. Es gibt dann nicht nur eine Identität in der Differenz, sondern auch eine Identität mit der Differenz. Kunstwerke bringen sie zum Ausdruck. Zu meiner Identität gehört die Spannung zu den andern, die nicht so wollen wie ich, denn nicht nur sie sind mir fremd, sondern in ihnen bin ich mir selber fremd.

Soweit ich mir selbst nicht fremd bin, schulde ich mein Selbstsein – zu wollen, wofür ich gut bin – allen denen, die in mir meine Züge annehmen bzw. soweit sie dies tun. Dies ist offenbar nicht die ganze Menschheit. Wenn ich das Fremde und Gegensätzliche, das andere Züge trägt, hinzudenke, wird daraus zunächst einmal ein Ensemble von meinesgleichen: Mitmenschen, denen ich mich in vielen Gemeinsamkeiten verbunden fühle, z. B. als Radfahrer, Hamburger, Wissenschaftler, Goethefreund etc., gleichermaßen aber auch in Gegensätzen, vor allem hinsichtlich unseres Verhaltens in bezug auf die natürliche Mitwelt, die Dritte Welt und die Nachwelt. Beispielsweise schreibe ich dieses Buch nicht nur für die, welche zu dem, was ich mir überlegt habe, bereits grundsätzlich Ja sagen und darin eine Klärung des eigenen Gefühlsbewußtseins suchen, sondern mindestens ebensosehr für die, welche mir widersprechen, um durch die Auseinandersetzung beim Schreiben und später über das Buch der auch im Widerspruch gemeinsam gesuchten Wahrheit näher zu kommen. Als das Gespräch der Seele mit sich selbst, wie Platon das Denken beschreibt, finden solche Kontroversen auch innerlich dauernd statt und sind die Bedingung dafür, nach außen etwas so diskursiv auseinandersetzen zu können, wie es beispielsweise in einem Buch für den Leser geschieht, wenn es gelingt. Das Gespräch der Seele mit sich selbst aber braucht immer wieder Anstöße durch Gespräche mit anderen, durch die man auch mit sich selber uneins wird und wieder neu ins Gespräch kommt. Wir brauchen den Andern sowohl im Übereinkommen als auch in der Differenz. Beides entfaltet sich im Mitsein.

Was ich bin, schulde ich also auch denen, mit denen ich mich auseinandersetze und nur teilweise oder gar nicht identifiziere. Diese Schuldigkeit

---

[32] Wolfram von Eschenbach, Parzival La. 752, Zeile 15 f.= 1981, II 545. Ich verdanke diese Erinnerung Uwe Pörksen.

gegenüber den andern habe ich auch vor denen, mit denen ich mich identifiziere. Sogar die Nicht-Identität oder das Anderssein im Mitsein gehört
zu meiner Natur. Die Seele scheint wirklich so gebildet zu sein, wie Platon es beschrieben hat, daß nämlich der Demiurg „die schlecht mischbare
Natur des Verschiedenen gewaltsam mit der des ‚Selben‘ harmonisch zu-
sammenfügte und sie mit dem Sein vermischte" (Tim 35a). Und war es
nicht auch so mit denen, hinsichtlich derer ich mich wie Goethe als ein
Kollektivwesen empfinde? Habe ich mich mit meinen Eltern, meinen
Lehrern und mit den großen Gesprächspartnern der Vergangenheit wie
Platon und Goethe etwa nicht auseinandergesetzt?

Vielen Menschen erscheint ihr Zur-Welt-Kommen bzw. ihre Ichwer-
dung überhaupt als ein Absetzungs- und Ablöseprozeß von allem Vorgegebenen, besonders von den Eltern, und nicht als ein Assimilations-
geschehen. Vor allem in der neuzeitlich-abendländischen Kultur sucht
das sich bildende Ich die persönliche Identität vielfach als das spezifisch
Eigene, Neue und Besondere. Eben dies haben die Eltern und die andern,
von denen man sich absetzt, freilich meistens schon genauso gehalten, so
daß auch in der Tendenz zur Besonderung eine Assimilation liegt. Ein In-
dividualist kommt selten allein. Meinem Eindruck nach findet normalerweise beides statt, die Assimilation durch Besonderung wie die durch
Angleichung.

Das Selbstsein, in dem ich weiß, was zu tun das Meine ist und mir obliegt, ist also das Mitsein mit meinesgleichen in Übereinstimmungen und
Gegensätzen. Das Medium dieses Mitseins ist die jeweilige Öffentlichkeit, sei es die derer, mit denen ich dauerhaft im Gespräch bin, oder die
derer, unter denen ich lehre und Vorträge halte, die politische Öffentlichkeit meines Volks, Europas oder die des Gegensatzes zwischen Nord und
Süd. Allen, denen ich im Mitsein verbunden bin, schulde ich das Meine.
Wie weit aber reicht der Kreis des Mitseins, in dem ich ich selber bin und
somit denen, die mit mir sind, in dieser Gemeinschaft das Meine schulde?
Ist es die Menschheit insgesamt, durch die meine Identität und was zu tun
das Meine ist, bestimmt wird? Jeder Mensch wäre dann allen andern
Menschen – mehr oder weniger – schuldig, was er ist, nicht nur einem
Teil der Menschheit, aber es gäbe keine Schuldigkeit über die Menschheit
hinaus, gegenüber der natürlichen Mitwelt. Dies wäre die denkbar umfassendste Identität der interplanetarischen Eroberer und die Grundlage einer – dann nicht naturphilosophisch zu fundierenden – Ethik der
Menschheit als einer geschlossenen Gesellschaft. Oder ist der Mensch
auch in bezug auf die natürliche Mitwelt – Tiere, Pflanzen, Landschaften,
die Elemente und das Klima – für etwas gut und hat im Ganzen der Natur
das Seine zu tun? Ich nehme dies an und werde Gründe dafür nennen,
warum das menschliche Selbstsein über die Menschheit hinausragt und
die Menschheit überhaupt nur im Mitsein mit der natürlichen Mitwelt sie
selber ist. Soweit aber sind wir noch lange nicht, sondern die heutzutage

geläufigste Bestimmung der menschlichen Identität ist die des *homo oeconomicus*, des Eigennützlings, der sich in der Naturkrise der wissenschaftlich-technischen Welt als das Ziel der Naturgeschichte ausgibt und sich dadurch bereits für das Ganze der Menschheit als schädlich erweist.

Der Homo oeconomicus

Wie man einen Prozeß von allein laufen lassen kann, indem man die Dinge so anordnet, daß es möglichst keiner mitmenschlichen Anordnungen mehr bedarf, war seit der Renaissance ein Grundinteresse der Technik. Analog dazu auch den sozioökonomischen Prozessen einen Selbstlauf nach einer Ordnung der Natur zu geben, durch den die eingreifenden und regelnden Anordnungen des herkömmlichen Staats überflüssig gemacht würden, entsprach den Interessen des aufstrebenden Wirtschaftsbürgertums seit dem 18. Jahrhundert (vgl. Abschnitt III.2). Adam Smith meinte damit durch die Marktwirtschaft so weit gehen zu können, daß der Staat nur noch für einige Infrastruktur-Bedürfnisse zu sorgen brauche, ansonsten aber ganz überflüssig würde. Eine Marktwirtschaft ist idealiter diejenige Wirtschaftsordnung, in der es keinen Primat der Politik mehr gibt, sondern der Wirtschaftsablauf ein selbstregulierender Mechanismus ist.

So wie nun freilich die Einsicht in die Natur der Körper – die Gravitation und das Bewegungsgesetz – die Voraussetzung für die Erkenntnis der Himmelsmechanik war, bedurfte es der Einsicht in die Natur des Menschen, um einen gesellschaftlichen Selbstlauf nach einer Lebensordnung der Natur zu entwerfen. Das Ziel war, alles möglichst von allein und somit ohne staatliche Eingriffe geschehen zu lassen. Welches aber ist die Natur des Menschen, nach der eine Naturordnung des menschlichen Lebens oder eine menschliche Lebensordnung nach Naturgesetzen einzurichten wäre? Im Wirtschaftsliberalismus und in der marktwirtschaftlichen Nationalökonomie hat sich auf diese Frage die Antwort von Adam Smith durchgesetzt. Smith meinte, die Naturordnung der Gesellschaft solle sich auf die Neigung des Menschen zum Tausch, Tauschhandel und Gewinn als die eigentliche Natur des Menschen gründen. Daß dies die Natur des Menschen sei, sehe man an der Existenz von Märkten. Smiths Menschenbild des sozusagen geschäftstüchtigen Wilden führte in der Marktwirtschaft zu dem des *homo oeconomicus*, der stets seinen privaten Vorteil sucht.

Der Grundgedanke des Wirtschaftsliberalismus war nun, daß Geschäftstüchtigkeit tatsächlich die Natur des Menschen sei, daß also die Menschen eigentlich egoistisch sind und sich nur dann nicht so verhalten, wenn sie naturwidrig oder durch eine naturwidrige Erziehung daran gehindert werden. Von dem Recht des Stärkeren, das in der Antike propagiert worden war und Platons Gegenbild herausgefordert hatte, unterschied sich das Recht auf den Marktvorteil bzw. das Recht des Geschäfts-tüchtigeren durch eine Art Demokratisierung – jedenfalls für die Haupt-akteure – und durch den Verzicht auf direkte Gewalt zugunsten einer be-grenzten Chancengleichheit. Der Eigennutz aber war derselbe geblieben. Ihm seinen Lauf zu lassen galt als Lebensordnung der Natur. Für die Rücksicht auf andere blieb nur das entgegengesetzt gleich falsche oder zumindest gleichermaßen verkürzte Menschenbild des Altruisten, der überhaupt nicht an sich denkt, statt wie an sich auch an andere zu den-ken. Wo immer Menschen sich anders verhielten als nach dem Menschen-bild des gewinnsüchtigen Schotten, suchten die Wirtschaftsliberalen die Lebensverhältnisse so zu verändern, daß die Wirtschaftssubjekte sich von alleine egoistisch verhielten. Vor allem der Staat galt dafür als das Haupt-hindernis. Bemerkenswerterweise ist das wirtschaftsliberale Menschen-bild nicht einmal mit dem politisch liberalen des mündigen Bürgers ver-einbar, welcher der Gängelung durch den Staat nicht bedarf, weil er selbstverantwortlich nicht zum Schaden anderer und der Allgemeinheit handelt. Ich komme darauf im Epilog zurück.

Nun bedarf es keiner besonderen ethnologischen Kompetenz, um das Naturbild des geschäftstüchtigen Wilden als die zu einer wirtschaftsbür-gerlich normativ gewünschten Zukunft passend konstruierte Vergangen-heit zu erkennen. Zwar hat es wohl seit Jahrtausenden begrenzte Märkte gegeben, z. B. für den Obsidian von der Insel Lipari, für chinesische Seide oder für Salz, aber aus der Existenz bestimmter Tauschbeziehungen folgt noch lange nicht, daß die Arbeitsteilung entstanden sei, um durch den optimalen Einsatz der eigenen Vermögen für Märkte zu produzieren und dort den größtmöglichen Vorteil zu suchen. Eine nicht marxistische, auf den ethnologischen Arbeiten vor allem Malinowskis und Thurnwalds be-ruhende Gegenposition ist von Karl Polanyi in seinem inzwischen gera-dezu klassisch zu nennenden Werk über „Die große Transformation" (1944) vertreten worden: „Die Arbeitsteilung, ein Phänomen so alt wie die Gesellschaft selbst, entsteht aus der natürlichen Verschiedenheit der Geschlechter, der geographischen Lage und der individuellen Fähigkei-ten, und die angebliche Neigung des Menschen zum Tausch, zum Handel und Umtausch ist sehr zweifelhaft. Während Geschichte und Völker-kunde verschiedene Wirtschaftsformen kennen, von denen die meisten die Einrichtung von Märkten enthalten, kennen sie keine Wirtschaft vor der unseren, die auch nur annähernd von Märkten beherrscht und gere-gelt worden wäre" (aaO 72). Vielmehr war in „der Regel ... das Wirt-schaftssystem im Gesellschaftssystem integriert" (aaO 102).

Andere als marktförmige Formen des Austauschs wurden in vielen Stammesgesellschaften entwickelt und praktiziert. Da gab es z. B. Ge-schenke und Gegengeschenke nach subtilen Ritualen der direkten und vor allem der indirekten Gegenseitigkeit. Ein Beispiel für die ersteren sind Partnerschaften zwischen einem Fischerdorf und einem Bauerndorf, sich gegenseitig einerseits mit landwirtschaftlichen, andererseits mit maritimen Gütern zu versorgen, wobei großer Wert auf Äquivalenz gelegt wurde und Gewinne als unanständig galten. Ein Beispiel der indirekten Gegenseitigkeit sind die Kularinge in Polynesien, in denen Güter reihum besessen werden. Außerdem wurde immer nur ein Teil der Erträge für den Eigenbedarf privatisiert und alles übrige durch Geschenke an einen Verteiler, z. B. den Häuptling, einem Umverteilungspool zugeführt. „In diesem einen negativen Punkt sind sich die modernen Ethnographen einig: dem Fehlen des Gewinnstrebens, dem Fehlen des Prinzips von Arbeit gegen Entlohnung, dem Fehlen des Prinzips des geringsten Aufwands und insbesondere dem Fehlen jeglicher separaten und spezifischen, auf wirtschaftlicher Motivation beruhenden Institution" (aaO 76 f.).

Bevor das Bürgertum die marktwirtschaftliche Lebensordnung durchgesetzt hat, war die Wirtschaftstätigkeit der menschlichen Gesellschaft grundsätzlich in die jeweiligen Sozialbeziehungen eingebettet und ihnen nachgeordnet. Im Mitsein mit andern Menschen gilt das Tun des Menschen „nicht der Sicherung seines individuellen Interesses an materiellem Besitz, sondern der Sicherung seines gesellschaftlichen Rangs, seiner gesellschaftlichen Ansprüche und seiner gesellschaftlichen Wertvorstellungen. Er schätzt materielle Güter nur insoweit, als sie diesem Zweck dienen ... Die menschlichen Leidenschaften, ob gut oder böse, beziehen sich bloß auf nichtökonomische Ziele" (aaO 75 f.).

Die wirtschaftsliberale Lebensordnung ist inzwischen so allgemein anerkannt, daß der Gedanke, der Wirtschaft müßten Ziele gesetzt werden, die nicht allein wirtschaftlich zu begründen sind, geradezu abwegig klingt und nur noch zu dokumentieren scheint, wie aussichtslos derartige Postulate sind. Ich halte ihn gleichwohl nach wie vor für richtig und werde im folgenden Kapitel eine Grundorientierung zur Diskussion stellen, die meines Erachtens zur Reintegration der Wirtschaft in einen kulturellen Lebenszusammenhang führen könnte. Wieweit wirtschaftliche Ziele tatsächlich nicht um bestimmter Güter willen, sondern um gesellschaftlicher oder mitmenschlicher Verhältnisse willen angestrebt werden, zeigt heute die dominierende Rolle der Statusgüter. Viele oder sogar die meisten materiellen Güter werden nicht gekauft, um mit ihnen etwas anzufangen, sondern zur Stützung des Selbstbewußtseins. Zu dem Lebensentwurf, dessentwegen viele Menschen beispielsweise nicht auf ein Auto und ähnliche Konsumgüter verzichten möchten, gehört der Glaube, daß dies eine angemessene Art der Selbstdarstellung in einer Konkurrenzgesellschaft sei. Wie viele wirtschaftliche Ansprüche letztlich aus nichtökonomischen Gründen geltend gemacht werden, beobachtete Polanyi sogar in den sozialen Konflikten der Industriegesellschaft des 19. Jahrhunderts. Selbst dort ging es nach seiner Deutung (aaO 213) nicht primär um materielle Not, sondern um das Ansehen von Menschen in ihrer Gesellschaft, um Sicherheit, Verhaltensfreiräume und die Lebensweise insgesamt, also um die kulturelle Integrität der Gesellschaft, und erst sekundär um die Löhne.

Nach dem traditionellen und in der geschilderten Weise auch heute noch zumindest teilweise und latent handlungsleitenden Verständnis der Wirtschaft wirtschaftet der Mensch letztlich nicht um der Erträge willen, sondern die Ziele der Wirtschaft sind ihrerseits umfassend gesellschaftlich, also nicht nur wirtschaftlich bestimmt. Es geht nicht primär um Güter, sondern um Lebensformen, also um Kultur im weitesten Sinn, und erst sekundär – relativ zu kulturell bestimmten Zielen – um Güter. Nicht dieses Verständnis der Natur des Menschen aber war es, das der im Wirtschaftsliberalismus angenommenen Lebensordnung der Natur zugrunde gelegt wurde, sondern das des geschäftstüchtigen Wilden, der um seines Vorteils willen wirtschaftet und sich dazu marktgerecht verhält. Vermutlich war die Naturordnung des menschlichen Lebens nach diesem Menschenbild auch leichter zu entwerfen als nach dem des Kulturmenschen.[33]

Mit dem „Wechsel von geregelten zu selbstregulierenden Märkten" verband sich, dies war Polanyis Thema, „eine völlige Umwandlung der Gesellschaftsstruktur... Selbstregulierung bedeutet, daß die gesamte Produktion auf dem Markt zum Verkauf steht und daß alle Einkommen aus diesen Verkäufen entstehen. Dementsprechend gibt es Märkte für alle Wirtschaftsfaktoren, nicht nur für Güter (immer mit Einschluß der Dienstleistungen), sondern auch für Arbeit, Boden und Geld, deren Preise jeweils Warenpreise, Löhne, Bodenrente und Zins genannt werden" (aaO 105/103). So werden also auch der Mensch und die Natur insgesamt „als Waren, als für den Markt produzierte Güter behandelt... Der Mensch wurde unter dem Titel *Arbeit* und die Natur unter dem Titel *Grund und Boden* vermarktet" (aaO 183), als Ware. „Indessen bedeutet Arbeitskraft und Boden nichts anderes, als die Menschen selber, aus denen jede Gesellschaft besteht, und die natürliche Umgebung, in der sie existiert. Sie in den Marktmechanismus einzubeziehen, das heißt die Gesellschaftssubstanz schlechthin den Gesetzen des Marktes unterzuordnen" (aaO 106). Demgegenüber wurden die Löhne zuvor z. B. durch Zünfte oder städtische Regelungen festgesetzt, und der Boden war überhaupt nicht im Handel. Aus den Nachteilen, die gewiß auch dieses System gehabt hat, folgt nicht, daß die marktwirtschaftliche Mobilisierung besser war.

Je unbefriedigender die Selbstregulierung geriet, d. h., je größer das entstehende Elend war, desto militanter wurde das wirtschaftsliberale Bekenntnis zum Laissez-faire, besonders nach der Abschaffung der Armenhilfe seit den 30er Jahren des 19. Jahrhunderts in England. Der Staat ist dadurch gleichwohl nicht überflüssig geworden, sondern immer korpulenter, vor allem in Gestalt der Verwaltung, hat sich aber im wesentlichen

---

[33] Zur Beschränktheit des Eigennutzprinzips vgl. Scherhorn 1995, 45 ff.

dafür in Dienst nehmen lassen, die von der Wirtschaft angerichteten Schäden zu regulieren und zu lindern.

Ein erster Schritt zur Besserung wäre meines Erachtens die Einsicht, daß sich das Verhältnis von Bürgern, Staat und Allgemeinheit seit dem 18. Jahrhundert grundlegend gewandelt hat. Damals kam es tatsächlich darauf an, den Eingriffsmöglichkeiten des Staats Grenzen zu setzen. Relativ dazu halte ich den modernen Rechtsstaat für eine der besten Errungenschaften der politischen Kultur, die es je gegeben hat. Heute aber gibt es für den mündigen Bürger zwar immer wieder Ärger mit einer zwanghaften Verwaltung, hierzulande jedoch im wesentlichen keine politischen Probleme staatlicher Bevormundung. So sehr immerhin dieses letztere zu begrüßen ist, hat ein dem des 18. Jahrhunderts entgegengesetztes und mittlerweile mindestens genauso großes Problem bisher so gut wie keine politische Aufmerksamkeit gefunden. Ich meine den Umstand, daß die freie Entfaltung der Persönlichkeit der einzelnen Bürger schon längst weitgehend zum Schaden der Allgemeinheit erfolgt. Dennoch richten wir unsere politische Aufmerksamkeit vor allem darauf, die Autonomie der Individuen nicht durch staatliche sowie mittlerweile auch gesellschaftliche Bevormundungen gefährden zu lassen. Indem wir uns in der politischen Sensibilität noch immer auf die weitgehend gelösten Probleme des 17. und 18. Jahrhunderts konzentrieren, entgeht uns, daß die Verteidigung der Allgemeinheit gegen die auf dem unbegrenzten Markt wirtschaftenden Individuen längst zum viel größeren Problem geworden ist (vgl. Abschnitt V.2).

Der immer noch zunehmenden Individualisierung zu Lasten der Allgemeinheit können nur dadurch Grenzen gesetzt werden, daß die autonome Entfaltung der Persönlichkeit der Bürger durch Rücksichten auf das Gemeinwohl beschränkt wird. Denen, die sich gegenwärtig als liberal verstehen, die viel zu oft aber nur wirtschaftsliberal den Eigennutz verteidigen, fällt diese Einsicht schwer, so daß die Probleme eher den Konservativen überlassen werden, gegen die dann überdies die alten Fronten wieder aufgemacht werden können, wie die Kommunitarismus-Debatte in Nordamerika zeigt. Ich halte dies für eine Abkehr vom politischen Liberalismus, denn dessen Ziel war nicht individuelle Autonomie, sondern Selbstverantwortung. Diejenigen, denen es im Gefolge von Smith auf die bloße Deregulierung ankam, um freie Hand für den Verfolg ihrer Privatinteressen zu gewinnen, waren eigentlich gar keine Bürger, nämlich keine *citoyens*, sondern bloße *bourgeois*. Das Ziel des Liberalismus war demgegenüber ein Volk mündiger Bürger (citoyens), die sich selbst so für die Allgemeinheit mitverantwortlich fühlen, daß sie die politische Auseinandersetzung in einer entsprechend kultivierten Öffentlichkeit führen, in welcher der rechte Umgang mit Pluralität nicht erst angemahnt zu werden braucht. Soweit dies geschieht, darf der Bürger sich die Gängelung durch den Staat verbitten, sonst aber nicht.

Wie konnte der Liberalismus so herunterkommen, daß darunter nur noch die Deregulierung oder allenfalls – wie im 18. Jahrhundert – vor allem der Schutz des Bürgers vor staatlichen Übergriffen verstanden wird? Die Frage hängt damit zusammen, wie überhaupt eine dezidierte Untugend, der Eigennutz, im wirtschaftlichen Verhalten zur Tugend avancieren konnte. Dies ist um so erstaunlicher, als der Eigennutz in der Familie, unter Kameraden, in einem politischen Amt und selbst gegenüber dem eigenen Betrieb nach wie vor als schimpflich gilt. Nur in der Anonymität des Markts ist dies anders. Wie kommt das? Ich habe den Verdacht, daß der anonyme Eigennutz mit dem menschlichen Geltungsbedürfnis zusammenhängt, dem ich bereits in der Mythologie auf der Spur war und das in der Neuzeit durch die von Freud betonten Kränkungen der Eigenliebe erneut so stark herausgefordert worden ist. Ich komme darauf im Epilog zu diesem Buch zurück. Der Narzißmus oder die Eigenliebe ist im Sinn Freuds das Beisichbehalten der Libido – der Kraft des Sexualtriebs in der Seele –, so daß das Ich nicht aus sich heraus zum Andern geht. Der neuzeitliche Narzißmus, mit dem wir an der kopernikanischen Herausforderung gescheitert sind, ist geistig zur Subjektivitätsphilosophie sublimiert worden, in der das Ich gar nicht mehr aus sich herauszugehen braucht, weil es sowieso schon alles ist. Im wirtschaftlichen Verhalten ist dieser Absolutismus sozusagen demokratisiert worden, so wie der Absolutismus im Privateigentum zum Absolutismus des kleinen Mannes.

Der *homo oeconomicus* ist ursprünglich als die Natur des Menschen proklamiert worden, nach der eine Naturordnung des menschlichen Lebens einzurichten wäre. Nun aber schadet die eigentlich nicht freie, sondern autonome Entfaltung der Persönlichkeit der egoistischen Individuen sowohl der Integrität der Natur als auch der der Industriegesellschaft und der Menschheit insgesamt. Zu verurteilen ist das Menschenbild des *homo oeconomicus* hier bereits unter den beiden letzteren Gesichtspunkten. Diese Kritik hat in vielen Ländern zu einer politischen Verfassung als Sozialstaat geführt, aber dieser ist bisher nur national und im wesentlichen nur administrativ, eigentlich geradezu als Ersatz für eine soziale Gesellschaft verwirklicht worden. Gegen die Desintegration der Gesellschaft kann nun schwerlich etwas andres helfen als die Reintegration durch die Stärkung des menschlichen Mitseins. Ich verzichte hier auf die Erörterung der kommunitaristischen Vorschläge, die sich auf einzelne Völker und Staaten beziehen. Nationalitäten und Volkszugehörigkeiten sind in der Regel historisch gewachsen, vielen Menschen aufgedrängt, latent oder manifest strittig und oft nicht einmal zur Deckung zu bringen. Weil es mir auf diese Identitäten und Diskrepanzen hier nicht ankommt, gehe ich gleich zu der umfassenderen menschlichen Gemeinschaft über, der Menschheit insgesamt. Wird die Bestimmung des Menschen als eines Angehörigen der Menschheit tragfähig genug sein, um im jeweiligen Tun des Seinen die Anforderungen einer physiozentrischen Ethik der wissenschaftlich-technischen Welt zu erfüllen?

Der Homo interplanetaris praedator in Chauvinismus und Fortschritt

Daß Menschen sich als Angehörige der Menschheit verstehen, hat im Völkergemisch des Hellenismus begonnen und ist in der Stoa philosophisch reflektiert worden. Für das Selbstverständnis, aus dem sich das menschliche Tun und Lassen rechtfertigt, war dies ein bedeutender Schritt. Denn zum Selbstgefühl gehört immer auch ein Selbstwertgefühl, und dieses verbindet sich bis heute allzu leicht mit der Abwertung anderer. Ich sehe dafür zwar keinen zwingenden Grund, denn warum soll man sich z. B. nicht für die Seßhaftigkeit entscheiden können, ohne gleichzeitig auf die Nomaden, welche dies nicht tun, herabzusehen? Wer ein in sich stimmiges, sozusagen rundes Selbstbewußtsein hat, ist nicht darauf angewiesen, das eigene Selbstwertgefühl dadurch zu stützen, daß er (oder sie) sich relativ zu andern für etwas Besseres ausgibt. Diese Anerkennung anderer Lebensformen in ihrem Eigenwert braucht nicht relativistisch bzw. historistisch gemeint zu sein, sondern verträgt sich sehr wohl damit, daß man die getroffene Entscheidung der eigenen Natur nach als die richtige rechtfertigt, jedoch im Wissen des Nichtwissens, ob der eigene Lebensentwurf dem Ganzen der Natur angemessener ist als derjenige derer, die sich anders entscheiden. Man könnte meinen, dies hätte eigentlich allen Menschen immer schon mehr oder weniger bewußt sein können. Tatsächlich aber scheint Herder nach Montaigne der erste gewesen zu sein, der – im Rahmen der aufklärerischen Tendenz zur Toleranz – durch sein Verständnis von „Humanität" entschieden für die Anerkennung[34] anderer eingetreten ist, und zwar auch gegenüber andern Kulturen, denen damals noch kaum Toleranz entgegengebracht wurde. Im 19. Jahrhundert war es der Kern des um sich greifenden Nationalismus, das eigene Selbstwertgefühl auf die Abwertung anderer Nationen zu stützen. Der seiner Nation in einem besonderen Überschwang verbundene Rekrut Nicolas Chauvin aus einem Theaterstück der Brüder Cogniard (1831) hat dem weiterhin sehr verbreiteten menschlichen Bedürfnis, sich etwas Besseres als andere zu dünken, seither den Namen gegeben.

Daß die menschliche Identität über den Einzelnen hinausreicht und zumindest sozial bestimmt ist, zeigt sich schon an der Bedürftigkeit der Kinder und der Tatsache, daß der Mensch ein besonders entwickeltes Sprachvermögen hat. Man darf wohl annehmen, daß die Gemeinschaft, relativ zu der ein Mensch er selber ist, in den ursprünglichen Lebensformen nicht wesentlich über die Stammes- oder Volksgrenzen hinausreichte. So berichtete Alexander von Humboldt noch von seiner „Reise in die Äquinoktial-Gegenden des Neuen Kontinents": „Erst die Zivilisation

---

[34] Zum Konzept der Anerkennung vgl. das gleichnamige Buch von Siep (1979), das auf Herder allerdings nicht eingeht.

hat dem Menschen die Einheit des Menschengeschlechts zum Bewußtsein gebracht... Die Wilden kennen nur ihre Familie, und ein Stamm erscheint ihnen nur als ein größerer Verwandtschaftskreis ... Die Wilden verabscheuen alles, was nicht zu ihrer Familie oder ihrem Stamme gehört ... Die Pflichten gegenüber Familie und Verwandtschaft sind ihnen wohl bekannt, keineswegs aber die Pflichten gegenüber der Menschheit, die auf dem Bewußtsein beruhen, daß alle Wesen, die geschaffen sind wie wir, miteinander verbunden sind" (1814-25, 1135).

Noch die antiken Griechen sind bekannt dafür, daß sie alle Nichtgriechen ihres unverständlichen Geredes wegen, das sich für sie nicht wie eine richtige Sprache anhörte, als Barbaren bezeichneten und sie nicht als gleichwertig empfanden. Beispielsweise berichtete Diodorus Siculus von den Äthiopiern, sie seien in ihren Seelen noch ganz wild und sähen aus wie Tiere; auch hätten sie keine Menschenliebe (philanthropía) zueinander, sprächen mit schriller Stimme und seien in ihren Lebensformen (éthe) von den griechischen aufs Äußerste entfernt (Bibl. Hist. III 8). Es versteht sich, daß derartige Abwertungen auch ökonomische Gründe hatten, weil die Herabsetzung anderer eine herabsetzende Behandlung legitimierte, z. B. als Sklaven. Es bliebe jedoch von Fall zu Fall zu überlegen, wieweit nur eine Ideologie zur Rechtfertigung ökonomischer Vorteile gebildet wurde oder umgekehrt Mängel im Selbstwertgefühl durch ökonomische Erfolge unter Herabsetzung anderer Menschen als Minderwertiger kompensiert wurden. Die Geschichte des menschlichen Chauvinismus ist noch nicht geschrieben.

Die tendenzielle Entdeckung der Menschheit als gemeinsamer menschlicher Identität im Hellenismus ist bis heute nicht vollendet und hat das Abwertungsmuster noch lange nicht außer Kraft gesetzt, sondern nur verschoben, vor allem in unserer Zeit auch zu Lasten der natürlichen Mitwelt. Die griechische Religion, welche die Römer übernahmen, war polytheistisch und relativ offen dafür, in den Gottheiten anderer Völker die eigenen in regionalen Besonderungen wiederzuerkennen. Dies war ein hervorragender Umgang mit Pluralität, der aber leider durch den Ausschließlichkeitsanspruch des Christentums in seiner kirchlichen Verfassung ein Ende fand. Vor allem im 2. Jahrtausend, das einmal statt des Zeitalters der Zerstörung auch das der abendländischen Überheblichkeit heißen könnte, ist die ausgrenzende Herabsetzung anderer, der ‚Heiden‘ durch die Christen, so mörderisch geworden, wie wohl noch nie im Namen einer Religion gemordet worden ist. Ich sehe dafür im christlichen Glauben keinen Grund, sondern im Gegenteil nur Gründe, den christlich gewandeten Chauvinismus zu verurteilen. Tatsächlich aber waren es Christen, die trotz ihres Glaubens zuerst die Kreuzzüge und später die Kolonisierung der heutigen Dritten Welt sowie die der natürlichen Mitwelt unternommen und durchgeführt haben. Dabei war der Siegeszug von Naturwissenschaft und Technik eine direkte Fortsetzung der Entdeckungs- bzw. Eroberungsreisen auf der Erde, und ist zumindest von Francis Bacon auch so propagiert worden.

Während der Kolonisierung der Dritten Welt wurde auch theologisch erörtert, ob die ‚Wilden' Menschen wie wir oder eine – vielleicht eher den Affen verwandte – Zwischenform zwischen Mensch und Tier seien. Soweit darauf schließlich eine befriedigende Antwort gefunden wurde und wir uns heute etwas darauf zugute halten, derartige Dispute längst hinter uns zu haben und selbstverständlich zu wissen, daß auch die ‚Wilden' Menschen und somit eigentlich keine ‚Wilden' seien, ist dies kein Fortschritt, an dem wir uns reinen Herzens freuen dürfen. Die meisten, denen diese Anerkennung hätte zugute kommen sollen, haben die europäische Mission zu einer eurozentrisch geprägten Gesamtmenschheit nämlich nicht überlebt, sondern sind entweder den Gewehren oder den Krankheiten erlegen, welche die Eroberer mitgebracht haben. Dies gilt vor allem für Nord- und Südamerika. Die Kolonisierung ist trotzdem bis heute an kein Ende gekommen, aber von der militärischen längst in eine wirtschaftliche Form übergegangen und wird in Zukunft ihre Fortsetzung in der Zerstörung der Lebensgrundlagen durch die von den Industrieländern verursachte Klimaänderung finden, bei der die Verursacher erneut die – zumindest relativen – Gewinner sein werden. Statt der christlichen Mission, welche mit der militärischen Kolonisierung einherging, verbindet sich mit den heutigen Abhängigkeiten die Mission der wissenschaftlich-technischen Welt.

An die Stelle der Kirche war bereits in Francis Bacons Staatsentwurf „Neu-Atlantis" eine wissenschaftliche Akademie getreten, in der u. a. Maschinen zur Energiegewinnung, Flugzeuge, Horchgeräte, Unterseeboote und neuartige Waffen konstruiert, neue Materialien erprobt sowie neue Arten von Tieren und Pflanzen entwickelt werden sollten. Die christliche Mission wurde durch den Glauben abgelöst, daß mit diesen Erfindungen nicht nur das Abendland, sondern die ganze Welt zu beglücken sei. Natürlich sollte niemand zu diesem Glück gezwungen werden, so war ja auch die christliche Mission nicht gemeint gewesen, sondern andere sollten lediglich nicht von einer Verheißung ausgeschlossen sein, welche die Europäer nun einmal als erste entdeckt hatten. Andern eine irdische Verheißung zuteil werden zu lassen – zumal eine, deren Erfüllung man sich selber schon nahe wähnt – führt aber leicht dazu, das Maß dieser Nähe oder Ferne auch an jene anzulegen. Bei der christlichen Mission konnte das gleichermaßen passieren, lag aber weniger nahe, weil wir hienieden vom himmlischen Paradies allzumal ziemlich weit weg sind, so daß der Vergleich nur in Ausnahmefällen wie bei den Heiligen größere Unterschiede ergibt. Die fortschrittlichen Europäer meinten aber, mit ihrer Lebensart und Wissenschaft bereits kurz vor den Toren des irdischen Paradieses zu stehen, und konnten, war dieses Maß einmal gesetzt, selbst wenn sie den besten Willen zur Anerkennung der Eigenwerte fremder Völker und Kulturen gehabt hätten (was nicht der Fall war), schwerlich darüber hinwegsehen, daß diese die spezifisch europäische Paradiesesnähe nun doch nicht so hatten wie die Europäer selbst. Gemessen an diesen also waren sie ‚Wilde'.

Erwägt man den Abstand der menschlichen Lebensart in der europäischen Provinz von der in einer der barbarischen und wilden Gegenden des neuen Indiens (Westindien), meinte Bacon dementsprechend, so ist aus dieser Distanz „der Mensch... dem Menschen ein Gott" (1620, I § 129 = I S. 269), der Europäer nämlich für den ‚Wilden'. So wurde der neuere Eurozentrismus geboren, andere Länder für ‚Entwicklungsländer' und somit immerhin für fähig zu halten, uns auf dem Weg unserer Entwicklung zu folgen. Die Brasilianer beispielsweise, tröstete Voltaire, sind Lebewesen (animaux), welche die Vollendung ihres Geschlechts noch nicht erreicht haben, aber auch sie werden eines Tages ihre Newtons und Lockes haben und damit in ihrer menschlichen Laufbahn zur Vollendung kommen (1786, 271). Welche Stadien dabei zu durchlaufen wären, überlegten sich Condorcet und Comte, und Turgot entwarf mit seiner „géographie politique" eine Art Fortschrittsatlas, auf dem sich Europa von den rückständigen Wilden wie von den stagnierenden Chinesen wohltuend abhob (1750, 611 ff.). Dies alles war eigentlich nicht böse gemeint, jedoch in einer politischen Naivität gedacht, welche den Vorteil des Vorangehenden nicht berücksichtigt. Francis Bacons Hierarchie der Macht war in dieser Hinsicht bereits viel realistischer konzipiert als die Fortschrittsemphase der französischen Aufklärer. Wer nämlich die internationale Macht seines Landes erweitert, festigt damit auch die eigene Position im Innern, und wer „die Herrschaft des Menschengeschlechtes selbst" (1620, I § 129 = I S. 271) über die Natur gewinnt, festigt damit zugleich die internationale Position des eigenen Landes, hat also eine gute Chance, für ‚das Menschengeschlecht selbst' erst einmal das eigene Volk eintreten zu sehen. So hat es sich ergeben, daß die Europäer den andern Völkern voran als ‚die Menschheit' aufgetreten sind und bis heute weit überproportional von dem profitieren, was die Natur zu bieten hat – was aber doch eigentlich, soweit es Menschen zusteht, ein gemeinsames Erbe aller Völker in der Gemeinschaft der Natur ist. Die Fortschrittlichkeit der Einen definierte somit nicht nur die Rückschrittlichkeit der Andern, sondern stabilisierte dieses Verhältnis auch noch im Rahmen einer Bewegung, in die alle hineingezogen wurden. Inzwischen haben die Europäer den ihnen gerechterweise allenfalls zustehenden Anteil des gemeinsamen Erbes so weit überzogen, daß es für die Dritte Welt sogar physisch unmöglich ist, es ihnen gleichzutun.[35]

Der im 18. Jahrhundert in Europa zum Leitbild des Handelns gewordene Fortschritt ist ursprünglich Bacons Projekt, die durch den Sünden-

---

[35] Ich rechne die Nachkommen der weißen Eroberer in Nord- und Südamerika mit zu den Europäern.

fall verlorengegangene Souveränität in der Natur durch Wissenschaft und Technik wiederzugewinnen. Der Fortschritt ist der Vollzug der im vorangegangenen Kapitel beschriebenen Apotheose. Man hatte sich Gott so gedacht, daß man ihm ähnlich werden und an seine Stelle treten konnte, mit der Allwissenheit der Wissenschaft und der Allmacht der Technik. Im Fortschrittsbewußtsein sind drei eigentlich richtige Grundgedanken verkürzt und verfälscht. Einmal ist es – wie bei Nikolaus von Kues – die ursprünglichste religiöse Sehnsucht, Gott nahe sein und ihm ähnlich werden zu wollen.[36] Dies ist eigentlich tiefste Frömmigkeit, birgt aber in sich als eine mögliche Verfälschung die Hybris, es ihm gleichtun zu wollen. Zum zweiten ist der kopernikanische Aufbruch, unsern Platz in der Welt selbst zu finden, eigentlich das Projekt der Freiheit des mündigen Erdenbürgers, aber die Freiheit kann verfälscht werden zur Autonomie, d. h. zur Selbst-Sicherheit, statt in gemeinsamer Sicherheit in der Welt heimisch zu werden. Zum dritten verband sich mit dem kopernikanischen Aufbruch ein neues Naturverständnis, unter der Natur nämlich das zu verstehen, was in Zukunft werden soll, und nicht mehr das, was ist und allem Sein die Lebensordnung gibt. Ich halte diesen Gedanken im Horizont der Naturgeschichte für richtig, auch bei Bacon. In der Fortschrittsabsicht aber haben sich eine Zielgewißheit und ein Wille gebildet, das Ziel in eigener Regie über die Zeit zu erreichen. Die Geschichte sollte vollendet werden wie ein Haus, in dem ja die einzelnen Bauphasen keinen eigenen Wert haben, sondern nur den des Baufortschritts auf das fertige Haus hin. Dies aber ist nicht unsere Rolle in der Naturgeschichte, sondern wir sind in das Haus, in dem es heimisch zu werden gilt, immer schon eingezogen, so daß statt des Fortschritts eine *Entwicklung* stattzufinden hätte. Den Unterschied sehe ich darin, daß die verschiedenen Phasen einer Entwicklung ihren je eigenen Wert haben, so wie in einem Menschenleben Jugend und Alter, also nicht nur einen jeweiligen Übergangswert, der mit der Annäherung an das Ende zunimmt. In der Entwicklung hat man sozusagen immer nur das vor, was man wirklich gerade vor sich hat, so daß das Ziel nicht nur weit weg ist, sondern in der Gestalt des nächsten Schritts ganz gegenwärtig wird. Im Fortschritt geschieht alles immer nur der Vollendung wegen, so daß er um so größer ist, je schneller er erfolgt; eine Entwicklung hingegen hat ihr eigenes Zeitmaß und braucht ihre Zeit.

Wie sich im Zug der Apotheose die Entwicklung zum Fortschritt verkürzt, zeigt in einer schicksalhaften Weise das Denken des Marquis de Condorcet (1743–1794). Condorcet verstand den Fortschritt als den Vollzug des sozusagen letzten Willens der Natur, denn danach wäre ja das Ziel erreicht – bei ihm aber immerhin noch als ein Ziel der *Natur*. Denn „die Menschenrechte [stehen] im Buche der Natur geschrieben ... Im

---

[36] Vgl. Platon, Theaitet 176b.

Namen der Natur befahlen sie [die Aufklärer] Königen und Heerführern, Beamten und Priestern die Achtung vor dem Leben der Menschen" (1795, 121/159). Dies war nun aber nicht nur so gedacht, daß die Bevölkerung nicht mehr von Staat und Kirche drangsaliert werden und statt dessen die Früchte des wissenschaftlich-technischen Fortschritts genießen sollte. Vielmehr sei es ein Irrtum, „*den* Menschen für den natürlichen zu halten, den der bestehende Zustand der Zivilisation geprägt hat" (aaO 78). Der Fortschritt zur Lebensordnung der Natur sollte also auch den Menschen selbst erfassen. Condorcet glaubte durch seine Überlegungen gezeigt zu haben, „daß die moralische Güte des Menschen, dieses notwendige Resultat seiner natürlichen Beschaffenheit, genauso wie alle andern Fähigkeiten einer unbegrenzten Vervollkommnung offensteht und daß die Natur Wahrheit, Glück und Tugend unaufhörlich miteinander verkettet" (aaO 212 f.). Er erwartete diese Veredelung teils von den wissenschaftlich-technischen Entdeckungen und dem damit einhergehenden Wohlstand, teils durch direkte moralische Fortschritte, schloß aber auch „die wirkliche Vervollkommnung der intellektuellen, moralischen und physischen Anlagen" als eine „Folge der Vervollkommnung der natürlichen Organisation des Menschen selber" (aaO 194) keineswegs aus. Man sieht hier die revolutionäre Vergangenheit der entsprechenden Phantasmata mancher zeitgenössischen Molekularbiologen, den Menschen biotechnologisch vervollkommnen zu wollen (vgl. Abschnitt III.2). „Die Möglichkeit organischer Vervollkommnung... kann als eines der allgemeinen Gesetze der Natur betrachtet werden. Dies Gesetz ist auch für das Menschengeschlecht gültig" (aaO 219), wird von Condorcet aber von der Entwicklung auf den Fortschritt übertragen.

An den Greueln der Kolonisierung durch Monarchie und Kirche übte Condorcet bittere Kritik, meinte aber, dieses Unrecht sei allenfalls insoweit wiedergutzumachen, als die europäischen Länder die Kolonien nun gleichermaßen an ihrem Fortschritt und der Befreiung von den alten Mächten teilhaben ließen. Mit Erfolg setzte er sich 1789 auch für die Zulassung der schwarzen Abgeordneten von Santo Domingo zur Nationalversammlung ein. Daß „der Augenblick nahe ist, da wir uns diesen Völkern nicht länger als Verderber und Tyrannen zeigen, sondern ihnen nützliche Helfer oder edelmütige Befreier sein werden" (aaO 196), war von ihm sicherlich gut gemeint, aber absolut eurozentrisch gedacht. Wie die Verkünder der nachholenden Entwicklung um die Mitte des 20. Jahrhunderts stellte er sich vor, daß „sich alle Nationen eines Tages dem Zustand der Zivilisation nähern, den die aufgeklärtesten, freiesten und vorurteilslosesten Völker, wie die Franzosen und die Anglo-Amerikaner, erreicht haben", indem die noch nicht nach europäischer Art zivilisierten Völker „hoffen, in den Europäern Brüder zu finden, um deren Freunde und Schüler zu werden", widrigenfalls man sie allerdings „zum Verschwinden bringen" (aaO 193/197/195) müsse.

Condorcet war der wohl bedeutendste Prophet des Fortschritts. Ich finde seinen totalitären Optimismus beängstigend und halte das Fortschrittsdenken überhaupt für eine Todesphantasie. Wer die Gegenwart nicht annimmt, sondern immer nur vorausdrängt, vermeidet das Leben und kommt menschlicherweise erst im Tode zum Stehen. Im Sinn der Apotheose ist der Fortschritt ein Versuch, die Zeit – die Gott in Händen hält, wie es in einem Choral von Jochen Klepper heißt – selbst in die Hand zu nehmen und die Geschichte zu vollenden, um in die Ewigkeit einzugehen. Dazu muß man die Zeit beherrschen, d. h. aller Dinge sicher sein, macht dann aber wohl die Rechnung ohne den Wirt.[37] Hier wird nicht der Tod überwunden, sondern das Leben vermieden, das den Menschen vom Tod trennt und ihm widersteht. Merkwürdigerweise lagen für Condorcet, als er sein Buch schrieb, auch persönlich nur noch wenige Wochen zwischen dieser Gegenwart und seinem eigenen Tod. Er hatte in der Französischen Revolution eine führende Rolle gespielt, war jedoch ein Gegner der Todesstrafe und dementsprechend auch gegen die Ermordung des Königs. Er wurde deshalb von seinen früheren Genossen verfolgt, mußte untertauchen und schrieb in seinem Pariser Versteck im Winter 1793/94 in wenigen Wochen den „Entwurf einer historischen Darstellung der Fortschritte des menschlichen Geistes", aus dem ich zitiert habe. Das Buch ist in einer großen Atemlosigkeit geschrieben und war eigentlich nur als das Exposé eines vielbändigen, später zu schreibenden Lebenswerks gedacht. Immer wieder heißt es: ‚Wir werden zeigen, daß...‘, aber dazu ist es nicht mehr gekommen. Im Frühjahr 1794 verließ er sein Versteck, wurde von alten Bekannten abgewiesen, die es nicht wagten, ihn aufzunehmen, und schließlich halb erfroren aufgegriffen. Er ist kurz darauf im Gefängnis gestorben. Die letzten Sätze seines Buchs erinnern mich an Fausts Todesphantasie:

„Und was für ein Schauspiel bietet dem Philosophen das Bild eines Menschengeschlechts dar, das von allen Ketten befreit, der Herrschaft des Zufalls und der Feinde des Fortschritts entronnen, sicher und tüchtig auf dem Wege der Wahrheit, der Tugend und des Glücks vorwärtsschreitet; ein Schauspiel, das ihn über die Irrtümer, die Verbrechen, die Ungerechtigkeiten tröstet, welche die Erde noch immer entstellen und denen er selber so oft zum Opfer fällt! In der Betrachtung dieses Bildes findet er den Lohn für seine Mühen um die Fortschritte der Vernunft, die Verteidigung der Freiheit. So findet er den Mut, seine Mühen mit der ewigen Kette der menschlichen Geschicke zu verknüpfen: die Betrachtung dieses Bildes vergilt ihm wahrhaft für die Tugend, und sie erfüllt ihn mit der Freude, etwas bleibend Gutes bewirkt zu haben,

---

[37] Ihr macht ja alle die Rechnung ohne den Wirt, sagte Martin Heidegger, als 1968 in Hamburg im Hause Weizsäcker über Themen der Studentenbewegung in einem revolutionären Gefühl wie dem Condorcets gesprochen wurde. Ich gestehe, daß sich mir diese einfache Bemerkung – ‚in Erwartung des Erscheinens eines Gottes‘ – stärker eingeprägt hat als alle seine Schriften.

etwas, das kein Verhängnis mehr in unheilvollem Ausgleich zerstören wird, indem es Vorurteil und Sklaverei wiederkehren läßt. Seine Betrachtung ist ihm eine Stätte der Zuflucht, wohin ihn die Erinnerung an seine Verfolger nicht begleiten kann; wo er in Gedanken mit dem Menschen, der in seine Rechte wie in die Würde seiner Natur wieder eingesetzt ist, lebt und wo er den Menschen vergißt, den Habgier, Furcht und Mißgunst quälen oder verderben; dort ist er wahrhaft zusammen mit seinesgleichen in einem Elysium, das seine Vernunft sich zu erschaffen wußte und das seine Liebe zur Menschheit mit den reinsten Freuden verklärt" (aaO 221 f.).

Ein Schauspiel als Stätte der Zuflucht, in dessen Betrachtung man die Gegenwart des eigenen Lebens vergessen kann – gibt es ein passenderes Bild für die Lebensvermeidung des Fortschrittsdenkens? Faust hörte den Fortschritt im Geklirr der Spaten erklingen, aber es war sein eigenes Grab, das die Lemuren schaufelten. „Im Vorgefühl von solchem hohen Glück / Genieß' ich jetzt den höchsten Augenblick" (Vs. 11585 f.). Im Optimismus geht die Hoffnung in den Tod.

Condorcets persönliches Schicksal war dem der Menschheit, die sich auf den Fortschritt eingelassen hat, so weit voraus, daß die Bezüge vielleicht erst jetzt so augenscheinlich geworden sind, wie sie mir vorkommen. Goethes Einschätzung war hier noch ambivalent. „Es ist so gewiß als wunderbar", bemerkte er, „daß Wahrheit und Irrtum aus *einer* Quelle entstehen; deswegen man oft dem Irrtum nicht schaden darf, weil man zugleich der Wahrheit schadet" (HA XII 407).[38] Dies mag damals auch für den Fortschritt noch gegolten haben. Seither ist der Darwinismus hinzugekommen und hat das Fortschrittsrennen, in das die Menschheit nun – die einen voran, die andern hinterher – geraten war, als eine naturgeschichtliche Höherentwicklung stilisiert. Danach überleben nur die Stärkeren, und dies ist auch ihr Recht, sei es rechtens oder nicht. Das Spiel aber wird nach europäischen Regeln gespielt. Zur Jahrhundertwende war es für Eduard von Hartmann zwar „der größte Fortschritt dieses Jahrhunderts, daß durch die Verbesserung der Verkehrsmittel die ganze Erde zu einem einheitlichen Schauplatz des wirthschaftlichen, politischen und geistigen Lebens zu werden beginnt, und die Menschheit sich zu einem Individuum höherer Ordnung entwickelt". Die aufkommende Menschheit aber konnte er sich nur als die der Europäer vorstellen und rechtfertigte aus dieser Sicht die physische und geistige Zerstörung fremder Kulturen: „Dieser Fortschritt ist... nur darum so groß und wichtig, weil der Kampf um's Dasein der Völker und Rassen durch ihn so sehr verschärft wird, der die Cultursteigerung durch Vernichtung des minder Angepaßten beschleunigt" (1899, 4). Hier sehnt man sich regelrecht nach Condorcet zurück, der sich immerhin noch weigerte, *den* Menschen für den natürlichen zu halten, den der bestehende Zustand der Zivilisation geprägt

---

[38] Vgl. Matth. 13,24–30 und Meyer-Abich/Matussek 1994.

hat", sondern die Überlegenheit des Stärkeren auch den Schwächeren zugute kommen wissen wollte (1795, 78/203).

Kultursteigerung durch die Sieger im Kampf ums Dasein – als hätten
sie ihrer Kultur wegen gesiegt! Sozialdarwinistische Aussagen dieser Art
sind so offenkundig ideologisch und parteilich, daß man geneigt ist, sie
nicht mehr ernst zu nehmen. Ich halte dies für fahrlässig, denn der Fort-
schrittsförmigkeit des sozioökonomischen Prozesses entzieht man sich
nicht dadurch, daß die Fahnen des Fortschritts – wie es heute der Fall ist –
nicht mehr so ostentativ wie im 19. Jahrhundert geschwungen werden,
sondern nur dadurch, daß man an dem Wettrennen nicht mehr teilnimmt,
durch das er zustande kommen soll. Davon aber sind wir sowohl in den
nationalen Konkurrenzgesellschaften wie in deren internationaler Fortsetzung weit entfernt. Das individuelle Konkurrenzverhalten in der heutigen Industriegesellschaft, durch das jeder und jede weiterkommen will,
ist eigentlich nur eine desintegrierte Form des gemeinsamen Fortschrittsglaubens der Gesellschaften des 19. Jahrhunderts. Grundsätzlich könnte
man zwar den Fortschrittsgedanken von dem Konkurrenzprinzip in der
Wirtschaft zu trennen versuchen, aber die realsozialistischen Länder
sind damit nicht sonderlich erfolgreich gewesen, und die Konkurrenzgesellschaft wird dadurch legitimiert, daß sie den Fortschritt – der heute
meistens als ‚Innovation‘ verkleidet wird und als solche weiterhin eo
ipso für etwas Gutes gilt – am schnellsten zustande bringe. Daß dabei
eine Desintegration der Menschheit und das zuvor beschriebene Mißlin-
gen des Umgangs mit Pluralität herauskommt, ist eigentlich nicht überraschend und kaum anders zu erwarten. Es ist so als sei der durch die
prästabilierte Harmonie geregelte Gleichlauf (concursus) der Monaden,
in die Leibniz sich die Welt atomisiert gedacht hatte, nach dem Ende
dieser Fiktion in den Discursus des Fortschrittsrennens übergegangen,
in dem jeder für sich das Beste sucht. Eigentlich ist der „erbarmungslose
Optimismus"[39] des Fortschrittsglaubens, der die menschliche Gesellschaft zerreißt, nicht unmenschlicher als der Atomismus, in dem alle Solidarität nur ein präformierter Schein gewesen sein soll. Beides setzt den
Menschen gerade nicht „in die Würde seiner Natur wieder ein", sondern
zerstört diese. Condorcet ist darüber gestorben, und die Menschheit
geht daran zugrunde – zuerst alle die, welche nicht mehr mitkommen,
und zuletzt die einsamen Sieger, weil sie sich von einer Todesphantasie
haben leiten lassen.

[39] So Jacob Burckhardt in einem Brief an Friedrich von Preen, 19. September
1875 (1966, 53–56; dort S. 55).

Die Caballeros del Espíritu

Es wäre merkwürdig, wenn es keine Gegenbewegung gegeben hätte. Diese hat bereits in der Zeit der Kolonisierung begonnen. Für das 16. Jahrhundert hat Mario Erdheim (1982) in einem sehr lesenswerten Aufsatz die gegensätzlichen Haltungen von Fernández de Oviedo (1478–1557), Bartolomé de Las Casas (1475–1566) und Bernardino de Sahagún (1499–1590) geschildert. Oviedo hielt die ‚Wilden' für Tiere und hatte – nach seinem Begriff von Tieren – keinerlei Bedenken, sie zur Zwangsarbeit zu verschleppen. Las Casas hielt sie gegenüber der damaligen spanischen Gesellschaft für die noch ursprünglicheren und deshalb besseren Menschen, setzte sich für ihre Anerkennung ein und prägte damit das Konzept des ‚edlen Wilden'. Beide aber urteilten aus europäischer Sicht, wenn auch einander entgegengesetzt. Demgegenüber machte Sahagún den in der Ethnologie wohl erstmaligen Versuch, einen Indianerstamm von sich aus zu verstehen. Er lernte zunächst dessen Sprache, fing aber auch dann nicht einfach an, mit den Leuten zu reden, sondern fragte sie zunächst einmal, ob sie überhaupt mit ihm reden wollten. Als er dafür nach gebotener Frist einen positiven Bescheid erhielt, bemühte er sich weiterhin, seine Gesprächspartner von sich her zu ihm sprechen zu lassen. Demgegenüber erfährt man in den Berichten von Oviedo und Las Casas mehr über die Autoren, ihre Gesellschaft und ihre Interessen als über die damaligen Mexikaner, von denen doch eigentlich die Rede sein sollte. Den Indianern wurde entweder die hemmungslose Erfüllung derjenigen Begierden attestiert, welche die Europäer auch hatten, sich aber nicht guten Gewissens zu erfüllen trauten (z. B. Gefräßigkeit, Wollust, Faulheit), oder man schrieb ihnen die edleren Eigenschaften zu, welche man an den eigenen Mitmenschen vermißte und diesen kritisch vorhalten wollte.

Ich will nicht versuchen, diese Tradition über Michel de Montaigne (1533–1592) und viele andere bis in das gegenwärtige Naturverhältnis zu verfolgen, in dem ebenfalls Unterdrückung und Idyllisierung gegeneinander stehen und der Sahagúnsche Weg am ehesten der des Mitseins wäre. Ich setze erst bei der auffälligen Tatsache wieder ein, daß inmitten einer ökonomisch und politisch zerfallenden Gesellschaft, der deutschen der Weimarer Republik, auf einmal das Mitsein zum Thema wurde. Wie dies bei Helmuth Pleßner (1928) gemeint war, ist im Abschnitt I.3 bereits geschildert. Außer Pleßner waren es Martin Heidegger (1889–1976) und Karl Löwith (1897–1973), die sich des Mitseins annahmen. Ihnen folgte Jahrzehnte später – im Zug des Schwunds der politischen Öffentlichkeit und der gesellschaftlichen Kommunikation überhaupt mit der marktwirtschaftlich bedingten Desintegration der Gesellschaft nach dem Zweiten Weltkrieg – Jürgen Habermas, der sich vor allem den mitmenschlichen Kommunikationsformen zuwandte. Das Unglück will es, daß alle diese Denker und viele andere in ihren Spuren typische Geisteswissenschaftler in dem vor allem von Wilhelm Dilthey geprägten Selbstverständnis waren bzw. sind. Dieses besteht darin, die Natur – die außermenschliche Natur und den menschlichen Leib – den Natur- und Ingenieurwissenschaften zu überlassen und dafür selbst die Zuständigkeit für das menschliche Innenleben und das historisch Individuelle zu beanspruchen, soweit es nicht auf die äußere Natur gerichtet ist. „Geschichte, Nationalökonomie, Rechts- und Staatswissenschaften, Religionswissenschaft, das Studium von Literatur und Dichtung, von Kunst und Musik, philosophischer Weltanschauung, als Theorie und als Erkenntnis des historischen Verlaufs sind solche Wissenschaften", meinte Dilthey. Sein Naturverständnis war, „daß der Mensch sich selbst ausschaltet, um aus seinen Eindrücken diesen großen Gegenstand Natur als eine Ordnung nach Gesetzen zu konstruieren", sich dann aber „von ihr rückwärts zum Leben, zu sich selbst" (1926, 70/83) den Geistes- oder Kulturwissenschaften zuwendet. Das Leben nur im Menschen zu finden ist die typisch geisteswissenschaftliche Borniertheit, der freilich der naturwissenschaftliche Alleinvertretungsanspruch in dieser Hinsicht nichts nachgibt. José Ortega y Gasset sprach spöttisch von den ‚Rittern des Geistes' (Caballeros del Espíritu; 1947, 26), die sich für etwas Besseres als die Natur ausgeben. Folgenreich war vor allem die Naturvergessenheit in der Religion und in der Wirtschaft. In der Naturkrise der wissenschaftlich-technischen Welt trifft die Geistes- oder Kulturwissenschaften eine geistige Mitschuld daran, daß unser Umgang mit der Natur – der außermenschlichen und dem menschlichen Leib – im wesentlichen nicht mehr kulturförmig ist (vgl. Abschnitt III.2).

Ausgerechnet in diesem Geist erinnerten sich Heidegger und Löwith nun des Mitseins als einer wesentlichen Qualität des Lebens. Das ‚Mit' im Mitsein entspricht dem der Mitwelt und der Mitmenschen, d. h. relativ gebräuchlicher Worte. Der Ausdruck ‚Mitwelt' scheint von Goethe in Rom gebildet worden zu sein,[40] und zwar für das ihm dort Gegenwärtige im Unterschied zur Vor- und Nachwelt, wobei sich Vor- und Mitwelt in Rom verbanden. Goethe verstand unter der Mitwelt jedoch die Welt insgesamt, wie sie ihm gegenwärtig war, und allenfalls ausnahmsweise nur die Menschen.[41] Vom Marmor ist in der Römischen Elegie ausdrücklich die Rede, aber daß Goethe sich nicht von der Natur abgewendet hat, um das Leben zu finden, bedarf keiner besonderen Erklärung. Demgegenüber verkürzte Heidegger das Mitsein in „Sein und Zeit" (1927) auf das mitmenschliche Mitsein. Die Dinge begegnen ihm nur „aus der Welt her, in der sie für die Anderen zuhanden sind", das Werk des Handwerkers für den Empfänger, das Feld für seinen Besitzer, das Boot am Strand für einen Freund etc. Diese Anderen, die Menschen, unterscheiden sich in ihrer „Seinsart des innerweltlich begegnenden Daseins" von den Dingen

---

[40] Römische Elegien V 2; vgl. Faust Vs. 77.
[41] Zum Beispiel Tasso Vs. 282.

der ‚Umwelt' in ihrer gebrauchsorientierten Zuhandenheit oder ihrer bloßen Vorhandenheit. „Dieses Seiende ist weder vorhanden noch zuhanden, sondern ist *so, wie* das freigebende Dasein selbst – es *ist auch und mit da* ... ‚Die Anderen' besagt ... die, von denen man selbst sich zumeist *nicht* unterscheidet, unter denen man auch ist ... Die Welt des Daseins ist *Mitwelt*" (1927, 118). Diese besondere Weise des „In-der-Welt-Seins" ist also exclusiv dem „Dasein", d. h. den Menschen, vorbehalten. Tiere, Pflanzen, Landschaften und die Elemente sind für Heidegger bloß ‚Vorhandenes' oder ‚Zuhandenes' und keine „Mitwelt". Übrigens ist auch das Zuhandensein ein Ausdruck von Goethe (z. B. HA XIII 27).

Dem exclusiven Mitsein der Menschen hat Löwith etwa gleichzeitig eine besondere Studie gewidmet. Im Gegensatz zur Ich-Philosophie des Idealismus knüpfte er darin an Ludwig Feuerbachs (1804–1872) Gedanken an (1843), daß sich das Ich ursprünglich nicht von einem Objekt, sondern von einem Du unterscheide. Löwith ging dann aber von der bloßen Ich-Du-Beziehung zur mitmenschlichen Welt insgesamt über. Unter der Mitwelt verstand er „die durch mich geeinte Welt der Andern... Im Unterschied zu Etwas anderem sind die Anderen dadurch ausgezeichnet, daß sie von derselben Seinsart, in derselben Weise da sind wie ich selbst" (1928, 49), nämlich gleichermaßen Menschen und somit als Andere großzuschreiben sind. Löwiths Ausgangsfrage, „inwieweit der *Mitmensch* das Leben des sogenannten *Individuums* konstituiert" (aaO 1), brauchte aber eigentlich nicht auf die bloß menschliche Mitwelt eingeschränkt zu werden. Verallgemeinerungsfähig finde ich auch den Gedanken, sich der „anthropologischen Grundlegung der ethischen Probleme" (aaO V) zu widmen, denn das Mitsein konstituiert Lebensverhältnisse, und in diesen bilden sich die Haltungen (Ethos), von denen die Ethik handelt. Im Anschluß an Dilthey hat Löwith aber leider „die Welt, die nicht eigentlich *mit* uns, sondern *um* uns lebt, zuhanden und vorhanden ist, als Umwelt im weitesten Sinn" von der Mitwelt abgesetzt und sich nur für das Aufkommen „der Mitwelt in der Umwelt" interessiert. Ein Mensch und ein Baum, so meinte er, „können nicht ‚einander' begegnen. . . . ‚Etwas' kann einen nur soweit angehen, als es ‚einen angeht'" (aaO 27/65). Daß ein Baum einen nicht ‚angeht' und somit nichts angeht, ist mir nicht nachvollziehbar, jedoch typisch geisteswissenschaftlich empfunden. Hier wie in den Sozialwissenschaften gilt im wesentlichen bis heute Günter Eichs „Zwischenbescheid für bedauernswerte Bäume" (1966): „Akazien sind ohne Zeitbezug. / Akazien sind soziologisch unerheblich. / Akazien sind keine Akazien."

Wie es sich so trifft, hat Löwith in der Verengung des Mitseins nicht nur an Dilthey angeknüpft, sondern sich hinsichtlich des Lebens als einer bloß humanen Bestimmung ausgerechnet auf Goethe berufen. Es handelt sich um die Tasso-Verse:

„Inwendig lernt kein Mensch sein Innerstes
Erkennen. Denn er mißt nach eignem Maß
Sich bald zu klein und leider oft zu groß.
Der Mensch erkennt sich nur im Menschen, nur
Das Leben lehret jedem was er sei." (Vs. 1239–1243)

Löwith hat Dilthey und die Geisteswissenschaften damit jedoch – vermutlich unbeabsichtigt, meines Erachtens aber verdientermaßen – in ziemlich schlechte Gesellschaft gebracht. Goethe läßt diese Verse nämlich von Antonio sagen, Tassos Rivalen, an dessen „Wiege... / Die Grazien... / leider ausgeblieben" sind und der nun „mit steifem Sinn / Die Gunst der Musen zu ertrotzen glaubt", Tasso aber nicht verzeiht, daß die *Natur* nur ihm die Gabe der Dichtung verliehen hat (Vs. 946 f./ 2329 f./405 f.). So sieht es Tasso, der andererseits Antonios Staatsklugheit sowie sein Verhandlungsgeschick unter Menschen bewundert und auch etwas neidisch ist, daß der Fürst in politischen Fragen immer nur diesen um Rat fragt (Vs. 2392 f./2372 f.). Für Antonio aber gibt Goethe im Rückblick auf dessen Streit mit Tasso, in dem die von Löwith zitierten Verse gesagt wurden, sein eigentliches Motiv als Neid und Eifersucht zu erkennen:

„... wenn ein wackrer Mann
Mit heißer Stirn von saurer Arbeit kommt
Und spät am Abend...
... auszuruhen denkt,
Und findet dann von einem Müßiggänger
Den Schatten breit besessen, soll er nicht
Auch etwas Menschlichs in dem Busen fühlen?" (Vs. 1998–2004)

Die Erinnerung: Nur das Leben lehret jedem, was er sei, soll den – um sein Talent beneideten – Müßiggänger also ermahnen, sich wie Antonio der menschlichen Gesellschaft zu bequemen. Antonio, der Staatsminister, fordert somit Tasso, den Dichter, durch Goethe, der beides war, sich in Rom aber ganz als Künstler wiederfand, auf, seinen Mitmenschen ein guter Kooperationspartner zu sein. Deren Gesellschaft ist der Umkreis des Mitseins, auf das Heidegger und Löwith sich beschränkt haben, Tasso hingegen dichtet von der

„goldne[n] Zeit...
Nach der sich jedes Herz vergebens sehnt!
Da auf der freien Erde Menschen sich
Wie frohe Herden im Genuß verbreiteten; /...
Wo klar und still auf immer reinem Sande
Der weiche Fluß die Nymphe sanft umfing; /...
Und jedes Tier, durch Berg und Täler schweifend
Zum Menschen sprach: Erlaubt ist was gefällt." (Vs. 979–994)

In Tassos Dichtung also lebt über den Menschen hinaus die Natur insgesamt, die ihn mit seinem Talent begabt hat.[42] Er dichtet nicht nur im menschlichen Mitsein, sondern im natürlichen Mitsein, wahrt aus Antonios Sicht aber nicht die Priorität des ersteren.

Wie zutreffend Löwiths Zuordnung der Geisteswissenschaften zu dem auf die gesellschaftliche Kommunikation beschränkten Höfling Antonio ist, belegt auch die neuere Entwicklung. Denn in den Kulturwissenschaften ist die dominierende Auffassung nach wie vor, daß der Mensch sich durch den wissenschaftlich-technischen Gebrauch der Vernunft der Natur – als dessen, was nicht wir sind – bemächtigen solle und dadurch Freiheit gewinnt, an deren Gestaltung mitzuwirken die Kulturwissenschaften als ihre Aufgabe sehen. Wie man diese Auffassung auch in der Naturkrise der wissenschaftlich-technischen Welt noch relativ konsistent aufrechterhalten kann, hat Lothar Schäfer jüngst demonstriert (1993). Der Alleinzuständigkeitsanspruch der heutigen Natur- und Ingenieurwissenschaften für die Erkenntnis und den Umgang mit der Natur bleibt dabei unverändert anerkannt. Im Sinn der Kompensationsthese, durch die Odo Marquard einen Gedanken von Joachim Ritter in eine politische Form gebracht hat,[43] sollen die Kulturwissenschaften nun allerdings obendrein noch für die „Kompensation der Modernisierungsschäden" (1986,105) zuständig sein. Diese entstehen aber gerade dadurch, daß im Verhältnis zur Natur weiterhin unverändert naturwissenschaftlich-technisch gehandelt wird, die Kulturwissenschaften ihrer – aus meiner Sicht – eigentlichen Aufgabe also nicht gerecht werden, in der Naturkrise der wissenschaftlich-technischen Welt kulturelle Kriterien des menschlichen Verhaltens in der Natur zu entwickeln und zu behaupten. Ich meine, daß die Geistes- und Sozialwissenschaften heute als Kulturwissenschaften gehalten sind, dem Zerstörungswerk etwas entgegenzusetzen und ihm nicht auch noch geistreich aufzuspielen. Marquards neuere Erklärung, diese Wissenschaften stünden zwischen der „Wacht am Nein" der Utopisten und der bloßen Wahrung des „Königsberger Reinheitsgebots von 1781" (1996), würde aber einer aktiveren Beteiligung durchaus Raum geben. Dazu müßte allerdings das durch Heidegger und Löwith verengte Verständnis des Mitseins zugunsten des erweiterten Mitseins in der Natur, d. h. des *natürlichen* Mitseins aufgegeben werden.

Der Ausdruck ‚Mitwelt' stammt also von Goethe, wenn er nicht noch älter ist, Heidegger wie Löwith haben ihn aber nur im Sinn des mitmenschlichen Mitseins philosophisch entfaltet. Ich sehe demgegenüber (1984) einen Weg zum Frieden mit der Natur – des Teils mit dem Ganzen

---

[42] Vgl. Vs. 3032 f./405 f./2325 f./2759.

[43] Ritter 1963, Marquard 1986. Daß Ritter die Landschaftsmalerei als eine Kompensation für industriell zerstörte Landschaften betrachtet habe, ist freilich eine starke Verkürzung seines Gedankengangs.

– darin, auch die außermenschliche Natur als Mitwelt wahrzunehmen, nämlich als unsere *natürliche* Mitwelt. Die anthropozentrische Konnotation des Umweltbegriffs mag dazu beigetragen haben, daß der Gedanke, die außermenschliche Natur sei nicht nur um uns oder für uns da, sondern mit uns, sich relativ rasch verbreitet hat. Daß unter der natürlichen Mitwelt in meinem Sinn nicht das Ganze der Natur, sondern nur der nichtmenschliche Teil des Ganzen zu verstehen ist, wird allerdings häufig nicht beachtet. Dieses Mißverständnis ergibt sich konsequenterweise dann, wenn unter der Natur nur die nichtmenschliche Natur – das, was nicht wir sind – verstanden wird, wir also nicht dazugerechnet werden.[44]

Wenn wir uns nicht dem natürlichen Mitsein öffnen, sehe ich keine Möglichkeit, das industriegesellschaftliche Dasein der interplanetarischen Eroberer zu überwinden. Dies gilt auch für den Versuch, zwar das anthropozentrische Weltbild aufzugeben, gleichwohl aber auf einer Sonderstellung des Menschen zu bestehen (vgl. Scherer 1990). Es war ein Irrtum, uns in einer exclusiven Weise als das Ebenbild Gottes auszugeben. Der Mensch hat viele besondere Eigenschaften, die ihn unter andern Lebewesen auszeichnen; dasselbe aber gilt auch für diese. Wo immer Gründe für eine Sonderstellung des Menschen genannt werden, gehen sie über die Beschreibung spezifisch menschlicher Eigenschaften hinaus. Jedes Ding und Lebewesen aber hat die Sonderstellung, das sein zu können, worin sich seine Natur erfüllt – ein Fluß, ein Nußbaum oder eine Katze in der ihren wie der Mensch in der seinen. In jedem Geschöpf ist das Universum dieses Geschöpf, nicht nur in uns. Wir nehmen und machen uns viel zu wichtig und sollten alle Geltungsbedürfnisse auf eine Sonderstellung in der Natur zumindest so lange zurückstellen, bis unser Handeln etwas mehr darauf hindeutet, daß wir sie verdienen könnten.

Meine Kritik an den Geisteswissenschaften bisheriger Art gilt vor allem diesem mehr oder weniger manifesten Geltungbedürfnis und ihrer Beschränkung auf die menschliche Gesellschaft oder allenfalls das mitmenschliche Mitsein, d. h. ihrer Konfliktscheu, sich mit den Naturwissenschaften auf einen Streit über die kulturellen Dimensionen des wissenschaftlich-technischen Umgangs mit der natürlichen Mitwelt einzulassen. Als eine große und bedeutende Errungenschaft bleibt demgegenüber festzuhalten, daß das Ansehen aller Menschen als Mitmenschen heutzutage nicht mehr grundsätzlich in Frage gestellt wird und daß die Geistes- und Sozialwissenschaften zu diesem Gewinn in der Tradition von Sahagún, Montaigne, Herder und vielen andern beigetragen haben. Ich denke dabei

---

[44] Ein guter Gedanke liegt oft in der Luft. Ich bin später darauf aufmerksam gemacht worden, daß Peter Kampits bereits 1978 dafür plädiert hat, „die außermenschliche *Natur* nicht bloß als *Umwelt*, sondern als *Mitwelt*" aufzufassen (1978, 71). Der Aufsatz heißt allerdings „Natur als Mitwelt", so daß es die terminologische Unterscheidung von *Natur* und *natürlicher Mitwelt*, auf die es bei mir ankommt, hier noch nicht gab.

auch an die Anerkennung der kulturellen Identitäten, obwohl diese wie die Mitmenschlichkeit vielerorts, wo sie vor Jahrhunderten am Platz gewesen wäre, heute leider kaum noch ein Gegenüber findet. Ein besonderer Gewinn ist außerdem die pädagogische Einsicht in das jeweilige Eigenrecht kindlicher Entwicklungsphasen, wonach Kinder nicht nur kleine Erwachsene sind (vgl. de Mause 1974).

Eine ungelöste und heute bei weitem nicht einmal hinreichend in Angriff genommene Aufgabe aber liegt in der Wahrnehmung des menschlichen Mitseins, um den ökonomischen Chauvinismus zu überwinden. Den eigennützigen Wettbewerb um individuelle Fortschritte freizugeben, war ein gefährliches Spiel, denn der damit heraufbeschworene Zerfall der Gesellschaft wird erst dann sichtbar, wenn die ursprüngliche Integrität, welche dadurch aufgezehrt wird, tatsächlich spürbar schwindet. Am Anfang ist dies nicht der Fall, weil man auch in der neuen Ordnung noch auf die historisch gewachsene Solidarität rechnen kann. Mittlerweile aber ist die Desintegration schon so weit fortgeschritten, daß zwar beispielsweise Lebensgefährten und gute Freunde noch füreinander sorgen, wenn es darauf ankommt, der familiäre Zusammenhalt in den nördlichen Ländern aber bereits kaum noch Belastungen durch Hilfsbedürfnisse aushält. Jeder sorgt für sich selbst und gewinnt dadurch Selbst-Sicherheit gegenüber den andern, die einander noch vor wenigen Jahrhunderten in gemeinsamer Sicherheit gemeinschaftlich verbunden waren. Die Entwicklung geht dahin, daß immer mehr Menschen ‚unabhängig‘ von andern werden, allein wohnen, allein essen und allein vor dem Fernseher sitzen. Ihr Selbstsein reicht dann tatsächlich nur noch ungefähr so weit, wie es ihnen im ökonomistischen Weltbild immer schon gepredigt worden ist, nämlich bis an die Wohnungstür. Die politische Öffentlichkeit und die kulturelle Gemeinschaft gehören nicht mehr zu ihrer Identität und gehen darüber zugrunde.

Erinnern wir uns nun aber des Mitseins, so erweist es sich als der Zusammenhalt, in dem Menschen leben können. Wir wären tatsächlich Mängelwesen, wenn unser Selbstsein nicht von Geburt an weit über die eigene Leiblichkeit und alle Wohnungstüren hinausragte. Alle Dinge und so auch der Mensch sind so gebildet, daß sie ihr Dasein, wie Nikolaus von Kues sagte, „nur in der Gemeinschaft mit andern" erhalten können. „So dient der Fuß dadurch, daß er lediglich zum Gehen da ist, nicht nur sich selbst, sondern auch dem Auge, den Händen, dem Körper und dem ganzen Menschen; ebenso verhält es sich mit dem Auge und den übrigen Gliedern und ähnliches gilt auch für die Teile der Welt" (DJ II 12 = I 401). Dieser kosmische Kommunitarismus geht erheblich weiter als der gesellschaftliche, jedenfalls aber dient das Mitsein in dieser Weise auch der Selbsterhaltung der menschlichen Gemeinschaft. Was man ist, das blieb man andern schuldig, wohingegen der ökonomistische Eigennutz die Lehre ist, man sei nur sich selber etwas schuldig und könne sich durch Geld von allen andern Schuldigkeiten freikaufen.

Wenn alle Dinge und so auch der Mensch nur im Mitsein mit andern sie selber sind, ist damit zugleich gesagt, daß das eigennützige Individuum seiner menschlichen Natur nach unterentwickelt und sozusagen nicht richtig ‚zur Welt gekommen‘, also eigentlich kein richtiger Mensch ist, nicht einmal als ‚Persönlichkeit‘. Das höchste Glück der Erdenkinder ist nicht die Persönlichkeit, wie „Volk und Knecht und Überwinder" sich ihre jeweilige Besonderheit wünschen. So meinen es die autonomen Individuen, welche ihre Interessen arrangieren,

> „Doch ich bin auf andrer Spur:
> Alles Erdenglück vereinet
> Find' ich in Suleika nur.
>
> Wie sie sich an mich verschwendet,
> Bin ich mir ein wertes Ich;
> Hätte sie sich weggewendet,
> Augenblicks verlör' ich mich."

(Goethe, HA II 72).[45] *Bloß für mich bin ich nicht ich.* Verloren wäre ich ohne meine sprachliche und kulturelle Identität. Ich bin nur in meinem persönlichen, kulturellen und geschichtlichen Umfeld, d. h. im Mitsein mit individuellen und kollektiven andern, was ich bin. Erst wenn man die Persönlichkeit so versteht, daß es eine Zeitlang auf mich ankommt, wieweit diese bestimmte Vergegenwärtigung des Lebensstroms der Vergangenheit, die meine Züge trägt, gelingt, dann mag sie auch wieder das höchste Glück der Erdenkinder sein.

Ich lege hier das Mitsein so aus, daß wir denen, mit denen wir sind, schuldig sind, wofür wir gut sind, und umgekehrt: Diejenigen, denen wir schuldig sind, wofür wir gut sind, sind diejenigen, die mit uns sind. Das Mitsein endet also nicht mit dem Tod. Als Angehörige eines Volks sind wir jeweils diejenigen, deren Züge dieses Volk zu einer Zeit annimmt, aber unsere Identität als Deutsche, Italiener, Dänen etc. ist eine geschichtliche Identität. Wir sind auch unsere Vorfahren. Daraus folgt zwar keine Kollektivschuld, aber auch nicht nur eine Kollektivscham, sondern die Kollektivschuldigkeit, andern etwas schuldig zu sein, insbesondere den Ländern der Dritten Welt.

So wie es also zu meiner persönlichen Identität gehört, im Mitsein mit derzeit etwa achtzig Millionen andern ein Deutscher zu sein, gehört es zu unser aller Identität, dies im Strom der Geschichte zu sein. Allerdings hat das Mitsein mit den Mitbürgern und den Bürgern anderer Länder von Fall zu Fall durchaus unterschiedliche Erscheinungsformen. Die Seinsethik besagt, daß ich, wo auch immer ich bin, ich selber zu sein suche, d. h., auf die bestmögliche Weise das zu sein, wofür ich gut bin oder was

---

[45] Es war August Nitschke, der mich in einem Gedankenaustausch darüber, wie wir alle nur in unserm Umfeld wir selber sind, auf diese Stelle im West-östlichen Divan (Buch Suleika) aufmerksam gemacht hat.

ich meiner Natur nach sein kann – einigen in Liebe verbunden, andern in Gegensätzen und wieder andern gar nicht oder nur in Situationen, in die wir zufällig gemeinsam geraten.

Ich spreche deshalb nicht mehr von Verantwortung, denn ich bin andern gegenüber nur sehr begrenzt verantwortlich, wohl aber schuldig, was ich bin. Wenn ich dieser Schuldigkeit gegenüber der Dritten Welt nicht auf meine Weise gerecht würde, fehlte mir ein Stück meiner selbst, und wenn ich als mündiger Bürger nur sehr begrenzt das sein kann, was ich meiner Natur als politisches Lebewesen nach bin, weil es die entsprechende politische Öffentlichkeit nicht gibt, geht mir ebenfalls etwas an mir selber ab. Dieser Kommunitarismus hat deshalb nicht die Form, daß ich an Pflichten und die bürgerliche Verantwortung erinnere, sondern es geht um ein Defizit im eigenen Sein. Mein Lebensentwurf ist nicht der des eigennützigen Konsumenten, der allein vor seinem Fernseher sitzt und mit dem kein Staat oder zumindest keine Demokratie zu machen ist. Ich bin kein autonomes Individuum, das seine Interessen gegenüber andern autonomen Individuen wahrnimmt und Ansprüche gegen den Staat hat, sondern ein Kollektivwesen, schulde andern, was ich bin, und schulde ihnen somit zu wollen, wofür ich gut bin, d. h. Ich zu sein. Diese andern kann ich teilweise als Individuen namhaft machen so wie die in diesem Buch zitierten Autoren, zum großen Teil aber kann ich es nicht. Die Sprache und Kultur, in der ich zur Welt gekommen bin, ist die Identität meines Volks, in der die vielen Einzelleben, durch welche sie sich gebildet hat, überwiegend nicht mehr erkennbar sind. Dies ist also eine kollektive Identität, und die Individuen, denen ich mich direkt schulde, leben oder lebten in derselben kollektiven Identität. Diese aber – beispielsweise die gemeinsame Identität aller Deutschen – ist ihrerseits eine Besonderung in dem großen Feld der Kultur, das sich von Südostasien und Afrika über die Mittelmeerländer bis nach Mittel- und Nordeuropa ausgebreitet hat. Die andern, denen ich mein Dasein schulde, sind also nur in Ausnahmefällen Individuen, im wesentlichen aber kollektive Identitäten, d. h. Kulturen und ihre Besonderungen. Dementsprechend ist auch meine Identität zwar vordergründig und vorübergehend eine individuelle, im wesentlichen aber eine kulturell kollektive, die andere auch haben.

So weit würde nun grundsätzlich auch mancher noch mitgehen, der durch menschliche Autonomie in der Natur die Freiheit zu finden glaubt, die Ökonomisten hingegen nicht, denn ein so weitgehend soziales Wesen, wie ich es hier beschrieben habe, ist für die unbegrenzte Marktwirtschaft verloren. Die Frage ist aber, ob ein historisch kulturelles Kollektivwesen sich damit begnügen könnte, daß beispielsweise die Milch aus der Tüte oder aus der Flasche kommt. Der Urtyp derer, deren Menschlichkeit sich in einem Mitsein erfüllt, zu dem die natürliche Mitwelt nicht gehört, ist Descartes. Zum Nachdenken über die „Meditationen" zog er sich in eine Situation zurück, in der für alle Bedürfnisse so gesorgt war, daß er sein leibliches Dasein sozusagen vermeiden konnte, und stellte dann ohne leibliches Selbstgefühl fest, er sei im wesentlichen ein denkendes Wesen. Wäre er einer der heutigen Kommunikationsemphatiker gewesen, so hätte er gefunden, er sei vor allem ein Kooperationspartner. Auch dies ist ein Lebensentwurf. Hätte er starke Schmerzen oder großen Hunger gehabt, wäre aber seine Selbsterfahrung völlig anders ausgefallen. Damit das nicht passiert, bedarf es ja gerade der Fühllosigkeit gegenüber der natürlichen Mitwelt wie dem eigenen Leib.

So bin ich nicht. Ich glaube nicht, daß der Mensch im Mitsein mit andern Menschen bereits zu seiner vollen Identität oder seinem eigentlichen Selbstsein kommt, d. h. seiner Natur nach auf die bestmögliche Weise lebt. Mein Selbstgefühl geht weiter als bis zu einem bloß sozialen Kollektivwesen. Wenn die Natur in jeder ihrer spezifischen Besonderungen ganz gegenwärtig ist, so sind es auch die Tiere und die Pflanzen, Luft und Licht, die Erde und das Meer in mir. Als bloß gesellschaftliches und kommunikatives Wesen wäre ich nicht das, was ich meiner Natur nach bin. Dieses Selbstgefühl haben viele Menschen, sprechen es heutzutage aber in der Regel nicht aus. Vielleicht wäre sogar der mitmenschliche Gemeinsinn zu regenerieren, indem wir einen die natürliche Mitwelt umfassenden Gemeinsinn entwickeln. Ich will im folgenden aber niemandem zu beweisen versuchen, daß er oder sie eine über die Menschheit hinausreichende Verantwortung habe und deshalb anders handeln sollte. Was Viktor von Weizsäcker zum Mitmenschlichen sagte, gilt auch hier: „Man kann niemand erklären, warum es besser sei, für andere als für sich selbst zu sorgen, wohl aber kann man ihm die Erfahrung ermöglichen, daß er selbst besser wird, wenn er für andere sorgt" (1926, V 123). Sich aus der natürlichen Mitwelt nicht nur zu versorgen, sondern selbst für sie zu sorgen, erlaubt dieselbe Erfahrung. Ich möchte lediglich das Selbstgefühl argumentativ entfalten, daß wir unserer Natur nach erst im Mitsein mit andern Menschen *und* der natürlichen Mitwelt wahrhaft zur Welt kommen können, also unser Leben besser leben, wenn wir in unserm Selbstsein auch die natürliche Mitwelt erfahren. Im bloß gesellschaftlichen Mitsein sind wir menschlich unterentwickelt und noch gar nicht richtig zur Welt gekommen. Nur in der Gemeinschaft der Natur können wir unserer menschlichen Natur nach in Freiheit heimisch werden.

Freude am natürlichen Mitsein

Die volle Entfaltung unserer menschlichen Natur ist eine Voraussetzung für die Erfahrung der Natur des Ganzen und zugleich deren Folge. Dieser Zirkel ist aber nicht so geschlossen, daß diejenigen, deren Selbstgefühl und Selbstverständnis nicht über ihre soziale Identität – also äußerstenfalls die Menschheit als eine geschlossene Gesellschaft – hinausreicht, keine Chance zu der Cusanischen Erfahrung hätten: In mir ist die Natur Mensch geworden, nicht nur die Menschheit. Denn im leiblichen Selbstgefühl kann jeder Mensch eine unmittelbare Wahrnehmung der eigenen Naturhaftigkeit haben, so wie man sich im sprachlichen Selbstgefühl als ein soziales Wesen empfindet. Man kann diese Wahrnehmung zwar nach Descartes' Vorbild vermeiden und sich im eigenen Leib fühlen wie ein Steuermann auf einem Schiff. Vielleicht haben die Kommunikationsfreunde, deren Maß der Menschlichkeit die gute Verständigung ist und die also im zwischenmenschlichen Vermittlungswesen ganz aufgehen, unsere Leiblichkeit einfach vergessen. Niemand aber kann sich den Rückzug in ein leibliches Selbstgefühl – Ich fühle mich! Ich bin! – ganz abschneiden. Hier sieht sogar Lothar Schäfer eine Chance (1993, 223 ff.). Verschlossen ist die Tür zur Wahrnehmung der eigenen Naturhaftigkeit niemals, solange ein Mensch lebt. Häufig aber ist sie vom Bewußtsein her durch Ängste und Geltungsbedürfnisse verstellt. So war es bei Kant in seiner Kritischen Zeit. Auch in diesem Fall aber deuten Angst und Blokkade darauf hin, daß es die Tür noch gibt. Ich erinnere an die im ersten Kapitel bereits beschriebenen Verfälschungen und Verdrängungen der menschlichen Naturzugehörigkeit.

„Ich weis nicht", schrieb Novalis, und hier empfinde ich die Ambivalenz seines Denkens weniger als bei den im dritten Kapitel zitierten Äußerungen, „warum man immer von einer abgesonderten Menschheit spricht. Gehören Thiere, Pflanzen und Steine, Gestirne und Lüfte nicht auch zur Menschheit und ist sie nicht ein bloßer Nervenknoten, in den unendlich verschiedenlaufende Fäden sich kreutzen. Läßt sie sich ohne die Natur begreifen –? ist sie denn so sehr anders, als die übrigen Naturgeschlechter?" (1799, § 51 = II 725). Wenn die natürliche Mitwelt so zur Menschheit gehört, daß diese sich nicht ohne jene begreifen läßt, ist das ‚Gehören' wohl nicht vereinnahmend gemeint.

Gernot Böhme hat zu Recht darauf aufmerksam gemacht, daß der menschliche Leib ein Thema der Naturphilosophie sei, nämlich „die Natur, die wir selbst sind" (1997). Ich stimme zwar der Begrenzung nicht zu, daß diese Identifikation nicht über den eigenen Leib hinausreicht, die soziale und natürliche Mitwelt also nicht auch zu unserer Natur gehört; jedenfalls aber ist der Leib der Nahraum unserer Zugehörigkeit zum Ganzen der Natur. Über die phänomenologischen Leiberfahrungen hinaus empfiehlt Böhme den Zugang über das Atmen, das Essen, das Schlafen und die Geschlechtlichkeit des Menschen. Auf die Naturphilosophie des Essens werde ich ausdrücklich zurückkommen, denn wir ernähren uns von dem, woraus wir sind (vgl. Nikolaus von Kues, JS I = III 436), und erleben dabei das Mitsein mit der außermenschlichen Natur. Um zur Entfaltung des menschlichen Selbstseins die erwähnte Tür von der bloß gesellschaftlichen zur leiblichen Selbsterfahrung, wenn nicht zu öffnen, so doch als unverschlossen zu erweisen, beziehe ich mich aber zunächst auf eine andere Grunderfahrung, die gleichermaßen leiblich und mitmenschlich ist. Ich meine die der Freude.

Platon hat im „Charmides" die zentrale – und auch gerade in der Mitte des Dialogs behauptete – These, Besonnenheit sei Selbsterkenntnis, durch den Sophisten Kritias so kommentieren lassen, daß die Delphische Aufforderung zur Selbsterkenntnis wie das griechische „Chaíre!", d.h. „Freue dich!", als ein Gruß des Gottes an den Eintretenden gemeint sei. Dies gerade von Kritias zu hören, läßt Vorsicht geboten sein; seine Rolle in diesem Dialog ist immer wieder, daß er sozusagen die Wahrheit lügt, d.h. der Sache nach die Wahrheit sagt, es aber anders meint. Dies begann schon damit, daß er Sokrates dem jungen Charmides als einen Arzt vorstellte, der sein Kopfweh heilen könne, was von ihm aus gelogen war, für Charmides aber unbedingt zutraf. Ich nehme an, daß es sich auch mit der ihm von Platon in den Mund gelegten Deutung der Inschrift: Erkenne dich selbst!, über dem Eingang zum Apollontempel in Delphi so verhält. Was bedeutet diese Interpretation?

Wenn ich meinen Freund Reinhard begrüße, sage ich nicht ‚Guten Tag, Otto', sondern ‚Guten Tag, Reinhard', d.h., ich spreche ihn in seinem Selbstsein an: im vollen Bewußtsein, wer er ist, bei seinem eigenen und in der jeweiligen Situation unverwechselbaren Namen. Nicht jede Begrüßung ist so umfassend wie die eines Freundes. Begrüßt mich aber beispielsweise jemand mit den Worten ‚Guten Tag, Herr Professor', so ist auch dies genau die Wahrnehmung meiner selbst, die der andere meint, indem er mich nämlich als den Inhaber eines Amts anspricht und von meiner sonstigen Persönlichkeit als in der betreffenden Situation nicht interessant absieht. Am anspruchlosesten ist die Begrüßung als Herr oder Frau mit dem Nachnamen, birgt aber ebenfalls die Identifikation ‚Ich kenne Sie!', wohingegen der Nachbar, der ‚Guten Tag, Herr Nachbar!' zu mir sagt, mich schon in einer etwas weitergehenden Rollenidentität, aus der wir beide nicht herausfallen wollen, an-geht. Im Gruß ruft man also den andern in der Weise zu sich selbst[46], wie man ihn im jeweiligen Mitsein anspricht und auf ihn zugeht oder ihn ‚angeht' – als Freund, als Amtsinhaber, als Mitbürger, als Nachbar etc. Ebendies geschieht nun auch durch das Delphische ‚Erkenne dich selbst', nämlich in der allgemeinen Grundform eines jeden Grußes und als Aufforderung, sozusagen zu sich zu stehen und sich auf die eigene Natur verwiesen zu sehen. Eine Pointe im „Charmides" ist nun, gerade hier an den Gruß ‚Freue dich!' und somit an ein Gefühl zu erinnern, das sich mit der Selbsterkenntnis verbinden soll. Welches Gefühl? Ich glaube, es gibt kein elementareres Selbstgefühl als das der Freude. Herders „Ich fühle mich! Ich bin!" erfüllt sich vielleicht am intensivsten im ‚Ich freue mich! Ich bin!' Man kann auch fortfahren: Sich aber nicht zu freuen ist der Tod.

Freude ist für den Menschen das Vollgefühl seiner selbst. Dies ist gewiß ein leibliches Gefühl, ein Aufstrahlen, das im Herzen beginnt, bis in die

---

[46] Hegel hätte gesagt: zu ihm selbst.

Zehenspitzen reicht und durch den Kopf aus den Augen blickt. Es ist zugleich ein Gemeinschaftsgefühl, das man, sei es allein oder als gemeinsame Freude, nur in der Gemeinschaft mit andern haben kann – jedenfalls im Mitsein mit Menschen, allemal aber nur in Gemeinschaft. Bringt nun die Ethik das Selbstverständnis zum Ausdruck, in welcher Gemeinschaft des Mitseins Menschen sich ihrer Natur nach als sie selber identifizieren können, und reicht die Identität im Sinn des griechischen Grußes so weit, wie ich mich freuen sowie im Selbstgefühl der Freude selbst erkennen kann, so ist die Frage: Freue ich mich – *mich* ganz und gar – exclusiv im Mitsein mit andern Menschen oder auch im Mitsein mit der natürlichen Mitwelt? Freue ich mich nicht auch in Licht und Wind und Land und Meer mit Tier und Blume, Baum und Stein?

Das Schönste an der Freude ist, daß sie nicht nur die Tür zum Selbstgefühl der eigenen Leibhaftigkeit aufstoßen kann, sondern das Mitsein mit Anderen und Anderem in uns aufleben läßt. Freude ist sowohl die Fülle des eigenen Selbstgefühls als auch das eigene Wohl am Glück des andern um seiner selbst willen. Sie ist sogar das Selbstgefühl mit Anderen und Anderem. Leibniz hat die Freude am Andern per se als Liebe erkannt.[47] Dies ist vielleicht der schönste seiner Gedanken. Und Spinoza meinte, je mehr Freude (Laetitiâ) uns bewegt, desto vollkommener werden wir „und nehmen folglich um so mehr Theil an der göttlichen Natur" (Ethik, App. § 31 = II 501). In der Freude wird der künftige, am Ende der Naturgeschichte vielleicht wiedereinkehrende Frieden mit der Natur noch am ehesten hier und jetzt gegenwärtig. Ich meine damit nicht nur unsere Freude, sondern eine kosmische Freude der Natur im ganzen, an der wir Menschen teilhaben und zu der wir beitragen können.

Der Gedanke, daß es über den Menschen hinaus Freude im Universum geben könne, ist uns mit dem neuzeitlichen Subjektivismus abhanden gekommen, und aus der Philosophie scheint die Freude durch Kants Rigorismus dann auch noch weitgehend verbannt worden zu sein.[48] Nikolaus von Kues aber sprach noch ganz unbefangen von der „Freudigkeit und Schönheit (delectatio et pulchritudo), welche in allen Dingen ist" (JM 6 = III 529) und auf ihre Zahlenurbilder im göttlichen Geist hindeute. Herder galten – was auch etwas mit den Zahlen zu tun hat – Musik und Tanz als „das allgemeine Freudenfest der Natur auf der Erde" (Ideen II 8 I = 294), also wiederum nicht nur als ein Fest von Menschen. Goethe schließlich sprach in seinem Winckelmann-Aufsatz vom Aufjauchzen der Natur: „Wenn die gesunde Natur des Menschen als ein Ganzes wirkt,

---

[47] Brief an Hansch, 25. Juli 1707 = V 2, 289.

[48] Im „Historischen Wörterbuch der philosophischen Begriffe" (1972) fehlt die Freude gänzlich, und sogar die Aristotelische Eudämonie findet sich nur in der Kantischen Abwertung als „Eudämonismus". Demgegenüber hatte die Freude in Hoffmeisters „Wörterbuch der philosophischen Begriffe" (²1955) noch ihren Platz zwischen Freiheit und Freundschaft.

wenn er sich in der Welt als in einem großen, schönen, würdigen und werten Ganzen fühlt, wenn das harmonische Behagen ihm ein reines, freies Entzücken gewährt – dann würde das Weltall, wenn es sich selbst empfinden könnte, als an sein Ziel gelangt aufjauchzen und den Gipfel des eigenen Werdens und Wesens bewundern" (HA XII 98). Dabei hätte er den Empfindungsvorbehalt wohl weglassen können, denn zumindest im freien Entzücken des Menschen kann die Natur, die ihn hervorgebracht hat, sich selbst empfinden.

Im Menschen ist Freudigkeit, wie Goethe im „Götz" den guten Bruder Martin sagen läßt, „die Mutter aller Tugenden",[49] und zwar als leibliche Freude, so wie der Wein das Herz erfreut. Ich wüßte nicht, wann der Mensch mehr eins mit sich und der Welt wäre als in der Freude: eins in Leib und Seele wie in Kopf und Herz; eins mit seinem Tun, indem es gelingt; eins mit Anderen und Anderem, indem er zu sich auflebt und will, wofür er gut ist und etwas taugt oder Tugend hat. Die Freude ist das große Ja zu sich selber wie zur Welt und zu sich selber in der Welt. In der Freude ist alle Zerfallenheit dahin, und darin ist sie die Gegenwart des verlorenen wie des wiederzufindenden Friedens mit der Natur. Man kann sich ‚außer sich‘ vor Freude fühlen, aber dies ist eigentlich das Gefühl so ganz in sich zu sein, daß man nicht mehr von sich selbst umzäunt wird, sondern über sich hinauskommt oder aus sich herausgeht. Kinder und Tiere sind für den Erwachsenen ein manchmal mit Sehnsucht wahrgenommenes Vorbild des Einsseins mit sich und den Dingen. Von Freude mit sich und der Mitwelt durchleuchtet zu sein fühlt sich jedoch noch anders an, wenn es nicht mehr die Freude der Kindheit ist.

In der Psychologie ist Mihaly Csikszentmihalyi (1993) der Freude in Gestalt von „flow" nachgegangen. Im „flow" ist man, wenn bei einer Tätigkeit die eigene Kreativität auflebt, so daß etwas Spaß und Freude macht, man konzentriert und ganz davon erfüllt ist, etwas in Hingabe um seiner selbst willen tut, dabei die eigenen Sorgen sowie die Zeit vergißt und der jeweiligen Aufgabe gewachsen ist. Man handelt aus einer ‚intrinsischen Motivation‘, empfindet eine innere Bereicherung und ist mit sich selbst zufrieden. Kinder und Tiere sind auch hier die Referenzfälle. Gegensätze zum flow-Zustand sind Langeweile oder Angst, wenn die eigene Kreativität unter- oder überfordert wird, Unsicherheit, Konzentrationsschwäche und Streß mit gesundheitlichen Folgen.

Es sind eigentlich Selbstverständlichkeiten, an die hier mit einem neuen Wort erinnert wird, daß nämlich Wohlstand, Gesundheit und Erfolg um des Glücks willen angestrebt werden und erstrebenswert sind, nicht aber um den Preis des Glücks. In der Industriegesellschaft ist dies nicht mehr gewährleistet, d. h., die Lebensfreude nimmt ab oder entspricht jedenfalls bei weitem nicht dem Ausmaß des materiellen Wohlstands. Woher die

---

[49] 1. Akt, 2. Szene = HA IV 78.

Motivation kommen könnte, in der Freudlosigkeit des Konsums Restriktionen zugunsten eines verantwortlichen Umgangs mit der außermenschlichen Natur zu akzeptieren, sehe ich nicht, ausgenommen damit verbände sich eine neue Lebensfreude. Hier trifft es sich sozusagen gut, daß die Freude an der natürlichen Mitwelt eine Vorbedingung und vielleicht selbst schon der Schlüssel zur Wahrnehmung ihres und unseres Mitseins ist. Denn das Aufleben zu sich selber wie zur Welt und zu sich selber in der Welt, welches die Freude ist, bejaht Andere und Anderes in ihrem Eigenwert und Eigenrecht, d. h. in ihrer besonderen Natur, so wie man in der Freude auch mit der eigenen Natur übereinkommt. Bei Konrad Lorenz glaube ich einmal gelesen zu haben, daß ein Mensch, der an der Natur und ihrer Schönheit Freude hat, gegen jeden Zweifel am Sinn des Lebens – einschließlich des eigenen – gefeit sei. Die Ros' kennt kein Warum und die Freude auch nicht. In der Freude am anderen wie an sich selbst gibt es keine Geltungsbedürfnisse oder relative Überheblichkeiten über Andere und Anderes mehr, welche derartige Zweifel kompensieren, sondern nur die Erfüllung im je eigenen Sein ohne unerfüllte, kompensatorisch auszugleichende Statusbedürfnisse. In der Freude also verschwindet die anthropozentrische Überheblichkeit zugleich mit der pathogenen Verdrängung des Eros in der vereinsamenden Objektivität.

Der Philosoph und Psychologe Wilhelm Wundt meinte demgegenüber: „... wir können *Mitleid* mit den Schmerzen eines Tieres empfinden; es fehlt uns aber ihm gegenüber das Gefühl der *Mitfreude*" (1912, III 96). Auch Dilthey hatte wohl keine Freude im Mitsein mit der außermenschlichen Natur, denn er meinte ja, daß „der Mensch sich selbst ausschaltet, um... Natur als eine Ordnung nach Gesetzen zu konstruieren", sich dann aber „von ihr rückwärts zum Leben, zu sich selbst" wendet (1926, 83). Er fand das Leben demnach wie Tassos Rivale Antonio nur im Menschen und nicht im Mitsein mit der natürlichen Mitwelt, konnte sich also allenfalls mit Menschen *an* dieser freuen, d. h. insoweit Menschen sie belebt hatten. Innerhalb der menschlichen Gesellschaften gibt es dann weitere Grenzen möglicher Freude, die aber denen der Identitätsfelder folgen. Diese liegen normalerweise wohl nicht im Nahbereich des persönlichen Lebenskreises. Ich *bin* der Mann meiner Frau, der Vater meiner Kinder, der Bruder meiner Geschwister etc., und dies sind Beziehungen, in denen die eigene Identität – in diesen Rollen Ich zu sein – soweit aufleben kann wie das Mitsein mit den andern, und dieses so weit wie das Selbstgefühl der Freude im Mitsein. Ich *bin* außerdem Wissenschaftler, und alle Gegensätze, in denen ich stehe, nehmen mir nicht die grundsätzliche Freude daran, hier im Mitsein mit andern ganz ich selbst zu sein. Ebenso geht es mir mit meiner kulturellen Identität als Deutscher und als Europäer. In der politischen Identität empfinde ich mich demgegenüber nur begrenzt als Deutschen und als Europäer, weil die politischen Gemeinschaften, in denen wir das eine wie das andere sein können, nur sehr defizient existieren, im Sinn von Ferdinand Tönnies (1855–1936) im wesentlichen nur als ,Gesellschaften' (1887). So begrenzt wie mein Selbstgefühl als mündiger Bürger Deutschlands und Europas in der Schwundstufe von politischer Öffentlichkeit, die es hier noch gibt, aufleben kann, so begrenzt ist aber auch meine Freude, das eine oder das andere zu sein. Ich meine also, daß die Auslegung der Delphischen Inschrift als eines Grußes an sich selbst und Aufrufs zu sich selber oder zur eigenen Natur zutrifft, der in der Begegnung mit der Gottheit dem alltäglichen Gruß ,Freue dich!' entspricht. So wäre auch hinsichtlich der natürlichen Mitwelt der Regel zu folgen, daß der Lebenskreis des eigenen Selbstseins der alles dessen ist, mit dem man *sich* freuen kann.

Finde ich mein Leben nicht auch in der natürlichen Mitwelt? Ich beginne mit den Vier Elementen: Erde, Wasser, Luft und Feuer bzw. Energie. Gehören sie zu der Gemeinschaft, mit der ich mich als Kollektivwesen identifiziere, die also der Umkreis meiner Natur wie der des Auflebens im Selbstgefühl der Freude ist? Bin ich beispielsweise Stein? Geht ein Stein – im Sinn von Löwiths Kriterium – mich an? Novalis hat andersherum gefragt: „Wird nicht der Fels ein eigenthümliches Du, eben wenn ich ihn anrede?" (1802, I 224), aber hier ist bei ihm wieder der Mensch als Erzieher der Natur zu spüren, der sogar den Steinen das Du anbietet und dabei überall nur sich selber wiederfindet. Um zu erfahren, ob der Stein – z. B. ein Berg – uns angeht, sollten wir nicht gleich von uns aus auf ihn einreden, sondern erst einmal still sein und warten, ob und wie er sich uns von sich her zeigt. Wenden wir uns etwa mit Goethe von der „Betrachtung und Schilderung des menschlichen Herzens, des jüngsten, mannigfaltigsten, beweglichsten, veränderlichsten, erschütterlichsten Teiles der Schöpfung, zu der Beobachtung des ältesten, festesten, tiefsten, unerschütterlichsten Sohnes der Natur", des Granits,[50] so gibt dieser sich zunächst in der Ruhe zu erkennen, die er dem Betrachter gewährt. Wir sind nicht die aktiv Wahrnehmenden und der Granit das passiv Wahrgenommene, sondern wir warten, bis er sich uns von sich her zeigt, indem er uns ansieht und uns Ruhe gibt. *Omnia in lapide lapis.*[51] In ihm ist alles Granit, das ganze Universum, auch wir. In dieser lapidaren Ruhe haben wir Gemeinschaft mit ihm: wir, Söhne und Töchter der Natur, mit ihm, dem viel erhabeneren Sohn der Natur, den wir in dieser Verwandtschaft auch unsern großen Bruder nennen dürfen. Goethe hat sich mit dem Berg verbunden, indem er ihn bestiegen und sich auf ihn gegründet hat: „Hier auf dem ältesten, ewigen Altare, der unmittelbar auf die Tiefe der Schöpfung gebaut ist, bring ich dem Wesen aller Wesen ein Opfer. Ich fühle die ersten, festesten Anfänge unsers Daseins…" (HA XIII 255 f.).

---

[50] So meinte es Goethe. Im vorliegenden Zusammenhang kommt es nicht darauf an, welcher Stein tatsächlich der erdgeschichtlich älteste ist.

[51] Nikolaus von Kues, DJ II 5 = I 346.

So wie Goethe sich dem Granit zuwandte, gab dieser ihm ein Selbstgefühl des menschlichen Daseins in seinem Ursprung. In ihm beginnt schon die Menschheit. Der Granit ist unter den ersten, die sich zu dem Kollektivwesen, welches der Mensch wird, versammeln. Der Literat Johannes Falk (1768–1826), der vor allem in den Jahren 1807–1813 in Goethes Tagebüchern häufig erwähnt wird, berichtete später, Goethe habe ihm aus seiner Naturaliensammlung einmal ein Stück Granit mit den Worten in die Hand gegeben: „Glauben Sie nur, hier ist ein Stück von der ältesten Urkunde des Menschengeschlechts" (1832, 27).⁵² Er zeugt von den Anfängen der Menschheit und ist selbst ein solcher Anfang. In ihm schon erkennen wir uns wieder. Der Granit ist nicht ‚die Natur, die wir nicht sind' (G. Böhme). Der Mensch ist nur mit seiner Mitwelt er selber, nicht bloß für sich, und zu ihr gehört der Granit. Er ist ein Teil unserer Natur. Ich hebe dies aber nicht hervor, um den Granit dadurch auszuzeichnen, daß er in seiner Weise bereits menschlich sei, sondern meine Frage ist zunächst, wer wir sind. Gilt auch für den Stein, daß er nur in der Gemeinschaft der Natur er selber ist?

Manche Menschen freuen sich an schönen Steinen, sei es am Ufer eines Meers oder im Gebirge, und möchten sie zur Erinnerung und zur fortgesetzten Freude mitnehmen. Dies gelingt aber nur selten. Zu Hause ist der mitgenommene Stein wie tot und blickt uns nicht mehr an. Warum? Ein häufiger Fall ist, daß er nur im Meer oder in einem Gebirgsbach so schön war, wie er sich uns zeigte. Wird er trocken, so ist der Glanz dahin. Sucht man dann nur noch Steine mitzunehmen, die möglichst auch unter häuslichen Bedingungen noch schön sind, so zeigt sich aber bald, daß es nicht nur auf die Feuchtigkeit ankommt. Man hat damit einen sehr wichtigen Schritt getan, nämlich anerkannt, daß der Stein nicht nur das ist, was man aufheben und mitnehmen kann, sondern in seiner Identität über diese Grenze hinausragt. Hatte man gemeint, der Stein sei die Natur, die hier in die Hand zu nehmen ist, während seine nicht mitzunehmende Mitwelt die Natur ist, welche der Stein nicht ist, so erweist sich diese Konstruktion nunmehr als ein Irrtum. Der Stein ist sozusagen größer als er selbst. Das Meer oder der Bach, die man nicht mitnehmen kann, gehören zu ihm. Der Stein, den man mitnehmen möchte, ist auch das Meer. Zum Selbstsein eines Steins gehört dann aber nicht nur das Wasser, in dem er sich uns zeigt, sondern ebenfalls andere Steine und Pflanzen – freilich nicht alle gleichermaßen. Der Stein, den wir meinen, ist auch diese andern. Vielleicht gehört sogar die ganze Landschaft zu ihm. Die Mitwelt ist ein Teil seiner selbst. Was man in die Hand nehmen kann, ist nur in und mit seiner Mitwelt, was es ist. Dennoch kann es gelingen, einen Stein sozusagen mitzunehmen. Ich denke an die Steingärten einiger Tempel in

⁵² Für den Hinweis auf diese Bemerkung Goethes bin ich Wolfgang Schad zu großem Dank verbunden.

Kyoto oder an Findlinge neben der Einfahrt eines friesischen Bauernhauses. Vielleicht sind diese Steine in ihrem neuen Umfeld sogar noch mehr zu sich gekommen als dort, wo sie gefunden wurden. Dies kann aber nur gelingen, wenn man von vornherein weiß: der Stein ist auch seine Mitwelt. Was ich mitnehmen kann, ist nur dann wieder ein Stein, wenn es mit seiner neuen Mitwelt eine neue, vielleicht sogar eine gesteigerte Identität bildet.

So wie Ovid den Mythos von Deukalion und Pyrrha erzählt hat, sind wir Menschen sogar regelrecht aufgelebte Steine, welche Prometheus' Sohn und Epimetheus' Tochter als die Gebeine der großen Mutter Erde hinter sich geworfen haben. Eigentlich sollten umgekehrt Menschen auch wieder zu Steinen werden können, nicht nur so wie im Märchen vom treuen Johannes, aber in den Seelenwanderungslehren scheint daran nur sporadisch gedacht worden zu sein. Empedokles beispielsweise hat sich auf die Aufzählung beschränkt: „Denn ich wurde bereits einmal Knabe, Mädchen, Pflanze, Vogel und flutenttauchender stummer Fisch" (DK B 117), Steine und Berge, Flüsse, Seen und überhaupt den Bereich der Elemente also ausgespart. Auch im indischen Buddhismus gibt es anscheinend keine solche Vorstellung, wohl aber im Hinduismus. Lambert Schmithausen schreibt mir dazu: „Explizit ist der Kommentar Ramanujas (ca. 1050–1137) zu Bhagavadgita 14.18, wo es heißt, daß Personen, die von ‚Finsternis' (*tamas*, der schlechtesten der drei „Qualitäten" der Urmaterie) bestimmt werden, ‚nach unten' gehen, d. h. zunächst als outcasts (Kastenlose), dann als (höhere) Tiere, danach als Würmer und Insekten o. ä., darauf als Ortsgebundene (gewöhnlich = Pflanzen, hier wohl nur Bäume), dann als Büsche und Lianen und schließlich als Steine, Holzstücke, Erdklumpen, Gräser etc. wiedergeboren werden. Der Text sagt zwar meist nur ‚werden zu', meint aber gewiß ‚wiedergeboren werden als' und benutzt diesen Ausdruck einmal (im Falle der Würmer und Insekten) auch explizit ... Bei den Jainas, jedenfalls in ihrem späteren, ausgearbeiteten Lehrsystem, sind ... nicht nur Pflanzen, sondern auch die Elementwesen explizit Teil des Wiedergeburts-Kosmos, d. h. man kann, und zwar gerade als Mensch, durchaus als ein solches Elementwesen wiedergeboren werden."[53] Ich komme auf die Wiedergeburtslehre zur Erweiterung des Rawlsschen Fairness-Prinzips im fünften Kapitel zurück.

In uns Mensch geworden ist aber nicht nur das Element Erde, und auch der Granit ist hier nur ein Beispiel. Herder hielt denen, welche die Leiblichkeit des menschlichen Geists genierlich finden und so tun, als würden sie rein ätherisch denken und erkennen – wozu man sich heute vielleicht noch den sich vollbringenden Konstruktivismus im Cyberspace etc. vorstellen darf –, entgegen: „Je tiefer jemand in sich selbst, in den Bau und Ursprung seiner edelsten Gedanken hinab stieg, desto mehr wird er

[53] Brief vom 28. April 1996.

Augen und Füße decken und sagen: ‚was ich bin, bin ich geworden. Wie ein Baum bin ich gewachsen: der Keim war da; aber Luft, Erde und alle Elemente, die ich nicht um mich satzte, mußten beitragen, den Keim, die Frucht, den Baum zu bilden'" (1778, II 692). Auch Herders Selbstgefühl war, daß wir unser Leben nicht von uns haben, sondern von Natur und daß insbesondere alle Vier Elemente in uns leben. Unter diesen gab er nun freilich der Luft den Vorzug: „Sie [die Luft] scheint also die Mutter der Erdgeschöpfe, so wie der Erde selbst zu sein; das allgemeine Vehikel der Dinge, die sie in ihren Schoß ziehet und aus ihrem Schoß forttreibt ... mit und unter der Sonne ist sie gleichsam die Mitregentin der Erde, wie sie einst ihre Bildnerin gewesen." Dies sollte für den Menschen wie für die andern Lebewesen gleichermaßen gelten, „denn der Mensch ist ja, wie alles andre, ein Zögling der Luft und im ganzen Kreise seines Daseins aller Erdorganisationen Bruder". Hätten wir erst, so meinte Herder, eine „geographische Aerologie", so werde sich die „Bildung der Menschen an Körper und Geist... mit daraus erklären" lassen (I 1 V = 37 ff.). Anstelle dieser Aerologie sprach er später auch von der „Klimatologie aller menschlichen Denk- und Empfindungskräfte" (II 7 III = 266).

Die Seele, zu deren Bewegungen das Denken und Empfinden gehören, ist von altersher mit dem Pneuma oder der Luft identifiziert worden. Mit dem letzten Atemzug wird sie ‚ausgehaucht'. Solange wir leben, sind wir keinem Element intimer verbunden als der Luft, denn nur im ständigen Austausch des Atmens bleiben wir am Leben. Fehlhaltungen und Störungen sind der unbewußten Atmung abzuspüren. Die Luft ist nach einem schönen Bild Alexander von Humboldts das Meer, an dessen Boden wir leben, so wie die Fische im Wassermeer. Sie gehört zur menschlichen Identität wie das Wasser zu der des Fischs. Außerhalb des Luftmeers wäre ich nicht Ich, sondern wie ein Fisch auf dem Trockenen. „... der Fisch ist in dem Wasser und durch das Wasser da", meinte Goethe (WA II 7, 221), und ebenso ist der Mensch in der Luft und durch die Luft da. Sie ist sogar das Medium der Verständigung, denn ohne sie wäre die Welt stumm, kein Laut würde sich verbreiten, und nicht einmal die Kommunikationsfreunde hätten einander etwas zu sagen. Sie läßt alles durch sich hindurchziehen, das Licht aber so, daß sie selber davon hell und zu einem Himmel über der Erde wird. Für sich hat die Luft, wie Erde und Steine oder das Meer, die Kraft der Stille. Diese Stille ist in der industriegesellschaftlichen Welt kaum noch wahrnehmbar, denn fast überall und jederzeit hört man zumindest in der Ferne einen Motor. Was wir uns dadurch antun, daß wir uns so gegen die Stille abschirmen, wissen wir noch nicht. Gerade in der Stille der Luft aber kann, so daß man es kaum merkt, der größte Sturm anheben. Aus der Ruhe entfaltet sich, wie Nikolaus von Kues erkannte, die Bewegung, und in der Bewegung werden die Dinge von sich aus auf die Probe gestellt. Der Zweig im Wind, bewegt er sich? Es ist der Wind, der ihn bewegt, aber ein toter Ast bricht leichter als ein

lebendiger, und eine Birke im Wind bewegt ‚sich‘ anders als eine Eiche –
also ist es doch ihre besondere Bewegung, nicht nur die des Windes. So
leben auch wir in unserm Luftmeer, das wir durchziehen und das uns
durchzieht. Die Luft gehört zu uns. Menschen sind wir nur in diesem
Mitsein.

Ähnlich steht es mit dem Element Wasser, obwohl wir keine Fische
sind. Der Mensch besteht zum größten Teil aus Wasser und bedarf dessen ständiger Erneuerung, so daß man erheblich schneller verdursten als
verhungern kann. Eigentlich sind wir durch organische Zellstrukturen
gehaltene Wassergestalten. Daß das Wasser zu uns, zu unserer Natur gehört, kann aber auch im Unbewußten oder sonstigen Selbstgefühl wahrgenommen werden, so wie die Luft im Atmen. An der Küste werden die
Kinder natürlicherweise mit auflaufendem Wasser (Flut) geboren, und die
Menschen sterben mit dem ablaufenden Wasser (Ebbe), d. h., sie leben
nicht nur am Meer, sondern das Meer lebt in ihnen. Ich stamme von dort
und erlebe das Meer wie Goethe den Granit, d. h. in seiner Würde. Es
‚geht mich an‘ und gibt mir Kraft. Mein Grundgefühl ist, daß ich es – mit
Luthers Worten aus dem Katechismus – fürchte und liebe. Es lebt in mir
und gehört so zu meiner Natur. In dieser Weise aber identifiziere ich
mich mit ihm, d. h., das Meer ist nicht ‚Natur, die ich nicht bin‘, sondern
Natur, die ich bin, so wie ich meiner Natur nach auch Luft und Erde bin,
zum Menschen aufgelebt. Darum tut es mir nicht nur um das Baden leid,
wenn ich über das Meer segle und darin nicht mehr baden mag, und auch
nicht nur um die Meerestiere und -pflanzen, welche unter Schmutz und
Giften leiden, sondern mein Mitgefühl gilt dem Meer selbst. Wir ver-
schmutzen das Wasser und verletzen die Achtung vor andern Lebewesen,
indem wir unsern Dreck ins Meer kippen, aber wir verletzen außerdem
unsere eigene Natur und sind nicht richtig zur Welt gekommen, wenn wir
das Meer nicht fürchten und lieben.

Als letztes in dieser Reihenfolge bleibt das Feuer, die Energie oder das
Licht. Die Farbe des Bergs ist der reine Leib des Buddha, schrieb der
Zen-Meister Do-gen. Soviel wir wissen, war es der Pharao Echnaton, der
die Göttlichkeit der Sonne entdeckte und verkündete. Mit dem Auseinandertreten von Licht und Finsternis begann Gottes Werden zur Welt.
Wie schon aus den kleinsten Differenzen uranfängliches Leben aufkommt, zeigt sich auch in der Kunst, etwa auf den ‚schwarzen‘ Bildern
von Ad Reinhardt oder auf den ‚weißen‘ Bruno Erdmanns. Goethe wiederum hat gewußt, daß man die großen Konflikte so lange aushalten
muß, bis der Irrtum zu bekämpfen ist, ohne mit ihm auch der Wahrheit
zu schaden, so daß manche sich von ihm mehr Entschiedenheit gewünscht haben. In einem Punkt aber war er entschiedener als alle andern:
im Eintreten für das Licht, seine Heiligkeit und Würde. Die Zustimmung
zu uns selber ist im Unendlichen angelegt, und Goethe wußte, daß er in
der aufkommenden wissenschaftlich-technischen Welt zu sich nur Ja sa-

gen konnte, wenn er gegen diese für das Licht zeugte. Die meisten Menschen werden hier keine so starke Identifikation empfinden, aber doch fühlen oder zumindest wissen können, daß alles Leben wie alle Wärme von der Sonne kommt. Die Photosynthese war die größte Errungenschaft der Naturgeschichte. Wir mögen die russische suprematistische Oper „Sieg über die Sonne" (Krutschonych 1913) wegen ihrer Technik-Euphorie und wegen der Überheblichkeit, uns nicht mehr um die Sonne drehen zu wollen, belächeln, aber dieser Sieg wird heute in der Verächtlichkeit, mit der in vielen Büros oder bei Sitzungen am hellichten Tag die Vorhänge geschlossen und Lampen eingeschaltet werden, immer wieder von neuem geprobt.[54] Die Theologie der Industriegesellschaft hat ein feines Gespür dafür, daß derjenige, der keinen Dank mehr für das Licht der Sonne kennt, sondern lieber bei Kunstlicht lebt, den entscheidenden Schritt zur Verleugnung der eigenen Natur und Naturzugehörigkeit getan hat.[55]

Erinnern wir uns also: „Wie ein Baum bin ich geworden: der Keim war da; aber Luft, Erde und alle Elemente, die ich nicht um mich satzte, mußten beitragen, den Keim, die Frucht, den Baum zu bilden." Die Elemente sind nicht von uns, sondern von Natur, aber in uns sind sie Mensch geworden. Wir sind auch Erde, Wasser, Luft und Feuer, in menschlicher Gestalt. Hartmut und Gernot Böhme zeigen in einem neuen Buch, wie die menschlichen Gefühle sich unverändert im Medium der Elemente zum Ausdruck bringen, weil „der Mensch bis in seine leibliche und psychisch-geistige Konstitution hinein elementaristisch gedacht wird: Der Mensch lebt im Durchzug der Elemente" (1996, 234 f.). So ist es auch im Vollgefühl der Freude. Sie durchlichtet uns, durchweht uns, durchströmt uns und macht uns leicht. Je elementarer wir uns freuen, desto mehr ist es, als wenn die Elemente miteinander in uns aufjauchzten.

In Herders Anerkennung der Elemente, daß wir unser Leben nicht von uns haben, sondern von Natur, sind naturgeschichtlich mehrere Stufen übersprungen, nämlich die Pflanzen und die Tiere, denen er wenige Jahre später in den „Ideen" ausführliche Überlegungen gewidmet hat. Frau von Stein berichtete aus dieser Zeit: „Herders neue Schrift macht wahrscheinlich, daß wir erst Pflanzen und Tiere waren" (an Knebel, 1. Mai 1784). Können wir uns auch mit diesen identifizieren?

---

[54] In einigen umweltpolitischen Enquête-Kommissionen des Bundestags, denen ich angehört habe, ist mir diese künstliche Umnachtung zu einem Symbol für die industriegesellschaftliche Umweltpolitik geworden. Wir ‚tagten' in der Regel über Tag in einem Raum mit einem sehr großen Nordfenster, und draußen schien die Sonne. Wenn ich aber – z. B. in der Mittagspause – möglichst unauffällig das Licht ausschaltete, rief nach dem Wiederbeginn der Sitzung alsbald jemand: Ich sehe nichts!, im Sonnenlicht nämlich. Bei künstlichem Licht war dann wieder alles in Ordnung.

[55] Vgl. Abschnitt III.2, Exkurs in die Wissenschaftsgläubigkeit.

Zwischen Steinen blüht eine Pflanze am Ufer der Ostsee. Sie ist in Sand gewachsen, erhält Nährstoffe und Regenwasser aus dem Boden, Kohlenstoff aus der Luft und Energie im Licht der Sonne. Die Vier Elemente: Erde, Wasser, Luft und Licht, sind die Elemente ihres Lebens. Die Pflanze steckt also nicht im Boden wie ein Regenschirm im Ständer, sondern sie lebt in der Erde, deren Elemente jene Vier sind. Lebt die Erde dann nicht auch in ihr? Die Pflanze lebt zwischen Steinen im Sand, in der Feuchtigkeit, in der Luft und im Licht. Werden also nicht auch die Steine, der Sand, die Feuchte, die Luft und das Licht in ihr lebendig? Wir sagen: Dort blüht eine Pflanze zwischen Steinen, aber wäre es nicht richtiger zu sagen: dort blühen Sand und Steine, Wasser, Luft und Licht, dort also blüht die Erde selbst in Gestalt dieser Blume?! Ein Same mußte herbeigeweht werden, einer von den vielen, die in überreicher Fülle die Chance des Lebens bieten. Dann aber waren es Erde, Wasser, Luft und Licht, die im natürlichen Mitsein um den lebendigen Punkt zu dieser Pflanze aufgelebt sind.

Am Aufleben der Elemente zu den Pflanzen zeigt sich, daß das Leben immer aus der Begegnung oder aus den Grenzen des einen mit dem andern kommt. Besonders augenfällig ist dies an den Grenzen von Land und Wasser zu beobachten, also z. B. an den Ufern von Fluß- oder Bachläufen. Betrachtet man aber beispielsweise Abbrüche einer Steilküste am Meer, wo durch den Abrutsch eines Hangs der Boden in der Tiefe freigelegt wird, so sieht man: Die ganze Vegetation auf der Erdoberfläche ist nur ein Grenzschichtphänomen zwischen Erde und Atmosphäre, denn das Pflanzenwachstum und die Humusschicht reichen selten tiefer als einige Meter, d. h. einige Zehnmillionstel des Erdradius. Das Erdinnere selbst ist so gut wie unbelebt. Im Meer reicht das Leben etwas tiefer, konzentriert sich aber gleichermaßen an der Oberfläche, so wie andererseits in der Luft am Boden des Luftmeers. Warum kommt das Leben aus den Grenzen? Weil sie die Bereiche des unmittelbaren Mitseins sind, in denen sich Verschiedenes durchdringt. In der bildenden Kunst ist dies das Thema von Bruno Erdmann. Vom Menschen sagt man noch spezifischer, sein Ort sei immer im Zwischen.

Das Sein der Pflanzen ist also ein Mitsein der Elemente. Bevor es Pflanzen gab, mag es noch andere Formen ihres Mitseins gegeben haben; vielleicht aber sind sie nun alle pflanzlich geworden. So gehören die Elemente zur Identität oder zur Natur der Pflanze. Pflanzen verstehen es besonders zu zeigen, daß sie sind, was sie geworden sind, aufgelebte Elemente, indem sie sich diesen in charakteristischer Weise wieder zuwenden: Der Luft, dem Wind und dem Licht durch ihren Wuchs, dem Licht auch durch den Stand und die Ausrichtung der Blätter, der Erde durch die Hauptwurzeln, welche der Pflanze Standfestigkeit geben, dem Wasser im Boden durch die Haarwurzeln. So leben nicht nur die Elemente in der Pflanze, sondern diese wiederum im Mitsein mit ihnen. Nach dem Gang der Naturgeschichte wäre zu erwarten, daß das Mitsein der Elemente nicht nur sowohl zur Natur der Pflanzen als auch zu der des Menschen gehört, sondern auch das pflanzliche Sein selbst zur Natur des Menschen. Tatsächlich unterscheidet man seit Aristoteles in der menschlichen Seele das Pflanzliche, das Tierische und das Vernünftige als die vegetabile, animalische und intelligible Seele. Dies ist auch heute noch zu erfahren. Man spricht bei Schwerkranken, die weder bei Bewußtsein noch animalisch präsent sind, sich also nicht bewegen, davon, daß sie ,vegetieren'. Im Koma kann dies jahrelang dauern. Es gibt nun aber die Erfahrung, daß es trotz der Lebensferne solcher Kranken sehr wohl ein kommunikatives Mitsein zwischen ihnen und Gesunden geben kann. Dieses Mitsein ist sowohl für den Kranken als auch für den Gesunden zu erleben. Der Gesunde muß dazu aber alles Laute und Anstrengende – so wie es ein Kranker, der noch schwach, aber bei Bewußtsein ist, als eine Wolke von Unruhe erleben kann, die mit einem Besucher das Zimmer betrit – vor der Tür des Krankenzimmers ablegen, auch die lauten Gedanken. Wer dann im Gebet oder einfach in guten Gefühlen bei dem Kranken sitzt, erreicht diesen ungesehen und ungehört im vegetabilen Mitsein und kann ihm helfen, wieder zu sich zu kommen, sich zu sammeln und wieder ganz in die eigene Natur hineinzufinden.

Wenn man eine gesunde, strahlend kräftige und vielleicht gar noch blühende Pflanze in der Fülle ihres Lebens vor sich hat, ist die Erinnerung an Kranken- und Sterbezimmer weit weg, und doch gibt es ein tertium comparationis. Es ist die menschliche Zudringlichkeit, die auch hier jede Beziehung erschlägt. Pflanzen sind viel sensibler als die meisten Menschen. Dabei gibt es zwischen verschiedenen Pflanzen große Unterschiede – einige sind gröber, andere feiner, andere sehen nur grob aus und sind in Wahrheit höchst empfindsam, d. h., sie unterscheiden sich wie Menschen, jedoch auf einem wesentlich höheren Niveau der Sensibilität. Wer einfach auf sie eindringt, erfährt nie, wie sie sich von sich her zeigen. Sahagún ist auch hier ein Vorbild. Bereits unter ihresgleichen können die meisten Menschen nicht zuhören, was ein anderer von sich aus sagt, und unter Pflanzen fällt dies noch viel schwerer. Ich will damit nicht sagen, man solle nur still sein. Wenn die Beziehung im Mitsein einmal aufgenommen ist, darf man sich auch äußern, wobei es nicht auf die Worte, sondern nur auf die Empfindungen ankommt. Herder hat den Ursprung der Sprache im Tönen des Gefühls gefunden, indem nämlich „der letzte, mütterliche Druck der bildenden Hand der Natur... allen das Gesetz auf die Welt mitgab: ,empfinde nicht für dich allein: sondern dein Gefühl töne!'" (1772, II 254). Er meinte mit den „allen", für die dies gelte, besonders die Tiere, denen bereits der erste Satz der Sprachabhandlung gewidmet war: *Schon als Tier, hat der Mensch Sprache"* (aaO 253). Der Gedanke ist aber auf die Pflanzen zu erweitern: Schon als Pflanze hat der Mensch Sprache. Herder hat dies später wohl auch gemeint, als er schrieb: „... oft kam ich in ein so vertrauliches Gespräch mit der Blume, dem Baum, der Pflanze, daß ich glaubte, ihr ergriffenes Wesen müßte in meine kleine Schöpfung wandern" (1787, II 828). Hier braucht das Gefühl nicht unbedingt zu tönen, aber dies ist nun einmal die tierisch und menschlich dominierende Art, sich zu äußern, und die Pflanzen antworten auf ihre Weise. Entscheidend ist, daß wir überhaupt als Pflanze Sprache haben, d. h. vermöge unserer pflanzlichen Natur im Mitsein mit Pflanzen pflanzlich kommunizieren können. Auch dies ist eine Dimension von Menschlichkeit.

Im Umgang mit Erfahrungen dieser Art gibt es heutzutage manchmal eine rührende Hilflosigkeit. Vor einigen Jahren wollte ein Fernsehredakteur die verbreitete Meinung, daß Pflanzen unter menschlicher Zuwendung – durch den ‚grünen Daumen' – besonders gut gedeihen, statistisch widerlegen und verteilte dazu an eine für die Statistik hinreichende Anzahl von Haushalten je zweimal drei Tomatenpflanzen in Töpfen. Die einen drei sollten mit Liebe gepflegt, die andern bloß hinreichend begossen werden. Mit der liebevollen Pflege war keine weitere materielle, sondern lediglich eine kommunikative Zuwendung gemeint, also z. B. gelegentlich ein gutes Wort und vor allem dankbar wohlwollende Blicke im Gefühl der Freude, wie die Pflanzen gedeihen. Nach einiger Zeit wurden die an den je drei Pflanzen gewachsenen Tomaten geerntet und gewogen. Dabei zeigte sich wunderbarerweise, daß die Früchte der mit Liebe gepflegten Pflanzen signifikant mehr auf die Waage brachten als die der ungeliebten, die bloß gleichermaßen regelmäßig begossen worden waren. Für ein ökonomistisches Zeitalter war dies Ergebnis einerseits erfreulich, weil etwas, worauf man nur ungern verzichten würde, nämlich die Liebe – sogar die zu Pflanzen –, dadurch gewissermaßen wissenschaftlich legitimiert wurde, andererseits beruhigend, weil sie sich bezahlt gemacht hatte. Gary Becker hat für ähnliche Befunde einen Nobelpreis bekommen.

Besonders kurios war, daß außer der ökonomischen immer wieder auch noch eine naturwissenschaftliche Beglaubigung gewünscht wurde, warum es gut sei, zu Pflanzen gut zu sein. Man wünschte sich sozusagen den experimentellen Nachweis von L-Strahlen, die bei der liebenden Zuwendung auf die Pflanze fallen und die Bildung eines Frucht-Hormons anregen.[56] Diese Erwartung ist aber eigentlich nicht nur kurios, sondern gerade deshalb, weil kein wissenschaftliches Ergebnis die gestellte Frage verdeckt, typisch für die Rolle der Wissenschaft in der Industriegesellschaft und besonders dafür, wie an die alleinige Zuständigkeit der Naturwissenschaften für unsere natürliche Mitwelt geglaubt wird. Denn durch

---

[56] Ich hatte mit dem Tomatenexperiment in der Auswertungsphase zu tun und bin in dieser Angelegenheit häufig interviewt worden. Für die L-Strahlen hätte ich in Boulevardblättern sicher Schlagzeilen bekommen. Daß es sich um eine Frage der Menschlichkeit gegenüber Pflanzen handelt, war demgegenüber den meisten Journalisten nur schwer oder gar nicht zu vermitteln.

die L-Strahlen hätte man sich die Pflanzen ja wieder vom Leibe gehalten: als Objekte, die außer Wasser, Licht und bestimmten Nährstoffen eben auch noch eine bestimmte Menge der Ressource L brauchen, um maximale Erträge zu bringen. Durch diese Art der Wissenschaft schirmen wir uns dagegen ab, selber auch Pflanze zu sein und Sprache im Mitsein mit Pflanzen zu haben. Selber Pflanze zu sein hieße ja, selbst zur Natur zu gehören und erst im Mitsein mit Pflanzen als Mensch wahrhaft zur Welt zu kommen. Daraus wiederum würde folgen, daß die Massenpflanzenhaltung in der industriellen Landwirtschaft grundsätzlich nicht besser ist als die Massentierhaltung, außer der Tierquälerei also endlich auch der Pflanzenquälerei gedacht werden sollte. Ich halte dies in der Tat für richtig. Die emotionale Abwehr des Mitseins mit Pflanzen verbindet sich mormalerweise zwar sicherlich nicht mit derart weitreichenden Überlegungen, ist aber eine sozusagen instinktive Abwehr dessen, worauf wir uns einließen, wenn wir uns in unserm Selbstgefühl nicht dagegen abschirmten, auch von pflanzlicher Natur zu sein. Es ist aber ja wohl doch etwas daran, daß wir – laut „Edda" – von Bäumen abstammen, von Ask und Embla, also von Natur baumhaft sind und die Bäume als unsere naturgeschichtlichen Vettern achten sollten. Eigentlich ist es doch gar nicht so überraschend, daß nicht nur wir Menschen darauf angewiesen sind, von andern in Liebe angesehen zu werden, sondern auch die Pflanzen.

So wie die Elemente am Boden des Luftmeers in den Landpflanzen aufleben, tun sie es im Wassermeer in den Wasserpflanzen. Hier wie dort ist damit, daß die Pflanzen im natürlichen Mitsein aufgelebte Elemente sind, nicht gesagt, sie seien ‚nichts als' ihre Bestandteile, so wie die reduktionistische Wissenschaft den Befund resümieren würde. Der holistische Blick sieht nicht reduktionistisch, etwas Komplexeres sei nichts als etwas Einfacheres, z. B. Liebe nichts als Chemie oder Strahlung, sondern nimmt die Metamorphose des Einfacheren zum Komplexeren wahr, so wie es die Naturgeschichte hervorgebracht hat.

Die nächste Stufe der naturgeschichtlichen Metamorphose sind die Tiere, welche von den Pflanzen leben. Richten wir den Blick auf sie, so zeigt sich: Wunderbarerweise werden Pflanzen durch den Stoffwechsel zu Tieren organisiert. Die naturgeschichtliche Abstammung hat eine Nahrungskette hervorgebracht, in der die Metamorphose der Tiere aus den Pflanzen immer wieder neu gegenwärtig wird. Dabei verwandelt die vegetative Lebenskraft, wie Nikolaus von Kues sich ausdrückte, „die von außen aufgenommene Nahrung in die Natur des Ernährten" (DJ III 9 = I 483). Naturgeschichtlich aber folgt das Aufleben der Pflanzen in ihrem Mitsein zu den Tieren dem Aufleben der Elemente zu den Pflanzen. Es sind Erde, Wasser, Luft und Feuer, die in den Pflanzen blühen, und sie sind es auch, die in den Tieren zeugen, laufen oder schwimmen.

In uns also kommen sie zu einem Gefühlsbewußtsein, und zwar alle miteinander: die zu Pflanzen aufgelebten Elemente sowie die zum Menschen aufgelebten Pflanzen und Tiere, die wir unserer Natur nach sind. Vielleicht wäre hier noch ein Unterschied zwischen Vegetariern und carnivoren Menschen zu machen, aber auch die letzteren und die Raubtiere leben letztlich von den Pflanzen bzw. von den aufgelebten Elementen. Wir sollten auch nicht meinen, daß die Elemente und die Lebewesen, von denen wir leben, bloß in uns zu einem Gefühlsbewußtsein kommen und denken, aber der Mensch ist wohl doch in einem besonderen Maß vernunftfähig.

In jedem Geschöpf ist das Universum dieses Geschöpf. Im Menschen ist es Mensch geworden; nicht nur wir selber sind es, als Menschheit. Hinsichtlich des menschlichen Mitseins habe ich den Grundsatz: Was du bist, das bist du andern schuldig, zuvor so ausgelegt, daß jedes menschliche Individuum auf seine je besondere Weise eine Gegenwart der Vergangenheit von Jahrzehnten mitmenschlicher Bildung, Jahrhunderten der noch namhaft zu machenden Vorfahren und Jahrtausenden der Sprach- und Kulturentwicklung sei. In jedem von uns gewinnt diese menschliche Vorgeschichte ein jeweils neues und persönliches Gesicht. Warum aber sollte die Frage nach unserer Natur in ihrem Gewordensein auf die zeitlichen Größenordnungen der kulturellen Überlieferung beschränkt sein und nicht auf die der Stammesentwicklung, also auf Jahrmillionen und mehr erweitert werden? Sind wir nicht gleichermaßen eine Gegenwart der Zehntausende von Jahren, in denen sich der Homo sapiens sapiens entwickelt hat, der Millionen Jahre, in denen der Mensch aus der Naturgeschichte hervorgegangen ist, und der Hunderte von Millionen Jahren, in denen sich der Baum des Lebens allmählich entfaltet hat? Die Naturgeschichte hat nicht den Menschen allein hervorgebracht und hätte das auch nicht gekonnt, sondern dazu bedurfte es einer Phylogenese. Alle Charaktere, die sich in uns zum Menschen verbinden, sind prototypisch zuvor bereits in andern Lebewesen ausprobiert worden. So wie der einzelne Mensch in eine familiäre und sonstige Gemeinschaft hineingeboren wird, ist die Menschheit insgesamt in eine Gemeinschaft der Natur hineingeboren. Daß wir überhaupt Menschen sind, verdanken wir dieser Gemeinschaft der Natur, denn ohne sie wären wir nicht, was wir sind, Menschen überhaupt, so wie wir ohne die Ägypter, Griechen und Römer nicht die Europäer wären, die wir sind. Bloß für uns sind wir nicht wir.

Was wir sind, das wären wir dann nicht nur unsern Eltern etc., unserer Kultur und andern Kulturen schuldig, sondern gleichermaßen unsern naturgeschichtlichen Verwandten im Tier- und Pflanzenreich, wobei das Mitsein wiederum Gegensätze umfaßt. Es wäre ja auch merkwürdig, wenn gerade die Menschheit ihre Identität oder Natur ganz für sich hätte, nachdem das Selbstsein des Einzelnen durch immer umfassendere Identitäten bestimmt wurde: zunächst durch die Gruppe, in der der Mensch heranwächst, dann durch das Volk und die Kultur, in der alle Gruppen sind, was sie sind, sodann durch die heutige Menschheit und ihre Geschichte, in der es viele Kulturen gibt, und schließlich durch die Menschheit überhaupt, einschließlich der künftigen Generationen. Warum soll es eigentlich selbstverständlich sein, die eigenen Eltern zu ehren und vielleicht noch das eigene Volk, andere Arten von Lebewesen jedoch nicht? Zum Menschenbild der Mythen gehörte immer auch unsere Abkunft im Ganzen der Natur. Die nordamerikanischen Kommunitaristen erinnern mit Recht daran, daß jeder Mensch nur in der Zugehörigkeit zum eigenen Volk er oder sie selber ist. Es wird Zeit, durch einen Kommunitarismus der Natur daran zu erinnern, daß der Mensch nicht nur ein soziales, sondern ein Naturwesen überhaupt ist und seiner Natur nach nur in der Gemeinschaft der Natur wahrhaft Mensch sein kann.

Um die allgemeine Verwandtschaft aller Dinge in der Gemeinschaft der Natur zu erleben, ist die Abstammungsgeschichte ein Wissen, das erst dann ein Gefühlsbewußtsein unserer Natur wird, wenn wir die Gegenwart dieser Vergangenheit so erleben, wie ich sie im Verhältnis zu den Elementen, Pflanzen und Tieren zu schildern versucht habe. Handlungsrelevant wird die Verwandtschaft mit der ‚Tante Kuh‘ und dem ‚Vetter Baum‘ nicht aus der Phylogenie, sondern erst aus dem Gefühlsbewußtsein, daß sie ein Teil unserer selbst sind. Vergegenwärtigen wir uns dazu abschließend die Tatsache, daß Menschen nur von anderm Leben leben können, in dem wiederum die Elemente aufgelebt sind, so erinnern wir unser naturgeschichtliches Gewordensein sozusagen mit jedem Bissen, den wir verinnerlichen, als einen individuellen und ständig erneuerten Bestand. Die Selbsterhaltung im Essen ist die Gegenwart der Selbstwerdung in der Naturgeschichte. Wir sind unserer Natur nach Erde, Wasser, Luft und Licht sowie Pflanze und Tier, zum Menschen aufgelebt. Woraus wir aber sind, davon ernähren wir uns, bemerkte Nikolaus von Kues: „Ex quibus enim sumus, ex illis nutrimur" (JS I = III 436). Woraus wir sind, das sind wir dann auch in der Gewordenheit unseres Seins. Insoweit der Stein in mir Mensch geworden ist, bin ich – aufgelebter – Stein; insoweit die Pflanzenwelt – durch die zu mir gewordenen Pflanzen und Früchte – in mir empfindet und zum Bewußtsein kommt, bin ich – aufgelebte – Pflanze; und wenn ich in der Freude ganz zu mir selbst auflebe, haben sie alle daran teil.

Durch die Metamorphose von Pflanzen und Tieren im Ernährungsgeschehen zum menschlichen Leib kann uns das Mitsein mit der natürlichen Mitwelt in unserer Natur immer wieder neu erinnerlich werden. Daß wir aber überhaupt anderes durch Ernährung zu uns werden lassen können, hat die Voraussetzung, daß wir dieses andere unserer gemeinsamen Natur nach immer schon sind. Wir ernähren uns wirklich nur von dem, woraus wir bereits sind, und diese unsere Natur ist wiederum auch im direkten Mitsein mit anderen und anderem zu erfahren. Vom Mitsein mit den Elementen und den Pflanzen habe ich schon gesprochen. Was die Tiere angeht, so ist zumindest unsere Verwandtschaft mit den sogenannten – weil uns nächststehenden – höheren Tieren für jeden, dem sie nicht genierlich ist, eine Sache der einfachsten Selbsterfahrung. Sie sind uns ähnlich in ihrer physiologischen Organisation, in ihrer Sorge für die Nachkommen, in ihren Bedürfnissen und in ihrem Schmerz. Wer kann einem Pferd, einer Kuh, einem Affen oder einer Katze ins Auge sehen, ohne ein Gefühl der Verwandtschaft oder des Mitseins zu spüren, zumindest aber von einem solchen Gefühl beschlichen zu werden? Ich meine damit nicht nur die emotionale Nähe und Harmonie, sondern ebenso die Fremdheit, die ja auch unter Menschen herrscht, gleichwohl aber in einem Mitsein, das auch die Gegensätze umfaßt. Es gibt unter Menschen manchmal die Meinung, alles Menschliche sei uns prinzipiell verständlich, andere Lebewesen hingegen prinzipiell nicht. Tatsächlich ist es erstaunlicherweise möglich, innerhalb einer Kultur, die zur eigenen Identität gehört, in gewissen Grenzen nicht nur viele Mitmenschen, sondern darüber hinaus noch manches von anderen – früheren oder gleichzeitigen – menschlichen Kulturen zu verstehen. Sprachen können sogar dann ineinander übersetzt werden, wenn weder ihr jeweiliger Wortschatz noch ihre grammatikalischen Strukturen eindeutig aufeinander abzubilden sind. Wenn dies alles aber möglich ist, warum sollte es leichter sein, als uns in Tiere hineinzuversetzen, die mit uns verwandt sind und in unsern eigenen Lebenskreis gehören? Ist mir etwa die Katze, die ich täglich sehe, oder das Volk der Graugänse, so wie es Konrad Lorenz einfühlend beschreibt, fremder als die chinesische Kultur zur Zeit der Han-Dynastie? Zwar können sich oft nur die „Kinder... noch erinnern, wie sie ebenfalls Bäume oder Vögel waren, und sind also noch imstande, dieselben zu verstehen; unsereins aber ist schon alt und hat zuviel Sorgen, Jurisprudenz und schlechte Verse im Kopf" (Heine 1824, I 289). Könnten wir aber in dieser Hinsicht nicht wenigstens wieder *werden* wie die Kinder?

Soweit wir etwas von der menschlichen Seelenwanderung wissen, waren es stets Tiere, die dazu vermöge der gemeinsamen Natur den nächsten außermenschlichen Raum geboten haben. Platon hat außerdem hervorgehoben, daß die Tiere nicht anders als die Menschen durch die Fortpflanzung am Ewigen teilzuhaben suchen (Symp 207cd). Nikolaus von Kues meinte, sie seien nächst dem menschlichen Geist noch am ehesten Bilder, nicht nur Entfaltungen Gottes, und zwar so, daß sie ihn auch wahrnehmen. Dabei sehe der Löwe Gott in Löwengestalt, wie wir ihn in Menschengestalt sehen. In der Geschichte des real existierenden Christentums sind die Tiergestalten leider vorwiegend in Teufelsdarstellungen eingegangen. Ist dies nicht gegenüber der Tatsache, daß viele nichtchristliche Götter – besonders in Ägypten und heute noch in Indien – auch tierhaft erlebt werden können, ein sehr bedauerlicher Kulturverlust?

Dem menschlichen Dünkel gegenüber Tieren ist bereits David Hume entgegengetreten. „Next to the ridicule of denying an evident truth, is that of taking much pains to defend it; and no truth appears to me more evident, than that beasts are endow'd with thought and reason as well as men" (1739/40, 176). Beispielsweise möge doch einmal jemand erklären, wodurch sich das menschliche Glauben oder Meinen (belief) von der entsprechenden Haltung bei Tieren unterscheide. Die Vernunft, meinte Hume, sei eben auch ein bestimmter Instinkt und sogar ein ganz ‚unverständlicher' (unintelligible; aaO 179). Ebenso seien Stolz und Demut keineswegs spezifisch menschliche Gefühle, sondern über das ganze Tierreich verbreitet (aaO 326), und dasselbe gelte für Liebe und Haß, Furcht und Mut, Neid und Mißgunst (aaO 397 ff.). Humes provokativer Sinn für die menschliche Naturzugehörigkeit steht naturphilosophisch in einem wohltuenden Gegensatz zu allen Prätentionen einer Sonderstellung des Menschen vermöge seines Herrschaftsauftrags oder seines Vernunftvermögens. Ich denke, wir haben von diesem Vermögen bisher viel zu wenig Gebrauch gemacht und sollten uns im Herrschen lieber etwas zurückhalten, statt Geltungsbedürfnisse auf die prinzipielle Fähigkeit zu gründen, auch besser sein zu können als wir bisher gewesen sind.

Tiere sind für die Persönlichkeitsentwicklung des Menschen auch individuell von großer Bedeutung. Im geglückten oder mißglückten Umgang mit Katzen und Hunden, Kaninchen und Pferden, Schildkröten und Vögeln bilden sich Eigenschaften des ganzen Menschen. Dasselbe gilt für den Umgang mit Pflanzen. Ein Lebewesen nicht ‚großziehen', wohl aber es seiner Natur nach *wachsen lassen* zu können ist die Grunderfahrung, daß das Leben von Natur und nicht von uns aus in der Welt ist. Dabei erweist es sich als eine Frage der individuellen Anlage und Bildung, ob jemand das Mitsein mit Pflanzen bzw. das eigene Pflanze-Sein aufgeschlossener erlebt als das eigene Tiersein. Eine dritte Gruppe von Menschen empfindet in sich vor allem die Elemente und ist dann auch für das Mitsein mit diesen am aufgeschlossensten. Unter den Pflanzen sind vor allem die Bäume relativ leicht als unsere größeren Geschwister oder Vettern und Basen in der Gemeinschaft der Natur wahrzunehmen. Die Psychotherapeutin Zeyde-Margreth Erdmann (1997) berichtet, wie Menschen, die durch eine Krise gehen, sich in Träumen auf Bäume beziehen und in diesem Selbstgefühl der Wiedererinnerung des Mitseins gesunden.

Menschen können sich dem Zur-Welt-Kommen in der Erfahrung des natürlichen Mitseins mit Tieren, Pflanzen und den Elementen des Lebens verschließen. Wenn sie es nicht tun, aber wissen sie: Ich bin ein Sohn, eine Tochter der Erde. In mir, in jedem meiner Mitmenschen, in den Dingen und Lebewesen der natürlichen Mitwelt lebt das Ganze der Natur spezifisch und individuell auf eine je besondere Weise. In diesem Mitsein, in dieser allgemeinen Verwandtschaft aller Dinge, in der Gemeinschaft der Natur bin ich, was ich bin: eine individuelle Gegenwart der Menschengeschichte im historischen Zusammenhang der Naturgeschichte. In unserer industriegesellschaftlichen Gegenwart sind wir das Ganze in Gestalt abendländischer Subjekte, welche die Vergangenheit und das Ganze der

Natur in ihrer eigenen Natur als ihrem Selbstgefühl entdecken – einiges näher, anderes ferner, manches nur latent, vieles gar nicht. Wir sind diese Subjekte, und nichts läge mir ferner als den kopernikanischen Aufbruch, der uns auf Irrwegen in unsere Gegenwart geführt hat, nicht gutheißen zu wollen. An uns liegt es nun aber, ob und wieweit dieser Aufbruch, selbst unsern Platz in der Welt zu finden, doch noch gelingt oder weiter in die Irre führt. Wirklich Ja zu uns als diesen abendländischen Subjekten sagen wir erst, wenn wir uns auch in unserem natürlichen Mitsein erfahren. Unserer Natur nach lebt in jedem Einzelnen alles, was ihn oder sie gebildet hat und so zu ihm oder ihr geworden ist: Vater und Mutter, die eigene kulturelle Tradition, fremde Kulturen, die gesamte Naturgeschichte, Tier und Blume, Baum und Stein. Unser Mitsein mit den Mitmenschen und der natürlichen Mitwelt ist die Bildung oder das Gewordensein durch sie in allen Übereinstimmungen und Gegensätzen. Nur im Mitsein mit den Mitmenschen gibt es den Einzelnen und nur im Mitsein mit der natürlichen Mitwelt gibt es die Menschheit. Nur für mich bin ich nicht Ich, und nur für uns sind wir nicht Wir.

Rückblick auf Kant

Die Philosophie des natürlichen Mitseins befreit uns vom Narzißmus der kritischen und idealistischen Philosophie. Das transzendentale Subjekt ist einsam. Es nimmt nicht im Mitsein wahr, sondern verbindet ein von sich her unbestimmtes Mannigfaltiges zu einem Gegenstand, in dem es nur sich selber spiegelt. Es ist der Inbegriff der liberalen Monade. Seine Einsamkeit fällt nicht so auf wie die der Leibnizschen Monaden, deren Fensterlosigkeit oder mangelndes Mitsein dadurch kompensiert wird, daß sich ihnen in der Bilderfolge ihrer Perzeptionen die prästabilierte Harmonie vorspielt. Das transzendentale Subjekt braucht nicht einmal ein solches Substitut, weil es sowieso nur eines und seiner selbst gewiß ist. Ein unerfahrbares, seine Selbst-Sicherheit nicht mehr gefährdendes ‚Ding an sich‘ bewahrt ihm eine letzte Erinnerung, daß es einmal eine Sehnsucht gab, aus sich heraus zum Andern zu finden. Es kann aber die Dinge nur von sich her konstruieren wie Pygmalion, und so kommt es nie zu einem partnerschaftlich lebendigen Mitsein mit Anderen und Anderem.

Nun ist aber das natürliche Mitsein die Gegenwart einer gemeinsamen (Natur-)Geschichte, in welcher die Individuen und Arten sich bilden, indem sie sich aufeinander beziehen. Die Naturgeschichtlichkeit des Mitseins ist vermöge des Mitgefühls als die ursprüngliche Verwandtschaft aller Dinge und Lebewesen zu erfahren und zu denken. Kant ist Herders Anstoß, wieder auf den Weg der Naturgeschichte einzuschwenken, also zu Recht gefolgt, denn die Philosophie der Selbstgewißheit beruhte auf einem Irrtum. Es stimmt nicht, daß wir nur unserer selbst gewiß sind. Anders gesagt: Der Irrtum ist, daß die andern das sind, was ich nicht bin.

Käme ich mit Anderen und Anderem nicht immer schon in einem ursprünglichen Mitsein überein, so wäre ich gar nicht Ich selber. Ich bin immer schon beim Andern, indem ich *zur Welt gekommen* bin, von Tag zu Tag weiter zur Welt komme und mich nur kenne, insofern ich die Welt kenne, denn ich *teile mein Leben* mit Anderen und Anderem. Daran liegt es, daß ich etwas von ihnen wissen kann, nicht daran, daß ich sie nach eigenem Entwurf hervorbringe, damit ich sie nicht zu fürchten brauche. Die vermessene Bescheidung auf ein autonomes Ich war falsch – bis auf den Grundgedanken, durch den Goethe sich auf sich selbst aufmerksam gemacht sah, auf sich selbst nämlich, insoweit der Mensch den Andern und das Andere gerade nicht findet, sondern verfehlt, wenn er nur bei sich ist.

Kants Irrtum entspricht dem des Liberalismus: sich die Menschheit so vorzustellen, daß Individuen, die es als Menschen zuvor schon gegeben habe, sich in Gemeinschaft begeben – was nicht sein kann, weil es sie gar nicht gegeben hätte, wenn sie nicht bereits in dieser Gemeinschaft gewesen wären. Ebenso steht es mit der Gemeinschaft der Natur. Indem der Mensch zur Welt kommt, lebt er immer schon im Mitsein mit andern Menschen und mit der natürlichen Mitwelt. Im geschichtlichen Mitsein mit Anderen und Anderem sind wir niemals fensterlos gewesen, sondern allererst vermöge der Begegnungen, in denen wir für Andere und Andere für uns offen sind, wir selbst geworden. Der Mensch kann sich diesem Mitsein verschließen, wenn er in falsche – kritische, idealistische oder romantische – Beschaulichkeit verfällt. Diese Gefahr ist es, der Kant in seiner ‚kritischen‘ Phase erlegen ist, und vor der Goethe sich mit Recht durch ihn gewarnt fühlte. In seiner nachkritischen Philosophie hat Kant einen neuen Weg eingeschlagen. Auf diesem aber ist Goethe über ihn hinausgegangen.

V. Kultur des natürlichen Mitseins:
Wollen, wofür wir gut sind

> Und was man ist, das blieb man andern
> schuldig.
>
> *Goethe, Tasso (Vs. 106)*

Das Ergebnis des vorangegangenen Kapitels ist, knapp zusammengefaßt: Die Natur des Menschen ist die im natürlichen Mitsein Mensch gewordene Natur. Bloß für mich bin ich nicht Ich, und bloß für uns sind wir nicht Wir, sondern wir sind es nur in der Gemeinschaft des Ganzen der Natur. An Tassos Stelle hätte ich seinem naturfremden Kritiker auf dessen Worte: „Der Mensch erkennt sich nur im Menschen, nur / Das Leben lehret jedem was er sei" (Vs. 1242 f.) also entgegengehalten:

> Der Mensch erkennt sich nur im *Andern*, nur
> Das Leben lehret jedem was er sei,

und dabei unter dem Andern Andere *und Anderes*, sowohl andere Menschen als auch die natürliche Mitwelt insgesamt, verstanden. Das Leben ist das des Ganzen, nicht nur das menschliche. Wir haben unser Leben nicht von uns, sondern von Natur. Es ist auch nicht der Fortschritt, der den Menschen in die Würde seiner Natur wieder einsetzt, wie Condorcet hoffte, wohl aber das Hineingehen in die Welt, um nach der kopernikanischen Herausforderung im natürlichen Mitsein der Gemeinschaft der Natur auf diesem Planeten heimisch zu werden.

Alles in der Welt ist so gebildet, daß es sein Dasein nur im Mitsein mit andern erhalten und bewahren kann.[1] Das Mitsein mit andern konstituiert auch das menschliche Individuum. Die einfachste Erfahrung davon gibt die Sprache. Sie ist eine Weise des Mitseins mit denen, welche sie sprechen, und sie gehört keinem Einzelnen, sondern allen gemeinsam – anders gäbe es sie gar nicht. Auch das Individuum aber gäbe es nicht ohne das, was nicht nur ihm gehört. So ist der Mensch ein Kollektivwesen aus allem, was er ist, und was je für sich nicht er allein ist, weil er es nur mit andern ist: Lebensgefährte, Freund, Wissenschaftler, Angehöriger einer Sprachgemeinschaft, eines Volks und einer Kultur, Mensch überhaupt. Die Caballeros del Espíritu geben sich hier schon zufrieden, aber in der

---

[1] Vgl. Nikolaus von Kues DJ II 12 = I 401; statt des Mitseins heißt es dort „in communione cum aliis".

bloßen Kommunikation sind wir als Menschen noch lange nicht richtig zur Welt gekommen, sondern unser Selbstgefühl ist wesentlich umfassender, wenn wir es ‚im beständigen Horizont unseres Leibs' und darüber hinaus üben.[2] Dann wissen wir, daß zu unserer Natur auch das Mitsein mit der natürlichen Mitwelt gehört. So wie ich der Mann meiner Frau und der Sohn meiner Eltern *bin*, *bin* ich auch Tier, Pflanze und Erde, Wasser, Luft und Licht. Die Natur ist wie Suleika: Wie sie sich an mich verschwendet, bin ich mir ein wertes Ich. „... allen Dingen [wohnt] ein natürliches Verlangen (naturale desiderium) inne..., auf die bestmögliche Weise, zu der eines jeden Natur die Voraussetzungen in sich birgt (patitur conditio), zu sein", war der erste, tonangebende Satz in „De docta ignorantia" (I 195). Die bestmögliche Weise Mensch zu sein ist, nach der Natur des Menschen, im Mitsein sowohl mit den Mitmenschen als auch mit der natürlichen Mitwelt zu wollen, wofür man gut ist. Nur in der Gemeinschaft der Natur können wir als Menschen wahrhaft zur Welt kommen und in ihr heimisch werden. Dieser Kommunitarismus umfaßt den politischen, geht aber weit über ihn hinaus.

1. Grundsätze der Praktischen Naturphilosophie

Wie das vorangegangene Kapitel handelt auch dieser Rückblick im wesentlichen von der Natur des Menschen. Ist es nun etwa ein neuerliches Geltungsbedürfnis unsererseits, die übrige Welt auch noch in Gestalt des Mitseins zu vereinnahmen? Sind wir insoweit etwas Besonderes, als wir unserer Natur nach nur im umfassenden Mitsein wahrhaft zur Welt kommen? Das Mitsein ist tatsächlich nicht notwendigerweise symmetrisch. Goethe erlebte dies in Catania, als sein Führer ihn bat, bei der Stadtrundfahrt zu seiner Linken sitzen zu dürfen, „denn wenn ich meinen Platz zu Eurer Rechten nehme, so glaubt jedermann, daß ich mit Euch fahre, sitze ich aber zur Linken, so ist es ausgesprochen, daß Ihr mit mir fahrt, mit mir nämlich, der ich Euch im Namen des Fürsten die Stadt zeige'" (HA XI 293). Ist es denkbar, daß ein derartiger Unterschied auch im menschlichen Verhältnis zur außermenschlichen Natur besteht, so daß unsere natürliche Mitwelt nur die unsere ist, wir aber nicht gleichermaßen zu der ihren gehören? Aus der Sicht der herkömmlichen Anthropologie wäre dies eine Möglichkeit, die Sonderstellung des Menschen zu wahren, ohne das natürliche Mitsein zu verleugnen. Ich halte diesen Ansatz aber schon deswegen von vornherein für falsch, weil es dann so herauskäme, daß Tiere, Pflanzen, Landschaften etc. im wesentlichen der Gefühlsbildung des Menschen dienten, also auf höherer Ebene wiederum zu Ressourcen würden, wohingegen in einem symmetrischen Mitsein sie nicht nur für

---

[2] Vgl. Herder 1774, II 564.

uns, sondern wir gleichermaßen für sie dazusein hätten. Innerhalb dieser Symmetrie sind wir freilich für andere Lebewesen und die sogenannte anorganische Welt unserer Natur nach spezifisch anders da als sie nach ihrer Natur für uns.

Daß Tiere, Pflanzen und die Elemente nicht nur unsere natürliche Mitwelt sind, sondern umgekehrt auch wir zu den natürlichen Mitwelten der Dinge und der Lebewesen in der übrigen Welt gehören, entspricht der Umweltenlehre Jakob von Uexkülls und bedarf hier insoweit keiner besonderen Begründung. Wir sind alle wechselseitig miteinander da. Zwar kennt der Mensch die Welt nur in bezug auf sich; dies zu wissen deutet aber darauf hin, daß dieselbe Relativität auch für andere gilt, so daß wir mit Nikolaus annehmen können, dem Löwen erscheine Gott als Löwe. Es ist ein kosmisches Prinzip, daß alle Dinge und Lebewesen nur im Mitsein mit andern sie selber sind. Alle Dinge sind, was sie sind, und haben ihren Bestand nur in der Gemeinschaft mit andern. So erlebt es der Wanderer, der den schönen Stein mitnehmen möchte und zu Hause enttäuscht feststellt, daß ihm etwas fehlt, weil nämlich die Mitwelt dazugehört; oder der Gärtner mit der Pflanze, die ebenfalls nicht bleibt, was sie war, wenn sie einen neuen Platz findet. Steine und Pflanzen können in Gärten freilich eine neue und kunstvollere Identität gewinnen. Besonders auffallend ist das Beheimatetsein in ihrem natürlichen Umfeld bei wildlebenden Pflanzen und Tieren. Der Fisch ist in dem Wasser und durch das Wasser da,[3] und ein Tiger im Zoo ist kein richtiger Tiger mehr. Dabei sind die zu den einzelnen Lebewesen ihrer Natur nach gehörigen Mitwelten umgekehrt auch nicht unabhängig von diesen da, sondern werden durch sie mitgeschaffen, wie lange vor Uexküll wiederum bereits Nikolaus von Kues bemerkte: Die Lebewesen einer Species einen sich (se uniunt), indem sie sich eine spezifische Umwelt (regione specifica) bilden und an allem, was dazugehört, wechselseitig teilhaben (vgl. DJ II 12 = I 405).

Die Gemeinschaft der Natur wird also durch ein Mitsein zusammengehalten, das die Gegenwart einer allgemeinen naturgeschichtlich verwandtschaftlichen Gewordenheit ist. Einer durch anfängliche Präformation die Einsamkeit der Monaden kompensierenden prästabilierten Harmonie bedarf es nicht, denn die wirklichen Individuen sind nicht fensterlos, wie Leibniz ungeschichtlich meinte, sondern immer schon im Mitsein und durch das Mitsein gebildet. Dieses Mitsein ist ein Grundverhältnis, in dem alles seinen Platz und seinen je besonderen Wert nur in der Einheit und Ordnung des Ganzen hat. Kein Individuum und keine Species ist autonom. Mit den Worten von Nikolaus von Kues: Nichts im Universum ist zu lieben außer in der Einheit und Ordnung des Universums (Nihil igitur universi diligendum est, nisi in unitate atque ordine universi; DC II 17 = II

---

[3] Vgl. Goethe WA II 7, 221.

206). Für den Menschen gilt dies in der besonderen Einheit und Ordnung der Lebewesen (in unitate atque ordine animalitatis; aaO).

Die Rede vom Mitsein in Einheit und Ordnung könnte so verstanden werden, als solle das abendländische Individuum zugunsten sozusagen mittelalterlicher Verhältnisse, in denen alles wieder seinen Platz hat und dort auch bleiben soll, verabschiedet werden. Nichts liegt mir ferner, als dies für richtig zu halten. Unabdingbar notwendig ist jedoch, daß der freien Entfaltung der Persönlichkeit der autonomen Individuen in der Naturkrise der wissenschaftlich-technischen Welt insoweit Grenzen gesetzt werden, wie sie zu Lasten der Allgemeinheit erfolgt. Letzteres ist heute, wie im vorangegangenen Kapitel bereits angedeutet wurde und im folgenden Abschnitt genauer geschildert wird, in weitem und somit zu weitem Umfang der Fall. Durch den Kommunitarismus des Mitseins in der Gemeinschaft der Natur ließe sich der wirtschaftliche Liberalismus wieder dem politischen nachordnen, in dem mündige Bürger nicht der Gängelung durch den Staat bedürfen, weil sie von sich aus nicht zu Lasten der Allgemeinheit handeln. Mit der Allgemeinheit ist dann freilich die der Natur gemeint, in der selbstverantwortlich zu leben politisch ‚ökoliberal‘ heißen könnte.

Der politisch liberale Grundsatz der Selbstverantwortlichkeit in einer freien Gesellschaft kann so ausgedrückt werden, daß ein Volk in jedem Bürger seine jeweils besonderen individuellen Züge annimmt und in ihm die Chance seines Lebens hat. Daß das Volk, wenn jeder Bürger sich seiner Natur nach als eine solche Individuation verhält, nicht zu seinen eigenen Lasten lebt, versteht sich dann von selbst. Umgekehrt gibt es in dem so bestimmten Verhältnis des Einzelnen und der Gemeinschaft nicht den Totalitarismus, daß die Individuen nur für das Ganze da sind und kein Eigenrecht haben, denn jeder Einzelne ist eine selbstverantwortliche Individuation des Ganzen.

In der Gemeinschaft der Natur, die im Menschen politisch wird, lautet der entsprechende Grundsatz bei Nikolaus von Kues: *In jedem Geschöpf ist das Universum dieses Geschöpf* (In qualibet enim creatura universum est ipsa creatura; DJ II 5 = I 344). Dies gilt für alle Dinge und Lebewesen wie für den Menschen überhaupt und für jeden einzelnen Menschen. Es ist für uns, wenn wir die kopernikanische Herausforderung annehmen, das ökoliberale Individuationsprinzip des selbstverantwortlichen Erdenbürgers, gilt aber gleichermaßen für alle andern Lebewesen. Auch sie sind in ihrer je besonderen Weise Spezifizierungen des Ganzen und als solche von uns in ihrem Eigenrecht, Eigensinn und Eigenwert zu achten. So entfaltet sich die eine Natur des Ganzen zu den vielen Naturen der verschiedenen Lebewesen. Die besondere Natur eines jeden Lebewesens oder Dings ist seine jeweilige Teilhaftigkeit am Ganzen der Natur.

So vielfältig alle diese Naturen als Individuationen sind, ist ihnen allen doch ein Mitsein gemein, in dem sie vor aller Vereinzelung und Differenzierung übereinkommen. Wir tauchen in dieses Allgemeine ein, wenn wir im Sinn des japanischen mu-i etwas ‚tun ohne zu handeln‘, d. h. nicht unsern Einzelwillen auf ein Anderes richten, sondern mit diesem eins werden, so daß ‚es geschieht‘. Ein bekanntes Beispiel ist das Zen-Bogenschießen, in dem ‚es‘ schießt, ohne daß der Schütze seinen Willen auf die Scheibe richtet: „... ich sehe das Ziel, als sähe ich es nicht", sagte der Zen-Meister bei Herrigel (1948, 73). Dieses Wiederfinden der Einheit wäre nicht möglich, wenn sie nicht vor der – in Schillers Verständnis – sentimentalischen Zerfallenheit, in der man danebenschießen kann, schon ‚naiv‘ gegeben wäre. Ein Beispiel schildert die Anekdote, wie Werner Heisenberg in den 20er Jahren mit Niels Bohr in der Nähe von dessen Sommerhaus bei Tisvildeleje auf Seeland spazierenging und mit einem Steinwurf einen sehr weit entfernten Telegraphenmast traf. Bohr bemerkte dazu: Wenn du das gewollt hättest, hättest du ihn nicht getroffen.

Kehren wir aus der Einheit in die Individuation zurück, so finden wir uns in einem Mitsein, das durch Übereinstimmungen wie durch Gegensätze, durch Nähen wie durch Fernen bestimmt und gestimmt ist. Die Grunderfahrung des Mitseins in der Gemeinschaft der Natur ist die Angewiesenheit aufeinander und das Leben voneinander, nachdem „diese Welt eine so wunderbare Ökonomie" erhalten hat, „daß jeder verpflichtet ward, andern zu dienen".[4] Diese Schuldigkeit führt zu dem Aufleben der einen in den andern: der Elemente in den Pflanzen, der Pflanzen in den Tieren und Menschen sowie zu dem Wiederaufleben der Gestorbenen in den Pflanzen, wenn ihre Körper wieder zu Erde geworden sind. Diese Dinge leben den Tod jener, und jene sterben das Leben dieser.[5]

Mitsein im Gestaltkreis

Zum genaueren Verständnis des natürlichen Mitseins ist der Gedanke des Gestaltkreises von Viktor von Weizsäcker (1886–1957) hilfreich.[6] Sein Thema war das Verhältnis von Arzt und Patient in der „ursprünglichen wesensmäßigen Verbundenheit der Lebewesen", wobei er im wesentlichen aber nur an die Menschheit gedacht hat. „Wir sind ursprünglich eben gerade nicht ein Individuum und noch ein Individuum und ein drit-

---

[4] Carl von Linné 1739, 245. Vgl. den Abschnitt zu Anaximander im III. Kapitel.

[5] Heraklit DK B 62 in der Paraphrase von Jaeger 1953, 84.

[6] Die Anregung, hier an Viktor von Weizsäcker anzuknüpfen, verdanke ich Rainer-M. E. Jacobi. Seine Anteilnahme an meinen Überlegungen zu einer Philosophie des natürlichen Mitseins hat mir vor dem Hintergrund seiner fundierten Kenntnis des Weizsäckerschen Werks eine Tür geöffnet, die ich ohne ihn nicht bemerkt hätte. Ein anderer, meines Erachtens jedoch unergiebiger Ansatz wäre eine Verallgemeinerung der Kategorien des bloß menschlichen Mitseins bei Löwith und Heidegger auf das natürliche Mitsein.

tes usw., sondern wir sind ursprünglich verbundene Personen, nicht Ich ist die metaphysische Absolutheit, sondern Wir" (1926, V 115). An die Stelle dieses Wir aber tritt für den naturwissenschaftlichen Mediziner ein Subjekt-Objekt-Verhältnis. In der wissenschaftlich-technischen Welt gilt die Objektivierung der natürlichen Mitwelt, also die Verleugnung unseres natürlichen Mitseins, als normal, wohingegen das Unbehagen daran, selber im Krankheitsfall genauso objektiviert zu werden, nie ganz zur Ruhe gekommen ist. Viktor von Weizsäcker war der wohl bedeutendste Wegweiser eines im Mitsein mit dem Patienten helfenden Arztes. Hinsichtlich der naturwissenschaftlichen Objektivierung nahm er an, „daß die exakte und rein verstandesmäßige Haltung das Ergebnis einer Zwangsneurose sei, die aus einer pathogenen Verdrängung des Eros habe hervorgehen müssen" (1948, VII 238). Den Verlust des Mitseins in seiner Gegenseitigkeit auf eine pathogene Verdrängung des Eros zurückzuführen halte ich für einen im Ansatz überzeugenden Gedanken, weil Eros die ursprüngliche Kraft des Mitseins von Himmel und Erde und so überall in der Natur ist, nicht nur unter Menschen. In diesem Sinn hat auch der Arzt Eryximachos im Platonischen „Symposion" (186a) gesprochen. In der naturwissenschaftlichen Objektivierung schrumpft der allgemeine, uns ursprünglich mit der übrigen Welt verbindende Eros zu einem Selbstbezug des erkennenden Subjekts. Ich sehe in diesem Narzißmus den gemeinsamen Nenner sowohl für den Verlust des Mitseins in der Arzt-Patient-Beziehung unter Menschen als auch in der des Menschen zur natürlichen Mitwelt.

Weizsäcker spricht nicht vom Mitsein. Das Gestaltkreis-Konzept aber ist der Sache nach ein Gedanke zur Bestimmung und Erfahrung des Mitseins. Der therapeutische Gestaltkreis oder die „im Gestaltkreis verbundene Lebensgemeinschaft" von Arzt und Patient *„umschließt den Arzt und den Patienten*: er ist *ein zwei*samer Mensch, *ein* bipersoneller Mensch. *Das* ist die ‚Ganzheit' der ärztlichen Handlung, *das* ... Behandeln des ‚ganzen Menschen', daß ein therapeutischer Gestaltkreis zwischen Arzt und Patient gestaltet werde: nicht daß der ganze Patient Gegenstand werde, sondern daß der Patient *durch Umfassung des Arztes integriert werde* – wieder: nicht seines Arztes als ganzen *Menschen*, sondern als ganzen *Arztes*" (1927, V 189). Der Gestaltkreis ist so gemeint, daß er im Umgang miteinander als einem Um-Gang durchlaufen werden soll (vgl. 1948, VII 264), und zwar durch jeden von beiden zum andern und zu sich zurück, so wie auch die Nächstenliebe wieder in das Wie-dich-selbst zurückgeht. Für das Arzt-Patient-Verhältnis verstehe ich dies so, daß der Kranke nicht allein mit seiner Krankheit bleibt, sondern diese von der Gemeinschaft des Arztes mit dem Patienten innerhalb der Gesellschaft und für sie wie von einem erweiterten Ich auf sich genommen wird und nunmehr zwischen beiden im Gemeinsamen ist. „Die Krankheit liegt jetzt zwischen den Menschen, ist eines ihrer Verhältnisse und ihrer Begegnungsarten. Hier beginnt anthropologische Medizin" (1947, VII 193).

Den Verlust der Gegenseitigkeit, welche die pathogene Verdrängung des Eros mit sich bringt, auch im natürlichen Mitsein durch die Gestaltkreiserfahrung überwinden zu wollen, ist vom Arzt-Patient-Verhältnis her eine denkbare Verallgemeinerung. „Schließlich war ja auch nicht zu bestreiten, daß Pflanzen, Tiere und Menschen (oder zumindest Menschen, wenn man den Tieren und Pflanzen mißtrauen wollte) Objekte sind, die ein Subjekt enthalten, aber auch Subjekte, die ein Objekt enthalten" (1948, VII 259). Gemeint ist der Gestaltkreis in dem Sinn, daß einerseits die Erfahrung des Objekts durch das Erkenntnishandeln des Subjekts geprägt ist, andererseits dieses sich gleichwohl auf etwas außer sich bezieht. Weizsäckers Gestaltkreis-Gedanke ist dem der Komplementarität, den Niels Bohr im selben Jahr (1927) zur Kopenhagener Interpretation der Quantentheorie eingeführt hat, erstaunlich ähnlich. Dieser Spur ist auch sein Neffe Carl Friedrich von Weizsäcker in dem Aufsatz „Gestaltkreis und Komplementarität" (1956) gefolgt. Der Kerngedanke der Komplementaritätsphilosophie Niels Bohrs (1885–1962) war, daß „keine strenge Trennung zwischen Objekt und Subjekt aufrechtzuerhalten ist, da ja auch der letztere Begriff dem Gedankeninhalt angehört. Aus dieser Sachlage folgt nicht nur die relative von der Willkür in der Wahl des Gesichtspunktes abhängige Bedeutung eines jeden Begriffes, oder besser jeden Wortes, sondern wir müssen im allgemeinen darauf gefaßt sein, daß eine allseitige Beleuchtung eines und desselben Gegenstandes verschiedene Gesichtspunkte verlangen kann, die eine eindeutige Beschreibung verhindern" (1929, 62 f.).

Bohr relativiert die Bedeutung der Begriffe auf die Situation, in der mit ihnen etwas gesagt werden soll. Während nach der Ontologie der klassischen Physik die Gegenstände die physikalischen Eigenschaften, die man an ihnen feststellen kann und durch die sie bestimmt werden, in jedem Mitsein gleichermaßen haben, gilt dies nicht für Elementarteilchen. Aus der Tatsache, daß man sie unter geeigneten Vorkehrungen an einem Ort feststellen kann, folgt hier nicht, daß sie auch unter ganz andern Umständen gleichermaßen einen Ort ‚haben', sondern sie haben ihn nur unter bestimmten Bedingungen. Ob diese bestehen oder nicht, hängt von der jeweiligen Situation oder dem Mitsein, in dem wir es mit dem Gegenstand ‚zu tun haben', bzw. im Labor davon ab, ob eine bestimmte Versuchsanordnung getroffen ist und somit der Physiker das getan hat, was der Fall sein muß, damit der Ort überhaupt ‚definiert' ist. Begriffe haben nur situationsbezogen ihren Sinn und ihre Bedeutung. Insofern das jeweilige Zu-tun-Haben oder die Versuchsanordnung in der Elementarteilchenphysik zu einem Teil der physikalischen Realität avanciert, handelt die Physik hier ausdrücklich von Tat-Sachen. Die Gegebenheitsweise oder das jeweilige Mitsein, in dem wir es mit ihm ‚zu tun haben', wird zu einem Teil des Gegenstands.

Bohrs Zusatz: „oder besser jeden Wortes", beschreibt diese Konkretisierung, denn Begriffe gelten gegenüber den Worten – wenn man beide so unterscheidet – potentiell immer, wohingegen Worte jeweils in bestimmten Situationen gebraucht werden, wie es sich schon aus ihrer Sprachengebundenheit ergibt. Handelt nun aber die Physik in dieser Weise von Tat-Sachen, so ist nicht zu erwarten, daß man in der Beschreibung eines Gegenstands grundsätzlich von der jeweiligen Tathaftigkeit absehen und ihn ohne Rücksicht auf die relative Bedeutung der Begriffe und Worte objektivieren kann. In der klassischen Physik ist dies erstaunlicherweise der Fall. Sie handelt nur unausdrücklich von Tat-Sachen. Im allgemeinen aber müssen wir darauf gefaßt sein, daß zur vollständigen Erfahrung eines Gegenstands verschiedene Tat-Sachen, Gruppen von Tat-Sachen oder Weisen des Mitseins gehören und daß man von dieser Verschiedenheit – anders als in der klassischen Physik – nicht zu einer ‚eindeutigen Beschreibung‘ übergehen kann, in der vom jeweiligen Mitsein abgesehen wird. Teilchen- und Wellen-Tat-Sachen sind geläufige Beispiele, wobei zum Teilchen die Raum-Zeit-Erfahrung und zur Welle die Gültigkeit der Erhaltungssätze gehört. In der Einheit des Objekts zusammengehörige Erfahrungen, die sich aber nicht unter Absehung von ihrer Tat-Sächlichkeit in ein ‚Bild‘ des Gegenstands bringen lassen, heißen „komplementär" (Bohr 1927, 36).[7]

Von der Teilhaftigkeit des Gegenstands an seiner Mitwelt wird nun wiederum ein Rückblick auf das menschliche Mitsein möglich. Max Frisch hat in seinem Roman „Stiller" (1954) das alttestamentliche Bilderverbot so auf den mitmenschlichen Umgang übertragen, daß wir uns auch voneinander keine Bilder machen und vom jeweiligen Andern meinen sollten: ‚Ich kenne dich – so bist du!‘ Menschen sind keine Fertigprodukte. Was hier offenbleiben soll und warum es nicht gut ist, den andern auf ein So-bist-du festzulegen, ist die Chance der Entwicklung in der Beziehung zueinander, also im Mitsein oder im Umgang. Für das Verhältnis des Arztes zum Patienten hieße ein solches Bilderverbot, daß nicht der eine der Veränderer ist und der andere der Veränderte, sondern daß in diesem Verhältnis dem Arzt ebenfalls etwas passieren kann, z. B. daß im Krankheitsverhältnis auch oder gerade er gesundet oder daß er selbst erkrankt. Tatsächlich hat Weizsäcker im Gestaltkreis an ebendiesen Fall gedacht: „Immer findet man, daß Belehrungen, Ermahnungen und Erleuchtungen genau so weit wirken, als die Zuwendung des Kranken zum Arzt dessen Ratschläge und Wünsche bereits potentiell umschließt. Darüber hinaus aber gelingt ein Fortschritt ausschließlich dort, *wo der Arzt selbst den Kanon seiner Haltungen gemeinsam mit dem Kranken einer Umgestaltung preisgibt*" (1927, V 188).

Komplementär nennt Bohr die jeweils unmittelbare Erfahrung eines Gegenstands im Verhältnis zur Miterfahrung seiner Vergegenständlichung. Ein typisches Beispiel ist die unmittelbare Anwendung eines Be-

---

[7] Vgl. K. M. Meyer-Abich 1965.

griffs gegenüber dessen Analyse, ein anderes die Tat-Sache, daß man einen Stock befühlt, im Verhältnis zu der, daß man ihn fest in die Hand nimmt und damit in einem dunklen Zimmer herumtastet, indem die Fingerspitze sich sozusagen an die Spitze des Stocks verlagert. Viktor von Weizsäcker nennt für den Umgang im Gestaltkreis ein ganz ähnliches Beispiel, daß man nämlich entweder eine feste Kante wahrnimmt, an der die Hand entlangstreicht, oder diese Bewegung der Hand, jedoch nicht beides zugleich.

In Bohrs Prinzip, daß in der Beschreibung des Erkennens „keine strenge Trennung zwischen Objekt und Subjekt aufrechtzuerhalten ist, da ja auch der letztere Begriff dem Gedankeninhalt angehört", ergänzt die Selbsterfahrung des erkennenden Subjekts die Wahrnehmung des erkannten Objekts. Auch in den beschriebenen Komplementaritätsverhältnissen ergänzt immer eine Selbst- oder Selbstmiterfahrung die unmittelbare Erfahrung eines Gegenstands. Daß es auch im Gestaltkreis um ein sozusagen bewegliches Verhältnis von Subjekt und Objekt gehen soll, deutet darauf hin, daß dies der richtige Weg zum Verständnis des Weizsäckerschen Bilds ist. Er selbst scheint seinen Gedanken in bezug auf die Quantentheorie ebenfalls darin wiedererkannt zu haben, „daß die Grenze zwischen Ich und Umwelt gleichsam verschieblich, beliebig festsetzbar ist" (1948, VII 262). Den Gestaltkreis zu durchlaufen wäre dann aber ein vielleicht noch umfassenderer Gedanke als der der Komplementarität, nämlich das Mit eines Mitseins im Zwischen zu erfahren, wobei das Erfahren im Sinn von Weizsäckers Um-Gang als Bewegung gemeint ist. Das Mitsein von Zweierlei, eine Beziehung also, wird hier zu einer lebendigen Beziehung in dem Sinn, daß es beider gemeinsames Leben ist, in dem sie sind, was sie sind.

Die Seinsbeschreibung des Mitseins verbindet sich immer wieder mit der epistemischen Erfahrung dieses Seins, weil Menschen beteiligt sind, zu deren Leben das Erkennen in besonderem Maß gehört. Die Lachse finden ihren Geburtsort, wie Bohr gern sagte, weil sie ihn *nicht wissen.* Würden sie sich nach einem Wissen orientieren, so wären sie (flußaufwärts) bei jeder Gabelung erneut verunsichert, und die Wahrscheinlichkeit, daß sie irgendwann einen Fehler machten, wäre zu groß. Wir hingegen sind auf das Wissen angewiesen und bringen es damit nicht zu der Sicherheit der Lachse, haben aber wohl einen Vorteil an Lernfähigkeit. Eine Chance des Wissens ist außerdem die Selbsterkenntnis, so daß wir die pathogene Verdrängung des Eros in der wissenschaftlichen Objektivierung gegenüber einem Wissen im Mitsein erkennen können, das nun ein Mit-Wissen heißen könnte. „Um Lebendes zu erforschen, muß man sich am Leben beteiligen", lautete der erste Satz in Weizsäckers Einleitung zum „Gestaltkreis" (1940, V). Dies führt aber nur dann zur Mit-Wissenschaft, wenn es in der Weise des Mitseins geschieht, die hier zunächst mein Thema ist.

Grundsätzlich also kommt es darauf an, *das Mit eines Mitseins im Zwischen zu leben* – und es dann auch zu erfahren, soweit das Erfahren zum Leben gehört. Dazu muß man sich in die Welt hineinbegeben, wie es der kopernikanischen Herausforderung entspricht, und sich am Leben in der Gemeinschaft der Natur beteiligen, wohingegen die interplanetarischen Eroberer dies vermeiden, indem sie sich heraushalten. Heraushalten tut sich auch der Mediziner, der den Patienten nur ‚gesund macht‘. Statt dessen sollte er sich als Arzt in ein Mitsein mit dem Patienten hineinbegeben, so daß alles, was passiert, in dieser Beziehung passiert und nicht nur an deren einem Ende, beim Patienten, als eine monologische Wirkung vom andern Ende, dem des Mediziners her. Denken wir uns das Leben aus dem Zwischen nun in komplementären Verhältnissen, wie es Bohr und Weizsäcker getan haben, wäre das Mitsein im Gestaltkreis etwa so vorzustellen wie das Leben aus den Grenzbereichen der Elemente.[8] Die Ufer eines Bachs sind belebt, wenn es dort keine starre Grenze zwischen dem Boden und dem Wasser, sondern eine durchlässige, sozusagen schwingende Grenze gibt, wie es natürlicherweise der Fall ist. Ebenso steht es mit der Biosphäre, wo die Erde an ihrer Oberfläche in den Boden des Luftmeers übergeht. Relativ zum Erdradius ist diese Zwischenzone verschwindend dünn, aber sie ist der Raum des Mitseins, in dem das Leben ist.

Man kann das Zwischen des Mitseins auch vom Tasten her erfahren. Mit dem Tastgefühl eines Gegenstands verbindet sich immer eine Selbstwahrnehmung. Dies ist bei den andern Sinnen nicht der Fall. Wenn ich etwas anderes sehe, höre, rieche oder schmecke, habe ich nicht zugleich eine entsprechende Wahrnehmung meiner selbst. Aber ich kann nicht die Hand auf etwas anderes legen und dieses spüren, ohne in der Begegnung mit dem andern mich selbst zu spüren. *„Wie ich berühre, so bin ich berührt"* (K. M. Meyer-Abich 1984, 252). Da der Tastsinn der stammesgeschichtlich älteste Sinn ist, setzen die andern Sinne die Einheit von Selbst- und Gegenstandswahrnehmung im Tastgefühl wahrscheinlich bereits voraus. Herders Theorie der Plastik – wonach wir die Formen nur sehen, weil wir sie wie der ‚nourisson sauvage‘, der wilde Säugling, als Kleinkind bereits betastet haben, würde hiernach die ontogenetische Wiederholung der phylogenetischen Gewordenheit beschreiben.[9] Dann könnte sogar für alle Sinne gelten, daß die Wahrnehmung des andern ursprünglich aus dem Zwischen der Berührung, also aus dem eigentlichen Bereich des Mitseins kommt, in dem die Selbsterfahrung sich mit der des Objekts verbindet. Bohr und Weizsäcker haben daran schwerlich gedacht, aber es ist vor diesem Hintergrund vielleicht doch kein Zufall, daß ihre anschaulichsten

---

[8] Vgl. Abschnitt IV.3 und die dort genannten Maler.
[9] Vgl. Herders „Viertes Wäldchen" (1769) und seine Schriften zur „Plastik" (1770/78) – bei Proß II 57ff./401ff. – sowie Mülder-Bach 1994.

Erklärungen der Komplementarität und des Gestaltkreises sich auf Tastwahrnehmungen beziehen.

In einem übertragenen Sinn ging es auch in den unterschiedlichen Begegnungen von Oviedo, Las Casas und Sahagún mit den ‚Wilden‘, die ich im vorangegangenen Kapitel geschildert habe, um Berührungsphänomene. Von Oviedo wurde die Grenze sozusagen versiegelt oder betoniert, so daß hier nichts aufleben konnte. Las Casas bemerkte: Gegenüber einer kranken Zivilisation sind die Wilden gesund, sah in ihnen im Grunde aber – wie Oviedo – auch eine Ressource, zwar nicht für die Wirtschaft, aber doch für die Heilung der abendländischen Seele. Nur Sahagún tastete sich in aller Behutsamkeit an die Grenze der beiden Kulturen und Gesellschaften so heran, daß sie durchlässig wurde und im Austausch etwas auflebte, welches nicht dasselbe war wie das, was es diesseits oder jenseits zuvor gegeben hatte.

In einem nicht emphatischen Sinn ist es Liebe, die zum Nächsten wie die zu sich selbst, die Sahagún hier im Verhältnis der Menschen zueinander von den beiden andern unterschied und die auch Viktor von Weizsäcker für das Verhältnis zwischen dem Arzt und dem Patienten für angemessen hielt. Gegen die pathogene Verdrängung des Eros hilft nur Liebe. Man kann es etwas zu hoch gegriffen finden, in einer doch eigentlich professionellen Beziehung wie der des Arztes zum Patienten oder in einem Erkenntnisinteresse, wie es Sahagún hatte, von Liebe zu sprechen. Wenn die Nächstenliebe der Weg des Lebens ist, wie es jedenfalls Sahagún und Weizsäcker geglaubt haben, sollte man sie aber doch nicht nur in außerordentlichen Situationen wie der der opfernden Hingabe üben und anerkennen, sondern auch in alltäglichen, beispielsweise professionellen und epistemischen Verhältnissen. Wie hätte Sahagún den für ihn völlig fremden und exotischen Eingeborenen in Mexico anders oder mehr Nächstenliebe erweisen können, als er es getan hat? Und warum sollte man das im Gestaltkreis heilende Mitsein, in dem beide Seiten sich einem Gemeinsamen hingeben, nicht Liebe nennen – freilich, wie gesagt, in einem nicht emphatischen, sozusagen alltagstauglichen Sinn? Auch Mann und Frau lieben einander im Großen wie im Kleinen. Heißt das dann aber nicht, daß die Liebe im Verhältnis zur natürlichen Mitwelt gleichermaßen eine Chance ist, die pathogene Verdrängung des Eros, welche die Objektivierung sichert, zu überwinden? So wie die Frage hier gestellt ist – nämlich unter der Voraussetzung, daß Weizsäckers Erklärung des Verlusts der Gegenseitigkeit in der Objektivierung zutrifft –, habe ich sie schon bejaht. Sich auf den Gestaltkreis des Eros einzulassen ist ein Verzicht auf Sicherheit. Man macht sich kein Bild mehr, auf dem das Mitsein des Betrachters mit den Dingen getilgt ist, sondern der Erkennende muß sich nun auch selbst zu erkennen geben. In der griechischen Mythologie war es der Jäger Aktaion, der bei der Jagd der Göttin Artemis ansichtig wurde, in Liebe zu ihr entbrannte und sich dadurch vom Jäger zum Gejagten wandelte, bis seine eigenen Hunde ihn erlegten. Giordano Bruno hat Artemis als die Natur gedeutet, so daß der Mythos den Gestaltkreis des liebenden Erkennens der Natur beschreibt (1585, 168f.). Werden auch wir einmal der Göttin ansichtig sein und was wird dann aus uns?

Wenn wir uns auf diese Unsicherheit einlassen: Was folgt daraus für den menschlichen Umgang mit der natürlichen Mitwelt? Liebe ist die Freude am Glück eines andern per se in der Verbindung zu einem Ganzen.[10] Ein Ganzes, zu dem zwei Menschen sich in Liebe finden, ist nicht selbst das Ganze schlechthin, aber es ist doch eine Vergegenwärtigung des einen Ganzen im Mitsein der Liebenden. Liebe sucht also zwar stets im persönlichen Sinn die Ergänzung der einzelnen ‚Hälften‘ zu einem Ganzen, aber dieser persönliche Sinn hat selbst einen kosmischen Sinn, Ganzheit überall zu vergegenwärtigen. Durch die Liebe geschieht dies in der sinnlichen Erfahrung von Schönheit. Welche besondere Erfahrung des Schönen hier gemeint ist, hat Platon Sokrates im „Symposion" durch Diotima wissen lassen, nämlich die Erzeugung und Geburt im Schönen (206e3f). Die Liebe ist nicht einfach darauf gerichtet, am Schönen teilzuhaben oder in ihm zu verweilen, sondern darauf, im Schönen etwas hervorzubringen. Das Geschenk der Liebe ist, miteinander ein doppelt individuiertes Ganzes zu werden und aus der Schönheit dieses Mitseins etwas hervorgehen zu lassen, im einfachsten Fall ein Kind, im weiteren Sinn Kultur.

Wollten wir dies nun auf unser Verhältnis zur natürlichen Mitwelt erweitern, so wäre das Leitbild *ein liebender Umgang, der im Gestaltkreis auf ein Ganzes sowie damit auf das Ganze der Natur selbst bezogen ist und aus diesem Mitsein in Schönheit etwas hervorgehen läßt.* Zum liebenden Umgang gehört eine diesem Grundverhältnis entsprechende Angemessenheit des gegenseitigen Verhaltens im Mitsein, wie sie sich zwischen zwei Menschen eigentlich immer von selbst versteht, tatsächlich aber weder in menschlichen Verhältnissen – wie z.B. dem des Arztes zum Patienten – noch in unserm Umgang mit den Dingen und Lebewesen der natürlichen Mitwelt allgemein gewahrt wird. Wollen wir diesem Ideal folgen? Nach allen vorangegangenen Überlegungen ist es eine überzeugende Auslegung unseres Mitseins mit der außermenschlichen Natur. Dieses Mitsein aber ist nach der Natur des Menschen, wie sie sich im vorangegangenen Kapitel entfaltet hat, so umfassend, daß wir tatsächlich Tier und Blume, Baum und Stein, Licht und Luft und Wasser sind, so daß es zum menschlichen Leben gehört, auch mit ihnen im Mitsein zu leben.

---

[10] Nach Leibniz (vgl. Abschnitt IV.3) unter Hinzufügung des Ganzen.

Grundformen der Angemessenheit im menschlichen Umgang mit der natürlichen Mitwelt

Nach den praktisch-naturphilosophischen Grundsätzen des vorangegangenen Kapitels ist nun jedenfalls (1) eine Antwort auf die Frage gegeben, wie zu leben sei, nämlich im liebend angemessenen Umgang mit der menschlichen und der natürlichen Mitwelt insgesamt. Die naturphilosophische Fundierung ist dadurch gegeben, daß dieser Umgang jeweils auf ein Ganzes sowie damit auf das Ganze der Natur selbst bezogen ist. Die Orientierung auf das Mitsein der Menschen mit der natürlichen Mitwelt gewährleistet (2) die Aktualität in der Naturkrise der wissenschaftlich-technischen Welt. Daß (3) Relevanz vor Gewißheit geht, muß für diesen Ansatz in Anspruch genommen werden. Das Ergebnis sind Gründe, warum sich die Chance der Menschlichkeit, welche die Natur in uns hat, im Mitsein mit der natürlichen Mitwelt umfassender erfüllt als im bloß gesellschaftlich-kooperativen Mitsein. (4) Ein Leben zu Lasten Dritter sollte dadurch ausgeschlossen sein, daß aus dem Mitsein in der Natur etwas hervorgeht, was in Schönheit auf das Ganze bezogen ist. Dieser Gesichtspunkt bedarf der weiteren Entfaltung. Der (5) gelingende Umgang mit Pluralität ist durch den allgemeinen Kommunitarismus in der Gemeinschaft der Natur grundsätzlich als eine zu lösende Aufgabe berücksichtigt. Wie dieser Anspruch erfüllt werden kann, bedarf ebenfalls der näheren Überlegung. Da die Akzeptabilität der hier gegebenen Antwort auf die Grundfrage, wie zu leben sei, (6) vom vorausgesetzten Selbstverständnis abhängt, sind die vorangegangenen Überlegungen weitgehend dem *menschlichen* Mitsein in der Natur gewidmet. Daß diese Überlegungen (7) Ausdruck eines Selbstgefühls sind, ist deutlich geworden. Um (8) besser zu verstehen, wer wir unserer Natur nach sind und wie wir möglichst umfassend zur Welt kommen können, habe ich den Menschen als ein Kollektivwesen beschrieben, welches seiner kulturellen und natürlichen Mitwelt insgesamt schuldet, was es ist und wofür es gut ist.

In der Gemeinschaft der Natur das zu sein, was wir eigentlich sind, ist eine seinsethische und insoweit an der griechischen Antike orientierte Antwort auf die gleichermaßen antike Frage, wie zu leben sei. Als in der Platonischen Erzählung des Prometheus-Mythos das menschliche Geschlecht bei der Verteilung der verschiedenen Fähigkeiten und Vermögen zunächst leer ausgegangen war, stand es dort „akósmeton", und Zeus schickte ihm schließlich die Sittlichkeit und das Recht als „Kosmoi", als Bande oder Ordnungen der menschlichen Gesellschaft (Prot 321c2/322c3). Die zuvor gegebene Antwort, wie zu leben sei, knüpft an das kosmosbezogene Denken der Antike an, weil es heute darauf ankommt, die menschlichen Verhaltensordnungen wieder in einen Einklang mit der Natur als der Lebensordnung des Ganzen zu bringen, also eine antike Frage erneut aufzunehmen. Gleichwohl müssen wir, wie jede Epoche, die für uns zeitgemäßen Antworten auf die immer wieder zu stellende Frage finden, und zwar auch in grundsätzlichen Haltungen. Beispielsweise meinte Aristoteles, wo immer Teile zu einem Ganzen zusammenzuhalten seien, bedürfe es einer Herrschaftsordnung (Pol 1254a28–32), und auf Herrschaft war auch der alttestamentliche Gedanke ausgerichtet, daß Menschen sich die Erde und die natürliche Mitwelt untertan machen sollten – allerdings in gerechter Herrschaft. In der Neuzeit haben vor allem Hobbes und Spinoza in Herrschaftsverhältnissen gedacht. Ich habe lange geglaubt, daß es genügen würde, die Ungerechtigkeit zu überwinden und die Herrschaft selbst beizubehalten, halte es jetzt aber für besser, den holistischen als einen nicht mehr auf Herrschaft ausgerichteten Weg zu gehen. Die industriegesellschaftliche Vorstellung einer möglichst herrschaftsfreien Gesellschaft auf dem Rücken einer absolutistisch beherrschten Natur, von der wir kein Teil sind, steht in der Spannung, sich einerseits – ödipal oder wirtschaftsliberal – vom Ganzen auszuschließen, andererseits – narzißtisch oder totalitär – das Ganze sein zu wollen.[11] Solange wir uns diesem verqueren Gegensatz nicht schlechterdings verweigern und die damit verbundenen Etikettierungen überwinden, gibt es keinen Fortgang in der Verständigung. Wenn jedes Individuum sich aber sagt, ohne damit Herrschaftsansprüche zu verbinden oder abzuwehren: Wer bin ich, daß das Ganze der Natur in mir die Chance hat, für die ich gut bin, bedarf es dazu keiner allgemeinen Herrschaftsordnung. Vorausgesetzt wird nur die Naturzusammengehörigkeit aller Dinge, in der alles seinen Platz finden, ihn aber weder schon haben noch unabänderlich behalten soll.

Angemessenheit ist von Ludwig Siep (1988) als ein Grundsatz der praktischen Philosophie auch für den Umgang mit der außermenschlichen Natur eingeführt worden.[12] Nach den vorangegangenen Überlegungen sind die folgenden Grundformen der Angemessenheit zu unterscheiden:

(1) *Mitsein in der Gemeinschaft der Natur:* Dem menschlichen Leben angemessen ist ein liebender Umgang mit Anderen und Anderem in der Gemeinschaft der Natur, der jeweils auf ein Ganzes sowie damit auf das Ganze der Natur bezogen ist.

Der näheren Erläuterung bedürfen nun vor allem die Formen der Angemessenheit und der Bezug auf das Ganze. Das Grundgefühl des Mitseins, in dem das menschliche Miteinander und das mit der natürlichen Mitwelt übereinkommen, ist das der Freude (Kap. IV.3). Unter den nun

---

[11] Vgl. G. Böhme/H. Böhme 1996, 88.

[12] Unter seiner Regie hat vom 27. bis 30. September 1995 eine Tagung des Engeren Kreises der Allgemeinen Deutschen Gesellschaft für Philosophie zum Thema „Angemessenheit" in Münster stattgefunden. Ich übernehme diese Anregung von Siep und knüpfe dabei inhaltlich an Leibniz an (vgl. Abschnitt III.2).

zu entwickelnden Grundformen eines angemessenen menschlichen Umgangs mit der natürlichen Mitwelt ist danach zweitens festzuhalten:

(2) *Freude:* Im angemessenen Umgang kann die Freude am Andern in seinem Eigenwert, Eigenrecht und Eigensinn alles Handeln begleiten. In der Freude am Andern ist die Naturzusammengehörigkeit der Dinge ohne Überheblichkeiten und Herabsetzungen zu erfahren. Die Angemessenheit des Umgangs bemißt sich weiterhin am Grundpostulat der Seinsethik und an der Bestimmung des Seins als Schuldigkeit unter den Bedingungen der Angewiesenheit in der Natur.

(3) *Freiheit des Seins:* Frei handle ich, wenn ich so handle, wie ich meiner Natur nach bin, also nach meiner Natur lebe.

(4) *Schuldigkeit:* Was ich bin, das bin ich andern schuldig, mit denen ich bin, wofür ich gut bin: der menschlichen und der natürlichen Mitwelt insgesamt in ihrer Gegenwart, Vergangenheit und Zukunft.

Die Freude und die Freiheit des Seins im Verständnis dessen, was man der Welt schuldig ist, sind die Grundformen des angemessenen Umgangs im natürlichen Mitsein. Das Maß der Angemessenheit ist nach den vorangegangenen Überlegungen die jeweilige Natur der Beteiligten:

(5) *Selbstverwirklichung:* Freiheitlich ist derjenige menschliche Umgang mit den Dingen und Lebewesen der natürlichen Mitwelt, in dem sie und wir werden, wofür sie und wir ihrer bzw. unserer Natur nach gut sind.

Das Verhältnis der vielen Naturen zu dem einen Ganzen der Natur ist im Sinn des Cusanischen Grundsatzes:[13]

(6) *Natur des Einzelnen:* In jedem Einzelnen ist das Ganze dieses Einzelne. Allen Dingen wohnt ein natürliches Verlangen inne, auf die bestmögliche Weise zu sein, die der eigenen Natur entspricht. Nichts trachtet danach, seiner Natur nach ein anderes zu werden, als ob es dadurch besser würde.

Dazu gehört im Verhältnis des Teils zum Ganzen der gleichermaßen Cusanische Grundsatz:[14]

(7) *Ganzheit der Welt:* Nichts im Universum ist zu lieben außer in der Einheit und Ordnung des Universums. Jedes Ding oder Lebewesen hat seinen Eigenwert nicht je für sich, so wie es gerade angetroffen wird, sondern nach seiner Einzelnatur im Ganzen der allgemeinen Natur.

Nach dieser Auffassung des Verhältnisses der Teile zum Ganzen ist nicht nur der Mensch – wie es im Mittelalter eine verbreitete Vorstellung war – ein Mikrokosmos, sondern dies gilt für alle Lebewesen und für alle Dinge überhaupt. In jedem Einzelnen ist die ganze Welt „contracte" dieses Einzelne, d. h. zu ihm verschränkt, so wie „es selbst in Gott Gott ist", nämlich implizite. Sogar im Stein, erklärte Nikolaus, ist alles Stein (omnia in lapide lapis). Genauso ist in der vegetativen Seele alles diese Seele, im

---

[13] Vgl. DJ II 5/I 1/II 2=I 345/195/329.
[14] Vgl. DC II 17=II 207.

Leben alles Leben, im Gefühl alles Gefühl, im Gesicht alles Gesicht, im
Gehör alles Gehör, in der Vorstellung (imaginatio) alles Vorstellung, im
Verstand (ratio) alles Verstand, in der Vernunft (intellectus) alles Vernunft
und in Gott alles Gott (DJ II 5 = I 347). In dieser allgemeinen Durchdrin-
gung aller Dinge hat ein jedes seine besondere Natur, alle diese Naturen
aber sind verschiedene Individuationen von ihrer aller einen Natur, in denen diese sich nach Nähe und Ferne, Übereinkommen und Gegensätzen,
Vertrautheit und Fremdheit entfaltet. Genauso ganzheitlich hat drei Jahrhunderte später – ohne Nikolaus gelesen zu haben – Herder angenommen,
daß „jedes Geschöpf eine so ganze Form der Natur ist, als ob sie nichts
anders geschaffen hätte". In dieser Gemeinschaft der Natur ist jedes Ding
und jedes Geschöpf von Natur „eine Art kleiner Welt, ein Ganzes" (Ideen I
4 I = 129/1787, II 828). Wir können uns mit Nikolaus hinzudenken, daß die
Dinge sich im Mitsein, das zu ihrer Natur gehört, sozusagen durchdringen, weil zur Identität eines jeden die Andern als seine jeweilige Mitwelt
gehören. Im Auge sind auch Hand und Fuß Auge.[15] Weil die Mitwelt nicht
die Natur ist, die ein Einzelnes nicht ist, sondern als Mitwelt zu ihm gehört, ist alles, was es gibt, im Prinzip so groß wie die ganze Welt. Vielleicht
hätte Leibniz sich über diese neue Monadologie gefreut.

Wenn nun alle Dinge darin übereinkommen, daß sie verschiedene Individuationen bzw. – der Art nach – Spezifikationen des einen Ganzen
sind, so ist die Gemeinschaft der Natur grundsätzlich egalitär. Angemessen wäre also ein Umgang, in dem diese Gleichstellung in der Verschiedenheit gewahrt, d. h. ein jedes gemäß seiner Natur behandelt wird. Die
Fragen: Wie werde ich dem Baum gerecht?, und: Wie werde ich dem Fluß
gerecht?, stimmen insoweit überein, als es beide Male darum geht, einem
andern gerecht zu werden. Gelingen aber kann dies nur dann, wenn der
Baum als Baum und der Fluß als Fluß, d. h. beide so verschieden behandelt werden, wie sie ihrer Natur nach sind. Eine Katze also ist nicht deshalb anders zu behandeln als eine Ameise, weil Katzen etwas Besseres als
Ameisen sind, sondern weil beide ihrer Natur nach etwas je anderes sind.
(8) *Naturgemäßer Umgang:* In der Gemeinschaft der Natur ist derjenige
Umgang angemessen, in dem alle Dinge und Lebewesen gleichermaßen
naturgemäß, d. h. ihrer Natur nach und dementsprechend verschieden
behandelt werden.

Einen darüber hinausgehenden Kanon von Grundrechten etc. kann ich
mir – wie bei den Menschen – allenfalls innerhalb einzelner Gattungen
oder Arten vorstellen, soweit dazu innerhalb eines Naturstaats ein Bedarf
besteht. Derartige Ordnungen könnten dadurch zustande kommen, daß
man sich das Fairneß-Verfahren von John Rawls in die Gemeinschaft der
Natur übertragen denkt. Dazu braucht nur die Seelenwanderungslehre
mit unter den ‚Schleier des Nichtwissens' genommen zu werden. Einer

---

[15] Vgl. DJ II 5 = I 349.

Ordnung zum Umgang mit Bäumen würde ich unter diesen Umständen dann zustimmen, wenn sie für mich auch in dem Fall akzeptabel wäre, daß ich als Baum wiedergeboren würde. Es wäre nicht nötig, diese Überlegung für alle Arten im Verhältnis zu allen andern anzustellen, also z. B. für den Umgang von Katzen mit Bäumen oder von Katzen mit Vögeln unter der Annahme, daß Katzen als Bäume oder Vögel wiedergeboren würden, denn Katzen sind ihrer selbst bzw. ihrer Natur in allen diesen Verhältnissen relativ sicher und brauchen dazu keinen Rat. Unsicher aber sind wir Menschen und sollten es in der Naturkrise der wissenschaftlich-technischen Welt sogar in einer sehr grundsätzlichen Weise sein, also auch die Vorstellung der Seelenwanderung keinesfalls von vornherein ausschließen. Die Frage wäre z. B., was ich mir von Menschen gefallen zu lassen bereit wäre, wenn ich als Rotkehlchen wiedergeboren würde, welche Vorkehrungen von seiten der Menschen ich also in einem Garten für angemessen hielte, damit die Hauskatze sich nicht an meinem Nachwuchs vergreift.

(9) *Gerechtigkeit:* Welcher menschliche Umgang mit einer andern Art von Lebewesen angemessen wäre, ist unter der Hypothese zu ermitteln, daß Menschen als Individuen der betreffenden andern Art und diese als Menschen wiedergeboren werden könnten.

Wenn dieses Prinzip Geltung hätte, brauchte dabei keineswegs grundsätzlich herauszukommen, daß kein Baum mehr gefällt, kein Fisch mehr gefangen und kein Getreide mehr geerntet werden dürfte. Denn nach dem Ganzheitsprinzip (7) haben die Dinge ihren Wert nicht je für sich, so wie sie gerade sind, sondern ihrer Natur nach im Ganzen der allgemeinen Natur. Wenn also die Welt insgesamt dadurch gewinnen würde, daß ein Stein zu einem Kunstwerk behauen oder in eine Mauer eingehen würde, so könnte dies der Natur des Steins gleichermaßen angemessen sein. Dabei gilt auch die Umkehrung: Was der Natur des Steins unangemessen wäre, kann – wenn der Stein eine Individuation des Ganzen ist – auch im Ganzen nicht gut sein. Hier beginnt freilich die Unsicherheit bereits in der Kunst: Sollen nur Veränderungen zugelassen sein, die auf die Natur des Steins so Rücksicht nehmen, wie dies beispielsweise Ulrich Rückriem und Raimer Jochims tun, oder auch die fliegenden Gewänder der Statuen von Gian Lorenzo Bernini (1598–1680), die der Natur des Steins allenfalls ganz anders entsprechen, ihr aber vielleicht sogar Gewalt antun? Wir werden wohl niemals sicher sein können, ob die Welt durch etwas, was wir ihr zugute kommen lassen wollen, wirklich gewinnt. Sicherheit ist jedoch keine Bedingung, unter der Menschen generell zu leben erwarten können. Wenn wir nicht bereit sind, nach bestem Wissen auch in Unsicherheit zu entscheiden, können wir gar nichts Wesentliches entscheiden. Also kommen wir nicht darum herum, uns von Fall zu Fall festzulegen, ob ein Stein behauen, ein Baum gefällt, ein Fisch gefangen oder ein Getreide gesät und geerntet wird.

Wären Menschen tatsächlich bereit, das Fällen eines Baums zuzulassen, wenn sie damit rechnen müßten, als Baum wiedergeboren zu werden? Bedenken wir auch den umgekehrten Fall, daß Bäume als Menschen wiedergeboren würden, so würde ich als Baum unter dieser Perspektive wohl meinen, nach meiner Wiedergeburt als Mensch nicht darauf bestehen zu sollen, daß niemals ein Baum durch Menschen gefällt werden darf. Aus der Sicht des Baums würde ich aber für eine menschliche Lebensordnung eintreten, in der Menschenleben nicht prinzipiell den Vorrang vor Baumleben haben, sondern Menschen notfalls für Bäume zu sterben bereit sind, und zwar auch dann, wenn ich als Baum damit rechnen müßte, als Mensch wiedergeboren zu werden. Ich finde diese Baumerwartung durchaus berechtigt. Wenn ich beispielsweise nur um den Preis überleben könnte, daß ein Wald stirbt, wäre mir dies grundsätzlich ein zu hoher Preis, und zwar auch dann, wenn das Sterben des Walds nicht wiederum Menschenleben gefährden würde. Allerdings würde ich, wenn es so weit käme, wohl einen Unterschied zwischen einem Urwald in der Würde seiner Gewordenheit und einer Fichtenplantage machen, aber dies ändert nicht die grundsätzliche Bereitschaft, notfalls nicht um den Preis, daß ein Wald stirbt, überleben zu wollen. Umgekehrt braucht dann auch nicht ausgeschlossen zu werden, daß Bäume um der Menschen willen gefällt werden.

Wenn ich aus Gründen der praktischen Naturphilosophie nicht bereit bin, mein Leben unter allen Umständen dem eines Walds oder gar dem des Meers überzuordnen, erwarte ich von andern, daß auch sie dies nicht tun. Hier besteht freilich ein philosophischer Grundkonflikt. Carl Friedrich Gethmann empfindet es als ein *„ethische[s] Paradox"*, wenn in derartigen „Konfliktsituationen auch eine Instrumentalisierung der menschlichen Person zugelassen werden müßte; prinzipiell bestünde die Möglichkeit, daß sich das Lebensrecht eines Menschen dem Eigenrecht etwa eines Tieres zu unterwerfen hätte" (1993, 246). An dieser Anthropozentrik hält auch Vittorio Hösle fest. Beweisbar ist die eine Bewertung so wenig wie die andere. Trotzdem kommt man, wenn es sich so ergibt, nicht um eine Entscheidung herum.

Es ist aber auch nach den vorangegangenen Überlegungen keineswegs wider die Natur, daß Menschen überhaupt Veränderungen in die Welt bringen. Ob der Stein bearbeitet, der Baum gefällt oder der Fisch gefangen und verspeist werden darf, ist von Fall zu Fall zu überlegen, jedenfalls aber nicht schon deshalb von vornherein auszuschließen, weil jede Veränderung und insbesondere jedes Töten von Individuen einer andern Art unzulässig wäre. Kein Lebewesen ist dazu da, um die Welt möglichst wieder so zu verlassen, als sei es gar nicht dagewesen. Dies gilt auch für Menschen. Der Grund ist das Verlangen, auf die bestmögliche Weise zu sein, die der eigenen Natur entspricht, indem aus dem Mitsein in Schönheit etwas hervorgebracht wird. Alle Lebewesen wollen ihrer Natur nach leben, indem sie im Mitsein mit andern – Lebewesen der gleichen Art und anderer Arten sowie mit den Elementen – etwas in die Welt bringen, was ihrer besonderen Natur, ihren Fähigkeiten und Bedürfnissen entspricht, wofür sie also gut sind. Dies wird freilich nicht sozusagen höheren Orts festgelegt, sondern ist als die Entfaltung seiner besonderen Natur, die eine von vielen Individuationen der Natur des Ganzen ist, der Inbegriff seiner besseren Möglichkeiten.

Der Katze und den Bäumen ist normalerweise keine Unsicherheit anzumerken, wofür sie gut sind oder wie ihrer Natur nach zu leben sei. Wir sollten dieser Sicherheit allerdings nicht allzu gewiß sein, denn in der Verhaltensforschung scheint sich das Prinzip heuristisch zu bewähren, daß es überhaupt keine ausschließlich menschlichen Eigenschaften gibt, sondern daß in der Naturgeschichte alles, was in uns zusammenkommt, zumindest ansatzweise auch schon in andern Lebewesen geprobt worden ist, also wohl auch das Wissen und die Ungewißheit. Mit Gewißheit aber erkennen wir unsere eigene Unsicherheit, wofür wir gut sind bzw. was unsere Natur ist. Die Natur treibt sich, das Ganze, mit uns fort, genauer gesagt: *auch* mit uns, denn mit allen andern Naturen treibt sie sich ebenfalls fort. Wie aber treibt sie sich, wenn wir unserer Natur nach leben, gerade mit uns fort? Welches besondere Sein bringen wir Menschen als den Inbegriff unserer besseren Möglichkeiten in das Mitsein der Gemeinschaft der Natur ein? Um in Schönheit etwas hervorzubringen, haben wir allen – und vielleicht jetzt erst einen hinreichend umfassenden – Anlaß, uns in dieser Frage der zuvor bereits im Anschluß an Kant und Herder gegebenen Antwort zu erinnern, der am ehesten spezifisch menschliche Beitrag zur Naturgeschichte sei die Kultur.

Vernünftige Natur zu sein und als solche etwas zur Naturgeschichte beizutragen, was andere Lebewesen nicht gleichermaßen tun und können, nämlich Kultur, ist die besondere Chance des Menschen, in der Natur heimisch zu werden und so der kopernikanischen Herausforderung zu begegnen. Der Mensch ist nach seiner Natur dazu bestimmt, in Freiheit Kultur hervorzubringen. Diese Lebensform und Lebensordnung ist uns Menschen im Ganzen der Natur, zu der wir gehören, als das, wofür wir gut sind, aufgegeben. In der Freiheit der bürgerlichen Gesellschaft oder des modernen Rechtsstaats Kultur in die Welt zu bringen ist unser Sein im Ganzen der Natur, das wir in der Naturkrise der wissenschaftlich-technischen Welt zu verfehlen drohen.

(10) *Kultur:* Menschen sind ihrer Natur nach dafür gut, aus dem Mitsein mit Anderen und Anderem in der menschlichen und der natürlichen Mitwelt insgesamt Kultur in die Welt zu bringen.

Dabei „können wir es *als Gunst der Natur ansehen*, daß sie uns, durch Aufstellung so vieler schönen Gestalten, zur Kultur hat beförderlich sein wollen" (Kant, KdU A 300).

Eine Welt mit Menschen könnte schöner und besser sein als eine Welt ohne Menschen, wenn wir aus dem Mitsein mit andern in Schönheit Kultur hervorbringen. Dieses Kapitel handelt im folgenden davon, wie sich dieses Prinzip als Leitbild einer künftigen industriellen Wirtschaft bewähren könnte. Bereits an dieser Stelle muß ich jedoch mit dem Einwand rechnen, es sei an der Zeit, Marx' elfte Feuerbach-These: „Die Philosophen haben die Welt nur verschieden *interpretiert*, es kömmt darauf an sie zu *verändern*" (1845, V 535), umzukehren, so daß sie lautet: Die Industriegesellschaft hat die Welt immer nur verändert, es kömmt darauf an, sie erst einmal richtig zu verstehen und im richtigen Verständnis zu erhalten. Kurz- und mittelfristig ist es richtig, in der Naturkrise der wissenschaftlich-technischen Welt alles auf Erhaltung und Erneuerung auszurichten; auf längere Sicht aber sollten wir trotz der schlimmen Erfahrungen, welche die natürliche Mitwelt und wir Menschen selbst mit unserm abendländischen Zutrauen zur Weltveränderung gemacht haben, die Welt nicht im Gegenzug zur Industriegesellschaft möglichst wieder so zu verlassen suchen, als seien wir gar nicht dagewesen. Ich möchte die Veränderungen nicht den Industrialisten überlassen, sondern denke, daß wir zur Naturgeschichte einen Beitrag leisten könnten, um den es schade wäre, wenn er unterbliebe. Wir sind gut dafür, auf unsere Weise Kultur in die Welt zu bringen. Die Fehler, durch welche wir dieses Ziel im 19. und 20. Jahrhundert verfehlt haben, waren und sind so töricht, daß niemand meinen sollte, zu Besserem seien wir nicht imstande. Etwas anderes wäre es, optimistisch zu sein, daß schon alles wieder gut werde. Ich halte diese Wahrscheinlichkeit für gering und deshalb jeden Optimismus in der jetzigen Krise für fahrlässig. Hoffnung aber ist die Bedingung dafür, daß es trotz der geringen Wahrscheinlichkeit doch noch zum Besseren kommt. Ich bin deshalb nicht optimistisch und gleichwohl nicht ohne Hoffnung.

Um Eigenmächtigkeiten Grenzen zu setzen, ist den Grundformen der Angemessenheit jedoch eine Rechtfertigungspflicht aller Veränderungen hinzuzufügen. Eine geeignete Bedingung ist, daß die Gegebenheiten *sich entwickeln*. Dies soll durch unser Zutun geschehen, jedoch nicht als ein ihnen äußerlicher Fortschritt.

(11) *Entwicklung:* Die Dinge gehören zunächst einmal dahin, wo wir sie natur- oder kulturgeschichtlich vorfinden. Menschliche Eingriffe in die jeweils bestehenden Lebensverhältnisse der natürlichen Mitwelt sind als deren Entwicklung im Ganzen der Natur zu rechtfertigen.

Es entspricht dem Stand unserer politischen Kultur, daß derartige Rechtfertigungen rechtsförmig erfolgen. Dabei kann es nicht darum gehen, etwa den Umgang von Katzen mit Vogelnestern oder von Vögeln mit Würmern zu reglementieren, denn daran ist kein Bedarf. Erforderlich ist aber die Rechtfertigung von Menschen unter Menschen, was in bezug auf das Ganze der Natur als Kultur gelten soll und was nicht.

(12) *Rechte der natürlichen Mitwelt:* Entscheidungsverfahren, welche Eingriffe kulturell gerechtfertigt sind und welche nicht, sind angemessen,

wenn den Dingen und Lebewesen der natürlichen Mitwelt Rechte zuer-
kannt werden, die menschlichen Eingriffen Grenzen setzen und ihrer
Natur gerecht werden.

Inwiefern Rechte der natürlichen Mitwelt eine sinnvolle Verallgemeinerung des menschlichen Rechtswesens sind, ist seit den ersten Arbeiten
von Christopher Stone (1972) und Godofredo Stutzin (1973) in zahlreichen Arbeiten bis hin zu Jörg Leimbacher (1988) und Stone (1993) dargelegt worden. Für die weitere Entwicklung dieses Gedankens käme es darauf an, spezifische Rechte zu bestimmen, die wir nicht verletzen dürfen,
weil sie der Natur einzelner Lebewesen entsprechen. Dazu ist meines
Erachtens nach dem erweiterten Prinzip von Rawls zu verfahren. Ich
denke, daß die soweit entwickelten Bestimmungen ein hinreichendes
Grundgerüst abgeben, um einen angemessenen Umgang des Menschen
mit der natürlichen Mitwelt zu beschreiben.

Hans Jonas war wohl der erste, der nach dem Vorbild von Kants Kate-
gorischem Imperativ einen neuen, sozusagen ökologischen Imperativ zu
formulieren suchte. Er lautete: „Handle so, daß die Wirkungen deiner
Handlung verträglich sind mit der Permanenz echten menschlichen Lebens auf Erden" (1979, 36). Drei weitere, gleich anschließende Formulie-
rungsversuche deuten darauf hin, daß Jonas hier noch nicht das letzte
Wort gesagt zu haben meinte. Ich sehe dies auch so, zumal ich die „Permanenz echten menschlichen Lebens auf Erden" in der Naturgeschichte
nicht für einen absoluten Wert halte. Jonas war hier anderer Meinung:
„... der Imperativ, *daß* eine Menschheit sei", war für ihn, „ich gestehe
es, ... der einzige, auf den die Kantische Bestimmung des Kategorischen,
das heißt Unbedingten, wirklich zutrifft". Er meinte damit die
„Pflicht, ... allen nach uns Kommenden ihr Dasein ... zuzumuten" bzw.
,ihnen ihr Sollen möglich zu machen' (aaO 91f./89f.). Ich finde dieses
existenzialistische Sollen nicht hinreichend begründet und meine statt
dessen: *Es soll uns Menschen geben, wenn wir wollen, wofür wir gut sind,
so daß die Natur durch den Menschen gewinnt.* Dieser Satz kann auch
dann handlungsleitend sein, wenn wir niemals sicher sind, wie weit es uns
tatsächlich gelingt zu tun, wofür wir gut sind. Anders aber wüßte ich den
Anspruch der Fortdauer des Menschengeschlechts nicht zu rechtfertigen.
Als ökologischer Imperativ genügt dann die Grundform (10) der Angemessenheit oder etwas vereinfacht: Laßt uns tun, wofür wir gut sind!

Bevor ich dieses Leitbild im folgenden Abschnitt versuchsweise konkre-
tisiere, möchte ich es von jeder Idyllisierung absetzen. Die idyllische Natur ist im Götterkampf eine genauso falsche Vorstellung wie der liebe Gott.
Gleichermaßen falsch ist aber das Gegenbild, das Sein der Natur sei eitel
Fressen und Gefressenwerden im erbarmungslosen Überlebenskampf
nach dem Recht des Stärkeren. Die Naturbilder der Idylle und des Überlebenskampfs sind entweder Kritik oder Rechtfertigung der Industriegesellschaft, bleiben deren Anthropozentrik jedoch verhaftet und sind entge-

gengesetzt gleich falsch. Wollen wir der natürlichen Mitwelt in ihrem und unserem Mitsein gerecht werden, so ist wiederum Sahagún ein gutes Vorbild. Weder idyllisiert noch verteufelt wird die natürliche Mitwelt in der Umweltenlehre Jakob von Uexkülls und in der vergleichenden Verhaltensforschung bei Konrad Lorenz. Dabei zeigt sich, daß es Gut und Böse sowohl unter Menschen als auch in der natürlichen Mitwelt gibt, zumindest in Gestalt moralanaloger Verhaltensweisen. Neuerdings hat beispielsweise die Kommunikation mit großen Menschenaffen ergeben, daß diese nicht nur Freude und Trauer, Glück und Enttäuschung kennen, sondern auch Täuschung, um einer Strafe zu entgehen (Patterson/Gordon 1994). Dies ist nicht überraschend, wenn die Menschengeschichte ein Teil der Naturgeschichte ist und diese eine kosmische Auseinandersetzung, wie sie in den Mythen als ein Götterkampf beschrieben wird. Unter diesen Umständen dürfen auch wir nicht erwarten, generell schmerz- oder leidensfrei und so, daß wir auch andern keine Schmerzen und Leiden zufügen, durch das Leben zu kommen. Der Prozeß der Kultur ist davon nicht ausgenommen. Der Unterschied zwischen Kultur und der jetzigen Unkultur in unserem Verhältnis zur natürlichen Mitwelt besteht nicht darin, daß in der Kultur das Leiden abgeschafft ist, sondern darin, daß es zu einer Metamorphose und nicht zum Tod kommt. Kultur ist ein schöpferischer Prozeß, in dem es auch nicht ohne Zerstörungen abgeht, der aber die Suche nach dem wiederzufindenden Frieden mit der Natur ist und diesen Frieden als eine Gegenwart der Zukunft lebendig vergegenwärtigt, wo immer Kultur gelingt.

Es gibt ein Märchen von Hans Christian Andersen (1805–1875), in dem der kulturelle Prozeß so beschrieben ist, wie ich ihn mir vorstelle und bejahen kann. Es heißt „Der Flachs". Der Flachs steht auf dem Feld, kommt zur Blüte und empfindet: So schön habe ich werden können – dies ist die Vollendung meiner Natur! Dann aber kommen die Schnitter und ihm wird arg mitgespielt, bis er sich schließlich in einem gewebten Leinenstoff wiederfindet. Und da scheint ihm nach all der Not des Schneidens, Hechelns und Webens nun doch dieses Leinen vielleicht eine noch höhere Vollendung zu sein als das Blühen auf dem Feld. Auch dabei aber bleibt es nicht, sondern der Stoff wird zerschnitten und vernäht, und das tut wieder furchtbar weh. Schließlich entsteht daraus jedoch ein festliches Kleid, das mit Freude getragen wird. So strapaziös die neuerliche Verwandlung war – ist es nun nicht doch noch schöner, in Gestalt dieses Kleids wieder am Leben teilzuhaben, als nur reinlich in der Truhe zu liegen? Das Kleid wird oft getragen und immer ist der Flachs dabei, schließlich aber ist es abgenutzt und bleibt im Schrank. Wenn dies das Leben war, so hatte er es dennoch weit gebracht! Es schien aber doch noch nicht vorbei zu sein, denn eines Tages ging es wieder los, und was nun kam, war eine noch viel größere Quälerei, als zu Leinen und als solches vernäht zu werden. So ein Reißen, Kochen und Quetschen hatte der Flachs noch nie erlebt. Schließlich aber war er dann zu Papier geworden, einem wunderschönen, großen, weißen Bogen Leinenpapier. War dies nicht vielleicht doch noch schöner und edler als alles zuvor? Und doch war die Geschichte noch nicht zu Ende, sondern auf dem Papier wurde ein Buch gedruckt. Das ging wieder nicht ohne Geschneide und Gepresse ab, vor allem beim Drucken, aber mit welchem Ergebnis! Weißes Papier ist schon sehr fein, aber nun erst das bedruckte voller Gedanken, die noch viel feiner und leichter sind als das Papier, auf dem sie stehen. War nicht doch erst dies die Vollendung?

Es bleibt eine letzte Stufe, und hier scheiden sich die Gemüter.[16] Als der Besitzer gestorben war, wurde das Buch nämlich verbrannt. Die eine Lesart ist nun: Also war doch alles vergeblich. Die andere ist, und so verstehe ich das Ende dieses Märchens: So im reinen Licht und in Wärme aufzugehen, daß fast nichts an Erdenschwere zurückbleibt, ist noch schmerzhafter als alles zuvor, aber sind Licht und Wärme dann nicht doch noch schöner als Papier und alle Worte?

Verwandlungen wie die des Flachses geschehen nicht nur durch menschliches Zutun. Wenn der Vogel die Mücke frißt und sie ihm Kraft zum Fliegen gibt, so wird die Mücke in Vogelflug verwandelt, und dieser ist so leicht und vergänglich wie die Flamme. Der Vogel lebt den Tod der Mücke. In der Freude an seinem Flug muß auch des Opfers der Mücke gedacht werden, trotz des schönen Flugs mit Trauer – und doch ohne ihr nachzutrauern. Können wir diese Metamorphosen zum Vorbild für den Wirtschaftsprozeß nehmen und uns dadurch an einen fast vergessenen Traum erinnern lassen?

2. Der Zerfall der Gesellschaft und die Erneuerung der Kultur in der künftigen Naturgeschichte

Von Sören Kierkegaard stammt der treffende Vergleich, mit der Philosophie ergehe es einem manchmal so, wie wenn man irgendwo ein Schild „Wäschemangel" sehe. Mache man sich dann auf, seine Wäsche dort mangeln zu lassen, so merke man: Da gibt es gar keine Wäschemangel, sondern nur das Schild ist zum Verkauf gestellt. Ich werde die Umsetzung der im vorangegangenen Abschnitt festgehaltenen Grundformen eines naturphilosophisch angemessenen Umgangs mit der natürlichen Mitwelt nicht bis zur Konkretion der wirklichen Wäschemangel treiben können. Welche Wege aber dorthin führen, möchte ich doch zumindest soweit eingrenzen, wie es dazu einerseits der genaueren Diagnose der gegenwär-

---

[16] Der Schriftstellerin Ilona Karmel bin ich dankbar, daß sie mich auf dieses Märchen aufmerksam gemacht hat. Uneins waren wir jedoch über die Interpretation des Schlusses.

tigen Situation bedarf, andererseits einer näheren Bestimmung des Ziels einer angemessenen Erneuerung der Kultur als des menschlichen Beitrags zur Naturgeschichte.

Der Aufpunkt, den alle Zukunftsperspektiven in der Gegenwart finden müssen, ist, daß in unserer Gesellschaft die einzelnen Bürger zu Lasten der Allgemeinheit leben. Dies gilt sowohl im Hinblick auf das menschliche Gemeinwesen als auch für die Menschheit in der Gemeinschaft der Natur. In beiderlei Hinsicht umfaßt die Allgemeinheit die Vergangenheit und die Zukunft. Wir verzehren das Erbe der Vergangenheit in Natur und Gesellschaft zu Lasten der Nachwelt. Indem die Einzelnen gleichermaßen zu Lasten der gegenwärtigen Allgemeinheit leben, schaden sie auch einander und sich selbst. Weil jeder sich dabei möglichst schadlos zu halten sucht, gibt es freilich Gewinner und Verlierer. Eine Gesellschaft, die so lebt, hat nicht einmal mehr die Solidarität eines Eroberervolks, das ja wenigstens innerlich zusammenhält. Dies zeigt sich besonders daran, daß auch der Staat mit von der Partie ist, d. h. ebenfalls zu Lasten der Allgemeinheit für sich sorgt.

Ich zeige zunächst, wie die Bürger und der Staat der Industriegesellschaft zu Lasten des Gemeinwesens leben. Dies kann kein Dauerzustand sein. Wir leben also in einer sich desintegrierenden Gesellschaft. Die Integrität unseres Gemeinwesens ist meines Erachtens am ehesten dadurch zurückzugewinnen, daß wir sie nicht nur untereinander, sondern in der Gemeinschaft der Natur suchen. Wir sind unserer Natur nach dafür gut, gemeinsam insoweit Veränderungen in die Welt zu bringen, als sie Kultur sind. Die weitere Frage wird dann sein: Welche Veränderungen sind es, durch die wir aus dem Mitsein mit andern – Menschen, Tieren und Pflanzen, Erde, Wasser, Luft und Licht – in Schönheit Kultur hervorbringen, auch um den Preis von Opfern, und welche Handlungen werden dadurch ausgeschlossen?

Wie unsere Gesellschaft zerfällt, indem Staat und Individuen zu Lasten der Allgemeinheit leben

Viele Indizien deuten darauf hin, daß das, was unsere Gesellschaft noch zusammenhält, allmählich aufgezehrt wird. Es kann kein stabiler Dauerzustand sein, daß ein Drittel der Bevölkerung nicht gebraucht wird, weil es mit dem Tempo und Qualifikationsniveau des führenden Drittels nicht mehr mithalten kann und weil mit den nötigen Hilfsdiensten nur gerade noch ein zweites Drittel zu beschäftigen ist. Die Arbeits- und Obdachlosen haben dies bisher in einer erstaunlichen Langmut oder Resignation hingenommen. Man braucht sich aber nicht zu wundern, daß das einstweilige Stillhalten zuerst bei denen endet, die von Jugend auf nicht sehen, wo sie in unserm Gemeinwesen ihren Platz finden. Wenn Jugendliche durch Spraysignaturen und Kriminalität bis hin zur Brandstiftung demonstrativ daran erinnern, daß sie auch noch da sind und in dieser Gesellschaft einen Lebensraum suchen, nicht nur einen Unterhaltsraum, der leicht zum Unterhaltungsraum verkommt, so sehe ich darin Symptome einer Krankheit der Gesellschaft selbst. Es ist so, wie wenn man kalte Füße hat und dies nicht nur als ein Problem der Füße ansehen sollte, sondern als eines des Kreislaufs insgesamt.

Auf den Schwund des lebendigen Zusammenhalts der Industriegesellschaften deuten auch andere Indizien hin. Ich denke an viele Erscheinungen von der Einsamkeit der Konsumenten vor ihren Fernsehern oder der unterlassenen Hilfeleistung bei Gewalttaten im öffentlichen Raum bis zu der erstaunlichen Inflexibilität beispielsweise der japanischen Gesellschaft nach dem Erdbeben von Kobe im Jahr 1995. Lebendigkeit ist nicht durch gutes Funktionieren im Normalfall zu ersetzen, in einer Ehe so wenig wie in einem Volk. Gerade die Unfähigkeit zum Umgang mit dem Unvorhergesehenen deutet aber auch auf die Wurzeln des zur Erscheinung gekommenen Mangels an lebenskräftiger Integrität. Ich sehe diese Wurzeln darin, daß der Einzelne in der Industriegesellschaft nicht wie ein mündiger Bürger das Seine im Gemeinwesen tut, sondern das Seine im wesentlichen nur für sich tut oder zu suchen angehalten wird – so wie es im Platonischen „Charmides" im Prolog zu diesem Buch zur Sprache gekommen ist. Man erhebt das Menschenbild des eigennützigen Homo oeconomicus nicht ungestraft zum Ideal einer Gesellschaft. Die Strafe ereilt uns, indem nun die einzelnen Bürger mehr oder weniger zu Lasten der Allgemeinheit leben. Ebenso tut es der Staat, indem er von den privaten Vorteilen seinen Anteil steuerlich abschöpft und der Nachwelt unbezahlte Rechnungen hinterläßt. Hinzu kommt, daß Amtsinhaber das Ihre häufig ebenfalls weitgehend für sich tun.

Ich beschreibe zunächst, wie die Bürger der Industriegesellschaft in der Gegenwart zu Lasten der Allgemeinheit ihres Gemeinwesens, der Natur und der Menschheit insgesamt leben, und anschließend, wie dasselbe zu Lasten der Vergangenheit und der Zukunft geschieht. Die Allgemeinheit ist das, was alle angeht und allen gemein ist, also im öffentlichen Interesse zur gemeinsamen Sorge ansteht. Es sind dies die materiellen und immateriellen Güter im öffentlichen Raum, sowie dieser selbst als der Inbegriff aller Möglichkeiten, wie jeder jedem begegnen kann: Wege, Straßen und Plätze, Grünanlagen, Seen und Wälder, öffentliche Verkehrsmittel, Rathäuser, Schulen, Hochschulen, Kirchen, kulturelle Einrichtungen und andere öffentliche Gebäude, die politische Öffentlichkeit, das Rechtswesen etc. Die Medien rechne ich nicht generell dazu, weil die Bürger sich in ihnen kaum begegnen und teilweise – besonders durch das Fernsehen – geradezu davon abgehalten werden. Zeitungen können hier eine eher förderliche Rolle spielen. Daß die Bürger in öffentlichen Räumen jenseits ihrer Wohnungs- oder Haustüren zusammenkommen, ist eine Bedingung der politischen Öffentlichkeit und somit eine Grundlage der Demokratie.

Die Öffentlichkeit ist ein Charakter, den die Allgemeinheit mehr oder weniger haben kann, den sie aber um so mehr hat, je intakter sie ist. Heute ist die Öffentlichkeit der Allgemeinheit gefährdet. Dies zeigt sich vordergründig schon daran, daß es durch den Kraftfahrzeugverkehr lebensgefährlich geworden ist, sich im öffentlichen Raum aufzuhalten. Der Verkehr ist ein Beispiel, in dem sich besonders kraß zeigt, wie die Individuen zu Lasten der Allgemeinheit leben. In Deutschland kommen auf den Straßen Jahr für Jahr etwa zehntausend Menschen zu Tode und etwas über ein halbe Million wird leicht oder schwer verletzt. Dies wäre schon schlimm genug, wenn wenigstens nur diejenigen, welche dieses Risiko selber eingegangen sind, indem sie sich in ein Auto gesetzt haben, dadurch gefährdet würden und zu Schaden kämen. Für sich selber Risiken eingehen zu dürfen gehört zur freien Entfaltung der Persönlichkeit. Ein Drittel aller Verkehrstoten aber sind Dritte, Kinder und alte Leute, Fußgänger und Radfahrer. In geschlossenen Ortschaften sind es sogar zwei Drittel. Jeder Auto- oder Motorradfahrer ist also eine Gefährdung der Mitbürger und durch die Erosion des öffentlichen Raums eine Gefährdung der Allgemeinheit selbst, denn bedroht und gefährdet ist die Bevölkerung insgesamt. Das Recht auf die freie Entfaltung der Persönlichkeit ist im Grundgesetz sicher nicht so gemeint, daß man dabei andere ums Leben bringen darf. Und das Recht auf Leben und körperliche Unversehrtheit ist auch mit keinem Vorbehalt hinsichtlich der autofahrenden Mitbürger versehen. Tatsächlich aber ist nur das fahrlässige Autofahren strafbar und nicht das Autofahren überhaupt. Rechnet man noch die Belästigungen durch Lärm, Gestank und Giftstoffe hinzu, so erweist sich der Kraftfahrzeugverkehr eigentlich als unverträglich mit unserer Verfassung,[17] jedenfalls aber als eine schwere Beeinträchtigung des öffentlichen Raums und damit der Demokratie. Etwa die Hälfte der Bürger lebt hier zu Lasten der andern Hälfte und zu Lasten der Allgemeinheit. Dazu gekommen ist es aber nur, weil jeder und jede sein oder ihr Auto gewollt hat und nicht dadurch, daß wir alle all die vielen Autos gewollt haben. Zumindest hat es in dieser Hinsicht nie eine ausdrückliche politische Willensbildung der Allgemeinheit gegeben, sondern nur ein latentes Einvernehmen.

In einer volkswirtschaftlichen Betrachtung ergibt sich, daß die nicht privat bezahlten, sondern der Allgemeinheit durch den Kraftfahrzeugverkehr entstehenden ,externen' Kosten, soweit sie sich überhaupt quantifizieren lassen, ein Mehrfaches der Staatseinnahmen aus der Kraftfahrzeug- und Mineralölsteuer betragen. Dabei werden die Kosten für die Infrastruktur, für Luftverschmutzung, die Lärmbelästigung, die Belastung des Wasser-

---

[17] Diejenigen, die in dieser Hinsicht ein Klagerecht vor dem Bundesverfassungsgericht haben, machen davon leider keinen Gebrauch. Ich halte dies für Opportunismus gegenüber der Mehrheit der Bevölkerung.

haushalts, die Flächenbeanspruchung, den Treibhauseffekt und die unge-
deckten Unfallkosten zusammengerechnet. Hinsichtlich der genauen Be-
träge kommen verschiedene Institute zu unterschiedlichen Ergebnissen.
Um die Größenordnung des Problems zu verdeutlichen, beziehe ich
mich auf eine Berechnung, deren Ergebnisse dem oberen Ende der Band-
breite derartiger Untersuchungen nahe sind, nämlich die des Heidelber-
ger Umwelt- und Prognoseinstituts (Teufel u. a. 1991). Danach hat im
Jahr 1989 jeder Bürger den Kraftfahrzeugverkehr (PKW und LKW)
durchschnittlich im Wert von etwa DM 4000 bezuschußt. Knapp ein
Fünftel davon entfällt auf den Lastwagenverkehr. Verteilt man diese Kosten auf die einzelnen Kraftfahrzeuge, so kostet jedes von ihnen die Allgemeinheit noch einmal etwa genausoviel, wie der Autofahrer selbst bezahlt. Das sind – einschließlich der Anschaffungs- bzw. Abnutzungsko-
sten – durchschnittlich ca. DM 7000 p. a. Genauso viel wird in Gestalt der
angerichteten Schäden der Allgemeinheit zusätzlich angelastet, im
wesentlichen durch die Verschlechterung der Lebensbedingungen. Der
Autofahrer selbst bezahlt also nur etwa die Hälfte der Kosten, welche er
verursacht. Um den Preis der andern Hälfte werden Kraftfahrzeuge zu
Lasten Dritter gefahren. Die Berechnung enthält einige Unsicherheiten.
Andere Studien schätzen, daß nur ein Drittel oder ein Fünftel der tatsächlich entstehenden Kosten, jedenfalls aber einige tausend Mark der Allgemeinheit aufgebürdet werden, und keine bestreitet, daß Autofahren zu
Lasten der Allgemeinheit erfolgt. Politisch hat die tatsächliche Höhe der
externen Kosten keine große Bedeutung, weil letztlich Zielwerte zur Vermeidung von Schäden festgelegt werden müßten und man die damit verbundenen Schadens-Vermeidungskosten denen überlassen kann, die sich
bemühen werden, sie möglichst niedrig zu halten.[18]

Der sonstige Konsum der einzelnen Bürger kommt die Allgemeinheit
in der Regel nicht so teuer zu stehen wie der Kraftfahrzeugverkehr. Es
gibt aber nur wenige Produkte, die außer dem Preis, den der Konsument
bezahlt, nicht mit zusätzlichen Kosten durch die Verschlechterung der
Lebensbedingungen verbunden sind. Karl William Kapp hat für „alle direkten und indirekten Verluste, die Drittpersonen oder die Gesamtheit als
Folge der privaten Wirtschaftstätigkeit erleiden" (1950, 12) den Begriff
„Sozialkosten" eingeführt. Die gesellschaftlichen Gesamtkosten sind also
um den Betrag der Sozialkosten höher als die privatwirtschaftlich getra-
genen Kosten. Die Differenz bereichert den einzelnen Konsumenten zum
Schaden der Mitbürger und der Allgemeinheit. Es ist ein naheliegender
Gedanke, im Interesse der Preisgerechtigkeit den Verbraucher jeweils mit
den volkswirtschaftlichen Gesamtkosten zu belasten (Verursacherprinzip). Die Autofahrer wenigstens für die Kosten aufkommen zu lassen, die

---

[18] Rudolf Petersen vom Wuppertal-Institut bin ich für sein abgewogenes Urteil
hinsichtlich der Schadensbewertungen dankbar.

sie verursachen, ist eine offensichtlich gerechtfertigte Forderung. Für den Flugverkehr gilt dasselbe. Daß die politischen Chancen gering sind, dies durchzusetzen, bezeugt den Zerfall unserer Gesellschaft.

Ein über die Kostengerechtigkeit nach dem Verursacherprinzip hinausgehender politischer Vorschlag ist die Erhebung von Ökosteuern.[19] Der Grundgedanke ist, die der natürlichen Mitwelt schadenden Prozesse, also vor allem die Energie- und Stoffumsätze wesentlich stärker zu besteuern als bisher und dafür die Nebenkosten der menschlichen Arbeit zu senken. Tendenziell wäre dies ein Ausgleich dafür, daß die Lohn- und Einkommenssteuer in den letzten Jahrzehnten gegenüber den andern Steuerarten weit überproportional gestiegen ist (Teufel u. a. 1988). Der Gedanke ist politisch attraktiv, weil die Entlastung der Arbeitskosten der Beschäftigung zugute käme und die höhere Belastung der in der natürlichen Mitwelt entstehenden Schäden einen Anreiz zu deren Vermeidung böte. Auch dieser im Allgemeininteresse absolut vernünftige Vorschlag, der auf längere Sicht zu einer weitgehenden Vermeidung der Schäden führen würde, hat politisch nur sehr geringe Chancen. Sogar der Rückbau des Sozialstaats zu Lasten der ohnehin gefährdeten Integrität unserer Gesellschaft scheint politisch einfacher zu sein als die wirtschafts- und technologiepolitisch weitsichtigere und effektivere Einführung von Ökosteuern. Der Hauptgrund ist wohl, daß die Gewinner der Entlastung von Arbeitskosten ganz anders verteilt sind als die Verlierer durch erhöhte Energie- und Materialkosten. Hauptverlierer durch Ökosteuern wären die Grundstoffindustrien, Gewinner die meisten andern Branchen. Zwar wäre es eigentlich eine Aufgabe der Regierung, dafür zu sorgen, daß sich niemand zu Lasten der Allgemeinheit bereichert, jedoch gibt es – worauf ich im Epilog zurückkomme – unter den gegenwärtigen Bedingungen und unabhängig von Wahlergebnissen bisher keine Regierung, welche die Interessen der Allgemeinheit hinreichend wahrnimmt. Nach meiner Einschätzung sind wir derzeit politisch unfähig, unser aller Wirtschaft so einzurichten, daß die einzelnen Beteiligten nicht mehr zu Lasten der Allgemeinheit wirtschaften.

Sowohl die durch den Konsum – einschließlich der Vorleistungen in der Produktion und Verteilung – geschädigte Allgemeinheit als auch die durch Kostengerechtigkeit und Ökosteuern zu schützende Allgemeinheit reicht weit über die Gesellschaft der Mitbürger hinaus. Ich berücksichtige zunächst die Allgemeinheit der Natur, in der wir leben, danach die der Menschheit insgesamt. Wie weitgehend wir nicht nur zu Lasten der mitbürgerlichen Gemeinschaft, sondern gleichzeitig zu Lasten der natürlichen Mitwelt wirtschaften, zeigt sich am deutlichsten daran, daß das Sozialprodukt nicht mehr nur als ein Maß des wirtschaftlichen Erfolgs zu

---

[19] Die Begriffe „Öko-Steuern" bzw. „ökologische Steuerreform" stammen von D. Teufel 1988. Vgl. Binswanger u. a. 1983 und E. U. von Weizsäcker 1988/89.

nehmen, sondern auch hinsichtlich der Schäden zu bewerten ist, welche
mit dem Erfolg verbunden sind. Bisher wird im Sozialprodukt einfach alles zum Volkseinkommen gerechnet, was insgesamt getan und bezahlt
worden ist – sowohl alle Güter als auch die damit angerichteten Schäden,
soweit sie beseitigt werden, also z. B. Unfall-, Sanierungs- und Repara-
turkosten. Will man hier einen Unterschied machen und nur die eigentliche Wirtschaftsleistung als Erfolg gelten lassen, die dabei angerichteten
Schäden und entstehenden Kosten jedoch davon absetzen, so gibt es
grundsätzlich zwei Möglichkeiten. Die eine ist, eine neue volkswirtschaftliche Gesamtrechnung zu entwerfen. Dies wird seit Jahrzehnten
vielfach versucht, hat bisher jedoch keine praktikable und durchsetzbare
Alternative zum Sozialprodukt ergeben. Die andere Möglichkeit ist, es
zunächst beim Sozialprodukt zu lassen, von dessen Summe jedoch sowohl die darin positiv gewendeten Negativposten als auch die Schäden
abzuziehen, welche durch die Wirtschaftstätigkeit sonst erzeugt und
nicht ausgeglichen, im Sozialprodukt also gar nicht berücksichtigt werden. Ich entscheide mich hier für diesen zweiten Weg und stütze mich
dabei auf Rechnungen und Daten von Hans Diefenbacher (1995) und
Gerhard Scherhorn (1996). Die Ergebnisse der beiden Autoren beruhen
auf einer langen Reihe von Untersuchungen, die letztlich alle auf Karl
William Kapps Sozialkostenansatz (1950) zurückgehen. Zu nennen sind
insbesondere Lutz Wickes ökologische Schadensbilanz der deutschen
Wirtschaft (1986) und Christian Leiperts Berechnung der „heimlichen
Kosten des Fortschritts" (1989).

Um die vom Sozialprodukt abzuziehenden Kosten der jährlichen Wirtschaftsleistung zu ermitteln, sind die bisher bezahlten und in das Sozialprodukt positiv eingegangen „Defensivausgaben" von den „Soll-Rücklagen" für die entstandenen Schäden – welche die Lebensbedingungen
verschlechtern, jedoch weder vermieden noch beseitigt werden – zu unterscheiden. Zu den Defensivausgaben gehören die Kosten für
– die Aus- und Fortbildung, die als Vorleistung aufzuwenden sind, damit
  die industrielle Wirtschaft überhaupt betrieben werden kann;
– streß- und schadstoffbedingte Erkrankungen;
– Werbung, soweit sie keine für den Konsumenten nützliche Information enthält;
– den Umweltschutz, soweit hier etwas getan wird, und zwar sowohl die
  privaten Ausgaben als auch die des Staats und des produzierenden Ge-
  werbes für die Abfallbeseitigung, den teilweisen Gewässerschutz, die
  Verminderung der Luftverschmutzung und die Eindämmung des Lärms;
– die zunehmende Verstädterung der Lebensverhältnisse;
– die Fahrten zwischen Wohnung und Arbeitsplatz;
– Unfälle durch den wirtschaftsbedingten Verkehr.
Die angegebenen Kosten sind in den Preisen von 1972 gerechnet und für
die Gegenwart mehr als zu verdoppeln (Preisindex für 1972: 56,6, für

1994: 122,8). Insgesamt ergibt sich für die Defensivausgaben im Jahr 1990 (Preisindex 106,7) ein Betrag in Höhe von etwa 210 Mrd. DM in Preisen von 1972 (Scherhorn 1996).

Die nicht bezahlten, im Sozialprodukt also gar nicht berücksichtigten, sondern in Gestalt von Verschlechterungen der Lebensverhältnisse eingetretenen Wohlstandsschäden sind bei Scherhorn im wesentlichen in Gestalt der Rücklagen quantifiziert, deren es bedürfte, um die Schäden später sanieren zu können. Es handelt sich um

– den Anteil der deutschen FCKW-Produktion an den weltweiten Schäden durch die Zerstörung der Ozonschicht;
– die Schäden der nicht verhinderten Wasserverschmutzung (Grundwasser, Flüsse, Seen, Meere);
– die Schäden der nicht verhinderten Luftverschmutzung;
– die Wertminderung von Häusern und Grundstücken durch Straßenlärm sowie die durch Lärm verminderte Lebensqualität und Arbeitsproduktivität;
– die Schäden der Verschlechterung der Bodenqualität landwirtschaftlich nutzbarer Flächen durch Schadstoffe und Erosion;
– die inländischen Schäden der Nichterneuerbarkeit verbrauchter Ressourcen;
– die Schäden durch langfristige Altlasten.

Hier ergibt sich bei Scherhorn für das Jahr 1990 insgesamt eine Summe in Höhe von ca. 380 Mrd. DM, wiederum in Preisen von 1972. Jedoch sind die unbezahlten Wohlstandsschäden in diesem Betrag insoweit noch nicht vollständig enthalten, als die inländischen und die im Ausland angerichteten Schäden nicht getrennt und die letzteren zum großen Teil außer acht gelassen sind. Die Schäden infolge der Freisetzung von Ozon, die im wesentlichen andere Länder treffen, wurden zwar mit eingerechnet, soweit wir daran auf der Produktionsseite beteiligt sind, die der Klimaänderung, für die mit einem etwas geringeren Anteil auf der Verbraucherseite dasselbe gilt, jedoch nicht. Hier wären ebenfalls Rücklagen zu bilden, um in den Ländern vor allem der Dritten Welt, sofern wir für die Zerstörung ihrer Lebensgrundlagen verantwortlich sein werden, soweit wie möglich Abhilfe schaffen zu können (z. B. durch Bewässerungssysteme und Deiche). Würde man die eigentlich erforderlichen Rücklagen für diese – durch unsere Art, im Wohlstand zu leben – in andern und vor allem in den armen Ländern entstehenden Schäden auf die Preise für Kraftstoffe, Elektrizität und Wärme umlegen, wäre dazu wohl mindestens mit einer Verdopplung der bisherigen Energiepreise zu rechnen. Zu berücksichtigen wären auch die ‚ökologischen Rucksäcke‘[20], die alle andern hierzu-

---

[20] Ich übernehme diesen Ausdruck von Schmidt-Bleek (1993, 47). Er versteht darunter allerdings nur die Stoffmengen, die in der Vorgeschichte und Nutzungsdauer eines Produkts angefallen sind. Ich erweitere den Begriff also einerseits auf

lande verkauften Produkte dadurch tragen, daß sie um den Preis der Verschlechterung der Lebensbedingungen in andern Ländern – vornehmlich denen der Dritten Welt – produziert worden sind oder andern Ländern durch ihren Verbrauch und Verbleib als Abfall schaden werden. Ob die unbezahlten Kosten unseres Wohlstands dadurch von den angegebenen ca. 380 Mrd. DM (in Preisen von 1972) eher auf 500 als auf 600 Mrd. DM steigen würden, ist bisher nicht bekannt. Nach meiner Schätzung müßten zur Sanierung der Schäden, die wir durch unsere Art, im Wohlstand zu leben, in der Dritten Welt anrichten, nach heutigen Preisen ca. 200 Mrd. DM p. a. zurückgelegt werden, in den Preisen von 1972 also ca. 100 Mrd. DM, so daß sich die unbezahlten Wohlstandskosten bei Scherhorn auf knapp 500 Mrd. DM p. a. erhöhen würden. In den zuvor genannten externen Kosten des Verkehrs sind allein 56 Mrd. DM für die CO_2-bedingten Klimaschäden durch Kraftfahrzeuge enthalten.

Da die Kosten der Klimaänderung bisher nur sehr grob zu schätzen sind, halte ich mich hier einstweilen weiter an die geringeren, von Scherhorn auf der Grundlage der Berechnungen von Diefenbacher, Leipert, Wicke und andern berechneten Wohlstandskosten. Die Summe der (bezahlten) Defensivausgaben und der (nicht bezahlten) hypothetischen Soll-Rücklagen zur späteren Sanierung der durch die Wirtschaftstätigkeit angerichteten Schäden ergibt dann einen Betrag von insgesamt etwas weniger als 600 Mrd. DM für das Jahr 1990 in Preisen von 1972. Dies sind 54 % des Nettosozialprodukts, d. h. des Bruttosozialprodukts abzüglich der Abschreibungen. Das entsprechende Ergebnis für 1960 lautet 38 %. Während also im Jahr 1960 immerhin schon 38 % der vermeintlichen Wirtschaftsleistung in Wirklichkeit nur die für und durch diese Leistung entstehenden Kosten waren oder durch Schäden zu Lasten der Allgemeinheit in Natur und Gesellschaft erkauft wurden, war dieser Anteil 1990 bereits auf 54 % gestiegen. Für den Zeitraum 1960–90 ergibt sich der in Abb. 2 dargestellte Verlauf.

Der Anteil der Wirtschaftsleistung, der im eigentlichen Sinn als eine Leistung oder als ein Erfolg zu werten ist, hat in den zurückliegenden Jahrzehnten also kontinuierlich abgenommen. *Im wesentlichen, nämlich nun bereits über die Hälfte, ist unser aller Arbeit das Ergebnis nicht wert.* Der leichte Rückgang der Wohlstandskosten seit 1987 ist ein Artefakt des Anschlusses der ostdeutschen Länder an die bisherige Bundesrepublik und bedeutet keine Trendwende.

Wie hat sich der Nettowohlstand – d. h. die eigentliche, nach Abzug der entstandenen Kosten und Schäden verbleibende Wirtschaftsleistung – in den letzten Jahrzehnten entwickelt? Das Sozialprodukt hat ziemlich

alle ökologischen Vor- und Nachlasten und schränke ihn andererseits dadurch ein, daß ich nur die im Ausland entstandenen, entstehenden oder künftigen Schäden meine.

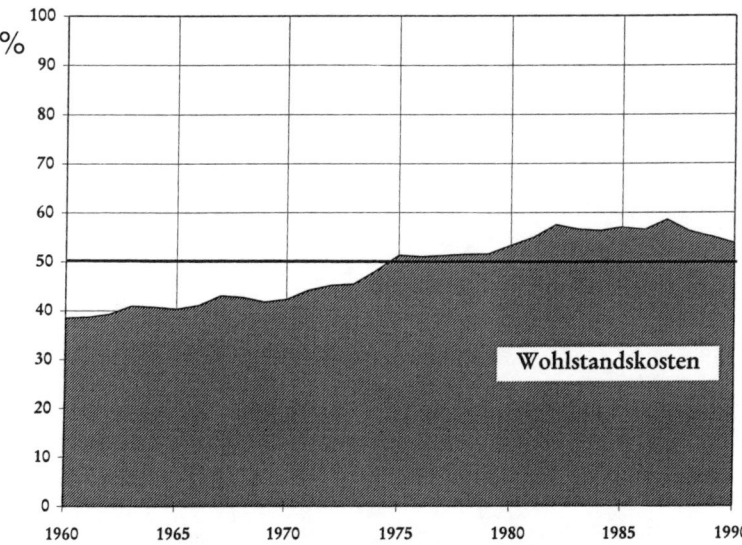

Abb. 2: Relation der Wohlstandskosten zum Sozialprodukt (nach Scherhorn 1996)

stetig zugenommen, die dadurch angerichteten Kosten und Schäden aber auch, und zwar seit 1970 in demselben Tempo. Das heißt: *Der Netto-wohlstand ist seit 1970 praktisch konstant geblieben* – Jahr für Jahr das-selbe Ergebnis! Da sich die Bevölkerungszahl in dieser Zeit kaum verän-dert hat, gilt dasselbe für das Sozialprodukt pro Kopf. Das vermeintliche Wachstum, das in all diesen Jahren stattgefunden hat, ist durch die Zu-nahme der durch die Wirtschaftstätigkeit angerichteten Schäden bzw. der entstandenen Kosten in gleicher Höhe kompensiert worden. Allerdings hatten die einzelnen Bürger Wohlstandszuwächse zu Lasten der Allge-meinheit. Volkswirtschaftlich aber waren die Grenzen des Wachstums ge-rade erreicht, als „Die Grenzen des Wachstums" (Meadows et al. 1972) erschienen. So ergibt sich der in Abb. 3 dargestellte Verlauf.

Das Fazit der vorangegangenen Überlegungen lautet: Das Allgemein-wohl im Ganzen ist zunehmend kleiner als die Summe der Einzelwohle der Individuen, denn diese leben zu Lasten der Allgemeinheit. Unser gegenwärtiger Wohlstand hat einen zu hohen Preis.

1. Viele Bürger schädigen durch ihre Art, im Wohlstand zu leben, die Le-bensbedingungen der andern Bürger. Sie gefährden auch deren Leben und Gesundheit.

2. Alle Bürger unserer Gesellschaft leben mehr oder weniger zu Lasten des Gemeinwohls, indem sie sich um den Preis der Schädigung öffentli-cher Güter – vom öffentlichen Raum bis zur Verschlechterung der menschlichen Lebensverhältnisse in der Natur – die im Sozialprodukt zu-sammengefaßten Güter erarbeiten und aneignen.

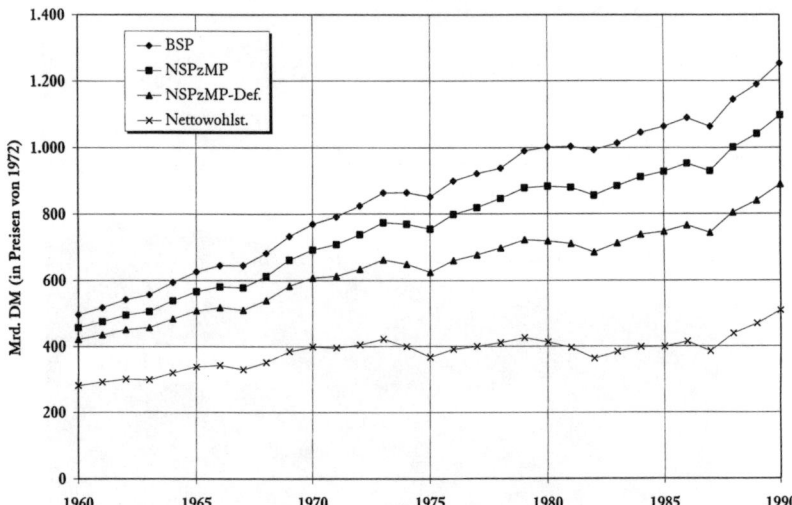

Abb. 3: Die Entwicklung des Nettowohlstands (untere Kurve) im Verhältnis zu der des Nettosozialprodukts abzüglich der Defensivkosten, zu der des Nettosozialprodukts selbst und zu der des Bruttosozialprodukts in Preisen von 1972 (von unten nach oben, nach Scherhorn 1996). Das BSP von 1990 betrug in laufenden Preisen ca. 2300 Mrd. DM.

3. Wir leben auch zu Lasten der natürlichen Mitwelt, durch deren zunehmende Zerstörung das – für den volkswirtschaftlichen Nettowohlstand nutzlose – Wachstum des Sozialprodukts aufrechterhalten wird, d. h., wir leben zu Lasten der Allgemeinheit in der Natur, zu der wir selbst gehören.

4. Wir leben zu Lasten der Mitmenschen und der natürlichen Mitwelt in der Dritten Welt, indem wir die dortigen Lebensgrundlagen durch die globalen Folgeschäden unserer Art, im Wohlstand zu leben, zerstören.

Wir leben aber nicht nur zu Lasten der gegenwärtigen Allgemeinheit in Natur und Gesellschaft, sondern in beiderlei Hinsicht gleichermaßen zu Lasten der Allgemeinheit in Vergangenheit und Zukunft.

Zu Lasten der Vergangenheit leben diejenigen, welche aufzehren, was die Vorfahren ihnen hinterlassen haben, ohne entsprechende neue Werte an die Stelle des Verzehrten zu setzen. In einer ostentativen Weise tut dies derzeit vor allem der Staat, wenn zum Ausgleich von Haushaltslücken – um für den laufenden Betrieb mehr auszugeben, als gegenwärtig erarbeitet wird – Staatseigentum verkauft wird. Ich komme im folgenden Abschnitt darauf zurück, daß diese Verkäufe keineswegs zur Finanzierung von Zukunftsinvestitionen dienen, weil die dazu bestehenden Verschuldungsspielräume in einer rechtlich fragwürdigen Weise bereits überschritten worden sind. Wertvolle und ertragreiche Vermögenswerte, welche der Allgemeinheit gehören, werden jetzt vielmehr verkauft, um Deckungslücken in den Betriebshaushalten zu füllen, d. h., um beispielsweise für ein paar Monate die Gehälter der Beamten und Angestellten bezahlen zu können.

Es ist aber keineswegs nur der Staat, der zu Lasten der Vergangenheit wirtschaftet und damit selbst zu Lasten der Allgemeinheit, so wie er in der zuvor beschriebenen Weise von dem Leben der Bürger zu Lasten der Allgemeinheit ständig seinen steuerlichen Vorteil hat. Denn die von den einzelnen Wirtschaftssubjekten angerichteten Schäden in den Lebensverhältnissen der Menschen und der natürlichen Mitwelt, durch welche der materielle Wohlstand erkauft wird, beeinträchtigen gleichermaßen die in der Vergangenheit akkumulierten Werte. Dabei war insbesondere die Artenvielfalt in Mitteleuropa, wie sie noch bis in das 20. Jahrhundert hinein bestanden hat, sowohl ein naturgeschichtlich als auch ein kulturgeschichtlich entstandenes Gut, denn ohne die Landwirtschaft, als sie noch Agri-Kultur war, hätte es diese Vielfalt nicht gegeben. In den wenigen Jahrzehnten nach dem Zweiten Weltkrieg ist die Zahl der in Mitteleuropa noch halbwegs ungefährdet lebenden Tier- und Pflanzenarten auf etwa die Hälfte zurückgegangen – gleichzeitig mit der starken Zunahme des Sozialprodukts. Der Öffentlichkeit ist dies erst durch das Waldsterben einigermaßen aufgefallen.

Zu Lasten der Vergangenheit zu leben schadet auch der Nachwelt, insoweit wir Heutigen ihr schlechtere Lebensbedingungen hinterlassen, als wir sie vorgefunden haben. Im eigentlichen Sinn zu Lasten der Zukunft lebt aber vor allem der, welcher der Nachwelt regelrecht unbezahlte Rechnungen hinterläßt. Wir tun dies in Gestalt von Altlasten und der direkten Verschlechterung von Lebensverhältnissen sowie in der Dritten Welt auf längere Sicht unter anderem durch die Veränderung des Klimas, welche im wesentlichen wir Industrieländer durch unsere Autofahrerei und den Flugverkehr, den sonstigen Verbrauch fossiler Energieträger und die Freisetzung von Spurengasen verursachen. Es ist so, als sei die wirtschaftliche Bewertung von Zukunftsgütern sozusagen normativ geworden. Bei einer Diskontrate von 5 % hat ein Gut, das in einhundert Jahren nach heutigen Preisen einen Wert von einer Million Mark haben würde, heute ja nur weniger als ein Prozent seines Zukunftswerts, nämlich knapp achttausend Mark. In der Regel wird mit höheren Diskontraten gerechnet, so daß das, was in hundert Jahren gebraucht wird, uns heute nach diesem System fast nichts wert zu sein braucht. Gerade so, wie es sich nach den Gesetzen der Verzinsung hier ergibt, verhalten wir uns in der industriellen Wirtschaft tatsächlich. Die Nachwelt in der Natur und in der Dritten Welt ist uns praktisch nichts wert.

Ebensowenig wert ist uns die Zukunft unserer eigenen Gesellschaft, denn hier gelten dieselben Gesetze (vgl. Birnbacher 1988). Hinzu kommt jedoch wiederum der ostentative Mißbrauch von Verschuldungsmöglichkeiten durch den Staat. Ich schildere im folgenden Abschnitt, wie der Verfassungsgrundsatz, sich nur für Zukunftsinvestitionen verschulden zu dürfen, von den Regierungen in Bund und Ländern unterlaufen wird, indem keine Abschreibungen des Werteverzehrs vorgenommen werden (Rechnungshof Hamburg 1994). Brutaler als es hier geschieht, könnte man schwerlich zum Ausdruck bringen: Was wir der Nachwelt hinterlassen, ist uns egal, denn wir werden die Folgen unseres Handelns selbst nicht mehr erleben, geschweige denn dafür zur Verantwortung gezogen werden können. Wenn dann gleichzeitig noch behauptet wird, die Renten seien sicher, so kann jeder wissen, wie glaubhaft diese Aussage ist.

Dem bereits für die Gegenwart gezogenen Fazit bleibt nach alledem hinzuzufügen:

5. Die Bürger der Industriegesellschaft leben zu Lasten der ihnen und der übrigen Menschheit gemeinen Vergangenheit, indem sie die in der Natur- und Kulturgeschichte gebildeten Güter verwirtschaften.

6. Die Bürger der Industriegesellschaft leben zu Lasten der Gemeingüter in der Nachwelt, indem sie um den Preis zukünftiger Altlasten – besonders durch die Klimaänderung – im Wohlstand leben und keine Rücklagen für die Beseitigung der künftigen Schäden bilden (soweit sie sich beseitigen lassen würden).

7. Der Staat der Industriegesellschaft lebt nicht nur als Teilhaber seiner Bürger zu Lasten der Allgemeinheit in Vergangenheit und Zukunft, sondern verwirtschaftet obendrein die in der Vergangenheit gebildeten Güter zur Deckung von Betriebsausgaben und hinterläßt der Nachwelt außerdem in scham- und verantwortungsloser Weise unbezahlte Rechnungen.

Bedenkt man, daß eine Wirtschaft insoweit ‚wirtschaftlich‘ ist, als die laufenden Kosten – auch die für angerichtete Schäden – durch die laufenden Erträge gedeckt werden, so können die sieben Feststellungen durch den einfachen Satz zusammengefaßt werden: *Die industrielle Wirtschaft ist unwirtschaftlich geworden.* Vielleicht war sie früher einmal wirtschaftlich; erwiesen ist auch dies nicht. Wir leben zu Lasten der natürlichen Mitwelt, der Dritten Welt, der Nachwelt und der Allgemeinheit unseres eigenen Gemeinwesens.

Ob und wie Kultur dazu beitragen könnte, die Unwirtschaftlichkeit der gegenwärtigen industriellen Wirtschaft zu überwinden, liegt nicht auf der Hand. Relativ zu dem, was üblicherweise als politisch realistisch gilt, ist dieser Gedanke sogar ausgesprochen abwegig. Er ist dementsprechend jedoch auch nicht von der Hilflosigkeit der wirtschaftspolitisch eher ‚realistischen‘ Möglichkeiten betroffen. Die Einführung eines neuen kulturellen Rahmens, nämlich der seßhaften Agri-Kultur, war schon einmal „in Europa ein durchschlagender wirtschaftlicher Erfolg mit sehr nachhaltiger Wirkung" (Küster 1995, 78). Welcher kulturelle Rahmen wäre unser aller Wirtschaft zu setzen, um eine Erneuerung dieses Erfolgs zu versuchen?[21]

Zurück zur Kultur

Welche Eingriffe des Menschen in die Natur sind als Kultur gerechtfertigt und welche nicht? In der Praktischen Naturphilosophie die Angemessenheit des menschlichen Umgangs mit der natürlichen Mitwelt an seiner Kultiviertheit zu bemessen, stößt schon begrifflich auf zwei Schwierigkeiten, in denen sich der tatsächliche Kulturverlust spiegelt. Es ist so als sei der Kulturbegriff im heutigen Bewußtsein geradezu planmäßig aus der Wahrnehmung der Natur verdrängt worden. Die eine, noch relativ am leichtesten aufzulösende Verengung liegt darin, daß unter Kultur nur noch der Themenkreis der Feuilletons in den Zeitungen oder der Zuständigkeitsbereich von Kulturdezernenten in den Städten verstanden wird, d. h. einerseits die Förderung der Künste, andererseits die Bildung oder gebildete Unterhaltung durch Konzerte, Theater und Museen. Manchmal wird auch der Sport dazugerechnet, oder es kommen noch Aktivitäten der Stadtteilkultur hinzu. Dieser Schrumpfbegriff von Kultur ist sozusagen planmäßig blind für die Konflikte zwischen der Wirtschaft und der Kultur, wenn diese in einem umfassenderen Sinn als die Lebensgestalt eines Volks oder einer sonstigen Gemeinschaft wahrgenommen wird, denn gerade die objektivierende Wirtschaftsförmigkeit menschlicher Beziehungen gefährdet die Integrität und dadurch die Lebensgestalt der Gesellschaft. Die Blindheit wird dadurch verschönt, daß Wirtschaftsunternehmen unabhängig von der Kulturverträglichkeit ihrer Produktionen und Produkte die genannten kulturellen Einrichtungen fördern, was teilweise zu einem ultimativen Kulturverzehr durch die Wirtschaft führt. Blind ist das auf ein Kulturmanagement dieser Einrichtungen verengte Kulturverständnis gleichermaßen für die Zerstörungen, welche dieselbe Wirtschaft in der natürlichen Mitwelt anrichtet, wo sie ebenfalls unter Gesichtspunkten der Kultur bewertet werden sollten.

Daß dies nicht geschieht, hängt freilich mit der zweiten Verdrängung der Natur aus dem kulturellen Bewußtsein zusammen. Sie beruht auf der üblich gewordenen Entgegensetzung von Kultur und Natur, die bereits dazu geführt haben dürfte, daß mancher Leser befremdet aufgemerkt hat, die Kultur hier als einen menschlichen Beitrag zur Naturgeschichte ver-

---

[21] Ich meine mit ,der Wirtschaft' immer unser aller Wirtschaft, nicht nur die Unternehmensleitungen und Wirtschaftsverbände. Es ist gleichwohl eine wichtige und interessante Frage, wie diese ,Wirtschaft im engeren Sinn' von ihrer Freiheit Gebrauch machen könnte, um sich selber kulturelle Grenzen zu setzen.

standen und damit selbst zum Ganzen der Natur gerechnet zu finden. In der Vorstellung, die Natur werde sozusagen ausgegrenzt, wenn der Mensch in die Kultur eintritt, bewahrt sich wohl teilweise die kulturgeschichtliche Erfahrung der neolithischen Revolution. Im Übergang vom Nomadentum zur Seßhaftigkeit, der damals – vor sechs- bis achttausend Jahren – stattgefunden haben soll, „ist ‚Kultur‘,... in gelichtetem Raum ‚ansässig‘ zu sein, über die Grenze definiert, die nicht nur Ordnung und Chaos, sondern auch ‚Eigenes‘ und ‚Fremdes‘, ‚Hier‘ und ‚Dort‘, ‚befriedete‘ und ‚feindliche‘ Sphäre trennt" (H. Böhme 1995, 54). Diesseits, wo man lebte, war dann die Kultur ein ausgegrenzter Bereich und jenseits die Wildnis, von der man sich abgesetzt hatte und woher die räumliche und zeitliche Beständigkeit der seßhaften Lebensweise immer wieder gefährdet wurde. „Alle Kultur beruht auf dem Verhältnis, das Menschen/Gesellschaften zur Natur (zuerst: zum Boden) einnehmen können oder müssen" (aaO 53), und hier scheint die Agri-Kultur unsere kulturelle Identität so maßgeblich geprägt zu haben, daß dies in unserm Kulturverständnis bis heute nachklingt. Damit ist aber keineswegs gesagt, daß wir uns durch Landwirtschaft aus ‚der Natur‘ ausgegrenzt haben. Die eigentliche Kulturleistung wurde noch in der Antike, woran auch Hartmut Böhme erinnert, vielmehr als ‚perfectio naturae‘ verstanden, nicht als ein Ausstieg aus der Natur oder als ein Sieg über sie. Dabei gab es zwar einen offenbaren Unterschied zwischen dem, was von allein entstand, und dem, was unseres Zutuns bedurfte, aber das letztere galt doch sozusagen als eine Fortsetzung des ersteren unter Beimischung anderer Mittel. Die Absetzung von der Natur als dem, was nicht wir sind und was nicht Kultur ist, war erst eine typisch neuzeitliche Bewegung, die von Francis Bacons gefesselter Braut über Hobbes' Furcht vor dem Naturzustand bis zu Freuds Gedanken der Kultur als Ersatz für die (als Sexualität) entgangene Natur reicht.

In der neuzeitlichen Verengung wird Kultur nicht als eine Fortsetzung des Naturgeschehens wahrgenommen und der Mensch, insoweit er Kultur in die Welt bringt, nicht zur Natur gerechnet, d.h., wir haben keinen Kulturbegriff für das menschliche Handeln in der Natur. Daran zeigt sich wieder in typischer Weise, wie oberflächlich alle Beteuerungen, auch wir seien ein Teil der Natur, sogar in der Naturkrise der wissenschaftlich-technischen Welt geblieben sind. Der Entgegensetzung von Natur und Kultur entspricht, daß die Kulturwissenschaften – d.h. die Geistes- und Sozialwissenschaften – die Wahrnehmung der Natur seit dem 19. Jahrhundert im wesentlichen den Natur- und Ingenieurwissenschaften überlassen haben. Ohne die Bedeutung der Kulturwissenschaften als eines kulturellen Gewissens überschätzen zu wollen, ist dies doch auch ein Grund dafür, daß unserm Handeln in der Natur – dem Umgang sowohl mit dem eigenen Leib als auch mit der natürlichen Mitwelt – heute relativ am wenigsten anzumerken ist, ob wir eigentlich ein Kulturvolk sind.

Sowie die industrielle Wirtschaftätigkeit in der Natur einmal als ein Kulturschaffen, Industrieprozesse also wie Bücher oder Bilder oder wenigstens wie eine Fernsehsendung gewürdigt würden, könnte das Ergebnis im wesentlichen nur vernichtend sein. Dies geschieht aber nicht. Die Kompensationsdenker in den Kulturwissenschaften meinen sogar, sich davor legitimerweise drücken zu dürfen. Praktisch von weiterreichender Bedeutung ist, daß diejenigen, welche die Welt der Kultur beherrschen, vor allem die Medien, den Konsumenten zunehmend mit Substituten abspeisen, wo eigentlich die natürliche Mitwelt einem Geschehen Raum geben sollte. Ich sehe hier geradezu eine Gegenbewegung zu der der kopernikanischen Wende. Nachdem nämlich in der Malerei seit der Renaissance allmählich die Bildhintergründe zu der Natur aufgelebt sind, in die das Vordergrundgeschehen eingebettet wurde, scheint die Natur in den Medien heute umgekehrt wieder zur bloßen Tapete zu verflachen, die dem sozialen Geschehen nur noch einen dekorativen Hintergrund, jedoch nicht mehr den Lebensraum gibt. Je mehr die natürliche Mitwelt nur noch kulissenhaft erlebt wird, um so weniger fällt es auf, wenn sie in Wirklichkeit zugrunde geht und schließlich gar nicht mehr da ist. Die Werbung hat sich diese Kulturschwäche längst zunutze gemacht, indem mit Naturgefühlen für Produkte geworben wird, welche durch ihre Herstellung und ihren Gebrauch zumindest auf längere Sicht eben diese Naturgefühle unmöglich machen, indem sie die natürliche Mitwelt zerstören und sich an ihre Stelle setzen.

Eine Kulturschwäche ist dies freilich nur relativ zu einem umfassenderen Kulturverständnis, das sich nicht aus der Naturgeschichte ausgrenzt. Die Kultur im weitesten Sinn ist die Lebensgestalt eines Volks oder die Integrität einer menschlichen Lebensgemeinschaft. Der Naturzusammenhang des menschlichen Lebens, der in diesem Verständnis die Grundlage aller Kultur ist und durch den neuzeitlichen Schrumpfbegriff als Kultursphäre aufgegeben wird, ist jedoch auch in der Neuzeit keineswegs generell aus dem Kulturbewußtsein entlassen worden. Vor allem Herders „Ideen" sind geradezu als eine Naturgeschichte der Kultur angelegt, wobei die antike Zugehörigkeit des Menschen zum Kosmos nun erstmals geschichtlich gedacht wird. Herder beschreibt, wie die Erde sich mit Leben füllte und die Natur die verschiedenen Arten zusammendrängte, damit „durch das Gleichgewicht der Kräfte Friede wird in der Schöpfung". Als der Mensch aufkam, war schon alles belebt, d. h. „der Mensch trat auf eine bewohnte Erde: alle Elemente, Sümpfe und Ströme, Sand und Luft waren mit Geschöpfen erfüllt oder fülleten sich mit Geschöpfen; und er mußte sich durch seine Götterkunst der List und Macht einen Platz seiner Herrschaft auswirken. Wie er dies getan habe? ist die Geschichte seiner Kultur", wobei der Mensch das meiste von den Tieren gelernt habe „in Absicht auf Speise, Lebensart, Kleidung, Geschicklichkeit, Kunst, Triebe…; und die *Geschichte seiner Kultur* wird sonach einem großen

Teil nach *zoologisch* und *geographisch*". Die so innerhalb der Natur gebildete Kultur gilt Herder als der uns von ihr gewiesene spezifisch menschliche Beitrag zu dem Frieden, zu dem letztlich die Natur insgesamt bestimmt ist (Ideen I 2 III = 68 f.).[22]

Es dürfte nicht nur mit der verbreiteten Unterschätzung Herders zusammenhängen, daß sein Kulturverständnis – welches überdies bereits
die „politische Kultur" umfaßt (III 13 IV = 542) – im Deutschen einer besonderen Naturferne zum Opfer gefallen ist. Mit Recht hat deshalb Hermann Bausinger die Frage aufgeworfen, ob nicht die Kultur bei uns, da
sie „mit den Selbstverständlichkeiten des Lebens nichts oder wenig zu
tun hat," „allzu sehr den Stempel des ‚Höheren' trägt" (1980, 65). Bausinger scheint dabei freilich weniger an Herder als an das angelsächsische
Kulturverständnis gedacht zu haben, das in der Tat erheblich weiter ge-
spannt ist als das heutige deutsche, an dasjenige Herders allerdings noch
nicht heranreicht. Immerhin wird Kultur dort als ein expliziter oder im-
pliziter, historisch gewachsener Inbegriff eines Lebensentwurfs (design
for living) verstanden, wie Kluckhohn und Kelly (1945) in einer mittlerweile wohl bereits klassisch zu nennenden Arbeit entwickelt haben. Ich
schließe mich diesem Grundverständnis an, zumal die Naturkrise der
wissenschaftlich-technischen Welt meines Erachtens die Krise eines Lebensentwurfs ist, möchte jedoch eine pragmatische Erweiterung hinzufügen.

In einem pragmatisch *funktionalen* Sinn ist Kultur der Lebens-Zusam-
menhang einer Gesellschaft, und zwar wörtlich das, was sie eigentlich zusammenhält. Die Gegenkraft ist die der zuvor beschriebenen Vereinzelung, welche die Integrität der Gesellschaft wie die der Natur derzeit in
den Industrieländern so stark gefährdet. Ich sehe keinen Grund, sich dieses Wechselverhältnis nicht in einer Analogie zur Balance von Gravitation
und Zentrifugalkraft im Planetensystem zu denken. Ein schöneres Bild
ist aber, sich die Kultur sozusagen als den Eros der Gesellschaft vorzustellen, welcher dem vereinzelnden Unfrieden und dem Leben der Individuen zu Lasten des Gemeinwesens entgegenwirkt. Was eine Gesellschaft
kraft der Kultur zusammenhält, wenn es diesen Zusammenhalt gibt, sind
Lebensentwürfe, die einen gemeinsamen Nenner haben, wenn dazu das
Verhältnis zur natürlichen Mitwelt, implizite oder explizite Interessen
und Bedürfnisse, die Sprache, gemeinsame Wertvorstellungen, Handlungsformen und Erfolgskriterien, Geschmack und Lebensart, Grundge-
fühle, Erwartungen und Hoffnungen gerechnet werden, was allerdings in
der Regel nicht der Fall ist. Besonders hinzuweisen ist außerdem darauf,
daß zur Integrität einer Gesellschaft – also zum rechten Gleichgewicht
zwischen entgegengesetzten Kräften – auch eine gewisse Stabilität und
Dauerhaftigkeit gehören, die wiederum eines Kanons individueller und

[22] Vgl. auch III 15 II = 639.

gesellschaftlicher Problemlösungsformen bedürfen, beispielsweise für den Umgang mit Pluralität. In diesem Verständnis ist nicht jeder ephemere oder bloß irgendwie ausgedachte Lebensentwurf ebensogut Kultur wie die in Krisen bewährte Lebensform einer Gesellschaft, sondern man muß je nach Stabilität und Dauerhaftigkeit starke und schwache Kulturen unterscheiden, wobei in meiner Aufzählung die politische Repression als ein Mittel der Dauerhaftigkeit nicht berücksichtigt ist. In diesem Feld wird auch die Industriekultur, in der wir derzeit leben, als eine Kultur zu gelten haben, jedoch mangels Dauerhaftigkeit nicht als eine starke. Durch die Schrumpfung des Kulturverständnisses, mit der die reale Schrumpfung der Kultur in der Gesellschaft wie im gesellschaftlichen Verhältnis zur natürlichen Mitwelt einhergeht und sogar vorweggenommen wird, geraten wir meines Erachtens zunehmend in ein kulturelles Vakuum. Der Grund dafür ist die Totalisierung oder Grenzenlosigkeit der Marktwirtschaft.

Der Begriff ‚kulturelles Vakuum‘ ist von dem Anthropologen Alexander Goldenweiser (vgl. 1937, 429) für das Schicksal afrikanischer Stämme nach ihrer Begegnung mit der westlichen Zivilisation geprägt worden. Polanyi hat ihn mit Recht bereits auf das gleichermaßen entwurzelte, seiner bisherigen Lebensformen entblößte Industrieproletariat übertragen. Nach seinem Verständnis ist „soziales Elend primär ein kulturelles Phänomen und nicht ein ökonomisches, das mit Einkommenszahlen und Bevölkerungsstatistiken gemessen werden kann." So sei auch bei der Kolonisierung nicht „die wirtschaftliche Ausbeutung... die Ursache des Niedergangs..., sondern der Zerfall des kulturellen Ambiente der Opfer" (1944,216f.). Damit ist natürlich nicht gemeint, daß die Ausbeutung zu ertragen sei, wenn nur die Kultur kompensatorisch erhalten bliebe, sondern daß die Überwindung der Ausbeutung die Kultur noch nicht wieder erneuert. Es geht nicht nur um den ökonomischen Ausgleich, sondern um die Wiedergewinnung eines kulturellen Lebenszusammenhangs. Heute besteht das soziale Elend des 19. Jahrhunderts darin fort, daß das kulturelle Vakuum nicht durch materiellen Konsum wiederaufgefüllt werden kann. Dem Faß ist nun einmal der Boden ausgeschlagen, so daß Fülle nur durch ständigen Durchfluß simuliert werden kann.

Denselben Fehler macht der bloß technisch verstandene Umweltschutz. Der Ausbeutung des Proletariats entspricht hier die Verwirtschaftung der Lebensgrundlagen. Ein klügeres Management der Ressourcen empfiehlt sich bereits aus menschlichem Eigennutz, denn der Raubbau zerstört die Lebensgrundlagen der Menschheit. Ein klügerer Humanegoismus löst das eigentliche Problem aber ebensowenig wie die Einsicht der Kapitalisten, daß Hungerlöhne sich nicht bezahlt machen, sondern das Ertragsmaximum bei höheren Löhnen liegt. Die natürliche Mitwelt ist nämlich kein Sack voll Ressourcen. Deshalb sind wir durch die Naturkrise der wissenschaftlich-technischen Welt auch nicht nur zu einem klügeren Management der Ressourcen herausgefordert. In Wahrheit ist es vielmehr eine Frage der Kultur, wie wir mit der natürlichen Mitwelt umgehen, und so lange es hier nicht zu einer kulturellen Erneuerung unserer Lebensformen in der Natur kommt, bleibt der technische Umweltschutz – in den Grenzen, in denen er ohne die kulturelle Erneuerung überhaupt politisch durchsetzbar ist – eine Anpassung an eine Fehlentwicklung.

Die Selbigkeit der beiden Kulturverluste zeigt sich im Rückblick daran, daß Kultur die Art der menschlichen Seßhaftigkeit in der Natur war. „Mensch und Natur sind im Bereich der Kultur praktisch *eins*" (aaO 224). Dies war oder ist noch so u. a.

– in der Landwirtschaft als Agri-Kultur, wie sie in traditioneller Form kaum noch besteht, in der artgerechten Landwirtschaft aber neuerdings wiederbelebt wird;
– in der handwerklichen Metamorphose von Naturprodukten;
– in der künstlerischen Metamorphose von Naturdingen.

Kultur war vor der Industriellen Revolution überhaupt die Form der menschlichen Ansässigkeit in der Natur. Die kulturelle Einheit von Mensch und Natur wird nun aber durch die grenzenlose Marktwirtschaft zerstört. Der Grund ist die Mobilisierung, ohne die weder die Arbeit noch die übrige Natur zur Ware werden. Durch die beiderseitige Mobilisierung wird die kulturelle Einheit von Mensch und Natur aufgehoben. Demgegenüber hat es auch unter vorindustriellen Lebensverhältnissen immer wieder Disharmonien gegeben, niemals aber die generelle Aufkündigung des in der Seßhaftigkeit durch Agrikultur einmal gebildeten Kulturzusammenhangs.

Mobilisierung der Arbeit heißt, daß Menschen ihre Heimat verlieren, indem sie dort wohnen, wo sie auf dem Markt Arbeit finden, und nicht mehr dort arbeiten, wo sie zu Hause sind. Marxens ,Zuhause nicht bei der Arbeit und bei der Arbeit nicht zuhause' (vgl. 1844, III 85) ist nicht nur eine Frage der zeitlichen Trennung von entfremdeter Arbeit und Freizeit, sondern ist zu einer Alternative geworden: Die Arbeit kostet in der Regel das Zuhause. Dafür gibt es mannigfache Beispiele von dem durch die Industrielle Revolution in ein kulturelles Vakuum geratenen Proletariat bis zu den südeuropäischen Gastarbeiterfamilien in den nördlichen Ländern oder neuerdings den ostdeutschen oder osteuropäischen Wanderarbeitern im Westen. Man könnte meinen, die Industriegesellschaft sei sozusagen zum Nomadentum zurückgekehrt, wenn dies dem Nomadentum – welches das Land niemals zugrunde gerichtet hat – nicht so unrecht täte.

Mobilisierung der natürlichen Mitwelt heißt nicht nur die Extraktion und weltweite Verteilung von Rohstoffen, sondern zur Vermarktung der Natur als Ware gehört auch die Überwindung des Raumwiderstands durch das moderne Verkehrssystem. So bleiben die Böden dort, wo sie sind, werden dem Konsumenten aber durch Verkehr quasi vor die Haustür gelegt. Ein italienischer Weinberg oder eine französische Käserei sind uns dadurch fast so nahe gerückt wie Nachbars Garten, und dasselbe gilt für die Urlaubsgebiete, die dem Konsumenten durch Fertigreisen so leicht erreichbar werden wie ein Erholungsgebiet vor der Stadt. Eigentlich aber ist das, was „wir als Grund und Boden bezeichnen, ... ein mit den Lebensumständen des Menschen untrennbar verwobenes Stück Natur. Dieses Stück Natur herauszunehmen und einen Markt daraus zu machen, war das vielleicht absurdeste Unterfangen unserer Vorfahren. Traditionsgemäß waren Boden und Arbeit nicht getrennt; die Arbeit ist Teil des Lebens, Boden bleibt ein Teil der Natur, Leben und Natur bilden ein zusammenhängendes Ganzes" (Polanyi 1944, 243).

Beiderlei Mobilisierungen, die der Arbeit wie die der natürlichen Mitwelt, führten zur Auflösung der vorindustriellen Kultur der Integration des Menschen in das Ganze der Natur durch Seßhaftigkeit. Durch den weltweiten Freihandel droht der Mobilisierungsprozeß nun auch noch den letzten Winkel der Erde zu erfassen, in dem es je eine kulturelle Identität gegeben hat. Und all diese Mobilisierung oder gesellschaftliche Entropiezunahme steht bis heute unter dem Vorzeichen der wirtschaftsliberal verstandenen Naturordnung des menschlichen Lebens, das geschehen lassen zu sollen, was unter der Voraussetzung eines bestimmten Menschenbilds von allein geschähe. Wer sich die historische Macht und Fatalität dieses Prozesses, dem bisher noch keine einzige Kultur standgehalten hat, bewußt macht, weiß auch, wie schattenhaft und flüchtig dagegen der Gedanke steht, der Wirtschaft wieder einen kulturellen Rahmen zu setzen. Durch die Verengung des Kulturverständnisses auf künstlerische Einrichtungen, die Entgegensetzung von Natur und Kultur und die durch die Mißerfolge des Industrialismus herbeigeführte Skepsis, ob Menschen überhaupt etwas Gutes in die Welt bringen können, ist eigentlich alles getan, um das menschliche Handeln in der Natur gegen das Kriterium der Kultur zu immunisieren.

Ungeachtet der Fatalität dieser Entwicklung ist dagegenzuhalten, daß es zur möglichst weitgehenden Erhaltung und Erneuerung natürlicher Verhältnisse ohne ein umfassendes Kulturverständnis kein Kriterium gibt, nach dem das künftige Wirtschaftshandeln wieder aus der Naturkrise der wissenschaftlich-technischen Welt herausführen könnte. Die Antwort auf die schöne Frage, ob und wie die Natur durch den Menschen gewinnen kann, lautet deshalb unverändert: Ja, durch Kultur.[23] Kultur ist der am ehesten spezifisch menschliche Beitrag zur Naturgeschichte. *Wirtschaft wieder in Kultur zu verwandeln ist ein Weg aus der*

---

[23] Die Frage: Kann die Natur durch den Menschen gewinnen?, ist mir einmal für einen Vortrag in der Lübecker Universität von Dietrich von Engelhardt gestellt worden und hat mich sehr inspiriert.

Krise, meines Erachtens sogar der einzige. Was wir an Veränderungen in die Welt bringen, soll Kultur sein, Kultur bewahren und Kultur regenerieren. Daß Menschen dazu in der Lage sind, Kultur in die Welt zu bringen und dadurch einen humanen Beitrag zur Naturgeschichte zu leisten, haben unsere Vorfahren durch die Bildung von Kulturlandschaften bewiesen. In diesen hat seit der letzten Eiszeit sogar die Artenvielfalt in Mitteleuropa zugenommen. Ohne die menschlichen Eingriffe wäre Mitteleuropa fast ganz von Wäldern bedeckt.[24] So sehr auch diese ihre eigene Schönheit haben, ist es – zumal angesichts der heutigen Landschaftszerstörung – doch zumindest ein erwägenswerter Gedanke, daß eine Welt mit Wäldern *und* Kulturlandschaften schöner ist als bloße Wälder ohne die letzteren. Eine andere Weise, wie Menschen Kultur in die Welt bringen, ist die Kunst, sei es in Museen und Wohnungen oder in der ‚freien Natur‘. Die Beispiele reichen von den Pyramiden des ägyptischen Alten Reichs bis zu Richard Long, wie er durch die Wüste wandert und Zeichen setzt (1990), in denen die Natur so die Augen aufschlägt, wie es doch wohl nur dadurch möglich ist, daß sie in uns Mensch geworden ist.[25] Ich werde noch darauf zurückkommen, wie auch Städte und einzelne Häuser ein menschlich kultureller Beitrag zur Naturgeschichte sein können.

Der Unterschied, auf den es nun ankommt, um unser Handeln in der Natur auf seine Angemessenheit beurteilen zu können, ist der von Kultur und Nichtkultur. Für den Inbegriff der letzteren halte ich den Konsum, soweit er nur auf das grenzenlose und totalisierte Nehmen dessen, was die Welt zu bieten hat, gerichtet ist, wohingegen es im kulturellen Handeln auf unsern Beitrag zur Naturgeschichte, also auf das Geben ankommt, dem nur ein begrenztes (nicht totalisiertes) Nehmen entsprechen kann. Wer den eigentlichen Gegensatz noch zwischen Natur und Kultur aufrechterhalten möchte, kann den zwischen einem kultivierten und einem unkultivierten bzw. bloß konsumtiven Umgang mit der natürlichen Mitwelt gar nicht machen und ist ratlos, wenn es darum geht, wie der industriellen Wirtschaft Grenzen zu setzen sind. Die Einbettung in einen kulturellen Rahmen ist eine solche Begrenzung, und es gehört immerhin zu unserem naturgeschichtlichen Gefühls- und Vernunftvermögen, den Unterschied zwischen kultivierten und bloß konsumtiven Veränderungen machen zu können, wenn auch nicht mit Gewißheit. Der Mensch ist von Natur ein Kulturwesen.

Der totalisierte Konsum, welcher der Kultur entgegensteht, ist der des nicht souveränen bzw. unmündigen Konsumenten. Die Diskrepanz zwischen dem tatsächlichen Konsumverhalten, wie es als wirtschaftliche Nachfrage erscheint, und den Bedürfnissen, welche dadurch eigentlich

---

[24] Zur Geschichte der Landschaft in Mitteleuropa vgl. Küster 1995.
[25] Zur Land Art vgl. Hoppe-Sailer 1995.

gedeckt werden sollen, zeigt sich an der faktischen Unzufriedenheit der Käufer mit den meisten Waren. Diese ist daran zu erkennen, daß die Konsumgüter im Gebrauch weniger geschätzt werden, als wenn sie neu sind und in der Regel durch neue ersetzt werden, bevor sie verbraucht sind. Die Konsumentensouveränität ist eben nicht einfach gegeben, sondern bedarf ebenso der Bildung wie alle anderen Verhaltensweisen in der Industriegesellschaft auch. Der mündige Konsument ist derjenige, dessen Bedürfnis-Bildung ausreicht, um sein wirtschaftliches Nachfrageverhalten einigermaßen mit seinen Bedürfnissen in Einklang zu bringen. In Scherhorns Sprechweise handelt es sich um die „autonomieorientierten" Konsumenten. Ich komme im folgenden darauf zurück, wie sie sich von den „kontrollorientierten" Konsumenten unterscheiden.

Als Kulturwesen könnten wir eigentlich wissen, daß Gleichgewichte von Gaben und Gegengaben immer schon ein Prüfstein der Kultur waren, wie die Ethnologen vielfältig gezeigt haben. Auch die Geschichte muß Rechenschaft ablegen von dem, was der Mensch „sich *nahm* und *gab*" (Schiller 1789, IV 749). Die Industriegesellschaft aber interessiert sich nur dafür, was die Welt zu bieten hat, so als seien wir tatsächlich interplanetarische Eroberer. Dadurch sind wir in die gegenwärtige Naturkrise als eine Begrenzungskrise geraten, denn nichts genügt dem, dem das Genügende zu wenig ist (Epikur 1949, 56). Hier gibt es wiederum ein Märchen als ein literarisches Vorbild. Ich werde es so interpretieren, daß ein Ausweg sichtbar wird, der vielleicht sogar der einzige ist.

Ich meine das Grimmsche Märchen vom Fischer und seiner Frau. Es ist das Märchen der Industriegesellschaft, weil wohl noch keine menschliche Gesellschaft sich je so ausschließlich dafür interessiert hat, was die Welt zu bieten hat, ohne zu fragen, was wir dafür schuldig sind. So war es auch in diesem Märchen. Allerdings führte die Inflation der materiellen und der Statusbedürfnisse – vom Häuschen mit Garten über immer umfassendere Besitz- und Machtansprüche bis hin zur Allmacht Gottes – hier wenigstens wieder an den Ausgangspunkt zurück, den es in diesem Fall noch gab. Das Märchen wird so erzählt, als hätte das Verhängnis unaufhaltsam seinen Gang genommen, und entspricht auch dadurch einem Grundgefühl, dem man sich derzeit nicht leicht entziehen kann. Es gibt auf die Frage, ob hier nicht doch ein Halt hätte gefunden werden können, dennoch eine relativ einfache Antwort. Wenn sich die Fischersleute nämlich auf irgendeiner Stufe vor der letzten – am besten gleich nach dem ersten Aufschwung, beim Häuschen mit Garten – überlegt hätten: Was sind wir dafür schuldig?, dann hätten sie sich sagen können: Getan haben wir eigentlich nichts dafür, daß es uns jetzt so gut geht; nun aber wollen wir für diesen Wohlstand dankbar sein und für das Haus und den Garten, die Pflanzen und die Tiere sorgen, damit es nicht nur uns mit ihnen, sondern auch ihnen mit uns gutgeht. Hätten sie sich dann bemüht, der Sorge für das kleine Anwesen gerecht zu werden, so hätten sie sich vielleicht auch noch ein größeres gewünscht. Durch die neuerliche Frage: Was sind wir dafür schuldig?, würden sie sich aber spätestens vor der letzten Stufe überfordert gefühlt und mit dem Erreichten zufriedengegeben haben.

Diesen Ausweg gäbe es auch für die Industriegesellschaft, wenn sie nicht mehr nur darauf aus wäre, was die Welt uns zu bieten hat, sondern auch daran dächte, was wir dafür schuldig sind – Schuldigkeit wiederum ohne jede Emphase von Schuldhaftigkeit verstanden, so wie man es heute paradoxerweise fast nur noch beim Bezahlen meint, indem man sich der Schuldigkeit durch Geld entzieht. Könnten wir aber die Frage nicht auch einmal so meinen, wie sie dem Fischer und seiner Frau nicht eingefallen ist? Es hat wohl auch uns nicht gutgetan, daß das Nehmenkönnen durch die vermöge der Naturwissenschaft und Technik vervielfachte Verfügungsmacht über die natürliche Mitwelt in der Neuzeit so unverhältnismäßig gesteigert worden ist. Ausgerechnet im Zug dieser Entwicklung hat der Sozialphilosoph Adam Smith sich noch dazu verleiten lassen, seinen Zeitgenossen und ihren ökonomistischen Nachfahren dadurch zu gefallen, daß er dem Nehmen sogar den Segen einer neuen Wissenschaft – der Ökonomie – gegeben und das Geben herabgesetzt hat. Ein Bäcker z. B., der vor allem an den eigenen Vorteil denkt, war ihm lieber als einer, der es gut mit seinen Kunden meint (1776, 17). Ist dies aber die richtige Alternative, wenn gutes Brot gebacken werden soll?

Mittlerweile ist es so weit gekommen, daß Eigennützigkeit in Politik und Wirtschaft als normal gilt und daß sogar altruistische Verhaltensweisen egoistisch gerechtfertigt werden, um glaubhaft zu sein. Läßt man das egoistische Handeln als ,selbst-süchtig' gelten, so zeigt sich in der Naturkrise der wissenschaftlich-technischen Welt freilich: „... the cult of the self ... leaves us ... unable to deal with the complexities of the real world" (Kohn 1990, 255). In Wirklichkeit aber wird der Egoismus des *Homo oeconomicus* durch die Interpretation, man denke dabei vor allem an sich selbst, in einer Weise beschönigt, die obendrein die Frage nach unserm eigentlichen Selbstsein verstellt. Denn es gehört zur menschlichen Natur oder zur Erfüllung von Menschlichkeit im Zur-Welt-Kommen, nur im Mitsein mit andern überhaupt ,von sich aus' denken und wahrnehmen zu können. Die Erinnerung an das Selbstgefühl des Mitseins in der Natur fiele uns leichter, wenn das menschliche Selbstsein durch den Zeitgeist nicht ausgerechnet für das eigennützige Ich beansprucht würde. Das seit der kopernikanischen Herausforderung gebildete neuzeitlich europäische Individuum hat eine solche Verkürzung nicht verdient und sollte vor dieser Trivialisierung gerettet werden, indem wir uns der Korrespondenz von Geben und Nehmen erinnern.

Glücklicherweise leben wir in Europa unter politischen Verhältnissen, in denen nicht andere den Einzelnen vorschreiben, wozu sie daseien bzw. was Menschen ihrer Natur nach als ein Humanum in die Welt zu bringen hätten, um das Ihre zu tun. Statt dessen müssen wir uns die Frage, wofür wir gut sind – individuell und gesellschaftlich –, selber stellen und dabei in einer Ungewißheit über die Richtigkeit unseres Handelns leben, welche der Vogel, der die Mücke frißt, wohl nicht ertragen würde. Um hier Wege zu finden, kommt es entscheidend darauf an, wieweit wir in der Aneignung der natürlichen Mitwelt gehen dürfen. Alles spricht dafür, daß wir mit der industriellen Wirtschaft heutiger Art zu weit gegangen sind. Unbestritten ist andererseits, daß wir uns – wenn es Menschen geben soll – von andern Lebewesen, zumindest von Pflanzen, ernähren und ihnen insoweit ans Leben gehen dürfen, denn dies ist eine Existenzbedingung der Menschheit, die zu erfüllen ist, damit wir überhaupt wollen können, wofür wir gut sind. Wo aber werden durch das Nehmen Grenzen überschritten, jenseits derer es keinen Ausgleich im Geben oder keinen Dank für ein zu Verdankendes mehr gibt, weil auf die Überheblichkeit einer unangemessenen Aneignung kein Dank mehr folgen kann?

Die kulturellen Normen des menschlichen Verhaltens in der Natur stehen nach dem Ansatz, Kultur sei der menschliche Beitrag zur Naturgeschichte, unter dem praktisch-naturphilosophischen Prinzip: Zivilisatorische Eingriffe des Menschen in die Natur sind insoweit gerechtfertigt, wie sie dem jeweiligen Gegenstand einschließlich seiner Mitwelt im Ganzen der Natur zugute kommen. Dabei geht es um Eingriffe, von denen Menschen sich etwas versprechen, die nun aber der zusätzlichen Bedingung unterworfen werden, auch im Ganzen der Natur vertretbar sein zu sollen. Denn auch der Mensch taugt nur dann etwas, wenn er in der Einheit und Ordnung des Ganzen etwas taugt. Welchen kulturellen Bedingungen muß die industrielle Wirtschaft – Unternehmer und Beschäftigte, Hersteller und Abnehmer – in Zukunft unterworfen werden, damit die Leute nicht mehr meinen, für Geld alles haben zu können, d. h. zum Konsum unbegrenzt berechtigt zu sein?

Die marktwirtschaftliche Mobilisierung der Menschheit wie der natürlichen Mitwelt hat Folgen für diese wie für jene, in denen sich unser Menschsein nicht erfüllt, die wir also unserer Natur nach eigentlich nicht wollen können. Es spricht deshalb alles dafür, daß der Mensch, wie Polanyi empfiehlt, nach „einem Jahrhundert blinder ,Verbesserung'", woraus mittlerweile anderthalb geworden sind, seitdem er sein Buch geschrieben hat, darangehen sollte, „seine ,Behausung' wiederherzustellen" (1944, 329). Seßhaftigkeit war ein steinzeitlich kluger Gedanke, hinter den wir leider sehr weit wieder zurückgefallen sind.

Seßhaftigkeit: ein neues Leitbild für die industrielle Wirtschaft

Das technische Ingenium bisheriger Art entfaltet sich am leichtesten auf einem leeren Blatt, in Gestalt eines Neubeginns. Dementsprechend erscheinen, wo etwas Technisches industriegesellschaftlich ins Werk gesetzt werden soll, in der Regel zuerst die Bagger und die Planierraupen, um den Ort des Geschehens dem leeren Blatt anzugleichen, auf dem das Zukunftswerk entworfen ist. Nach diesem Leitbild werden z. B. Landschaften einem jeweils bestimmten Stand der Verkehrstechnik angepaßt, so daß man sich nicht mehr auf Wegen in der Landschaft bewegt, sondern auf Trassen Entfernungen überwindet. Descartes' Vorstellung vom homogenen Raum, der nur noch die schlichte Ausgedehntheit und ohne jeden Unterschied von Ort zu Ort, also eigentlich ortlos ist, wird hier zum Ideal gesetzt. Vielleicht war er immer schon latent normativ gemeint.

Der Neubeginn mit dem leeren Blatt der reinen Ausgedehntheit ist ein Leitbild, das in der Praxis nicht immer strikt durchgehalten wird. Vor allem gute Architekten nehmen von sich aus Rücksicht auf das, was schon da ist: Bäume, die Himmelsrichtungen, die Geländebeschaffenheit. Hinzu kommen baurechtliche Vorschriften, welche zumindest grundsätzlich auch der Einbettung des Hauses – d. h. der Bedürfnisse der Bewohner – in die Umgebung dienen sollen. Wäre die Einbettung das oberste Prinzip, müßte allerdings das Haus primär zum Garten und in die Straße wie in die übrige Umgebung passen und nicht einmal der Garten umgekehrt vor allem zum Haus; so weit gehen selbst die rücksichtsvollsten Architekten (und Bauherren oder -frauen) meistens nicht.

Das Leitbild einer kultivierten Wirtschaft ergibt sich gegenüber dem des leeren Blatts aus dem Mitsein in der Pluralität je spezifischer Umwelten im Ganzen der Natur. Vor jeder Veränderung kommt hier die Würdigung des Bestehenden im Sinn des Grundsatzes: *Die Dinge gehören zunächst einmal dahin, wo wir sie vorfinden.* Dort sind sie in ihrem Mitsein und Gewordensein zu würdigen. Die Würdigung schließt das Urteil nicht aus, daß sie woanders gebraucht werden und dorthin besser gehören würden als dahin, wo sie gerade sind. Dies nach vorangegangener Würdigung zu erwägen ist die Grundfrage der kulturellen Veränderung, wohingegen die bloß konsumtive Veränderung ohne die vorangegangene Würdigung erfolgt. Es kann sehr gute Gründe geben, z. B. Steine in einer Hausmauer besser aufgehoben zu finden als dort, wo sie waren. Bäume zu fällen, um daraus Haustüren, Möbel oder Schiffe zu bauen, kann ich mir in weitem Umfang gleichermaßen als eine kultivierende Veränderung vorstellen. Es geht keineswegs darum, Veränderungen grundsätzlich zu unterbinden, jedoch soll nicht jede Veränderung schon deswegen gerechtfertigt sein, weil einige Menschen ohne Ansehen des Eigenwerts oder der besonderen Natur der Dinge im Ganzen der Natur meinen, dies entspreche ihren Bedürfnissen. Vielmehr soll abgewogen werden, ob die Welt durch die betreffende Veränderung schöner und besser wird, als sie es sonst wäre. Daß wir in dieser Entscheidung nur selten oder nie die Sicherheit des Vogels in bezug auf seinen Bedarf an Mücken oder Würmern erreichen werden, liegt in der menschlichen Natur. Eine vernünftige Entscheidung wenigstens zu versuchen liegt aber gleichermaßen in der menschlichen Natur. Die kulturelle Begrenzung der Wirtschaftstätigkeit dürfte manche Zerstörungen verhindert haben, wenn sie in der Vergangenheit schon gegolten hätte.

Die Grundregel alles kultivierenden menschlichen Handelns in der Natur lautet nach den vorangegangenen Überlegungen, zunächst das Vorgefundene in seinem Mit- und Gewordensein zu würdigen und erst dann zu erwägen, ob etwas vielleicht doch besser woandershin gehörte als dorthin, wo es ist, weil dies unsern Bedürfnissen und seinem Eigenwert im Ganzen der Natur zugute käme. Um diesem Prinzip in konkreten Entscheidungssituationen folgen zu können, sind entsprechend anwendungsnahe Kriterien zu entwickeln. Dazu bedarf es einer gemeinschaftlichen Willensbildung, wie wir in Zukunft leben möchten. Es ist nicht zu erwarten, daß wir in einer industriegesellschaftlichen Situation, die durch eine umfassende Vergessenheit aller kulturellen Bestimmungen des Umgangs mit der natürlichen Mitwelt charakterisiert ist, unversehens die richtigen Kriterien dafür parat haben. Notwendig ist eine kulturelle Anamnese in bezug auf die Natur. Dabei kann die Frage getrost offenbleiben, ob andere Kulturen oder einige von ihnen – z. B. die buddhistischen – mental genauso zerstörerisch wie die unsere, technisch aber nicht so einfallsreich waren, oder ob sie technisch dasselbe vermocht hätten, dieses Vermögen aber aufgrund anderer Haltungen nicht entwickelt haben. Soweit es Lösungen gibt, müssen sie den heutigen Problemen entsprechen, die aber sind in aller Welt nach dem europäischen Vorbild entstanden. Gegengewichte können zumindest hierzulande am ehesten in unserer eigenen kulturellen Tradition gefunden werden.

Ein unmittelbares Vorbild in der Unterscheidung kultivierter von bloß konsumtiven Veränderungen sind die Künstler, die hier eine bemerkenswerte Sicherheit entwickeln können. Eine gute Übung zur Bildung der menschlichen Kulturfähigkeit in der Natur ist es auch, für bestimmte andere Lebewesen jeweils näher zu überlegen, welches Besondere durch sie in die Welt kommt. Wodurch ist beispielsweise eine Welt mit Buchfinken und Buchen schöner als eine Welt ohne sie? Sensibilisierungen dieser Art können dazu beitragen, daß die Frage, wie auch durch uns etwas Gutes in die Welt kommen kann, gefühlsbewußt ernst genommen wird. Es sind nicht nur Taten, welche die Welt verändern, sondern auch gestellte oder unterlassene Fragen.

Die naturphilosophische Begründung kultureller Kriterien für den Fortgang der Wirtschaft ist nur als eine Gemeinschaftsleistung denkbar. Wenn in einem gemeinsamen Lernprozeß diejenigen, welche sich auf das wirtschaftliche Handeln verstehen, dafür auch ein Bewußtsein kultureller Maßstäbe bekommen, und diejenigen, welche sich auf die jahrtausendelange Entwicklung dieser Maßstäbe verstehen, diese auch unter den Bedingungen wirtschaftlichen Handelns zu bewähren suchen, könnte die industrielle Wirtschaft wohl doch noch eine Zukunft in der Gemeinschaft der Natur haben.[26] Ein Leitbild, unter dem dieser Prozeß in Gang kommen könnte, ist der Gedanke der *Seßhaftigkeit*, der schon einmal ein bedeutender kultureller Wegweiser gewesen ist. Wir könnten versuchen, durch das *In-der-Welt-heimisch-Sein* über das bloße In-der-Welt-Sein hinauszugehen.

Für die Seßhaftigkeit sprechen drei Gründe in einer historischen Stufung. Einmal ist die neolithische Revolution, in der die Menschheit sich erstmals angeschickt hat, seßhaft zu werden, das Prinzip aller Kultur in dem Doppelsinn, daß das Projekt Kultur einerseits damals begonnen worden ist, andrerseits seither grundsätzlich dem durch den Übergang vom Nomadentum zur Agrikultur eingeschlagenen Weg gefolgt ist. Zweitens ist im Christentum des noch nicht wirklich eingeborenen Gottessohns das Menschenbild des interplanetarischen Eroberers geschichtsmächtig geworden. Drittens folgte der Siegeszug des Homo interplanetaris praedator in der Neuzeit einer Herausforderung, der kopernikanischen, die nun so zu verstehen wäre, daß wir auf der Erde wirklich heimisch werden, uns also anschicken sollten, in neuer Weise seßhaft zu werden. Angesichts der Frage, was in der Naturkrise der wissenschaftlich-technischen Welt nun aus den interplanetarischen Eroberern werden soll, schlage ich also vor, uns beim heutigen Stand von Kultur und Wissenschaft des klugen und immer noch uneingelösten steinzeitlichen Programms der Seßhaftigkeit zu erinnern. Die Alternative wäre, den Eroberungszug fortzusetzen, auch in den Weltraum hinein, so wie es durch die Raumfahrt vorbereitet wird. Mein Plädoyer für die Seßhaftigkeit beruht demgegenüber darauf, *daß wir nach den Überlegungen des vorangegangenen Kapitels unserer Natur nach keine Eroberer sind, da wir nur im Mitsein mit andern Menschen und der natürlichen Mitwelt wirklich zur Welt kommen.* Ich denke, dies ist die Erinnerung an den vergessenen Traum.

Die meisten Menschen sind heute guten Glaubens, daß der Übergang vom Nomadentum zur Seßhaftigkeit vor sechs- bis achttausend Jahren in den verschiedenen Teilen der Erde stattgefunden habe und seitdem hinter uns liege. Dies ist eine höchst wirklichkeitsferne Beschönigung jedenfalls der industriegesellschaftlichen Lebensformen. De facto haben wir das steinzeitliche Projekt noch lange nicht verwirklicht, sind damit in der Vergangenheit allerdings wohl schon etwas weiter gewesen als heute. Stellen wir uns nämlich die Nomaden sehr verkürzt so vor, daß sie die abgenagten Knochen hinter sich in die Gegend warfen und ihr Vieh alles kahlfraß, bevor sie weiterzogen, so tut dies gewißlich nicht nur den meisten Nomaden unrecht, sondern ist unserer Lebensweise gegenüber noch beinahe ein Musterbild von dauerhafter Wirtschaft. Das Gras wächst wieder nach, und die Knochen werden zwar nicht leicht abgebaut, sind aber

---

[26] Vgl. Platon, Pol 473d.

doch relativ einfach zu beseitigen und jedenfalls ganz unschädlich. Was die Industriegesellschaften hinter sich werfen, ist demgegenüber im wesentlichen weder unschädlich noch leicht zu beseitigen. Wir richten das Land, auf dem wir angeblich seßhaft sind, wirklich mehr und mehr zugrunde. Nomaden haben dies nicht getan.

Die Devise „Steinzeit – Nein, danke!" hat also einen Hintersinn, den sich die Atomkernenergiefreunde, welche damit für ihr Weltbild werben wollten, wohl kaum bewußt gemacht haben. Denn eigentlich bestätigt der Spruch die Absage an die Seßhaftigkeit, welche durch die marktwirtschaftliche Mobilisierung aller Dinge und der Menschen praktiziert und technisch durch Energiesysteme ermöglicht wird. Eben dazu sollte die Nutzung der Atomkernenergie auf lange Sicht eine Lösung sein, vor allem durch die Allmachtsphantasie des Schnellen Brüters. Der anscheinend so dümmliche Aufkleber war also wohl doch klüger als mancher, der sich seiner bedient hat.

3. Kulturelle Begrenzungen des wirtschaftlichen Umgangs mit der natürlichen Mitwelt

Unter Seßhaftigkeit können wir heute natürlich nicht mehr dasselbe verstehen, was vor sechs- bis achttausend Jahren einmal modern war, sondern es kommt darauf an, beim heutigen Stand einerseits des kulturellen und politischen Bewußtseins, andererseits von Wissenschaft und Technik – soweit diese zur Seßhaftigkeit brauchbar sind – Lösungen für das dritte Jahrtausend nach Christus zu finden, weder für das fünfte oder sechste vor Christus, noch für das vierte nach ihm. Ich erkläre den Gedanken der Seßhaftigkeit aus meiner heutigen Sicht unter vier Gesichtspunkten, die je für sich zu begründen sind. Es sind dies (a) die Ansässigkeit, (b) die naturgemäße Technik, (c) die Nachhaltigkeit des Wirtschaftsgeschehens und (d) die Würde der natürlichen Mitwelt, die dabei nicht zu verletzen ist. Die Vollständigkeit dieser vier Kriterien ist nicht bewiesen, jedoch scheinen die wichtigsten Merkmale der Seßhaftigkeit in diesen Rahmen zu passen.[27]

(a) Ansässigkeit im Raum

Ansässigkeit klingt beinahe synonym mit Seßhaftigkeit und bedarf insoweit nicht der Begründung als einer ihrer Charaktere, wohl aber der Eingrenzung gegenüber den andern. Ich meine damit den Raumbezug, wohingegen die Nachhaltigkeit als Dauerhaftigkeit in der Zeit und die Umgangsformen mit dem, was mit uns ist, andere Charaktere der Seßhaftigkeit sind. Der

---

[27] Ich habe die vier Kriterien in den letzten Jahren in zahlreichen Vorträgen zur Diskussion gestellt und bin vielen Hörern für Anregungen dankbar.

Raumbezug zeigt sich im Wohnen und Wirtschaften, im Reisen bzw. im Verkehr und grundsätzlich im Verhältnis von Stadt und Land.

Wohnen und Heimat

In Bruno Tauts Architektur-Schauspiel „Der Weltbaumeister" (1920) gibt es eine Zeichnung, auf der sich Häuser so aus der Erde heben, als brauchten Lehm und Ton nicht vorab zu Bausteinen gebacken zu werden, und als arrangierten sich die Steine im Aufgehen der Erde unter den Strahlen der Sonne wie von selbst zu Mauern und Dächern. Die Bildunterschrift lautet: „Sommersonnenlicht – die hellgrüne Erddecke hebt sich – aus ihr wachsen Menschenhütten – bunt – wie Blumen –". Friesische Bauernhöfe passen so in die Landschaft, als seien sie wie die sie beschützenden Bäume aus der Erde hervorgewachsen. Viele italienische Städte, die auf Bergen liegen, sehen ebenfalls so aus, als sei nicht die Stadt auf den Berg gebaut, sondern als sei sie selbst die Kuppe des Bergs. Auch Häuser dieser Art werden von Menschen gebaut; angesichts ihrer ist es aber keine ganz abwegige Vorstellung, die Erde habe zwar nicht direkt ostfriesische Bauernhäuser oder Bergkuppen wie Montepulciano, Orvieto oder Locorotondo gebären können, wohl aber – vermöge der Naturgeschichte – Menschen, welche dies im Namen der Natur getan und dadurch Kultur in die Welt gebracht haben. Solche Häuser werden auch heute noch gebaut, allerdings nur relativ selten.

Um in einem Haus wirklich ansässig zu werden, sollte es so in seinen Ort eingebettet sein, wie es der Landschaft, der Topographie des Geländes, den Himmelsrichtungen, den Wasserverhältnissen, den regionalen Baumaterialien etc. entspricht. Ein energietechnisch richtig an seinen Ort gebautes Haus braucht nur 10% bis höchstens 20% des bisher durchschnittlichen Energieaufwands zur Heizung oder Klimatisierung. Statt dessen werden Häuser von Reikjavik bis Rio immer noch überwiegend in gleicher Art gebaut, so daß sie eigentlich nirgends hingehören und nur wie vergessene Schachteln herumstehen. Man bekommt in ihnen zwar eine Adresse, wird aber nicht ansässig. Die Einbettungsdefizite werden durch einen entsprechenden Energie-‚Bedarf' – im Norden zur Heizung, im Süden zur Kühlung – ausgeglichen. In Deutschland werden dafür etwa 30% des Energiebudgets verschwendet, und dies ist neben dem Straßenverkehr der Hauptbeitrag zu der absehbaren – vor allem den Ländern der Dritten Welt schadenden – Klimaänderung. In Indien sind es etwa 20–25% ausgerechnet der wertvollsten Energie, der Elektrizität, die für den Betrieb von Klimaanlagen in wärme- bzw. kältetechnisch meistens miserabel gebauten Häusern ‚moderner Bauart' aufgewandt werden – zu Lasten der Wohnqualität und der Gesundheit, aber im Namen des ‚Fortschritts'. Wenn Häuser nach traditionellen Bauweisen dem Klima angepaßt sind und man sie richtig bewohnt, braucht man auch in den Tropen in der Regel keine Klimaanlage, um in angenehmen Temperaturen zu leben.[28] Was als fortschrittlich gilt, ist bei weitem nicht immer die intelligentere Technik.

Mängel sind dies nicht nur an Ort und Stelle, denn der Ansässigkeitsgedanke geht über das Grundstück, auf dem gebaut wird, weit hinaus. Man wohnt nicht nur innerhalb der Hausmauern, sondern man wohnt dort in der näheren und weiteren Umgebung, welche sich durch die Fenster zeigt. Ein gelingendes Wohnen steht unter der Bedingung, daß das Haus an seinem Ort in ein Verhältnis zur übrigen Welt gesetzt ist, welches das Mitsein mit dieser als zum Haus gehörig – wie ein erweitertes Gehäuse – zum Ausdruck bringt. Dies kann auch durch eine Entgegensetzung geschehen. Dabei macht es keinen grundsätzlichen Unterschied, ob ein Haus zu einem ländlichen oder städtischen Umfeld gehört; in beiden Fällen ergeben sich jedoch verschiedene Verhältnisse.

Ein Stadthaus muß zunächst in die Stadt und mit dieser in die Landschaft passen. Es steht nicht einfach nur auf einem Grundstück, sondern gleichermaßen in einer Straße und in einem Stadtteil, in einer Stadt und in einer Landschaft, in einer Region und in einem Land, auf einem Kontinent und letztlich auf der Erde selbst. Solange es zur Wasserversorgung den Grundwasserspiegel im Umland absenkt, dieses mit unverträglichen Abwässern oder sonstigen Emissionen belastet und obendrein vielleicht gar nur mit dem Auto erreichbar ist, kann selbst für das umwelttechnisch bestgebaute Haus von einer über das bloße Grundstück hinausgehenden Ansässigkeit noch gar keine Rede sein. Da der Energieaufwand für das Autofahren und zur Kompensation der übrigen Einbettungsdefizite derzeit die Hauptursache für die globale Klimaänderung ist, reicht das Mitsein, in dem ein Haus der Ansässigkeit Raum geben soll, heute sogar über mehrere Kontinente. In den Industrieländern steht praktisch kein Haus, in dem nicht zu Lasten der Lebensbedingungen im näheren oder ferneren Umland und in der Dritten Welt gewohnt wird. Ansässig geworden also sind wir noch lange nicht, nicht einmal in unserem Wohnen. Die neolithische Revolution liegt im wesentlichen noch vor uns, und jeder Schritt zur Seßhaftigkeit wäre ein Gewinn an Kultur.

Der unvollendeten Ansässigkeit entspricht im heutigen Bewußtsein, daß der Heimatgedanke diskreditiert ist.[29] In Deutschland hat dies wohl einen historischen Grund darin, daß die Nationalsozialisten – in ihrem Wirtschaftshandeln die schlimmsten Technokraten, welche es je gegeben hat – ihre Ausbeutung der Natur in einen Mantel von Heimattümelei gekleidet haben.[30] Daß das Heimatbewußtsein schwindet, ist aber nicht auf

---

[28] Ich habe dies im Jahresgang noch vor wenigen Jahrzehnten in Mittelamerika selbst erlebt.

[29] Anregungen zu diesem Thema verdanke ich Richard Hoppe-Sailer. Vgl. K. M. Meyer-Abich 1984, 292ff.

[30] Die für mein Gefühl überwiegend ziemlich verquälten Beiträge in dem Sammelband von Kelter (1986) zeigen, daß diese Täuschung immer noch nachwirkt.

Deutschland beschränkt. Dies mag daran liegen, daß Heimat eine Weise ist, wie Menschen in die Natur gehören, und das Gefühl für diese Zugehörigkeit durch die wirtschaftliche Mobilisierung verlorengeht. Zum Beispiel könnte der Satz, Heimat sei eine Weise, wie wir in die Natur gehören, von manchen Lesern so verstanden werden, als sei damit nur die Natur außerhalb der Städte gemeint und dieser selbst nicht gedacht. So ist es aber nicht gemeint.[31] Gerade Städte sind neben den Kulturlandschaften und der Kunst ein Beispiel dafür, wie Kultur der menschliche Beitrag zur Naturgeschichte sein kann. Nach eben diesem Kriterium halte ich den Städtebau des 20. Jahrhunderts freilich – trotz hervorragender Gegenbeispiele in Einzelfällen – zum größten Teil für mißraten, nämlich nicht für ein Ansässigwerden – wie in den alten italienischen Städten oder in norddeutschen Backsteinhäusern –, sondern für die bloße Einrichtung von Adressen hinter Wohnungstüren.

Das Seßhaftwerden in der Natur und ihrer Geschichte ist für Menschen ihrerseits geschichtlich. Ohne ein historisches Bewußtsein und ein entsprechendes Gefühl der Zugehörigkeit kann man nicht an einem Ort beheimatet sein. Dazu gehört nicht nur ein Gedächtnis für ortsgeschichtliche Entwicklungen, sondern Erinnerung im eigentlichen Sinn: ein Innewerden, hier, mit diesen Menschen, unter diesem Himmel und in dieser Ebene, an diesem Fluß, zwischen diesen Hügeln und Wäldern, unter diesen Bergen oder in diesem Tal zum Ganzen zu gehören, in den Strom der Menschheitsgeschichte, durch den die Natur sich mit uns forttreibt. Was Heimat ist, weiß man in der Regel ohnehin erinnernd, nämlich als ein Selbstgefühl der eigenen Wurzeln aus den frühen Jahren der eigenen Lebensgeschichte. Damit ist nicht gesagt, daß man nicht auch woanders wieder Wurzeln schlagen und eine neue Heimat finden kann, vielleicht aber doch am ehesten dann, wenn das entsprechende Gefühl früher schon einmal gebildet war.

Wer eine Heimat hat, weiß auch im wirtschaftlichen Handeln, daß sich für uns in der Natur nicht alles gehört, was jemand für seinen privaten Vorteil halten kann. Gegenüber allen Bestimmungen der Kultur, wie wir in die Natur gehören, stehen im heutigen Wirtschaftsbewußtsein die prinzipielle Heimatlosigkeit des Kapitals und die entsprechende Mobilisierung des Menschen wie der natürlichen Mitwelt im Vordergrund. Das Interesse ist dann nur noch, wie die Natur – die natürliche Mitwelt und der eigene Leib – am bequemsten zu konsumieren ist. Dies ist wohl der Grund, warum der Heimatgedanke so weitgehend vergessen ist. Wie könnte auch die totale Mobilisierung, also Entwurzelung, mit der heimatlichen Verwurzelung vereinbar sein? Umgekehrt gewönne eine Anamnese des Heimatgefühls in der Naturkrise der wissenschaftlich-technischen Welt, wenn sie durch diese stimuliert würde, eine völlig andere

---

[31] Ich selbst bin ein Städter und habe eine städtische Heimat in der Natur.

politische Bedeutung als in der Heimattümelei oder ihrem patriotischen
Mißbrauch. Dies gilt um so mehr, als unser Wirtschaftshandeln globale
Auswirkungen hat, so daß das Heimatgefühl letztlich der ganzen Erde
gelten sollte, allerdings in einer abgestuften Weise: *Hier* in diesem Haus
und auf diesem Grundstück, wo ich zu Hause bin, fühle ich mich beheimatet in der Stadt und der Region, in der ich *hier* meine Arbeit habe. Ich
befinde mich *hier* aber auch in Deutschland und in Europa, dem Land
und dem Kontinent, die in einem umfassenderen Sinn ebenfalls meine
Heimat sind, und letztlich stehe ich *hier* auf der Erde überhaupt, der Heimat aller Menschen wie der meinen. *Hier*, wo ich stehe, ist nicht nur das
Haus, in dem ich lebe und eine Heimat gefunden habe, sondern hier ist
auch die Stadt, das Land, der Kontinent, und hier ist obendrein sogar die
Erde selbst, unser aller Heimat.

Verkehr und Reisen

„Ein Lebewesen wechselt ... seinen Ort nicht nur, um die nötige Nahrung zu sammeln, sondern auch, um Tun und Streben seiner Seele (animae operationes) zu vollenden", meinte Nikolaus von Kues (DC II
10 = II 135), der selbst ein weitgereister Mann war. Auch mir liegt nichts
ferner, als mir die Ansässigkeit so vorzustellen, daß man die Heimat gar
nicht mehr verläßt. Ein mündiger Weltbürger braucht Weltkenntnis und
Welterfahrung. Nicht einmal Kant ist ohne Reisen ausgekommen, er hat
sie nur nicht selbst gemacht. Ohne Reisen also geht es wohl nicht. Mittei-
lenswerte Erfahrungen bilden sich allerdings in der Regel nicht durch
Fertigreisen, in denen man sozusagen von andern gereist wird, sondern
nur dadurch, daß man wirklich selber reist. Dazu sind das Auto und das
Flugzeug Verkehrsmittel, die derzeit nur um den Preis zu benutzen sind,
daß man andern schadet – den Mitmenschen und der natürlichen Mitwelt
insgesamt. Dafür gibt es keine Rechtfertigung. Reisen würden aber keineswegs ausgeschlossen, wenn zur Bedingung gemacht würde, daß durch
sie keine Schäden zu Lasten Dritter mehr angerichtet werden dürften,
sondern als ein Teil unserer Kultur sogar erst wieder in neuer Weise interessant.

Ein besonderes Problem ist der Verkehr in den Städten. Es gibt jedoch
eine Reihe von Möglichkeiten, um die städtische Lebensweise als eine
kulturelle Errungenschaft in der Natur zu erhalten. Ein wichtiges Datum
ist,[32] daß in Deutschland von je 100 Wegen im städtischen Bereich 67 im
Umkreis von nur bis zu fünf Kilometern zurückgelegt werden und davon
immer noch 25 zu Fuß sowie 11 mit dem Fahrrad, also über die Hälfte
nicht motorisiert. Es wäre ein Beitrag zur Rekultivierung der Städte, Straßen – z.B. durch die Aufhebung der Trennung von Trottoir und Fahr-

---

[32] Ich entnehme die Zahlen dem Verkehrsbericht der Enquête-Kommission
„Schutz der Erdatmosphäre", Deutscher Bundestag 1994, 130, nach Kutter 1993a.

bahn – so in Lebensräume zurückzuverwandeln, daß der Anteil der zu Fuß oder per Rad gegangenen bzw. gefahrenen Wege noch größer wird. Eine weitere Möglichkeit ist, die Bebauungsdichte der Städte so zu erhöhen, daß mehr Ziele in den Entfernungsbereich bis zu fünf Kilometern fallen. Dies ist freilich nur längerfristig möglich. Wenn dann überdies die öffentlichen Verkehrsmittel ausgebaut und durch die größere Verdichtung rentabler würden, könnte der Autoverkehr in den Städten auf etwa ein Drittel des jetzigen Umfangs reduziert werden.

Es versteht sich, daß das Prinzip Ansässigkeit mit der allgemeinen Mobilisierung des Menschen und der natürlichen Mitwelt durch unbeschränkte Märkte nicht vereinbar ist, ihr also einen Widerpart bieten würde. Beschränkte Märkte werden dadurch keineswegs ausgeschlossen. Im übrigen gibt es keinen Grund, warum beispielsweise die Autoindustrie nicht mehr lebensfähig sein sollte, wenn die hohe Intelligenz, die heute in Automobilen inkorporiert ist, auf etwas klügere Produkte wie beispielweise flexible öffentliche Verkehrssysteme und Infrastrukturen neuer Art gerichtet würde. Bisher fehlt es hier aber fast überall an der nötigen technischen, wirtschaftlichen und politischen Phantasie, genauer gesagt: an dem Willen zur Ansässigkeit und der Fähigkeit zu einer entsprechenden Willensbildung, denn mit dem Willen würde die Phantasie schon kommen. Ein einfaches Beispiel ist die Pflicht, beim Hausbau Autostellplätze einzurichten oder dafür zu bezahlen, daß die Stadt dies tut. Die entsprechende Verordnung setzt den Willen zur Automobilität in städtischen Lebensräumen – genauer gesagt: um den Preis städtischer Lebensräume – voraus. Gäbe es in der Öffentlichkeit einen entsprechend veränderten politischen Willen zur Wiedergewinnung dieser Lebensräume, so brauchte man die Stellplatzpflicht nur umzukehren. Dann hätten Bauherren im Normalfall die Nähe ihres Bauvorhabens zu öffentlichen Verkehrsmitteln nachzuweisen und diejenigen, die woanders bauen wollen, müßten dafür eine Ablösesumme bezahlen, welche in die Entwicklung des öffentlichen Verkehrssystems zu investieren wäre.

(b) Naturgemäße Technik

Eine zweite Bedingung dafür, daß wir in der Natur durch wirtschaftliche Kultur seßhaft und heimisch werden, ist, daß die technischen Verfahren, mit denen wir wirtschaften, unserm Mitsein mit der übrigen Welt entsprechen. Hier ist es noch nicht damit getan, daß kein Schaden in der Mitwelt angerichtet wird, sondern um Kultur in die Welt zu bringen, bedarf es menschlicher Initiativen wirtschaftlicher Art. Diese sind bisher so angelegt, daß Tiere, Pflanzen und die sogenannte unbelebte Welt nicht als unsere natürliche Mitwelt, sondern als bloße Ressourcen bewertet werden. Könnten wir sie angemessener behandeln, ohne die industrielle Wirtschaft aufzugeben? Eine Technik, die im Umgang mit der natürlichen Mitwelt das Grundverhältnis des Mitseins wahrt oder dieses zumindest nicht verletzt, nenne ich eine naturgemäße Technik. Die Orientierung am naturgeschichtlich Bewährten ist dazu ein allgemeiner Wegweiser und die Energietechnik ein Schlüsselbereich.

Ein mitfühlendes Gleichnis der naturgemäßen Technik ist das Befreundetsein. „Der Bach ist dem Müller befreundet", meinte Goethe (HA VIII 296). Befreundet ist auch das Segelschiff dem Meer, die Kellerei dem Weinstock und der Sonne, die Stadt auf der Kuppe dem Berg und der Weg, welcher der Bodengestalt folgt, der Landschaft. Befreundet sein kann wohl außerdem ein Kraftwerk dem Fluß, ein Haus den Elementen und eine Fabrik ihrer natürlichen Mitwelt. Wo diese nur als Ressource genutzt wird, aber gibt es keine Freundschaft.

Heuristik des naturgeschichtlich Bewährten

Die naturgemäße Technik beginnt damit, daß wir uns nicht erst im wirtschaftlichen Handeln, sondern bereits im technologischen Denken zunächst einmal vergegenwärtigen, was schon da ist, was sich also in der naturgeschichtlichen Entwicklung bereits bewährt zu haben scheint. Die im Verlauf der Naturgeschichte entstandenen und schon anderweitig ausprobierten Prozesse können uns heuristisch insoweit zum Vorbild dienen, als sie das Ganze der Natur in Millionen oder Hunderten von Millionen Jahren offenbar erheblich weniger gefährdet haben, als es die von uns erdachten technischen Prozesse bereits nach wenigen Jahrzehnten oder Jahrhunderten tun. Im übrigen soll das Ziel gelten, die menschlichen Verhaltensformen wieder in einen Einklang mit dem Leben des Ganzen zu bringen und so unsern Lebensraum im Mitsein mit anderen und anderem zu finden, die ihre eigenen Lebensräume haben. Auch in dieser Hinsicht ist es angezeigt, zunächst einmal festzustellen, was in diesem Ganzen – in dem wir nun heimisch werden wollen – sozusagen üblich ist, ehe wir neue Ordnungen einführen, die wir für besser halten. Sich in dieser Weise auch am Bestehenden zu orientieren, ist wiederum nicht als Naturalismus zu inkriminieren, sondern soll nur eine heuristische Regel sein und nicht voraussetzen, daß in der Natur abgesehen von dem Aufkommen des Menschen alles optimal gefügt sei.

Allerdings ist gerade die Nichtoptimalität der Naturprozesse selbst ein im übergeordneten Sinn sehr bewährtes Entwicklungsprinzip. Die Natur optimiert nicht, jedenfalls nicht nach punktuellen, sondern nur nach sattelförmigen Optima – und steckt deshalb nicht gleich in der Krise, wenn etwas in Zukunft anders kommt, als es bisher war. Wegweisend sind auch viele besondere Charaktere, etwa daß die Natur bei der Synthese und beim Abbau von Stoffen Hochtemperaturprozesse vermeidet, daß sie ihre enzymatischen Abbausysteme nicht durch zu große Mengen oder zu hohe Konzentrationen toxischer Substanzen – z. B. Chlororganika –

überfordert etc.[33] Und hätten wir uns die Fähigkeit der Natur, mit Stoffen zu arbeiten, die für die Dauer des Bedarfs sehr stabil gegen Zerfall, danach aber leicht abzubauen sind, nicht schon längst zum Vorbild nehmen sollen? Holz ist das bekannteste Beispiel. Demgegenüber erinnere ich mich noch gut an eine Äußerung aus den 50er Jahren, welche besagte: Wenn es das Holz noch nicht gäbe und es heute jemand erfinden würde, so bekäme er dafür nicht einmal ein Patent. So viel besser, meinte man damals, seien die Kunststoffe.

Naturgeschichtlich bewährt sind auch die Photosynthese oder die geschlechtliche Fortpflanzung und die organische Entwicklung im Gegensatz zum Fortschritt. Nach dem heuristischen Paradigma des naturgeschichtlich Bewährten wäre die heutige Biotechnologie wohl zum großen Teil nicht erfunden worden, an ihrer Statt aber andere, teilweise vielleicht auch gentechnische Verfahren der biologischen Technik. Dabei soll keineswegs alles als bewährt im Sinn von ‚relativ unschädlich' gelten dürfen, was ‚auch in der Natur vorkommt'. Zur Bewertung von Biotechnologien wird dies Argument gelegentlich ins Feld geführt. Beispielsweise ist der bloße Hinweis, daß Prozesse der jetzt in vitro praktizierten Art des horizontalen Gentransfers auch in vivo stattfinden (Pühler 1994), zunächst ohne jeden legitimatorischen Gehalt. Nach dem heuristischen Kriterium des naturgeschichtlich Bewährten wäre über das bloße Vorkommen hinaus vielmehr die Art dieser Bewährung und ihre Vergleichbarkeit z. B. mit Freilandversuchen zu überprüfen. Im übrigen dient ein heuristisches Kriterium immer nur der Eingrenzung grundsätzlich diskutabler Lösungen, niemals der definitiven Rechtfertigung einer von ihnen.

Daß wir uns die naturgeschichtlich bewährten Vorgänge in der technologischen Entwicklung heuristisch zum Vorbild nehmen, ist auch deshalb angemessen, weil sie nicht nur mitweltverträglicher sind als die meisten industriewirtschaftlichen Prozesse, sondern durchweg eleganter, intelligenter und weniger gewalttätig bzw. energieintensiv. Daß ein so vielseitig befähigtes Wesen wie der Mensch mit einer Energiezufuhr von durchschnittlich ca. 100 Watt auskommt,[34] wohingegen ein – sozusagen um viele Größenordnungen dümmeres – Auto etwa den tausendfachen Energieaufwand braucht, zeigt diesen Unterschied. Eine Maus braucht rund 6 Watt und selbst ein Elephant nur etwa 600. Die technische Entwicklung ist in der Mikroelektronik und auch in der Biotechnologie mittlerweile auf dem Weg zu einer in diesem Sinn natürlicheren, weniger gewaltsamen und grobschlächtigen Technik. Nachdem die bisherige Industrie im wesentlichen auf Physik und Chemie beruht hat, ist

[33] Diese und weitere Beispiele sind dem von Bernd Heydemann initiierten Projekt „Ökotechnik/Ökowirtschaft" des Landes Schleswig-Holstein zu entnehmen. Vgl. Sturm/Fliege 1994.
[34] Das sind etwa 2000 kcal/Tag.

es sozusagen kein Wunder, daß sich Friktionen mit den Lebensprozessen ergeben haben. Eine biologische Technik könnte freilich totalitär werden, wenn sie anthropozentrisch bliebe, hat aber auch die Chance der Mitweltlichkeit, wenn sie es nicht bleibt. Es versteht sich, daß die geringere Energieintensität für diese Entwicklung nur ein Ziel unter andern ist, die besonders in der Biotechnologie noch der näheren Bestimmung bedürfen.

Energiesysteme

So wie in der bisherigen technischen Entwicklung wird der Umgang mit Energie eine Schlüsselfrage auch für den Übergang zur naturgemäßen Technik sein. Im Rückblick von heute liest sich Platons Protagoras-Mythos wie ein Zukunftsbild, denn die wirkliche Aneignung des Feuers – das Energiezeitalter – hat eigentlich erst mit der Industriellen Revolution begonnen. Die Apotheose der Industriegesellschaft lief ja darauf hinaus, daß wir zu handeln suchten wie die Götter. Der Tat des Prometheus, den Menschen das himmlische Feuer zuzuspielen, kommt dieser neuzeitliche Ablauf so nahe, als sei der Mythos vom Feuerraub eine Vorahnung des Industriezeitalters gewesen. Überdies sind in unserer Zeit auch die Probleme immer größer geworden, deretwegen Zeus den Menschen damals – in der Platonischen Fassung der Geschichte – schließlich Recht und Sittlichkeit gewährte, damit sie trotz der Energie Frieden zu halten lernten.

In der außermenschlichen Natur werden allen Entwicklungen durch ‚limitierende Faktoren‘ Grenzen gesetzt. Irgendein Gut – Wasser, Licht, Nährstoffe etc. – ist immer das relativ knappste. Damit auskommen zu müssen begrenzt die Entwicklung des jeweiligen Ganzen wie die der Teile. In der kapitalistischen Wirtschaft sind es umgekehrt delimitierende, entgrenzende Faktoren, die jeweils bestimmte Wachstumsschübe auslösen oder ermöglichen. Für den wirtschaftlichen Aufschwung der Industrieländer nach dem Zweiten Weltkrieg war das damals billige und vermeintlich dauerhaft fließende Mineralöl ein solcher entgrenzender Faktor. Es war der Traum der Nutzung der Atomkernenergie, diese Entgrenzung durch eine weitere billige und so gut wie unbegrenzt verfügbare Energiequelle auf unabsehbare Zeit zu verlängern. Fragt man nach den Beweggründen dieses Traums, so war es wohl vor allem die Allmachtsphantasie, die Natur durch die unbegrenzte Macht der Energiesysteme ganz in menschliche Regie nehmen zu können, also die technische Vollendung der zuvor beschriebenen Apotheose der Industriegesellschaft. Inzwischen haben sich Grenzen des Wachstums gezeigt, die zwar nicht die Energiemengen in ihrer Verfügbarkeit, wohl aber die natürlichen und sozialen Voraussetzungen der derzeitigen Energiesysteme bzw. ihrer Komponenten betreffen.

Nun gibt es sicher sehr vernünftige Ziele, vernünftigere als heute, die durch die jetzige oder eine noch gesteigerte Wirtschaftsleistung verfolgt werden könnten. Es ist aber ein Irrtum, daß billige und möglichst unbegrenzte Energiemengen eine hinreichende, eine notwendige oder überhaupt eine wichtige Bedingung für eine künftig wünschenswerte Wirtschaftsentwicklung seien. Das deutsche Energiewirtschaftsgesetz, wonach Energie vor allem billig und unbeschränkt verfügbar sein soll, setzt hier falsche Prioritäten. Es ist darüber hinaus sogar kontraproduktiv, an dieser Annahme festzuhalten, also den industriewirtschaftlichen Leitbildern der 30er und 50er Jahre des 20. Jahrhunderts weiter nachzuhängen. Denn die viele und billige Energie, die man in den letzten Jahrzehnten hatte oder mit der man rechnen zu dürfen meinte, kommt uns heute teuer zu stehen. Geschadet haben wir damit

– uns selber. Beispielsweise kosten die energetisch schlecht gebauten Häuser aus der Zeit vor der Energiekrise jetzt viel mehr, als man damals gespart hat. Auch die Zerstörung der Städte durch den Straßenbau für die viel zu vielen Autos hing direkt mit den zu niedrigen Energiepreisen zusammen;

– der natürlichen Mitwelt, wie vor allem das Artensterben und die Zerstörung der Agri-Kultur durch die industrialisierte Landwirtschaft zeigt, deren betriebswirtschaftliche Vorteile und volkswirtschaftliche Nachteile weitgehend auf zu niedrigen Energiepreisen (auch im Vorleistungsbereich) beruhen;

– der Dritten Welt, indem wir durch unsere Art, im Wohlstand zu leben, insbesondere durch viel zu hohe Energieumsätze, ihre Lebensgrundlagen zerstören und andern Ländern ein nicht verallgemeinerungsfähiges Vorbild bieten, dessen Nachahmung den von uns angerichteten Schaden noch vervielfacht;

– der Nachwelt, indem wir ihr unbezahlte Rechnungen und die Sorge für vielerlei – wohl überwiegend sogar noch unbekannte – Altlasten in der Natur hinterlassen.

Alle diese Fehler hängen mehr oder weniger direkt mit der Entgrenzung und vermeintlichen Allmacht durch die billige Energie zusammen, die uns nun so teuer zu stehen kommt. Genauer gesagt, hängen sie mit dem Leitbild zusammen, daß diese Energie nötig und eine gute Sache sei, denn rein technisch hätte es selbstverständlich in allen Fällen auch vernünftigere Lösungen gegeben, jedoch hätte es dazu eines andern Leitbilds bedurft.

Die öffentliche Energiedebatte und mehr noch die Auseinandersetzung unter den Experten hat sich viel zu lange auf die relativen Vor- und Nachteile verschiedener Energieträger und den Ersatz des einen durch einen oder mehrere andere konzentriert. Wenn dabei die Wahl zwischen zwei Übeln herauskommt, wie zwischen fossilen Energieträgern und der Atomkernenergie, gilt es darüber nachzudenken, ob die gestellte Frage wohl die falsche Frage ist. Ebenso geht es mir, wenn ich mich vor die Wahl gestellt sehe, ob katastrophale Freisetzungen von Radioaktivität aus einem

Atomkernkraftwerk mit einer Wahrscheinlichkeit von 10^{-7} pro Reaktor und Jahr akzeptabel seien, mit einer Wahrscheinlichkeit von 10^{-6} hingegen nicht. Eine Energietechnik, die Antworten auf Fragen erfordert, welche vernünftigerweise nicht zu beantworten sind, kann schon deshalb nicht die richtige Technik sein. Eigentlich sollten katastrophale Schadensausmaße aus wirtschaftlichen Gründen gar nicht in Betracht kommen.

Ich veranschauliche mein Plädoyer für ein neues Leitbild der Energietechnik an einem Beispiel, dem nicht ohne weiteres anzusehen ist, was daran ein Energiesystem ist: an einem Segelschiff. Ein Segelboot ist die technische Einrichtung, welche meinem Idealbild von naturgemäßer Technik am nächsten kommt. Es fährt, aber es lärmt nicht, es stinkt nicht, und es braucht für die Fahrt im üblichen Verständnis schlechterdings gar keine Energie – nämlich in Gestalt von Energieträgern, die man in Behältern oder durch Leitungen herbeischaffen müßte. Trotzdem fährt es, und zur Überwindung der Reibung gehört natürlich Energie. Woher kommt diese? Daß es sich um Windenergie handelt, ist nur eine etwas kunstlose Antwort, die bereits für ein Floß mit Laken gilt. Ein Segelschiff fährt nämlich nur dann gut, wenn es (1) durch vorausfühlende technische Intelligenz so gestaltet und getakelt ist, daß es sich in seine natürliche Mitwelt – den Wind und das Wasser mit seinen Wellen – möglichst gut einfügt, und wenn (2) ein Steuermann da ist, der diese Einbettung mit der dazu gleichermaßen erforderlichen mitfühlenden Intelligenz in Bewegung umsetzt. Durch naturgemäße Technik bekommt das Mitsein der Elemente eine Ausrichtung auf die Bewegung des Boots, analog zu ihrem Aufleben im lebendigen Punkt eines pflanzlichen Samens. Das Boot gewinnt der Welt, in der es schwimmt, vermöge seiner Einbettung eine Ordnung ab, welche es ohne die Kunst nicht gäbe. Diese Ordnung ist die gerichtete Fahrt in einer sonst tosenden, kraftvoll bewegten oder stillen Umgebung – am Wind oder mit dem Wind, solange nur eine leichte Brise weht. Ein Motorschiff setzt dagegen kunstlos harte Technik: Einen Rumpf, dessen Gestalt containergerecht sein muß und sich den Elementen insoweit nicht einfügt, und einen Motor, der stark genug ist, auch die unförmigste Kiste über das Meer zu treiben, ohne Rücksicht auf Wind und Wellen. Ein Extrembeispiel gewalttätig rücksichtsloser Technik sind Tragflügelboote.

Das Segeln demonstriert in einer nahezu vollkommenen Weise das Leitbild der naturgemäßen Technik, zunächst einmal zu würdigen, was schon da ist: In welcher Welt, wie sie bereits besteht und ihren Wert hat, soll das Ziel verwirklicht werden?, und dann das Ziel in der Würdigung dessen und möglichst im Einklang mit dem, was schon da ist, zu verfolgen. Das Schiff braucht für seine Fahrt ja wirklich nichts als die Energie, welche lokal ohnehin vorhanden ist, wohingegen die Besatzung Nahrungs- und Getränkevorräte mit an Bord nehmen muß. Ich trete damit nicht für das allgemeine Segeln ein, schon gar nicht in der Frachtschifffahrt, wohl aber für das Leitbild, dem hier exemplarisch gefolgt wird. Eigentlich wäre es schade um die zweifellos hohe Intelligenz, die sogar in Autos oder Tragflügelbooten inkorporiert ist, wenn sie weiterhin dem falschen Leitbild folgte.

Das Segeln ist insoweit der Idealfall einer naturgemäßen Technik, als hier und jetzt jeweils nur gerade das gebraucht wird, was hier und jetzt von allein zur Verfügung steht. Natürlicherweise tritt dabei gelegentlich eine Flaute ein, aber es gehört gerade zu den schönsten Erlebnissen beim Segeln, wie sich dann fast unmerklich – als sei es der erste Schöpfungstag – die Stille wieder zur Bewegung entfaltet. Auf einmal ist sie da (exaíphnes), wie im Platonischen „Parmenides" (156d3). Gleichwohl sollen Energiespeicher auch in der naturgemäßen Technik nicht ausgeschlossen sein. Passive Speicher wie Land und Meer sind entscheidend für das Klimageschehen. Die zuvor bereits erwähnten Häuser, die so in ihren Ort eingefügt sind, daß sie sich im wesentlichen von selber klimatisieren und als Heizung nur noch eine Zusatzheizung brauchen, sind energietechnisch eigentlich Wärmespeicher zum Ausgleich der Temperaturschwankungen zwischen Tag und Nacht, Sommer und Winter. Eine besonders schöne Erfindung der naturgemäßen Technik wäre ein Speicher, in dem jeweils lokal ein Teil der Sommersonnenwärme für den Winter aufgehoben werden könnte – so wie es sich die Bürger von Schilda schon gewünscht hatten, als sie das Sonnenlicht in Fässern speichern wollten. Demgegenüber sind durch die billige Energie im wesentlichen nur Einbettungsdefizite, also eigentlich Überlegungsmängel, ausgeglichen worden. Wenn Energie zu billig und unbeschränkt verfügbar ist, wird dies sogar ökonomisch rational. Es ist aber nicht vernünftig, sondern vernünftig wäre es, sowohl einzelne Häuser als auch ganze Städte von vornherein so anzulegen, daß – auch für Verkehrszwecke, wie zuvor bereits gezeigt – möglichst wenig Zusatzenergie gebraucht wird, indem das Hauptziel die Einbettung ist und nicht die Kompensation von Einbettungsmängeln durch billige und beliebig verfügbare Energiemengen.

Ein Energiesystem ist eine technische Einrichtung, welche Energie durch technische Intelligenz in Dienstleistungen verwandelt, z. B. in Licht, angenehme Temperatur- bzw. Wärmestrahlungsverhältnisse in Räumen oder Beweglichkeit. Derartige Dienstleistungen sind es, deretwegen Energie gebraucht wird. Diese selber ist vom Bedarf her uninteressant, hat im Gebrauch aber eine Fülle unerwünschter Folgen hinsichtlich ihrer Wirtschaftlichkeit, internationalen Verträglichkeit, Umweltverträglichkeit und Sozialverträglichkeit.[35] Die Folgen hängen direkt mit der Art und Menge der eingesetzten Energie zusammen, wohingegen ein be-

---

[35] Auf diese vier Bewertungskriterien hat sich die erste Energie-Enquête des Bundestags geeinigt. Vgl. Deutscher Bundestag 1980.

stimmter Dienstleistungsbedarf energetisch auf sehr unterschiedliche Weise und mit verschieden großen Energiemengen gedeckt werden kann. Jede energiebezogene Dienstleistung wird durch eine Kombination von Energie, Kapital, technischer Intelligenz und sonstiger Arbeit zustande gebracht, und die relativen Anteile sind variabel, können sich also insbesondere nach den Preisen und den sonstigen Folgen richten. Hier nun zeigt sich, welche unglückliche Rolle ein niedriger Energiepreis spielt. In der industriellen Wirtschaft sind nämlich die Energiekosten die Grenze, bis zu der es sich lohnt, über den möglichst sorgfältigen, also mit einem Kapital- und Arbeitseinsatz abgestimmten Einsatz von Energie nachzudenken. Bei niedrigen Energiepreisen wird die Grenze, bei der das Denken aufhört, von unten her sehr schnell erreicht, bei hohen Energiepreisen entsprechend später. Zwar kann es sich zufällig so ergeben, daß eine anderweitige Sorgfalt trotz niedriger Preise auch dem Energiesystem zugute kommt, aber damit ist nicht generell zu rechnen.[36]

Es hat ziemlich lange gedauert, bis man in der Wirtschaft gemerkt hat, daß ein steigender Energieaufwand kein Maß des Erfolgs, sondern vielmehr ein Indikator für die mangelnde Intelligenz der jeweiligen Lösungen ist. Dieser Mangel aus der Zeit der niedrigen Energiepreise kommt uns heute teuer zu stehen und verzögert den Übergang zu intelligenteren Lösungen. Kant hatte schon um die Mitte des 18. Jahrhunderts das richtige Gespür dafür. Wenn es Bewohner des Jupiter gäbe, meinte er, so müßten sie von feinerer, leichterer, geistigerer und vollkommenerer Art sein als wir, um mit der dort wesentlich geringeren Sonneneinstrahlung nicht weniger lebendig zu sein. „Denn wir wissen, daß die Wirkung des Lichts und der Wärme nicht durch deren absolute Intensität, sondern durch die Fähigkeit der Materie, womit sie solche annimmt, und ihrem Antriebe weniger oder mehr widerstehet, bestimmt werde" (1755, A 191). Dies war Kants Entdeckung der Energieeinsparung als intelligenter Technik.

Es wäre schön, wenn die Entdeckung, daß es nicht auf die Energie, sondern auf die jeweilige Dienstleistung ankommt, einmal der Wirtschaft insgesamt zugute käme. Die Wirtschaftsprozesse könnten dann viel vernünftiger eingerichtet werden. Demgegenüber kommt es unter den bisherigen Bedingungen in der Regel erst bei hohen Preisen zu intelligenten Lösungen. Diese setzen aber voraus, daß entweder der Staat den Marktpreis korrigiert oder das fragliche Gut erst einmal knapp werden muß, damit der Preis entsprechend steigt. Statt dessen läßt die Natur die Dinge ohne menschliches Zutun nicht erst knapp und teuer werden, um endlich kluge Lösungen zu finden. Wie bereits erwähnt, ist der naturgeschichtlich entwickelte Energieumsatz der Lebewesen von einer aller menschlichen

---

[36] Deshalb ist in den Nachkriegsjahrzehnten trotz fallender Energiepreise der spezifische Energieeinsatz in der Industrie zurückgegangen.

Technik noch um Größenordnungen überlegenen Intelligenz. Wenn wir uns in der Energieversorgung die Erfolge der Naturgeschichte, insbesondere die Photosynthese, zum Vorbild nähmen, könnten durch die photolytische Spaltung von Wasser in Wasserstoff und Sauerstoff, also durch ein Sekundärenergiesystem auf der Basis von Wasserstoff, Energiemengen auch aktivierbar gespeichert werden, soweit dies bei naturgemäßen Energiesystemen überhaupt nötig ist. Von einer naturgemäßen Wirtschaft sind wir noch weiter entfernt als von einer naturgemäßen Energietechnik.

Bei steigenden und auf längere Sicht weiter steigenden Energiepreisen, wie sie der Markt allerdings nur bei fortschreitender Verknappung erzeugt, ist die Nutzung der „Energiequelle Energieeinsparung"[37] eine gute Möglichkeit, zum Leitbild eines naturgemäßen Energiesystems überzugehen. Darunter ist der Ersatz von Energie durch Kapitalinvestitionen und intelligentere Technik zu verstehen, wie er noch auf Jahrzehnte hinaus möglich ist, solange die Intelligenz der bestehenden Energiesysteme den zu niedrigen Preisen der Vergangenheit entspricht. Beispielsweise ist es thermodynamisch nach wie vor nicht sonderlich gut durchdacht, etwa 1000 °C Flammentemperatur aufzubieten, um Heizkörper auf 50 °C oder 60 °C zu erwärmen. Soweit die Marktpreise nicht hinreichend steigen, weil die Knappheit noch nicht groß genug ist, um intelligente Lösungen wirtschaftlich zu legitimieren, gibt es gute Gründe, die Preise durch wirtschaftspolitische Maßnahmen – z. B. im Rahmen einer ökologischen Steuerreform – anzuheben. Höhere Energiepreise sind aber bereits dadurch gerechtfertigt, daß die bisherigen Preise nur die betriebswirtschaftlichen und bei weitem nicht die volkswirtschaftlichen Kosten decken. Denn durch das Waldsterben, gesundheitliche Beeinträchtigungen etc. entstehen der Allgemeinheit Jahr für Jahr Milliardenschäden, welche in die Energiepreise nicht eingehen.

Das falsche, im wesentlichen heute noch geltende Leitbild der bisherigen Energieversorgung war:
– Wir brauchen billige und möglichst unbeschränkt verfügbare Energie, damit wir nach Art der Interplanetarier auf die Einbettung unserer Lebens- und Wirtschaftsweisen in die Natur keine Rücksicht zu nehmen

---

[37] Diese Formulierung ist etwas umstritten. Ich habe sie in einem früheren Buch (1979*) gewählt, weil sie so paradox ist wie das herkömmliche Energiesystem, solange man meint, für die durch Energie erreichten Zwecke gebe es einen Energiebedarf in dem Sinn, daß Energie nur durch Energie zu ersetzen sei, wenn ein Energieträger knapp wird. Demgegenüber wird die Redeweise von der Energiequelle Energieeinsparung sofort verständlich, wenn man weiß, daß es nicht auf die Energie ankommt, sondern darauf, daß Zwecke erfüllt werden; dabei ist Energie in weitem Umfang durch intelligentere Technik, Kapitalinvestitionen sowie gegebenenfalls durch Arbeit zu ersetzen. An Komforteinschränkungen ist dabei nicht gedacht, jedoch sind jahreszeitlich angemessene Kleidung, ein hinreichender Anteil an Strahlungswärme etc. auch eine Frage der intelligenteren Technik.

brauchen, sondern die mangelnde Einfühlung durch den Einsatz von Energie kompensieren können.

Zu dieser Entgrenzung wird tatsächlich Energie gebraucht, und zwar viel. Demgegenüber lautet das Leitbild eines naturgemäßen Energiesystems:

– Jeder Energieaufwand ist nur soweit gerechtfertigt, wie zuvor (a) alles getan worden ist, um die betreffende Einrichtung gut in die Umgebung einzubetten, so daß möglichst gar kein Energiebedarf entsteht (Paradigma: das Segelboot); (b) die Faktoren Energie, Kapital und technische Intelligenz so kombiniert worden sind, daß Knappheiten vermieden werden. Jeder Energiebedarf ist nur ein Restbedarf relativ zu diesen vorgeordneten Zielen.

Für die Deckung des Restbedarfs gewinnt nach dem Leitbild der naturgemäßen Technik die Nutzung der Sonnenenergie eine Priorität vor der fossilen und der Atomkernenergie. Dies gilt aber keineswegs für alle Arten von Sonnenenergietechnik gleichermaßen. An dem einen Ende des Spektrums sehe ich das Segelboot, die passive Solarenergienutzung in der Architektur, die Speicherung von Sommersonnenwärme für den Winter und eine neue Agri-Kultur, am andern Ende zehntausend Quadratkilometer Photozellen in der Sahara. Dazwischen liegen die photolytische Spaltung von Wasser, Windenergie, Wasserkraft und viele Innovationen, die wir noch gar nicht kennen, die aber unsere Wirtschaft insgesamt auf neue Gedanken bringen könnten.

Wolf Häfele hat meines Erachtens richtig gesehen, daß die Energietechnik eine wegweisende Bedeutung für die Entwicklung der industriellen Wirtschaft hat. Er dachte dabei allerdings an die Atomkernenergie, die ich für eine Technik von gestern halte, und zwar unter einem Leitbild, das Züge einer Allmachtsphantasie hat. Ich trete statt dessen nicht in erster Linie für eine bestimmte Technik ein, sondern für ein neues Leitbild, das der naturgemäßen Technik. Wie Häfele aber nehme ich an, daß es weit über die Energietechnik hinaus wegweisend für eine im weiteren Sinn naturgemäße Wirtschaft sein würde. War es die Entgrenzung in der Verfügbarkeit von Energie, durch welche das Wirtschaftswachstum nach dem Zweiten Weltkrieg ermöglicht wurde, so bedürfte es für einen entsprechenden Aufschwung unter dem Leitbild einer naturgemäßen Wirtschaft im wesentlichen nur einer Entgrenzung im bisherigen Wirtschafts-Bewußtsein, d. h. einer Erweiterung des Denkens und der erkenntnisleitenden Wertungen. Es ist einer reichen und gestaltungskräftigen Gesellschaft wie der unseren nicht würdig, zu Lasten der Natur, der Armen unter unseren Mitmenschen und der Nachgeborenen im Wohlstand zu leben. Wer dies für unabänderlich hält, unterschätzt das intellektuelle und moralische Potential der Industriegesellschaft. Oder haben wir es nötig, so zu leben, daß eine Mitweltkatastrophe einträte, wenn die ärmeren Länder im Osten und im Süden sich unsere Wirtschaftsweise erfolgreich zum Vorbild nähmen? Wir sind aufgerufen, den eigenen Selbstwert entsprechend zu bemessen. Falsch war jedenfalls das Menschenbild vieler Ingenieure, die jeweiligen Nutzer seien bereit, um ihrer Bedürfnisse willen so mit den verschiedenen Techniken umzugehen, wie die Erfinder sich dies ausgedacht hatten, nämlich ohne andern zu schaden. Besser wäre es, daß wir uns in der industriewirtschaftlichen Entwicklung nach der Natur des Menschen richten, indem die Menschen sich nach dem richten, was schon da ist.

Wenn die Industrieländer von dem neuen Leitbild ausgingen, daß durch kommerzielle Energie nur noch der jeweilige Restbedarf gedeckt werden sollte, daß also der Einbettung in das Vorhandene, der naturgemäßen Technik und der Optimierung des Restbedarfs gegenüber Kapital und Technischem Ingenium die Priorität gebührt, so würde die industrielle Wirtschaft zumindest in dieser Hinsicht verallgemeinerungsfähig für andere Länder. Es brauchte nicht mehr zu einer ökologischen Katastrophe zu führen, wenn die Länder des Ostens und die der Dritten Welt sich unsere industrielle Wirtschaft mit Erfolg zum Vorbild nähmen. Wenn man nach dem neuen Leitbild nicht mehr primär die Energiemengen im Auge hätte, sondern an die Stelle des Mengendenkens sozusagen die Denkmenge treten ließe, erscheint der angestrebte Übergang zu einer verallgemeinerungsfähigen Wirtschaftsweise auch keineswegs mehr utopisch. Die Frage ist nur, ob wir diesen Weg gehen *wollen* und ob wir uns darüber im Umgang mit Pluralität (Ueberhorst) so verständigen können, daß es auch geschieht. Gelänge dies, so wäre uns wie durch einen Götterboten neuerlich eine Lebensform zuteil geworden, in der Menschen trotz der prometheischen Eigenmächtigkeit Frieden halten könnten.

(c) Nachhaltigkeit in der Zeit

Zur Einbettung menschlicher Lebensräume in das Ganze der Natur gehört, daß wir nachhaltig wirtschaften. Das Konzept der Nachhaltigkeit stammt aus der deutschen Forstwirtschaft des 18. Jahrhunderts (Carlowitz 1713, Hartig 1791) und bezog sich ursprünglich nur darauf, daß einem Wald nicht mehr Holz entnommen werden sollte als nachwächst. Im 19. Jahrhundert zeigte sich, daß die bloße Materialbilanz kein hinreichendes Kriterium zur Waldpflege ist, weil danach auch die ungesunden (krankheitsanfälligen und bruchgefährdeten) Altersklassenwälder und Monokulturen sowie die Abholzung durch Kahlschläge zu rechtfertigen sind. So kam es dazu, daß unter Nachhaltigkeit von einigen Vordenkern bereits vor mehr als einem Jahrhundert im weiteren Sinn die Erhaltung von Lebensverhältnissen verstanden wurde (Gayer 1886). Als Vorbild einer künftigen industriellen Wirtschaft kommt am ehesten der Möllersche „Dauerwaldgedanke" (1922) in Frage, wonach der Wald die Ernte sozusagen „gar nicht merken" (aaO 57) darf, weil sie wie in einem Park mit der laufenden Pflege zusammenfällt, also nur das abfallende Holz regelmäßig entnommen wird. Der Nachhaltigkeitsgedanke hat aber sogar in der Waldwirtschaft die Mehrdeutigkeit zwischen der bloßen Holzmengenerhaltung und der wirklichen Erhaltung des Walds, d. h. der Bewahrung von Lebensverhältnissen behalten. Diese Unklarheit hat sicher zu seinem politischen Erfolg als „sustainable development" (WCED/ Brundtland 1987) beigetragen, belastet ihn jedoch, wenn genauere Bestimmungen kulturellen Handelns gesucht werden.

Mit der Erhaltung von Lebensverhältnissen als dem eigentlichen Ziel der Nachhaltigkeit soll auch hier nicht gemeint sein, daß sich durch Menschen nichts ändert, sondern daß andere Arten von Lebewesen weiterhin ihre eigenen Lebensräume haben und sie nicht nur allenfalls noch in dem unseren finden können. Eigentlich geht es – in einem weiteren Sinn – um die Erhaltung der ‚Gesundheit' der Lebensgemeinschaft. Daß hier nun die Erhaltung oder die Beständigkeit im Zeitverlauf im Zentrum des Interesses stehen, macht das Kriterium der Nachhaltigkeit zu einem zeitlichen Pendant der räumlichen Ansässigkeit. War dort die Einbettung der menschlichen Kultur in den landschaftlichen Raum das Ziel, so geht es hier um die Einbettung in den Fluß der Zeit oder um das rechte Tempo derjenigen Entwicklungen, welche ihr Zeitmaß entweder nicht in sich haben oder von uns nicht in Ruhe gelassen werden.

Kulturelle Prozesse sind keine Fortschritte, sondern lebendige Entwicklungen, und haben dementsprechend ihr eigenes Zeitmaß. Die Zeit, die sie brauchen, kann lang oder kurz sein, aber man muß sie ihnen lassen. Demgegenüber ist der Fortschritt seinem Wesen nach um so größer, je weniger Zeit er braucht, also im Grenzfall am größten, wenn er gar keine Zeit mehr braucht. Wie er das Leben kosten bzw. vermeiden kann, hat Condorcet erfahren. Trotz der Diskrepanz, ob nur die mittlere Holzentnahme pro Zeiteinheit oder das Leben des Walds insgesamt über die Zeit hinweg erhalten bleiben soll, war die Grundfrage der Nachhaltigkeit von Anfang an die des rechten Zeitmaßes im wirtschaftlichen Handeln. Diese Frage ist auch für uns entscheidend. Es ist eine Grunderfahrung des Lebens, daß alles seine Zeit hat, daß man zu früh oder zu spät oder im rechten Augenblick kommen kann, daß man warten können muß und auch nicht zu lange warten darf. Dies gilt im privaten wie im politischen Leben. Im Umgang mit andern Lebewesen zeigt sich, daß auch sie ihre eigene Zeit haben, und dies hat angesichts der Zeitgestalt eines Baum- und Waldlebens dazu geführt, daß die Zeitfrage in der Waldwirtschaft als die der Nachhaltigkeit aufgekommen ist. Demgegenüber suchen wir im Fortschritt die Zeit selbst in die Hand zu nehmen bzw. – im Sinn der Apotheose – Zeitgestalten nur noch nach unserem Entwurf gelten zu lassen.

Daß der Brundtland-Bericht die Frage der Nachhaltigkeit erneut aufgeworfen hat, ist in der Naturkrise der wissenschaftlich-technischen Welt nur zu begrüßen. Notwendig ist aber auch die Wahrnehmung der Mehrdeutigkeit dieses Zielkonzepts. Inzwischen gibt es regionalisierte Studien für einzelne Länder – die Niederlande, Deutschland, Europa[38] –, welche regional belegen, wie die Industriegesellschaften derzeit zu Lasten der Dritten Welt, der Nachwelt sowie der natürlichen Mitwelt leben, und zeigen, was geschehen könnte, um dem ein Ende zu setzen. Dabei kann der Verzicht auf grundsätzliche Erörterungen der praktischen Naturphilosophie zugunsten einer ‚Effizienzrevolution' dazu beitragen, daß die kurz- und mittelfristig bestehenden Spielräume genutzt werden, um die Nachhaltigkeitsdefizite der industriellen Wirtschaft zu vermindern (E. U. v. Weizsäcker 1995). Der damit verbundene Verzicht auf die grundsätzliche Kritik, daß es eigentlich darauf ankommt, der Wirtschaft und den Märkten kulturelle Grenzen zu setzen, enthält aber auch die Gefahr, ohne eine Richtungsänderung weiter in den Abgrund hinabzusteigen, wenn auch mit wesentlich verbessertem Schuhwerk. Im übrigen ist zu bedauern, daß die Nachhaltigkeitsdebatte das Zeitverhältnis, um das es letztlich geht, nicht ausdrücklich zum Thema macht.[39] Ich werde hier in dieser Hinsicht nur zwei Grundsatzfragen nachgehen, der Anpassung an Fehlentwicklungen und der Monetarisierung der Zukunft durch die Verschuldung der öffentlichen Haushalte.

Anpassung an Fehlentwicklungen nach dem Recht des Schnelleren

„Das Tempo einer Veränderung ist oft nicht weniger bedeutsam als die Art der Veränderung", bemerkte der Historiker Karl Polanyi mit Recht (1944, 63). Dafür zu sorgen, daß Veränderungen weder zu schnell noch zu langsam erfolgen, sondern so, daß alle Beteiligten Schritt halten können, ist für eine Regierung vielleicht sogar eine noch größere und schwierigere Aufgabe als die inhaltliche Bestimmung, was sich ändern sollte. Eine zu schnelle Veränderung hat Rousseau einmal in das anschauliche Bild gebracht, man dürfe dem Verletzten das Messer nicht einfach aus der Wunde ziehen, weil er sonst verblute. Zu langsame Veränderungen erleben wir vor allem in der Umwelt- und Wirtschaftspolitik.

Schon lange gibt es das Problem, daß wir nicht hinreichend abwarten, um beurteilen zu können, ob und wieweit technische Neuerungen sich bewähren (Kafka 1989). Christine von Weizsäcker nimmt an, daß es jeweils eine „kritische relative Innovationsgeschwindigkeit" gibt, oberhalb derer es „unmöglich wird, die Innovationsrichtung sinnvoll zu steuern... Wenn nämlich technische Produkte jeweils so schnell ersetzt werden, daß sich die Schwächen und unangenehmen Nebenwirkungen erst zeigen,

[38] Institut für sozial-ökologische Forschung 1993; Friends of the Earth 1995; BUND/Misereor 1996.
[39] Ein umfassendes Projekt „Ökologie der Zeit" ist von Martin Held und Karlheinz A. Geißler (1993/1995) in Angriff genommen worden, verbindet sich aber noch nicht mit den Nachhaltigkeitsstudien.

nachdem sie schon längst durch ein neues Produkt ersetzt wurden, dann ist Technikfolgenabschätzung ad absurdum geführt" (1993, 44). Selbst dort aber, wo ein Produkt noch da ist, wenn zunehmend zweifelhaft wird, ob man sich damit auf dem richtigen Weg befindet, ist ein Herumkurieren an den Symptomen in der Regel einfacher als eine grundsätzliche Neuorientierung. Dadurch ergeben sich Anpassungen an Fehlentwicklungen. Ein besonders markantes Beispiel für diese Denkweise war der legendäre Vorschlag eines langjährigen Bundesforschungsministers, zur Abhilfe gegen das Waldsterben mit biotechnologischen Methoden abgasfeste Bäume zu züchten, statt die Abgase entsprechend zu entgiften oder gar nicht erst entstehen zu lassen. In diesem Fall ist es bei dem absurden Einfall geblieben. Die Umweltpolitik der letzten Jahrzehnte aber ist im wesentlichen nicht viel besser. Man sollte also Bewertungspausen einlegen, bevor eine denkbare Umstellung so teuer wird, daß die neuerliche Anpassung an eine Fehlentwicklung die weitaus einfachste Reaktion geworden sein wird. Roßnagel (1984) hat am Beispiel der Atomkernenergienutzung beschrieben, wie derartige Anpassungen der Weg des geringsten Widerstands sind und sogar Grundrechtseinschränkungen legitimieren, nachdem einmal ein gewisses Ausmaß der wirtschaftlichen Angewiesenheit überschritten ist.

Beispielsweise ist es zu dem motorisierten Individualverkehr im heutigen Umfang nur dadurch gekommen, daß jeder sein Auto gewollt hat, und nicht dadurch, daß wir alle alle die vielen Autos gewollt haben. Hätte diese Entwicklung nicht eine politische Bewertung verdient, als die Zerstörung der Städte durch den Autoverkehr noch nicht irreversibel war? War die autogerechte Stadt keine Anpassung an eine Fehlentwicklung? Gesellschaftliche Überwachungssysteme wären eine entsprechende Anpassung an die Fehlentwicklung der Atomkernenergienutzung gewesen. Dies ist durch Zivilcourage in öffentlicher Verantwortung verhindert worden – in Verbindung mit einer dafür günstigen Bedarfsentwicklung – und ist ein gutes Beispiel für die politische Bewertung der durch eine technische Innovation ausgelösten Entwicklung. Ob die Atomkernenergietechnik aber tatsächlich einmal die erste Innovation gewesen sein wird, die aus Einsicht wieder abgeschafft worden ist, steht noch dahin. Und wie steht es mit dem Fernsehen? Kann es vernünftig sein, Dutzende von Milliarden Mark für die Bildung auszugeben und gleichzeitig dem Fernsehen seinen ‚freien' Lauf zu lassen, ohne zu wissen, ob dies der Allgemeinheit schadet, weil es zur konsumtiven Verdummung beiträgt und dadurch die politische Öffentlichkeit – den Lebensraum der Demokratie – beeinträchtigt? Und welche Anpassungen an Fehlentwicklungen stehen uns sonst noch bevor?

Im Umgang mit dem eigenen Leib wird im allgemeinen angenommen, daß durch die Medizin Krankheiten geheilt werden. Wissen wir aber, welche Krankheiten iatrogen oder generell zivilisationsbedingt sind?

Wieweit ist die bloß naturwissenschaftliche Medizin selbst eine Anpassung an Fehlentwicklungen? Weiß man, wie viele Krankheitserreger nur dadurch entstanden sind, daß Krankheiten unterdrückt worden sind, ihnen also nicht ihre Zeit gelassen worden ist?

Es kommt hier nicht darauf an, ob das Autofahren, die Atomkernenergienutzung, das Fernsehen und die moderne Medizin tatsächlich im wesentlichen Anpassungen an Fehlentwicklungen sind. Die Frage ist vielmehr: Haben wir die Ruhe und nehmen wir uns die Zeit, um überhaupt politisch einen Allgemeinen Willen zu bilden, ob es Fehlentwicklungen sind, an die wir uns durch den technischen Fortschritt nur immer weiter anpassen? Ich meine, diese Zeit sollten wir uns lassen. Ein erfolgreicher Repräsentant der industriellen Wirtschaft heutiger Art hat das Entwicklungsprinzip unserer Gesellschaft in den 8oer Jahren einmal auf die Formel gebracht: Nicht die Großen besiegen die Kleinen, sondern die Schnellen die Langsamen (Eberhard von Kuenheim). In einer ursprünglicheren Formulierung war sogar vom Fressen, nicht nur vom Besiegen die Rede. Dies ist eine richtige Beobachtung einer meines Erachtens falschen Entwicklung. Die Schnelleren sind unter unsern gesellschaftlichen Verhältnissen tatsächlich die Stärkeren. Geht es nicht auch auf den Gütermärkten heute weniger darum, etwas Besseres billiger anzubieten, als etwas Neues in kürzerer Zeit? Das Schnellersein ist das Hauptmittel des Wettbewerbs geworden, wobei der Konkurrenzkampf eine individualistisch desintegrierte Form des alten Fortschrittsglaubens ist. Besonders überspitzt zeigt sich der Vorteil der Schnelligkeit auf dem Geldmarkt.

Das Recht des Stärkeren hat sich also zum Recht des Schnelleren gewandelt. Ist dies aber politisch gut so? Der Teufel hat einen großen Eifer (thymós), denn er weiß, daß er nur wenig Zeit (kairós) hat, heißt es in der Apokalypse Johannis (12,12). Ist es gut für die Allgemeinheit, wenn immer die Schnelleren gewinnen? Sind wir dessen nicht sicher, wird es dann nicht höchste Zeit, daß die Allgemeinheit sich vor den immer schnelleren Einzelnen schützt, indem sie sich die Zeit läßt, welche jene ihr und einander nicht lassen wollen? Dem Recht des Stärkeren ist in einer langen Entwicklung der politischen Kultur die Rechtsgleichheit und schließlich der moderne Rechtsstaat entgegengesetzt worden. Wie begegnen wir dem Recht des Schnelleren?

In der Gen- und Biotechnologie könnte die Anpassung an Fehlentwicklungen nach dem Recht des Schnelleren noch einmal völlig neue Größenordnungen erreichen, wenn die Allgemeinheit ihm auch hier seinen ‚freien‘, d. h. unverantworteten Lauf läßt. Ein in diesem Bereich bereits praktiziertes Beispiel der Anpassung an Fehlentwicklungen ist die Herbizidresistenz von Nutzpflanzen,[40] denn dadurch werden nicht die Nutzpflanzen gestärkt, sondern ihre gesunde Mitwelt geschwächt. In der

---

[40] Vgl. van den Daele u. a. 1994.

Gen- und Biotechnologie verschärft sich das Problem der Anpassung an Fehlentwicklungen grundsätzlich, weil die betroffenen naturgeschichtlichen Entwicklungen viel größere Zeitkonstanten, d. h. einen längeren Atem haben als die industriewirtschaftlichen Prozesse, die zudem nach dem Recht des Schnelleren nun auch noch immer kurzatmiger werden. Statt beispielsweise das Wachstum von Kälbern hormonell zu beschleunigen, sollte umgekehrt durch ihr gesundes und zeitgerechtes Wachstum der Wirtschaft ein Zeitmaß gesetzt werden. Es kommt darauf an, daß wir hier und überall sonst endlich lernen, allem seine Zeit zu lassen und nicht nur die, zu welcher das Recht des Schnelleren uns drängt.

Dem Ausgreifen der Schnelleren zu Lasten der Allgemeinheit müßten also Grenzen gesetzt werden. Sonst könnte es uns so gehen wie einem jener Fischschwärme, zu deren Überlebenskunst es gehört, der plötzlichen Richtungsänderung eines Schwarmgenossen zu folgen, weil dies normalerweise darauf hindeutet, daß der betreffende Mitfisch irgendeine Gefahr wahrgenommen hat. Eines Tages wurde ein im Namen der Wissenschaft hirnamputierter Fisch in den Schwarm gesetzt. „Dieser arme Fisch, der nicht mehr in der Lage war, die Mitfische oder die Meeresgegend wahrzunehmen, der keine ‚Rücksicht‘ nehmen konnte und den keine Widersprüche bremsten, sauste schnell und in einsichtslosem Zickzack durch das Aquarium. Der ganze Schwarm orientierte sich an diesem so überzeugend vorgetragenen ‚schnellsten Prozeß‘" (Chr. v. Weizsäcker 1993, 45). Wir sind nicht weit davon entfernt, es diesen Fischen nachzutun.

Monetarisierung der Zeit

Wenn Zeit Geld ist, entsteht bei unserer Wirtschaftsweise der Grundkonflikt, in jeder gegebenen Situation entweder dem Gelderwerb noch mehr Zeit zu widmen und diese dadurch zu Geld zu machen, oder sie für diejenigen Zwecke zu nutzen, deretwegen man das Geld eigentlich verdienen möchte, sie also dem Leben selbst zu widmen.[41] Die Zeit ist hier wie der Mensch und sein Leben selbst einerseits als Arbeitszeit eine, wie die Ökonomen sagen, menschliche Ressource, andererseits – als die Freizeit, in der man das Erarbeitete genießen möchte – eine Bedingung dafür, daß die Wirtschaftstätigkeit nicht sinnlos wird. Der Konflikt zeigt, wie die kapitalistische Wirtschaft dahin tendiert, das, wozu sie da ist, selbst zum Mittel zu machen, so daß sie tendenziell zu nichts mehr da ist als für sich selbst.

Dabei ist die Einteilung der Zeit des Lebens und damit des Menschen selbst einerseits in einen Produktionsfaktor Arbeitszeit, andererseits in ein Freizeit-Leben nur so aufrechtzuerhalten, daß eines der beiden Zeitverständnisse dominiert. Unter den gegenwärtigen Umständen ist dies in der Regel die Arbeitszeit, relativ zu der die Freizeit ja auch als solche defi-

[41] Vgl. Scherhorn 1995, 147 ff.

niert ist. Arbeit wird dann zu einer Tätigkeit, die über den Lohn einen Konsumenten schafft, welcher das Subjekt der Freizeit ist und diese selbst konsumiert.[42] Der Wirtschaft kulturelle Grenzen zu setzen hieße, dieses Verhältnis umzukehren. Es gäbe dann eigentlich keine ‚Freizeit' mehr, sondern nur noch die Zeit des Lebens selbst, in der aber wesentliche Spannen den Diensten gewidmet werden, durch die Menschen füreinander da sind, und sei es auf die indirekte Weise der Erwerbsarbeit. Wer in diesem letzteren Zeitverständnis arbeitet, ist eigentlich ein Arbeit-Geber, der also seine Arbeit zu einem gemeinsamen Werk beiträgt. Die Innovationsschwäche unserer Wirtschaft dürfte damit zusammenhängen, daß Arbeitnehmer im bisherigen Sinn in den Unternehmen immer noch die größten Chancen haben. Der Wirtschaft wieder einen kulturellen Rahmen zu setzen würde also auch die Unternehmenskultur verändern.

Die Monetarisierung der Zeit beruht in der geschilderten Weise auf der Einrichtung des Arbeitsmarkts und auf der Trennung von Arbeit und Freizeit. In den wenigen glücklichen Berufen, welche diese Dichotomie nicht kennen, existiert das Problem nicht. Die Monetarisierung der Zeit hat aber noch tiefergehende Ursachen als den Arbeitsmarkt, nämlich den Geldmarkt selbst. Zinsen zu nehmen oder zu bezahlen ist eine Vermarktung der Zukunft. Je höher die Diskontierung ist, desto weniger ist uns ein Zukunftsgut heute wert. Um den Preis von Zinsen die Zukunft vermarkten zu können war seit den mittelalterlichen Zinsverboten aus sehr verschiedenen Gründen strittig, jedoch gab es auch immer wieder Dämme, die dafür gesorgt haben, daß manche Fehler vermieden worden sind. Es sieht so aus, daß hier gegenwärtig Dammbrüche stattfinden, die dazu führen, daß wir zunehmend auf Kosten der Zukunft *und* der Vergangenheit leben.

Der Zukunftsverzehr zu Lasten der Gegenwart ist nicht nur ein Problem der kapitalistischen Wirtschaft. Ein beunruhigendes Beispiel ist die Verschuldung der öffentlichen Haushalte. Die Zinsausgaben des Bundes für die aufgenommenen Kredite betrugen 1994 14% der Steuereinnahmen, für die Länder lag diese ‚Zins-Steuer-Quote' zwischen ca. 5% in Bayern und ca. 30% in Bremen und im Saarland.[43] Als Bürger denkt man normalerweise, dieser Verschuldung sei durch das Verfassungsgebot eine Grenze gesetzt, nur maximal so viel Kredit aufnehmen zu dürfen, wie Investitionen erfolgen, so daß den Krediten zumindest der Gegenwert der Investitionen gegenüberstünde. Es ist dem Hamburger Rechnungshof zu danken, in seinem Jahresbericht 1994 gezeigt zu haben, wie dieses Prinzip in der Praxis unterlaufen wird.[44] Der Gegenwert bliebe nämlich nur dann

---

[42] Vgl. Gronemeyer 1993.

[43] Ich bin der Hamburger Finanzbehörde dankbar, mir hier die neuesten Daten überlassen zu haben.

[44] Es versteht sich, daß diese Praxis keine Hamburgische Besonderheit ist. Viel-

erhalten, wenn der Staat entweder (a) die jeweilige Abnutzung der Investitionen Jahr für Jahr abschreiben und von der die Kreditobergrenze bestimmenden Investitionssumme abziehen oder (b) die Kredite im Gleichklang mit der Abnutzung tilgen würde. Es geschieht aber weder das eine noch das andere, so daß Zinsen für die frühere Anschaffung von Gütern bezahlt werden, welche es mit fortschreitender Abnutzung zunehmend gar nicht mehr gibt. Die Güter werden allmählich verbraucht, die Schulden aber werden so verzinst, als seien sie noch da.

Nehmen wir beispielsweise an, ein Kraftfahrzeug werde kreditär finanziert. Nach fünf Jahren wird das Fahrzeug durch ein neues ersetzt. Auch dieses wird kreditär finanziert. Da aber der Kredit für das frühere Fahrzeug weder getilgt noch eine Abschreibung erfolgt ist, werden nunmehr die Zinsen für die kreditäre Finanzierung zweier Fahrzeuge bezahlt, von denen aber nur noch eins existiert. Beim dritten, vierten etc. Mal wird es wieder genauso gemacht. Es könnte auch passieren, daß der Staat ein Schwimmbad durch Kredite finanziert und diese niemals zurückzahlt, sondern immer nur die Zinsen bezahlt, bis schließlich das Bad schon längst wieder abgerissen ist, unsere Nachfahren aber immer noch die Zinsen für die Badefreuden der Vergangenheit sowie für den Abriß zahlen und deswegen vielleicht auf eigene verzichten müssen. Wir leben also im strengen Sinn zu Lasten der Nachwelt. Wenn derzeit die ersten Bäder wieder geschlossen werden, sind wir selbst die Nachwelt derer, die noch etwas davon gehabt haben. Im Bericht des Hamburger Rechnungshofs 1994 ist auch die Summe abgeschätzt, welche Jahr für Jahr an Zinsen für Güter bezahlt wird, die eigentlich schon abgeschrieben sein müßten, weil es sie gar nicht mehr gibt. Es waren siebenhundert Millionen Mark für Anschaffungen aus den letzten zwanzig Jahren, nur für Hamburg – etwa die Hälfte der Zinsausgaben für das betreffende Jahr!

Mittlerweile wird die Notlage der öffentlichen Finanzen so groß, daß auch das beschriebene System – keine Tilgungen oder Abschreibungen vorzunehmen – nicht mehr ausreicht, um einen zumindest scheinbar ausgeglichenen Haushalt vorzulegen. Man versucht es nun mit Einsparungen, die im jetzigen Stadium aber meistens mehr Schaden anrichten, als sie wert sind. Deshalb wird nun zunehmend auch noch auf Kosten der Vergangenheit gelebt, indem wertvolle Unternehmen, welche uns von den Vorfahren im Staatsbesitz hinterlassen worden sind, verkauft oder Staatsbetriebe unter Abschöpfung des Eigenkapitals privatisiert werden, um davon ein paar Monate lang z. B. die Beamtengehälter oder Sozialhilfe bezahlen zu können. Ich halte diese Praxis wiederum für einen Verstoß gegen den Sinn des Verfassungsgebots, das doch wohl eigentlich besagt, laufende Ausgaben seien aus laufenden Einnahmen zu finanzieren. Frag-

mehr hat die Hamburgische Verwaltung das besondere Verdienst, hier erstmals kritisiert zu haben, was überall geschieht.

würdig ist es auch, wie es nun obendrein geschieht, Staatsbetriebe z. B. hohe Darlehen aufnehmen zu lassen, die nicht im Haushalt erscheinen, deren Risiko aber der Staat trägt. Ein anderer Trick ist die private Vorfinanzierung öffentlicher Aufgaben. Hier wird z. B. für Bauvorhaben in privater Regie eine Zusage gegeben, sie künftig aus öffentlichen Mitteln zu übernehmen. Dies sind ebenfalls unbezahlte Rechnungen zu Lasten der Zukunft.

Daß „hinter der staatlichen Neuverschuldung in großem Ausmaß eine konsumtive Verwendung der Mittel steht", hat auch die Deutsche Bundesbank kritisch beobachtet (1996, 63). Die meisten Industrieländer sind deshalb für ihre Investitionen mittlerweile sogar auf Kapitalimporte angewiesen, statt ihrerseits Ersparnisüberschüsse in die Länder abzugeben, in denen das Kapital eigentlich gebraucht würde.

Die staatliche Finanzpolitik zeigt, wie wir uns nicht mehr an die Zeit gebunden fühlen, in der unser Handeln steht, soweit wir bereits seßhaft geworden sind. Der Fehler ist hier nicht allein, zu Lasten der Zukunft und der Vergangenheit zu leben, sondern er wird schon dort gemacht, wo wir uns über die Zeit hinwegsetzen, die uns gegeben ist. Der Staat, um den es hier freilich nur beispielhaft geht, hat auch sein Maß der Zeit, und es steht ihm nur an, in der jeweiligen Gegenwart dem Gang der Dinge entsprechend zu handeln, sich aber nicht dem Maß der Zeit zu entziehen. Ein Staat, der so handelt, verliert die Legitimation, Nachhaltigkeit in der Wirtschaft zu verlangen. Daß die Wirtschaft dieses Prinzip verletzt, liegt auf der Hand, daß aber auch der Staat es tut, ist gerade deshalb doppelt verwerflich.

(d) Würde der natürlichen Mitwelt

Die Einbettung des menschlichen Handelns in Raum und in Zeit sind Grundbedingungen dafür, daß wir das steinzeitlich kluge Konzept der Seßhaftigkeit schließlich doch noch verwirklichen und nach der kopernikanischen Herausforderung auf diesem Planeten heimisch werden. Daß wir uns dazu geeigneter Mittel einer naturgemäßen, das Mitsein in der Gemeinschaft der Natur nicht verletzenden Technik bedienen, ist gleichermaßen eine entscheidende Voraussetzung des Seßhaftwerdens. Was jetzt noch fehlt, ist die positive Anerkennung der natürlichen Mitwelt in ihrer jeweiligen Natur oder in ihrem Eigenwert und Eigensinn relativ zum Ganzen der Natur. Die Kriterien Ansässigkeit, naturgemäße Technik und Nachhaltigkeit sind weitgehend daran orientiert, die bisherigen Fehler in Zukunft nicht mehr zu machen. Jetzt geht es um den eigentlichen Kern, angesichts dessen wir sie unserer Natur nach in Zukunft nicht mehr machen wollten. Wie im Prometheus-Mythos können uns Sittlichkeit und Recht dazu verhelfen, den Frieden in der Gemeinschaft der Natur zu finden, Sittlichkeit jedoch im Sinn von Aidós, Scham und Achtung, nun verstanden als Achtung vor der Würde der Dinge und Kreaturen in ihrem Gewordensein. Ich verbinde mit den allgemeinen Überlegungen wiederum ein besonderes Beispiel, wie die Würde der Kreatur in einem bestimmten Handlungszusammenhang zu wahren ist, in der Ernährung.

Würde und Gewordensein

Im mitweltlichen Zusammenhang ist jedes Sein ein Gewordensein. Nicht nur unser Dasein insgesamt ist geschichtlich, sondern auch jedes Individuum ist durch Bildung im Mitsein geworden, was es ist. Die Gegenwart der Vergangenheit, welche das Gewordensein besagt, ist der Raum dessen, was im eigentlichen Sinn unter Würde zu verstehen ist.[45] Der Ausdruck hat im heutigen Sprachgebrauch etwas Feierliches, sozusagen selbst allzu Würdiges. Diese ‚Verfeierlichung' des Ausdrucks führt jedoch – wie in vielen andern Fällen auch – dazu, daß die Sache, um die es dabei geht, aus dem Blick gerät. Dies gilt bei der Menschenwürde weniger hinsichtlich derjenigen der Betroffenen als derjenigen der Akteure, d. h. für die Verletzungen der eigenen Menschenwürde, die dadurch erfolgen, daß man andere unwürdig behandelt. Wer z. B. ein Tier quält, direkt oder indirekt im Fleischkonsum, verletzt damit zumindest insoweit die Menschenwürde, als es des Menschen unwürdig ist, Tiere zu quälen.

Wieweit nichtmenschliche Lebewesen oder Dinge der natürlichen Mitwelt eine eigene Würde haben, ist strittig. Der Gedanke, daß die Würde mit dem Gewordensein zusammenhängt, bewährt sich aber zumindest bei einer Gruppe von Dingen, nämlich bei Kunstwerken. Denn wodurch unterscheidet sich eine Replik vom Original? Nehmen wir an, die Reproduktionstechnik wäre so weit entwickelt, daß schlechterdings kein Unterschied zwischen beiden mehr festgestellt werden könnte. Nehmen wir weiter an, beide würden beschädigt. Das Original unterschiede sich dann immer noch erstens durch die Vorgeschichte. Sie „gehört zur Sache!", wie die des Zerbrochenen Krugs bei Kleist: „Den Krug erbeutete sich Childerich, / Der Kesselflicker, als Oranien / Briel mit den Wassergeusen überrumpelte. / Ihn hatt' ein Spanier, gefüllt mit Wein, / Just an den Mund gesetzt, als Childerich / Den Spanier von hinten niederwarf, / Den Krug ergriff, ihn leert' und weiter ging" (7. Auftritt). Zweitens ist die Vorgeschichte für den Restaurator ein Argument, das Orginal ‚in Würde altern' zu lassen. Demgegenüber bliebe hinsichtlich der Replik, soweit sie nicht inzwischen auch eine Vorgeschichte hat, lediglich zu überlegen, ob die Reparatur der Beschädigung teurer wird als die Herstellung einer neuen Replik. Was das Original von der Replik unterscheidet, darf wohl füglich die Würde seiner Gewordenheit genannt werden. Man braucht sich dann nicht mehr auf die ‚Aura' eines Kunstwerks zu berufen, um auch im Zeit-

---

[45] Ein etymologischer Zusammenhang besteht meines Wissens nicht.

alter der technischen Reproduzierbarkeit von Kunstwerken noch einen Unterschied zwischen Original und Replik geltend machen zu können. Zu würdigen wissen wir das Gewordensein vielleicht noch am ehesten bei Gebrauchsgegenständen, wenn sie uns am Herzen liegen.[46] Von allen Dingen die liebsten sind mir die gebrauchten, heißt es in einem Gedicht von Brecht. Entwürdigend ist demgegenüber die Konsumhaltung, das Neue sei immer das Beste. In einer kultivierten Wirtschaft würden alle Dinge so entworfen, daß sie reparabel sind, wenn an ihnen etwas kaputt-geht, also auch langlebig, wie von Walter Stahel seit langem vorgedacht (1993). Nur so gewinnen sie mit der Zeit an Würde. Je nach dem Gang ihrer Produktion braucht diese Steigerung auch nicht bei Null zu begin-nen, wenn ein Gebrauchsgegenstand neu ist. Das Design ist in diesem Fall, wofür der Industrie-Designer Stefan Lengyel eintritt, wirklich das Gewissen eines Produkts. Hat es ein gutes Gewissen, so blickt es seinen Nutzer sozusagen von innen her an, nicht durch ein bloß aufgesetztes Gesicht. Derartige Ansprüche können sich nicht nur die Wohlhabenden leisten, denn die billige Massenware ist meistens nicht preiswert, und es sind die Reichen, die daran verdienen.

Man sieht auch, wie sich Natur und Geschichte in der Kultur gegen den Konsum verbünden. Es ist ja gerade die geschichtsbewußte Achtung des Gewordenseins, die wir den Dingen und Lebewesen der Natur in der Unkultur des Konsums verweigern. Denn was spricht beispielsweise ge-gen Tragflügelboote, Wasser-Motorräder etc.? Es ist für mein Gefühl die Respektlosigkeit, in der hier mit dem Meer umgegangen wird – mit dem Meer, das ich fürchte und liebe, dessen Wogen „mit grimm'gem Unver-stand" tosen, wie es in einem Kirchenlied heißt, sich aber auch zum erha-bensten Ausdruck der Gerechtigkeit glätten können, das Meer, das unter dem Himmel in Pflanzen, Tieren und Menschen lebt, aus dem alles Leben einmal hervorgegangen ist, auf dem Odysseus gefahren ist und Melville geschrieben hat – über dieses Meer heben sie sich hinweg, ohne dabei et-was anderes zu spüren als die Gewalt und den Lärm ihrer Motoren. Wenn dies alles in einem mit Wasser gefüllten Betonbecken stattfände, würde mich nur der Lärm stören. Ist es also nicht die Würde des Geworden-seins, die hier verletzt wird? „Hat man sich nicht ringsum vom Meere umgeben gesehen, so hat man keinen Begriff von Welt und von seinem Verhältnis zur Welt", schrieb selbst Goethe – der hier keine persönlichen Bindungen hatte und gewiß ein Binnenländer war – nach seiner ersten Seereise an die Weimarer Freunde (HA XI 230f.).

Ein persönliches Verhältnis hatte Goethe zu Steinen. Hier empfand er die Würde des Granits als die „des ältesten, festesten, tiefsten, unerschüt-

---

[46] Daß es auch für diese Dinge einen Markt gibt, so daß sie z. B. auf Auktionen von einem Liebhaber zu einem andern übergehen können, ist ein tröstliches, wenn auch relativ geringes Gegengewicht gegen die Konsumwirtschaft.

terlichsten Sohnes der Natur" (LA I 11, 11), wohingegen Kant in seinen ‚kritischen' Jahren gemeint hatte, die Dinge hätten Preise und nur der Mensch habe eine Würde (1785*, A 77). Ich wüßte nicht, wo Goethe ausdrücklich auch von der Würde des Lichts gesprochen hätte, empfunden und gewahrt aber hat er sie ganz gewiß. Vor einigen Jahren erschien in einer italienischen Zeitung zu seinem Geburtstag ein Bericht, der die besonderen Lichtverhältnisse in Goethes Wohnhaus mit der Sensibilität eines Südländers, der das Licht im Norden sucht, würdigte.[47] Mir geht es so, daß ich es bereits als eine Undankbarkeit und Verletzung der Würde des Himmelslichts empfinde, es mit künstlichem Licht zu mischen, tagsüber bei künstlichem Licht zu leben oder nach Sonnenuntergang einen Raum so zu beleuchten, daß keine Schatten entstehen.

Was die Pflanzen und Tiere angeht, so wurde in der Schweiz durch die Volksabstimmung vom 17. Mai 1992 ein Zusatz zum Artikel 24 der Bundesverfassung angenommen, wonach „der Mensch und seine Umwelt... gegen Mißbräuche der Fortpflanzungs- und Gentechnologie geschützt" werden sollen. Dem Gesetzgeber wird aufgetragen, dazu in bestimmter Weise sowohl für den Schutz der Menschenwürde zu sorgen, als auch der „Würde der Kreatur" Rechnung zu tragen, und zwar sowohl der Würde der Tiere als auch der der Pflanzen. Biotechnologische Entwicklungen in Deutschland ebenfalls daraufhin bewerten zu sollen, wieweit sie die Würde der Kreatur verletzen, wäre ein großer Schritt zur Rekultivierung unseres Umgangs mit der natürlichen Mitwelt. Ich denke z. B. an

– Tomaten, die jetzt gentechnisch so manipuliert werden können, daß sie nicht welken, also nicht mehr so alt aussehen können, wie sie sind (und nunmehr reif zu ernten sind, so daß sie besser schmecken). Wenn Menschen einer Behandlung unterzogen würden, die ihr Älterwerden nicht mehr sehen ließe, würden wir das junge Gesicht eines alten Menschen als unangemessen und wohl auch als eine Verletzung der Menschenwürde empfinden. Verstößt es aber nicht gleichermaßen gegen die Würde der Tomate, äußerlich ewig jung aussehen zu sollen?
– Kälber, denen neuerdings ein gentechnisch produziertes Enzym injiziert werden kann, mit dem sie unter Streß – also z. B. beim Transport zum Schlachthof – kein Streßhormon mehr ausschütten können, so daß das Fleisch der geschlachteten Tiere nicht mehr nach diesem Hormon schmeckt. Kommt nicht noch hinzu, daß die Kälber beim Viehtransport sozusagen nicht mehr leiden, ohne an den Transportbedingungen auch nur das Geringste verändern zu müssen? Wie aber verträgt es sich mit der Würde des Menschen und mit der Würde der Kreatur, diese un-

---

[47] Giampiero Comolli in l'Unità vom 28. August 1995: „Un chiarore limpido, morbido, delicatamente pervasivo, che proviene non solo dalle finestre ingentilite con tendaggi candidi e radiosi, ma che pare effondersi dalle pareti dipinte con pitture diverse per ogni ambiente."

würdig zu behandeln und sie darunter obendrein nicht einmal mehr leiden zu lassen?

– Bäume, die von eigentlich ganz wohlmeinenden Menschen mit Elektroden gespickt werden, um an ihnen elektrische Potentialdifferenzen abzugreifen und diese über einen Zufallsgenerator in Wortsalate zu verwandeln, die man manchmal nach dem ersten Anschein für Gedichte halten könnte (Kerner 1992).

– Menschenaffen, denen – weil Menschen anscheinend zu dumm sind, um ihre Sprache zu lernen – zugemutet wird, Englisch zu lernen, und die dann auf irgendeinem Gerät radebrechen, was sie schon alles sagen können. Menschen gewinnen dadurch einerseits ein Gefühl von Brüderlichkeit, andererseits die deutliche Bestätigung ihrer Überlegenheit, wesentlich besser Englisch zu sprechen, als selbst der klügste Affe es vermag.

Die Beispiele zeigen, wie gefährdet die Würde der Kreatur und die des Menschen nicht nur aus wirtschaftlichen Gründen sind. Ich finde die Verletzung der Würde des Baums und der Affen, einen Teil ihres Lebens in menschlichen Worten ausdrücken zu sollen, sogar fast noch stärker als die der Kälber und Tomaten, weil Affe und Baum ausgerechnet dadurch in ihrem Mitsein mit uns erfahren werden sollen. Ähnlich ergeht es vielen Haustieren. Solange uns dieser Humanegoismus zu Herzen geht, ist die Anpassung an Fehlentwicklungen immerhin noch nicht vollendet.

Ernährung

Die Würde der Kreatur wird nicht erst durch anthropozentrische Kommunikationsversuche und die neuere Biotechnologie gefährdet, sondern das rechte Verhältnis zum Gewordensein der natürlichen Mitwelt beginnt bereits in der Ernährung. Wenn wir es mit der Würde der Kreatur ernst meinten, sollten wir ihres Schutzes zunächst einmal dort gedenken, wo fast jeder Bürger der Industriegesellschaften sie mehrmals täglich selbst verletzt, nämlich beim Essen. Diese Verletzung liegt nicht schon darin, daß wir überhaupt andere Lebewesen, die unsere naturgeschichtlichen Verwandten sind, aufessen. Wir gehören so sehr zur Natur, daß auch wir nur von anderm Leben leben können. Nicht einmal der Vegetarier weiß hier einen Ausweg, denn Pflanzen sind zwar andere Lebewesen als Tiere, aber sie sind gleichermaßen Lebewesen. Da das Leben von anderm Leben eine Bedingung unserer Existenz ist, wäre es falsch, dies als eine Verfehlung zu empfinden und alle Nahrung sozusagen immer nur widerwillig in sich hineinzumuffeln, weil man damit schon wieder Schuld auf sich lädt. Die eigentliche Frage ist statt dessen, *was wir dafür schuldig sind*, daß wir uns von andern Lebewesen ernähren, schuldig wiederum in dem ganz unemphatischen Sinn dessen, was unsere Gegengabe dafür ist, daß wir etwas empfangen. Nach den vorangegangen Überlegungen lautet die Antwort auf die gestellte Frage in allgemeiner Form: Wir schulden dem Ganzen der Natur, das zu wollen, wofür wir gut sind, d. h. Kultur. Dieser Kultur bedarf es zunächst in der Ernährung selbst.

Beim Essen wird Vergangenheit gegenwärtig. Mit jedem Bissen erneuern wir das naturgeschichtliche Band der Gemeinschaft der Natur, denn: „Wir nähren uns von dem, aus dem wir stammen" (Ex quibus enim sumus, ex illis nutrimur; Nikolaus von Kues, JS II=III.437). Vergegenwärtigt wird beim Essen aber nicht nur das stammesgeschichtliche Gewordensein, sondern gleichermaßen die Individualgeschichte der Lebewesen, die uns nun zur Fortsetzung unseres individuellen Gewordenseins Kraft geben sollen. Mit andern Worten: Die Tierquälerei kommt mit auf den Tisch, wenn Fleisch aus der Massentierhaltung gegessen wird. Und wenn das Futter dieser Tiere z. B. aus Brasilien stammt, kommt auch die Abholzung des Regenwalds durch die armen Leute mit auf den Tisch, die ihr Auskommen unter den gegebenen, durch die Futtermittelexporte nach Europa stabilisierten Eigentumsverhältnissen in Brasilien sonst nicht finden könnten. Wer vegetarisch lebt oder Fleisch und Eier etc. aus artgerechter Tierhaltung ißt, braucht in der Regel nicht ganz so weit zu denken. Mit auf den Tisch kommt aber in jedem Fall, wie die Kühe, Schafe, Ziegen und Hühner gehalten werden, von denen Milch, Butter, Käse und Eier stammen. Außerdem wird angesichts der Tierquälerei in der Massentierhaltung in der Regel die Pflanzenquälerei übersehen, die darin liegt, daß Pflanzen genauso in Massen gehalten und ‚produziert' werden wie Tiere. Es wird Zeit, auch der Pflanzenquälerei zu gedenken und Pflanzen aus artgerechter Haltung in der Ernährung ebenso den Vorzug zu geben wie Tieren.

Ob wir die Würde der Kreatur, Tier oder Pflanze, die wir auf dem Teller haben, verletzen, indem wir diese verspeisen, hängt also zunächst vom individuellen Werden dieser Kreatur ab. Wenn sie ihrer Art gemäß gelebt hat, bevor sie geschlachtet oder geerntet wurde, dürfen wir sie essen. Den höheren Preis für Milch, Eier, Fleisch und Gemüse aus artgerechter Haltung zahlen wir dann aber nicht, weil diese Lebensmittel für uns gesünder sind oder besser schmecken, sondern um des besseren Lebens der Tiere und Pflanzen willen bzw. damit wir nicht um den Preis der Tier- und Pflanzenquälerei Geld sparen. Daß sie besser schmecken, kommt sozusagen gratis hinzu. Zumindest beim Fleisch braucht ein höherer Kilopreis nicht einmal zu bedeuten, daß insgesamt mehr Geld auszugeben ist, denn der Verbrauch pro Kopf liegt hierzulande – mit leicht sinkender Tendenz – bei etwa einhundert Kilogramm Lebendgewicht pro Jahr, Säuglinge und Vegetarier inbegriffen. Ein Drittel davon ist Abfall, gegessen wird also fast ein halbes Pfund pro Person und Tag. Wenn das Fleisch aus artgerechter Tierhaltung pro Kilogramm doppelt so viel kostete wie das aus der Massentierhaltung und dafür durchschnittlich nur noch ein Viertelpfund pro Tag gegessen würde, lebten alle gesünder, niemand brauchte mehr auszugeben und die Tiere könnten gelebt haben, bevor sie geschlachtet werden.

Jenseits der Vorgeschichte, die mit auf den Tisch kommt, schulden wir den Tieren und Pflanzen, von denen wir leben, zunächst einmal Dankbarkeit und Freude für die Kraft, die sie uns geben. Wir drücken dies am besten dadurch aus, daß wir sie nicht mit schlechtem Gewissen hinunterwürgen, sondern sie so festlich zubereiten, wie wir es vermögen. Hier werden sicherlich auch alle die gern dabeisein, welche den Respekt vor der Würde der Kreatur sonst eher für übertrieben halten. Wirkliche Eßkultur aber kann es in einem System des Konsums und der Tier- und Pflanzenquälerei nicht geben, denn sie läßt sich nicht auf die Küche beschränken. Einerseits gehört die Vorgeschichte dazu, und andererseits kommt es darauf an, was wir mit der Kraft anfangen, mit der die andern Lebewesen in uns wieder aufleben. Wir werden unserer Schuldigkeit beispielsweise ganz gewiß nicht gerecht, wenn wir mit dieser Kraft dafür sorgen, daß andere Lebewesen gleicher Art in Zukunft nicht mehr (gut) leben können, bevor sie geerntet oder geschlachtet werden. Dem Fisch also, der aus dem noch lebendigen Meer kommt, und dem Meer selbst, das in ihm lebt, bin ich über die festliche Zubereitung hinaus schuldig, die empfangene Kraft mit dafür einzusetzen, daß es auch in Zukunft noch Fische in einem lebendigen Meer geben kann. Dem Meer und dem Fisch und allem, woraus ich bin, schulde ich zu wollen, wofür ich gut bin. Nur unter dieser Bedingung darf ich mir nehmen, was für mich gut ist, durch Agri-Kultur und eine den Bedingungen der Kultur zu unterwerfende Wirtschaft. Sonst darf ich es nicht. Sonst dürfen wir es nicht.

Philemon und Baukis zu den Vier Kriterien

Ist das alles nicht nur in einem andern Weltbild als dem naturwissenschaftlich-technischen möglich? Und steht die herrschende ökonomistische Rationalität dem nicht ganz entgegen? Ich kann beide Fragen grundsätzlich nur bejahen. Ist es dann aber nicht ganz sinnlos, sich derartige Gedanken zu machen, mit denen man zwar den Trost der Denkbarkeit einer besseren Welt, aber keinerlei Hoffnung verbinden kann, dieser je etwas näher kommen zu können? Ich hätte dieses Buch nicht geschrieben, wenn ich auch hierzu Ja sagen würde. Ohne Hoffnung bin ich nicht. Etwas anderes wäre es, optimistisch zu sein, daß schon alles wieder gut wird. Ich halte diese Wahrscheinlichkeit für gering und deshalb jeden Optimismus in der jetzigen Krise für fahrlässig. Hoffnung aber ist die Bedingung dafür, daß es trotz der geringen Wahrscheinlichkeit doch noch zum Besseren kommt. Ich bin deshalb nicht optimistisch und gleichwohl nicht ohne Hoffnung. Wir *wissen* nicht, ob alles tatsächlich so bös' endet, wie es aussieht. Wir stehen nicht außerhalb der Krise, sondern mittendrin, und da hat man keinen Überblick. Zu meinen: Auf uns kommt es nicht mehr an, denn es ist ja doch nichts mehr zu retten, wäre entgegengesetzt gleich falsch und sogar dieselbe Hybris wie die Haltung: Nur auf uns kommt es an! In beiderlei Richtung machen wir die Rechnung ohne den Wirt. Daß es *nicht nur* auf uns ankommt, bedeutet überhaupt nicht, daß es *gar nicht* auf uns ankommt. Fast hoffnungslos wäre die Lage nur dann, wenn wir letzteres meinten, also resignieren und keine Hoffnung mehr haben würden. Seien wir also zwar nicht optimistisch, aber doch guter Hoffnung, daß sich noch etwas ändern kann und es dabei auch auf uns ankommt!

Die in Naturwissenschaft und Technik wie in der Wirtschaft und Wirtschaftswissenschaft herrschende Rationalität ist unvernünftig geworden. Sie ist historisch nicht so alt, daß sie nicht auch relativ rasch wieder verschwinden könnte, aber sie ist jetzt noch stark, und sie ist die herrschende. Gleichwohl ist sie unvernünftig geworden, und dadurch wird sie langsam schwach. Die Akteure in Wirtschaft und Politik bemühen sich, das Steuer um so fester in die Hand zu nehmen, aber es greift nicht mehr. Sie fühlen zunehmend nur noch das Steuer selbst. Dadurch werden sie unsicher. Dies ist die jetzige Situation. Wir stehen in der Krise. Es mag sein, daß Schmerz und Unsicherheit noch wesentlich zunehmen werden, bevor etwas geschieht. Darin ein Heilmittel zu sehen aber verrät eine Autoritätssehnsucht nach einer strafenden Übermacht, die ich nicht teile. Dieses Buch ist geschrieben, um möglichst rechtzeitig zu überlegen, wie die Katastrophe noch zu vermeiden wäre. Ich kenne keine Katastrophe, beispielsweise weder die Französische noch die russische Revolution, durch welche Menschen etwas gelernt hätten, was nicht wesentlich besser anders hätte gelernt werden können. Um die Katastrophen vermeiden zu *wollen*, muß man sie sich aber vergegenwärtigen. Entsprechende Szenarien sind dazu eine Möglichkeit. Eine andere, die vielleicht eher zu Verhaltensänderungen führt, ist es, Katastrophen von Haltungen zu beschreiben – derjenigen Haltungen, welche maßgeblich dafür waren, daß wir in die Krise geraten sind. Katastrophen von Haltungen sind Schicksale, und dafür sind die Dichter zuständig. Goethe hat die Haltungen, die nun zusammenbrechen, gleich zu Beginn des Zeitalters der Industrialisierung klar erkannt. Im „Faust" ist schon geschildert, wie es ausgeht. Ich brauche daran nur zu erinnern. Dabei gibt es aber auch Lichtblicke. Den ersten verdanken wir Ovid und Goethe gemeinsam in der Geschichte von Philemon und Baukis, die Goethe in Fausts Tod gespiegelt hat, den zweiten, mit dem ich schließe, Goethe allein.

Als die Götter noch auf Erden wandelten, baten eines Abends Zeus und Merkur um Obdach für die Nacht. Tausendmal wies man sie ab, da sie in Menschengestalt nicht nach Göttern aussahen. In einem kleinen, nur mit Stroh und Schilf gedeckten Häuschen aber wurden sie aufgenommen und gastlich bewirtet. Dort lebten Philemon und Baukis, arme Leute, die nun auch schon alt waren, und boten den Gästen, was sie nur hatten: ein warmes Bad, ein weiches Lager in sauber geflickten Tüchern, einen Kohlkopf aus dem Garten und ein Stück Fleisch aus dem lange gesparten Schweinerücken, außerdem Eier mit Gemüse als Vorspeise und vielerlei Früchte zum Nachtisch. Zu alldem gab es Wein in einem silbernen Krug. Diesen nun sahen sie, sooft die Becher gefüllt wurden, „sich wieder füllen von selbst, als wachse der Wein im Gefäß nach". So hat Ovid die Geschichte erzählt (Met. VIII 626–724) und Goethe sie gekannt.

Philemon und Baukis erkannten an dem sich wieder füllenden Krug, wer ihre Gäste waren, erschraken und entschuldigten sich für die allzu einfache Bewirtung. Obendrein wollten sie nun auch noch ihre einzige Gans schlachten, damit es ein richtiges Festmahl würde. Flügelflink aber entwischte diese den beiden Alten, die nicht mehr so gut auf den Beinen waren, immer wieder und suchte schließlich Zuflucht bei den Göttern. Diese entschieden, das Tier solle am Leben bleiben, und baten Philemon und Baukis, ihnen auf den Berg zu folgen, da die Ungastlichkeit der andern Menschen nun ihre Strafe finden müsse. Wie sie von oben zurückblickten, sahen sie in den Fluten versunken der Stadt ungastliche Häuser. Eines nur stand, das gastlich den Göttern gewesen, und wie sie noch staunen „nimmt die Hütte, die alte, die selbst ihren Herren schon klein war, / an eines Tempels Gestalt: Das Gebälk zu stützen, erwachsen / Säulen, das Stroh glänzt auf, von Gold erschimmert der Dachstuhl...". Zum Schluß gewähren die Götter ihren Gastgebern noch einen Wunsch. Philemon bespricht sich mit Baukis „und gibt den Göttern bekannt als beider Entschließung: / ‚Priester zu sein, euer heiliges Haus als Hüter zu pflegen, / ist unser Wunsch, und wie wir durchlebt unsre Jahre in Eintracht, / möge die selbe Stund' uns entraffen, daß nie ich die Urne / meiner Gemahlin muß sehn, noch sie mich im Hügel soll bergen'" (aaO 700–710). So ist es dann auch gekommen. Zuerst dienten sie den Göttern in ihrem neuen Haus, und schließlich starben sie gemeinsam. Sterbend verwandelten sie sich in zwei Bäume, die dort noch lange beieinander standen, Philemon in eine Eiche und Baukis, „die Zärtliche", in eine Linde.

Die beiden Alten wußten, wo es auf sie ankam und daß es nicht nur auf sie ankam. Sie machten nicht den Fehler der Fischersleute im Grimmschen Märchen, nur immer mehr haben zu wollen und nicht zu wissen, was sie dafür schuldig sind. Schon daraus können wir für die Zukunft der Industriegesellschaft, soweit sie reicht, etwas lernen, was für unsere wirtschaftliche Praxis wichtiger ist als alles, was derzeit als praktisch gilt. Philemon und Baukis wußten, wofür sie gut waren, und ihr Wunsch war nicht, etwas zu haben, sondern für etwas da zu sein und zu sorgen, für den Gottesdienst in ihrem so schön gewordenen Haus. Im „Faust" wird die Geschichte nun aber in eine Katastrophe gespiegelt.

Fausts Tod ist Goethes Bild dafür, welches Ende es mit der Hybris des modernen Menschen nimmt, sei es mit der banalisierten Hybris der Konsumgesellschaft oder mit der ihr vorausliegenden religiösen des Faustschen Denkens. Warum konnte Faust Philemon und Baukis nicht ertragen? Sie wurden ihm zum Schicksal. Der fünfte Akt des II. Teils, in dem Faust stirbt, ist wie eine Spiegelung der Ovidischen Erzählung angelegt. Ein Wanderer besucht Philemon und Baukis, die ihm früher einmal Obdach gegeben haben, als er in Seenot gewesen und bei ihrer Hütte ans Land gespült worden war. Schon damals waren sie alt gewesen (Vs. 11054), wie bei Ovid. Der Wanderer ist ein Bote aus früherer Zeit, als die Götter dort einkehrten und die Hütte ein Tempel wurde. Jetzt verläuft die Geschichte aber gerade umgekehrt. (1) Damals wandelte sich die Hütte zum Tempel, und die Häuser rundherum verschwanden, und zwar durch eine Überschwemmung; jetzt ist alles gegen Überschwemmung – das Meer – gesichert, und die Hütte wird verschwinden. (2) Dem Götterboten-Gast verschlägt es die Sprache: Er ist nur noch stumm dabei, nachdem er gesehen hat, was sich hier inzwischen zugetragen hat, und wird schließlich erschlagen, als er das Haus gegen die Eindringlinge verteidigt. (3) Für Philemon und Baukis erfüllt sich wie früher der Wunsch, gemeinsam zu sterben, aber nun werden sie umgebracht. „Das Paar hat sich nicht viel gequält, / vor Schrecken fielen sie entseelt", berichtet Mephisto (Vs. 11362 f.). (4) Zu Bäumen werden sie diesmal nicht; die Bäume, auf die Faust es abgesehen hatte, sterben in den Flammen und begraben das Kirchlein unter sich, „als wäre zwischen Bim und Baum / das Leben ein verschollner Traum" (Vs. 11267 f.). An ihrer Statt will Faust sich einen Luginsland bauen lassen, „Um ins Unendliche zu schaun" (Vs. 11345).

Faust weiß bzw. hört die beiden Alten „läuten, knien, beten / Und dem alten Gott vertraun" (Vs. 11141 f.). Er fürchtet alles, was er nicht beherrscht. Dies ist das Schicksal des Tyrannen, der nur dann ruhig schlafen kann, wenn in seinem Reich nichts geschieht, was er nicht gewollt oder zumindest zugelassen hat. Faust fürchtet vor allem die Götter, weil sie den Tod in der Hand haben, mit ihnen aber auch „die Alten droben", wobei die alten Götter wohl mitgemeint sind, auch um ihretwillen sollen Philemon und Baukis weichen (Vs. 11239). Als sie tot sind, ist er mit sich in der – wie bei Kant – nach seinem Entwurf hervorgebrachten Welt allein und sieht außen nur noch Leere.

Dergestalt erblindet steigert Faust seine Anstrengungen zu einem – entsprechend blinden – Aktivismus: „Vom Lager auf, ihr Knechte! Mann für Mann!" (Vs. 11503). Die Szene erinnert auffällig an den in Goethes „Pandora" von Prometheus gleichermaßen im Dunkel ausgerufenen „Tag vor dem Tage" (Vs. 157). Dieser Anklang begann bereits mit dem atemlos-zackigen Versmaß der „drei gewaltigen Gesellen", als sie ihren Wachstumserfolg vermeldeten (Vs. 11189 ff.; vgl. Pandora Vs. 168 ff.) und setzt sich nun im Chor der Lemuren fort, die vergessen haben, warum an sie der Ruf geschah, und darin neuerlich dem „Wohin, wohin? / Wir fragen's nicht" der Prometheischen Krieger ähneln (Pandora Vs. 910 f.). Die Lemuren graben Faust sein Grab, während er sich am Geklirr der Spaten ergötzt und in der totalitären Euphorie stirbt, hier würde freien Menschen freier Grund erschlossen, ein paradiesisch Land, während draußen die Fluten rasen. Es war aber nur sein eigenes Grab.

So endet Goethes Spiegelung der Geschichte von Philemon und Baukis, wie er sie von Ovid kannte. Fausts Seele wird dennoch erlöst. Sein Schicksal ist „vollbracht" (Vs. 11 593), es war nicht nur das seine. Wir aber haben dieses Schicksal nun vor Augen, das Faustsche und das der Alten droben, die ihm weichen sollten. Die Welt, in der dieses Drama durch Goethe einmal vollbracht ist, unterscheidet sich von der, die sie zuvor war. Wir können sehen, wie es ausgeht. Was ist es, das wir nun wissen, und wie leben wir damit?

Faust wollte besitzen, was die Welt an Lust und Macht und Gütern zu bieten hat. Er hat dies in großem Stil getan; unsere Konsumgesellschaft ist dagegen Massenware, der Fehler aber ist derselbe. Philemon und Baukis haben es anders gehalten. Sie wünschten sich eine Aufgabe: für etwas gut zu sein, indem sie dafür sorgten. Nun sind sie umgebracht, und wir können nicht einfach hinter den „Faust" zurück. Könnten wir in Zukunft diesseits des „Faust" zu einem Wollen-wofür-wir-gut-sind zurückfinden? Mehr irdische Hoffnung als im „Faust" läßt Goethe uns dazu in dem früheren Stück, das hier schon mit angeklungen ist, in der „Pandora".

Es ist das Stück der Brüder Epimetheus und Prometheus, die – das Problem zwischen sich – entgegengesetzt gleich falsche Wege gehen. Epimetheus ist der kompensatorisch kultivierte Ästhet, der von dem Krieg gegen die Natur lebt, den die andern führen, und auch selbst sofort zum Militaristen wird, als sein eigenes Haus brennt (Vs. 875 ff.). Das Verhältnis der Brüder ist so, als habe Goethe eine Kritik der Ritter-Marquardschen Kompensationsthese schreiben wollen. Prometheus ist der Aktivist, der diesen Krieg in einer durch nächtliche Fackeln erfolgten Aufklärung führt. Nach Verwicklungen, die seinen Sohn Phileros und Epimetheus' und Pandoras Tochter Epimeleia betreffen, endet das Stück damit, daß es Tag wird. Der Tag vor dem Tage, den Prometheus vor der Zeit als den Fortschritt ausgerufen hatte und dessen weltumspannender Fortgang mittlerweile in die Naturkrise der wissenschaftlich-technischen Welt geführt hat, ist abgegriffen. Der Fortschritt ist eine Frage der rechten Zeit. Die Welt erblüht in Eos' Morgenrosen (Vs. 1026). Eos ist das Tor oder die Grenze zwischen Licht und Dunkel, durch das die Sonne morgens als die täglich neue Verheißung aufgeht und abends untergeht (Ovid, Met.VII 706). Aus dieser Grenze, die – anders als die Faustsche – nichts ausgrenzt, entstehen der Tag und die Nacht im geordneten Wechsel.

Am Schluß des Stücks, auf den es hier ankommt, bleibt Prometheus allein mit Eos. Die Festlichkeit, in der der Sonnentag seinem Tag vor dem Tage ein Ende macht, freut ihn nicht. Er will lieber wieder an die Arbeit, denn „des echten Mannes wahre Feier ist die Tat" (Vs. 1045). Eos aber läßt ihn erleben, was ohne ihn geschieht, und das ist ihm vollends zuwider. Nicht einmal den Sohn, der sich nach einem Streit mit ihm ins Meer gestürzt hat, darf er selber retten. Der neue Tag ist das Fest der göttlich elementaren Verbindung von Phileros und Epimeleia. Liebe und Fürsorge im rechten Maß der Zeit, mit der Sonne, treten ihren Namen nach mit ihnen an die Stelle der Väter, von denen der eine zu früh, der andere zu spät kam. Mit ihnen kann das Leben neu beginnen, so wie einst mit Deukalion und Pyrrha, den einzigen Menschen, welche die Große Flut überlebt haben und die ebenfalls Prometheus' Sohn und Epimetheus' Tochter waren (Ovid, Met. I 313–415). Auch in dieser Morgenröte konnte wieder lieben, was erst auseinanderfiel (HA II 83).

Welches Geschehen soll Prometheus nun zulassen? Eos beschreibt, was sich aus der Grenze zwischen Nacht und Tag entfaltet, und es ist so, als entfalte es sich aus ihrem und der Sonne gestaltendem Blick. Sie sieht Phileros von den „beseelten Wellen" (Pandora, Vs. 1022) umspielt, das Meer ist also mit ihm, und ihrer ist der „wonnevolle Überblick" über seinen göttlichen Aufgang als ein Anadyomen, gleich Aphrodite. Phileros erscheint mit den Zeichen des Dionysos, denen des neuen Weltalters: „den Thyrsus in den Händen / Schreitet er heran ein Gott. / Hörst du jubeln? Erz ertönen? / Ja des Tages hohe Feier, / Allgemeines Fest beginnt" (Vs. 1038–42).

Aus den Fluten schreitet Phileros her, aus den Flammen – ihres Vaterhauses – tritt Epimeleia. „Sie begegnen sich, und eins im andern / Fühlt sich ganz und fühlet ganz das andre. / So, vereint in Liebe, doppelt herrlich, / Nahmen sie die Welt auf" (Vs. 1055–58). Nicht die Welt nimmt sie auf, sondern hier ist es umgekehrt. Mit ihnen und in ihrer Liebe lebt eine neue Welt auf. Und wie dies geschieht, senket „Gleich vom Himmel / ... Wort und Tat sich segnend nieder, / Gabe senkt sich, ungeahndet vormals" (Vs. 1058–60). Sie nehmen sich nichts, und sie brauchen sich nichts zu nehmen, sondern ihnen wird gegeben.

Dies geht nun auch Prometheus ans Herz, und er tadelt die Rohheit des Konsumgeschlechts, das nur dem heut'gen Tag frönt und „Faßt, was ihm begegnet, eignet's an sich, / Wirft es weg, nicht sinnend, nicht bedenkend, / Wie man's bilden möge höhrem Nutzen. / ... Möchten sie Vergang'nes mehr beherz'gen, / Gegenwärt'ges, formend, mehr sich eignen, / Wär' es gut für alle; solches wünscht ich" (Vs. 1067–76). Auf diese letzten Worte des sich wandelnden Titanen gibt Eos ihm wie uns allen ihren Segen, mit dem das Stück schließt und mit dem Goethe 1830 auch seine Gesamtausgabe letzter Hand hat schließen lassen:

> „Fahre wohl! du Menschenvater. – Merke:
> Was zu wünschen ist, ihr unten fühlt es;
> Was zu geben sei, die wissen's droben.
> Groß beginnet ihr Titanen; aber leiten
> Zu dem ewig Guten, ewig Schönen,
> Ist der Götter Werk; die laßt gewähren." (Vs. 1081–86)

Wie erleben wir diesen Morgen fast zwei Jahrhunderte nach Goethes Stück? Zunächst einmal stehen wir da wie Prometheus, dessen Fackeln nur noch rauchen und im Sonnenlicht verblassen. Auf diese Aufklärung über die Aufklärung sind wir immer noch nicht gefaßt. Goethe aber läßt uns in den Morgen zurücksteigen, in dem sich aus der Grenze von Hell und Dunkel die Hoffnung entfaltet hat, die in der Renaissance am Beginn unserer Epoche stand. Es war die Vision einer geistig und politisch offenen Welt, in der eine erwachsen werdende Menschheit ihren Ort nicht schon hat, sondern allererst findet.

Goethe hat die Ambivalenz des neuzeitlichen Aufbruchs – die Krise, in welche die Naturgeschichte mit uns geraten ist – im „Faust" und in der „Pandora" erfaßt. Der Aufbruch ist damit aber nicht gescheitert. Vielleicht kann er sogar erst gelingen, wenn die Tragik der Ambivalenz erkannt ist und Eos uns aus der Grenze von Nacht und Tag in einen neuen Morgen hineinführt. Die Götter gewähren zu lassen war ihr letztes Wort. Damit ist nicht gemeint, sie in Ruhe zu lassen, so wie man jemand in seinem Tun gewähren, d. h. weitermachen läßt, was er gerade macht. Weitermachen können die Götter auch ohne uns. Das Gewähren, das wir den Göttern lassen sollen, damit sie mit uns weitermachen können, liegt vielmehr zwischen dem Wünschen und dem Geben der vorangegangenen Zeilen. Was zu wünschen ist, wir fühlen es. Was zu geben ist, die Götter wissen es. Sie sind es, die gewähren, welche unserer Wünsche durch ihr Geben erfüllt werden. Wir sollen zu empfangen bereit sein, was die Götter gewähren, und nicht haben wollen, was sie nicht gewähren. Somit endet das Stück mit der Aufforderung: Nehmt nur, was euch gewährt ist! Was uns gewährt ist, empfangen wir als Gabe, d. h. in Dankbarkeit und in der Bereitschaft zur Gegengabe. Die Fischersleute haben dies nicht gewußt oder sich nicht daran gehalten. Die Konsumgesellschaft tut es auch nicht, denn ihr Nehmen ist kein Empfangen. Sie sieht dabei nicht in den Spiegel und versucht, sich durch das Bezahlen der Dinge von ihrer Schuldigkeit freizukaufen, wobei noch nicht einmal der Preis stimmt. Würden wir die Dinge, mit denen sich unsere Wünsche erfüllen, als gewährt empfangen und die Gegengabe nicht mehr durch Geld abgelten wollen, sondern durch unser Wollen, wofür wir gut sind, so könnten wir vielleicht immer noch in einer Industriegesellschaft leben, aber nicht mehr als Konsumgesellschaft.

Politisch philosophischer Epilog

> Was wir erfahren, zeigt sich ohne Sinn, weil
> wir uns selber längst vergessen.
> *Günter Kunert (Achtzeiler, 1990)*

Hesiod hat zu Beginn der „Werke und Tage" den fruchtbaren von dem zerstörerischen Wettbewerb unterschieden. Unsere Wirtschaft war einmal so gemeint, daß der Wettbewerb fruchtbar sein sollte, so daß das Ganze dessen, was geschieht, dadurch mehr würde als die Summe der Einzelaktivitäten. Nun aber ist das Ganze weniger als die Summe der Teile und die Gesellschaft zerfällt, weil die Individuen zu Lasten der Allgemeinheit wirtschaften. Dabei wäre es eigentlich ziemlich klar, was vernünftigerweise geschehen müßte. Die Lösungen sind im wesentlichen bekannt. Warum aber wird keine von ihnen verwirklicht? Hat eine Regierung nicht die Aufgabe, das Allgemeinwohl vor der Schädigung durch Partikularinteressen zu bewahren? Die Antwort lautet paradoxerweise: Ja, wenn es eine Regierung gibt, dann hat sie diese Aufgabe. Aber es gibt in unserm Gemeinwesen keine solche Regierung. Was so aussieht, ist im wesentlichen eine symbolische Veranstaltung, und auch dies nur von begrenzter Qualität.

Subjektlose Herrschaft

Ich erinnere an das Grundkonzept des modernen Rechtsstaats in der politischen Philosophie des 17. und 18. Jahrhunderts. Was damals vor allem erkämpft werden mußte, waren Grund- und Freiheitsrechte des Einzelnen gegenüber den Inhabern der Staatsmacht. Um diese Rechte zu gewährleisten, sollte (1) ein von den Bürgern gewähltes Parlament die Regierung kontrollieren, (2) die Regierung dafür sorgen, daß das geschieht, was dem Allgemeininteresse dient, soweit es nicht von allein geschieht, (3) die Verwaltung vollziehen, was die Regierung nach ihren Befugnissen entscheidet, und (4) eine unabhängige Gerichtsbarkeit Kompetenzüberschreitungen und Ordnungsverstöße in der Machtausübung sanktionieren können. Dies war ein klares Konzept sowohl zur Ausübung als auch zur Begrenzung politischer Macht. Heute mangelt es an beidem. Wo Macht ausgeübt werden sollte, geschieht es – wie die angeführten Beispiele zeigen – im wesentlichen nicht, und wo sie ausgeübt wird, geschieht es nicht in der gebotenen Begrenzung. Soviel ich sehe, erfüllt allenfalls noch eine einzige unserer verfassungsmäßigen Einrichtungen ihre eigentliche Aufgabe.

(1) Man kann dem Bundestag und den Länderparlamenten schwerlich zu Recht attestieren, daß sie die von ihnen gewählten Regierungen in ihrer Machthabe kontrollieren. Dies liegt aber nicht oder allenfalls teilweise an einer besonderen Unfähigkeit unserer Volksvertreter, sondern daran, daß sich die Abgeordneten der jeweiligen Regierungsparteien im wesentlichen im Vorhof der Regierung sehen, von deren Macht zu profitieren gedenken und sie deshalb gegen die parlamentarische Kontrolle abschirmen. Die eigentliche Aufgabe des Parlaments suchen demgegenüber im wesentlichen die Abgeordneten der Opposition wahrzunehmen. Diesen aber wird ihre Aufgabe außer durch ihr Minderheitendasein gegenüber der Mehrheit der ‚Regierungsfraktionen‘ noch dadurch erschwert, daß die Verwaltung es bei der zunehmenden Kleinteiligkeit der Vorgänge hervorragend versteht, sich gegen die parlamentarische Kontrolle abzuschirmen. Die Parlamente werden ihrer Kontrollaufgabe deshalb selbst beim besten Einsatz der Oppositionsabgeordneten nicht gerecht. Vielleicht fehlt es sogar noch an den Kategorien einer die gegenwärtigen Verhältnisse hinreichend umfassend durchschauenden politischen Theorie, mit denen man überhaupt einen Überblick über das, was geschieht, behalten könnte.

(2) Die Regierungen haben selbst aber auch nicht unter Kontrolle, wofür sie formell verantwortlich sind, weil alle wesentlichen Entscheidungen entweder in der Verwaltung oder in der Wirtschaft fallen. Im Normalfall wünschen sich die Minister geradezu, Entscheidungen so eingefädelt zu wissen, daß es im bestehenden Machtgefüge ‚keinen Ärger gibt‘, so daß sie möglichst nichts zu entscheiden brauchen; denn wo immer es ‚Ärger‘ gibt, gefährdet dies über die Parteien auch ihre Position und damit ihren jeweiligen persönlichen Besitzstand. Regierungen bestehen deshalb zunehmend einesteils aus Gleichgewichtskünstlern, welche sich immer wieder obenauf zu halten verstehen, und werden anderteils von Schauspielern übernommen, welche in der Rolle des verantwortlich handelnden Politikers zu tun scheinen, was auch ohne sie geschähe. Beide Talente können sich auch verbinden, wobei als die fähigsten Politiker in dieser „subjektlosen Herrschaft"[1] diejenigen erscheinen, welche die Rolle des entscheidungsstarken Willensmenschen am überzeugendsten spielen. Von einer Regierung im eigentlichen Sinn der politischen Philosophie des modernen Staats kann dabei keine Rede mehr sein. Denn der Gedanke war ja, daß Regierungen auf begrenzte Zeit Verantwortung für das ganze Land übernehmen und Entscheidungsmacht bekommen, um diese wahrzunehmen, also nicht in erster Linie darauf zu sehen, daß sie sich bei einer Mehrheit nicht unbeliebt machen.

---

[1] Ich übernehme diesen schönen Ausdruck von Kurz (1993). Er könnte auch aus einem systemtheoretischen Kontext stammen.

(3) Die Verwaltung vollzieht immer weniger den politischen Willen der Regierung, ganz zu schweigen von dem der Öffentlichkeit, soweit sich in dieser überhaupt ein Wille bildet. „Planungsnormen oder Generalklauseln mit unbestimmten Rechtsbegriffen verpflichten daher die Verwaltung nur noch auf allgemeine Zielvorgaben, überantworten ihr die Problemlösungen im Einzelfall und erwarten von ihr eine strategische Rechtsfortbildung entlang den gesellschaftlichen Problemfronten ... Die Abwägungen der Verwaltung können von den Gerichten nicht mehr nachvollzogen werden... Das ‚öffentliche Interesse‘ kann nicht mehr ‚vollzogen‘ werden" (Roßnagel 1982, 255 f.). Die Verwaltung vollzieht statt dessen im wesentlichen den Willen, den sie sich selber gebildet hat, um „entlang den gesellschaftlichen Problemfronten" die Stabilität zu wahren. Aus ihrer Sicht bedeutet dies in erster Linie, ihre eigene Macht zu erhalten. Dazu gehört einerseits das hoheitliche Gebaren, den Bürger auch dort ‚Anträge‘ stellen zu lassen, wo er eigentlich Aufträge erteilt, andererseits im Interesse des Steueraufkommens – das ihre Existenzgrundlage ist – die Sorge für das Gedeihen der Wirtschaft, auch wenn zu Lasten der Allgemeinheit gewirtschaftet wird. Umgekehrt braucht auch die Wirtschaft die Verwaltung, um die Friktionen zu glätten, die sich zwischen den gegensätzlichen Interessen derer ergeben, die alle das Ihre im wesentlichen nur für sich tun. Zumindest in den internationalen Beziehungen wird dies ganz ungeschützt zugegeben. So sieht die Bundesregierung beispielsweise eine der Hauptaufgaben des Auswärtigen Diensts in der Förderung der Außenwirtschaft, und der Bundesverband der Deutschen Industrie weiß dies dankbar anzuerkennen: „Noch nie haben sich die deutschen Vertretungen im Ausland so für die Belange der deutschen Wirtschaft eingesetzt" (Süddeutsche Zeitung, 21. Oktober 1995).

(4) Die wirtschaftlichen und sonstigen gesellschaftlichen Partikularinteressen ergeben, so wie sie durch die Verwaltung arrangiert werden, die eigentlichen Bestimmungsgründe für den Gang der Politik und die Bewegung der korkengleich immer möglichst obenauf schwimmenden Regierungen. Ein typisches Bild dafür ist, wie bei den öffentlichen Anhörungen im Rahmen von Genehmigungsverfahren die Verwaltung und die Wirtschaft ihren zuvor gemeinsam gebildeten politischen Willen einträchtig gegen die Öffentlichkeit und ihre politischen Repräsentanten verteidigen.

(5) Lediglich die Justiz entspricht noch einigermaßen dem Grundkonzept des modernen Rechtsstaats, soweit dies trotz des Versagens der andern Einrichtungen möglich ist. Vor allem in den Prozessen hinsichtlich der Genehmigung von Atomkernkraftwerken hat sie bewiesen, daß sie die Verwaltung punktuell und mit großer Mühe doch noch kontrollieren kann. Dies gilt freilich keineswegs für alle Gerichte gleichermaßen. Das Bundesverfassungsgericht spielt eine besondere Rolle, weil ihm aus den zuvor genannten Gründen von seiten der Politik immer wieder Entschei-

dungen in politischen Grundsatzfragen zugeschoben werden, an denen unsere politischen Einrichtungen versagen, von der Autonomie der universitären Ordinarien über den Schutz des Ungeborenen im Mutterleib bis hin zu den Auslandseinsätzen der Bundeswehr. Die populistischen Reaktionen auf das Kruzifix-Urteil und das über die Meinungsfreiheit hinsichtlich der Bewertung des Soldatentums zeigen aber auch, wie gefährlich es für die Justiz ist, sich für politische Entscheidungen in Anspruch nehmen zu lassen.

Ich will mit dieser kritischen Bestandsaufnahme nicht sagen, daß wir unter der Maske des Grundgesetzes von einer Verschwörung aus Verwaltung und Wirtschaft regiert werden, sondern ich sehe auch unter den dortigen Entscheidungsträgern kaum jemand, der in einem hinreichend weiten Horizont wüßte, was er tut und warum. Daß das Gemeinwohl dabei nicht weiter beachtet wird, ist keine Frage des bösen Willens, sondern es fällt den Verantwortlichen sozusagen gar nicht auf, wie unsere Gesellschaft zerfällt, indem die einzelnen Wirtschaftssubjekte – wie in Abschnitt V.2 gezeigt – zu Lasten der Allgemeinheit leben. Die Frage ist also nicht nur, ob unsere politische Verfassung noch zeitgemäß ist, sondern ob wir, so wie wir da sind, unter den gegenwärtigen Verhältnissen überhaupt noch eine politische Verfassung haben. Offenbar bestimmen die Prinzipien der politischen Philosophie des 17. und 18. Jahrhunderts heute nicht mehr den politischen Prozeß.

Verhältnisse wiederherstellen zu wollen, in denen die Regierung regiert, das Parlament kontrolliert und die Verwaltung den Willen der Regierung vollzieht, wäre aber wohl auch kein Ausweg, denn die jetzige politische Wirklichkeit hat die Verfassung unterlaufen und bietet kaum eine Chance, diesen Prozeß rückgängig zu machen. Die Beteiligten haben daran unter vier Augen zwar oft ein mehr oder weniger starkes Unbehagen, dieses artikuliert sich aber nicht öffentlich als ein gemeinsames. Die Situation erinnert an den ‚Naturzustand' bei Hobbes, aber ich sehe keinen Leidensdruck zur Neubildung einer politischen Gemeinschaft, auf die es eigentlich ankäme, um den Zerfall aufzuhalten und die Allgemeinheit nicht nur vor den Partikularegoismen zu schützen, sondern regelrecht zu regenerieren. Uns fehlen also nicht nur die der Industriegesellschaft angemessenen staatlichen Institutionen, sondern es mangelt sogar an dem politischen Bewußtsein, in dem sich ein allgemeiner Wille zur staatlichen Erneuerung bilden könnte.

Wie entsteht politisches Bewußtsein? Als ich einmal eine Zeitlang Minister in einer deutschen Landesregierung war, habe ich mich gelegentlich gefragt, wie ich meiner Lebensaufgabe wohl eher gerecht würde: entweder durch die praktische, in der Regel nicht gerade erfreuliche, aber doch auf bestimmte Wirkungen ausgerichtete Tätigkeit in dem politischen Amt oder als Professor, in der Lehre und durch meine Bücher. Als eines Tages eine Entscheidung zum Schutz von Bäumen das Kabinett, dem ich angehörte, ziemlich glatt passierte, wurde mir klar: Für diese Entscheidung, die jetzt kaum noch einer Begründung bedurfte, hätte ich vor zehn Jahren gegen Wände geredet. Man hätte mir entgegengehalten, daß es höchst ehrenwert wäre, in meinem Sinn zu entscheiden, ,der Wähler' dies aber nicht honorieren würde. Daß es diese Widerstände nun nicht mehr gab, lag am Wandel des allgemeinen Bewußtseins, den auch Parteien und Regierungen mitvollziehen oder zumindest respektieren. Wenn das aber so ist, dachte ich mir damals, erreiche ich vielleicht doch mehr, indem ich mich wieder direkt an der Entwicklung des Bewußtseins in der Öffentlichkeit beteilige. Eine verlorene Wahl gab mir dazu alsbald wieder die Gelegenheit. Ist mittlerweile aber nicht sogar die Bewußtseinsentwicklung hinsichtlich unserer Naturzugehörigkeit ziemlich zum Stehen gekommen?

Hindernisse der politischen Verständigung auf einen Allgemeinen Willen

Erfolge können sich in Mißerfolge verkehren, wenn nicht rechtzeitig bemerkt wird, daß sie weit genug erreicht sind, um keinen Vorrang vor andern Zielen mehr zu verdienen. So ist es dem Liberalismus ergangen. Als in Europa der moderne Rechtsstaat errungen wurde, war das Hauptziel der Schutz des Einzelnen vor den Übergriffen der Staatsmacht. Der ursprüngliche Sinn und der große Erfolg der Durchsetzung von Grundrechten war es, dem einzelnen Bürger einen Freiraum zu sichern, in dem der Staat ihm nichts anhaben konnte. Wenn ich mich beispielsweise in die Welt Wilhelm von Humboldts zu versetzen suche, in der er 1792 seine „Ideen zu einem Versuch, die Gränzen der Wirksamkeit des Staats zu bestimmen" geschrieben hat, so würde ich dem Ziel der Beschränkung der Staatsmacht für jene Zeit unverändert eine Priorität geben. Als Schüler orientierte ich mich an der damaligen Situation und war ein begeisterter Liberaler. Heutzutage aber leben wir jedenfalls hierzulande unter grundlegend veränderten Bedingungen. Zwar ist es überhaupt nicht gelungen, den Umfang der Staatstätigkeit auch nur im entferntesten so zu beschränken, wie Humboldt es sich wünschte. Obwohl der staatliche Anteil an der deutschen Wirtschaftsleistung bzw. am Sozialprodukt mittlerweile fast die Hälfte erreicht hat und der Staat zu Lasten der Allgemeinheit wirtschaftet, verbinden sich damit für den Einzelnen im wesentlichen aber doch nur Ärgernisse und keine wirklichen Gefährdungen der Privatsphäre. So viele gute Gründe es also gibt, den Umfang der staatlichen Aktivitäten vermindern zu wollen, wozu es vor allem einer politisch mündigeren Wirtschaft bedürfte, ist das damalige Ziel darunter hierzulande nur noch von nachgeordneter Bedeutung. Trotzdem scheint uns die – vor zweihundert Jahren wahrhaft vordringliche – Sorge um die Sicherung der Privatsphäre nach wie vor tief in der politischen Seele zu sitzen.

Bis heute nämlich richten wir, wenn es um das Verhältnis privater und öffentlicher Interessen geht, unsere politische Aufmerksamkeit in erster Linie darauf, die Autonomie des Einzelnen nicht durch staatliche oder gesellschaftliche Bevormundungen gefährden zu lassen.

Es liegt mir fern, auch hierzulande die grundsätzliche Gefährdung der liberalen Gesellschaftsordnung durch Notstandsgesetze oder durch Initiativen wie den Großen Lauschangriff, den besonderen Ehrenschutz bestimmter Berufsgruppen, durch mangelnden Datenschutz etc. nicht zu sehen und nicht ernst zu nehmen. Ich finde es jedoch verkehrt, gegenüber diesen – selbstverständlich weiter im Auge zu behaltenden – Ausläufern der Sorgen, die vor zweihundert Jahren vordringlich waren, zu übersehen, daß das entgegengesetzte Problem mittlerweile die viel größere Aufmerksamkeit verdient. Ich meine die Gefährdung der Allgemeinheit durch die allzu autonom gewordenen Einzelnen, wie ich sie im Abschnitt V.2 beschrieben habe. Vergleicht man die öffentliche Aufmerksamkeit, welche den genannten Anläufen zur Einschränkung der individuellen Autonomie zuteil wird, mit der für die Tatsachen, daß

– ein Drittel der im motorisierten Individualverkehr zu Tode kommenden Menschen ‚Dritte‘ sind;
– das Wirtschaftswachstum auf der Zerstörung der Lebensverhältnisse in Natur und Gesellschaft beruht und nur noch zur Bereicherung der Einzelnen führt;
– unser Wohlstand durch die Klimaveränderung etc. die Lebensbedingungen in der Dritten Welt zerstört, oder
– der Staat in einer rechtlich höchst fragwürdigen Weise zu Lasten der Allgemeinheit in Vergangenheit und Zukunft wirtschaftet,

so finde ich diese Themen erstens schwerwiegender und zweitens in der öffentlichen Diskussion bei weitem unterrepräsentiert. Indem wir hinsichtlich des Verhältnisses von Individuum und Gesellschaft unsere Aufmerksamkeit noch immer auf die weitgehend gelösten Probleme des 17. und 18. Jahrhunderts konzentrieren, entgeht uns, daß die Verteidigung der Allgemeinheit gegen die Autonomie der Individuen längst zum viel größeren Problem geworden ist.

In der politischen Öffentlichkeit der USA gibt es eine geradezu ostentative Fixierung auf Belanglosigkeiten, um die eigentlichen Lebensfragen nicht anzurühren. Ich denke an Privatangelegenheiten in Wahlkämpfen, die offensichtlich symbolischen Auseinandersetzungen über ‚political correctness‘ oder den Umstand, daß es dort als geradezu kriminell gilt, eine Zigarette zu rauchen, nicht aber den hunderttausendfachen Schaden anzurichten und das Leben der Mitbürger entsprechend stärker zu gefährden, wenn man Auto fährt. In Deutschland sind wir von diesem Grad der Absurdität noch relativ weit entfernt. Gleichwohl habe ich den Eindruck, daß die wirklich großen politischen Fragen – wie die der Gefährdung der Allgemeinheit durch die allzu autonomen Einzelnen und den

Staat – auch bei uns verdrängt werden. Obwohl die politische Kultur hierzulande bei weitem nicht so verzerrt ist wie in den USA, gibt es insgesamt ein deutliches Ungleichgewicht zugunsten der unwesentlichen, aber nach herkömmlichen Kategorien bekannten und lösbaren Probleme. Für die wesentlichen, aber schwierigen Aufgaben bleibt dann sozusagen keine Zeit mehr, denn auch Aufmerksamkeit ist eine knappe Ressource.

Ebenso ist es im politischen Prozeß. Die Politik ist dadurch, daß sie die wesentlichen Fragen ausklammert und sich mit den unwesentlichen rastlos beschäftigt, ziemlich unpolitisch geworden (Erhard Eppler). Die politische Szenerie erinnert sehr an das Verhalten, das Konrad Lorenz einmal an zwei Hunden beobachtete, die sich durch einen Gartenzaun wütend anzubellen pflegten. Wie sie dabei hin und her rannten, gerieten sie eines Tags an eine Stelle, wo ein Stück Zaun zur Ausbesserung herausgenommen war, so daß sie hier wirklich aufeinander hätten losgehen können. Die beiden Hunde wurden durch diese Chance derart in Schrecken versetzt, daß sie nach einer kurzen Entsetzenspause sogleich wieder dorthin zurückliefen, wo der Zaun noch stand, und dann in gewohnter Weise aufeinander einbellten. So ähnlich erleben wir es ständig in der Politik, wenn die eigentlich notwendigen Auseinandersetzungen zugunsten einer positionellen (Ueberhorst 1985) oder bloß symbolischen Politik unterlassen werden.

Unter den vier genannten Themen, deren Vernachlässigung ich besonders bedaure, ist freilich eines, das seit längerer Zeit eine öffentliche Aufmerksamkeit gefunden hat. Ich meine die Energiekontroverse, die ja auch schon bestanden hat, bevor die Einsicht hinzugekommen ist, daß die Klimaänderung durch die Nutzung der fossilen Energieträger vor allem der Dritten Welt schadet. So wie es diesem Thema einmal in der öffentlichen Diskussion, zum andern in der politischen Wahrnehmung ergangen ist, könnte es also auch mit den andern Themen kommen.

Der Verlauf der Energiedebatte ergab zunächst die beruhigende Erfahrung, daß es hierzulande noch eine politische Öffentlichkeit gibt, welche eigenständig politische, also das Gemeinwohl betreffende Fragen entdecken und sehr qualifiziert erörtern kann. Ich meine die Tatsache, daß mit allen technischen Entwicklungen Vorentscheidungen verbunden sind, wie wir in Zukunft leben werden, politische Entscheidungen also, die den bloß technischen Experten weder überlassen noch zugemutet werden dürften. Geistes- und sozialwissenschaftliche Experten haben teilweise das Ihre getan, um die politischen Dimensionen technischer Entwicklungen so zu entfalten, daß die Öffentlichkeit sich ein politisches Urteil bilden konnte, wie wir auf diese oder jene Weise leben würden.[2] Was aus

[2] Ein Beispiel war das von der Bundesregierung geförderte Forschungsprojekt „Die Sozialverträglichkeit verschiedener Energiesysteme" (zusammengefaßt in Meyer-Abich/Schefold 1986).

diesem guten und sehr demokratischen Anfang, den zunächst die Bürgerinitiativen gemacht haben, dann in der institutionellen Politik geworden
ist, kann aber leider keineswegs als eine entsprechende Bewährung der
bestehenden Politikformen angesehen werden. Denn im Handlungsbe-
reich hat es bisher im wesentlichen nur Verhinderungserfolge gegeben,
obwohl die gegenseitige Blockade zu Lasten Dritter – vor allem der Dritten Welt – aufrechterhalten wird. Auch darüber fehlt es nicht an Klagen
der Beteiligten, meistens jedoch in apologetischer Absicht für die eigene
Position, d. h. in der Form: Wenn wir täten, was ich vorschlage, dann geschähe endlich etwas gegen dieses Unrecht.

Unabhängig davon, für welchen bzw. welche der drei möglichen Auswege – die Nutzung der Atomkernenergie, der Sonnenenergie oder der
Energiequelle Energieeinsparung – man eintritt, besteht hier, wie Reinhard Ueberhorst betont, ein Problem der „politischen Kultur gelingender
Kontroversen". „Der Kern der Misere unserer Energiepolitik ... liegt in
der fehlenden Fähigkeit, sich politisch auf die Realität der Pluralität einzulassen, sich also mehr vorzunehmen, als nur die für alternativlos richtig
gehaltenen Positionen zu vertreten. Letzteres ist das dominierende Lei-
stungsziel der positionellen Politik." Ueberhorst setzt dem positionellen,
überredungsorientierten, einen diskursiven, verständigungsorientierten
Politikstil entgegen und kritisiert hinsichtlich der Energiepolitik „unser
Unvermögen, den richtigen Streit zu führen ... Aufgaben, für die eine
grundsätzliche Orientierung für viele Akteure in der Breite der Gesellschaft für längere Zeiträume erforderlich ist, müssen im Umgang mit Pluralität so traktiert werden, daß eine längerfristige gesellschaftliche Ak-
teurskoalition erreicht wird. Pointiert gesagt: Wer bereit ist, sich auf das
zu beschränken, was mit einer kleineren Mehrheit (Regierungskoalition)
umsetzbar ist, setzt sich unzulängliche Leistungsziele" (1995, 20/23 ff.).
Das bisherige Scheitern der deutschen Energiepolitik – in zwanzig Jahren
positioneller Stellungskämpfe nach einem sehr guten Anfang in der Öffentlichkeit – beweist in diesem Verständnis eine Schwachstelle unserer
politischen Kultur. Es gilt deshalb, über neue, die längerfristige Verständigung anstrebende Politikformen nachzudenken.

Nun hat die öffentliche Energiedebatte von Anfang an in einem Gegensatz zur institutionellen Politik gestanden. Dabei waren es ursprünglich die Bürgerinitiativen der 70er Jahre, welche die parteiversponnene
Bonner Politik an die Wahrnehmung des öffentlichen Interesses erinnert
haben. Auch Bürgerinitiativen vertreten oft nur Partikularinteressen,
aber in diesem Fall waren sie der eigentliche Anwalt des öffentlichen Interesses. „Die anstehende Diskussion über die Erneuerung unserer Politikformen können wir auch unter der Überschrift ‚Gelingende politische
Öffentlichkeit' führen." Es geht um unsere gesellschaftliche Fähigkeit
zum politischen Umgang mit öffentlicher Pluralität. „Zugespitzt gesagt:
Wir sind stark, relativ stark im Erkennen von Gefahren, Problemen, Auf-

gaben. Von der Arbeitslosigkeit bis zur Klimaproblematik. Wir sind auch relativ stark im Entwickeln von Konzepten, Programmen, Handlungsoptionen, mit denen erkannte Probleme gelöst werden könnten. Schwach aber sind wir im dritten Drittel einer erfolgreichen Politik – in der Entwicklung breit getragener, langfristiger Leitbilder und Handlungskonzepte sowie deren Umsetzung, auch wenn ihre Bedeutung oft genug hervorgehoben wird" (aaO 21/15 f.). Hier gilt wieder der umweltpolitische Dreisatz: (1) So geht es nicht weiter. (2) Was statt dessen geschehen müßte, ist im wesentlichen bekannt. (3) Trotzdem geschieht es nicht. Woran liegt das? Hängt unser politisches Unvermögen zum Umgang mit der Pluralität längerfristiger Orientierungen mit dem Leben der Einzelnen zu Lasten der Allgemeinheit zusammen? Worin besteht dieser Zusammenhang, wenn es ihn gibt?

Fragt man sich, warum die verständigungsorientierten Politikformen sich nicht bilden, obwohl daran – soweit politische Aufgaben nicht positionell lösbar sind – ein Allgemeininteresse besteht, so ist eine ganze Reihe von Hindernissen und Widerständen zu berücksichtigen, welche der Verständigung entgegenstehen.[3]

(1) Es gibt viel zu viele Interessenten daran, daß das Gemeinwohl in der Öffentlichkeit nicht ermittelt und möglichst nicht einmal erörtert wird, nämlich alle die, welche zu Lasten des Gemeinwesens ihren Vorteil finden: alle Autofahrer und Konsumenten überhaupt, diejenigen, welche vom ‚Recht des Schnelleren' (vgl. Abschnitt V.3) profitieren oder eines Tages selbst zu profitieren hoffen; die Wissenschaftler, welche zwar gern mit öffentlichen Mitteln arbeiten, sich in ihre Themen von der Öffentlichkeit aber nicht hereinreden lassen möchten, und viele andere mehr.

(2) „Die Parteien wirken bei der politischen Willensbildung des Volkes mit", heißt es in unserm Grundgesetz (Art. 21.1). Nach dem Parteiengesetz soll dies auf allen Gebieten des öffentlichen Lebens geschehen, indem sie nicht nur auf Meinungen Einfluß nehmen, sondern die politische Bildung und die Teilnahme der Bürger am politischen Leben fördern. Dem tatsächlichen Gang der Politik nach scheinen die Parteien ihr Interesse jedoch weniger in einer bloßen Mitwirkung bei der politischen Willensbildung der Öffentlichkeit zu sehen, als vielmehr darin, dieser die eigene Willensbildung abzunehmen. Dabei schieben sich Parteiinteressen vor die der Allgemeinheit.

(3) Die Voraussetzungen und Folgen der industriegesellschaftlichen Wirtschaftstätigkeit sind viel umfassender als die Kompetenz von nationalen Regierungen. Auf die Lebensverhältnisse von Menschen, Tieren und Pflanzen in andern Ländern Rücksicht zu nehmen, überschreitet die

---

[3] Die folgende Liste diente ursprünglich der Vorbereitung eines Gesprächs mit Reinhard Ueberhorst und Ludwig Siep und hat durch dieses Gespräch an Klarheit gewonnen.

herkömmlichen Aufgaben der nationalstaatlichen Politik in einem Maß, das neue Institutionen und Fähigkeiten erfordert. Die Politik ist sozusagen zu schwer für die Politiker und die je für sich souveränen Staaten geworden. Was die staatliche Souveränität in Zukunft überhaupt noch bedeuten darf, ist unklar. Gebraucht würde sie vor allem dort, wo sie am meisten versagt, gegenüber der internationalen Wirtschaft.

(4) Politische Konflikte zu Lasten Dritter beizulegen, die sich unter den gegebenen Verhältnissen nicht wehren können, ist für die Entscheidungsträger der Weg des geringsten Widerstands. Denn hierzulande gäbe es beispielsweise in der Energiepolitik bei jeder Alternative Gewinner und Verlierer, welch letztere ihre Arbeitsplätze etc. verteidigen würden. Demgegenüber sind die Länder der Dritten Welt den Industrieländern ziemlich hilflos ausgeliefert.

(5) Die Verschiebung der Lösung langfristiger Aufgaben zu Lasten der Nachgeborenen ist gleichermaßen der Weg des geringsten Widerstands. Denn wenn die Folgen eintreten, kann von den heute Regierenden keiner mehr zur Verantwortung gezogen werden. Man weiß heute ja sogar hierzulande kaum noch, wer vor dreißig Jahren einmal Bundeskanzler war. Warum sollte es in weiteren dreißig Jahren anders sein?

(6) Was unsere Art der Wirtschaft zustande bringt, sind zur Hälfte nur Schäden und dient zur andern Hälfte den Einzelinteressen zu Lasten des Allgemeininteresses (vgl. Abschnitt V.2). Dieses zu wahren aber entspricht möglicherweise nicht dem Interesse und der Kompetenz der Wirtschaft. Der Gegensatz könnte konkret so aussehen, daß unsere Wirtschaft zwar außer vielen nützlichen Dingen in ihrer Art hervorragende Atomkernkraftwerke, Automobile und Vernichtungswaffen produzieren kann, jedoch insoweit nicht das, was wir eigentlich brauchten. Vielleicht kann die industrielle Wirtschaft zwar von der derzeitigen Produktpalette leben, nicht aber von Produkten, die auch einem mündigen Bürger – dessen Bedürfnis-Bildung das Allgemeininteresse berücksichtigt – zu verkaufen wären. Ich glaube eigentlich nicht, daß dies zutrifft, aber manche Unternehmen und ihre Verbände verhalten sich so, als ob sie glaubten, es sei so. Tatsächlich würden viele Unternehmen wohl gern vernünftigere Produkte auf den Markt bringen, werden aber durch die Konkurrenzverhältnisse und durch das Kaufverhalten der Konsumenten davon abgehalten.

(7) Unser Wirtschaftssystem verträgt keine Entwicklung ohne Wachstum. Warum gibt es sonst seit Jahrzehnten eine ständige Zunahme des Sozialprodukts, durch die nur noch zusätzliche Zerstörungen hervorgebracht werden, jedoch keinerlei Zunahme des Nettowohlstands? Es ist nicht auszuschließen, daß sowohl der Friede mit der natürlichen Mitwelt als auch der unter Menschen mit diesem Wirtschaftssystem nicht dauerhaft verträglich sind.

(8) Eine notwendige Voraussetzung dafür, daß in der Demokratie langfristige Aufgaben überhaupt gesehen und als Verständigungsaufgaben

wahrgenommen werden, ist die Existenz einer lebendigen politischen Öffentlichkeit. Eine solche hat es in Gestalt der Friedens-, Umwelt-, Energie- und Frauenbewegung noch gegeben. Man kann sich des Eindrucks aber kaum erwehren, daß der Ersatz von Kultur durch Konsum auch die politische Kultur inzwischen weitgehend erfaßt hat, besonders durch das Fernsehen. Es ist deshalb nicht auszuschließen, daß die politische Öffentlichkeit und damit der Lebensraum der Demokratie allmählich abstirbt.

(9) Hinzu kommt die Schwierigkeit, daß die längerfristige politische Verständigung vor allem wissenschaftlich-technische Innovationen und Risiken betrifft, diese aber beide nur einmal – nämlich in der Energiekontroverse – überhaupt zu einem Thema der Politik geworden sind. Nachdem dieser erste Anlauf – zuletzt durch den Versuch, das Thema in den sogenannten Energiekonsens-Gesprächen wieder auf die parteiförmige Auseinandersetzung zu reduzieren – bisher gescheitert ist, fehlen sowohl der Wille zu derartigen Verständigungen als auch die Erfahrung, wie sie als öffentlich diskursive Prozesse anzulegen sind. Beispielsweise verdiente die Biotechnologie eine mindestens so gründliche Diskussion wie die künftigen Energiesysteme, aber dazu kommt es kaum. Insbesondere fehlen hier weitgehend die Entfaltung und der bewertende Vergleich von alternativen Möglichkeiten, die geltend gemachten Ziele zu erreichen.[4]

(10) Die generelle Individualisierung oder Atomisierung der Gesellschaft wirkt aller Verständigung entgegen. Unsere sozioökonomische Organisation entspricht dem Traum der Kantschen Taube, die da meinte: Wie schnell könnte ich fliegen, wenn es den Luftwiderstand nicht gäbe (KrV B 8f.)! Märkte beispielsweise reduzieren den menschlichen Umgang derer, die etwas abzugeben haben, mit denen, die etwas brauchen, auf ein absolutes Minimum der Ware-Geld-Beziehung. Alle Menschen sind dort nur Warenkäufer oder -verkäufer und sonst nichts. Für ein Produkt mehr auszugeben, um ein bestimmtes Geschäft oder Gewerbe hierzulande oder in der Dritten Welt zu unterstützen, ist zwar möglich und kommt gar nicht selten vor, ist jedoch eigentlich systemwidrig. Zur Atomisierung der Gesellschaft trägt sogar die staatliche Sozialversicherung bei, weil sie eine Ersatzleistung für eine integre Gesellschaft ist. Durch die Versicherung ist keiner mehr auf einen andern angewiesen, sondern der Einzelne hat statt dessen Ansprüche gegen den Staat. Jeder kann für sich leben, was unangenehme Konflikte mit Verwandten erspart, lebt dabei aber immer weniger in einem allen gemeinen Gemeinwesen. Die Taube hat nicht bedacht, daß der Luftwiderstand sie eigentlich trägt, und die Industriegesellschaft hat nicht bedacht, daß Menschen nur im Mitsein mit andern leben und sie selber sein können.

Dies sind, soviel ich sehe, die Umstände, welche einer verständigungsorientierten Politik hauptsächlich entgegenstehen und deretwegen es

---

[4] Vgl. Sondervotum 1987 und Ueberhorst 1990.

nicht zu den Ueberhorstschen Akteurskoalitionen im Interesse der Allgemeinheit kommt.

Von den zehn Hindernissen der politischen Verständigung und Willensbildung liegt das erste in den meisten Individuen. Die folgenden vier liegen in der Politik (Parteienverselbständigung, Nationalstaat, die Wege des geringsten Widerstands zu Lasten Dritter in Gegenwart und Zukunft), zwei weitere in der Wirtschaft (Unmündigkeit und Wachstumszwang). In diesen drei Gruppen steigern sich die Verständigungshemmnisse jeweils von der vorangehenden zur folgenden. Daß die Einzelnen zu Lasten der Allgemeinheit leben, könnte durch eine intakte politische Verfassung verhindert werden, und die Abweichungen unserer politischen Verhältnisse vom Modell des Grundgesetzes beruhen – wie zuvor beschrieben – im wesentlichen darauf, daß die politischen Einrichtungen in erster Linie die Wege der Wirtschaft bahnen. Die dominierende Rolle der kapitalistischen Wirtschaft ist in den Schulen der marxistischen politischen Ökonomie mit Sorgfalt untersucht worden, und man darf sich über die Ergebnisse auch dann nicht leichten Herzens hinwegsetzen, wenn man – wie es mir geht – die von dieser Seite angebotenen Alternativen nicht plausibel findet. Daß es gelingen könnte, den weltumspannenden Wirtschaftskräften politisch kulturelle Grenzen zu setzen, ist ziemlich unwahrscheinlich. Grundsätzlich aber gibt es diese Möglichkeit, und sie ist meines Erachtens die einzige, für die sich zu kämpfen lohnt.

Ich komme damit zu den drei zuletzt genannten Hemmnissen, dem Schwund der politischen Öffentlichkeit, der mangelnden politischen Erfahrung im Umgang mit wissenschaftlich-technisch bedingten Entwicklungen der Lebensverhältnisse und der sozioökonomischen Atomisierung der Gesellschaft. Ich meine: Wenn diese Hindernisse überwunden würden, d. h., wenn die Industriegesellschaft eine lebendige und gesunde *politische Gemeinschaft* bildete, so könnte diese sich in der Wirtschaft nach ihren Bedürfnissen kulturelle Grenzen setzen. Dann aber wären dies auch Bedingungen der politischen Kultur, über die sich die politischen Institutionen nicht mehr hinwegsetzen könnten, so daß sie die Einzelnen ebenfalls hindern würden, zu Lasten der Allgemeinheit zu wirtschaften. Die Hoffnung, die ich hier zum Ausdruck bringe, ist zugegebenermaßen ziemlich utopisch. Die Atomisierung – euphemistisch: Pluralisierung – unserer Gesellschaft ist so weit fortgeschritten, daß die Rückbindung der vielen Einzelnen, welche zu Lasten der Allgemeinheit leben, in ein Gemeinwesen kaum vorstellbar ist. Paul Klees „Revolution des Viadukts" wäre ein passendes Bild unseres gesellschaftlichen Zustands, wenn es nicht so schön wäre. Jedoch sind wir meines Erachtens in einer so verfahrenen Situation, daß nur eine Utopie noch realistisch sein kann.

Ich meine also, daß die Allgemeinheit, zu deren Schaden sich die Einzelnen heute möglichst schadlos halten, allenfalls durch eine Wiederbelebung des Gemeinwesens oder der politischen Gemeinschaft gerettet werden könnte. Daß es dazu, wenn die neue Gemeinschaft wieder eine demokratische sein soll,[5] der politischen Öffentlichkeit bedarf, ist ein altliberaler Gedanke, den ich unbedingt aufrechterhalten möchte. Jürgen Habermas hat der Geschichte und dem heutigen Verfall der Öffentlichkeit ein bekanntes Buch gewidmet (1962). Ich sehe die Chance der Öffentlichkeit mit Carl Gustav Jochmann[6] (1789–1830) vor allem in dem Prinzip: „Um dem Kampfe der Gewalten zu entgehen, müssen wir uns den der Meinungen gefallen lassen", denn so entstehe eine Art „öffentliches Gewissen" (1830, 209ff.). In Analogie zum Verständnis individueller Krankheiten als der zweitbesten Form des Konfliktaustrags heißt das: Solange eine Gesellschaft ihre Konflikte in öffentlichen, verständigungsorientierten Auseinandersetzungen austrägt, ist sie gesund. Derzeit tut sie es nicht und ist krank. Wie die individuelle, so bedarf auch die gesellschaftliche Gesundheit der Pflege, d. h. der Kultur, im zuvor entwickelten Verständnis also eines Lebenszusammenhangs oder gesellschaftlichen Eros. Wenn dann die Kultur selbst politisch wird, kann die Politik nicht so unpolitisch mißraten, wie wir es derzeit erleben. Daß dazu – wie Jochmann betonte – eine besondere Sprachkultur gehört, ist ein wichtiger Gedanke, den in unserer Zeit Uwe Pörksen wiederaufgenommen hat (1988). Im Zusammenhang mit dem Erdbeben von Kobe ist beispielsweise betont worden, daß es im Japanischen nicht einmal ein Wort für ,Öffentlichkeit' gibt (Süddeutsche Zeitung, 24. Februar 1995). Eines entsprechenden – sprachlichen oder anderweitigen – Ansatzpunktes bedarf es, wenn man nicht bei dem bloßen Plädoyer für eine Wiederbelebung der Öffentlichkeit stehen bleiben will, denn jede Therapie setzt eine Diagnose der Gründe voraus, deretwegen das einst so fruchtbare Prinzip Öffentlichkeit heute gefährdet ist. Ich wähle hier einen andern Ausgangspunkt als den der Sprache, nämlich die Vorstellungen von der Bildung eines legitimen Staats in den Anfängen der neuzeitlichen Staatsphilosophie.

Die atomisierte Gesellschaft, der wir uns nähern, hat eine erstaunliche Ähnlichkeit mit dem Zustand, in dem Hobbes und tendenziell auch Locke sich die Menschen vor der Bildung von Gemeinschaften ,im Naturzustand' vorgestellt haben, nämlich als lauter unabhängige, freie und gleiche Individuen, die als solche schon da sind, bevor sie sich aus unterschiedlichen Gründen zu Gemeinschaften zusammenschließen. Hobbes erklärt dies aus der Angst voreinander, um den Krieg aller gegen alle der staatlichen Kontrolle zu unterwerfen, wohingegen Locke sich die Bildung menschlicher Gemeinschaften etwa so wie die Besiedlung Nord-

---

[5] Hans Jonas hat bezweifelt, daß es hier noch demokratische Lösungen gibt. Ich kann seine Zweifel leicht nachvollziehen, mache sie mir aber nicht zu eigen, sondern halte daran fest, meinerseits zu einer demokratischen Lösung beitragen zu wollen.

[6] Auf Jochmann, der bei Habermas noch nicht vorkommt, bin ich durch Uwe Pörksen aufmerksam gemacht worden.

amerikas durch die Europäer vorgestellt hat. Er sah dabei von den Ureinwohnern ab, so daß jeder Siedler sich zunächst so viel Land aneignen können sollte, wie er zu pflegen vermochte. Mit zunehmender Bevölkerungsdichte und der Einführung des Gelds – also der Möglichkeit, mehr zu besitzen, als man bearbeiten kann – soll es dann aber allmählich doch eines Eigentumsschutzes und dazu der Staatsbildung bedurft haben. Es kommt mir hier nicht auf die verschiedenen, bei Hobbes und Locke zur Bildung von Gemeinschaften angenommenen Motive an, sondern auf die erstaunliche Vorstellung, daß es menschliche Individuen bereits vor der menschlichen Gemeinschaft gegeben haben könnte. Bei Locke ist dieser Gedanke (vgl. Siep 1992*) aristotelisch gemildert, Hobbes aber scheint sich vorgestellt zu haben, daß die Menschen im Naturzustand sozusagen vom Himmel gefallen seien.

Auf die Spitze getrieben wurde dieser Individualismus durch Leibniz, der seine füreinander fensterlosen Monaden nur einerseits durch ihre Perzeptionen, wie sie sich die äußere Welt vorstellen, andererseits durch ihre Begehrungen (appetitions) unterschieden wissen wollte (1714, § 2). Dies entspricht schon ziemlich genau dem bis heute vertretenen liberalen Modell der autonomen Individuen, die je für sich ihre Präferenzen haben. Im Deutschen hat Leibniz die Monaden auch als ‚Selbstständе‘ bezeichnet. „Ein jeder einzelne Selbststand, als ich und du, ist ein einig unzerteilig unverderblich Ding", heißt es einmal (1838, 130); so könnte man auch die autonomen Individuen nennen. Den Zusammenhang dieser ‚Selbststände‘ stellte Leibniz sich, wie zuvor erläutert, durch die prästabilierte Harmonie vor, die Gott im Anfang präformiert habe. Dabei taucht bereits ein Begriff von Öffentlichkeit auf: „Nun kann nur Gott... die Ursache dieser Entsprechung ihrer Erscheinungen sein und bewirken, daß das, was für den einen das Besondere (particulier), für alle das Gemeinsame (public à tous) ist" (1686, I 95 f.). Leibniz hat aber nicht nur die politische Philosophie seiner englischen Vorläufer monadisch gewendet, sondern den Individualismus kosmisch radikalisiert. Er meinte nämlich, daß sich die Perzeption der menschlichen Monaden nur dadurch von der göttlichen unterscheide, daß wir ‚kleinen Götter‘ nicht alles auf einmal scharf sehen bzw. unterscheiden können. Sein Idealfall ist also, jedes Einzelne für sich wahrzunehmen. Die Vollkommenheit der Seele „mißt sich an ihren deutlichen Perzeptionen. Jede Seele erkennt das Unendliche, erkennt alles, freilich in undeutlicher Weise, so wie ich etwa, wenn ich am Meeresufer spazierengehe und das gewaltige Rauschen des Meeres höre, dabei auch die besonderen Geräusche einer jeden Woge höre, aus denen das Gesamtgeräusch sich zusammensetzt (est composé), ohne sie jedoch voneinander unterscheiden zu können (mais sans les discerner)" (1714, § 13). Leibniz fühlte sich geradezu „benommen (étourdi)", wenn er sich einer Vielzahl kleiner Perzeptionen ausgesetzt sah, die sich nicht deutlich voneinander abheben, so wie wenn einen ein Schwindel überkommt, „der

einen nichts mehr unterscheiden läßt" (1714*, § 21). Dieser naturphilosophische Individualismus ist bemerkenswert konsistent. Aber ist es nicht
eine ziemlich abwegige Vorstellung, das Meeresrauschen besser hören zu
können, wenn man darin jede Welle für sich hört? Vernimmt man im
Meeresrauschen nicht eigentlich das Meer selbst, vermöge dessen es einzelne Wellen gibt, in denen es sich individuiert, die sich jedoch im
Rauschen gerade nicht einzeln brechen, sondern zusammenklingen? Man
sollte weder den Wald vor lauter Bäumen noch das Meer vor lauter Wellen übersehen. Sogar die Sinnenfreude an der Musik, meinte Leibniz,
ginge nur auf eine unklar erkannte intellektuelle Freude zurück (1714,
§ 17).

Im Gegensatz zu dem liberalen oder monadischen Grundmodell gehen Individuen geschichtlich aus Gemeinschaften hervor, und diese sind
älter als jene. Weder historisch noch der menschlichen Natur nach kann
es einen individualisierten Naturzustand vor aller Gemeinschaft gegeben
haben. Der liberale Gedanke, die Gemeinschaft den Individuen als
‚Selbstständen' nachzuordnen und sie von diesen her zu legitimieren,
scheint jedoch in der Weise normativ geworden zu sein, daß der liberalen
Gesellschaft nunmehr der atomisierte Zustand *folgt*, den Hobbes und
Locke als ihr *vorangegangen* angenommen hatten und der von Leibniz
kosmisch radikalisiert worden war. In dieser Verkehrung sehe ich die
Tragödie des Liberalismus. Diese Tragödie ist leider keineswegs abgeschlossen, sondern der Zerfall der liberalen Gesellschaft schreitet fort und
vollendet ihren vermeintlichen Ursprung. Dabei dominiert nach wie vor
die Vorstellung, daß die Individuen zunächst einmal je für sich sie selber
seien und dann vermöge ihrer jeweiligen Präferenzen in ein zunächst ver-
handlungsförmiges und dann wohl auch darüber hinausgehendes Mitsein
eintreten. Meines Erachtens wird hier in der falschen Reihenfolge gedacht, denn das Mitsein ist eine Voraussetzung aller Individualität.

Soweit meine Analyse zutrifft, folgt das Defizit an einer verständigungsorientierten Politik der Dominanz der Wirtschaft über die Politik,
diese Dominanz dem Schwund der Öffentlichkeit, der Schwund dem
Zerfall der Gesellschaft, und dieser ist der ins Ende gewendete liberale
Anfang, daß die menschliche Gemeinschaft der Individualität nachgeordnet sei. Diábolos ist im Götterkampf der Durcheinanderwerfer. Endet die
Moderne nunmehr in diesem Durcheinandergeworfensein der vereinzel-
ten Individuen?

Ich möchte noch einen Schritt weiter zurückfragen und nehme dazu
eine Überlegung aus dem dritten Kapitel wieder auf. Woher kommt der
liberale Gedanke? Es ist, wie Jacob Burckhardt letztlich wohl doch richtig gesehen hat, ein Charakteristikum der Renaissance, den Wert der Individualität – welche selbst es vermutlich von alters her mehr oder weniger
gegeben hat – höher eingeschätzt zu haben als andere Epochen und Kulturen. Die konstitutive Bedeutung des Mitseins mit andern Menschen wie

mit der natürlichen Mitwelt für das Individuum anzuerkennen, braucht sich aber weder mit einem Mangel an Individualität noch mit ihrer Geringschätzung zu verbinden. Mir liegt nichts ferner, als mein neuzeitlich individualisiertes Selbstbewußtsein den Ansprüchen von Autoritäten unterwerfen zu wollen, über deren Berechtigung ich mir kein freies Urteil bilden dürfte. Dies schließt aber nicht aus, mich im Mitsein mit Anderen und Anderem als die Individuation einer kulturellen Gemeinschaft aus Vergangenheit und Gegenwart zu verstehen, der ich mich als ein ‚Kollektivwesen' im Sinn Goethes nachordne, indem ich die Individualität nur soweit beanspruche, wie sie als Individuation des Allgemeinen zu rechtfertigen ist. Wer die eigene Individualität statt dessen so erlebt, daß er ihr einen Vorrang vor dem Allgemeinen geben zu dürfen meint, fügt ihr also noch einen Charakter hinzu, der nicht notwendigerweise zur abendländisch modernen Wertschätzung des Individuellen gehört. Diese Zutat entspricht, soviel ich sehe, einem Geltungsbedürfnis, das mit Sicherheitsvorstellungen zusammenhängt, wie sie bei Hobbes und Locke ja auch artikuliert worden sind.

Sicherheit vor Gott, vor der Natur, vor der Regierung und vor den Mitmenschen zu suchen ist ein charakteristisches Bedürfnis der Moderne. Ich habe diese Sicherheit hinsichtlich Kants Kritischer Philosophie als Selbst-Sicherheit charakterisiert, als die Suche nach Sicherheit des auf sich selbst gestellten Einzelnen und nicht als gemeinsame Sicherheit in der Beziehung zu andern. Um diese Sicherheit (1) vor Gott zu finden, haben wir ihn uns so vorgestellt, daß wir ihm möglichst gleichkommen. Damit verbindet sich (2) die Sicherheit im Ganzen der Natur durch die göttlichen Eigenschaften der Allwissenheit und Allmacht in Gestalt von Wissenschaft und Technik. Die Sicherheit (3) vor der Obrigkeit durch den Schutzraum der Grundrechte war das im engeren Sinn politische Ziel des Liberalismus. Die Sicherheit (4) vor den Mitmenschen wurde zunächst durch das staatliche Gewaltmonopol erreicht und durch die Sozialgesetzgebung vollendet, vermöge derer die Bürger im Notfall nicht mehr auf gesellschaftliche Solidarität angewiesen sind. Mir scheint, daß nicht nur diese letztere, sozialstaatliche Sicherheit demselben Verständnis von Liberalität folgt wie die dritte, sondern auch die ersten beiden. Dabei halte ich die Selbst-Sicherheit oder Autonomie weder für das einzig mögliche, noch für das heute zukunftweisend richtige Verständnis von Freiheit. Es ist aber eine historische Tatsache, daß Freiheit in der Neuzeit weitgehend in Gestalt von Selbst-Sicherheit oder Autonomie und Autarkie gesucht worden ist.

Das Aufkommen der vier großen Spielarten des Sicherheitsbedürfnisses ist für die abendländische Neuzeit charakteristisch. Der Grund dafür kann nicht sein, daß die Unsicherheiten des menschlichen Lebens um die Mitte des 2. Jahrtausends nach Christus auf einmal derart zugenommen hätten. Wenn unsere Vorfahren schon ebenso sicherheitsbedürftig gewesen wären wie die neuzeitlichen Individuen, müßten sie sich unter ihren Lebensverhältnissen in einem Maß unsicher gefühlt haben, das kaum auszuhalten gewesen wäre und auf das nichts hindeutet. Also waren es nicht die Lebensverhältnisse, sondern das Verhältnis der Menschen zu Gott, zur Natur, zu den weltlichen Herrschern und zu den Mitmenschen, das sich geändert hat. Ich habe diesen Wandel im zweiten und dritten Kapitel als den kopernikanischen Aufbruch beschrieben, in dem eine erwachsen werdende Menschheit ihren Platz in der Welt nicht mehr einfach hat, sondern ihn für sich zu finden sucht. Mußte dies aber mit einem gesteigerten Bedürfnis nach Selbst-Sicherheit verbunden sein? Ich sehe dafür nur einen – nicht selbstverständlichen und nicht notwendigen – Grund: ein gesteigertes Geltungsbedürfnis oder eine Überheblichkeit.

Historische Entwicklungen sind in der Regel so komplex, daß keine Ursache namhaft zu machen ist, die sie ausgelöst hat und ohne die sie unterblieben wäre. Ich habe mich bemüht, weder die Herolde der Apotheose der Industriegesellschaft noch die objektivierende Naturwissenschaft noch den Kapitalismus unbegrenzter Märkte noch einen der andern Faktoren, von denen die Rede war, als den letztlich entscheidenden zu bewerten. Wenn ich aber in die Lage geriete, statt der Komplexität vieler Wechselwirkungen nur einen einzigen Faktor benennen zu dürfen, ohne den es die moderne Welt in ihrer heutigen Gestalt nicht gäbe, so würde ich mich für das Geltungsbedürfnis entscheiden. Hier sehe ich auch die eigentliche Wurzel des Zerfalls unserer Gesellschaft.

Für das Geltungsbedürfnis des modernen Menschen gibt es weder in der griechischen noch in der babylonischen Mythologie irgendein Vorbild. Wie im ersten Kapitel dieses Buchs gezeigt, gehören dort – wie auch später in der germanischen „Edda" – sowohl die Götter wie die Menschen zur Theokosmogonie der Natur, und die Menschen erheben keinerlei Ansprüche auf einen besonderen Status gegenüber der natürlichen Mitwelt. Im Alten Testament ist dies anders. Hier gibt es einmal den erdenfremden Schöpfer, dem die Welt äußerlich ist, der also zwar an ihrem Schicksal Anteil nimmt, es aber nicht selber teilt, und zum andern den Anspruch des Menschen, ein Ebenbild dieses Gottes zu sein. Damit verbinden sich der Herrschaftsanspruch des Menschen gegenüber der natürlichen Mitwelt und der Gedanke der Verfluchung der ganzen Natur anläßlich des menschlichen ‚Sündenfalls'. Durch das Christentum hätte der alttestamentliche Gott seine Erdenferne überwinden und nicht nur Mensch, sondern Welt werden können. In Christus ist alles geschaffen, heißt es im Kolosserbrief des Neuen Testaments, aber schon die offizielle Übersetzung verfälscht das „in ihm" (Kol 1,16f.) zu dem üblichen Verständnis, „durch ihn" sei alles geschaffen. Auch nach dem Epheserbrief war es Gottes Wille, „daß alle Dinge zusammengefaßt würden in Christo, beides, das im Himmel und auf Erden ist" (Eph 1,10). So aber wird das Christentum bis heute im wesentlichen nicht verstanden und gelebt. Statt

dessen sind in der christlich-jüdischen Tradition immer wieder neue Belege gesucht worden, warum der Mensch etwas Besseres sei als die übrige
Welt. Beispielsweise unterschied Augustinus hinsichtlich des Nestbaus
der Vögel im Verhältnis zum menschlichen Bauen: „Ich bin also nicht
deswegen besser (melior sum), weil ich etwas mache, was die richtigen
Maße hat, sondern weil ich die Zahlen kenne" (de ord. II 49). Unabhängig davon, wie verschieden Menschen und Vögel ihre Behausungen
bauen: Woher kommt dieses Interesse, Gründe zu suchen, warum wir etwas *Besseres* sind?!

Die mittelalterliche Theologie zeugt zwar weitgehend, aber nicht ausschließlich von menschlichen Geltungsbedürfnissen. Bei Nikolaus von
Kues ist davon nichts zu spüren, aber es war dieser Grundzug der überlieferten Religion, welcher die neuzeitliche Säkularisierung vor allem geprägt hat. War die Überheblichkeit bis dahin im wesentlichen eine Form
von Selbstgefälligkeit ohne besondere Folgen, gab sie für den kopernikanischen Aufbruch nun den Ausschlag, in der Welt die Autonomie statt
der Freiheit zu suchen. So kam es zu dem Zug in die Welt hinaus nach Art
der interplanetarischen Eroberer und nicht zu dem Aufbruch in die Welt
hinein, um im Mitsein mit Anderen und Anderem unsern Platz in der
Natur selber zu finden. Lockes Einschätzung, daß wir unserer eigenen
Arbeit hundertmal so viel verdanken wie der Natur, ist ein typisches
Zeugnis der neuzeitlichen Überheblichkeit (Treatise 1690, §40). Die
Überbetonung der Ichheit in der neuzeitlichen Bewußtseinsphilosophie
und der Narzißmus des idealistischen Programms begleiteten die Apotheose der Industriegesellschaft.

In neuerer Zeit beherrscht das anthropozentrische Handeln die industrielle Wirtschaft, während die philosophische Anthropologie dem Geltungsbedürfnis des modernen Menschen dadurch entgegenkommt, daß
sie ihm seine Sonderstellung kraft seiner Personalität, Weltoffenheit[7] und
Vernünftigkeit bestätigt. Innerhalb der Gesellschaft und gegenüber andern Völkern oder Rassen herrscht außerdem unverändert die sozialdarwinistische Variante, das eigene Geltungsbedürfnis darin bestätigt zu finden, daß man aus dem Wettstreit mit andern als der Stärkere, Schnellere,
Erfolgreichere oder anderweitig Überlegene hervorgeht und das eigene
Selbstgefühl darauf gründet.

Nun ist wohl jede Geltungssucht, wie sie sowohl in Überheblichkeiten
gegenüber Anderen und Anderem als auch in Unsicherheiten und ihrer
Kompensation durch das Besser-sein-Wollen als andere zum Ausdruck
kommt, die Kompensation einer Ichschwäche. Ausgerechnet das Zeitalter der Individualität scheint sich also durch besondere Gefühle von

---

[7] Im Gegenzug idealisiert Rilkes 8. Duineser Elegie die Tiere wie die Edlen Wilden, d.h., er projiziert auf sie einen menschlichen Unmittelbarkeitstraum, der mit
der Natur der Tiere wohl nicht viel mehr zu tun hat als ein Schäferroman mit
Schafen.

Selbstwertdefiziten auszuzeichnen. Diese Ichschwäche relativ zu dem erhöhten Anspruch mag mit einem zu frühen oder zu späten Erwachsenwerden der abendländischen Menschheit zusammenhängen. Ich halte sie für den eigentlichen Grund der neuzeitlichen Überheblichkeit und damit des so ungemein gesteigerten Sicherheitsbedürfnisses – gegenüber Gott, der Natur, der Obrigkeit und den Mitmenschen – sowie des modernen Liberalismus, der sich nun im Zerfall der Gesellschaft, im Schwund der politischen Öffentlichkeit, in der Dominanz der Wirtschaft über die Politik und in dem Mangel an einer verständigungsorientierten, den längerfristigen Aufgaben angemessenen Politik vollendet. Ich meine diese Analyse aber nicht so, daß eine lange zurückliegende Ichschwäche gegenwärtig diese Folgen hätte. Sondern unsere ganze unselige Ökonomie ist – soviel ich sehe – eine Ersatzbefriedigung menschlicher Geltungsbedürfnisse aufgrund der die neuzeitliche Individualisierung belastenden Ichschwäche. Wenn wir ein gesundes Selbstbewußtsein hätten, wären wir weder so überheblich noch so konkurrenzorientiert gegenüber unsern Mitmenschen und brauchten unser Selbstwertgefühl auch nicht auf Unterdrückung und Zerstörung der natürlichen Mitwelt zu stützen. Unser Problem sind heute „die Krankheiten, welche der *Mensch als Gemeinschaftswesen* ... durchmacht" (V. v. Weizsäcker 1927, V 178).

Da alle Individualität im Mitsein gebildet wird, sowohl mit Menschen als auch mit der außermenschlichen Natur, ist die Ichschwäche zugleich eine Individualisierung gesellschaftlicher Defizite. Die Kulturschwäche der Industriegesellschaft war ein Thema des vorangegangenen Kapitels. Die dort vorgeschlagenen Kriterien, nach denen unserer Wirtschaft Grenzen der kulturellen Integrität gesetzt werden könnten, sind eine Chance der Besinnung auf gemeinschaftliche oder allgemeine Werte, welche zur Belebung der gesellschaftlichen Identifikation und damit zur Stärkung der Individuen beitragen würde. Die vier Kulturkriterien sind ihrerseits die Erinnerung an die Natur, der es in Zeiten kulturellen Umbruchs bedarf (vgl. Matussek 1996). Die allgemeine Erinnerung kann aber wohl nur so erfolgen, daß einige Individuen oder Gruppen damit beginnen und andere sich durch diese erinnern lassen. Wenn einige vorangehen und andere folgen, kann es schließlich auch zu den neuen Institutionen eines angemessenen Staats der Industriegesellschaft kommen.

Wie einige vorangehen können, läßt sich in der Konsumforschung empirisch zeigen. Ich beziehe mich wiederum auf Ergebnisse von Gerhard Scherhorn im Rahmen eines Projekts zur Erforschung „Postmaterieller Lebensstile" (1994). Die Untersuchung ergab, daß man zwei Gruppen von Konsumenten deutlich unterscheiden kann. Die einen zeichnen sich in ihrem Verhalten durch hohe Gütergebundenheit und Positionalität aus, die anderen durch besondere Natur- und Sozialverträglichkeit. Scherhorn nennt die erste Gruppe promateriell, die zweite postmateriell. Die vier Variablen sind folgendermaßen zu verstehen:

– „Gütergebunden nennen wir Menschen, die von materiellen Gütern fasziniert sind; die es allein schon schätzen, über Güter zu verfügen, ob sie gebraucht werden oder nicht; die es lieben, viele Güter zu haben, also ‚mehr‘ für besser halten als ‚weniger‘; die neue Güter besser finden als alte, auch wenn diese noch gebrauchsfähig sind, usw."

– Positionalität bedeutet, im Besitz der materiellen Güter „Zeichen einer gehobenen Position, von deren Erreichung oder Verteidigung der eigene Selbstwert abhängt", zu sehen. Man braucht die Güter also aus Gründen der Selbstachtung, indem man genausoviel oder mehr als andere hat, hinter denen man nicht zurückstehen möchte.

– Wieweit die Testpersonen in ihrem Handeln auf Naturverträglichkeit Wert legen, wurde aus dem in ihrem Kaufverhalten gezeigten Umweltbewußtsein ermittelt.

– „Sozialverträglichkeit bezeichnet eine Einstellung von Menschen, die ein Gefühl für die Bedürfnisse und Rechte ihrer Mitmenschen haben" und denen hinsichtlich wirtschaftlicher Verhältnisse „die nachteiligen Auswirkungen auf die menschlichen Beziehungen besonders ins Auge fallen" (aaO 199 ff.)

Die Untersuchung ergab, daß der Anteil der – natur- und sozialverträglichen – Postmateriellen bei etwa 20 % der Bevölkerung liegt, der der – gütergebundenen und positionalen – Promateriellen bei etwa 25 %. Zwei weitere Gruppen glauben, entweder noch alle vier Ziele vereinbaren zu können oder sind für keines von ihnen besonders engagiert. Die Promateriellen und die Postmateriellen sind also etwa gleich stark.

Das interessanteste Ergebnis der Scherhornschen Untersuchung betrifft die Frage nach den Gründen, warum die einen sich so, die andern anders verhalten. Die wesentlichen Bestimmungsgründe des promateriellen wie des postmateriellen Verhaltens liegen in der Persönlichkeitsstruktur der Konsumenten. Die eine Gruppe richtet sich in ihrem Verhalten vor allem danach, wie die soziale Mitwelt nach ihrer Einschätzung reagieren wird, d. h., sie sucht Bestätigungen, vermeidet aufzufallen und tut möglichst das, was die andern wahrscheinlich gutheißen. Diese Menschen fühlen sich sozusagen permanent der Bewertung und Kontrolle anderer ausgesetzt und wollen es diesen rechtmachen. Scherhorn nennt sie deshalb ‚kontrollorientiert‘. Der kontrollorientierten Persönlichkeit ist es durch die ständige Sorge: Was werden die andern sagen?, „verwehrt, im Einklang mit den eigenen Gefühlen zu sein und sich als selbstbestimmt zu erleben. Statt dessen fühlt sie sich kontrolliert, also verunsichert. Deshalb muß sie ihr Selbstgefühl immer von neuem bestätigen, indem sie... ihrerseits Kontrolle ausübt: über sich selbst (durch Unterwerfung unter äußere Macht oder innere Imperative) und über andere (die sie beeindruckt oder unterwirft)." „Ihr gefährdeter Selbstwert sucht Bestätigung durch Kontrolle: über das Ausüben von Macht oder das Teilhaben an Macht" (aaO 207 f./214). Die Kontrollorientierten handeln autoritär, wollen sich durchsetzen, sind auf den sozialen Aufstieg erpicht und geben gern andern die Schuld, wenn etwas mißlingt.

Ganz anders die andere Gruppe, deren Verhalten im wesentlichen nicht fremdbestimmt ist, sondern „eher im eigenen Selbst begründet ... und somit dem entspricht, was die handelnde Person mit ihren Bedürfnissen, Fähigkeiten und Vorstellungen frei und bereitwillig vereinbaren kann". Scherhorn stellt diese Gruppe der der Kontrollorientierten als die der ‚Autonomieorientierten' gegenüber, meint die Autonomie – anders als ich – aber nicht im Sinn einer Freiheit vom Mitsein im Gegensatz zur Freiheit im Mitsein. Ich übernehme für den Bericht über seine Ergebnisse den von ihm gebrauchten Ausdruck in seinem Sinn. Die ‚Autonomieorientierten' haben „das Gefühl, so akzeptiert zu werden, wie man ist; in Übereinstimmung mit den eigenen Gefühlen und Zielen handeln zu können". Während sich die Kontrollorientierung in der Regel mit Aggressivität verbindet, gehört zur „Autonomieorientierung... intrinsisch motiviertes Interesse an der Sache, Einfühlung in anderes Leben und das Bestreben..., sich der Umgebung ebenso zuzuwenden wie dem eigenen Selbst. Solche Zuwendung setzt einen ungefährdeten Selbstwert, also Gelassenheit und Selbstakzeptierung voraus – weder eine hohe noch eine geringe Einschätzung des eigenen Wertes, sondern die unbezweifelte Sicherheit, so akzeptiert zu werden, wie man ist" (aaO 207/210).

Welche Zuordnung ergibt sich zwischen den Pro- und Postmateriellen einerseits, den Kontroll- und Autonomieorientierten andererseits? Der Befund ist statistisch eindeutig: „Je stärker kontrollorientiert die Befragten sind, desto stärker sind sie innerlich an Positionen und materielle Güter gebunden, und desto weniger neigen sie zu sozial- und naturverträglichem Verhalten." Umgekehrt gilt, „daß nur im Cluster der postmateriell eingestellten Konsumenten die Autonomieorientierung überwiegt" (aaO 210f.). Wenn wir alle – in Scherhorns Verständnis – ‚autonomieorientiert' wären, gäbe es also die Zerstörungen, denen entgegenzuwirken dieses Buch geschrieben ist, wohl im wesentlichen nicht.

Nun wird, wenn man sich die Charaktere der promateriell ‚Kontrollorientierten' und der postmateriell ‚Autonomieorientierten' vergegenwärtigt, sich wohl fast niemand freiwillig den ersteren zurechnen wollen. Wer täte nicht lieber im Einklang mit den eigenen Gefühlen das, was er oder sie eigentlich möchte, statt sich immer nur ängstlich nach den andern zu richten und die eigenen Wünsche gar nicht erst hochkommen zu lassen? Und wer gibt sich selber zu, zwar das erstere zu wollen, sich dessen aber nicht zu trauen und deshalb im wesentlichen das letztere zu tun? Warum gibt es dann so viele kontrollorientiert lebende Zeitgenossen? Zu verstehen ist dies nur, wenn wir uns vergegenwärtigen, daß es in jedermann und jederfrau *beide* Orientierungen gibt, die Unterschiede also nur zeigen, welche von ihnen überwiegt. Scherhorn diagnostiziert die Dominanz der Kontrollorientierung als eine gesellschaftliche Krankheit. Seine

Erklärung beruht auf der Bedürfnishierarchie von Abraham H. Maslow (1908–1970).

Maslow hatte (1943/1954) eine Hierarchie von Bedürfnissen unterschieden, in der von unten nach oben (1) die physiologischen, (2) die Sicherheitsbedürfnisse, (3) die nach Zugehörigkeit und Liebe, (4) die nach Geltung und Anerkennung sowie (5) die Bedürfnisse nach der Entwicklung und dem kompetenten Gebrauch der eigenen Anlagen, nach Herausforderung und Bewährung, nach Wissen und Verstehen, nach Erklären und Gestalten, also insgesamt nach Selbstverwirklichung unterschieden werden. Der Sinn der hierarchischen Anordnung ist in aufsteigender Richtung, daß die unteren Bedürfnisse in der normalen Entwicklung zur Sättigung tendieren, so daß, wenn man genug zu essen hat, sich nicht gefährdet fühlt, genügend Liebe erfährt und unter den Mitmenschen geachtet ist, alle weiteren Bedürfnisse auf Selbstverwirklichung gerichtet sind, in der es keine Sättigung zu geben scheint. Dies ist der Normalfall. Entwicklungsstörungen hingegen führen zu Regressionen von der Stufe, wo sie auftreten, auf eine oder mehrere der vorausliegenden Stufen. Wer sich unsicher fühlt, verfällt z. B. in Eß- oder Trunksucht, wer nicht genügend geliebt wird, in ein Sicherheitsverlangen in Gestalt von Eifersucht, Habsucht oder Geiz, und wer beruflich scheitert, mag eine Kompensation in gesteigerter mitmenschlicher Zuwendung suchen. Das Problem dabei ist, soweit es sich nicht um konstruktive, Kräfte sammelnde, sondern um destruktive Regressionen handelt, daß diese als bloße Ersatzbedürfnisse unersättlich werden, also ihre normale Sättigungstendenz verlieren. Eßsucht, Geiz etc. sind ja gerade insoweit krankhaft, als die gewöhnlichen Grenzen nicht mehr gelten. Dies kann wiederum nicht anders sein, weil das eigentliche Bedürfnis in Gestalt des Ersatzbedürfnisses nicht befriedigt wird. „Wer ißt, weil er nicht geliebt wird, stillt weder den Hunger, denn der wäre mit viel weniger Nahrung zufrieden, noch das Verlangen nach Liebe oder den Schmerz über den Liebesentzug" (Scherhorn 1995, 259f.).

Ich nehme nun mit Scherhorn und anders als Maslow an, daß es destruktive Regressionen auch von der Stufe der Selbstverwirklichung aus gibt. „Wenn in der Entwicklung eines Menschen ein gravierendes Defizit an Selbstverwirklichung entstanden ist, so wird er in der Befriedigung von Beziehungsbedürfnissen – etwa im Streben nach Anerkennung (Geltungssucht) – Ersatz suchen." Da man nun aber unter den gegenwärtigen Verhältnissen am leichtesten Anerkennung findet, indem man es zu materiellen Gütern bringt, regredieren Menschen, deren Selbstverwirklichung gestört ist, in gesteigerte – und wegen ihrer Krankhaftigkeit unersättliche – Bedürfnisse des materiellen Konsums. „Die Unersättlichkeit der Güterwünsche ist, so gesehen, das Symptom einer Fehlentwicklung." Worin aber besteht die Störung, welche zu dieser Regression führt? „Letztlich ist es die ,Furcht vor der Freiheit' (Fromm 1945), die in der Regression zum Ausdruck kommt ... Im modernen Konsum dienen immer mehr Güterwünsche der Befriedigung von Ersatzbedürfnissen. Sie ist destruktiv, weil sie das personale Wachstum verhindert und das Wachstum des Sozialprodukts auf einem naturzerstörenden Niveau hält." Der regressive Charakter des materiellen Konsums zeigt sich auch daran, wie die Konsumgüter in der Werbung mit Symbolen der immateriellen Selbstverwirklichung aufgeladen werden, welche sie nicht bieten, aber kompensieren sollen, beispielsweise mit Abenteuern, Geselligkeit, Lebensart und einer starken Persönlichkeit, wie man sie aber ja in Wahrheit nicht kaufen kann. Eigentlich müßte der Konsument gerade hier merken, wie er betrogen wird. Er wird aber ja nicht nur betrogen, sondern er betrügt sich selbst, indem er sich nicht traut, zum eigenen Leben Ja zu sagen. „Es sind letztlich *Selbstwertschwächen*, die das Verlangen nach Kompensation hervorrufen" (aaO 260ff.).

Die eigentliche Tragödie des Liberalismus also ist die Furcht vor der Freiheit. In ihr wurzeln die destruktive Geltungssucht, die gesteigerten Sicherheitsbedürfnisse, der individualistische Zerfall der Gesellschaft, der Schwund der Öffentlichkeit und die Misere der positionellen Politik. Dies alles ist eine Krankheit unserer Gesellschaft, mit der wir entweder bereits in deren Krisis sind oder wohl bald in diese geraten werden. Nun ist jede Krankheit immer nur die zweitbeste Form eines Konfliktaustrags, aber sie ist doch jedenfalls eine solche Form. Welche Chancen haben wir, die Krankheit zu überstehen? Ist es bei aller Dominanz der Kontrollorientierung nicht eigentlich doch ein Grund zur Hoffnung, daß immerhin 20% unserer Gesellschaft hier resistent oder bereits gesundet zu sein scheinen? Ich denke, hier gibt es schon eine Erinnerung an den vergessenen Traum. Kann die Allgemeinheit unserer Gesellschaft an denen, die keine Furcht vor der Freiheit haben, gesunden? Von der Hand zu weisen ist diese Hoffnung nicht.

Mündige Erdenbürger in der Gemeinschaft der Natur

Platon hat es verstanden, weder das Gute auf die bloßen Präferenzen des Ich zu reduzieren, noch umgekehrt das Ich im wesentlichen von einem vorgegebenen Guten her bestimmt sein zu lassen. Der zweite Weg ist der der gewöhnlichen Moral. Hier soll ein Mensch zunächst einmal so sein wie alle, d. h. moralisch oder jedenfalls nicht unmoralisch, und darf die verbleibenden Spielräume dann zur eigenen Individualisierung nutzen. Eine philosophische Form ist die Kantsche Ethik, dem Sittengesetz zwar deshalb zu folgen, weil man es soll, es aber kraft der Identifikation des Ich mit der allgemeinen Vernunft selber zu wollen, also nur das wollen zu wollen, was alle wollen könnten. Der erste Weg ist demgegenüber der liberale und individualistische. Hier ist das ursprünglich Gegebene das Ich, nicht ein allgemeines Gutes, dem es sich anzupassen hätte. Dieses ursprüngliche Ich weiß selbst am besten, was es will und was ihm guttut. Soll ich mir etwa von andern – gar noch höheren Orts – vorschreiben lassen, was für mich das Beste ist? Das neuzeitlich liberale Urempfinden ist: Ich will meinen eigenen Weg gehen, und was für mich gut ist, weiß ich selbst am besten – oder will darüber zumindest allein entscheiden, ohne daß mir andere dabei hereinreden. Das Attraktive an dieser Position ist, vom allgemeinen Guten und damit von den Autoritäten, die seiner mächtig zu sein behauptet haben, einmal ganz absehen und diese Autoritäten letztlich sogar abschaffen wollen zu können. Wirklich gebraucht würden dann nämlich nur noch politische Verhältnisse, in denen die autonomen Individuen einander in Ruhe lassen, so daß jeder seinen eigenen Weg gehen kann und nur dort, wo es Konflikte gibt, ein guter Kooperationspartner sein muß. Man braucht sich dann nicht mehr über die Inhalte, sondern nur noch über die Verfahren zu einigen. Was aber eigentlich und für alle gut ist, bedarf keiner Erörterung mehr, denn jeder weiß es für sich selbst am besten, und für alle weiß es sowieso keiner.

Der Wunsch, auf diese Weise der Verständigung über das für die Allgemeinheit Gute entgehen zu können, ist historisch verständlich. Zwar war das Mittelalter bei weitem nicht so autoritär, wie diejenigen, denen es dunkel ist, in der Regel meinen. Mit dem Umschwung beispielsweise vom relativ liberalen 15. zum eher reaktionären 16. Jahrhundert aber gab es in der Tat einen autoritären Schub. Selbst vor diesem Hintergrund kann ich allerdings nicht finden, das mittelalterliche – geschweige denn das antike – Denken über das Gute habe die unsägliche Trivialität verdient, mit der es bei Adam Smith (1723–1790) durch die von ihm in Umlauf gesetzte „Unsichtbare Hand" abgetan worden ist.

Die Unsichtbare Hand, die wie eine wohlmeinende Vorsehung alles zum Guten wendet, ohne daß wir selbst in der Absicht des Guten etwas dazu zu tun brauchten, kommt in Smiths philosophischem Hauptwerk, „The Theory of Moral Sentiments" (1759),[8] nur einmal vor. An zwei weiteren Stellen und weniger spezifisch wird der Ausdruck in seinen übrigen Schriften gebraucht. Die erstaunliche Karriere dieses einen Textstücks muß also wohl mit einem inneren Bedürfnis der marktwirtschaftlich lebenden Menschheit nach moralischer Entlastung zusammenhängen. Der Gedanke, auf dem diese Wirkung beruht, findet sich in einem entsprechenden Kontext. Smith beschreibt dort – am Anfang des vierten Teils – zunächst, wie man an dem Wohlstand derer, die ihn haben, Gefallen finden kann, sich dabei aber in erster Linie an den Mitteln (means) freut, mit denen die Reichen es sich gutgehen lassen, und nicht an deren tatsächlichem Gebrauch durch ihre Besitzer. Wenn nun ein Kind armer Leute, meinte Smith, „durch den Zorn des Himmels mit dem Ehrgeiz geschlagen" sei, diese guten Dinge ebenfalls haben zu wollen, so werde es diesen

---

[8] Ich zitiere dieses Buch in meiner Übersetzung.

Ehrgeiz in seinem Herzen vielleicht verfluchen, de facto aber sein Leben lang damit beschäftigt sein, rastlos derlei Güter anzuhäufen. Am Ende habe dieser Mensch es dann zu einem Haufen von Gütern gebracht, die ihn zwar jederzeit unter sich begraben könnten, angesichts deren er aber endlich die Muße finde, auf die er anfänglich verzichtet hat, um alle diese Dinge anzusammeln.

Smith will damit nicht sagen, daß es nicht der Mühe wert sei, sich um des Reichtums willen sein Leben lang zu plagen, sondern findet es ganz recht, „daß die Natur uns in dieser Weise täuscht". Denn es sei eben diese Täuschung, welche uns Menschen zur Arbeit anhält, so daß der Boden bebaut wird, Häuser und Städte entstehen und die Wissenschaften wie die Künste gedeihen, welche das menschliche Leben veredeln. So sei nun das Gesicht der Erde verändert, die Fruchtbarkeit des Bodens verdoppelt und der wilde Ozean verbinde die Völker. Lasse dann aber der reiche Mann den Blick über die lieblichen Felder schweifen, die an die Stelle der früheren Wildnis getreten seien, so helfe es ihm gar nichts, wenn er sich hartherzig vornehme, die gesamte Ernte ganz allein aufzufuttern, ohne seinen ärmeren Mitmenschen etwas davon abzugeben. Denn hier sei, wie das Sprichwort sagt, das Auge größer als der Mund, weil in den Magen des Reichen nun einmal auch nicht mehr hineinpasse als in den des ärmsten Bauern. „Alles Übrige kann er nicht umhin", fährt Smith fort, „an alle die zu verteilen, die ihm das bißchen, was er selbst verzehren kann, möglichst angenehm darbieten." Die Reichen suchen sich zwar das Beste heraus, aber „sie verbrauchen kaum mehr als die Armen. Ungeachtet ihrer natürlichen Selbstsucht und Raffgier... teilen sie mit den Armen den Ertrag all ihrer Errungenschaften. Sie werden von einer unsichtbaren Hand geleitet, die Notwendigkeiten des Lebens beinahe so zu verteilen, wie es sich ergeben hätte, wenn die Erde ihren Bewohnern nach gleichen Teilen zugewiesen worden wäre. Dadurch dienen die Reichen unabsichtlich und ohne es zu wissen dem Wohl der Gesellschaft und tragen zur Verbreitung der Menschengattung bei" (aaO 298–304).

Im Grunde werden also die Reichen, die sich, wie Smith betont, in ihrem rastlosen Schaffen zum Wohl der Gesellschaft ja kaum einen Feierabend gönnen, den die Armen immerhin täglich genießen, durch diese regelrecht ausgebeutet – wo sie doch letztlich auch nicht mehr bekommen als jene. Wenn in dieser besten aller Welten überhaupt jemand zu kurz kommt, sind es jedenfalls die Reichen, so daß ihnen zumindest die ausdrückliche Anerkennung ihrer besonderen Verdienste zum Wohl der Gesellschaft zusteht. Sie werden dies gern hören, aber vielleicht werden auch manche Arme gern hören, daß es ihnen in Wahrheit viel bessergeht als den Reichen, denen ihr Wohlstand – worauf Smith ausdrücklich hinweist – ja eigentlich nur kleinere Ungelegenheiten erspart, sie aber den Sorgen und Gefahren des Lebens genauso „und manchmal mehr" ausgesetzt sein läßt als alle andern.

Der Autor dieses Rührstücks gilt als der Begründer der modernen Ökonomie. Wäre er, resümiert Joseph Schumpeter, „genialer gewesen, wäre er nicht so ernst genommen worden. Hätte er tiefer gegraben, neue Erkenntnisse zutage gefördert oder schwierige und scharfsinnige Methoden verwandt, wäre er nicht verstanden worden" (1965, 246). Kurz, Smith hat seinen Zeitgenossen und ihren ökonomistischen Nachfahren gerade das gesagt, was sie gern hören wollten, selbst aber nicht in dieser sozusagen wissenschaftlichen Naivität sagen konnten. Bei einem Autor, der das Geltungsbedürfnis der Menschen für ihren eigentlichen Antrieb hält (1759, 113), hat dies sogar eine latente Konsistenz. Wir Heutigen aber, soweit wir noch daran glauben, daß die Unsichtbare Hand es schon richten werde, wenn die Individuen zu Lasten der Allgemeinheit leben, sollten uns fragen, ob auch wir dies noch so gerne hören wollen können wie Smiths Zeitgenossen.

Das Bemerkenswerte an Smiths Erfolg sind nicht seine Gedanken, sondern die Bereitschaft, sich von ihnen beeindrucken zu lassen. Ich sehe dafür im wesentlichen zwei Gründe. Der eine ist, daß die eigennützigen Individuen freie Hand gegenüber einer Wertordnung bekommen wollten, welche Eigennützigkeit nicht guthieß, sondern verurteilte. Ihnen kam Smith dadurch entgegen, daß nach seinem Entwurf – in seinem Sinn gesagt – „die Notwendigkeit zur Entfaltung einer Sittlichkeit, die aufs Ganze geht, entfällt" (Sieferle 1990, 37). Mit den Regeln des menschlichen Verhaltens nicht ‚aufs Ganze gehen' zu brauchen, empfiehlt diesen Ansatz all denen, die in jedem Bezug auf ‚das Ganze' sogleich totalitäre oder zumindest autoritäre Zumutungen gegen die Autonomie des Individuums, das für sich alles am besten wisse, wittern. Diese Gefühlslage ist es, in der bis heute, wenn ein Philosoph – und sei es noch so behutsam – von dem eigentlich gewollten ‚Guten' spricht, immer gleich jemand aufspringt und mit anklagend erhobenem Zeigefinger eher ruft als fragt: Und wer entscheidet darüber, was ‚gut' ist?! Die Relevanz einer Frage von der Gewißheit zu unterscheiden, in der Menschen darauf eine Antwort wissen können, interessiert den Ankläger gar nicht, sondern er will sich die Verständigung über das Gute sogar dort vom Halse halten, wo Menschen dazu in der Lage und darauf angewiesen sind, jedenfalls in der Politik. Das Gute wie das Ganze werden hier regelrecht tabuisiert, so als seien es faschistische Begriffe. Tatsächlich ist es zu den verschiedenen Formen des Faschismus aber erst gekommen, nachdem man sich eingeredet und von Smith hatte bestätigen lassen, der Hypothese des Guten im Ganzen nicht mehr zu bedürfen.

Den andern Grund von Smiths Erfolg sehe ich in seiner Rechtfertigung des beschränkten Horizonts in Wirtschaft und Politik. Smith lobt an Tacitus, daß dieser seiner Geschichtsschreibung „justly" die Maxime zugrunde gelegt habe, „that the incidents of private life, though not so important, would affect us more deeply and interest us more than those of a public nature" (1963, 109). Tacitus aber hat es ferngelegen, diese Sicht von unten nicht gerade auf das Obere zu richten, nur eben von unten her, wohingegen Smith darin den Mief gelobt findet, in dem alles Höhere als solches verdächtig ist. Den Leuten mit beschränktem Horizont zu bestätigen, so sei es gerade recht, und alle die, welche sich vorsetzten, einen weitergehenden Überblick zu gewinnen, würden dabei nur auf dumme Gedanken kommen – oder, wie in Platons Höhlengleichnis, mit verdorbenen Augen zurückkehren – und obendrein der Unsichtbaren Hand ins Werk pfuschen, war eigentlich eine geniale Idee, um die feudale durch eine ,subjektlose Herrschaft' zu ersetzen. Zumindest hätte dies die Idee eines bedeutenden Demagogen sein können, was Smith – der sein Leben im wesentlichen bei seiner Mutter verbracht und wenig Lebenserfahrung gehabt hat – gewiß nicht war.

Machen wir uns durch diesen kurzen Rückblick paradigmatisch klar, wie es gesellschaftlich zur Naturkrise der wissenschaftlich-technischen Welt gekommen ist, so sollten wir uns erst recht von niemand mehr die Frage verbieten lassen: Ist es gut, daß

– unter den ,Opfern' des motorisierten Individualverkehrs so viele ,Dritte' sind?
– das Wirtschaftswachstum nur noch zu Lasten des Allgemeinen in Natur und Gesellschaft der Bereicherung der Einzelnen dient?
– unser Wohlstand den Preis der Zerstörung der Lebensverhältnisse in der Dritten Welt hat?
– der Staat (in einer sogar rechtlich fragwürdigen Weise) zu Lasten von Vergangenheit und Zukunft wirtschaftet?

Und die Antwort kann nur ganz eindeutig lauten: Nein, dies alles und noch viel mehr ist nicht gut. Denjenigen, der dies ausspricht, sollten wir nicht auslachen, wenn auch er nicht gleich alles besser zu machen weiß, und von ihm sagen, er sei von seinem Blick auf das Ganze „mit verdorbenen Augen von oben zurückgekommen und es lohne nicht, daß man versuche hinaufzukommen; sondern man müsse jeden, der sie lösen und hinaufbringen wollte, wenn man seiner nur habhaft werden und ihn umbringen könnte, auch wirklich umbringen" (Platon, Pol 517a).

So schwer es ist, sich im richtigen Umgang mit Pluralität darüber zu verständigen, was gut ist, dürften wir dieser Verständigung heute nicht mehr zu entgehen versuchen. Vielleicht wäre es schön gewesen, zumindest in Politik und Wirtschaft um die Frage nach dem Guten herumzukommen. Im Liberalismus hat man gemeint, die Verständigung darüber vermeiden zu können, indem man sich auf gerechte Verfahrensordnungen einigt, welche die Gesellschaft zusammenhalten. Heute aber zerfällt die Gesellschaft, weil es keinen Willen zur Verständigung darüber gibt, daß es nicht gut ist, wenn die Individuen zu Lasten der Allgemeinheit leben. Der liberalistische Traum, daß gerechte Verfahren eine Priorität vor dem

Guten hätten, ist ausgeträumt, genauer gesagt: Der Traum war nur eine Illusion, und aus dieser gilt es zu erwachen.[9]
Menschen haben die Fähigkeit bzw. sie können die Fähigkeit ausbilden, sich über ein gemeinsames Gutes zu verständigen. Dazu müssen das Gute und das Gerechte wieder in die richtige, nämlich in die umgekehrte Ordnung gebracht werden, d. h., „that in a sense, the good is always primary to the right" (Taylor 1989, 89). Ich möchte damit nun aber nicht zur Bestimmung des Ich durch ein höheres Gutes zurückkehren und damit die abendländische Individualität verabschieden, denn diese ist ein hohes Gut (vgl. Rudolph 1991). Gescheitert ist meines Erachtens nur der wirtschaftliche Liberalismus, wie er in seiner trivialsten Form von Smith vorgestellt worden ist, hingegen nicht der politische Liberalismus des mündigen Bürgers (citoyen). Ich meine damit den Bürger, der aufsteht und erklärt:

Ich brauche keinen Monarchen und keinen Adel, um uns die politisch notwendige Verständigung darüber abzunehmen, was für das Ganze, welches allen gemein ist, gut ist. Jeder Bürger hat am Allgemeinen teil. Wir wollen uns miteinander selbst ein Urteil bilden, was nach unserer Einschätzung für das Gemeinwesen gut ist, und uns darüber so verständigen, daß wir uns auch einen politischen Willen bilden, was im allgemeinen Interesse geschehen soll. Dazu bedarf es einer politischen Öffentlichkeit als dem Raum des Allgemeinen selbst, in dem die Verständigung stattfindet.

Dieses ist die politisch liberale Haltung des mündigen Bürgers. Ich stelle sie der wirtschaftsliberalen Haltung des Konsumbürgers (bourgeois) entgegen, der erklärt und dabei sitzen bleibt:

Ich weiß selbst am besten, was für mich gut ist. Was für die Allgemeinheit gut ist, regelt Adam Smiths Unsichtbare Hand, indem jeder das Seine nur für sich tut. Der Staat soll im wesentlichen dafür sorgen, daß die autonomen Individuen als gute Kooperationspartner ihre Präferenzen aushandeln können. Gerechte Verfahrensordnungen allein gewährleisten den sozialen Zusammenhalt der freien und gleichen Individuen. Alles, was darüber hinausgeht, ist zu deregulieren.

Diese letztere Haltung war diejenige, welche den historischen Liberalismus geprägt hat, nun aber nicht mehr zu rechtfertigen ist. In der Tragödie des Liberalismus ist der mündige Bürger dem Konsumbürger zum Opfer gefallen.

Der programmatische Satz des mündigen Bürgers stammt von Edmund Burke (1729–1797). Er lautet: „In a free country every man thinks he has a concern in all public matters" (1949, 119). In einem freien Land gehen die Angelegenheiten der Allgemeinheit jedefrau und jedermann etwas an. Wie umfassend ist hier die Allgemeinheit der „public matters" zu

---

[9] Ich teile hier die Kritik von Sandel (1982) an Rawls (1971).

verstehen? In einem früheren Buch (1984) habe ich acht Stufen der Rücksichtnahme unterschieden, denen ebenso viele Grundformen der Ethik entsprechen:

1. Jeder nimmt nur auf sich selber Rücksicht (Egoismus).
2. Jeder nimmt nur auf sich selber und auf die Menschen im persönlichen Umkreis (Verwandte, Freunde) Rücksicht (Nepotismus).
3. Jeder nimmt nur auf sich selber, den persönlichen Umkreis und das eigene Volk Rücksicht (Nationalismus).
4. Jeder nimmt nur auf die heutige Menschheit Rücksicht (Anthropozentrik der Gegenwart).
5. Jeder nimmt nur auf die gesamte Menschheit in Gegenwart, Vergangenheit und Zukunft Rücksicht (Anthropozentrik).
6. Jeder nimmt nur auf alle fühlenden Wesen Rücksicht (Mammalismus).
7. Jeder nimmt nur auf alles Lebendige Rücksicht (Biozentrik).
8. Jeder nimmt auf alles Rücksicht (Physiozentrik).[10]

Der – außer in der physiozentrischen Ethik – jeweils ausgeschlossene Bereich wird im Handeln zwar *berücksichtigt*, jedoch nur als Ressource für diejenigen, auf die um ihrer selbst willen, also ihrer Natur nach, *Rücksicht* genommen wird. Mein damaliges Buch war ein Plädoyer für die physiozentrische Ethik, die über Albert Schweitzers (1875–1965) „Ehrfurcht vor dem Leben" (1923, 378) hinaus auch auf die sogenannte anorganische Welt ihrer Natur nach, d.h. um ihrer selbst willen in ihrem Eigenwert, Eigensinn und Eigenrecht, Rücksicht nimmt. In einem späteren Buch (1990) habe ich dieselben Kreise als Verantwortungskreise beschrieben, war damit aber nie recht zufrieden, weil die Verantwortung, wenn man darunter nicht nur die für das eigene Handeln – als Rechenschaftspflichtigkeit – versteht, sondern wirklich die für andere und anderes, immer einen paternalistischen Zug hat. Nach den Überlegungen des vorliegenden Buchs kann ich den Verantwortungsbegriff wieder auf die Rechenschaftspflichtigkeit zurücknehmen. Wenn das Mitsein nicht nur mit den Mitmenschen, sondern auch mit der natürlichen Mitwelt zur menschlichen Natur gehört, braucht die physiozentrische Rücksicht auf alles in seiner je besonderen Natur nur noch durch den Zusatz ergänzt zu werden: Nimm Rücksicht auf alles wie auf dich selbst.

Die acht Stufen der Rücksichtnahme können direkt auf jedermanns „concern in all public matters" übertragen werden. Der Konsumbürger (1) bekommt gesagt, er sei ein *Homo oeconomicus* und ihn gehe nur er selber etwas an, womit er sich gern zufriedengibt. Mit solchen Bürgern ist

---

[10] Eine ähnliche Stufung ist 1979 von Frankena vorgeschlagen worden, allerdings weniger differenziert und unter Beimischung anderer Kategorien, welche nicht den Umfang der gebotenen Rücksicht, sondern die Begründung der jeweiligen Beschränkung betreffen. Ich bin durch Frankenas Ansatz und dessen Inkonsistenz zu der hier wiedergegebenen Unterscheidung angeregt worden.

allerdings kein Staat zu machen oder allenfalls unser jetziger mit der
‚subjektlosen Herrschaft‘. Lassen wir nun den mündigen Bürger sich entlang der weitergefaßten Abgrenzungen daraufhin entfalten, welche Allgemeinheit ihn angeht, so brauche ich mich beim Nepotismus (2) und beim
Nationalismus (3) nicht weiter aufzuhalten. Daß auch diejenigen keine
mündigen Bürger sind, die in ihrem Handeln nur auf ihr eigenes Volk
oder gar nur auf eine noch enger gefaßte Interessengemeinschaft um derer
selbst willen Rücksicht nehmen, die übrige Welt aber lediglich in Rechnung stellen, um auf ihre eigene Rechnung zu kommen, bedarf keiner besonderen Begründung mehr. Jedenfalls (4) auf die Allgemeinheit der
Menschheit – und zwar (5) einschließlich ihrer Vergangenheit und Zukunft – so Rücksicht zu nehmen, daß sie ihn als eine öffentliche Angelegenheit etwas angeht und betrifft, werden wir nach dem Stand des avan-
cierteren politischen Bewußtseins von dem mündigen Bürger erwarten
dürfen. Anders als dem Konsumbürger wird es ihm also nicht egal sein,
daß wir zu Lasten der Lebensbedingungen der Dritten Welt im Wohlstand leben und der Staat unsern Nachfahren unbezahlte Rechnungen
hinterläßt.

So weit wäre wohl auch Burke gegangen. Nach den Überlegungen dieses Buchs aber kommt der Mensch seiner Natur nach nur im Mitsein sowohl mit andern Menschen als auch mit der natürlichen Mitwelt ganz zur
Welt. Wir erleben dies, wenn wir unser Selbstgefühl, wie Herder sich ausdrückte, im beständigen Horizont unseres Leibs üben. Allen Dingen
wohnt ein natürliches Verlangen inne, auf die bestmögliche Weise zu sein,
die eines jeden Natur entspricht. Dies ist der naturphilosophische
Grundsatz von Nikolaus von Kues, dem ich folge. Nur in der Gemeinschaft der Natur können wir auf die bestmögliche Weise Mensch sein.

Dieser Kommunitarismus der Natur teilt die grundsätzliche Bewertung des politischen Gemeinsinns mit dem gesellschaftlichen von Alasdair MacIntyre (1981), Michael Sandel (1982), Michael Walzer (1983),
Amintai Etzioni (1988), Charles Taylor (1989) und andern. Ich stimme
auch der Kritik dieser Schule an der Falschheit der Priorität des Verfah-
rensgerechten vor dem Guten zu, denn dann wäre „that what separates
us ... prior to what connects us ... hence the priority of plurality over
unity" (Sandel 1982, 133). Das kommunitaristische Denken aber beschränkt sich zu Unrecht auf den – in der europäischen Philosophie traditionell vielfach erörterten (vgl. Tönnies 1887) – Themenkreis des Verhältnisses von Individuum und Gemeinschaft. Mündige Bürger leben nicht
nur nicht zu Lasten der menschlichen Allgemeinheit, sondern sie leben
überhaupt nicht zu Lasten der Allgemeinheit. Die Erweiterung der im
politischen Handeln gebotenen Allgemeinheit auf die Gemeinschaft der
Natur ist die neue, so noch nicht dagewesene Herausforderung des Gemeinsinns in der Naturkrise der wissenschaftlich-technischen Welt. Alles
geht den mündigen Bürger etwas an, nicht nur die Mitmenschen, sondern

die Natur insgesamt ist für ihn eine öffentliche Angelegenheit. Die Allgemeinheit, in welcher der Mensch sich ganz entfaltet und zur Welt kommt, ist nicht nur die der Menschheit, sondern die des Ganzen der Natur. Der Kommunitarismus der Natur, die in uns auf menschliche Weise politisch wird, umfaßt also den gesellschaftlichen, so wie er derzeit in Nordamerika wieder im Gespräch ist. Ich glaube auch, daß manche stark rückwärts gewandten Züge dieser Diskussion überwunden werden könnten, wenn über die Wiedergewinnung des einstweilen Verlorenen hinaus die eigentliche Aufgabe in dem neuen Horizont der Gemeinschaft der Natur wahrgenommen würde. Daß die politische Gemeinschaft gerade in der Naturkrise der Industriegesellschaft zerfällt, ist ja möglicherweise keine zufällige Koinzidenz. Vielleicht gibt es in der Gesellschaft der interplanetarischen Eroberer gar keine dauerhafte Integrität, sondern menschliche Gemeinschaften sind auf längere Sicht nur in der der Natur lebensfähig – so wie ja auch die Fische nur im Wasser und durch das Wasser da sind.

Dies aber meine ich nicht so, daß wir in einer – vielleicht gar noch irgendwie autorisierten – Gewißheit des Ganzen unser Leben auf dieses höchste Gut hin ein- und ausrichten sollten, also nicht nur nicht mehr das Gute dem Ich nachordnen, sondern dieses auch wieder von jenem her bestimmt sein ließen. Der Grundgedanke, dem der Prolog dieses Buchs gewidmet war, ist ja gerade, daß *die Selbsterkenntnis und die Ab-Sicht des Guten dasselbe sind und dieselbe Ungewißheit teilen.* Das Projekt meines Lebens bin ich selbst. Die Geschichte, die ich bin, entsteht erst mit mir, und ich bin meiner selbst nicht sicher, so daß ich mich auch verfehlen kann. Die einzige Orientierung, die mir hilft, mich möglichst nicht zu verfehlen, ist eine Ahnung des Guten im All-Gemeinen. Zu tun versuchen aber kann ich das Gute immer nur in der Besonderung meines Lebens. In dieser bin ich des Guten so ungewiß wie meiner selbst und meiner selbst wie des Guten. Ich kann das Gute wie mich selbst in der Geschichte meines Lebens nur von den Grenzen her zu denken versuchen, diese aber sind während des Lebens nicht erreicht.

Das Leben ist Ichbildung in der Absicht des Guten. Ich erkenne und bilde oder konstituiere mich selbst, indem ich wahrnehme, daß mein Leben auf etwas aus ist, wofür ich gut bin, und daraufhin lebe. Bevor ich nicht zu sehen meine, wozu ich dort, wo ich gerade bin, gut bin, weiß ich gar nicht, wer ich jeweils bin, so daß ich auch meine Präferenzen nicht kenne. Wer bin ich?, und Was will ich?, sind dieselbe Frage. Es geht eigentlich immer nur darum, Wer will ich sein? Wie kann ich Ja zu mir sagen? Mündige Bürger bedürfen nicht der Gängelung durch den Staat oder eine autoritäre Kirche, um sich zu entscheiden, wie sie jeweils Ja zu sich sagen können wollen. Sehen sie dann im Mitsein mit andern ihre jeweilige Aufgabe wie sich selbst, so ergeben sich aus der wechselseitigen Ungewißheit, in der dies geschieht, Kontroversen zwischen ,Präferenzen'. Man streitet sich ja immer nur über das, was nicht so sicher ist, daß ein Beweis geführt werden könnte, was also die Beteiligten nicht beweisbar wissen. Diese Ungewißheit wechselseitig anzuerkennen und gleichwohl einen gemeinsamen politischen Willen zu bilden ist das Gebot der Toleranz.

Mir liegt nicht an der existenzialistischen Entschiedenheit als solcher – egal wozu – in einer eigentlich für absurd gehaltenen Situation, denn ich finde das Leben nicht sinnlos. Jedes Lebewesen ist eine persönliche Individuation dessen, was in dieser Welt gut sein kann. Das politisch liberale Prinzip der Mündigkeit kann in der Allgemeinheit der Natur auch ökoliberal heißen, um es von dem der bloß gesellschaftlichen Allgemeinheit zu unterscheiden. Das ökoliberale Individualitätsprinzip des mündigen Bürgers lautet dann, wieder im Sinn von Nikolaus von Kues: *Im Menschen ist das Ganze der Natur Mensch geworden, nicht nur die Menschheit, und dies ist unsere menschliche Natur, in der sich erfüllen kann, wofür wir gut sind.* Im neuzeitlichen Abendland stehen wir vor der kopernikanischen Herausforderung, in der Welt nicht nur einfach heimisch zu sein wie ein Kind im Elternhaus, sondern in ihr heimisch zu werden wie ein Erwachsener jenseits des Elternhauses. Sich in dieser Weise mit uns fortzutreiben ist eine Chance der Entwicklung des Ganzen, die – wie jede Chance – mit der Gefahr des Scheiterns verbunden ist. Die Frage ist auch hier: *Wollen wir ökoliberal mündige Erdenbürger in der Allgemeinheit der Natur sein?* Wenn wir dies wollen, hat die Industriegesellschaft eine Chance, politisch wieder gesund zu werden, indem die Individuen nicht mehr zu Lasten der Allgemeinheit in der Gesellschaft und im Ganzen der Natur leben.

Wollen wir aber? Das ist die einfache Frage, um die herum dies Buch geschrieben ist. In der Naturkrise der wissenschaftlich-technischen Welt kommt alles darauf an, wie umfassend – in welcher Allgemeinheit individualisiert – das Ich verstanden wird, humanegoistisch oder physiozentrisch. Die Individualität des *Homo oeconomicus* ist sehr begrenzt, denn er erwirbt die Welt nicht, indem er um sie wirbt und zu ihr kommt, sondern er ist schon vorher fertig und ähnelt dadurch den Konsumprodukten, zu denen er die ihm fremd gebliebene Welt sich anverwandelt. „As long as it is assumed that man is by nature a being who chooses his ends rather than a being, as the ancients conceived him, who discovers his ends, then his fundamental preference must necessarily be for conditions of choice rather than, say, for conditions of self-knowledge" (Sandel 1982, 22). Und doch kommt auch das wirtschaftsliberale Individuum nicht an der Äquivalenz der Selbsterkenntnis mit der persönlichen Absicht des Guten vorbei, denn es sind – wie man mit Charles Taylor auf englisch wunderbar ambivalent sagen kann – „the goods by which people define their identity" (1989, 42). So wie aus der Natur der Dinge die Dinge der Natur, sind aus dem Guten, in Absicht dessen ich mich – nicht mit Gewißheit, jedoch handlungsleitend – so erkenne, wie ich sein will, nun die guten Dinge oder die Güter geworden, und zwar die Konsumgüter. Insoweit ich sie mein Selbstsein bestimmen lasse bzw. mich in ihnen selber darstelle und finde, bejahe ich mich zwar nicht mehr als eine besondere Individuation des allgemeinen Guten. Die Verengung dieses Guten zu den Konsumgütern entspricht aber gerade der des Ich zum Konsumbürger oder zum eigennützigen und sich dadurch selbst verfehlenden *Homo oeconomicus.* Das Gute schrumpft zur Habe und das Ich zum Haber, der sich seiner selbst in den Dingen versichert. Hast du was, dann bist du was: Man kauft sich sozusagen sich selbst zusammen, was in der Regel obendrein voraussetzt, daß man sich – zum Geldverdienen – vorher verkauft hat.

Was ist dagegen zu sagen? Ich halte den wirtschaftsliberalen Individuen, die zu Lasten der Allgemeinheit leben, letztlich nicht entgegen, daß sie dies nicht tun sollten oder daß sie Verantwortung für die Integrität ihrer eigenen Gesellschaft, der natürlichen Mitwelt, der Dritten Welt und der Nachwelt trügen. Täte ich das, so würde die Gegenfrage konsistenterweise lauten: Was geht uns das alles an? Ich kann dazu letztlich nur sagen: Nicht nur ein Konsument sein zu wollen, der sich seine Identität zusammenkaufen muß, sondern diese in der Gemeinschaft der eigenen Kultur, im Mitsein mit der Menschheit und der Natur insgesamt zu bilden ist eine Chance des besseren Lebens.

Gerade in der Konsumgesellschaft die Chance des besseren Lebens zu verfehlen paßt mit der ostentativen Geltungssucht, in der so wenig Rücksicht auf anderes genommen wird, nur vordergründig nicht ohne weiteres zusammen. Daß das Selbstwertgefühl durch die allgemeine Konkurrenz in einer Weise von ständigen Belohnungen abhängig gemacht wird, die jede höfische Abhängigkeit von der Gunst eines Fürsten in den Schatten stellt, deutet ja auf die zuvor bereits namhaft gemachte Selbstwertschwäche hin. Nun ist es gewiß nicht leicht, alle die, welche sich daran gewöhnt haben, ihr Selbstbewußtsein durch viel Erwerbsarbeit und wenig Ichbildung auf käufliche Güter zu gründen, zu einem besseren Leben zu ermutigen, denn die Konsumidentität ist gerade dadurch relativ bequem zu haben, daß man sich nicht zu trauen braucht, die eigene Persönlichkeit zu entfalten. Dies ist die ‚Furcht vor der Freiheit‘. Woher kommt dagegen der Mut zur Freiheit?

Mündigkeit und Unmündigkeit im Wirtschaftsleben hängen wohl im wesentlichen mit der Bereitschaft zum Erwachsenwerden in einem nicht nur individuellen, sondern gesellschaftlichen Sinn zusammen. Eine erwachsen werdende Menschheit ist dazu aufgerufen, sich nicht mehr nur einfach anzueignen, was die Welt zu bieten hat, sondern zu wissen, daß man für das, was einem gegeben wird, in der Regel etwas schuldig ist. Der mündige Konsument ist sich dessen bewußt und darf in diesem Sinn der erwachsene Konsument oder Wirtschaftsbürger genannt werden. Tatsächlich aber ist das Erwachsenwerden der Industriegesellschaft in einem

beunruhigenden Maß von Regressionen begleitet, die bisher weit überwiegend von destruktiver Art zu sein scheinen und in einer teilweise
geradezu ostentativen Weise die Verweigerung von Mündigkeit demon-
strieren. „Heute darf das Volk ins Paradies", war ein Satz, mit dem beispielsweise die Eröffnung einer großen Automobilausstellung sehr treffend charakterisiert wurde (Süddeutsche Zeitung vom 16. September
1995). Das Versprechen, durch Konsumgüter in den Mutterbauch des Paradieses zurückzukehren, gab es hier für jedermann, der sich für Autos
interessiert. Je mehr die Automobile von innen zu uterinen Schutzräu-
men und nach außen hin zu Panzern werden, welche jede Bedrohung der
mütterlichen Geborgenheit zurückweisen und alles Fremde niederwal-
zen, desto manifester wird die Destruktivität dieser Regression.

Auch in der Konsumgesellschaft aber ist nach Scherhorns Untersuchungen die Furcht vor der Freiheit nicht allgemein. Etwa jeder fünfte Bürger ist
ein – mehr oder weniger – mündiger Konsument, stützt also seine Identität
nicht (mehr) auf materielle Güter. Eine Zeitlang sah es so aus, als wenn
dieser Anteil durch einen ‚Wertwandel' sozusagen von allein zunehme
(Inglehart 1977), aber damit ist wohl doch nicht zu rechnen. Kann man
etwas tun, damit er zunimmt und wir schließlich durch ein verändertes
Konsumverhalten nicht mehr zu Lasten der Allgemeinheit leben? Zur Zeit
der Studentenbewegung pflegte man zu sagen, es gelte ‚die Verhältnisse zu
ändern'. In der Tat stehen diejenigen, die beispielsweise ihr Selbstwertgefühl auf ein Auto stützen, in der Konkurrenzgesellschaft unter dem Druck
dieser ‚Verhältnisse'. In einer demokratischen Gesellschaft aber braucht
man eigentlich keine Revolution zu fingieren, um sich andere als von einem solchen Druck entlastet vorzustellen, denn wenn sie dies nicht selber
schaffen, helfen ihnen auch keine ‚veränderten Verhältnisse'. Die Degene-
ration der bürgerlichen Revolution zur Konsumgesellschaft ist ein war-
nendes Beispiel. Ich sehe deshalb nur die Chance, andern *Mut zur Mündigkeit* oder zur Freiheit zu machen. Von diesem Mut Gebrauch machen
muß jeder dann schon selber.

Die neuzeitlich abendländische Individualisierung hat sich von Anfang
an – d. h. seit der Renaissance – in der Ambivalenz von Freiheit und Autonomie vollzogen. Ich meine, daß das Herunterkommen des Guten zu
den Gütern die größte Verfälschung ist, die dem neuzeitlichen Aufbruch
überhaupt zuteil werden konnte. Nun aber hängt es wirklich von uns ab,
ob es doch noch eine mündige Gesellschaft geben wird oder nicht. Das
eigentliche Projekt der Moderne ist der Mut zur Mündigkeit in Freiheit.
Aus der individuellen Entwicklung weiß man, daß derjenige, der sich nur
aufspreizt, für sich selber alles am besten zu wissen, von der Mündigkeit
etwa so weit entfernt ist, wie er die Autorität der andern, die er sich damit
vom Leibe zu halten sucht, noch fürchtet. Gegen diese Furcht hilft nur
die Bejahung des eigenen Selbst im Mitsein mit andern. Was dazu am ehesten Kraft gibt, ist Freude. Wer sich freut, erlebt die Natur des Ganzen –

wie im vierten Kapitel erläutert – als die eigene und ist damit auch bei den Andern, so daß das Mitsein in ihm auflebt und er sich nicht zu fürchten braucht. Nicht von ungefähr aber sind jenseits von Kindheit und Jugend in der Konkurrenz- und Konsumgesellschaft Spaß und Unterhaltung weitgehend an die Stelle der Freude getreten.

Gesetzt den Fall, es würden Wege der Bedürfnis-Bildung gefunden, welche zur Entfaltung individueller Lebensart bei mehr als 20 % der Bevölkerung führten, was wäre damit politisch gewonnen? Was passiert, wenn der mündige Konsument über die Politik kommt? Ich habe in den vorangegangenen Überlegungen das politische Defizit an einer längerfristigen Verständigung über das, was uns und andern guttut, auf den Schwund der politischen Öffentlichkeit, diesen auf den Zerfall der Gesellschaft – wie er sich im Leben der Einzelnen zu Lasten der Allgemeinheit zeigt – und den Zerfall auf Ichschwächen bzw. Geltungsbedürfnisse zurückgeführt, die im Konsum abreagiert werden. Wird sich diese Analyse auch in umgekehrter Richtung bewähren, so daß in der zunehmenden Mündigkeit der Konsumenten eine Chance des verständigungsorientierten Umgangs mit Pluralität liegt?

Da die Entwicklung in unserer sozioökonomischen Verfassung wurzelt, werden wir keine lebendige Demokratie haben, solange sich im Wirtschaftsleben nichts ändert. Es gibt nicht den unmündigen Konsumbürger, der zugleich ein politisch mündiger Bürger ist. *Einmal mündig – immer mündig.* Wie wäre die Ichbildung durch Konsum zu ersetzen, soweit die Wirtschaft reicht, ohne daß dies auch die politische Ichbildung prägt? Der Unterwerfung der Politik unter die Wirtschaft muß zuerst beim Bürger selbst ein Ende gesetzt werden. Wenn einige damit einen Anfang machen, wie es faktisch geschieht, ist dies bereits eine gesellschaftliche Bewegung, die auch institutionelle Konsequenzen haben kann.

Wie die politische Mündigkeit im Konsumverhalten endet, zeigt sich im Umgang mit der Meinungsfreiheit. Sie ist uns im Grundgesetz garantiert, aber wie gehen wir damit um? Die meisten Bürger haben dies von den Vorfahren gegen einen Zensurstaat erkämpfte Recht längst den Medien abgetreten und konsumieren deren Meinungsangebot, statt sich selbst eine zu bilden. Meines Erachtens hätten den Grundrechten spätestens mit dem Übergang zum Sozialstaat Grundpflichten an die Seite gestellt und politisch eingeübt werden müssen, insbesondere die Meinungsbildungs-Pflicht. Natürlich kommt es nicht darauf an, derlei Pflichten in die Verfassung zu schreiben, sondern mit der nötigen Selbstverständlichkeit wahrgenommen werden sie nur in einer entsprechenden politischen Kultur. Zu der von Ueberhorst mit Recht betonten Kalamität des Schwunds der politischen Öffentlichkeit hätte es in dieser nicht zu kommen brauchen. Mit Bürgern aber, welche die politische Mündigkeit, die dem absolutistischen Staat entgegengesetzt worden ist, nun nicht selbstverantwortlich wahren, ist im wörtlichen Sinn kein Staat zu machen. Freiheit, das gilt auch hier, bedeutet Selbstverantwortung, und dazu genügt nicht die Unterhaltung durch die Medien und der Konsum von anderer Leute Meinungen. Unsere politische Verfassung setzt den mündigen Bürger voraus. Wenn aber die Freiheit nicht angemessen wahrgenommen wird, erhebt sich die Frage, ob das Fernsehen und die Bildzeitung wirklich besser sind als die Hohenzollern.

Der mündige Bürger braucht weder die einen noch die andern. Er wird nicht zu Lasten des Gemeinwesens leben wollen, weder hierzulande noch in andern Ländern und weder hinsichtlich der Vergangenheit noch für die Zukunft. Er wird sich seine politische Willensbildung nicht von Parteien und Verbänden abnehmen lassen, sondern diejenigen Parteien unterstützen, welche sich nicht positionell, wohl aber verständigungsorientiert verhalten. Der Wirtschaft, die auch die seine ist, wird er Grenzen der politischen Kultur zu setzen suchen und deshalb dazu beitragen, daß Unternehmen sich über ihre Betriebsgrenzen hinaus eine Vorstellung vom gelingenden Ganzen bilden, um sich daran zu orientieren. Er wird die Öffentlichkeit pflegen und die politischen Dimensionen der wissenschaftlich-technischen Entwicklung öffentlich erörtern, denn Wissenschaft und Demokratie passen nur so weit zusammen, wie dies geschieht. Die oben aufgezählten Hindernisse, die einer verständigungsorientierten Politik entgegenstehen, gibt es für ihn also nicht. Der mündige Bürger lebt in einer demokratisch politischen Kultur. Ohne ihn aber gibt es diese Kultur nicht.

Die lebendige Öffentlichkeit einer demokratisch politischen Kultur muß sich erst bilden und hat in der Allgemeinheit, die sie nun gewinnen sollte, vielleicht noch nie bestanden. Wenn aber „Gespräche wie Bäume gepflanzt" werden, spalten deren Wurzeln die mürben Gemäuer, heißt es in Peter Huchels Gedicht „Der Garten des Theophrast". Der Glaube daran macht Mut. Wie hätte ich ohne ihn dieses Buch schreiben können? Vielleicht ist der Zerfall unserer Gesellschaft schneller aufzuhalten, als er sich gebildet hat. Man wundert sich ja manchmal auch, wie schnell Seen und Flüsse wieder gesunden können, wenn sie nicht mehr überlastet werden. Darin zeigt sich freilich der Wille der Natur zum Leben. Wollen auch wir wieder gesund werden? Das Pflanzen der „Gespräche wie Bäume" ist schon eine Gegenwart der künftigen politischen Kultur, in der die Industriegesellschaft gesunden kann.

Den Begriff der politischen Kultur hat Johann Gottfried Herder in seinen „Ideen zur Philosophie der Geschichte der Menschheit" 1787 geprägt (III 13 IV=542). Diese Kultur ist das, was uns verlorenzugehen droht, wenn die Politik zu einer so unpolitisch symbolischen Veranstaltung wird, wie wir es jetzt erleben. Herder wurde zu dem Begriff der politischen Kultur durch die großen politischen Verfassungen im antiken Griechenland angeregt und sein Begriff der politischen Kultur war anspruchsvoller als der heute übliche. In den griechischen Staaten gab es nämlich nicht nur eine politische Kultur in dem Sinn, daß in der Politik bestimmte Formen gewahrt, Beteiligungsverfahren eingehalten wurden etc., sondern es gab in ihnen zuvörderst eine Kultur überhaupt, und diese hatte ein politisches Leben. Die Kultur war das Gemeinwesen, in dem den Bürgern gemein war, was ihr Wesen ist, und dieses Wesen war politisch, d. h. auf die Verständigung darüber gerichtet, was im Ganzen gut ist. Sowohl die Kultur als auch das Politische sind uns soweit abhanden gekommen, wie die Wirtschaft sich beiden entzogen hat. Deshalb hängt die politische Zukunft der Industriegesellschaft davon ab, wie die Wirtschaft wieder in die politische Kultur einbezogen und durch sie begrenzt werden kann. In der Marktwirtschaft ist dies meines Erachtens nur über den mündigen Konsumenten möglich, denn für den Konsumbürger, der sich der Wirtschaft unterwirft, ist eine Politik, die sich gleichermaßen der Wirtschaft unterwirft, gerade die, welche er verdient. Eine Wirtschaft aber, der keine Ziele gesetzt werden, die ihrerseits nicht wirtschaftlich, sondern kulturell begründet sind, untergräbt ihre eigenen Grundlagen, die der Kultur und die des Staats.

Die Natur hat den Keim für ein besseres Zusammenleben in unsere Herzen gelegt, meinte Condorcet (1795, 212). Er dachte dabei nicht an unsere Gemeinschaft mit der natürlichen Mitwelt, wie aber sollte der Natur nur daran gelegen sein, daß Menschen untereinander Gemeinschaft halten und nicht auch im Ganzen ihrer selbst? Wenn wir Condorcets Satz nun so lesen, wie er heute aktuell ist, so besagt er: Im Ganzen der Natur finden wir Menschen auch untereinander ein besseres Miteinander. Wir haben das Gemeinwesen, welches eine Bedingung der Möglichkeit jeder individuellen Existenz ist, mit dem Schwund der älteren Loyalitäten in der Neuzeit zunehmend verfehlt, indem wir die Verständigung darüber, was im Ganzen gut ist, unterlassen zu dürfen glaubten. Die Krise aber, in welche die Industriegesellschaften dadurch geraten sind und die sich nun als die Tragödie des Liberalismus erweist, offenbart uns doch auch einen Ausweg. Wenn wir uns nämlich erinnern, daß die autonomen Individuen des liberalen Menschenbilds aus historisch gewachsenen Gesellschaften stammen, deren Gemeinschaft des Ursprungs letztlich in der Naturgeschichte liegt, so erkennen wir diese als ein Verbindendes, das auch heute noch Wiederverbindung stiften kann, wenn wir dies wollen.

Der Liberalismus des mündigen Bürgers, der dem des Konsumbürgers geopfert wurde, muß dazu genauso erweitert werden, wie der Satz von Condorcet. Wir brauchen uns in der Verständigung darüber, was im Ganzen gut ist, nicht durch autoritäre Vorgaben gängeln zu lassen, sondern wollen diese Verständigung nun selber suchen, aber nicht nur für das Ganze unserer menschlichen Gemeinschaft, sondern für diese im Ganzen der Natur. Herder dürfte dies als Entwurf einer politischen Kultur begrüßt haben, wie es sie bisher weder antik noch neuzeitlich gegeben hat, aber wir sind noch weit davon entfernt, diesen Entwurf zu wollen oder gar zu verwirklichen. Noch stehen wir in der Naturkrise der wissenschaftlich-technischen Welt und beginnen gerade erst zu verstehen, wie diese Krise eine politische Krise ist. Gleichwohl finden wir uns mit dem Gedanken einer politischen Kultur in der Gemeinschaft der Natur in einer alten Tradition. Am Anfang stand der Gedanke der Seßhaftigkeit bei unsern – so häufig unterschätzten – steinzeitlichen Vorfahren. Die späteren Hochkulturen haben diesen Gedanken auf ihre Weise verwirklicht und dabei auch schon Fehler gemacht, allerdings keine so weitreichenden wie wir. Aristoteles hat zuerst ausgesprochen, daß der Mensch von Natur ein politisches Lebewesen ist, daß also die Natur in uns politisch wird, und auch Platon hat ebendies gemeint. Erst in der Renaissance aber kam es zu dem Aufbruch, in dem eine erwachsen werdende oder sich dazu anschickende Menschheit in der Natur nicht mehr nur in herkömmlicher Weise heimisch sein, sondern es in neuer Weise werden wollte. Dieser Aufbruch war teilweise von einer Verlustgeschichte begleitet. Nun aber kommt es nicht darauf an, was in der Vergangenheit falsch gemacht worden ist, sondern was in Zukunft besser gemacht werden könnte.

Verlieren wir das Projekt einer erneuerten Seßhaftigkeit nicht aus den Augen, so ist es zwar nicht gut, aber auch nicht zum Verzweifeln, daß der kopernikanische Aufbruch vorerst in die Naturkrise der wissenschaftlich-technischen Welt geführt hat. Denn wir erinnern uns nun, daß das Ganze der Natur in uns Mensch geworden ist und nicht nur wir selber. Es liegt weiterhin an uns, ob die Natur die Chance, die sie in uns hat, daß nämlich eine Welt mit Menschen schöner und besser sein kann als eine Welt ohne Menschen, ergreift oder verfehlt. An einer mündig werdenden Menschheit könnte die Natur im Ganzen wieder ihre Freude haben. Sie hat darin eine neue Chance der Menschlichkeit, und dies ist unsere Chance in der künftigen Naturgeschichte. Was wir letztlich suchen, um sie zu ergreifen, ist ein menschliches Gemeinwesen in der Gemeinschaft der Natur. Wir sind keine interplanetarischen Eroberer, sondern wollen endlich seßhaft werden in dem Ganzen, von dem wir ein Teil sind.

Persönliches Nachwort

Dieses Buch hat eine Lebensgeschichte. Ich deute sie zum Abschluß an, weil auch die Gedanken in einem Mitsein entstehen, das zu ihnen gehört. Die Geschichte beginnt mit meinen Eltern. Mein Vater, Adolf Meyer-Abich (1893–1971), war einer der Begründer des naturphilosophischen Holismus und in dieser Orientierung sowohl mein Lehrer als auch mein Wegweiser. Meiner Mutter, der Schriftstellerin Siever Johanna Meyer-Abich (1895–1981), verdanke ich das Gefühlsbewußtsein für den Naturzusammenhang des menschlichen Lebens. Beide gemeinsam haben mir den Impuls mitgegeben, Wissenschaft nicht nur um ihrer selbst willen zu treiben, sondern für die Gegenwart, in der wir eine Zukunft suchen. Auch dieses Buch ist deshalb über seinen akademischen Anspruch hinaus nicht bloß akademisch gemeint und geschrieben.

Daß Philosophen in der Regel Professoren sind, hat sich ohnehin erst in neuerer Zeit ergeben. Meine Lehrer, vor allem mein Vater und Carl Friedrich von Weizsäcker, waren im Sinn dieser Entwicklung alle keine typischen Professoren, sondern haben außerhalb ihrer Universitäten politische Verantwortung wahrgenommen. Auch die großen Persönlichkeiten der Geistesgeschichte, deren Werk mich angezogen und begleitet hat: Platon, Nikolaus von Kues, Goethe und Niels Bohr, waren gleichermaßen Denker und Gestalter ihrer Zeit.

Platon war es, dessen Lebensplan, die Suche nach der Wahrheit mit dem Engagement für öffentliche Angelegenheiten zu verbinden, ich im wesentlichen gefolgt bin. Durch das X. Buch seiner „Gesetze" hat er mich in den 60er Jahren auf die Idee einer Praktischen Naturphilosophie gebracht, von der ich mich seitdem habe leiten lassen. An die großen Fragen dieses Buchs aber hätte ich mich nicht herangewagt, wenn ich nicht in einer Reihe von Praxisfeldern Lebenserfahrung und Urteilskraft gewonnen hätte. Dies waren vor allem das Physikstudium, das ich dem der Philosophie auf Rat meines Vaters vorangestellt habe; Carl Friedrich von Weizsäckers „Max-Planck-Institut zur Erforschung der Lebensbedingungen der wissenschaftlich-technischen Welt" in Starnberg, dessen Politikbezogenheit die Max-Planck-Gesellschaft leider nicht ausgehalten hat; meine interdisziplinäre „Arbeitsgruppe Umwelt, Gesellschaft, Energie" (AUGE), die an der Universität Essen ein Abkömmling des Starnberger Instituts gewesen ist und umfassende Studien zur Energiequelle Energieeinsparung sowie zur Sozialverträglichkeit verschiedener Energiesysteme durchgeführt hat; die beiden energiepolitischen Enquête-Kommissionen des Deutschen Bundestags, denen ich als Sachverständiger angehört habe; ein Bundestags-

wahlkampf, in dem ich mit der Zuständigkeit für Umwelt- und Energiepolitik dem Schattenkabinett des Kanzlerkandidaten Hans Jochen Vogel angehört habe; ein mehrjähriges Praktikum als Minister (Senator) in der Landesregierung meiner Heimatstadt Hamburg; und schließlich die beiden
klimapolitischen Enquête-Kommissionen des Deutschen Bundestags, denen ich wiederum als Sachverständiger angehört habe.

Erfahrungen dieser Art sind wohl eine Voraussetzung dafür, in der Naturkrise der wissenschaftlich-technischen Welt nach gangbaren Auswegen suchen zu können. Ich glaube allerdings, daß es einer weitergehenden
geistigen Anstrengung und eines Bewußtseinswandels bedarf, um die
Krise zu überstehen. Dazu soll dieses Buch beitragen. Meine Überlegungen sind letztlich auf einen politischen Gemeinsinn der menschlichen Gesellschaften im Ganzen der Natur gerichtet. Sie beziehen sich zwar immer wieder auf die Erfahrungsfelder, in denen ich unsere Gegenwart erlebt habe. Was in diesen üblicherweise als realistisch und praktikabel gilt,
führt uns jedoch nicht aus der Krise. Wir brauchen neue Orientierungen.
Dazu beizutragen ist eine Chance und eine Aufgabe der Philosophie in
unserer Gesellschaft. Aus der Krise wieder herauszufinden setzt dann
eine gemeinsame Willensbildung in einer politischen Öffentlichkeit mündiger Erdenbürger voraus. Vielleicht aber mangelt es uns weniger an Auswegen als an Wegweisern, wie wir in Zukunft leben können.

Der babylonische König Nebukadnezar erwachte eines Morgens in
dem Bewußtsein, einen Traum gehabt zu haben, der für die Zukunft seines Reiches sehr wichtig war, konnte sich an diesen jedoch nicht mehr
erinnern. Seine Berater wußten ihm nicht zu helfen, der Prophet Daniel
aber konnte es und hat ihm den Traum auch gedeutet. Ich habe das Gefühl, daß auch der Industriegesellschaft ein Traum vorangegangen ist, den
wir vergessen haben. Ich suche die Erinnerung in der historischen Struktur unseres Bewußtseins.

Entstanden ist dieses Buch während eines mehrjährigen Forschungs-
aufenthalts im Kulturwissenschaftlichen Institut, das zum Wissenschaftszentrum Nordrhein-Westfalen gehört. Ich hatte hier die Möglichkeit,
eine überregionale Studiengruppe zur Kulturgeschichte der Natur zu bilden, und bin dem Land Nordrhein-Westfalen dankbar für die sehr guten
Arbeitsbedingungen. Besonders hervorheben möchte ich den ausgezeichneten Bibliotheksdienst. Mein Dank gilt außerdem der Schweisfurth-Stiftung, die das Projekt zusätzlich gefördert hat, und der Universität Essen
für die sachgerechte Verwaltung der Mittel.

Die Studiengruppe „Kulturgeschichte der Natur", deren Ergebnisse in
dieser Buchreihe erscheinen, bestand aus zwei Teilgruppen. Die eine war
primär der Bewußtseinsgeschichte gewidmet, die andere der wissenschaftlichen Wahrnehmung der natürlichen Mitwelt in ihrem Mitsein und
in diesem Verständnis einer künftigen Mit-Wissenschaft. Die Mitglieder
der beiden Studiengruppen waren außer mir: (a) Manon Andreas-Grise-

bach, Heike Baranzke, Jürgen Barkhoff, Gottfried Boehm, Gernot Böhme, Hartmut Böhme, Dietrich von Engelhardt, Frank Fehrenbach, Richard Hoppe-Sailer, Hans Werner Ingensiep, Rainer-M. E. Jacobi, Dietrich Koch, Wolfgang Krohn, Christa Krüger, Peter Matussek, Peter-Cornelius Mayer-Tasch, August Nitschke, Wolfgang Riedel, Bertram Schefold und Michailis Skourtos; (b) Arnim Bechmann, Michael Drieschner, Zeyde-Margreth Erdmann, Franz-Theo Gottwald, Hans Werner Ingensiep, Jürgen Kriz, Gerhard Scherhorn und Christine von Weizsäcker. Das vorliegende Buch ist mein eigener Beitrag zum Projekt. Die daran anschließenden Überlegungen zum Entwurf einer künftigen Mit-Wissenschaft erscheinen in einem eigens diesem Thema gewidmeten Band der Schriftenreihe.

Vorarbeiten sind in den beiden Studiengruppen mit Kritik und Anregungen bedacht worden. Die eigentliche Entstehung des Manuskripts aber haben vor allem diejenigen Teilnehmer des Projekts begleitet, die in dieser Zeit Gäste im Kulturwissenschaftlichen Institut waren und an den dienstäglichen Zusammenkünften der Arbeitsgruppe teilgenommen haben. Ich verdanke diesem Gesprächskreis nicht nur kluge Gedanken, sondern Kraft und Licht und Wärme, um den Weg zu finden, den ich suchte, auf dem ich wie bei einer Wanderung aber doch immer nur den Nahbereich und die weiträumige Orientierung deutlich vor mir sah. Die besondere Atmosphäre dieser Gespräche, die aus sich heraus lebten, hat Hartmut Böhme in dem daraus zu meinem 60. Geburtstag hervorgegangenen Buch „NaturStücke" (Ingensiep/Hoppe-Sailer 1996) beschrieben.

Allen, die daran teilgenommen haben, bin ich gleichermaßen von Herzen und auf eine je besondere Weise dankbar: Der Theologin und Naturwissenschaftlerin Heike Baranzke dafür, wie sie mich durch ihre Liebe zum Alten Testament von manchen Vereinfachungen abgehalten hat; dem Kunsthistoriker Frank Fehrenbach für kunstgeschichtliche Anregungen und für die immer wieder neue Herausforderung, die Praktische Naturphilosophie im einzelnen zu entfalten; dem Kunsthistoriker Richard Hoppe-Sailer für seine Offenheit, meinen je persönlichen Zugang zu den vielen Bildern, mit denen meine Gedanken leben, nicht kunsthistorisch zu disziplinieren, sondern gelten zu lassen und mir dennoch fachkundige Anregungen zu geben; dem Naturphilosophen, Wissenschaftshistoriker und Biologen Hans Werner Ingensiep für seinen steten Zuspruch zu meinem Entwurf, den er lieber eine praktisch naturphilosophische Anthropologie genannt hätte, und seinen sicheren Sinn für die Konsequenzen dieses Ansatzes; dem Physiker und philosophischen Anthropologen Rainer-M. E. Jacobi für den Zugang zu Viktor von Weizsäcker, den ich in diesem Buch gewonnen habe; dem Philosophen und Physiker Dietrich Koch für seinen immer klaren Kopf und sein einfühlsames Denken; dem Literaturwissenschaftler Uwe Pörksen für seine literarischen Anregungen, insbesondere zur Naturlyrik, und die Gemeinsamkeit in der Haltung, daß die Wissenschaft nicht nur für sich selber da ist; dem Literatur-

476 Persönliches Nachwort

wissenschaftler Wolfgang Riedel für den durch ihn immer wieder neu lebendig werdenden „Grundtext homo natura" und seine umfassende Kenntnis der Geistesgeschichte des 18. und 19. Jahrhunderts. Zur Entstehung des Buchs beigetragen haben in diesem Rahmen außerdem die Philosophin Anne Eusterschulte, der ich Anregungen zu Giordano Bruno verdanke, und die Kulturwissenschaftlerin Gudrun König, die zur Klärung meines Kulturverständnisses beigetragen hat.

Begleitet haben mich auch die von den früheren Mitgliedern dieser Arbeitsgruppe empfangenen Anregungen. Ich denke vor allem an Hartmut Böhme, Michael Hoffmann, Peter Matussek, Jürgen Barkhoff, Wolfgang Krohn, Reinhard Ueberhorst und Ludwig Siep. Soweit es mir gelungen ist, den Nachtseiten des Lebens ihre Dunkelheit zu lassen, statt sie platonisch aufzuhellen, habe ich dies vor allem Hartmut Böhme zu verdanken. Mit Ueberhorst und Siep verbindet mich bereits seit dem Ende der 70er Jahre ein freundschaftliches Gespräch, dessen Akzente auch dort sichtbar werden mögen, wo ich ihrer nicht ausdrücklich gedenke. Von Siep gelegentlich zu hören, daß ich Hegel immer näher komme, ist mir allerdings noch nicht ganz geheuer.

Besonders zu erwähnen ist die Zusammenarbeit mit meinen philosophischen Kollegen an der Universität Essen. Carl Friedrich Gethmann hat mir nicht nur gute Fragen gestellt und klärende Anregungen gegeben, sondern – als ich selber noch an einen längeren Aufsatz dachte – außerdem als erster bemerkt, daß ich an einem neuen Buch arbeitete. Vittorio Hösle wiederum, der 1995/96 auch zum Kulturwissenschaftlichen Institut und der dortigen Arbeitsgruppe gehört hat und an den Dienstagsgesprächen beteiligt war, verdanke ich außer mancherlei Hinweisen vor allem die Herausforderung, meine Überlegungen in einen geschichtsphilosophischen Zusammenhang zu stellen (vgl. Hösle 1992, 184ff.).

Dankbar bin ich schließlich Zeyde-Margreth Erdmann, meiner Schwester, für die Anregungen, die mich in das erste Kapitel hineingeführt haben; Ekkehard Martens für seine gelegentliche altsprachliche Beratung; August Nitschke für seine Anregungen zur interkulturellen Personalität; Lambert Schmithausen für einen langen Brief zur Wiedergeburt von Lebewesen in Steinen; Peter Th. Wilrich für ein Privatissimum zur mathematischen Statistik und dem Hamburger Rechnungshof sowie der dortigen Finanzbehörde für finanzpolitische Daten.

Immer dabei aber war nur meine Frau, Sibylle Schindler. Mit ihr haben sich das Gefühlsbewußtsein und die Erfahrungen gebildet, aus denen dieses Buch lebt. Oft genug war sie mir voraus in der Beobachtung dessen, was die hier verfolgten Fragen bestätigte, veränderte oder erweiterte, besonders auf den kunstgeschichtlichen Reisen in Italien. Ohne sie wäre dieses Buch nicht geschrieben worden. Sie war auch stets meine erste Leserin, hat den Quellenteil in eigene Regie genommen und bürgt für alle Zitate wie für das Literaturverzeichnis.

Im Verlag C. H. Beck hat Marla Stukenberg das Manuskript nicht nur mit Engagement und Sorgfalt gelesen, sondern auch zahlreiche Anregungen gegeben, die in die Endfassung eingegangen sind. Sehr dankbar bin ich dem Verlag außerdem für die vorzügliche Ausstattung des Buches. Und die natürliche Mitwelt? Kraft gegeben haben mir vor allem die Elemente: das Licht und der Wind, die Erde und der Fluß, an dem ich heimisch geworden bin, das Meer, besonders die dänische Ostsee, auf der meine Frau und ich mit einem alten Freund segeln, und das Mittelmeer vor Latium. Aber auch ohne die Tiere und Pflanzen, die mich ernährt haben, wäre dieses Buch nicht entstanden. Ihrer aller gedenke ich dankbar an dem Ort und in dem Haus, wo die Erde mir Raum gegeben hat, dieses Buch zu schreiben.

Werden an der Ruhr, im Sommer 1996

Literaturverzeichnis

Zitate im Text werden in der Regel durch das Jahr der Ersterscheinung (in seltenen Fällen: das Entstehungsjahr), die Bandnummer (bei mehrbändigen Ausgaben) und die Seitenzahl der im Folgenden angegebenen Ausgabe nachgewiesen. Soweit der Quellentext nach Paragraphen oder Abschnitten gegliedert ist, sind diese vor dem Gleichheitszeichen ebenfalls angegeben. Schrägstrich (/) innerhalb einer Quellenangabe bedeutet ‚und'. Pünktchen (...) in Zitaten bezeichnen Auslassungen gegenüber dem Original. Gelegentliche Besonderheiten in der Zitierweise einzelner Autoren sind bei diesen vermerkt. Neben den üblichen Abkürzungen (wie Abb. = Abbildung, Bd. = Band) bedeutet:

BsR = Beck'sche Reihe
es = edition suhrkamp
it = insel taschenbuch
PhB = Philosophische Bibliothek
st = suhrkamp taschenbuch
stw = suhrkamp taschenbuch wissenschaft
UB = Universal-Bibliothek

Agricola, Georg: Zwölf Bücher vom Berg- und Hüttenwesen. Buch von den Lebewesen unter Tage [1556]. Vollständige Ausgabe. Übers. und bearbeitet von Carl Schiffner. Hrsg. von der Georg-Agricola-Gesellschaft 1928. ND München (dtv) 1977, 610 S.

Altner, Günter: Die große Kollision. Mensch und Natur. Graz u. a. (Styria: Herkunft und Zukunft 9) 1987, 144 S.

Altner, Günter: Naturvergessenheit. Grundlagen einer umfassenden Bioethik. Darmstadt (Wissenschaftliche Buchgesellschaft: WB-Forum 63) 1991, xi, 319 S.

Amery, Carl: Das Ende der Vorsehung – Die gnadenlosen Folgen des Christentums. Reinbek (Rowohlt) 1972, 252 S.

Andreas-Grisebach, Manon: Eine Ethik für die Natur. Zürich (Ammann) 1991, 223 S.

Arendt, Hannah: Vita activa oder Vom tätigen Leben. München (Piper) 1960, 375 S.

Aristoteles: Ethica Nicomachea. Recognovit I. Bywater. Oxford (University Press: Oxford Classical Texts) 1894, ND 1962, vii, 264 S.

Aristoteles: Aristoteles' Physics. A revised text with introduction and commentary by W. D. Ross. Oxford (Clarendon Press) ¹1936, ND 1960, xii, 750 S.; zitiert „Phys" + Bekker-Zählung.

Arrupe, Pedro: Glaubwürdig durch das Zeugnis der Tat. In: Unser Zeugnis muß glaubwürdig sein. Ein Jesuit zu den Problemen von Kirche und Welt am Ende des 20. Jahrhunderts. Ostfildern (Schwabenverlag) 1981, S. 14–16 (die dort angegebene Originalpublikation in: Stimmen der Zeit, Heft 8/1974 ist nicht zu verifizieren).

Augustinus: De ordine – Über die Ordnung. Eingeleitet, übers. und erläutert von Ekkehard Mühlenberg. In: Philosophische Frühdialoge. Eingeleitet, übers. und erläutert von Bernd Reiner Voss u. a. Zürich/München (Artemis: Die Bibliothek der Alten Welt. Reihe: Antike und Christentum) 1972, S. 215–333; zitiert „de ord.".

Bacon, Francis: The Works of Francis Bacon. Collected and ed. by James Spedding, Robert Leslie Ellis and Douglas Denon Heath. London (Longman) 1857–1874; ND Stuttgart (frommann-holzboog) 1961–1989:
[1598] Religious Meditations. Bd. VII: Literary and Professional Works 2, 1861, S. 243–254;
[entst. ca. 1603] Valerius Terminus or The Interpretation of Nature. Bd. III.: Philosophical Works, 1859, S. 215–252;
[1603] A Brief Discourse Touching the Happy Union of the Kingdoms of England and Scotland. Dedicated in private to His Majesty. Bd. X: The Letters and the Life 3, 1868, S. 90–99.
Bacon, Francis: Neues Organon [1620]. Teilband I und II. Hrsg. und mit einer Einleitung von Wolfgang Krohn. Lateinisch-deutsch. Hamburg (Meiner: PhB 400a/b) 1990, lvi, 275 S.; vii, S. 278–629.
Bahr, Egon: Für unsere Sicherheit. In: Physik, Philosophie und Politik. Festschrift für Carl Friedrich von Weizsäcker zum 70. Geburtstag. Hrsg. von Klaus Michael Meyer-Abich. München (Hanser) 1982, S. 193–202.
Bahr, Egon/Lutz, Dieter S. (Hrsg.): Gemeinsame Sicherheit. Idee und Konzept. Bd. I: Zu den Ausgangsüberlegungen, Grundlagen und Strukturmerkmalen Gemeinsamer Sicherheit. Baden-Baden (Nomos: Militär, Rüstung, Sicherheit MRS 40) 1986, 280 S.
Baranzke, Heike: Die Rolle von Gen 1 im Kontext der Ökologie-Diskussion. Wissenschaftliche Arbeit im Rahmen der Ersten Staatsprüfung für das Lehramt für die Sekundarstufe II dem Staatlichen Prüfungsamt Bonn vorgelegt. Bonn 1987, 119 S.
Baranzke, Heike/Lamberty-Zielinski, Hedwig: Lynn White und das dominium terrae (Gen 1,28b). Ein Beitrag zur Wirkungsgeschichte. In: Biblische Notizen 76, 1995, S. 32–61.
Baranzke, Heike: Die leere Arche. Von der Schöpfungs- und Geschöpfvergessenheit ökologischer Theologie. In: NaturStücke. Zur Kulturgeschichte der Natur. Hrsg. von Hans Werner Ingensiep und Richard Hoppe-Sailer. Ostfildern (edition tertium) 1996, S. 231–260.
Barkhoff, Jürgen: Magnetische Fiktionen. Literarisierung des Mesmerismus in der Romantik. Stuttgart/Weimar (Metzler) 1995, ix, 361 S.
Barkhoff, Jürgen: „Zögling der Luft und aller Erdorganisationen Bruder" – Die Naturzugehörigkeit des Menschen bei Johann Gottfried Herder. In: NaturStücke. Zur Kulturgeschichte der Natur. Hrsg. von Hans Werner Ingensiep und Richard Hoppe-Sailer. Ostfildern (edition tertium) 1996, S. 124–134.
Barth, Karl: Dogmatik im Grundriß im Anschluß an das apostolische Glaubensbekenntnis. München (Kaiser) 1947, 185 S.
Baudissin, Wolf Graf von: Arms Reduction in Europe. In: Institut für Friedensforschung und Sicherheitspolitik an der Universität Hamburg (IFSH) Forschungsberichte 6, 1978, S. 1–28.

Bausinger, Hermann: Zur Problematik des Kulturbegriffs. In: Fremdsprache Deutsch 1. Grundlagen und Verfahren der Germanistik als Fremdsprachenphilologie. Hrsg. von Alois Wierlacher. München (Fink) 1980, S. 57–69.

Beck, Ulrich: Risikogesellschaft. Auf dem Weg in eine andere Moderne. Frankfurt/M. (Suhrkamp: es 1365) 1986, 391 S.

Beck, Ulrich: Gegengifte. Die organisierte Unverantwortlichkeit. Frankfurt/M. (Suhrkamp: es 1468) 1988, 318 S.

Benjamin, Walter: Einbahnstraße [1928]. In: Gesammelte Schriften Bd. IV/1: Kleine Prosa. Hrsg. von Tillman Rexroth. Frankfurt/M. (Suhrkamp) 1981, S. 83–148 (Zum Planetarium S. 146ff.).

Beutler, Christian: Meister Bertram – Der Hochaltar von Sankt Petri. Christliche Allegorie als protestantisches Ärgernis. Frankfurt/M. (Fischer: kunststück) 1984, 92 S., Abb.

Biblische Schriften: Die Bibel oder die ganze Heilige Schrift des Alten und Neuen Testaments nach der deutschen Übersetzung von D. Martin Luther. Neu durchgesehen. Taschenausgabe. Stuttgart (Privilegierte Württembergische Bibelanstalt) o.J.; Abkürzungen: Apk = Apokalypse; Gen = Genesis; Hebr = Brief an die Hebräer; Jes = Jesaia; Joh = Johannes-Evangelium; Kol = Brief an die Kolosser; Röm = Brief an die Römer; 2.Makk = 2. Buch der Makkabäer.

Die Bibel. Einheitsübersetzung der Heiligen Schrift. Altes und Neues Testament. Hrsg. im Auftrag der Bischöfe Deutschlands. Augsburg (Pattloch) 1993, 1071 S. und 3439 S.

Neue Jerusalemer Bibel. Einheitsübersetzung. Mit dem Kommentar der Jerusalemer Bibel. Neu bearbeitete und erweiterte Ausgabe. Deutsch hrsg. von Alfons Deissler. Freiburg u. a. (Herder) 1985, xviii, 1878 S.

Neues Testament: Novum Testamentum graece et germanice – Das Neue Testament griechisch und deutsch. Hrsg. von Eberhard Nestle. Neu bearbeitet von Erwin Nestle. 13. Aufl. Stuttgart (Privilegierte Württembergische Bibelanstalt) 1929, 48*, 657 S.

Binswanger, Hans Christoph/Frisch, Hans/Nutzinger, Hans G. u. a.: Arbeit ohne Umweltzerstörung. Strategien für eine neue Wirtschaftspolitik. Eine Publikation des „Bundes für Umwelt und Naturschutz Deutschland e. V." (BUND). Frankfurt/M. (Fischer) 1983, 366 S.

Birnbacher, Dieter: Verantwortung für zukünftige Generationen. Stuttgart (Reclam: UB 8447) 1988, 297 S.

Blumenberg, Hans: Kopernikus im Selbstverständnis der Neuzeit. In: Akademie der Wissenschaften und der Literatur in Mainz. Abhandlungen der geistes- und sozialwissenschaftlichen Klasse. Jahrgang 1964. Nr. 5. Wiesbaden 1964, S. 339–368.

Blumenberg, Hans: Die kopernikanische Wende. Frankfurt/M. (Suhrkamp: es 138) 1965, 177 S.

Blumenberg, Hans: Säkularisierung und Selbstbehauptung. Erweiterte und überarbeitete Neuausgabe von „Die Legitimität der Neuzeit", erster und zweiter Teil [1966]. Frankfurt/M. (Suhrkamp: stw 79) 1974, 293 S.

BMWi siehe Bundesministerium für Wirtschaft.

Boehm, Gottfried: Bildnis und Individuum. Über den Ursprung der Porträtmalerei in der italienischen Renaissance. München (Prestel) 1985, 316 S., Abb.

Boehm, Gottfried: Der Maler Bruno Erdmann. In: Bruno Erdmann – Aus vielen Schichten. Darmstadt (Merck: Darmstädter Kunstedition Merck 36) 1993, ohne Seitenzählung.

Böhme, Gernot/van den Daele, Wolfgang/Krohn, Wolfgang: Alternativen in der Wissenschaft. In: Zeitschrift für Soziologie 1, 1972, S. 302–316.

Böhme, Gernot/Böhme, Hartmut: Feuer Wasser Erde Luft – Eine Kulturgeschichte der Elemente (Kulturgeschichte der Natur in Einzeldarstellungen). München (Beck) 1996, 344 S.

Böhme, Gernot: Leibphilosophie und Naturphilosophie. In: Einheit der Natur – Entwurf der Geschichte. Begegnungen mit Carl Friedrich von Weizsäcker. Hrsg. von Wolfgang Krohn und Klaus M. Meyer-Abich. München 1997 (im Druck).

Böhme, Hartmut/Böhme, Gernot: Das Andere der Vernunft. Zur Entwicklung von Rationalitätsstrukturen am Beispiel Kants. Frankfurt/M. (Suhrkamp: stw 542) 1985, 515 S.

Böhme, Hartmut: Vom Cultus zur Kultur(wissenschaft). Zur historischen Semantik des Kulturbegriffs. In: Literaturwissenschaft – Kulturwissenschaft. Positionen, Themen, Perspektiven. Hrsg. von Renate Glaser und Matthias Luserke. Opladen (Westdeutscher Verlag) 1995, S. 48–68.

Bohr, Niels: Das Quantenpostulat und die neuere Entwicklung der Atomistik [1927]. In: Atomtheorie und Naturbeschreibung. Vier Aufsätze mit einer einleitenden Übersicht. Berlin (Springer) 1931, S. 34–59; Wirkungsquantum und Naturbeschreibung [1929], ebd. S. 60–66.

Bohr, Niels: [Letters to the Editor] Quantum Mechanics and Physical Reality [Kopenhagen 29. Juni 1935]. In: Nature, 136, 13. Juli 1935, S. 65.

Brague, Rémi: Geozentrismus als Demütigung des Menschen. In: Internationale Zeitschrift für Philosophie 1994, Heft 1, S. 2–25.

Brundtland-Bericht siehe World Commission on Environment and Development.

Bruno, Giordano: Von den heroischen Leidenschaften [1585]. Übers. und hrsg. von Christiane Bacmeister. Hamburg (Meiner: PhB 398) 1989, xl, 233 S.

BUND/Misereor (Hrsg.): Zukunftsfähiges Deutschland. Ein Beitrag zu einer global nachhaltigen Entwicklung. Studie des Wuppertal-Instituts für Klima, Umwelt, Energie GmbH. Basel (Birkhäuser) 1996, 453 S.

Bundesministerium für Wirtschaft (BMWi, Hrsg.): Energiepolitik für das vereinte Deutschland. Bonn (Referat Öffentlichkeitsarbeit) 1992, 116 S.

Burckhardt, Jacob: Briefe. Vollständige und kritische Ausgabe bearbeitet von Max Burckhardt. Bd. VI. Basel/Stuttgart (Schwabe) 1966, 496 S.

Burke, Edmund: A Philosophical Enquiry into the Origin of our Ideas of the Sublime and Beautiful [1759]. Menston (The Scolar Press) 1970, xi, 342 S.

Burke, Edmund: Burke's Politics. Selected Writings and Speeches of E. B. on Reform, Revolution, and War. Ed. by Ross J. S. Hoffman & Paul Levack. New York (A. A. Knopf) 1949, xxxvii, 536, x S.

Carlowitz, Hans Carl von: Sylvicultura oeconomica, oder hauswirthschaftliche Nachricht und naturmässige Anweisung zur wilden Baum-Zucht. Wobey zugleich eine gründliche Nachricht… Leipzig 1713, 432 S.; 2. vermehrte Aufl. in 2 Bänden, Leipzig 1732.

Cassirer, Ernst: Individuum und Kosmos in der Philosophie der Renaissance [1927]. Darmstadt (Wissenschaftliche Buchgesellschaft) 1963, 458 S.

Cicero, Marcus Tullius: De natura deorum libri tres – Vom Wesen der Götter. Drei Bücher lateinisch – deutsch. Hrsg. von Wolfgang Gerlach und Karl Bayer. München/Zürich (Artemis: Sammlung Tusculum) ³1990, 891 S.

Condorcet: Entwurf einer historischen Darstellung der Fortschritte des menschlichen Geistes [1795]. Hrsg. von Wilhelm Alff. Frankfurt/M. (Suhrkamp: stw 175) 1976, 230 S.

Cornford 1939 siehe „Plato and Parmenides".

Courbet und Deutschland. Hrsg. von Werner Hoffmann in Verbindung mit Klaus Herding. Ausstellung Courbet und Deutschland (1978–1979 Hamburger Kunsthalle; Städt. Galerie im Städelschen Kunstinstitut Frankfurt/M). Köln (DuMont) 1978, 634 S, Abb.

Csikszentmihalyi, Mihaly: Dem Sinn des Lebens eine Zukunft geben. Eine Psychologie für das 3. Jahrtausend [1993]. Stuttgart (Klett-Cotta) 1995, 453 S.

Dahlmann, Friedrich Chr.: Ein Wort über Verfassung. In: Kieler Blätter Nr. 1 & 2. Hamburg 1815, S. 47–84 und 245–303.

Daly, Herman E.: The Perils of Free Trade. In: Scientific America, Nov. 1993, S. 50–57; deutsche Übersetzung unter dem Titel: Die Gefahren des freien Handels. In: Spektrum der Wissenschaft, Januar 1994, S. 40–46.

Descartes, René: Abhandlung über die Methode – Discours de la Méthode [1637]. Übers. und hrsg. von Artur Buchenau. Leipzig (Meiner: PhB 26) 1911, xii, 70 S.

Descartes René: Meditationes de prima philosophia – Meditationen über die erste Philosophie [1641]. Neu hrsg. von Erich Chr. Schröder. Hamburg (Meiner: PhB 250) 1956, xiii, 166 S.

Descartes, René: Die Prinzipien der Philosophie [1644]. Mit einem Anhang übers. und erläutert von Artur Buchenau. Hamburg (Meiner: PhB 28) ³1908, ND 1955, xlvii, 310 S.

Deutsche Bundesbank: Die mittelfristige Entwicklung der Finanzierungsverhältnisse in den wichtigsten Industriestaaten. In: Deutsche Bundesbank Monatsbericht August 1996, S. 59–72.

Deutscher Bundestag (Hrsg.): Zukünftige Kernenergiepolitik. Kriterien – Möglichkeiten – Empfehlungen. Bericht der Enquête-Kommission des Deutschen Bundestages Teil I und II. Bonn (Deutscher Bundestag: Zur Sache – Themen Parlamentarischer Beratung 1/2–80) 1980, 360 S.

Deutscher Bundestag (Hrsg.): Beschlußempfehlung und Bericht des Ausschusses für Forschung und Technologie (18. Ausschuß) zur Unterrichtung durch die Bundesregierung – Drucksache 11/3021 Nr. 2.11 – Vorschlag der Kommission für eine Entscheidung des Rates über ein spezifisches Forschungsprogramm im Gesundheitsbereich: Prädiktive Medizin: Analyse des menschlichen Genoms (1989–1991). Bundestags-Drucksache 11/3555. Bonn, 24. Nov. 1988, S. 3–23.

Deutscher Bundestag (Hrsg.): Mobilität und Klima. Wege zu einer klimaverträglichen Verkehrspolitik. Zweiter Bericht der Enquête-Kommission „Schutz der Erdatmosphäre" des 12. Deutschen Bundestages. Bonn (Economica) 1994, xv, 390 S.

Diefenbacher, Hans: Der „Index of Sustainable Economic Welfare". Eine Fallstudie für die Bundesrepublik Deutschland 1950–1992. Heidelberg (Forschungsstätte der Evangelische Studiengemeinschaft: Texte und Materialien, Reihe B, Bd. 24) 1995, 110 S.

Diels, Hermann: Die Fragmente der Vorsokratiker. Griechisch und deutsch. 6. verbesserte Aufl. hrsg. von Walther Kranz. Berlin (Weidmannsche Verlagsbuchhandlung) 1951, 504 S.; zitiert „DK".

Dilthey, Wilhelm: Die Autonomie des Denkens, der konstruktive Rationalismus und der pantheistische Monismus nach ihrem Zusammenhang im 17. Jahrhundert [1893]. In: Weltanschauung und Analyse des Menschen seit Renaissance und Reformation. Abhandlungen zur Geschichte der Philosophie und Religion (Gesammelte Schriften Bd. II). 3., unveränderte Aufl. Leipzig/Berlin (Teubner) 1923, S. 246–296.

Dilthey, Wilhelm: Der Aufbau der geschichtlichen Welt in den Geisteswissenschaften [1926] (Gesammelte Schriften Bd. VII). 7., unveränderte Aufl. Stuttgart/Göttingen (Teubner/Vandenhoeck & Ruprecht) 1979, xii, 380 S.

Diodorus Siculus: Diodori Bibliotheca Historica. Vol. I. Post I. Bekker recognovit Fr. Vogel. Stuttgart (Teubner) ³1888, ND 1964, xcvi, 533 S.; zitiert „Bibl.Hist.".

Du Bois-Reymond, Emil: Reden in zwei Bänden. 2. vervollständigte Ausgabe. Hrsg. von Estelle Du Bois-Reymond. Leipzig (von Veit & Comp.) 1912, xxxviii, 677 S.; vi, 698 S.:
[1877] Kulturgeschichte und Naturwissenschaft. Bd. I, S. 567–629; [1883] Darwin und Kopernicus. Ein Nachruf. Bd. II, S. 243–248.

Düntzer, Heinrich (Hrsg.): Briefwechsel zwischen Goethe und Staatsrath Schultz. Hrsg. und eingeleitet von H. Düntzer. Leipzig (Dyk'sche Buchhandlung) 1853, x, 410 S.

Düsing, Wolfgang: Die Interpretation des Sündenfalls bei Herder, Kant und Schiller. In: Bückeburger Gespräche über Johann Gottfried Herder 1988. Rinteln (Bösendahl: Schaumburger Studien 49) 1989, S. 227–244.

Ebach, Jürgen: Ursprung und Ziel – Erinnerte Zukunft und erhoffte Vergangenheit. Biblische Exegesen, Reflexionen, Geschichten. Neukirchen-Vluyn (Neukirchener Verlag) 1986, 176 S.

Eckermann, Johann Peter: Gespräche mit Goethe in den letzten Jahren seines Lebens [1836–1848]. Hrsg. von Heinz Schlaffer (Goethe, Sämtliche Werke nach Epochen seines Schaffens. Münchner Ausgabe Bd. XIX). München (Hanser) 1986, 844 S.

Edda, Die. Götter- und Heldenlieder der Germanen. Aus dem Altnordischen übertragen, mit Anmerkungen und einem Nachwort versehen von Arthur Häny. Zürich (Manesse: Bibliothek der Weltliteratur) 1987, 588 S.

Elias, Norbert: Über den Prozeß der Zivilisation. Soziogenetische und psychogenetische Untersuchungen. Bd. I: Wandlungen des Verhaltens in den weltlichen Oberschichten des Abendlandes [1936]. Frankfurt/M. (Suhrkamp: stw 158) 1976, lxxxi, 332 S.

Emrich, Wilhelm: Die Symbolik von Faust II. Sinn und Vorformen [1957]. 3., durchgesehene Aufl. Wiesbaden (Akademische Verlagsgesellschaft Athenaion) 1964, 481 S.

Engelhardt, Dietrich von/Nitschke, August: Naturerfahrung im menschlichen Leib (Arbeitstitel). In Vorbereitung.

Enuma elisch siehe Garelli/Leibovici 1964.

Epikur: Von der Überwindung der Furcht. Katechismus-Lehrbriefe-Spruch-sammlung-Fragmente. Eingeleitet und übertragen von Olof Gigon. Zürich (Artemis: Die Bibliothek der Alten Welt. Griechische Reihe) 1949, l, 132 S.

Erdheim, Mario: Das Erdenken der Neuen Welt im 16. Jahrhundert. Entfremdung, Idealisierung und Verständnis. Exkurs: Der ‚edle Wilde‘ und die Selbstreflexion [1982]. In: Die Psychoanalyse und das Unbewußte in der Kultur. Aufsätze 1980–1987. Frankfurt/M. (Suhrkamp: stw 654) 1988, S. 29–60.

Erdmann, Zeyde-Margreth: Vom Baum der Erkenntnis zum Baum des Lebens. In: Wissenschaft vom natürlichen Mitsein (Arbeitstitel). Hrsg. von Klaus M. Meyer-Abich. In Vorbereitung.

Etzioni, Amitai: The Moral Dimension. Toward a New Economics. New York/London (The Free Press/Collier Macmillan) 1988, xvi, 314 S.

Eusterschulte, Anne: Analogia entis seu mentis. Analogie als erkenntnistheoretisches Prinzip in der Philosophie Giordano Brunos. Dissertation Kassel 1994, 561 S.

Eusterschulte, Anne: „Natura est deus in rebus“ – Die ‚lebendige Kunst‘ der Natur bei Giordano Bruno. In: NaturStücke. Zur Kulturgeschichte der Natur. Hrsg. von Hans Werner Ingensiep und Richard Hoppe-Sailer. Ostfildern (edition tertium) 1996, S. 69–100.

Falk, Johannes: Goethe aus näherm persönlichen Umgange dargestellt [1832]. Nachwort, Bibliographie und Namenverzeichnis von Ernst Schering. Hildesheim (Gerstenberg) 1977, xii, 318 S.

Fauth, Wolfgang: Der königliche Gärtner und Jäger im Paradeisos. Beobachtungen zur Rolle des Herrschers in der vorderasiatischen Hortikultur. In: Persica 8, 1979, S. 1–54.

Fehrenbach, Frank: Licht und Wasser. Zu Einheit und Genese von Naturbild, Kunst und Ästhetik bei Leonardo da Vinci. Dissertation Tübingen 1994, 648 S.

Fehrenbach, Frank: Leonardo da Vinci – ‚Mikrokosmos‘ und ‚Zweite Natur‘. Krise einer naturphilosophischen Analogie. In: NaturStücke. Zur Kulturgeschichte der Natur. Hrsg. von Hans Werner Ingensiep und Richard Hoppe-Sailer. Ostfildern (edition tertium) 1996, S. 42–68.

Feuerbach, Ludwig: Grundsätze der Philosophie der Zukunft [1843/1846]. Kritische Ausgabe von Gerhart Schmidt. 3. Aufl. Frankfurt/M. (Klostermann: Texte Philosophie) 1983, 138 S.

Feyerabend, Paul: Die Natur als Kunstwerk. In: Zeitschrift für Wissenschaftsforschung, Bd. 7/8, 1992/93, S. 43–54.

Flasch, Kurt: Die Metaphysik des Einen bei Nikolaus von Kues. Problemgeschichtliche Stellung und systematische Bedeutung. Leiden (Brill: Studien zur Problemgeschichte der antiken und mittelalterlichen Philosophie 7) 1973, xvi, 365 S.

Forschner, Maximilian: Die stoische Ethik. Über den Zusammenhang von Natur-, Sprach- und Moralphilosophie im altstoischen System [1981]. Darmstadt (Wissenschaftliche Buchgesellschaft) ²1995, 265 S.

Fox Keller, Evelyn: Liebe, Macht und Erkenntnis. Männliche oder weibliche Wissenschaft? [1985]. München (Hanser) 1986, 215 S.

Frankena, William K.: Ethics and the Environment. In: Ethics and Problems of the 21th Century. Ed. by Kenneth E. Goodpaster and Kenneth M. Sayre. Notre Dame/London (University of Notre Dame Press) 1979, S. 3–20.

Frede, Dorothea: Der Platonismus in der Philosophie Weizsäckers – Schönheit als kosmologische Kategorie. In: Einheit der Natur – Entwurf der Geschichte. Begegnungen mit Carl Friedrich von Weizsäcker. Hrsg. von Wolfgang Krohn und Klaus M. Meyer-Abich. München 1997 (im Druck).

Freud, Sigmund: Eine Schwierigkeit der Psychoanalyse [1917]. In: Gesammelte Werke. Chronologisch geordnet. Bd. XII: Werke aus den Jahren 1917–1920. Frankfurt (Fischer) 1947, S. 3–12.

Freud, Sigmund: Die Zukunft einer Illusion [1927]. In: Freud Studienausgabe Bd. IX: Fragen der Gesellschaft. Ursprünge der Religion. Hrsg. von Alexander Mitscherlich u. a. Frankfurt/M. (Fischer) 1974, S. 135–189.

Friends of the Earth: Towards Sustainable Europe. The Study. The Handbook. Brüssel (Friends of the Earth Europe) 1995, 215 S., 60 S.

Fromm, Erich: Die Furcht vor der Freiheit. Zürich 1945, 293 S.

Gaiser, Konrad: Platons ungeschriebene Lehre. Studien zur systematischen und geschichtlichen Begründung der Wissenschaften in der Platonischen Schule. Stuttgart (Klett) 1963, xii, 573 S.

Galilei, Galileo: Dialogo sopra i due massimi sistemi del mondo [1632]. Le opere di Galileo Galilei. Nuova ristampa della edizione nazionale Vol. VII. Firenze (Barbèra Editore) 1965; Dialog über die beiden hauptsächlichsten Weltsysteme, das ptolemäische und das kopernikanische. Aus dem Ital. übers. und erläutert von Emil Strauss. Leipzig (Teubner) 1891, lxxix, 586 S.

Garelli, Paul/Leibovici, Marcel: Akkadische Schöpfungsmythen. In: Die Schöpfungsmythen – Ägypter, Sumerer, Hurriter, Hethiter, Kanaaniter und Israeliten. Mit einem Vorwort von Mircea Eliade. Einsiedeln u. a. (Benziger) 1964, S. 119–151.

Gayer, Karl: Der gemischte Wald: seine Begründung und Pflege, insbesondere durch Horst- und Gruppenwirtschaft. [Berlin] 1886, iii, 168 S.

Gehlen, Arnold: Der Mensch. Seine Natur und seine Stellung in der Welt. Berlin (Junker & Dünnhaupt) 1940, vi, 471 S.

Gethmann, Carl Friedrich: Heideggers Konzeption des Handelns in „Sein und Zeit". In: Heidegger und die praktische Philosophie. Hrsg. von Annemarie Gethmann-Siefert und Otto Pöggeler. Frankfurt/M. (Suhrkamp: stw 694) 1988, S. 140–176.

Gethmann, Carl Friedrich: Naturgemäß handeln? In: Gaia, Bd. 2(5), 1993, S. 246–248.

Das Gilgamesch-Epos. Übers. und mit Anmerkungen versehen von Albert Schott. Neu hrsg. von Wolfram von Soden. Stuttgart (Reclam: UB 7235) 1988, 126 S.

Görg, Manfred: Die „Sünde" Salomos. Zeitkritische Aspekte der jahwistischen Sündenfallerzählung. In: Biblische Notizen 16, 1981, S. 42–59.

Goethe, Johann Wolfgang von: Goethes Werke. Hamburger Ausgabe in 14 Bänden. Hrsg. v. Erich Trunz. Neubearbeitung München (Beck) ab 1981; zitiert „HA":
Bd. I: Römische Elegien, S. 157–173;
Bd. II: West-Östlicher Divan, S. 7–125;
Bd. III: Faust I und II; zitiert nach Verszahl;
Bd. IV: Götz von Berlichingen, S. 73–175;
Bd. V: Torquato Tasso, S. 73–167; Pandora, S. 332–365; zitiert nach Verszahl;

Bd. VI: Die Wahlverwandtschaften, S. 243–490;
Bd. VIII: Wilhelm Meisters Wanderjahre oder Die Entsagenden;
Bd. X: Glückliches Ereignis [1817], S. 538–542;
Bd. XI: Italienische Reise;
Bd. XII: Winckelmann, S. 96–129; Maximen und Reflexionen, S. 365–547;
Bd. XIII: Einwirkungen der neueren Philosophie [1820], S. 25–29; Anschau-
ende Urteilskraft [1820], S. 30f.; Bedeutende Fördernis durch ein einziges
geistreiches Wort [1823], S. 37–41; Die Natur. Fragment (Aus dem „Tiefurter
Journal" 1783), S. 45–47; Schicksal der Druckschrift [1817], S. 105–112; Über
den Granit [1784], S. 253–258;
Bd. XIV: Geschichte der Farbenlehre, S. 7–269.
Goethe, Johann Wolfgang von: Goethes Briefe. Hamburger Ausgabe in vier Bän-
den. Hrsg. von Karl Robert Mandelkow. 2. Aufl. München (C. H. Beck) 1976;
zitiert „HAB".
Briefe an Goethe. Hamburger Ausgabe in zwei Bänden. Hrsg. von Karl Robert
Mandelkow. 2. Aufl. München (Beck) 1982; zitiert „HABaG".
Goethe, Johann Wolfgang von: Die Schriften zur Naturwissenschaft. Vollständige
mit Erläuterungen versehene Ausgabe hrsg. im Auftrage der Deutschen Akade-
mie der Naturforscher (Leopoldina) zu Halle. I. Abteilung: Texte. Weimar
(Böhlau) ab 1947; zitiert „LA":
Bd. I 3: Beiträge zur Optik und Anfänge der Farbenlehre 1790–1808. Hrsg. von
Rupprecht Matthaei, 1951, 539 S.;
Bd. I 8: Naturwissenschaftliche Hefte. Bearbeitet von Dorothea Kuhn, 1962:
Recht und Pflicht, S. 388f.;
Bd. I 11: Aufsätze, Fragmente, Studien zur Naturwissenschaft im allgemeinen.
Bearbeitet von Dorothea Kuhn und Wolf von Engelhardt, 1970: Granit II,
S. 10–14.
Goethe, Johann Wolfgang von: Versuch einer allgemeinen Vergleichungslehre [entst.
ca. 1790]. In: Goethes Werke. Hrsg. im Auftrage der Großherzogin Sophie von
Sachsen. II. Abteilung: Goethes naturwissenschaftliche Schriften 7 (= Zur Mor-
phologie 2). Weimar 1892. ND München (dtv) 1987, S. 217–224; zitiert „WA".
Goethes Briefe. October 1828 – Juni 1829. WA IV 45. Weimar 1908, 455 S.
Goldenweiser, Alexander: Anthropology. An Introduction to Primitive Culture.
New York (Crofts & Co.) 1937; ND New York/London (Johnson Reprint
Corp.) 1970, xix, 550 S.
Gregor von Tours: Zehn Bücher Geschichten [Historiarum libri decem]. Bd. I:
Buch 1–5. Auf Grund der Übersetzung W. Giesebrechts neubearbeitet von Ru-
dolf Buchner. Darmstadt (Wissenschaftliche Buchgesellschaft: Ausgewählte
Quellen zur deutschen Geschichte des Mittelalters 2) 1955, l, 381 S.
Groh, Ruth und Dieter: Petrarca und der Mont Ventoux. In: Merkur, Heft 517,
Jg. 46, 1992, S. 290–307.
Gronemeyer, Marianne: Das Leben als letzte Gelegenheit. Sicherheitsbedürfnisse
und Zeitknappheit. Darmstadt (Wissenschaftliche Buchgesellschaft) 1993, 171 S.

Habermas, Jürgen: Sturkturwandel der Öffentlichkeit. Untersuchungen zu einer
Kategorie der bürgerlichen Gesellschaft [1962]. 2., durchgesehene Aufl. Neu-
wied (Luchterhand) 1965, 310 S.
Hagemeister, Michael: Nikolaj Fedorov – Studien zu Leben, Werk und Wirkung.

München (Sagner: Marburger Abhandlungen zur Geschichte und Kultur Osteuropas, Bd. 28) 1989, v, 550 S., Abb.

Hamann, Johann Georg: Hamann's Schriften. Hrsg. von Friedrich Roth. Siebenter Theil. Leipzig (Reimer) 1825, viii, 432 S.

Hanson, Norwood Russell: The Concept of the Positron. A Philosophical Analysis. Cambridge (Cambridge University Press) 1963, ix, 235 S.

Hartig, Georg Ludwig: Anweisung zur Holzzucht für Foerster [1791]. 5., abermals vermehrte und verbesserte Aufl. Marburg 1805, 234 S.

Hartkopf, Günter/Bohne, Eberhard: Umweltpolitik 1. Grundlagen, Analysen und Perspektiven. Opladen (Westdeutscher Verlag) 1983, xxii, 478 S.

Hartmann, Eduard von: An des Jahrhunderts Wende. In: Die Gegenwart. Wochenschrift für Literatur, Kunst und öffentliches Leben (Berlin). 28. Jg., Bd. 55, 7. Jan. 1899, S. 1–4.

Hasse, Helmut: Mathematik als Wissenschaft, Kunst und Macht. Wiesbaden (VAW) 1952, 34 S.

Haym, Rudolf: Herder nach seinem Leben und seinen Werken dargestellt. 2 Bde. Berlin (Weidmannsche Buchhandlung) 1880, xiv, 748 S. und 1885, xv, 864 S.

Heidegger, Martin: Sein und Zeit. Erste Hälfte. Halle (Niemeyer) 1927, ²1929, xi, 438 S.

Heine, Heinrich: Reisebilder Erster Teil. Die Harzreise 1824. In: Werke. Hrsg. und kommentiert von Stuart Atkins. Bd. I. München (Beck) 1973, S. 277–344.

Heisenberg, Werner: Wandlungen in den Grundlagen der exakten Naturwissenschaft in jüngster Zeit [1934]. In: Wandlungen in den Grundlagen der Naturwissenschaft. Zehn Vorträge. 10. Aufl. Stuttgart (Hirzel) 1973, S. 43–61.

Held, Martin/Geißler, Karlheinz A. (Hrsg.): Ökologie der Zeit. Vom Finden der rechten Zeitmaße. Stuttgart (Hirzel/Wissenschaftliche Verlagsgesellschaft: Edition Universitas) 1993, 185 S.

Held, Martin/Geißler, Karlheinz A. (Hrsg.): Von Rhythmen und Eigenzeiten. Perspektiven einer Ökologie der Zeit. Stuttgart (Hirzel/Wissenschaftliche Verlagsgesellschaft: Edition Universitas) 1995, 208 S.

Helmholtz, Hermann: Über das Ziel und die Fortschritte der Naturwissenschaft. Eröffnungsrede für die Naturforscherversammlung zu Innsbruck 1869. In: Populäre wissenschaftliche Vorträge. Zweites Heft. Braunschweig (Vieweg) 1871, S. 183–211.

Heraklit siehe Diels/Kranz.

Herder, Johann Gottfried: Werke. Hrsg. von Wolfgang Proß. Bd. II: Herder und die Anthropologie der Aufklärung. München (Hanser) 1987, 1258 S.:
[entst. 1769] Zum Sinn des Gefühls, S. 241–250;
[1772] Über den Ursprung der Sprache, S. 251–357;
(1774) Übers Erkennen und Empfinden in der menschlichen Seele, S. 545–579;
(1778) Vom Erkennen und Empfinden der menschlichen Seele, S. 664–723; ·
[1787] Spinoza Gespräche. 1. Fassung – Gott. Einige Gespräche, S. 733–843.

Herder, Johann Gottfried: Aelteste Urkunde des Menschengeschlechts – Zweiter Band, welcher den Vierten Theil enthält [1776]. In: Sämtliche Werke Bd. VII. Hrsg. von Bernhard Suphan. Berlin (Weidmannsche Verlagsgesellschaft) 1884, ND Hildesheim (Olms) 1967, S. 1–171.

Herder, Johann Gottfried: Ideen zur Philosophie der Geschichte der Menschheit [1784–91]. Hrsg. von Martin Bollacher (Werke in zehn Bänden, Bd. VI). Frankfurt/M. (Deutscher Klassiker Verlag) 1989, 1214 S.; die Quellenangabe enthält zunächst die Nummer des Abschnitts in der Herderschen Einteilung, wobei unnumerierte Einleitungen als „o" geführt werden, danach hinter dem Gleichheitszeichen die Seitenzahl dieser Ausgabe.

Herder, Johann Gottfried: Briefe. Gesamtausgabe 1763–1803. Unter Leitung von Karl-Heinz Hahn hrsg. von den Nationalen Forschungs- und Gedenkstätten der klassischen deutschen Literatur in Weimar. Weimar (Böhlau): Mai 1773 – September 1776. Bd. III, 1978; 363 S.; September 1783 – August 1788. Bd. V, 1979; 384 S.

Herrigel, Eugen: Zen in der Kunst des Bogenschießens [1948]. 5. Aufl. München-Planegg (Barth-Verlag) 1955, 94 S.

Herring, Herbert P.: In Quest of a Universally Valid Ethic. The Pedro Arrupe Endowment Lectures. Madras (TRP for Satya Nilayam Publications: Satya Nilayam Endowment Lectures Series 2) 1995, x, 116 S.

Hesiod: Sämtliche Werke. Deutsch von Thassilo von Scheffer. Hrsg. von Ernst Günther Schmidt. 2. Aufl. Bremen (Schünemann: Sammlung Dieterich 38) 1965, li, 180 S.; zitiert „Theogonie" bzw. „Werke und Tage" + Vs.

Höffe, Otfried: Politische Gerechtigkeit. Grundlegung einer kritischen Philosophie von Recht und Staat. Frankfurt/M. (Suhrkamp) 1987, 511 S.

Höffe, Otfried: Moral als Preis der Moderne. Ein Versuch über Wissenschaft, Technik und Umwelt. Frankfurt/M. (Suhrkamp: stw 1046) 1993, 311 S.

Hölderlin, Friedrich: Sämtliche Werke. Stuttgarter Hölderlin-Ausgabe. Hrsg. von Friedrich Beissner. Bd. III: Hyperion. Stuttgart (Kohlhammer) 1957: [1794] Fragment von Hyperion, S. 163–184; Handschriftlich überlieferte Bruchstücke Hyperion – Die metrische Fassung [1794/95], S. 186–192; [1795] Hyperions Jugend, S. 199–234; [1797–99] Hyperion oder Der Eremit in Griechenland, S. 5–160.

Hölderlin, Friedrich: Briefe. Sämtliche Werke. Stuttgarter Hölderlin-Ausgabe. Hrsg. von Friedrich Beissner. Bd. VI 1, hrsg. von Adolf Beck. Stuttgart (Kohlhammer) 1954, 471 S.

Hösle, Vittorio: Platonism and Anti-Platonism in Nicholas of Cusa's Philosophy of Mathematics. In: Graduate Faculty Philosphy Journal. New School for Social Research. Vol. 13, No. 2, 1990, S. 79–112.

Hösle, Vittorio: Praktische Philosophie in der modernen Welt. München (Beck: BsR 482) 1992, 213 S.

Hoffmann, Michael: Die Entstehung von Ordnung. Zur Bestimmung von Sein, Erkennen und Handeln in der späteren Philosophie Platons (Diss. München 1993). Stuttgart/Leipzig (Teubner: Beiträge z. Altertumskunde Bd. 81) 1996, 348 S.

Hoppe-Sailer, Richard: Paul Klee – Ad Parnassum. Frankfurt/M. (Insel: it 1485) 1993, 155 S., Abb.

Hoppe-Sailer, Richard: LandArt. Am Anfang stehen grosse Skulpturen, die Landschaftsräume strukturieren. In: Basler Magazin Nr. 21, 3. Juni 1995, S. 6 f.

Hübscher, Arthur: Arthur Schopenhauer. Ein Lebensbild. In: Schriften zur Erkenntnislehre. Sämtliche Werke Bd. I. Hrsg. von Arthur Hübscher. 2. Aufl. Wiesbaden (Brockhaus) 1948, S. 29–142.

Humboldt, Alexander von: Kosmos. Entwurf einer physischen Weltbeschreibung. 5 Bände. Stuttgart/Tübingen (Cotta) 1845–1862.

Humboldt, Alexander von: Reise in die Äquinoktial-Gegenden des Neuen Kontinents [1814–25]. Hrsg. von Ottmar Ette. 2 Bde. Frankfurt/M. (Insel) 1991, 701 S.; S. 703–1637.

Humboldt, Wilhelm von: Ideen zu einem Versuch, die Gränzen der Wirksamkeit des Staats zu bestimmen [1792]. In: Werke in fünf Bänden Bd. I: Schriften zur Anthropologie und Geschichte. Hrsg. von Andreas Flitner und Klaus Giel. Darmstadt (Wissenschaftliche Buchgesellschaft) 1960, S. 56–233.

Hume, David: A Treatise of Human Nature [1739/40]. Ed., with an Analytical Index, by L. A. Selby-Bigge. Second ed. P. H. Nidditch. Oxford (Clarendon Press) 1978, x, 743 S.

Huxley, Thomas Henry: Evolution and Ethics [The Romanes Lecture, 1893]. In: Evolution and Ethics 1893–1943 by T. H. Huxley and Julian Huxley. London 1947, ND New York (Kraus Reprint) 1969, S. 60–102.

Ingensiep, Hans Werner: „Die Welt ist ein Thier: aber die Seele desselben ist nicht Gott". Kant, das Organische und die Weltseele. In: NaturStücke. Zur Kulturgeschichte der Natur. Hrsg. von Hans Werner Ingensiep und Richard Hoppe-Sailer. Ostfildern (edition tertium) 1996, S. 101–120.

Ingensiep, Hans Werner: Pflanzenseele, Tierseele und Naturverständnis – Studien zu einer Philosophie und Geschichte der Lebenswissenschaften. Von Empedokels bis Fechner. Habilitationsschrift Essen 1995, 651 S.; überarbeitete Druckfassung unter dem Titel: Die Geschichte der Pflanzenseele. Stuttgart (Kröner) 1997 (im Druck).

Ingensiep, Hans Werner: Mensch und Menschenaffe. Die besondere Beziehung. In: Tiere und Menschen. Hrsg. von Paul Münch und Rainer Walz. Paderborn (Schöningh) 1997 (im Druck).

Inglehart, Ronald: The Silent Revolution. Changing Values and Political Styles Among Western Publics. Princeton N. J. (Princeton University Press) 1977, xii, 482 S.

Institut für sozial-ökologische Forschung (Hrsg.): Sustainable Netherlands – Aktionsplan für eine nachhaltige Entwicklung der Niederlande. Frankfurt/M. (ISOE) [1993], 221 S.

Irmscher, Hans Dietrich: Beobachtungen zur Funktion der Analogie im Denken Herders. In: Deutsche Vierteljahrsschrift für Literaturwissenschaft und Geistesgeschichte, 55.Jg., 1981, S. 64–97.

Jacobi, Rainer-M. E. (Hrsg.): Zwischen Kultur und Natur. Neue Konturen medizinischen Denkens. Berlin (Duncker & Humblot: Selbstorganisation. Jahrbuch für Komplexität in den Natur-, Sozial- und Geisteswissenschaften 7) 1997.

Jaeger, Werner: Die Theologie der Milesischen Naturphilosophen [1953]. In: Um die Begriffswelt der Vorsokratiker. Hrsg. von Hans-Georg Gadamer. Darmstadt (Wissenschaftliche Buchgesellschaft: Wege der Forschung Bd. 9) 1968, S. 49–87.

Jänicke, Martin: Wie das Industriesystem von seinen Mißständen profitiert? Kosten und Nutzen technokratischer Symptombekämpfung: Umweltschutz, Gesundheitswesen, innere Sicherheit. Opladen (Westdeutscher Verlag) 1979, 129 S.

Jänicke, Martin: Staatsversagen. Die Ohnmacht der Politik in der Industriegesellschaft. München/Zürich (Piper) 1986, 227 S.

Jamme, Christoph: „Entwilderung der Natur". Zu den Begründungsformen einer Kulturgeschichte der Natur bei Schiller, Hölderlin und Novalis. In: Evolution des Geistes: Jena um 1800. Natur und Kunst, Philosophie und Wissenschaft im Spannungsfeld der Geschichte. Hrsg. von Friedrich Strack. Stuttgart (Klett-Cotta) 1994, S. 578–597.

Jamme, Christoph: Pantheismus II. Philosophisch. In: Theologische Realenzyklopädie (TRE), Bd. XXV, Lieferung 3/4, 1995, S. 630–635.

Jischa, Michael F.: Herausforderung Zukunft. Technischer Fortschritt und ökologische Perspektive. Heidelberg u. a. (Spektrum Akad.Verlag) 1993, 259 S.

Jochmann, Carl Gustav: Über die Sprache [1828]. In: Politische Sprachkritik. Aphorismen und Glossen. Hrsg. von Uwe Pörksen. Stuttgart (Reclam: UB 7933) 1983, S. 9–142.

Jochmann, Carl Gustav: Über die Öffentlichkeit [1830]. In: Die unzeitige Wahrheit. Aphorismen, Glossen und der Essay ‚Über die Öffentlichkeit'. Hrsg. von Eberhard Haufe. 3., überarbeitete und um ein Register vermehrte Aufl. Leipzig/Weimar (Kiepenheuer: Gustav Kiepenheuer Bücherei 15) 1990, S. 191–229.

Jonas, Fritz (Hrsg.): Schillers Briefe. Hrsg. und mit Anmerkungen versehen. Bd. III. Stuttgart u. a. (Deutsche Verlags-Anstalt) o. J. [1893], 560 S.

Jonas, Hans: Zwischen Nichts und Ewigkeit. Drei Aufsätze zur Lehre vom Menschen. Göttingen (Vandenhhoeck & Ruprecht) 1963, 77 S.

Jonas, Hans: Das Prinzip Verantwortung. Versuch einer Ethik für die technologische Zivilisation. Frankfurt/M. (Insel) 1979, 423 S.

Jonas, Hans: Der Gottesbegriff nach Auschwitz. Eine jüdische Stimme [1984]. Frankfurt/M. (Suhrkamp: st 1516) 1987, 48 S.

Jung C. G./Kerényi, Karl: Einführung in das Wesen der Mythologie. Das göttliche Kind. Das göttliche Mädchen [1939–40]. Zürich (Rhein-Verlag) 1951, 260 S.

Kafka, Peter: Das Grundgesetz vom Aufstieg. Vielfalt, Gemächlichkeit, Selbstorganisation: Wege zum wirklichen Fortschritt. München (Hanser) 1989, 168 S.

Kampits, Peter: Natur als Mitwelt. Das ökologische Problem als Herausforderung für die philosophische Ethik. In: Was bleibt den Enkeln? Die Umwelt als politische Herausforderung. Hrsg. von Oskar Schatz. Graz u. a. (Styria) 1978, S. 55–80.

Kant, Immanuel: Werke in sechs Bänden. Hrsg. von Wilhelm Weischedel. Darmstadt (Wissenschaftliche Buchgesellschaft) 1956–1964; zitiert nach der Seitenzahl der ersten (A) bzw. zweiten (B) Aufl.:

KrV   = Kritik der reinen Vernunft ¹1781 (A), ²1787 (B);
KpV   = Kritik der praktischen Vernunft 1788 (A);
KdU   = Kritik der Urteilskraft ¹1790 (A), ²1793 (B);
1755   = Allgemeine Naturgeschichte und Theorie des Himmels;
1783   = Prolegomena zu einer jeden künftigen Metaphysik, die als Wissenschaft wird auftreten können;
1784   = Idee zu einer allgemeinen Geschichte in weltbürgerlicher Absicht;
1784* = Beantwortung der Frage: Was ist Aufklärung?;
1785   = Rezension zu Johann Gottfried Herders Ideen;
1785* = Grundlegung zur Metaphysik der Sitten ¹1785, ²1786;
1786   = Metaphysische Anfangsgründe der Naturwissenschaft;

1795 = Zum ewigen Frieden. Ein philosophischer Entwurf ¹1795, ²1796;
1798 = Anthropologie in pragmatischer Hinsicht ¹1798 (A), ²1800 (B).
Kant, Immanuel: Ueber Schwärmerei und die Mittel dagegen [1790]. In: Immanuel Kant's Vermischte Schriften und Briefwechsel. Hrsg. und erläutert von J. H. v. Kirchmann. Leipzig (Verlag der Dürr'schen Buchhandlung: Philosophische Bibliothek Bd. 50) 1898, S. 177–181.
Kant, Immanuel: Kant's gesammelte Schriften. Hrsg. von der Preußischen Akademie der Wissenschaften. Berlin/Leipzig (de Gruyter); zitiert „AA“:
Bd. XV (= 3. Abt., Handschriftlicher Nachlaß 2/2): Kant's handschriftlicher Nachlaß – Anthropologie Zweite Hälfte, 1923, S. 495–982;
Bd. XXI (= 3. Abt., Handschriftlicher Nachlaß 8): Opus postumum – Erste Hälfte (Convolut I bis VI), 1936, xiii, 645 S.
Kapp, K. William: Volkswirtschaftliche Kosten der Privatwirtschaft [1950]. Tübingen/Zürich (Mohr/Polygraphischer Verlag) 1958, 228 S.
Kelter, Jochen (Hrsg.): Die Ohnmacht der Gefühle. Heimat zwischen Wunsch und Wirklichkeit. Weingarten (Drumlin) 1986, 203 S.
Kepler, Johannes: Das Weltgeheimnis. Mysterium Cosmographicum [1596/ ²1621]. Übers. und eingeleitet von Max Caspar. München/Berlin (Oldenbourg) 1936, xxxi, 147 S.
Mysterium Cosmographicum [1596]. In: Gesammelte Werke Bd. I. Hrsg. von Max Caspar. München (Beck) 1938, S. 1–145.
Kepler, Johannes: Weltharmonik [1619]. Übers. und eingeleitet von Max Caspar. München/Berlin (Oldenbourg) 1939, 56*, 403 S.
Kepler, Johannes: Johannes Keplers Traum oder die Astronomie des Mondes [1634]. In: Johannes Keplers Traum vom Mond von Ludwig Günther. Leipzig (Teubner) 1898, xxii, 185 S.
Kepler: Johannes Kepler in seinen Briefen. Hrsg. von Max Caspar und Walther von Dyck. Bd. I. München/Berlin (Oldenbourg) 1930, xxviii, 396 S.
Kerényi, Karl: Die Mythologie der Griechen. Bd. I: Die Götter- und Menschheitsgeschichten [1951]. München (dtv) 1966, 239 S.
Kerner, Dagny/Kerner, Imre: Der Ruf der Rose. Was Pflanzen fühlen und wie sie mit uns kommunizieren. Köln (Kiepenheuer & Witsch) 1992, 211 S.
Kierkegaard, Sören: Einübung im Christentum (Philosophisch-theologische Schriften). Hrsg. von Walter Rest. Köln/Olten (Hegner) 1951, S. 55–331.
Klee, Paul: Wege des Naturstudiums [1923]. In: Schriften. Rezensionen und Aufsätze. Hrsg. von Christian Geelhaar. Köln (DuMont) 1976, S. 124–126.
Kleist, Heinrich von: Der zerbrochene Krug. Hrsg. von Roland Reuß in Zusammenarbeit mit Peter Staengle. Sämtliche Werke. Brandenburger Ausgabe Bd. I/ 3. Basel/Frankfurt/M. (Stroemfeld/Roter Stern) 1995, 448 S.
Kluckhohn, Clyde/Kelly, William H.: The Concept of Culture. In: The Science of Man in the World Crisis. Ed. by Ralph Linton. New York (Columbia University Press) 1945, S. 78–106.
Kohn, Alfie: The Brighter Side of Human Nature. Altruism and Empathy in Everyday Life. New York (Basic Book) 1990, xii, 400 S.
Kopernikus, Nikolaus: Über die Kreisbewegungen der Weltkörper [1543]. Übers. und mit Anmerkungen von C. L. Menzzer. Leipzig (Akademische Verlagsgesellschaft) 1939, xvi, 363 + 66 S. Anm.
Krohn, Wolfgang: Die Verschiedenheit von Technik und die Einheit der Technik-

soziologie. In: Technik als sozialer Prozeß. Hrsg. von Peter Weingart. Frank-
furt/M. (Suhrkamp: stw 795) 1989, S. 15–43.

Krutschonych, Alexei: Sieg über die Sonne. Oper in 2 Akten und 6 Bildern [1913].
In: Sieg über die Sonne. Aspekte russischer Kunst zu Beginn des 20. Jahrhun-
derts. Ausstellung der Akademie der Künste, Berlin [Katalog]. Berlin: Frölich
& Kaufmann: Schriftenreihe der Akademie der Künste Bd. 15) 1983, S. 53–77.

Nicolai de Cusa: De Concordantia Catholica Libri Tres [1433]. Edidit atque
emendavit Gerhardus Kallen. Opera Omnia Heidelbergensis Vol. XIV. Hamburg (Meiner) 1964, xxxix, 474 S.

Kues, Nikolaus von: Philosophisch-theologische Schriften. Hrsg. und eingeführt
von Leo Gabriel. Studien- und Jubiläumsausgabe. Lateinisch-deutsch. 3 Bände.
Wien (Herder) 1964/1966/1967:

DJ I	1–26	= De docta ignorantia [1440], 1.Buch; I, 191–297
DJ II	1–13	= 2. Buch; I, 311–417
DJ III	1–12	= 3. Buch; I, 419–517;
DC I	1–16	= De conjecturis [1443/44], 1.Teil; II, 1–75
DC II	1–17	= 2. Teil; II, 76–209;
JS I		= Idiota de sapientia [1450], 1.Buch; III, 419–451
JS II		= 2. Buch; III, 453–477;
JM	1–15	= Idiota de mente [1450]; III, 479–609;
CT	1–14	= Complementum theologicum [1453]; III, 649–703;
VD	1–25	= De visione Dei [1453]; III, 93–219;
VS	1–39	= De venatione sapientiae [1463]; I, 1–189;
AT		= De apice theoriae [1464]; II, 361–385.

In vielen Fällen habe ich dem Zitat der Übersetzung eine Paraphrase des Inhalts
vorgezogen, dann aber die entscheidenden Passagen aus dem lateinischen Original hinzugefügt.

Küster, Hansjörg: Geschichte der Landschaft in Mitteleuropa. Von der Eiszeit bis
zur Gegenwart. München (Beck) 1995, 423 S., Abb.

Kuhn, Thomas S.: The Structure of Scientific Revolutions. Chicago/London (The
University of Chicago Press) 1962, 172 S.

Kurz, Robert: Subjektlose Herrschaft. Zur Aufhebung einer verkürzten Gesell-
schaftskritik. In: Krisis. Beiträge zur Kritik der Warengesellschaft. Bd. 13, 1993,
S. 17–94.

Lehmann, Wilhelm: Kunst als Jubel der Materie. Ansprache über das Wesen des
Gedichts, gehalten beim Empfang des Hamburger Lessing-Preises 1953. In:
Dichtung als Dasein. Poetologische und kritische Schriften. Hamburg (Wegner:
die mainzer reihe, Bd. 5) 1956, S. 9–18.

Leibniz, Gottfried Wilhelm: Metaphysische Abhandlung – Discours de Métaphy-
sique [1686]. In: Kleine Schriften zur Metaphysik. Philosophische Schriften.
Hrsg. und übers. von Hans Heinz Holz. Bd. I. Darmstadt (Wissenschaftliche
Buchgesellschaft) 1965, S. 49–172.

Leibniz, Gottfried Wilhelm: Die Theodizee von der Güte Gottes, der Freiheit
des Menschen und dem Ursprung des Übels. Vorwort, Abhandlung, Erster
und Zweiter Teil [1710]. Philosophische Schriften Bd. II 1. Hrsg. und übers.
von Herbert Herring. Darmstadt (Wissenschaftliche Buchgesellschaft) 1985,
660 S.

Leibniz, Gottfried Wilhelm: Vernunftprinzipien der Natur und der Gnade. Monadologie [1714]. Auf Grund der kritischen Ausgabe von André Robinet (1954) und der Übersetzung von Artur Buchenau mit Einführung und Anmerkungen hrsg. von Herbert Herring. 2., verbesserte Aufl. Hamburg (Meiner: PhB 253) 1982, xiv, 74 S.; zitiert nach §; 1714 = Vernunftprinzipien; 1714* = Monadologie.

Leibniz, Gottfried Wilhelm: Von der wahren Theologia mystica [1838]. Hrsg. von Franz Vonessen. In: Antaios, Bd. 8/2, 1966, S. 128–133.

Leibniz, Gottfried Wilhelm: Brief an Gerhard Wolter Molanus März 1695. In: Sämtliche Schriften und Briefe. Hrsg. von der Akademie der Wissenschaften der DDR. Erste Reihe: Allgemeiner politischer und historischer Briefwechsel 11. Berlin (Akademie-Verlag) 1982, S. 365–367.

Leibniz, Gottfried Wilhelm: Briefe von besonderem philosophischen Interesse. Philosophische Schriften Bd. V 2: Die Briefe der zweiten Schaffensperiode. Hrsg. und übers. von Werner Wiater. Darmstadt (Wissenschaftliche Buchgesellschaft) 1989, xxiv, 483 S.

Leimbacher, Jörg: Die Rechte der Natur. Basel/Frankfurt (Helbing & Lichtenhahn: Neue Literatur zum Recht) 1988, 481 S.

Leipert, Christian: Die heimlichen Kosten des Fortschritts. Wie Umweltzerstörung das Wirtschaftswachstum fördert. Frankfurt/M. (Fischer) 1989, 344 S.

Lenk, Hans: Praktische Vernunft. Philosophie zwischen Wissenschaft und Praxis. Stuttgart (Reclam: UB 9956) 1979, 204 S.

Leonardo da Vinci siehe Ludwig 1882.

Linné, Carl von: Rede von den Merkwürdigkeiten an den Insekten [1739]. In: Lappländische Reise und andere Schriften. 4. verbesserte Aufl. Leipzig (Reclam: Reclam-Bibliothek 696) 1991, S. 243–264.

Locke, John: An Essay Concerning Human Understanding [1690]. Collated and Annotated by Alexander Campbell Fraser in two volumes. Oxford (Clarendon Press) 1894, cxl, 535 S.; vl, 495 S.; zitiert „Essay 1690".

Locke, John: The Second Treatise of Government. An Essay Concerning the True Original, Extent, and End of Civil Government [1690]. In: Two Treatises of Government. A Critical Edition with an Introduction and Apparatus Criticus by Peter Laslett. 2. Aufl. Cambridge (University Press) 1970, S. 285–446; zitiert „Treatise 1690".

Löwith, Karl: Das Individuum in der Rolle des Mitmenschen. Ein Beitrag zur anthropologischen Grundlegung der ethischen Probleme. München (Drei Masken Verlag) 1928, xvi, 180 S.

Long, Richard: Stones and Flies. Richard Long in the Sahara. Arts Council Video 1990.

Ludwig, Heinrich (Hrsg.): Lionardo da Vinci. Das Buch von der Malerei nach dem Codex Vaticanus (Urbinas) 1270 hrsg., übers. und erläutert. Bd. I: Text und Übersetzung des 1.–4. Theiles. Bd. II: Text und Übersetzung des 5.–8. Theiles. Bd. III: Commentar. Wien (Braumüller: Quellenschriften für Kunstgeschichte und Kunsttechnik des Mittelalters und der Renaissance Bd. 15–17) 1882; ND Osnabrück (Zeller) 1970, 535 S.; 408 S.; 354 S.

Lüthe, Rudolf: David Hume. Historiker und Philosoph. Freiburg/München (Alber: Kolleg Philosophie) 1991, 186 S.

Machiavelli: Der Fürst – „Il Principe" [1532]. Übers. und hrsg. von Rudolf Zorn. Stuttgart (Kröner) 1978, xxxii, 152 S.

MacIntyre, Alasdair: After Virtue. A Study in Moral Theory. London (Duckworth) 1981, ix, 252 S.

Mackie, John Leslie: Ethik. Auf der Suche nach dem Richtigen und Falschen [1977]. Stuttgart (Reclam: UB 7680) 1981, 317 S.

Mandeville, Bernard: The Fables of the Bees: or Privates Vices, Publick Benefits [1714]. With a Commentary Critical, Historical, and Explanatory by F.B. Kaye. 2 Bde. Oxford (Clarendon Press) 1924, ND 1966, cxlvi, 411 S.; 481 S.

Markl, Hubert: Pflicht zur Widernatürlichkeit. In: Der Spiegel Nr. 48, 1995, S. 206 f.

Marquard, Odo: Über die Unvermeidlichkeit der Geisteswissenschaften. In: Apologie des Zufälligen. Philosophische Studien. Stuttgart (Reclam: UB 8351) 1986, S. 98–116.

Marquard, Odo: In der Reichweite der Lebenskürze. In: Frankfurter Allgemeine Zeitung, 17. Juli 1996.

Martens, Ekkehard: Das selbstbezügliche Wissen in Platons „Charmides". München (Hanser) 1973, 127 S.

Marti, Kurt: O Gott! Essays und Meditationen. Lachen – Weinen – Lieben. Ermutigungen zum Leben. Stuttgart (Radius) 1995, 372 S.

Marx, Karl/Engels,Friedrich: Historisch-kritische Gesamtausgabe. Erste Abteilung. Berlin (Marx-Engels-Verlag) 1932:
[1844] Erstes Manuskript [Die entfremdete Arbeit]. Bd. III: Die Heilige Familie und Schriften von Marx von Anfang 1844 bis Anfang 1845 – Ökonomisch-philosophische Manuskripte aus dem Jahre 1844, S. 81–94;
[1844] Drittes Manuskript [Privateigentum und Kommunismus], ebd. S. 111–126;
[1845] [Marx über Feuerbach]. Bd. V: Die Deutsche Ideologie, S. 533–535.

Marx, Karl: Briefe an Kugelmann. Im Anhang Vorwort von W.I. Lenin zur russischen Ausgabe 1907. Berlin (Dietz) 1948, 139 S.

Maslow, Abraham H.: A Theory of Human Motivation. In: The Psychological Review 50, 1943, S. 370–396.

Maslow, Abraham H.: Motivation and Personality [1954]. 2. edition. New York u. a. (Harper & Row) 1970, xxx, 369 S.

Matussek, Peter: Naturbild und Diskursgeschichte. „Faust"-Studie zur Rekonstruktion ästhetischer Theorie. Stuttgart/Weimar (Metzler: Germanistische Abhandlungen Bd. 75) 1992, 383 S.

Matussek, Peter: Goethes Lebens-Erinnerungen. In: NaturStücke. Zur Kulturgeschichte der Natur. Hrsg. von Hans Werner Ingensiep und Richard Hoppe-Sailer. Ostfildern (edition tertium) 1996, S. 135–166.

Mause, Lloyd de: Evolution der Kindheit. In: Hört ihr die Kinder weinen. Eine psychogenetische Geschichte der Kindheit. Hrsg. von Lloyd de Mause [1974]. Frankfurt (Suhrkamp) 1977, S. 12–111.

Meadows, Donella H./Dennis L. Meadows/Jorgen Randers/William W. Behrens III: The Limits to Growth. A Report for The Club of Rome's Project on the Predicament of Mankind. New York (Universe Book) 1971, 205 S.

Meier, Christian: Arbeit, Politik, Identität. Neue Fragen im alten Athen? In: Venanz Schubert/W. Pannenberg/Chr. Meier: Der Mensch und seine Arbeit. Eine Ringvorlesung der Universität München. [Erzabtei St. Ottilien] (Eos: Wissenschaft und Philosophie 3) 1986, S. 47–109.

Meier-Oeser, Stephan: Die Präsenz des Vergessenen. Zur Rezeption der Philosophie des Nicolaus Cusanus vom 15. bis zum 18. Jahrhundert. Münster (Aschendorff: Buchreihe der Cusanus-Gesellschaft 10) 1989, viii, 440 S.

Memling, Hans: Five Centuries of Fact and Fiction. Groeningemuseum Brügge 12. Aug. – 15. Nov. 1994. Ausstellungs-Katalog Dirk de Vos u. a. Brügge (Ludion) [1994], 225 S., zahlr. Abb.

Merchant, Carolyn: Der Tod der Natur. Ökologie, Frauen und neuzeitliche Naturwissenschaft [1980]. München (Beck) 1987, 323 S.

Meyer(-Abich), Adolf: Ideen und Ideale der biologischen Erkenntnis. Beiträge zur Theorie und Geschichte der biologischen Ideologien. Leipzig (Barth: Bios 1) 1934, xi, 202 S.

Meyer(-Abich), Adolf: Krisenepochen und Wendepunkte des biologischen Denkens. Jena (G. Fischer) 1935, 62 S.

Meyer-Abich, Adolf: Zur Logik der Unbestimmtheitsbeziehungen. Die Unbestimmtheitsbeziehungen der Klassischen Logik. In: Die Ganzheit in Philosophie und Wissenschaft. Othmar Spann zum 70. Geburtstag. Hrsg. von Walter Heinrich. Wien (Braumüller) 1950, S. 47–76.

Meyer-Abich, Jann: Der Schutzzweck der Eigentumsgarantie – Leistung, Freiheit, Gewaltenteilung. Zur teleologischen Auslegung des Art. 14 Abs. 1 GG. Berlin (Duncker & Humblot: Schriften zum Öffentlichen Recht 384) 1980, 186 S.

Meyer-Abich, Klaus Michael: Korrespondenz, Individualität und Komplementarität. Eine Studie zur Geistesgeschichte der Quantentheorie in den Beiträgen Niels Bohrs. Wiesbaden (Steiner: Boethius 5) 1965, xi, 209 S.

Meyer-Abich, Klaus Michael (Hrsg.): Frieden mit der Natur. Freiburg u. a. (Herder) 1979, 315 S.

Meyer-Abich, Klaus Michael (Hrsg.): Energieeinsparung als neue Energiequelle. Wirtschaftspolitische Möglichkeiten und alternative Technologien. München (Hanser) 1979, 376 S.; zitiert „1979*".

Meyer-Abich, Klaus Michael: Wege zum Frieden mit der Natur – Praktische Naturphilosophie für die Umweltpolitik. München (Hanser) 1984, 321 S.; ND München (dtv) 1986.

Meyer-Abich, Klaus Michael/Schefold, Bertram: Die Grenzen der Atomwirtschaft. Die Zukunft von Energie, Wirtschaft und Gesellschaft. München (Beck) 1986, 230 S.

Meyer-Abich, Klaus Michael: Wissenschaft für die Zukunft – Holistisches Denken in ökologischer und gesellschaftlicher Verantwortung. München (Beck: BsR 365) 1988, 183 S.

Meyer-Abich, Klaus Michael: Aufstand für die Natur – Von der Umwelt zur Mitwelt. München (Hanser) 1990, 148 S.

Meyer-Abich, Klaus Michael/Matussek, Peter: Skepsis und Utopie. Goethe und das Fortschrittsdenken. In: Goethe-Jahrbuch 1993. Im Auftrag der Goethe-Gesellschaft hrsg. von Werner Keller. 110. Bd. der Gesamtfolge. Weimar (Böhlau) 1994, S. 185–207.

Meyer-Abich, Klaus Michael: Mit-Wissenschaft – Ein neues Leitbild wissenschaftlicher Erkenntnis. In: Wissenschaft vom natürlichen Mitsein – Vom Baum der Erkenntnis zum Baum des Lebens. Hrsg. von Klaus M. Meyer-Abich. In Vorbereitung.

Mill, John Stuart: Drei Essays über Religion. Natur – Die Nützlichkeit der Religion – Theismus [1874]. Hrsg. von Dieter Birnbacher. Stuttgart (Reclam: UB 8237) 1984, 247 S.

Miller, Alfred E./Miller, Maria G.: Options for Health and Health Care. The Coming of Post-Clinical Medicine. New York u. a. (Wiley & Sons) 1981, xviii, 478 S.

Möller, Alfred: Der Dauerwaldgedanke. Sein Sinn und seine Bedeutung [1922] mit einer Einführung von Wilhelm Bode. Oberteuringen (Degreif) [1992], 134 S.

Moltmann, Jürgen: Gott in der Schöpfung. Ökologische Schöpfungslehre. 2., durchgesehene Aufl. München (Kaiser) 1985, 325 S.

Moore, George Edward: Principia Ethica [1903]. Cambridge u. a. (Cambridge University Press) 1980, xii, 232 S.

Morgenstern, Christian: Stufen. Eine Entwicklung in Aphorismen und Tagebuch-Notizen [1918]. München (Piper) 1951, 324 S.

Mülder-Bach, Inka: Eine „neue Logik für den Liebhaber": Herders Theorie der Plastik. In: Der ganze Mensch. Anthropologie und Literatur im 18. Jahrhundert. DFG-Symposion 1992. Hrsg. von Hans-Jürgen Schings. Stuttgart/Weimar (Metzler: Germanistische Symposien Berichtsbände 15) 1994, S. 341–370.

Müller, Michael/Hennicke, Peter: Wohlstand durch Vermeiden. Mit der Ökologie aus der Krise. Darmstadt (Wissenschaftliche Buchgesellschaft) 1994, xiii, 202 S.

Murdoch, Iris: The Sovereignty of Good [1970]. London e. a. (ARK Paperbacks) 1985, vi, 106 S.

Nagel, Thomas: The View from Nowhere. Oxford (University Press) 1986, 244 S.

Newton, Sir Isaac: Mathematische Principien der Naturlehre [1686]. Mit Bemerkungen und Erläuterungen hrsg. von J. Ph. Wolfers. Berlin (Oppenheim) 1872, viii, 666 S.

Niavis [Schneevogel], Paulus: Iudicium Iovis oder Das Gericht der Götter über den Bergbau [1485–1490]. Ein literarisches Dokument aus der Frühzeit des deutschen Bergbaus. Übers. und bearbeitet von Paul Krenkel. Berlin (Akademie Verlag: Freiberger Forschungshefte. Kultur und Technik D 3) 1953, 63 S.

Nietzsche, Friedrich: Sämtliche Werke. Kritische Studienausgabe in 15 Bänden. Hrsg. von Giorgio Colli und Mazzino Montinari. München (dtv/de Gruyter) 1980:
  [1886] Jenseits von Gut und Böse. Vorspiel einer Philosophie der Zukunft. Bd. V, S. 9–243;
  [1887] Die fröhliche Wissenschaft. Bd. III, S. 343–651;
  [1887] Zur Genealogie der Moral. Eine Streitschrift. Bd. V, S. 245–412;
  [entst. 1888] Ecce homo. Bd. VI, S. 255–374.

Nossack, Hans Erich in: Horst Bienek – Werkstattgespräche mit Schriftstellern. München (Hanser) 1962, S. 71–84.

Novalis: Werke, Tagebücher und Briefe Friedrich von Hardenbergs. Hrsg. von Hans-Joachim Mähl und Richard Samuel. München (Hanser) 1978:
  Vermischte Gedichte. Bd. I: Das dichterische Werk, Tagebücher und Briefe. Hrsg. von Richard Samuel, S. 105–146;

[1802] Die Lehrlinge zu Saïs, ebd. S. 199–233;

[1802] Heinrich von Ofterdingen, ebd. S. 237–383;

[13. Okt. 1795] Brief an den Bruder Erasmus, ebd. S. 570ff.;

[1795/96] Fichte-Studien. Bd. II: Das philosophisch-theoretische Werk. Hrsg. von Hans-Joachim Mähl, S. 8–209;

[1797/98] Vermischte Bemerkungen/Blüthenstaub, ebd. S. 225–285;

[1798] Vorarbeiten zu verschiedenen Fragmentsammlungen – Anekdoten, ebd. S. 355–384;

[1798/99] Das Allgemeine Brouillon – Erste Handschriftengruppe, ebd. S. 474–560;

[1799] Randbemerkungen zu Friedrich Schlegels „Ideen", ebd. S. 721–729;

[1799/1800] Aus den Fragmenten und Studien – Fragmente und Studien 3, ebd. S. 814–846.

Ortega y Gasset, José: Historia como sistema. In: Obras Completas. Tomo VI (1941–1946). Madrid (Revista de Occidente) 1947, S. 11–50.

Ovid (Publius Ovidius Naso): Metamorphosen. Hrsg. von Erich Rösch. 12. Aufl. München/Zürich (Artemis: Sammlung Tusculum) 1990, 747 S.; zitiert nach Buch und Verszahl.

Pächt, Otto: Van Eyck. Die Begründer der altniederländischen Malerei. Hrsg. von Maria Schmidt-Dengler. München (Prestel) 1989, 223 S., Abb.

Patterson, Francine/Gordon, Wendy: Zur Verteidigung des Personenstatus von Gorillas. In: Menschenrechte für die Großen Menschenaffen. Hrsg. von Paola Cavalieri und Peter Singer. München (Goldmann) 1994, S. 94–122.

Pauli, Wolfgang: Der Einfluß archetypischer Vorstellungen auf die Bildung naturwissenschaftlicher Theorien bei Kepler. In: Jung, C. G./Pauli, W.: Naturerklärung und Psyche (Studien aus dem C. G. Jung-Institut 4). Zürich (Rascher) 1952, S. 109–194.

Picht, Georg: Der Begriff der Natur und seine Geschichte. Mit einer Einführung von Carl Friedrich von Weizsäcker (Vorlesungen und Schriften). Stuttgart (Klett-Cotta) 1989, xv, 502 S.

Pindar: Oden. Griechisch/deutsch. Übers. und hrsg. von Eugen Dönt. Stuttgart (Reclam: UB 8314) 1986, 323 S.

Plaaß, Peter: Kants Theorie der Naturwissenschaft. Eine Untersuchung zur Vorrede von Kants „Metaphysischen Anfangsgründen der Naturwissenschaft". Mit einer Vorrede von Carl Friedrich von Weizsäcker. Göttingen (Vandenhoeck & Ruprecht) 1965, 131 S.; engl. Übersetzung unter dem Titel: Kant's Theory of Natural Science. Translation, Analytic Introduction and Commentary by Alfred E. and Maria G. Miller. With an Introductory Essay by Carl Friedrich von Weizsäcker. Dordrecht u. a. (Kluwer: Boston Studies in the Philosophy of Science 159) 1994, xvi, 367 S.

Platon: Werke in acht Bänden. Griechisch und deutsch. Hrsg. von Gunther Eigler. Darmstadt (Wissenschaftliche Buchgesellschaft) 1970–1981; Abkürzungen: Chrm = Charmides; Nom = Nomoi/Gesetze; Parm = Parmenides; Phn = Phaidon; Pol = Politeia/Staat; Prot = Protagoras; Soph = Sophistes; Symp = Symposion; Tim = Timaios; Th = Theaitet; zitiert nach Stephanus-Zählung.

Plato's Phaedo. A Translation of Plato's Phaedo with Introduction, Notes, and Appendices by R. S. Bluck. London (Routledge) 1955, x, 208 S.

Plato and Parmenides. Parmenides' *Way of Truth* and Plato's *Parmenides* translated with an Introduction and a running Commentary by Francis MacDonald Cornford. London (Routledge) 1939, xvii, 251 S.

Plato. Texte zur Ideenlehre. Hrsg. und übers. von Hans-Georg Gadamer. Frankfurt/M. (Klostermann-Texte Philosophie) 1978, 95 S.

Plato's Phaedo. Translated with an Introduction and Commentary by R. Hackforth. Cambridge (Cambridge University Press) 1955, vii, 200 S.

Platon – Gastmahl/Phaidros/Phaidon. Ins Deutsche übertragen von Rudolf Kassner. 3., vom Übersetzer überarbeitete Aufl. Düsseldorf/Köln (Diederichs Taschenausgabe 19) 1959, 241 S.

Platon. Parmenides. Griechisch/Deutsch. Übers. und hrsg. von Ekkehard Martens. Stuttgart (Reclam: UB 8386) 1987, 206 S.

Platon. Parmenides. Übers. von Franz Susemihl. In: Platon. Sämtliche Werke. Bd. II. Berlin (L. Schneider) [1940], S. 483–560.

Pleßner, Helmuth: Die Stufen des Organischen und der Mensch. Einleitung in die philosophische Anthropologie. Berlin/Leipzig (de Gruyter) 1928, viii, 346 S.

Pörksen, Gunhild und Uwe: Die ‚Geburt‘ des Helden in mittelhochdeutschen Epen und epischen Stoffen des Mittelalters. In: Euphorion, Jg. 74, 1980, S. 257–286.

Pörksen, Uwe: Plastikwörter. Die Sprache einer internationalen Diktatur. Stuttgart (Klett-Cotta) 1988, 128 S.

Pohlenz, Max: Die Stoa. Geschichte einer geistigen Bewegung. Göttingen (Vandenhoeck & Ruprecht) 1948, 490 S.; 2. Bd. Erläuterungen. Ebd. 1949, 230 S.

Pohlenz, Max (Hrsg.): Stoa und Stoiker. Die Gründer – Panaitios – Poseidonios. Eingeleitet und übers. Zürich (Artemis: Die Bibliothek der Alten Welt – Griechische Reihe) 1950, xxix, 386 S.

Polanyi, Karl: The Great Transformation. Politische und ökonomische Ursprünge von Gesellschaften und Wirtschaftssystemen [1944]. Frankfurt/M. (Suhrkamp: stw 260) 1978, ³1995, 393 S.

Pope, Alexander: An Essay on Man [1733/34]. Menston/London (Scolar Press) 1969, ND 1973, 74 S. (Faksimile).

Poussin-Katalog: Nicolas Poussin 1594–1665 par Pierre Rosenberg pour les peintures et par Louis-Antoine Prat et Pierre Rosenberg pour les dessins. Galeries nationales du Grand Palais, 27 septembre 1994–2 janvier 1995. Paris (Réunion des Musées Nationaux) 1994, 558 S., zahlreiche Abb.

Pühler, Alfred: Beeinflussen Freisetzungsexperimente mit transgenen Organismen das evolutionäre Geschehen? In: Simonis, Georg/Bröchler, Stephan (Hrsg.): Stand und Perspektiven der Technikfolgenabschätzung der Gentechnik. Reader zum Workshop vom 8. Dez. 1994 in Essen. Arbeitskreis „Technikfolgenabschätzung und -bewertung" des Landes Nordrhein-Westfalen AK-TAB/03-1995, S. 26–34.

Rapp, Anna: Der Jungbrunnen in Literatur und bildender Kunst des Mittelalters. [Zürich 1977], 153 S., Abb.

Rawls, John: A Theory of Justice. Oxford (Clarendon Press) 1971, xv, 607 S.; Eine Theorie der Gerechtigkeit. Frankfurt/M (Suhrkamp) 1975, 674 S.

Reale, Giovanni: Zu einer neuen Interpretation Platons. Eine Auslegung der Metaphysik der großen Dialoge im Lichte der „ungeschriebenen Lehren" [1989]. Paderborn (Schöningh) 1993, 640 S.

Rechnungshof der Freien und Hansestadt Hamburg: Jahresbericht 1994 über die Prüfung der Haushalts- und Wirtschaftsführung und der Haushaltsrechnung 1992. Hamburg, 3. März 1994, 248 S., 14 S. Anlage. Vgl. „Fahrrad auf Pump", Der Spiegel 31, 1994, S. 76–79. Jahresbericht 1995 über die Prüfung... 1993. Hamburg, 2. März 1995, 189 S.

Ricardo, David: Grundsätze der politischen Ökonomie und der Besteuerung [1817]. Hrsg. und mit einer Einführung versehen von Fritz Neumark. Frankfurt/M. (Athenäum: Fischer Athenäum Taschenbücher Wirtschaftswissenschaft) 1972, S. 33–316.

Richter, Horst Eberhard: Der Gotteskomplex. Die Geburt und die Krise des Glaubens an die Allmacht des Menschen. Reinbek (Rowohlt) 1979, 339 S.

Riedel, Wolfgang: „Homo Natura". Literarische Anthropologie um 1900. Berlin/ New York (de Gruyter: Quellen und Forschungen zur Literatur- und Kulturgeschichte Bd. 7) 1996, xxii, 327 S.

Ritter, Joachim: Landschaft. Zur Funktion des Ästhetischen in der modernen Gesellschaft. Rede bei der feierlichen Übernahme des Rektorats am 16. Nov. 1962. Münster (Aschendorff: Schriften der Gesellschaft zur Förderung der Westfälischen Wilhelms-Universität zu Münster 54) 1963, 55 S.

Ritter, Johann Wilhelm: Fragmente aus dem Nachlasse eines jungen Physikers [1810]. Heidelberg (L. Schneider) 1969, cxxv, 269 S., [50 S.].

Rosenberg, Alfons: Engel und Dämonen. Gestaltwandel eines Urbildes [1967]. München (Kösel) 1986, 334 S., zahlr. Abb.

Roßnagel, Alexander: Energiepolitik und die Zukunft des Rechtsstaats. In: Scheidewege, Jg. 12, H. 2, 1982, S. 251–282.

Roßnagel, Alexander: Radioaktiver Zerfall der Grundrechte? Zur Verfassungsverträglichkeit der Kernenergie. Mit Kommentaren von P. Saladin und P. C. Mayer-Tasch. München (Beck: BSR 291) 1984, 319 S.

Rudolph, Enno: Odyssee des Individuums. Zur Geschichte eines vergessenen Problems. Stuttgart (Metzler: Bibliothek Metzler Bd. 6) 1991, 128 S.

Sandel, Michael J.: Liberalism and the Limits of Justice. Cambridge u. a. (Cambridge University Press) 1982, ix, 190 S.

Schadewaldt, Wolfgang: Die Anfänge der Philosophie bei den Griechen. Die Vorsokratiker und ihre Voraussetzungen. Tübinger Vorlesungen Bd. I. Frankfurt/ M. (Suhrkamp: stw 218) 1978, 520 S.

Schäfer, Lothar: Das Bacon-Projekt. Von der Erkenntnis, Nutzung und Schonung der Natur. Frankfurt/M. (Suhrkamp) 1993, 279 S.

Schapp, Wilhelm: Philosophie der Geschichten [1959]. Hrsg. von Jan Schapp und Peter Heiligenthal. 2., durchgesehene Aufl. Frankfurt/M. (Klostermann) 1981, xviii, 357 S.

Scheeben, Matthias Joseph: Die Mysterien des Christentums. Wesen, Bedeutung und Zusammenhang derselben nach der in ihrem übernatürlichen Charakter gegebenen Perspektive dargestellt. 2., durchgesehene Aufl. hrsg. von Josef Höfer. Freiburg (Herder) 1951, xxi, 777 S.

Scheibe, Erhard: Über Relativbegriffe in der Philosophie Platons. In: Phronesis Vol. 12, 1967, S. 28–49.

Scherer, Georg: Welt – Natur oder Schöpfung? Darmstadt (Wissenschaftliche Buchgesellschaft) 1990, vi, 255 S.

Scherhorn, Gerhard: Konsumverhalten und Wertewandel. In: Ökologie-Dialog. Umweltmanager und Umweltschützer im Gespräch. Hrsg. von Michael Henze und Gert Kaiser. Düsseldorf u. a. (Econ Verlag) 1994, S. 196–221.

Scherhorn, Gerhard: Egoismus oder Autonomie. Über die Beschränktheit des Eigennutzprinzips. In: Das Prinzip Egoismus. Hrsg. von Thomas Heck. Tübingen (Nous) 1995, S. 45–62.

Scherhorn, Gerhard: Güterwohlstand versus Zeitwohlstand – Über die Unvereinbarkeit des materiellen und des immateriellen Produktivitätsbegriffs. In: Zeit in der Ökonomik. Perspektiven für die Theoriebildung. Hrsg. von Bernd Biervert und Martin Held. Frankfurt/New York (Campus) 1995, S. 147–168.

Scherhorn, Gerhard: Das Vordringen der Ersatzbedürfnisse. Zur Relativierung des positivistischen Denkens in der Ökonomie. In: Sozialwissenschaftliche Information, Jg. 24, Heft 4, 1995, S. 258–264.

Scherhorn, Gerhard u. a.: Information über Wohlstandskosten. Erster Arbeitsbericht aus dem Forschungsprojekt „Wohlstandskosten und verantwortliches Handeln". 2., überarbeitete Aufl. Stuttgart (Universität Hohenheim. Lehrstuhl für Konsumtheorie und Verbraucherpolitik. Arbeitspapier 66) 1996, 151 S.

Schiller, Friedrich: Sämtliche Werke. Hrsg. von Gerhard Fricke und Herbert G. Göpfert. München (Hanser):
[1789] Was heißt und zu welchem Ende studiert man Universalgeschichte? Bd. IV: Historische Schriften. 7., durchgesehene Aufl. 1988, S. 749–767;
[1790] Etwas über die erste Menschengesellschaft nach dem Leitfaden der Mosaischen Urkunde, ebd. S. 767–783;
[1794] Über Matthissons Gedichte. Bd. V: Erzählungen/Theoretische Schriften. 8., durchgesehene Aufl. 1989, S. 992–1011;
[1795] Über naive und sentimentalische Dichtung, ebd. S. 694–780.

Schindler, Walter: Die reflexive Struktur objektiver Erkenntnis. Eine Untersuchung zum Zeitbegriff der „Kritik der reinen Vernunft". München (Hanser) 1979, 156 S.

Schiwy, Günther: Abschied vom allmächtigen Gott. München (Kösel) 1995, 160 S.

Schmidt-Bleek, Friedrich: Wieviel Umwelt braucht der Mensch? MIPS – Das Maß für ökologisches Wirtschaften. Berlin u. a. (Birkhäuser) 1993, 302 S.

Schöne, Albrecht: Goethes Farbentheologie. München (Beck) 1987, 229 S.

Scholem, Gershom: Die jüdische Mystik in ihren Hauptströmungen [1957; engl. Ausgabe 1941]. Frankfurt/M. (Suhrkamp) 1967, xv, 490 S.; ND Frankfurt/M. (Suhrkamp: stw 330) 1980, ⁵1993.

Schulz, Walter: Philosophie in der veränderten Welt. Pfullingen (Neske) 1972, 902 S.

Schulz, Walter: Grundprobleme der Ethik. Pfullingen (Neske) 1989, 438 S.

Schumpeter, Joseph A.: Geschichte der ökonomischen Analyse. Nach dem Manuskript hrsg. von Elizabeth B. Schumpeter. Mit einem Vorwort von Fritz Karl Mann. 1. Teilband. Göttingen (Vandenhoeck & Ruprecht: Grundriß der Sozialwissenschaft Bd. 6) 1965, vii, 915 S.

Schweitzer, Albert: Kultur und Ethik. Kulturphilosophie Zweiter Teil. Olaus Petri Vorlesungen an der Universität Upsala [1923]. In: Gesammelte Werke in fünf Bänden. Bd. II. München (Beck) 1974, S. 95–420.

Shapiro, Robert: The Human Blueprint. The race to unlock the secrets of our genetic script. New York (St. Martin's Press) 1991, xx, 412 S.

Sieferle, Rolf Peter: Fortschrittsfeinde? Opposition gegen Technik und Industrie von der Romantik bis zur Gegenwart. München (Beck) 1984, 301 S.

Sieferle, Rolf Peter: Bevölkerungswachstum und Naturhaushalt. Studien zur Naturtheorie der klassischen Ökonomie. Frankfurt/M. (Suhrkamp) 1990, 255 S.

Siep, Ludwig: Anerkennung als Prinzip der praktischen Philosophie. Untersuchungen zu Hegels Jenaer Philosophie des Geistes. Freiburg/München (Alber: Praktische Philosophie 11) 1979, 378 S.

Siep, Ludwig: Kriterien richtigen Handelns. In: Sterblichkeitserfahrung und Ethikbegründung. Ein Kolloquium für Werner Marx. Hrsg. von Walter Brüstle und Ludwig Siep. Essen (Die Blaue Eule: Sophia 2) 1988, S. 81–94.

Siep, Ludwig: Praktische Philosophie im Deutschen Idealismus. Frankfurt/M. (Suhrkamp: stw 1035) 1992, 348 S.

Siep, Ludwig: Wie „eurozentrisch" ist das neuzeitliche Naturrecht? In: Menschenrechte und Entwicklung. Im Dialog mit Lateinamerika. Hrsg. von Fernando Inciarte und Berthold Wald. Frankfurt/M. (Vervuert: Bibliotheca Ibero-Americana) 1992, S. 163–173; zitiert „1992*".

Siep, Ludwig: Ethik und Anthropologie. In: Identität, Leiblichkeit, Normativität. Neue Horizonte anthropologischen Denkens. Hrsg. von Annette Barkhaus u. a. Franfurt/M. (Suhrkamp: stw 1247) 1996, S. 274–298.

Siep, Ludwig: Zwei Formen der Ethik. Opladen (Westdeutscher Verlag: Nordrhein-Westfälische Akademie der Wissenschaften: Geisteswissenschaftliche Vorträge G 347) 1997, 32 S.

Simonis, Udo Ernst (Hrsg.): Basiswissen Umweltpolitik. Ursachen, Wirkungen und Bekämpfung von Umweltproblemen. Die Beiträge der RIAS-Funkuniversität. Berlin (Edition Sigma) 1990, 229 S.

Smith, Adam: The Theory of Moral Sentiments [1759]. With an Introduction by E. G. West. Indianapolis (Liberty Classics) 1969, 546 S.; ND 1976.

Smith, Adam: Lectures on Rhetoric and Belles Lettres. Delivered in the University of Glasgow by A. S. Reported by a Student in 1762–63. Ed. with an Introduction and Notes by John M. Lothian. London u. a. (Nelson) 1963, xl, 205 S.

Smith, Adam: Der Wohlstand der Nationen. Eine Untersuchung seiner Natur und seiner Ursachen [1776]. Vollständige Ausgabe nach der 5. Aufl. (letzter Hand), London 1789. München (dtv) 1978, lxxix, 855 S.

Soden, Wolfram von: Verschlüsselte Kritik an Salomo in der Urgeschichte des Jahwisten? In: Die Welt des Orients 7, 1973/74, S. 228–240.

Sondervotum von Abg. Frau Heidemarie Dann (DIE GRÜNEN) und der Fraktion DIE GRÜNEN zum Bericht der Enquête-Kommission „Chancen und Risiken der Gentechnologie". In: Chancen und Risiken der Gentechnologie. Dokumentation des Berichts an den Deutschen Bundestag. Hrsg. von der Enquête-Kommission des Deutschen Bundestags/Wolf-Michael Catenhusen/Hanna Neumeister. München (Schweitzer: Gentechnologie Chancen und Risiken Bd. 12) 1987, S. 315–357.

Soret, Frédéric: Goethes Unterhaltungen mit Friedrich Soret. Nach dem französischen Texte, als eine bedeutend vermehrte und verbesserte Aufl. des dritten Teils der Eckermannschen Gespräche hrsg. von C. A. H. Burkhardt. Weimar (Böhlau) 1905, xvii, 157 S.

Spaemann, Robert/Löw, Reinhard: Die Frage wozu? Geschichte und Wiederentdeckung des teleologischen Denkens. München/Zürich (Piper) 1981, 306 S.

Spinoza: Ethica – Ethik. Hrsg. von Konrad Blumenstock. In: Opera – Werke. Lateinisch und Deutsch. Bd. II. Darmstadt (Wissenschaftliche Buchgesellschaft) 1967, S. 84–557.

Stahel, Walter: Die Strategie der Dauerhaftigkeit. Verkauf von Nutzen statt von Produkten. In: Ökologie der Zeit. Vom Finden der rechten Zeitmaße. Hrsg. von Martin Held und Karlheinz A. Geißler. Stuttgart (Hirzel/Wissenschaftliche Verlagsgesellschaft: Edition Universitas) 1993, S. 105–110.

Staudach, A.: Fetale Anatomie. In: Pränatale Diagnostik. Eine Auseinandersetzung. Hrsg. von Dietrich Berg u. a. Braunschweig/Wiesbaden (Vieweg & Sohn) 1989, S. 20–24.

Stegemann, Hartmut: Die Essener, Qumran, Johannes der Täufer und Jesus. Freiburg u. a. (Herder: Spectrum 4128) 1993, 381 S.

Stenzel, Julius: Zahl und Gestalt bei Platon und Aristoteles [1924]. 3. durchgesehene Aufl. Darmstadt (Wissenschaftliche Buchgesellschaft) 1959, xi, 191 S.

Stone, Christopher D.: Should trees have standing? Toward legal rights for natural objects [1972]. Los Altos 1974, 103 S.

Stone, Christopher D.: The Gnat ist Older than Man. Global Environment and Human Agenda. Princeton N.J. (Princeton University Press) 1993, ND Pb. 1995, xxv, 341 S.

Stutzin, Godofredo: La Naturaleza: un Nuevo Sujeto de Derecho? Jahuel 1973.

Sturm, Klaus-Dietrich/Fliege, Eckhard R.: Orientierung an den Strategien und Wirtschaftsprinzipien der Natur im Umgang mit Stoffen und Energie. In: Umweltwissenschaften und Schadstoff-Forschung UWSF – Zeitschrift für Umweltchemie und Ökotoxikologie, Jg. 6, Heft 4, 1994, S. 213–218.

Süßmilch, Johann Peter: Versuch eines Beweises, daß die erste Sprache ihren Ursprung nicht vom Menschen, sondern allein vom Schöpfer erhalten habe… Berlin 1766, 124 S.

Swarzenski, Georg: Nicolo Pisano. Frankfurt/M. (Iris-Verlag) 1926, 74 S., 127 S. Abb.

Taut, Bruno: Der Weltbaumeister. Architektur-Schauspiel für symphonische Musik. Hagen (Folkwang) 1920, 31 S.

Taylor, Charles: Sources of the Self. The Making of the Modern Identity. Cambridge u. a. (Cambridge University Press) 1989, xii, 601 S.

Taylor, Gabriele: Pride, Shame, and Guilt. Emotions of self-assessment. Oxford (Clarendon Press) 1985, 144 S.

Teufel, Dieter u. a.: Ökosteuern als marktwirtschaftliches Instrument im Umweltschutz. Vorschläge für eine ökologische Steuerreform [1988]. 3. ergänzte Aufl. Heidelberg (UPI: Bericht Nr. 9) 1995, 73 S.

Tönnies, Ferdinand: Gemeinschaft und Gesellschaft. Abhandlung des Communismus und des Socialismus als empirischer Culturformen. Leipzig (Fues's Verlag) 1887, xxx, 294 S.

Tucholsky, Kurt: Heimat [1929]. In: Gesammelte Werke in 10 Bänden. Hrsg. von Mary Gerold-Tucholsky und Fritz J. Raddatz. Bd. VII: 1929. Reinbek (Rowohlt) 1975, S. 312–314.

Tugendhat, Ernst: Vorlesungen über Ethik. Frankfurt/M. (Suhrkamp: stw 1100) 1993, 399 S.

Turgot: Géographie Politique [1750]. In: Œuvres de Turgot. Nouvelle édition par M. Eugène Daire. Tome II 1844. ND Osnabrück (Zeller) 1966, S. 611–671; Idées générales, S. 611–614; Esquisse d'un plan de géographie politique, S. 614–626.

Ueberhorst, Reinhard: Positionelle und diskursive Politik – Die Bewährung einer demokratischen Technologiepolitik an den Chancen kritischer Argumente zur Brütertechnik. In: AUSgebrütet – Argumente zur Brutreaktorpolitik. Hrsg. von Klaus M. Meyer-Abich und R. Ueberhorst. Basel u. a. (Birkhäuser: Policy-Forschung 1) 1985, S. 356–395.

Ueberhorst, Reinhard: Der versäumte Verständigungsprozeß zur Gentechnologie-Kontroverse. In: Herstellung der Natur? – Stellungnahmen zum Bericht der Enquête-Kommission „Chancen und Risiken der Gentechnologie". Hrsg. von Klaus Grosch u. a. Frankfurt/M. (Campus) 1990, S. 206–223.

Ueberhorst, Reinhard: Planungsstudie zur Bildung und Arbeitsplanung einer unabhängigen Kommission zur Förderung energiepolitischer Verständigungsprozesse in der Bundesrepublik Deutschland in den Jahren 1992 bis 1995. Elmshorn (Beratungsbüro für diskursive Projektarbeiten & Planungsstudien) April 1992, 120 S.

Ueberhorst, Reinhard: Der Energiekonsens oder Die Überwindung der paradoxen Popularität positioneller Politikformen. In: Energiekonsens? Der Streit um die zukünftige Energiepolitik. Hrsg.: Stadt Frankfurt am Main, Umweltdezernat, Tom Koenigs und Roland Schaeffer. München (Raben-Verlag) 1993, S. 11–29.

Ueberhorst, Reinhard: Warum brauchen wir neue Politikformen? In: Reform des Staates – Neue Formen kooperativer Politik. Akademie der Politischen Bildung. 10. Streitforum. Bonn (Friedrich-Ebert-Stiftung) 1995, S. 9–41.

Uexküll, Jakob von/Kriszat, G.: Streifzüge durch die Umwelten von Tieren und Menschen. Ein Bilderbuch unsichtbarer Welten [1934]. Hamburg (Rowohlt: rde 13) 1956. ND Frankfurt/M. 1970, xlvii, 206 S.

van den Daele, Wolfgang/Pühler, Alfred/Sukopp, Herbert/Döbert, Rainer: Bewertung und Regulierung von Kulturpflanzen mit gentechnisch erzeugter Herbizidresistenz (HR-Technik) (FS II 94–318 Verfahren zur Technikfolgenabschätzung des Anbaus von Kulturpflanzen mit gentechnisch erzeugter Herbizidresistenz). Berlin (Wissenschaftszentrum Berlin für Sozialforschung: Veröffentlichung der Abteilung Normbildung und Umwelt des Forschungsschwerpunkts Technik, Arbeit und Soziales Heft 18) 1994, S. 115–177.

Vico, Giambattista: Die neue Wissenschaft über die gemeinschaftliche Natur der Völker [1744]. Übers. von Erich Auerbach. Reinbek (Rowohlt: Rowohlts Klassiker der Literatur und der Wissenschaft: Philosophie der Neuzeit 10) 1966, 253 S.

Vilkka, Leena: The Varieties of Intrinsic Value in Nature. A Naturistic Approach to Environmental Philosophy. A Dissertation for the Degree of Ph. D. University of Helsinki, August 1995, 209 S.

Voltaire: VII Entretien: Que l'Europe moderne vaut mieux que l'Europe ancienne. In: Œuvres complètes de Voltaire. Tome 36: Dialogues et entretiens philosophiques. Premier Dialogue: Sur les embellissements de la ville Cachemire. Gotha (Charles-Guillaume Ettinger) 1786, S. 267–271.

Walzer, Michael: Spheres of Justice. A Defence of Pluralism and Equality. Oxford (Robertson) 1983, xviii, 345 S.

Warnock, G. J.: Naturalismus [1967]. In: Seminar: Sprache und Ethik. Zur Entwicklung der Metaethik. Hrsg. von Günther Grewendorf und Georg Meggle. Frankfurt/M. (Suhrkamp: stw 91) 1974, S. 341–352.

WCED siehe World Commission on Environment and Development.

Weber, Max: Wissenschaft als Beruf [1919]. In: Gesammelte Aufsätze zur Wissenschaftslehre. 3., erweiterte und verbesserte Aufl., hrsg. von Johannes Winckelmann. Tübingen (Mohr) 1968, S. 582–613.

Weizsäcker, Carl Friedrich von: Die Geschichte der Natur. Zwölf Vorlesungen. Stuttgart (Hirzel) 1948, 138 S.

Weizsäcker, Carl Friedrich von: Zum Weltbild der Physik. 7. Aufl. Stuttgart (Hirzel) 1958, unveränderter ND [8]1960, 378 S.; darin: Gestaltkreis und Komplementarität [1956], S. 332–366.

Weizsäcker, Carl Friedrich von: Die Tragweite der Wissenschaft. Erster Band: Schöpfung und Weltentstehung. Die Geschichte zweier Begriffe. Stuttgart (Hirzel) 1964, xi, 243 S.

Weizsäcker, Carl Friedrich von: Die Einheit der Natur. München (Hanser) 1971, 491 S.

Weizsäcker, Carl Friedrich von: Zeit und Wissen. München (Hanser) 1992, 1184 S.

Weizsäcker, Christine von: Einführungsvortrag am 8. April 1992. In: Anlage zum Bericht der parlamentarischen Enquête-Kommission betreffend „Technikfolgenabschätzung am Beispiel der Gentechnologie". Gutachten und Stellungnahmen. Wien (Österreichischer Nationalrat) 1993, Bd. III, S. 43–49.

Weizsäcker, Ernst Ulrich von: Plädoyer für eine ökologische Steuerreform. In: Scheidewege. Jg. 18, 1988/89, S. 197–203.

Weizsäcker, Ernst Ulrich von: Erdpolitik. Ökologische Realpolitik an der Schwelle zum Jahrhundert der Umwelt [1989]. 2., aktualisierte Aufl. Darmstadt (Wissenschaftliche Buchgesellschaft) 1990, xiii, 301 S.

Weizsäcker, Ernst Ulrich von/Lovins, Amory B./Lovins, L. Hunter: Faktor vier. Doppelter Wohlstand – halbierter Naturverbrauch. Der neue Bericht an den Club of Rome. München (Droemer Knaur) 1995, 352 S.

Weizsäcker, Viktor von: Gesammelte Schriften. Hrsg. von Peter Achilles, Dieter Janz, Martin Schrenk, Carl Friedrich von Weizsäcker. Frankfurt/M. (Suhrkamp):

[1923] Einleitung zu Kant: Der Organismus. In: Natur und Geist. Begegnungen und Entscheidungen. Gesammelte Schriften Bd. I. Bearbeitet von Mechthilde Kütemeyer, 1986, S. 502–517;

[1926] Seelenbehandlung und Seelenführung. Nach ihren biologischen und metaphysischen Grundlagen betrachtet. In: Der Arzt und der Kranke. Stücke einer medizinischen Anthropologie. Gesammelte Schriften Bd. V. Bearbeitet von Peter Achilles, 1987, S. 67–141;

[1927] Über medizinische Anthropologie, ebd. S. 177–194;

[1928] Krankengeschichte, ebd. S. 48–66;

[1929] Kranker und Arzt, ebd. S. 221–244;

[1947] Der Begriff der Allgemeinen Medizin. In: Allgemeine Medizin. Grundfragen medizinischer Anthropologie. Gesammelte Schriften Bd. VII. Bearbeitet von Peter Achilles, 1987, S. 135–196;

[1948] Der Begriff sittlicher Wissenschaft, ebd. S. 233–254;
[1948] Grundfragen Medizinischer Anthropologie, ebd. S. 255–282;
[1950] Bestimmtheit und Unbestimmtheit in der Medizin, ebd. S. 323–333;
[1955] Meines Lebens hauptsächliches Bemühen, ebd. S. 372–392.

Weizsäcker, Viktor von: Am Anfang schuf Gott Himmel und Erde. Grundfragen
der Naturphilosophie [entst. 1919/20]. Göttingen (Vandenhoeck & Ruprecht)
1954, 104 S.

Weizsäcker, Viktor von: Der Gestaltkreis. Theorie der Einheit von Wahrnehmen
und Bewegen [1940]. Stuttgart/New York (Thieme) ⁵1986, xxiii, 203 S.

Weizsäcker, Viktor von: Pathosophie [entst. 1950/51]. Für den Druck durchgesehen (1955) von Hellmut Beele. Göttingen (Vandenhoeck & Ruprecht) 1956,
405 S.

Westermann, Claus: Genesis. I. Teilband: Genesis 1–11 (Biblischer Kommentar
Altes Testament). Neukirchen-Vluyn (Neukirchener Verlag) 1974, viii, 824 S.

Westra, Laura: An Environmental Proposal for Ethics. The Principle of Integrity.
Boston/London (Rowman & Littlefield: Studies in Social and Political Philosophy) 1994, xxi, 237 S.

Wetzel, Manfred: Praktisch-politische Philosophie: Grundlegung. Freiburg/Mün-
chen (Alber) 1993, xxv, 523 S.

White Jr., Lynn: The Historical Roots of Our Ecologic Crisis. In: Science 155,
1967, S. 1203–1207.

Wicke, Lutz: Die ökologischen Milliarden. Das kostet die zerstörte Umwelt – so
können wir sie retten. München (Kösel) 1986, 270 S.

Williams, Bernard: Ethics and the Limits of Philosophy. Cambridge Mass./Lon-
don (Fontana Pr./Collins) 1985, vii, 230 S.

Witte, Bernd: Die Wissenschaft vom Guten und Bösen. Interpretationen zu Platons „Charmides". Berlin (de Gruyter: Untersuchungen zur antiken Literatur
und Geschichte Bd. 5) 1970, 166 S.

Wolfram von Eschenbach: Parzival. Mittelhochdeutscher Text nach der Ausgabe
von Karl Lachmann. Übersetzung und Nachwort von Wolfgang Spiewok. Bd.
II: Buch 9–16. Stuttgart (Reclam: UB 3682) 1981, 703 S.

World Commission on Environment and Development (WCED): Our Common
Future. Oxford (Univ. Press) 1987, xv, 384 S. (Brundlandt Bericht).

Wundt, Wilhelm: Ethik. Eine Untersuchung der Tatsachen und Gesetze des sittlichen Lebens. Bd. III: Die Prinzipien der Sittlichkeit und die sittlichen Lebens-
gebiete. 4. umgearbeitete Aufl. Stuttgart (Enke) 1912, iv, 360 S.

Zabka, Thomas: Faust II – Das Klassische und das Romantische. Goethes „Ein-
griff in die neueste Literatur". Tübingen (Niemeyer: Untersuchungen zur deutschen Literaturgeschichte Bd. 68) 1993, viii, 312 S.

Register

Ein nach ›Personen‹ und ›Sachen‹ getrenntes Register verträgt sich nicht mit dem natürlichen Mitsein. Tiere und Pflanzen, Sonne und Erde, Meer und Licht und Wind sind keine ›Sachen‹ und die mythologischen Gestalten auch nicht. Im folgenden Register ist alles aufgeführt, wovon dieses Buch handelt.